제5판

# 형사소송법
# 핵심 판례 130선

## 刑事訴訟法 核心 判例 130選

한국형사소송법학회 편

박영사

# 제5판 머리말

독자들의 호응에 힘입어 1년 만에 제5판을 낸다. 제4판에 수록된 판례에 덧붙여 2019년 선고된 판례를 중심으로 14개 항목을 신규로 추가하였다.

19. '긴급체포 후의 압수·수색'과 요급처분의 적법성 (이창현 교수 집필)

28. 재정신청절차와 재소자 특칙 (최석윤 교수 집필)

53. 피고인이 즉결심판에 대하여 정식재판을 청구하는 절차 – 날인 없이 서명만 있는 정식재판 청구의 적법성 (이충윤 변호사 집필)

58. 전문심리위원의 형사소송절차 참여와 관련하여 법원이 준수하여야 할 사항 및 위반의 효과 (최승환 변호사 집필)

72. 제3자 보관 정보에 대한 압수·수색영장 집행절차 – 모사전송 방식에 의한 압수·수색영장 제시의 위법성 (이순옥 교수 집필)

73. 판사의 서명날인없는 영장의 효력 (박정난 교수 집필)

85. 수첩의 증거능력 (이근우 교수 집필)

102. 형사소송법 제314조의 적용요건 (3) – 증거거부권의 행사 (나황영 변호사 집필)

120. 새로 선임된 사선변호인에 대한 소송기록접수통지 요부 (홍진영 교수 집필)

121. 사선변호인에 대한 소송기록접수통지 의무 및 항소이유서 제출기간 (김운용 변호사 집필)

122. 상고이유 제한에 관한 법리 (김한균 선임연구위원 집필)

127. '이유 무죄'시 비용보상 청구와 재량 기각의 가부 (한상규 교수 집필)

129. 재심의 특수성과 재심심판절차의 본질 (이경렬 교수 집필)

130. 재심심판절차의 성격 및 재심확정판결의 효력 (주승희 교수 집필)

본서의 초판은 110선으로 출발하였지만 제2판, 제3판, 제4판의 신규 항목 추가로 제5판의 제목을 130선으로 변경하였다. 종래의 중요판결들을 모두 망라하려면 더 많은 항목이 필요할지 모르지만, 앞으로 학회에서 논의 과정을 거쳐 다음 판에서 대대적인 개편작업을 하고자 한다. 이에 본서에 수록된 판례들의 수도 130개를 초과하지만 본서의 제목을 '130선'으로 유지한다.

앞으로 (사)한국형사소송법학회에서는 "형사소송법 핵심 판례 130선" 이외에도 연구시리즈로 다양한 교재를 출간하고자 한다.

마지막으로 상업성이 희박한 본서의 편집, 출판에 흔쾌히 동의해 주신 박영사, 박영사의 조성호 이사님, 편집부 한두희 님께 감사의 말씀을 전한다.

2020. 6. 30.

(사)한국형사소송법학회 회장 정 웅 석

# 제4판 머리말

독자들의 호응에 힘입어 2년 만에 제4판을 낸다. 제3판과 달라진 점은 다음과 같다.

첫째, 다음과 같이 5개의 항목을 신규로 추가하였다.

> 14. 체포현장의 의미와 적법한 임의제출물의 압수 (이주원 교수 집필)
> 16. 대물적 강제처분과 관련성(2) (이완규 변호사 집필)
> 19. 범죄 증거 수집 목적의 사전 강제 채뇨 영장의 요건과 채뇨 방법 (정웅석 교수 집필)
> 25. 통제배달과 영장의 요부 (한제희 검사 집필)
> 26. 음주측정기에 의한 측정 요구와 음주감지기에 의한 시험요구 (심희기 교수 집필)

둘째, 2016년 12월~2018년 10월 사이에 선고된 중요판결들의 요약(이상원 회장 집필)을 추가하였다.

본서의 초판은 110선으로 출발하였지만 제2판, 제3판, 제4판의 신규 항목 추가로 제4판의 제목을 120선으로 변경하였다. 종래의 중요판결들을 모두 망라하려면 더 많은 항목이 필요할지 모른다. 그러나 본서는 '망라주의'를 지향하지 않고 '핵심주의'를 지향하기 때문에 '120선'으로 만족하려고 한다. 그러나 '망라주의'를 지향하는 독자를 위하여 본서의 말미에 [1] 2015년 1월~8월 사이에 선고된 기타 중요판결들의 요약, [2] 2015년 9월~2016년 11월 사이에 선고된 중요 판결 요약, [3] 2016년 12월~2018년 10월 사이에 선고된 중요판결들의 요약을 덧붙였으니 망라주의자들은 이 부분을 활용하여 지적 갈증을 해소할 수 있을 것이다. 다만 제2판과 제3판에 수록한 '성폭력 관련 법률의 내용 개관'(실무례 중 신승희 검사 집필)은 실체법 분야이기 때문에 제4판에서는 삭제하였다.

본서의 제4판 작업에도 초판·제2판·제3판 작업과 마찬가지로 권창국 교수의 헌신적인 희생이 기초가 되었다. 이 자리를 빌어 권교수의 희생에 고마움을 전한다.

마지막으로 상업성이 희박한 본서의 편집·출판에 흔쾌히 동의해 주신 박영사, 박영사의 조성호 이사님, 편집부 한두희 님께 감사의 말씀을 전한다.

2019년 2월

연세대학교 법학전문대학원 교수 俟菴 심희기

# 제3판 머리말

독자들의 호응에 힘입어 1년 만에 제3판을 낸다. 개정판과 달라진 점은 다음과 같다.

첫째, 다음과 같이 신규 항목 2건을 추가하였다.

    30. 제253조 제2항(공소시효 정지)의 공범에 대향범의 포함 여부(대법원 2015. 2. 12. 선고 2012도4842 판결) [이주원 교수(고려대) 집필]

    84. 개정된 형사소송법 313조의 내용과 향후 전망(대법원 2015. 7. 16. 선고 2015도2625 전원합의체 판결) [정웅석 교수(서경대) 집필]

둘째, 개정판에 '최신판례'로 소개한 아래의 2개 판례해설을 수정가필 하여 정규항목으로 위치를 이동시켰다.

    62. 위법수집증거배제법칙(5) - 전자정보의 수색·압수의 적법한 집행처분의 요건과 흠의 효과(대법원 2015. 7. 16. 자 2011모1839 결정) [심희기 교수(연세대) 집필]

    115. 형사사건에서 변호사 성공보수약정의 효력(무효)(대법원 2015. 7. 23. 선고 2015다200111 전원합의체 판결) [이주원 교수(고려대) 집필]

셋째, '2015년 9월~2016년 11월 사이에 선고된 중요 판결'을 요약하여 수록하였다. 이 부분은 개정판의 '2015년 1월~8월 사이에 선고된 기타 중요판결들의 요약'의 후속이다.

넷째, 초판에 수록된 110여개의 판례들은 대부분이 2014년 이전에 선고된 판례들이다. 형사절차 영역에서는 해마다 결코 간과할 수 없는 중요한 판결들(거의 입법적 의미가 담겨 있는 판결들)이 쏟아져 나오고 있다. 이 현상이 2015년과 2016년에 지속되어 개정판과 제3판의 말미에 요약하여 수록하였다. 새 판례들 중 대부분에 대하여는 시간관계상 심층적인 해설을 마련하지 못하였음을 사과드린다. 그 작업은 4판 이후에 반영되어야 할 장차의 과제이다.

다섯째, 위와 같은 사정으로 본서에 수록된 판례들의 수는 115개가 되었지만 본서의 제목은 '110선'으로 유지한다.

마지막으로, 2014년 12월을 끝으로 이미 형사소송법학회장의 소임을 마친 본인을 여전히 개정판과 제3판의 기획과 편집 책임자로 위촉해 주신 현 형사소송법학회의 임원진과 회장(한명관 변호사) 님께 감사의 말씀을 전한다. 형사소송법학회는 창립된 지 얼마 되지 않은 학회이지만 해를 거듭할수록 그 활동의 폭과 깊이를 심화시켜 가고 있어 뿌듯하게 생각한다.

2017년 1월

심희기 씀

# 제2판 머리말

독자들의 호응에 힘입어 1년만에 개정판을 낸다. 초판과 달라진 점은 다음과 같다.

첫째, 모든 성범죄의 비친고죄화로의 형법개정, 헌법재판소의 간통죄를 처벌하는 형법조문에 대한 위헌 선언으로 고소·간통 관련 3항목(2014년판 4, 5, 6번)을 삭제하는 대신 4개의 항목(개정판 20, 65, 84, 107번)을 신설하였다. 신설된 4개의 항목들은 다음과 같다.

　　20. 행정조사와 진술거부권 고지의무(대법원 2014. 1. 16. 선고 2013도5441 판결)
　　65. 압수영장과 관련성 없이 압수된 녹음파일의 증거능력 및 2차적 증거의 증거능력(대법원 2014. 1. 16. 선고 2013도7101 판결)
　　84. 특신상태의 증명 정도(합리적 의심의 여지가 없는 증명)(대법원 2014. 2. 21. 선고 2013도12652 판결)
　　107. 영장재판에 대한 불복의 가부(대법원 2006. 12. 18. 자 2006모646 결정)

둘째, 초판에서는 200자 원고지 30매 항목이 6개가 있어 백면이 6곳 있었는데 개정판에서는 4개의 항목에서 30매 분량을 20매 분량으로 조정하여 백면을 줄였다.

셋째, 통상적인 교과서나 주석서, 판례해설서에서는 다루기 어려운 이슈들이지만 많은 사람들이 궁금해하고 실무적 중요성이 있는 이슈들이 많이 있다. 그런 이슈들을 아주 간략하게 소개하는 지면을 [실무례]로 엮어 4개의 항목을 추가하였다(실무례 [2], [3]은 법률신문 기사를 검색하여 정리한 것에 불과하므로 필자표기를 생략하였다). 향후 이 부분이 많이 보강되기를 기대한다. 로클럭이나 검사시험을 준비하는 사람들이 많이 있을 터인데 그런 사람들이 참고할 만한 안내서적이 너무 부족하기 때문이다.

넷째, 본서에 수록된 110여 개의 판례들은 대부분이 2014년 이전에 선고된 판례들이다. 그러나 형사절차 영역에서는 해마다 결코 간과할 수 없는 중요한 판결들(거의 입법적 의미가 담겨 있는 판결들)이 쏟아져 나오고 있다. 이 현상은 2015년에도 예외 없이 지속되고 있다. 따라서 본서에서는 [최신판례]라는 지면을 추가하였다. 2015년에 선고된 판례들 중 매우 중요한 판례 2개에 대하여는 앞 부분의 형식을 따라 해설을 추가하였다. 그러나 그 2개를 제외한 10여 개의 새 판례들에 대하여는 시간관계상 심층적인 해설을 마련하지 못하였다. 그 작업은 3판 이후에서 반영하여야 할 장차의 과제이다. 그러나 2015년에 선고된 새 판례들의 기본적인 사실관계와 핵심논지는 개정판의 말미에 '2015년 1월~8월 사이에 선고된 기타 중요판결들의 요약'이라는 제목으로 요약하여 정리하였으니 변호사시험이나 사법시험을 준비하는 분들이 이 부분을 활용하면 시간을 절약할 수 있을 것이다.

다섯째, 위와 같은 사정으로 본서에 수록된 판례들의 수는 110개를 초과하지만 본서의 제목은 '110선'으로 유지한다.

마지막으로, 2014년 12월을 끝으로 이미 형사소송법학회장의 소임을 마친 본인을 여전히 개정판의 기획과 편집의 책임자로 위촉해 주신 현 형사소송법학회의 임원진과 회장(한명관 변호사)님께 감사의 말씀을 전한다. 형사소송법학회는 창립된 지 얼마 되지 않은 학회이지만 해를 거듭할수록 그 활동의 폭과 깊이를 심화시켜 가고 있다. 장래의 활동이 기대된다.

2015년 11월
심희기 씀

# 머 리 말

형사소송법이 정규과목으로 가르쳐지는 법학과와 경찰행정학과, 법학전문대학원, 사법연수원, 법무연수원, 법무대학원, 일반대학원에서 판례학습교재로 채택하기에 적절한 책자가 더러 출간되어 있다. 그러나 본서는 기존의 판례교재와 다른 다음과 같은 특징을 가지고 있다.

첫째, 본서는 110개의 리딩 케이스를 엄선하여 1개의 판례당 '사안-판지-해설'을 합하여 200자 원고지 기준 20매 정도의 분량을 유지할 것을 '원칙'으로 추구하고 있다. 중요한 사안에 한하여 40매, 30매 분량의 서술을 허용한 것이 없지 않지만 극히 소수에 그친다. 판례교재를 편집함에 있어 이런 일관된 포맷을 추구한 것은 국내에서는 아마도 본서가 거의 최초의 기획이 아닐까 한다. '20매 정도의 짤막한 분량으로는 해설이 불가능하다'는 반발이 거세게 일었지만 학습자와 독자를 위하여 불가피하다고 설득하였다.

둘째, 본서의 편자는 개인이나 소수의 집단이 아니고 한국형사소송법학회이다. 사단법인 형사소송법학회는 2008년 말에 창립되어 2009년 1월부터 정식으로 월례발표회를 개최하여 오고 있고, 월례발표회는 2013년 12월 현재 제35회째를 맞이하였다. 학회지 '형사소송 이론과 실무'는 연 2회 발행되고 있고 2013년 12월 현재 제5권 제2호가 발간되었다. 2013년 9월 16일 18:00 도서출판 박영사 2층 회의실에서 처음 본서(110선)의 기획과 편집을 논의한 후, 2014년 1월말 까지 원고를 수합하고, 2014년 7월말까지 2번에 걸쳐 감수와 교정을 경유하였다. 기획과 편집, 감수와 교정에는 형사소송법학회의 부회장 2분과 상임이사 8분이 희생적으로 봉사하였다. 특히 정웅석 연구이사와 노명선 총무이사, 권창국 총무간사의 헌신적인 봉사를 잊을 수 없다. 형사소송법학회의 초석을 다지는 데 헌신한 전임회장님들(김종구, 손기식, 김진환 변호사님)께도 이 자리를 빌려 다시 한 번 감사드린다.

셋째, 본서에서는 현직 판사, 검사, 변호사(이들은 전직 판사·검사가 대부분이다) 등 실무가는 물론이고 교육현장에 있으면서 한국형사소송법학계를 대표하는 교수와 연구자들이 거의 총망라되어 필자로 참여(집필자는 약 80여 명이다)하였다. 집필진들은 형사소송법 교육의 일환을 담당한다는 大意에 기꺼이 동감하고 무보수로 집필에 응하였다. 본서의 인지대는 전액 한국형사소송법학회의 재정에 귀속된다. 요컨대 본서의 편집주체는 좁게는 한국형사소송법학회이지만 넓게는 한국형사법학계 전체라고 해도 과언이 아니다. 흔쾌히 집필에 동의하여 주시고 까다로운 집필방침에 기꺼이 순응하여 주심에 이 자리를 빌려 다시 한 번 감사드린다.

넷째, 해설의 전문성을 기하기 위하여 집필자는 원칙적으로 대상판례에 대한 판례해설이나 평석, 연구논문을 1편 이상 집필한 경력이 있는 실질적 전문가로 위촉하였다. 기존의 판례해설이나 평석, 연구논문은 전문가에게는 필요할지 몰라도 학습자에게는 지나치게 정보의 양이 많다. 따라서 학습자, 초학자에게는 본서와 같은 짤막한 포맷이 최적이다. 기존의 판례해설이나 평석, 연구논문에서 많은 양을 차지하고 있던 비교법적 검토와 학설 대립의 상세한 소개와 논증은 모두 생략하거나 최소화시켰다.

다섯째, 하나의 대상판례에 대한 해설이 복수인 경우['20. 영장주의의 예외 ⑵-긴급 강제채혈'이 대표적인 사례이다]가 더러 있다. 동일한 대상판례에 대한 분석이 복수로 있을 수 있고 그것이 형사소송법학의 발전에 유익한 토양이 될 것이라고 믿는다.

다음에 본서를 구입하여 형사소송법 학습에 임할 학습자에게 권하는 학습요령을 몇 가지 제시한다.

첫째, 처음 형사소송법 학습에 임하는 입문자는 본서를 처음부터 끝까지 인내심 있게 통독하기를 권한다. 그리하면 중요한 용어들이 몸에 배게 되고 한국형사절차상 어떤 것들이 쟁점과 이슈를 형성하고 있는가 하는 점이 파노라마처럼 일목요연하게 체계를 형성하여 줄 것이다.

둘째, 본서에 수록된 판례들은 모두 리딩 케이스이고 향후에도 유사한 문제가 실무상 빈발할 가능성이 높기 때문에 본서 위주의 학습은 '살아 있는 형사소송법 학습', '사례형 시험 준비'에 최적인 학습이 될 것이다.

셋째, 흔히 학습자들은 강의서·체계서를 먼저 읽은 다음 판례교재 학습으로 넘어간다. 그러나 때로는 그 순서를 뒤집은 逆順의 학습법(이른바 flipped learning)이 더 유용할 때가 있다. 지면이 한정되어 있음에도 불구하고 본서에서 사안소개에 많은 지면을 할애한 데는 이유가 있다. 판례요지만 학습해서는 실제의 케이스를 접하여 적절한 응용이 되기 어렵다. 시간이 걸리더라도 정확한 사안(fact) 파악과 그 사안에 가장 합당한 법적용(apply) 이라는 법추론(legal reasoning) 작업에 익숙해지는 데 본서의 활용은 최적일 것이다. 본서를 읽으면서 필요할 때 강의서·체계서를 학습하는 것이 더 좋은 학습법이 될 수도 있다.

판례교재의 생명은 '신속한 현실반영'에 있다. 현재의 한국형사법학에 기여하는 판례의 기여도는 날이 갈수록 심화되고 있다. 해마다 새 판례가 많이 나오고 있으며 판례가 변경되는 경우도 적지 않다. 실체법과 절차법의 변경도 적지 않다. 따라서 빠른 주기로 개정판이 기획되지 않으면 안 된다. 차기 학회장과 차기 상임이사진들에게 본서의 신속한 개정판 기획을 부탁드린다.

앞에서 언급한 바와 같이 본서 이전에도 판례학습교재로 기획된 책자들이 더러 출간되어 있다. 본서는 그런 선행 업적들과 선의의 경쟁을 추구한다.

마지막으로 필자와 더불어 기획과 편집, 감수와 교정에 헌신한 편집·감수위원들의 명단을 가나다순으로 아래에 나열하여 그 분들의 노고에 심심한 사의를 표한다.

김희균 (서울 시립대학교 교수)
노명선 (성균관대학교 교수)
노수환 (성균관대학교 교수)
심희기 (연세대학교 교수)
오경식 (강릉원주대학교 교수)
이상원 (서울대학교 교수)
이인영 (홍익대학교 교수)
이주원 (고려대학교 교수)
정웅석 (서경대학교 교수)
정한중 (한국외국어대학교 교수)
조균석 (이화여자대학교 교수)

2014년 8월
한국형사소송법학회장 심희기 씀

# 차 례

제1장 수 사

刑事訴訟法核心判例130選

# 1. 친고죄의 고소·고발 전 수사의 적법성

[대법원 2011. 3. 10. 선고 2008도7724 판결]

**[사안]** 출입국사범에 관한 사건은 사무소장·출장소장 또는 외국인보호소장(이하 '사무소장 등'이라고 한다)의 고발이 없으면 공소를 제기할 수 없고, 출입국관리공무원 외의 수사기관이 출입국사범에 관한 사건을 입건한 때에는 지체 없이 관할 사무소장 등에게 인계하여야 한다(출입국관리법 제101조 제1항, 제2항). 그런데 A 지방경찰청에서는 출입국사범에 관한 이 사건을 입건하고도 지체 없이 사무소장 등에게 인계하지 아니한 채 같은 날 D에 대한 피의자신문조서를 작성하였고, 이후 A 지방경찰청장의 고발의뢰를 받은 사무소장은 A 지방경찰청장에게 D를 고발하였다. D는 중국어학원에서 유학비자만을 소지한 중국인 O를 중국어 강사로 고용하는 등 취업활동을 할 수 있는 체류자격을 가지지 아니한 중국인 12명을 고용한 혐의사실로 출입국관리법 위반으로 기소되었다. 제1심이 공소기각판결을 선고하자 검사가 항소하였다. 항소심이 제1심 판결을 파기하고 환송하자 D가 상고하였다.

**＊[판지(상고기각)]＊**

법률에 의하여 고소나 고발이 있어야 논할 수 있는 죄에 있어서 고소 또는 고발은 이른바 소추조건에 불과하고 당해 범죄의 성립요건이나 수사의 조건은 아니므로, 위와 같은 범죄에 관하여 고소나 고발이 있기 전에 수사를 하였더라도, 그 수사가 장차 고소나 고발의 가능성이 없는 상태하에서 행해졌다는 등의 특단의 사정이 없는 한, 고소나 고발이 있기 전에 수사를 하였다는 이유만으로 그 수사가 위법하게 되는 것은 아니다. 그렇다면 일반사법경찰관리가 출입국사범에 대한 출입국관리사무소장 등의 고발이 있기 전에 수사를 하였더라도, 달리 위에서 본 특단의 사정이 없는 한 그 사유만으로 수사가 소급하여 위법하게 되는 것은 아니다.

**[해설]**

**1. 판결의 의미와 문제의 제기**

이 판결의 쟁점은 공소제기를 위해서는 고발권자의 고발이 필요한 범죄에 대하여 고발이 있기 전에 행해진 수사의 적법 여부이다(그 외에도 출입국사범에 대하여는 출입국관리공무원이 수사 전담권을 갖는지 여부와 사법경찰관이 출입국관리사범을 입건하고도 지체 없이 출입국관리사무소장 등에게 인계하지 아니한 채 수사를 한 것이 위법한지 여부도 쟁점이었다).

대법원은, 공소제기를 위해 고발권자의 고발이 필요한 범죄(전속고발범죄)의 경우 고발 없이 행하여진 수사일지라도 "그 수사가 장차 고소나 고발의 가능성이 없는 상태 하에서 행해졌다는 등의 특단의 사정이 없는 한, 고소나 고발이 있기 전에 수사를 하였다는 이유만으로 그 수사가 위법하게 되는 것은 아니다"라고 하여 친고죄의 고소 전 수사의 허용 여부에 관한 견해 중 소위 **제한적 허용설**의 입장을 명백히 하였다. 이 입장은 조세범처벌법 위반 사건의 판시내용(대법원 1995. 2. 24. 선고 94도252 판결)을 확인한 것으로 대법원의 확고한 견해이고, 현재의 다수설이다.

수사는 그 자체가 목적이 아니라 수사에 의하여 확인된 사실 – 범죄혐의의 유무 – 에 대한 공소제기 여부 및 공소를 제기한 경우 그 유지 여부를 결정하기 위하여 행하여지는 것이다. 따라서 수사는 공소제기와 불가분의 관련을 맺고 있으며 형사소추를 위한 준비절차로서의 성격을 갖는다. 이와 같이 수사는 공소제기의 가능성을 당연한 전제로 하기 때문에 공소제기의 유효·적법요건인 소송조건이 수사의 조건으로 될 수 있다. 이와 관련하여 친고죄에 대하여 고소권이 아직 존재하지만 고소권자의 고소가 없는 경우 수사가 허용되는가에 대하여 다툼이 있다.

**2. 친고죄·전속고발범죄의 고소·고발 전 수사의 적법성**

애초부터 공소권이 발생하지 아니한 경우나 공소권이 소멸한 경우처럼 장래에도 소송조건이 구비될 가능성이 전혀 없는 경우가 아니라 현재로는 소송조건이 구비되지 아니하였지만 장차 소송조건이 구비될 가능성이 남아 있는 경우 수사가 가능한가의 문제에 대하여 친고죄의 고소 전 수사가능성을 중심으로 견해가 다투어지고 있다.

(1) **전면허용설**은 친고죄에 대하여 고소가 없는 경우에도 임의수사는 물론 강제수사도 가능하다는 견해로서, 일본 최고재판소의 입장이다. 이 견해는, 범죄혐의가 있다고 사료하는 때에는 수사를 하여야 한다는 점, 수사의 목적을 달성하기 위하여 필요한 조사를 할 수 있으며 강제처분도 법률의 규정에 의하여 가능하다는 점, 친고죄의 고소는 소송조건일 뿐 수사의 조건은 아니라는 점을 근거로 한다.

(2) **전면부정설**은 친고죄에 대하여 고소가 없는 경우에는 강제수사는 물론 임의수사도 허용되지 않는다는 견해이다. 친고죄의 경우 고소가 없으면 공소권이 발생하지 않으므로 그 준비를 위한 수사도 허용되지 않고, 친고죄의 취지를 고려하여 피해자의 명예를 보호하여야 한다는 점을 근거로 들고 있다. 우리나라에서 이 견해를 취하는 학자는 없다.

(3) **제한적 허용설**은 친고죄에 대하여 고소가 없어도 고소의 가능성이 있는 때에는 임의수사는 물론 강제수사도 허용되지만 고소의 가능성이 없는 때에는 양자 모두 허용되지 않는다는 견해로서, 다수설이다. 그 근거는 친고죄의 고소는 본질적으로 공소제기의 유효요건일 뿐 범죄의 성립요건은 아니므로 범죄혐의가 인정될 때에는 당연히 수사를 할 수 있고, 고소 전이라도 친고죄에 대한 수사의 필요성이 있다는 점이다. 다만 수사의 범위와 관련하여서는, 임의수사는 물론 강제수사도 허용된다는 견해와 강제수사는 허용되지 않는다거나 친고죄를 인정한 취지에 반할 때에는 신중을 기해야 한다는 견해로 나뉜다.

(4) **예외적 허용설**은 친고죄에 대하여 고소가 없는 경우 원칙적으로 수사할 수 없으며 예외적인 경우에 한해 허용된다는 견해이다. 허용되는 예외적인 경우에 관해서는 긴급한 경우, 즉 지금 당장에 수사하지 않으면 중요한 증거를 수집·보전할 수 없는 경우를 말한다는 견해와 수사가 장차 고소나 고발의 가능성이 있는 상태하에서 행해졌다는 특단의 사정이 있는 경우라는 견해가 있다. 이 견해의 논거는, 친고죄는 국가의 공소제기권한을 피해자의 의사에 의존시킨 특수한 성질의 범죄라는 점에 비추어 그 준비절차로서의 성격을 갖는 국가의 수사권한 역시 '국가소추권의 행사를 방해하지 아니하는 범위'에서는 원칙적으로 피해자의 의사에 의존시켜야 한다는 점과 친고죄에서는 피해자의 의사가 최우선적으로 고려되어야 한다는 전제 하에서 수사의 필요성이 고려되어야 한다는 점을 든다.

(5) 생각건대 친고죄는 국가형벌권의 실현이라는 공익적 요구를 개인의 명예보호라는 사적 이익에 양보한 예외형태로 인정된 것이므로 그러한 양보는 형벌권실현의 준비절차인 수사에 있어서도 고려되어야 한다. 따라서 친고죄에 대하여 고소권자의 고소가 없을 경우에는 원칙적으로 수사할 수 없으며 예외적으로 지금 당장 수사하지 않으면 중요한 증거를 수집·보전할 수 없는 경우에만 수사가 허용된다고 보아야 한다. 여기의 수사에는 임의수사는 물론 강제수사도 포함된다. 친고죄와 전속고발범죄를 동일하게 볼 것인가에 대해 의문이 없는 것은 아니나, 소추조건의 구비 전 수사라는 점에서는 동일하므로 전속고발범죄에 대해서도 예외적 허용설의 입장이 타당하다.

## 3. 관련문제

고소 전 수사의 허용 여부와 관련하여, 그에 의해 수집한 증거의 증거능력 및 이를 기초로 한 공소제기의 효력이 문제된다. 전자는 위에 설명한 견해 중 어떤 견해를 취하느냐에 따라 결론이 달라지며, 후자의 경우 공소제기에 영향이 없다는 것이 통설이다.

[참고문헌] 강동범, 친고죄에 있어 고소 전 수사의 허용 여부, 형사판례연구 4(1996); 이재상, 형사소송법 기본판례, 2013; 이용식, 친고죄에 있어 고소 전 수사의 허용 여부, 형사판례의 연구(이재상 교수 화갑기념 논문집) Ⅱ, 2004.

**[필자: 강동범 교수(이화여대)]**

## 2. 고소불가분의 원칙 (1) — 반의사불벌죄

[대법원 1994. 4. 26. 선고 93도1689 판결]

[사안] 정치인 V가 사망하자, 주간지의 편집장 D는 기자인 D2(제1심 공동피고인)와 공모하여 'V와 그의 여비서 V2의 불륜관계를 폭로하는 기사'를 실었다. V의 유족과 V2는 D와 D2에 대해 사자에 대한 명예훼손죄와 출판물에 의한 명예훼손죄로 고소를 제기하였고, D와 D2는 "공연히 허위의 사실을 적시하여 사자(死者)인 망(亡) V의 명예를 훼손(친고죄)하고, 동시에 사람을 비방할 목적으로 허위의 사실을 적시하여 V2의 명예를 출판물에 의하여 훼손"(반의사불벌죄)한 혐의로 기소되었다. 그 후 고소인들은 제1심 공동피고인 D2에 대하여만 고소를 취소하고, 처벌을 희망하는 의사표시를 철회하였다. 제1심은 "공소사실 중 망 V의 명예를 훼손한 점은 고소가 있어야 죄를 논할 수 있는 죄이고, V2의 명예를 훼손한 점은 피해자의 명시한 의사에 반하여 죄를 논할 수 없는 죄인데, 고소인들이 고소를 취소하거나 처벌을 희망하는 의사표시를 철회"하였음을 이유로 공소기각판결을 선고하였다. 검사는 '형사소송법 제233조 소정의 고소불가분의 원칙은 친고죄에 대하여만 그 적용이 있고 반의사불벌죄에는 적용 또는 준용되지 아니함'에도 불구하고 "제1심이 반의사불벌죄인 출판물에 의한 명예훼손의 점에 대하여 공소기각의 판결을 한 것은 위법"하다고 주장하며 항소하였다. 항소심이 항소를 기각하였다. 검사가 상고하였다.

*[판지(파기환송)]*

### 1. 친고죄와 반의사불벌죄의 의의와 그 관계

형법이 친고죄를 인정하는 이유는 ① "범죄를 소추해서 그 사실을 일반에게 알리는 것이 도리어 '피해자에게 불이익을 줄 우려'가 있기 때문에 피해자의 처벌희망 의사표시가 있는 경우에만 소추·처벌하겠다"는 것, ② "비교적 경미하고 주로 피해자 개인의 법익을 침해하는 범죄에 관하여 구태여 피해자의 의사·감정을 무시해 가면서까지 처벌할 필요가 없기 때문에 피

해자가 처벌을 희망하여 올 경우에만 논하겠다는 것"인 데 반해, 반의사불벌죄는 친고죄의 이유 중 ①은 없고 ②의 이유에 해당하는 유형 중 '상대적으로 덜 경미하여 처벌의 필요성이 적지 않은데도 이를 친고죄로 규정할 경우 피해자가 심리적 압박감이나 후환이 두려워 고소를 주저할 경우 법이 그 기능을 다하기 어려울 것에 대비한 것'으로서, 다른 일반 범죄와 마찬가지로 수사·소추·처벌을 하는 것이 마땅하지만 피해자가 명시적으로 불처벌의 의사표시를 한 경우에 한해 소추·처벌하지 않겠다는 것이 입법취지로 보인다. 따라서 친고죄와 반의사불벌죄는 '피해자의 의사가 소추의 조건'인 공통점을 갖지만, 피해자의 의사를 조건으로 하는 이유와 방법은 다르다. 또한 반의사불벌죄는 피해자에 대한 배상이나 당사자 사이의 개인적 차원에서 이루어지는 분쟁해결을 촉진·존중하려는 취지를 갖는다는 점에서 친고죄와는 다른 의미를 갖는다.

### 2. 반의사불벌죄에 고소불가분 원칙의 준용규정을 두지 않는 것이 입법정책인지 여부

친고죄는 주로 ①을 이유로 하므로 그 고소는 피해자가 범죄사실이 외부에 알려지는 것을 감수하고 수사기관에 범죄사실을 신고하여 그 범인의 처벌을 희망하면 되는 것이고 또 고소의 대상인 범죄사실이 특정되기만 하면 되고 원칙적으로 범인을 구체적으로 특정하여 적시할 필요가 없다. 친고죄에 고소·고소취소·고소불가분 원칙이 적용되는 것은 친고죄의 이런 특징에서 연유한다. 이에 반해 반의사불벌죄에 ①의 이유는 없으므로 그 불처벌 희망 의사표시는 반드시 고소불가분의 원칙을 따라야 할 필요는 없고 그 의사표시는 범죄사실 또는 범인에 대해 할 수도 있고, 경미한 범죄에 대해 피해자의 의사에 따라 처벌 여부에 차등을 둔다고 하더라도 형사소송의 목적에 배치된다고 보기 어려우므로 반의사불벌죄에 고소불가분 원칙을 적용할 것인지 여부는 '입법정책'에 해당한다.

## 3. 반의사불벌죄에 고소불가분 원칙의 준용규정을 두지 않는 것이 입법의 불비인지 여부

법이 고소와 고소취소에 관한 규정을 두면서 법 제232조 제1항과 제2항에 각각 고소취소의 시한과 재고소의 금지를 규정하고 제3항에는 반의사불벌죄에 제1항과 제2항의 준용규정을 두면서도, 고소불가분 원칙의 준용규정을 두지 아니한 것은, 친고죄와 달리, 반의사불벌죄의 공범 사이에 고소불가분 원칙을 적용하지 않고자 하는 데 그 뜻이 있으므로 '입법의 불비'가 아니다.

### [ 해 설 ]

이 판례는 "반의사불벌죄에 고소의 주관적 불가분원칙을 규정한 법 제233조를 준용할 것인지 여부를 다룬 것으로서 ① 친고죄와 반의사불벌죄는 그 존재이유를 달리하기 때문에 ② 그것에 근거해 반의사불벌죄에 대해 고소불가분 원칙이 적용되는 규정을 두지 않는 것은 입법정책에 해당하므로 ③ 따라서 입법의 불비에 해당하지 않는다"고 판단하였지만 타당한 해석인지 의심스럽다.

1. 친고죄와 반의사불벌죄의 존재이유(반의사불벌죄에 고소불가분의 원칙이 준용될 수 없는 논거)와 내용상 차이점은 '기소독점주의에 대한 예외'의 관점에서 볼 때 특별한 의미를 갖지 못한다.

2. 법이 고소취소의 시한, 재고소금지 규정을 반의사불벌죄에 준용시키는 것은 그것이 친고죄와 마찬가지로 기소독점주의에 대한 예외이기 때문이다. 그럼에도 친고죄에 적용되는 고소불가분 원칙이 반의사불벌죄에 적용되지 않는다고 하면 친고죄와 균형이 맞지 않을 뿐만 아니라, 반의사불벌죄의 공범 가운데 제1심 판결 선고가 있는 일부에 대해 고소를 취소할 수 있게 되어 국가형벌권의 자의적 행사를 용인하는 결과를 초래하여 고소불가분 원칙의 취지를 부정하는 것이 된다.

3. 따라서 반의사불벌죄에 법 제233조가 적용되지 않는 것이 입법정책이라는 논지에 근거해 법 제233조(반의사불벌죄에 고소불가분 원칙의 준용규정을 두지 않은 것)가 입법의 불비가 아니라는 판례의 논거는 타당하지 않다. 법이 친고죄 규정을 둔 것은 경미범죄나 피해자의 명예보호 필요성이 있는 범죄의 경우 기소를 강제하는 것보다 피해자의 의사에 맡겨 두는 것이 사법정의실현에 더 적합할 수 있어서이다. 하지만 이 경우 오히려 피해자의 의사가 남용되는 역효과를 유발할 수 있다. 그래서 법은 고소권 행사의 남용을 방지하기 위해 친고죄에 '고소취소의 시한', '재고소금지', '고소불가분 원칙' 규정을 둔 것이다. 반의사불벌죄도 친고죄처럼 기소독점주의의 예외이므로 피해자에 의한 남용가능성이 있어서 법 제232조 제3항은 고소취소의 시한과 재고소금지 규정이 반의사불벌죄에도 적용된다고 규정한 것이다. 그런데 반의사불벌죄에 고소불가분의 원칙의 준용을 부정하는 것은 같은 기소독점주의의 예외인 친고죄에 대해 고소불가분 원칙의 적용을 긍정하면서 반의사불벌죄에 대해서는 그 적용을 부정하는 모순을 드러낼 뿐만 아니라 반의사불벌죄에서 피해자의 의사남용에 의한 국가형벌권의 자의적 행사를 용인하는 결과를 초래한다. 법 제233조에 반의사불벌죄에 대한 준용규정을 두고 있지 않은 것은 '입법의 불비'에 해당한다고 보아야 한다. 항소심의 논증이 타당하다.

[참고문헌] 박달현, 반의사불벌죄와 고소불가분의 원칙, 법조 제572호(2004. 5).

[필자: 박달현 교수(전남대)]

# 3. 고소불가분의 원칙 (2) ― 공정거래위원회의 전속고발사건

**[대법원 2010. 9. 30. 선고 2008도4762 판결]**

[사안] 합성수지 제조·판매를 목적으로 설립된 법인인 D1, D2, 그 임직원인 D3, D4(D3은 D1의 이사, D4는 D2의 상무)는 O 등 다른 법인 내지 임직원과 공모하여 일부 합성수지의 판매가격 등에 관하여 합의한 후 이를 실행함으로써 부당하게 경쟁을 제한하는 공동행위를 하였다는 내용의 공소사실[독점규제 및 공정거래에 관한 법률(이하 '공정거래법'이라 한다) 제66조 제1항 제9호]로 기소되었다. 그런데 공정거래법 제66조 제1항 제9호에 해당하는 죄는 공정거래법 제71조 제1항에 의하여 전속고발권자인 공정거래위원회(이하 '공정위'라 한다)의 고발이 있어야 공소를 제기할 수 있다. 공정위는 이 사건 부당공동행위에 관하여 O 등 일부 사업자만을 고발한 채 D들에 대하여는 고발하지 아니하였는데도 검사는 D들에 대하여 위와 같은 내용의 공소(이하 '이 사건 공소'라 한다)를 제기하였다(이 사건 공소는 당초 약식기소로 이루어졌는데 법원의 정식재판회부로 공판절차를 거치게 된 것으로 D1은 제1자진 신고자, D2는 제2자진 신고자로서 다른 부당공동행위 참가업체에 대한 조사에 협력한 사정이 있다).

그러자 1심은 이 사건 공소제기가 소추요건을 결여한 것으로 법률의 규정에 위반되어 무효라는 이유로 공소기각판결을 선고하였고, 이에 검사가 공정위의 고발에 주관적 불가분의 원칙이 적용되므로 O 등에 대한 고발의 효력이 D들에게도 미친다는 취지의 이유로 항소하였지만 항소심 역시 1심과 같은 취지에서 검사의 항소를 기각하였으며, 이에 검사는 고발불가분의 원칙에 대한 법리오해를 주장하며 상고하였다.

## ★[판지(상고기각)]★

**[공정위의 전속고발에 '고소불가분의 원칙'을 규정한 형사소송법 제233조의 유추적용 여부(부정)]**

공정거래법 제71조 제1항은 '공정거래법 제66조 제1항 제9호 소정의 부당한 공동행위를 한 죄는 공정거래

위원회의 고발이 있어야 공소를 제기할 수 있다'고 규정함으로써 그 소추조건을 명시하고 있다. 반면에 공정거래법은 공정위가 공정거래법위반행위자 중 일부에 대하여만 고발을 한 경우에 그 고발의 효력이 나머지 공정거래법위반행위자에게도 미치는지 여부 즉, 고발의 주관적 불가분원칙의 적용 여부에 관하여는 명시적으로 규정하고 있지 아니하고, 형사소송법(이하 '형소법'이라 한다)도 제233조에서 친고죄에 관한 고소의 주관적 불가분원칙을 규정하고 있을 뿐 고발에 대하여 그 주관적 불가분의 원칙에 관한 규정을 두고 있지 않고 또한 형소법 제233조를 준용하고 있지도 아니하다. 이와 같이 명문의 근거규정이 없을 뿐만 아니라 소추요건이라는 성질상의 공통점 외에 그 고소·고발의 주체와 제도적 취지 등이 상이함에도 불구하고 친고죄에 관한 고소의 주관적 불가분원칙을 규정하고 있는 형소법 제233조가 공정위의 고발에도 유추적용된다고 해석한다면 이는 공정위의 고발이 없는 행위자에 대해서까지 형사처벌의 범위를 확장하는 것으로서, 결국 피고인에게 불리하게 형벌법규의 문언을 유추해석한 경우에 해당하므로 죄형법정주의에 반하여 허용될 수 없다. 상고이유에서 주장하는 것처럼 공정위의 고발권 행사가 자의적으로 이루어질 가능성이나, 부당공동행위에 관한 가담 정도가 중한 자가 자진신고자 또는 조사협조자인 관계로 형사고발이 면제됨으로써 그 가담 정도가 경한 자와의 형평성 문제가 생길 가능성을 부정할 수는 없다 하더라도, 위와 같은 형사법의 대원칙인 '죄형법정주의 원칙' 및 입법자의 입법형성에 관한 재량권이 존중되어야 하는 데다가 공정거래법이 검찰총장의 공정위에 대한 고발요청권을 명시하고 있는 등(제71조 제3항) 전속고발권의 공정한 행사를 위한 제도적 보완책을 마련한 점 등의 사정에 비추어 보면 이와 달리 보기는 어렵다.

## [해설]

### 1. 전속고발과 전속고발제도

일정한 범죄에 대하여 소추기관인 검사의 공소제기에 반드시 전제되어야 하는 특정 행정기관에 의한 고발을 '전속고발'이라고 하고 이렇듯 특정 행정기관에 의한 고발을 소추조건으로 정하는 제도를 '전속고발제도'라 하는데, 이 제도는 특수한 행정영역으로서 법위반 여부, 그 위반의 범죄 여부 및 처벌의 범위 등의 판단에 고도의 전문성이 요구되는 분야에서 도입되어 활용되고 있다. 공정거래법 역시 부당공동행위 등 일부 공정거래법위반죄에 관하여 공정위의 고발을 소추조건으로 정함으로써 위와 같은 전속고발제도를 채택하고 있다. 따라서 전속고발제도가 적용되는 공정거래법위반죄에 관하여 공정위의 전속고발이 없는데도 검사의 공소가 제기된 경우 그 공소는 공소제기의 절차가 법률의 규정에 위반하여 무효인 때에 해당하므로 형소법 제327조 제2호에 의하여 공소기각판결이 선고된다. 그러면 이처럼 전속고발제도가 적용되는 공정거래법위반행위 중 다수의 관련자인 공범의 존재를 필요적 개념요소로 하는 부당공동행위 등에 관하여, 일부 공범에 대하여만 공정위의 전속고발이 있는데도 검사가 그 나머지 공범에 대하여도 공소를 제기하였다면 그 나머지 공범에 대한 공소는 그 제기절차의 위법으로 무효인지 아니면 적법으로 유효한지의 문제가 발생한다. 이는 결국 공정위의 일부 공범에 대한 전속고발의 효력이 나머지 공범에도 미치는지 즉, 고발의 주관적 불가분원칙을 인정할 것인지의 문제로 귀착된다.

### 2. 전속고발과 '고소불가분의 원칙'의 유추적용 여부

공정거래법은 전속고발의 주관적 불가분원칙에 관한 규정을 따로 두고 있지 않다. 한편 형사절차법의 일반법인 형소법 역시 고발에 관한 규정 및 그 준용규정(제234조, 제235조 등)을 두면서도 고소의 주관적 불가분원칙에 관한 규정(제233조)을 준용하고 있지도 않다. 따라서 공정위의 고발에 있어 주관적 불가분원칙의 인정 여부는 공정위의 전속고발에 '고소의 주관적 불가분원칙'을 규정한 형소법 제233조를 유추적용할 수 있는지에 달려있다. 그 유추적용의 가능 여부에 관하여, ① 공정위 고발의 소추조건 해당성, 그 행사에 관한 재량권남용 방지의 필요성, 공범간의 형평성 및 소송경제 등을 논거로 한 유추적용긍정의 입장도 있으나, ② 공정거래

법상 주관적 불가분원칙에 관한 규정을 두지 않고 또 형소법 역시 고발규정에서 주관적 불가분원칙에 관한 고소규정을 준용하지 아니함은 공정위의 전속고발에 주관적 불가분원칙을 적용하지 않겠다는 입법적 결단이고, 그런데도 명문의 규정도 없이 형소법 제233조를 적용함은 피고인에게 불리한 유추해석을 하는 결과가 되어 죄형법정주의에 정면으로 반하고, 공정거래법상 전속고발제도를 둔 취지(헌법재판소 1995. 7. 21. 선고 94헌마136 결정 등 참조) 역시 몰각되며, 공정위의 고발과 친고죄의 고소는 그 주체, 취지 등에서 다르고, 공정거래법이 검찰총장의 고발요청제도를 명시적으로 둔 것은 공정위의 고발에 주관적 불가분원칙이 적용되지 아니함을 전제로 한 것이며, 여러 사정을 참작하여 행정처분으로 족할지 아니면 형사고발까지 할지를 가리는 것이 오히려 실질적인 형평성에 부합하므로, 대법원이 취하는 바와 같이 유추적용부정의 입장이 타당하다.

이로써 대법원이 반의사불벌죄나 다른 전속고발에 있어서 친고죄에 관한 고소의 '주관적 불가분원칙'의 적용을 부정하는 기존의 입장[① 대법원 1994. 4. 26. 선고 93도1689 판결(반의사불벌죄), ② 대법원 1971. 11. 23. 선고 71도1106 판결(관세법상 전속고발), ③ 대법원 1992. 7. 24. 선고 92도78 판결(구 건설업법상 전속고발), ④ 대법원 2004. 9. 24. 선고 2004도4066 판결(조세범처벌법상 전속고발)]과도 논리일관성을 유지하게 되었다.

[참고문헌] 김양섭, 독점규제 및 공정거래에 관한 법률 제71조 제1항이 소추조건으로 명시하고 있는 공정거래위원회의 '고발'에 '고소불가분의 원칙'을 규정한 법 제233조를 유추적용할 수 있는지 여부, 대법원판례해설 제86호(2010 하반기)(2011); 이상현, 공정거래법상 전속고발권에 대한 '고소불가분 원칙'의 적용가능성, 법조 통권 650호(2010. 11.).

**[필자: 김양섭 판사]**

# 4. 정지질문의 법적 성격 ─ 제한적 체포·수색·압수

[대법원 2012. 9. 13. 선고 2010도6203 판결]

**[사안]** D는 2009. 2. 15. 01:20경 술을 마신 후 자전거를 타고 집으로 가던 중, 인천 부평구 부평동 도로 부근에서, 경찰관 P1로부터 "인근 경찰서에서 자전거를 이용한 날치기 범행이 있었으니 검문에 협조해 달라"는 말과 함께 신분증 제시를 요구받았다(경찰관 P1 등은 같은 날 01:00경 부근에서 발생한 날치기사건 용의자의 인상착의 등에 관한 무전지령을 받고 목 검문을 실시 중으로, D의 인상착의가 용의자와 유사하고 진행방향이 용의자의 도주방향과 일치하는 등으로 판단하여 검문을 실시한 것이다). D는 P1의 정지요구를 무시하고 지나치려 하자, P1은 경찰봉 등으로 진행을 제지하고, 재차 검문에 협조할 것을 요구하였다. D는 평소 검문이 이루어지지 않던 장소이고, 자신을 범인으로 취급하여 검문하는 것에 화가 나, P1에게 욕설을 하며, 멱살을 잡아 흔들어 바닥에 넘어뜨리는 등의 폭행을 가하고, 약 3주간의 치료를 요하는 상해를 가하였다. 또한 검문과정에서 P1과 실랑이가 벌어지자, 이를 제지하며 검문 협조를 부탁하는 경찰관 P2, P3에게 욕설을 하였다.

D는 공무집행방해, 상해 및 모욕죄로 기소되고 제1심은 유죄로 판단하였다. D는 불심검문의 적법성을 다투어 항소하였고 항소심은 제1심을 파기, D를 무죄로 판단하였다. 검사가 상고하였다.

**＊[판지(파기환송)]＊**

1. 경찰관직무집행법(이하 '법'이라고만 한다) 제1조는 제1항에서 "이 법은 국민의 자유와 권리의 보호 및 사회공공의 질서유지를 위한 경찰관(국가경찰공무원에 한한다. 이하 같다)의 직무수행에 필요한 사항을 규정함을 목적으로 한다"고 규정하고, 제2항에서 "이 법에 규정된 경찰관의 직권은 그 직무수행에 필요한 최소한도 내에서 행사되어야 하며 이를 남용하여서는 아니 된다"고 규정하고 있다. 한편 법 제3조는 제1항에서 "경찰관은 수상한 거동 기타 주위의 사정을 합리적으로

판단하여 어떠한 죄를 범하였거나 범하려 하고 있다고 의심할 만한 상당한 이유가 있는 자 또는 이미 행하여진 범죄나 행하여지려고 하는 범죄행위에 관하여 그 사실을 안다고 인정되는 자를 정지시켜 질문할 수 있다"고 규정하고, 제2항에서 "그 장소에서 제1항의 질문을 하는 것이 당해인에게 불리하거나 교통에 방해가 된다고 인정되는 때에는 질문하기 위하여 부근의 경찰서·지구대·파출소 또는 출장소(이하 "경찰관서"라 하되, 지방해양경찰관서를 포함한다)에 동행할 것을 요구할 수 있다. 이 경우 당해인은 경찰관의 동행 요구를 거절할 수 있다"고 규정하고 있으며, 제3항에서 "경찰관은 제1항에 규정된 자에 대하여 질문을 할 때에 흉기의 소지 여부를 조사할 수 있다"고 규정하고, ① 제7항에서 "제1항 내지 제3항의 경우에 당해인은 형사소송에 관한 법률에 의하지 아니하고는 신체를 구속당하지 아니하며, 그 의사에 반하여 답변을 강요당하지 아니한다"고 규정하고 있다.

위와 같은 법의 목적, 규정 내용 및 체계 등을 종합하면, ② 경찰관은 법 제3조 제1항에 규정된 대상자에게 질문을 하기 위하여 범행의 경중, 범행과의 관련성, 상황의 긴박성, 혐의의 정도, 질문의 필요성 등에 비추어 그 목적 달성에 필요한 최소한의 범위 내에서 사회통념상 용인될 수 있는 상당한 방법으로 그 대상자를 정지시킬 수 있고 질문에 수반하여 흉기의 소지 여부도 조사할 수 있다.

2. 원심이 인정한 사실관계를 앞서 본 법리에 비추어 살펴보면, 이 사건 ③ 범행 장소 인근에서 자전거를 이용한 날치기 사건이 발생한 직후 검문을 실시 중이던 경찰관들이 위 날치기 사건의 범인과 흡사한 인상착의의 피고인을 발견하고 앞을 가로막으며 진행을 제지한 행위는 그 범행의 경중, 범행과의 관련성, 상황의 긴박성, 혐의의 정도, 질문의 필요성 등에 비추어 그 목적 달성에 필요한 최소한의 범위 내에서 사회통념상 용인될 수 있는 상당한 방법으로 법 제3조 제1항에 규정된 자에 대하여 의심되는 사항에 관한 질문을 하기

위하여 정지시킨 것으로 보아야 한다. 그럼에도 원심은 그 판시와 같은 이유만으로 이 사건 공소사실 중 공무집행방해 부분에 관하여 경찰관들의 불심검문이 위법하다고 보아 무죄를 선고하고 말았으니, 이러한 원심의 판단에는 불심검문의 내용과 한계에 관한 법리를 오해하여 판결 결과에 영향을 미친 위법이 있다.

### [해 설]

#### 1. 행정경찰 및 사법경찰작용 구별론과 구별부인론

종래 경찰관직무집행법의 불심검문(police questioning, police stop)은 사법경찰작용과 구분하여 경찰상 위험예방을 위한 행정경찰작용으로 파악되었다. 이러한 행정경찰 및 사법경찰작용 구별론은 체포·구속 등 강제수사와 구별하여 행정경찰작용에 불과한 불심검문과정의 강제력 사용을 엄격히 금지하고 임의 처분성을 분명히 하여 경찰권 남용을 억제할 수 있는 점에 실익이 있다. 그러나 양자 모두 등가적인 법집행활동으로 구별할 실익이 없다는 지적도 가능하다. 구별론은 오히려 행정경찰작용에 대한 외부적 통제(사법적 통제) 약화와 행정적 수단을 범죄수사에 전용 가능하게 하고 시간적·상황적 단계에 따라 행정경찰 및 사법경찰작용을 명확히 구분할 수 없으며 불심검문이 단순한 수사의 단서 수집이 아니라 초동수사로 이어지면서 범인검거, 증거수집활동에 직결되는 예가 많은 점을 고려할 때, 수사영역을 확대하여 영장주의, 위법수집증거배제법칙 등 사법적 통제장치를 적용하는 것이 보다 타당하다고 주장한다.

#### 2. 불심검문을 위한 정지와 체포·구속의 구별

불심검문 시 경찰관은 피검문자를 '정지시켜' 질문할 수 있다(법 제3조 제1항). 문제는 정지 요구에 응하지 않는 경우이다. 본 판례는 이와 관련한 대법원의 주요 판례로 의미가 있다. 기존 학설에서는 체포 등에 이르지 않을 정도의 강제력('실력'으로 지칭하여 강제와 구분하는 견해도 있다)으로 정지시킬 수 있다는 견해(제한적 허용설 또는 제한설, 실력설)가 경찰실무의 지지와 함께 다수설인데, 동조 제7항에서 불심검문의 성격을 임의적인 것으로 명시하여 어떤 강제력도 행사할 수 없다는 견해(임의설 또는 엄격임의설)도 있다(D를 무죄로 판단한 항소심은 임의설을 취한 것으로 볼 수 있다). 임의설은 현행 경찰관직무집행법에 충실한 해석이지만 불심검문의

취지와 실효성 면에서 지지하기 어려운 면도 있다.

명확하지는 않지만 대법원은 제한적 허용설을 취한 것으로 보인다(판지 ②부분). 아울러 체포(arrest)와, 최소한의 범위에서 사회통념상 허용되는 상당한 방법으로서 불심검문이 허용되는 정지(stop)와의 구별과 관련하여, 형사소송법에 의하지 않는 한 피검문자의 의사에 반하여 구금하거나 답변을 강요할 수 없음을 지적하면서(판지 ①부분) 검문상황을 고려할 때, '피검문자가 검문상태에서 자유롭게 이탈할 수 있었는지 여부'를 정지와 체포의 구별기준으로 판시하여, 미연방대법원이 Florida v. Bostick, 111 S. Ct. 2382(1991)에서 제시한 'free to leave test'와 유사한 판단 기준을 채택한 것으로 보인다.

#### 3. 본 사안의 검토

대법원은 검문과 범행 장소·시간대의 근접성, 피검문자와 용의자의 유사성, 관련 범죄혐의, 검문에 불응한 피검문자의 의사번복을 위하여 진행을 다소 방해한 데 불과한 정지방법(판지 ③부분)의 사용 등을 감안할 때, 피검문자는 여전히 자유롭게 검문상황을 이탈할 수 있었던 것으로 보아 사안의 불심검문을 정당한 법집행으로 결론짓고 있다.

[참고문헌] 우인성, 불심검문의 적법 요건 및 그 내용과 한계, 대법원판례해설 제94호(2012 하반기)(2013); 권창국, 불심검문에 불응한 피검문자에 대한 경찰관의 유형력행사와 한계, 형사정책 제23권 2호(2011. 12.).

[필자: 권창국 교수(전주대)]

# 5. 임의동행과 관련된 '보호조치'의 한계

**대상판결 1**
[대법원 2012. 2. 9. 선고 2011도4328 판결]
**대상판결 2**
[대법원 2012. 12. 13. 선고 2012도11162 판결]

**[사안 1 - 2011도4328]** 피고인은 2009. 11. 3. 00:30경 고양시 일산서구 탄현동 439에 있는 맥도널드 앞 도로의 편도 2차로 중 1차로에서 자신의 차량에 시동을 건 채로 그대로 정차하여 운전석에 잠들어 있다가 신고를 받고 출동하여 자신을 깨우는 경찰관 공소외인에게 욕설을 하며 그를 폭행하였고, 공소외인은 피고인이 술 냄새가 나고, 혈색이 붉으며, 말을 할 때 혀가 심하게 꼬이고 비틀거리며 걷는 등 술에 취한 것으로 보이자 피고인을 경찰관직무집행법 제4조 제1항에 따른 보호조치 대상자로 보아 순찰차 뒷자리에 태운 뒤 일산경찰서 탄현지구대로 데려왔으며, 경찰관들은 피고인이 지구대에 도착한 직후인 2009. 11. 3. 00:47부터 같은 날 01:09까지 피고인에게 3회에 걸쳐 음주측정을 요구하였으나 피고인은 이에 불응하여 구 도로교통법(2011. 6. 8. 법률 제10790호로 개정되기 전의 것. 이하 같다) 제148조의2 제2호 소정의 음주측정불응죄로 기소되었다.

**[사안 2 - 2012도11162]** 화물차 운전자인 피고인이 경찰의 음주단속에 불응하고 도주하였다가 다른 차량에 막혀 더 이상 진행하지 못하게 되자 운전석에서 내려 다시 도주하려 경찰관에게 검거되어 지구대로 보호조치된 후 2회에 걸쳐 음주측정요구를 거부하였다고 하여 도로교통법 위반(음주측정거부)으로 기소되었는데, 당시 피고인이 술에 취한 상태이기는 하였으나 술에 만취하여 정상적인 판단능력이나 의사능력을 상실할 정도에 있었다고 보기 어려운 점, 당시 상황에 비추어 평균적인 경찰관으로서는 피고인이 경찰관직무집행법 제4조 제1항 제1호(이하 '이 사건 조항'이라 한다)의 보호조치를 필요로 하는 상태에 있었다고 판단하지 않았을 것으로 보이는 점, 경찰관이 피고인에 대

하여 이 사건 조항에 따른 보호조치를 하고자 하였다면, 당시 옆에 있었던 피고인의 처(妻)에게 피고인을 인계하였어야 하는데도, 피고인 처의 의사에 반하여 지구대로 데려갔다.

**★[판지 1 - 2011도4328 (상고기각)]★**

**1. 경직법상 보호조치와 도로교통법상 음주측정 요구**

① 경찰공무원은 교통의 안전과 위험방지를 위하여 필요하다고 인정하거나, 운전자가 술에 취한 상태에서 자동차 등을 운전하였다고 인정할 만한 상당한 이유가 있고 운전자의 음주운전 여부를 확인하기 위하여 필요한 경우에는 사후의 음주측정에 의하여 음주운전 여부를 확인할 수 없음이 명백하지 않는 한 운전자에 대하여 구 도로교통법(2011. 6. 8. 법률 제10790호로 개정되기 전의 것) 제44조 제2항에 의하여 음주측정을 요구할 수 있고, 운전자가 이에 불응한 경우에는 같은 법 제148조의2 제2호의 음주측정불응죄가 성립한다. ② 이와 같은 법리는 운전자가 경찰관직무집행법 제4조에 따라 보호조치된 사람이라고 하여 달리 볼 것이 아니므로, 경찰공무원이 보호조치된 운전자에 대하여 음주측정을 요구하였다는 이유만으로 음주측정 요구가 당연히 위법하다거나 보호조치가 당연히 종료된 것으로 볼 수는 없다.

**2. 보호조치된 자에 대한 음주측정 요구의 적법성 여부**

③ 경찰관이 지구대로 보호조치된 피고인에게 음주측정을 요구한 것은 같은 법 제44조 제2항에 따른 것으로서, 위법한 보호조치 상태를 이용하여 음주측정 요구가 이루어졌다는 등의 특별한 사정이 없는 한 이에 불응한 피고인의 행위는 음주측정불응죄에 해당한다고 보아야 한다. ④ 그럼에도 이와 달리 보호조치가 경찰관이 음주측정을 요구할 시점에 이미 종결된 것으로 보아야 한다는 전제 아래 음주측정 요구가 위법한 체포상태에서 이루어진 것으로 보아 음주측정불응죄가 성립하지 아니한다고 볼 수 없다.

## *[판지 2 - 2012도11162 (상고기각)]*

### 1. 적법절차에 위반된 음주측정행위의 강제연행 여부

⑤ 교통안전과 위험방지를 위한 필요가 없음에도 주취운전을 하였다고 인정할 만한 상당한 이유가 있다는 이유만으로 이루어지는 음주측정은 이미 행하여진 주취운전이라는 범죄행위에 대한 증거 수집을 위한 수사절차로서 의미를 가지는데, 도로교통법상 규정들이 음주측정을 위한 강제처분의 근거가 될 수 없으므로 위와 같은 음주측정을 위하여 운전자를 강제로 연행하기 위해서는 수사상 강제처분에 관한 형사소송법상 절차에 따라야 하고, 이러한 절차를 무시한 채 이루어진 강제연행은 위법한 체포에 해당한다. ⑥ 이와 같은 위법한 체포 상태에서 음주측정요구가 이루어진 경우, 음주측정요구를 위한 위법한 체포와 그에 이은 음주측정요구는 주취운전이라는 범죄행위에 대한 증거 수집을 위하여 연속하여 이루어진 것으로서 개별적으로 적법 여부를 평가하는 것은 적절하지 않으므로 일련의 과정을 전체적으로 보아 위법한 음주측정요구가 있었던 것으로 볼 수밖에 없고, 운전자가 주취운전을 하였다고 인정할 만한 상당한 이유가 있다 하더라도 운전자에게 경찰공무원의 이와 같은 위법한 음주측정요구까지 응할 의무가 있다고 보아 이를 강제하는 것은 부당하므로 그에 불응하였다고 하여 음주측정거부에 관한 도로교통법 위반죄로 처벌할 수 없다.

### 2. 위법한 체포에 따른 음주측정요구의 위법성

⑦ 경찰관이 피고인과 피고인 처의 의사에 반하여 피고인을 지구대로 데려간 행위를 적법한 보호조치라고 할 수 없고, 나아가 달리 적법 요건을 갖추었다고 볼 자료가 없는 이상 경찰관이 피고인을 지구대로 데려간 행위는 위법한 체포에 해당하므로, ⑧ 그와 같이 위법한 체포 상태에서 이루어진 경찰관의 음주측정요구도 위법하다고 볼 수밖에 없어 그에 불응하였다고 하여 피고인을 음주측정거부에 관한 도로교통법 위반죄로 처벌할 수 없다.

## [해설]

### 1. 적법한 경찰관직무집행법상 보호조치(제4조 제1항)의 요건

경찰관직무집행법 제4조 제1항 제1호(이하 '이 사건 조항'이라 한다)에서 규정하는 술에 취한 상태로 인하여

자기 또는 타인의 생명·신체와 재산에 위해를 미칠 우려가 있는 피구호자에 대한 보호조치는 경찰 행정상 즉시강제에 해당하므로, 그 조치가 불가피한 최소한도 내에서만 행사되도록 그 발동·행사 요건을 신중하고 엄격하게 해석하여야 한다(대법원 2008. 11. 13. 선고 2007도9794 판결 등 참조). 그러나 적법한 보호조치 요건이 갖추어지지 않았음에도, 경찰관이 실제로는 범죄수사를 목적으로 피의자에 해당하는 사람을 이 사건 조항의 피구호자로 삼아 그의 의사에 반하여 경찰관서에 데려간 행위는, 달리 현행범체포나 임의동행 등의 적법 요건을 갖추었다고 볼 사정이 없다면, 위법한 체포에 해당한다고 보아야 한다.

### 2. 적법한 임의동행과 강제동행의 구별

수사상 임의동행이란 피의자신문을 위한 보조수단으로서 수사기관이 피의자의 동의를 얻어 피의자와 수사기관까지 동행하는 것을 말하는데, 위 사안2의 경우 적법한 절차(경직법 제4조의 보호조치)에 따르지 않은 임의동행은 그 자체가 위법한 강제수사인 체포에 해당하고, 위법한 체포에 따른 음주측정요구 또한 위법하다고 보아야 한다. 임의동행과 강제동행의 구별은 ⓐ 동행의 시각, ⓑ 경찰관의 수 또는 태도 등 동행의 방법, ⓒ 동행 후의 신문방법, ⓓ 식사, 휴식, 용변의 감시, ⓔ 퇴거의 희망이나 동행거부의 유무 등을 종합하여 판단해야 한다.

### 3. 사안 1과 사안 2의 차이점

사안 1의 경우 피고인은 적법한 절차에 따른 보호조치에 의해 음주측정요구를 받았으므로 이에 불응한 것은 음주측정불응죄에 해당하지만, 사안 2의 경우에는 위법한 절차에 따른 것이므로 음주측정불응죄에 해당하지 않는다.

[참고문헌] 심희기·양동철, 보호조치(경찰행정상 즉시강제) 상태에서의 음주측정요구의 적법성, 형사소송법판례150선, 홍문사, 2014; 권덕진, 경찰관직무집행법 제4조의 보호조치 요건, 피고인을 지구대로 데려간 행위가 보호조치의 요건을 갖추지 못하여 위법한 체포에 해당하는 경우 도로교통법위반(음주측정거부)죄, 공무집행방해죄가 성립하지 않는다고 판단한 사례, 대법원판례해설 94호 (2012 하반기).

[필자: 이경재 교수(충북대)]

# 6. 위법한 함정수사

[대법원 2005. 10. 28. 선고 2005도1247 판결]

**[사안]** 1. D2는 중국 심양시 이하 불상지에서 D1로부터 "히로뽕 100g을 구해달라"는 부탁을 받고 이를 승낙한 뒤 그 시경 D1로부터 대금 360만원을 교부받고, 자신의 돈 180만원을 합하여 합계 540만원을 준비한 다음, 중국 북경시 이하 불상지에서 조선족인 김 명 불상자로부터 마약류인 메스암페타민(일명 '히로뽕') 약 87.03g을 540만원에 매수하고, 중국 북경시 건통호텔 505호실에서 D1에게 위와 같이 구입한 히로뽕 약 87.03g을 건네주어 이를 교부한 혐의로, D1은 D2로부터 히로뽕 약 87.03g을 교부받아 이를 수수하고, 중국 북경시 북경공항 화장실에서 위와 같이 교부받은 히로뽕 중 약 87g을 콘돔 속에 넣어 자신의 음부 속에 삽입·은닉한 다음 위 공항을 출발하는 한국행 중국 국제항공 123편에 탑승하여 인천국제공항 출입국 및 세관검색대를 통과하여 이를 밀수입한 혐의로 각 기소되었다.

2. D1, D2는 본래 범의가 없었으나 검찰 마약반 정보원에 의한 함정수사로 범행을 저지르게 되었다고 주장하였으나 1심 및 항소심에서는 모두 유죄가 선고되었고, 이에 따른 상고심에서 대법원(2004. 5. 14. 선고 2004도1066 판결)은 '원래 중국까지 가서 히로뽕을 매입하여 밀수입할 의도가 없었던 피고인들이 수사기관의 사술이나 계략에 의하여 범의를 일으켜 이 사건 범행을 결행하게 되었을 가능성을 완전히 배제할 수 없으므로 원심(항소심) 법원으로서는 ① 녹취서 기재 내용의 진위 여부, ② 마약정보원 A 및 서울지검 마약반 계장이 그와 같은 각 금원을 송금 및 교부한 경위, ③ 피고인들이 마약정보원 A의 부탁에 의해 위와 같이 히로뽕을 매수하여 밀수입한 것이 아니라면 어떤 경위로 마약정보원 A가 피고인들의 히로뽕 밀수입 시간 및 방법까지 소상히 알게 되었는지, ④ 피고인들을 체포한 것이 마약정보원 A의 제보에 의한 것임에도 위 마약반 계장은 왜 마약정보원 B의 제보에 의한 것이라고 공적 보고서를 작성한 것인지, ⑤ 검찰이 마약정보원 B를

도와주려 하고 있으니 그 재료를 구해 달라는 이야기를 마약정보원 A로부터 듣지 않았다면 피고인들이 그와 같은 내용을 어떤 경위로 알게 된 것인지 등에 대하여 녹취서의 기본이 되는 녹음테이프에 대한 증거조사, 마약정보원 등에 대한 증인신문, 검찰에 대한 석명 등을 통하여 확인하여 과연 피고인들이 수사기관의 사술에 의하여 이 사건 범행을 할 범의를 일으켰는지에 관하여 판단을 하였어야 할 것임에도 이러한 점들에 대하여 심리가 미진함에도 불구하고 원심은 피고인들의 범의가 수사기관의 함정수사에 의하여 비로소 유발된 것으로 볼 수 없다고 단정지어 피고인들의 함정수사 주장을 배척하였는바, 이와 같은 원심의 조치에는 심리를 다하지 아니하였거나 함정수사에 관한 법리를 오해한 위법이 있다'고 파기환송하였다.

3. 환송 후 원심(항소심)은 환송판결의 취지에 따라 메스암페타민 수수, 수입 공소사실에 대하여는 심리를 거쳐 공소기각판결을 선고하고 메스암페타민 투약 공소사실은 유죄로 인정하였고 피고인이 상고하였지만 대법원의 상고기각으로 확정되었다.

**★[판지]★**

1. 범의를 가진 자에 대하여 단순히 범행의 기회를 제공하거나 범행을 용이하게 하는 것에 불과한 수사방법이 경우에 따라 허용될 수 있음은 별론으로 하고, 본래 범의를 가지지 아니한 자에 대하여 수사기관이 사술이나 계략 등을 써서 범의를 유발케 하여 범죄인을 검거하는 함정수사는 위법함을 면할 수 없고, 이러한 함정수사에 기한 공소제기는 그 절차가 법률의 규정에 위반하여 무효인 때에 해당한다.

2. 원심은, "이미 범의를 가지고 있던 피고인들의 범행에 관한 정보를 알아내어 검거하였을 뿐이라는 취지의 검찰 마약수사주사 O1과 제보자 O2의 각 진술은 믿기 어렵고, 오히려 원래 중국까지 가서 메스암페타민을 구해 올 생각이 없었는데 O1과 O2의 함정수사를 위한 이른바 '작업'에 의하여 비로소 이 사건 범행에

대한 범의를 일으켰다고 하는 피고인들의 진술이 더 신빙성이 있을 뿐 아니라, O2의 유발행위 이전부터 피고인들에게 메스암페타민을 중국으로부터 수입하려는 구체적인 범의가 있었다거나 D1이 예정했던 것보다 하루 일찍 인천공항을 통해 귀국한 것만으로 O1, O2와 같이 계획했던 것과는 별개의 범의를 일으켜 메스암페타민 수입 범행을 감행하였다고 볼 수 없다"고 판단하여, 결국 "이 부분 공소는 범의를 가지지 아니한 사람에 대하여 수사기관이 범행을 적극 권유하여 범의를 유발케 하고 범죄를 행하도록 한 뒤 범행을 저지른 사람에 대하여 바로 그 범죄행위를 문제 삼아 공소를 제기하는 것으로서 적법한 소추권의 행사로 볼 수 없으므로, 형사소송법 제327조 제2호에 규정된 공소제기의 절차가 법률의 규정에 위반하여 무효인 때에 해당한다"며 공소기각 판결을 선고하였다.

3. 원심의 위와 같은 사실인정과 판단은 모두 정당하여 수긍이 간다.

## [해 설]

### 1. 함정수사의 위법성 판단기준

주관설은 함정수사의 대상인 피유인자의 주관 내지 내심의 의사를 기준으로 기회제공형의 함정수사는 적법하고 범의유발형의 함정수사는 위법하다고 보는 견해이고, 객관설은 수사기관 등 함정수사의 유인자가 피유인자를 함정에 빠뜨릴 때에 취한 행동에 중점을 두어 객관적으로 유인자의 행위가 통상의 일반인도 범죄를 저지르게 할 정도의 설득 내지 유혹의 방법을 사용한 경우에는 위법하다는 견해이고, 종합설은 주관적 기준과 객관적 기준을 종합하여 판단해야 한다는 입장에서 범의유발형의 함정수사는 원칙적으로 위법하지만 범죄의 태양, 함정수사의 필요성, 법익의 성질, 남용의 위험성 등을 종합하여 함정수사의 한계를 정해야 한다는 견해이다.

피유인자의 주관만 보고 위법의 유무를 구별할 수는 없는 것이지만 피유인자의 입장도 고려하지 않을 수 없으므로 주관적 기준과 객관적 기준을 종합하여 판단하여야 한다는 종합설이 타당하다. 판례도 기본적으로 종합설의 입장을 계속 취하고 있지만(대법원 2013. 3. 28. 선고 2013도1473 판결 등) 수사기관의 직접관련성의 정도가 결정적으로 중요한 요소인 것으로 평가된다.

### 2. 위법한 함정수사에 대한 판단

공소가 제기된 사건이 비록 함정수사에 의한 것이라고 하여도 위법하지 않은 경우에 법원은 그 공소사실에 대해서 실체판단 등을 하면 되지만 만일 위법한 함정수사에 의한 것으로 평가되는 경우에는 법원이 어떤 판단을 하여야 하는지(법적 효과)에 대하여 학설은 불가벌설과 가벌설로 나뉘고, 다시 불가벌설은 무죄판결설과 공소기각설로 나뉜다. 무죄판결설은 함정수사에 의한 행위는 위법성이나 책임 등의 범죄성립요건을 조각하거나 범죄사실의 증명이 없어 처벌할 수가 없다는 견해이고, 공소기각설은 함정수사에 의한 공소는 적정절차에 위배되는 수사에 의한 공소이므로 공소제기의 절차가 법률의 규정에 위반하여 무효인 때에 해당하여 공소기각의 판결을 선고하여야 한다는 견해이며, 가벌설은 함정수사의 위법성과 그 가벌성은 별개의 문제라고 하면서 피유인자의 자유로운 의사로 범죄를 실행한 이상 실체법상 처벌할 수 있다는 견해이다.

대법원은 공소기각설의 입장이 확고하지만 논리적으로 함정수사의 위법성이 공소제기의 위법성으로 연결되지 못한다는 문제점이 지적되고 있다. 최근 함정에 빠진 피고인이 범죄를 저질렀다고 하여도 위법한 함정수사를 통해 수집된 증거와 2차적으로 획득한 증거에 대해 모두 그 증거능력을 부정하여 결국 피고인에게 유죄를 인정할 증거가 없어서 무죄를 선고할 수가 있다는 견해가 무죄판결설의 입장에서 주장되고 있기도 하다.

[참고문헌] 박이규, 위법한 함정수사에 기하여 제기된 공소의 처리(대법원 2005. 10. 28. 선고 2005도1247 판결), 대법원판례해설 통권 제59호(2006).

[필자: 이창현 교수(한국외국어대)]

# 7. 사진촬영의 적법요건

[대법원 1999. 9. 3. 선고 99도2317 판결*주]

**[사안]** 국가정보원은 O 등에 대한 국가보안법위반상의 반국가단체의 구성, 회합·통신 등의 혐의가 상당히 포착된 상태에서 그 회합의 증거를 보전하기 위하여 O의 집 주변을 비디오촬영하기로 하였다. O의 집은 폭 7미터 정도의 이면도로에 접하여 있는 다가구주택인 2층 건물의 2층 중 일부로서 그 건물 1층에는 집주인이, 2층에는 O와 다른 1세대가 각 거주하고 있으며, O와 그 옆 세대는 2층 계단을 통하여 출입하고, 위 건물의 모든 세대는 한 개의 대문을 통하여 출입하고 있으며, 2층의 각 세대의 현관으로 들어가는 통로나 계단의 일부가 외부의 이면도로에서 비교적 쉽게 관망되고, 위 건물에 인접하여 유사한 형태의 건물들이 밀접되어 있어 다른 건물에서도 O의 현관입구나 계단이 비교적 쉽게 관망될 수 있는 건물구조로 되어 있었다. 이에 국가정보원은 O의 집 외부에서 담장 밖 및 2층 계단을 통하여 D 등이 O의 집을 방문하기 위하여 2층 계단을 오르는 장면, 방문을 마치고 현관을 나와 계단을 내려가는 장면, O와 O의 처가 집에 들어오기 위하여 대문을 지나 2층 계단을 오르는 장면을 촬영하였다.

**\*[판지]\***

누구든지 자기의 얼굴, 기타 모습을 함부로 촬영당하지 않을 자유를 가지나 이러한 자유도 국가권력의 행사로부터 무제한으로 보호되는 것은 아니고 국가의 안전보장·질서유지·공공복리를 위하여 필요한 경우에는 상당한 제한이 따르는 것이고, 수사기관이 범죄를 수사함에 있어 현재 범행이 행하여지고 있거나 행하여진 직후이고, 증거보전의 필요성 및 긴급성이 있으며, 일반적으로 허용되는 상당한 방법에 의하여 촬영을 한 경우라면 위 촬영이 영장 없이 이루어졌다 하여 이를 위법하다고 단정할 수 없다.

기록에 의하면, 이 사건 비디오촬영은 피고인들에 대한 범죄의 혐의가 상당히 포착된 상태에서 그 회합의 증거를 보전하기 위한 필요에서 이루어진 것이고 O의 주거지 외부에서 담장 밖 및 2층 계단을 통하여 O의 집에 출입하는 피고인들의 모습을 촬영한 것으로 그 촬영방법 또한 반드시 상당성이 결여된 것이라고는 할 수 없다. 위와 같은 사정 아래서 원심이 이 사건 비디오 촬영행위가 위법하지 않다고 판단하고 그로 인하여 취득한 비디오테이프의 증거능력을 인정한 것은 정당하고 거기에 영장 없이 촬영한 비디오테이프의 증거능력에 관한 해석을 그르친 잘못이 있다고 할 수 없다[다만, 위 비디오테이프만으로 피고인들에 대한 공소사실을 유죄로 인정할 수 있는가(증명력이 있는가)는 별개의 문제이다].

**[해설]**

### 1. 사진촬영의 강제처분성

사진(비디오)촬영은 그 자체로는 검증으로서의 성질을 가지는데, 임의처분인지 강제처분인지에 대하여는 학설의 대립이 있다. 본 판결은 이에 대하여 정면으로 언급하지 않고, 후술하는 일정한 허용(적법)요건을 충족하는 한 영장 없이 사진촬영할 수 있다고 판시하였다. 본 판결에 대하여는 허용요건을 충족하는 한 임의수사로 인정한 것이라고 평가하는 견해(이완규, 형사소송법연구 Ⅱ, 215면)도 있고, 강제수사를 전제로 한 것이라고 평가하는 견해(이재상, 형사소송법, §18/31)도 있다.

사진촬영을 강제처분인 검증이라고 한다면 강제수사법정주의와 영장주의에 의하여 검증영장이 없는 한 행할 수 없는 것이 원칙이다. 그러나 사진촬영은 전통적·고전적 강제처분에 포함되지 않는 새로운 과학적 수사방법이라는 점에서 일정한 허용요건을 충족하면 영장 없이 할 수 있다고 해석하여야 할 것이다. 그리고 임의처분이라고 하더라도 사진촬영의 성질상 언제나 허용되는 것이 아니라 위 요건을 충족해야만 허용된다. 결국 중요한 것은 사진촬영이 강제처분이냐 임의처분이냐 하는 것보다는 사진촬영이 허용되는 요건이 무엇인가 하는 점이다.

## 2. 사진촬영의 허용요건

본 판결은 ① 범죄가 현재 행하여지고 있거나 행하여진 직후이고(범죄의 현행성), ② 그 범죄의 성질·태양으로 보아 긴급하게(긴급성), ③ 증거보전을 할 필요가 있는 상태에서(증거보전의 필요성), ④ 일반적으로 허용되는 한도를 넘지 않는 상당한 방법에 의할 것(촬영방법의 상당성)을 그 허용요건으로 제시하고 있다. 일본 판례가 제시하는 허용요건도 마찬가지이다[最大判 1969. 12. 24. 刑集 23·12·1625(京都府學連事件)].

①의 범죄의 현행성 요건에 대하여 본 판결은 '현재 범행이 행하여지고 있거나'[예: 불법시위현장촬영, 무인장비에 의한 제한속도 위반차량촬영(대법원 1999. 12. 7. 선고 98도3329 판결)] '행하여진 직후'라고 판시하고 있다. 그런데 이 요건을 엄격하게 해석·적용하면 사진촬영이 허용되는 경우가 지나치게 제한된다. 이는 당해 사안이 촬영이라는 수사수단을 사용해야 할 일반적 필요성이 고도로 인정되는 한 장면을 예시한 것일 뿐, 촬영이 그 경우에만 허용된다는 것을 의미하는 것은 아니다. 범죄의 현행성 요건은 구체적 사안에서 범죄의 중대성과 다른 허용요건의 충족 여부를 함께 고려하면서 이를 완화하여 해석할 필요가 있다. 판례도 일본 또는 중국에서 반국가단체의 구성원과 회합하기 '직전'에 촬영한 행위가 적법하다고 판시하여(대법원 2013. 7. 26. 선고 2013도2511 판결: 왕재산사건) 현행성의 범위를 다소 넓게 해석하고 있다. 본 판결의 사안에서는 국가보안법상의 회합이 이루어지고 있는 상태를 포함하여 그 직전과 직후를 촬영한 것이므로 범죄의 현행성 요건은 충족된다. 그런데 본 판결에서 이러한 상황을 설시하지 않고 단지 '범죄의 혐의가 상당히 포착된 상태'라고만 설시하고 있는 점에 주목할 필요가 있다. 일본 판례 중에는 강도살인사건에서 '피고인이 범인이라는 의심을 가질 합리적인 이유'가 있는 경우에 현금자동지급기의 방범카메라에 찍힌 인물과 피고인과의 동일성을 판단하기 위하여 길거리에서 피고인의 용모를 무단으로 촬영하는 행위는 적법하다고 판시한 것(最決 2008. 4. 14. 刑集 62·5·1398)이 있는데, 본 판결도 이와 마찬가지로 범죄의 현행성 요건을 '현재 범행이 행하여지고 있거나 행하여진 직후'라는 요건보다는 다소 완화하고 있는 것으로 해석할 여지가 있다.

②의 긴급성 요건과 ③의 증거보전의 필요성 요건은 합하여 하나의 요건으로 보기도 하는데(대법원 1999. 12. 7. 선고 98도3329 판결), 형사소송법 제199조 제1항의 '수사에 관하여 그 목적을 달성하기 위한 필요성'이나 비례성의 원칙에 의한 제약이라고 할 수 있다. 본 판결은 주거지에 출입하는 사람을 장기간에 걸쳐 촬영하였음에도 긴급성과 상당성의 요건을 충족하였다고 판시하였다. 이런 점에서 본 판결의 적법성에 의문을 나타내는 견해(이재상, 형사소송법, §18/31 주1)도 있다.

그리고 ④의 촬영방법의 상당성 요건은 수사목적의 달성을 위한 사진촬영의 필요성과 대상자의 함부로 촬영당하지 않을 자유에 대한 침해·제약의 내용과 정도와의 합리적인 균형을 고려하여 판단해야 할 것이다. 이때, 개인의 사적 공간에서의 촬영이냐, 공개된 장소에서의 촬영이냐 하는 것도 중요한 기준이 될 것이다. 본 판결의 사안에서는 주거지 외부에서 담장 밖 및 2층 계단을 통하여 그 집에 출입하는 피고인들의 모습을 촬영한 것이므로 촬영방법의 상당성이 인정된다. 대법원 2013. 7. 13. 선고 2013도2511 판결은 "그 촬영장소도 차량이 통행하는 도로 또는 식당 앞길, 호텔 프런트 등 공개적인 장소인 점 등을 알 수 있으므로, 이러한 촬영이 일반적으로 허용되는 상당성을 벗어나는 방법으로 이루어졌다거나, 영장 없는 강제처분에 해당되어 위법하다고 볼 수 없다"고 판시하고 있다.

*주) 영남위원회사건인데 영남위원회사건 판결로는 본 판결 외에 대법원 1999. 9. 3. 선고 99도2318 판결(공보불게재)이 있다.

[참고문헌] 권창국, 수사기법으로서 사진촬영에 관한 문제점의 검토, Jurist 378호(2002. 3.).

[필자: 조균석 교수(이화여대)]

# 8. 적법절차와 영장주의

[헌법재판소 2012. 6. 27. 선고 2011헌가36 결정]

[**사안**] 제청법원은 D에 대한 성폭력범죄의처벌 및 피해자보호등에 관한 법률위반(특수강도강간등) 등 사건 [서울북부지방법원 2011고합77, 264(병합), 2011전고9(병합)]에서 원심법원이 2011. 9. 19. D에 대하여 'D의 모친상을 이유로 2011. 9. 20.까지 구속의 집행을 정지한다'는 결정을 하였으나, 같은 날 검사가 법 제101조 제3항에 따라 위 구속집행정지결정에 불복하여 즉시항고를 제기함으로써 그 결정의 집행이 정지된 채 제청법원에 이르게 되자, 2011. 10. 26. 직권으로 형사소송법(1973. 1. 25. 법률 제2450호로 개정된 것) 제101조 제3항(이하 '이 사건 법률조항'이라 한다)에 대하여 위헌법률심판을 제청하였다.

★[결정요지(위헌)]★

"법원이 피고인의 구속 또는 그 유지 여부의 필요성에 관하여 한 재판의 효력이 검사나 다른 기관의 이견이나 불복이 있다 하여 좌우되거나 제한받는다면 이는 영장주의에 위반된다고 할 것인바, 구속집행정지결정에 대한 검사의 즉시항고를 인정하는 '이 사건 법률조항'은 검사의 불복을 그 피고인에 대한 구속집행을 정지할 필요가 있다는 법원의 판단보다 우선시킬 뿐만 아니라, 사실상 법원의 구속집행정지결정을 무의미하게 할 수 있는 권한을 검사에게 부여한 것이라는 점에서 헌법 제12조 제3항의 영장주의원칙에 위배된다. 또한 헌법 제12조 제3항의 영장주의는 헌법 제12조 제1항의 적법절차원칙의 특별규정이므로, 헌법상 영장주의원칙에 위배되는 '이 사건 법률조항'은 헌법 제12조 제1항의 적법절차원칙에도 위배된다."

[**해설**]

이 사안의 쟁점은 법원의 구속집행정지결정에 대하여 검사가 즉시항고할 수 있도록 한 법 제101조 제3항이 헌법상 영장주의 및 적법절차원칙에 위배되는지 여부이다. 따라서 이 사건의 심판 대상은 법 제101조 제3항이다.

## 1. 제청법원의 위헌제청 이유와 법무부장관의 의견 요지

### (1) 제청법원의 위헌제청 이유

'이 사건 법률조항'에 의하여 검사가 즉시항고를 제기하는 경우, 구속 여부에 관한 전권을 가지는 법관으로 구성된 법원이 영장주의에 의하여 구속을 유지하여야 할 필요성 유무를 스스로 판단하여 결정한 구속집행정지결정의 효력이 즉시항고 재판이 확정될 때까지 무조건 정지되는 결과가 된다. 그런데 이것은 당해 피고인에 대한 구속집행정지결정이 부당하다는 검사의 불복을 그 피고인에 대한 구속집행을 계속할 필요가 없다는 법원의 판단보다 우선시킴으로써 헌법 제12조 제1항, 제3항에 규정된 영장주의와 적법절차의 원칙에 위배되고 헌법 제37조 제2항의 과잉금지원칙에 위반된다.

### (2) 법무부장관의 의견 요지

구속집행정지결정에 대하여 검사가 즉시항고를 하는 것은 강제처분이 아니고 입법형성권의 자의적 행사가 아니므로 영장주의에 위배되지 않으며, 구속집행정지결정에 대한 검사의 즉시항고는 피고인의 도주, 증거인멸, 재범 등을 방지하기 위하여 공익의 대변자이자 수사, 소추와 형벌집행의 담당자인 검사가 합리적 의심이 있는 경우 상급법원의 판단을 받을 수 있도록 하는 제도로서 합리성이 있으므로 헌법상 적법절차의 원칙에 위배되지 않는다.

## 2. 헌법재판소의 '이 사건 법률조항'의 위헌 여부에 대한 결정이유

### (1) 헌법 제12조 제3항의 영장주의의 본질

헌법은 제12조 제3항에서 '체포·구속·압수 또는 수색을 할 때에는 적법한 절차에 따라 검사의 신청에 의하여 법관이 발부한 영장을 제시하여야 한다'고 규정하여 적법절차의 원칙과 함께 영장주의를 밝히고 있다.

수사단계이든 공판단계이든 수사나 재판의 필요상 구속 등 강제처분을 하지 않을 수 없는 경우가 있게 마련이지만 강제처분을 받는 피의자나 피고인의 입장에서는 심각한 기본권의 제한을 받게 된다. 이에 영장주의는 인신의 자유를 제한하는 강제수사의 경우 사법권 독립에 의하여 신분이 보장되는 법관의 사전적·사법적 억제를 통해 수사기관의 강제처분 남용을 방지하고 국민의 기본권을 보장하는 것을 그 본질로 한다(헌법재판소 1997. 3. 27. 선고 96헌바28등 결정, 판례집 9-1, 313, 320~321; 헌법재판소 2004. 9. 23. 선고 2002헌가17등 결정, 판례집 16-2상, 379, 388 참조). 즉 영장주의의 본질은 강제수사의 요부 판단권한을 수사의 당사자가 아닌 인적·물적 독립을 보장받는 제3자인 법관에게 유보하는 것으로서, 법치국가의 사법질서 확립을 위해서는 수사절차에서의 사법통제가 반드시 필요한 것임을 선언한 것이다.

(2) '이 사건 법률조항'의 영장주의 위배 여부

법원이 피고인의 구속 또는 그 유지 여부의 필요성에 관하여 한 재판의 효력이 검사나 다른 기관의 이견이나 불복이 있다 하여 좌우되거나 제한받는다면 이는 영장주의에 위반된다고 할 것이다. 그런데 구속집행정지는 법원이 직권으로 결정하는 것으로서, 구속집행정지 사유들은 한시적인 경우가 많아 그 시기를 놓치게 되면 피고인에게 집행정지의 의미가 없어지게 된다는 점을 고려하면, '이 사건 법률조항'은 검사의 즉시항고에 의한 불복을 그 피고인에 대한 구속집행을 정지할 필요가 있다는 법원의 판단보다 우선시킬 뿐만 아니라, 사실상 법원의 구속집행정지결정을 무의미하게 할 수 있는 권한을 검사에게 부여한 것이라는 점에서 영장주의의 본질에 반하여 헌법 제12조 제3항의 영장주의원칙에 위배된다.

(3) 헌법 제12조 제1항의 적법절차원칙 위배 여부

헌법은 제12조 제1항에서 신체의 자유의 보장과 적법절차의 원칙을 선언하고 같은 조 제3항에서 체포·구속 등에 있어서 '적법한 절차에 따라' 법관이 발부한 영장에 의할 것을 천명하고 있다. 헌법상 적법절차의 원칙은 국가작용으로서 기본권 제한과 관련되든 아니든 모든 입법작용 및 행정작용에도 광범위하게 적용되는 것으로서(헌법재판소 2001. 11. 29. 선고 2001헌바41 결정, 판례집 13-2, 699, 703~704), 법률이 정한 형식적 절차와 실체적 내용이 모두 합리성과 정당성을 갖춘 적정한 것이어야 한다는 실질적 의미를 지니고 있으며,

형사소송절차와 관련하여서는 형사소송절차의 전반을 기본권보장의 측면에서 규율하여야 한다는 기본원리를 천명하고 있는 것으로 이해된다(헌법재판소 1996. 12. 26. 선고 94헌마1 결정, 판례집 8-2, 808, 819 참조). 따라서 헌법 제12조 제1항은 적법절차원칙의 일반조항이고, 제12조 제3항의 적법절차원칙은 기본권 제한 정도가 가장 심한 형사상 강제처분의 영역에서 더욱 기본권을 강하게 보장하려는 의지를 담아 중복 규정된 것이라고 해석함이 상당하다. 이와 같이 본다면, 이 사건 법률조항은 헌법 제12조 제1항의 적법절차원칙의 특별규정인 헌법 제12조 제3항의 영장주의원칙에 위배되고, 헌법 제12조 제1항의 적법절차원칙에도 위배된다.

3. 논평

헌법 제12조 제1항은 적법절차의 일반원칙을 선언하고 있고, 제12조 제3항은 적법절차의 원칙과 함께 영장주의를 밝히고 있다. 생각건대 구속영장의 집행정지는 영장주의를 전제로 하는 것으로서, 피고인에 대한 법원의 구속집행정지결정이 검사의 즉시항고로 인하여 즉시 석방의 효과를 발생시키지 못하고 피구금자의 신체의 자유가 계속 제한을 받는다면 이는 인신구속의 전제가 되는 헌법 제12조 제3항의 영장주의의 원칙에 위배된다고 판단된다.

[참고문헌] 고시면, 법원의 (모친상 등을 이유로 한) 구속집행정지결정에 대한 검사의 즉시항고(형사소송법 제101조 제3항, 경우에 따라서는 군사법원법 제141조 제4항 등)의 위헌 여부, 사법행정 53권 10호(통권 622호)(2012).

[필자: 송광섭 교수(원광대)]

# 9. 긴급체포의 요건

**[대법원 2002. 6. 11. 선고 2000도5701 판결]**

**[사안]** 검사는 1999. 11. 29. D1에게 뇌물을 주었다는 D3 및 관련 참고인들의 진술을 먼저 확보한 다음, 현직 군수인 D1을 소환·조사하기 위하여 검사의 명을 받은 검찰주사보 P가 1999. 12. 8. 16:40경 경기 광주읍 소재 광주군청 군수실에 도착하였으나 D1이 군수실에 없어 도시행정계장인 O에게 군수의 행방을 확인하였더니, D1이 검사가 자신을 소환하려 한다는 사실을 미리 알고 자택 옆에 있는 초야농장 농막에서 기다리고 있을 것이니 수사관이 오거든 그곳으로 오라고 하였다고 하므로, 같은 날 17:30경 P가 O와 같이 위 초야농장으로 가서 그 곳에서 수사관을 기다리고 있던 D1을 긴급체포하고, 그 후 같은 달 11. 구속영장을 발부받을 때까지 D1을 유치하면서 검사가 같은 달 9.과 10.에 피의자신문조서를 각 작성하였고 이 사건 긴급체포서에는 긴급체포의 사유로서 '긴급체포치 않으면 증거인멸 및 도주우려 있음'이라고만 기재되어 있을 뿐이고 왜 그러한 결론에 이르게 되었는지에 대하여는 아무런 설명이 없었다. 이후 검사는 D1을 뇌물수수죄로, D3을 뇌물공여죄로 기소하였다.

**★[판지]★**

1. 긴급체포는 영장주의원칙에 대한 예외인 만큼 형사소송법 제200조의3 제1항의 요건을 모두 갖춘 경우에 한하여 예외적으로 허용되어야 하고, 요건을 갖추지 못한 긴급체포는 법적 근거에 의하지 아니한 영장 없는 체포로서 위법한 체포에 해당하는 것이다. 여기서 긴급체포의 요건을 갖추었는지 여부는 사후에 밝혀진 사정을 기초로 판단하는 것이 아니라 체포 당시의 상황을 기초로 판단하여야 하고, 이에 관한 검사나 사법경찰관 등 수사주체의 판단에는 상당한 재량의 여지가 있다 할 것이나, 긴급체포 당시의 상황으로 보아서도 그 요건의 충족 여부에 관한 검사나 사법경찰관의 판단이 경험칙에 비추어 현저히 합리성을 잃은 경우에는 그 체포는 위법한 체포라 할 것이고, 이러한 위법은 영장주의에 위배되는 중대한 것이니 그 체포에 의한 유치 중에 작성된 피의자신문조서는 위법하게 수집된 증거로서 특별한 사정이 없는 한 이를 유죄의 증거로 할 수 없는 것이다.

2. D1은 현직 군수직에 종사하고 있어 검사로서도 D1의 소재를 쉽게 알 수 있었고, 1999. 11. 29. D3의 위 진술 이후 시간적 여유도 있었으며, D1도 도망이나 증거인멸의 의도가 없었음은 물론, 언제든지 검사의 소환조사에 응할 태세를 갖추고 있었고, 그 사정을 P로서도 충분히 알 수 있었다 할 것이어서, 위 긴급체포는 그 당시로 보아서도 형사소송법 제200조의3 제1항의 요건을 갖추지 못한 것으로 쉽게 보여져 이를 실행한 검사 등의 판단이 현저히 합리성을 잃었다고 할 것이므로, 이러한 위법한 긴급체포에 의한 유치 중에 작성된 이 사건 각 피의자신문조서는 이를 유죄의 증거로 하지 못한다고 할 것이다.

3. 같은 취지에서 원심이 검사 작성의 D1에 대한 각 피의자신문조서의 증거능력을 부인한 판단은 정당하고, 거기에 긴급체포의 요건 및 증거능력에 관한 법리오해의 위법이 없다.

**[해설]**

위 판례는 긴급체포의 요건에 해당하지 않음에도 불구하고 긴급체포한 것은 위법하고 위법한 긴급체포 상태에서 작성한 피의자신문조서는 위법수집증거로서 증거능력이 없다고 인정한 판결로서 그 의미가 있는데, 긴급체포의 요건과 요건에 대한 판단기준이 주요 논의의 대상이 되고 있다.

## 1. 긴급체포의 요건

긴급체포의 요건을 구체적으로 살펴보면 먼저 ① 중범죄 혐의의 상당성이 인정되어야 한다. 피의자가 사형·무기 또는 장기 3년 이상의 징역이나 금고에 해당하는 죄를 범하였다고 의심할 만한 상당한 이유가 있어야 한다. '사형·무기 또는 장기 3년 이상의 징역이나 금고'는 법정형을 의미하고 이에 해당하는 범죄는 우리 형사법에서 매우 높은 비율을 차지하고 있는 관계로 긴급체포의 요건으로서 큰 의미를 부여하기는 어렵다. 그리고 '죄를 범하였다고 의심할 만한 상당한 이유'에서 범죄의 혐의란 수사기관의 주관적 혐의이지만 특정한 범죄에 관한 혐의이어야 하고 '상당성'과 관련한 범죄혐의의 정도는 체포와 구속의 경우에 범죄혐의의 상당성에 차이가 없어 동일하게 피의자가 죄를 범하였음을 인정할 수 있는 고도의 개연성 내지 충분한 혐의가 있어야 한다는 견해도 있지만 체포와 구속의 차이에 따라 긴급체포에 있어서의 범죄혐의는 체포영장에 의한 체포에 있어서와 같이 구속의 요건에서보다는 낮은 정도의 개연성만으로도 가능하다고 보아야 할 것이다. 다음에 ② 체포의 필요성이 인정되어야 한다. 즉, 피의자가 증거를 인멸할 염려가 있거나 도망할 우려가 있어야 하는데 이러한 체포의 필요성은 구속사유와 사실상 같다. 체포영장에 의한 체포의 경우에는 출석요구에 응하지 아니하거나 응하지 아니할 우려가 있는 때를 요건으로 하는 것과 비교하여 긴급체포에 구속사유까지 요구하는 것은 영장에 의하지 않는 대신 그 요건을 엄격히 하여 긴급체포의 남용을 막기 위한 것이다. 다음에 ③ 체포의 긴급성이 인정되어야 한다. 즉, 긴급을 요하여 판사의 체포영장을 받을 수 없을 것을 요한다. '긴급을 요하여 판사의 체포영장을 받을 수 없다'는 것은 판사의 체포영장을 받아서는 체포할 수 없거나 체포가 현저히 곤란할 것을 요하고 반드시 체포영장에 의한 체포가 객관적으로 불가능해야 하는 것이 아니라 검사 또는 사법경찰관의 합리적인 판단에 의하여 체포의 목적이 위험하게 된다고 인정되는 경우이다.

## 2. 이 사안에의 적용

이 사안에서 D1이 현직 군수로 근무하고 있어서 검사도 D1의 소재를 쉽게 알 수 있었을 뿐만 아니라 검사의 소환에 D1이 언제든지 응할 태세를 갖추고 있었기에 도망이나 증거인멸의 염려가 없어서 체포의 필요성이 인정되지 않으며, 검사가 D3의 진술을 확보한 후에도 10일 정도의 시간적 여유가 있었기에 체포의 긴급성도 인정되지 않는다고 판단된다.

## 3. 긴급체포의 요건구비 여부의 판단기준

대법원은 긴급체포의 요건을 갖추었는지 여부는 사후에 밝혀진 사정을 기초로 판단하는 것이 아니라 체포 당시의 상황을 기초로 판단하여야 하고 이에 관한 수사주체의 판단에는 상당한 재량의 여지가 있으나 긴급체포 당시의 상황으로 보아서도 그 요건의 충족 여부에 관한 수사주체의 판단이 경험칙에 비추어 현저히 합리성을 잃은 경우에는 그 체포는 위법한 체포라고 판시한다. 체포 당시의 상황을 기초로 수사기관의 판단에 상당한 재량을 주어 현저히 합리성을 잃지만 않았다면 긴급체포가 위법하지 않다는 입장을 보이고 있다.

이 사안에 있어 대법원은 D1에게 도망이나 증거인멸의 의도가 없었음은 물론이고 언제든지 검사의 소환조사에 응할 태세를 갖추고 있어서 긴급체포의 요건이 갖추어지지 않은 사정을 긴급체포를 실행하는 P도 당시 충분히 알 수 있었고 그 판단이 현저히 합리성을 잃었다고 본 것이다.

## 4. 결어

긴급체포는 현행범인체포와 함께 체포에 있어서의 영장주의 원칙의 예외에 해당되지만 현행범인체포가 범죄실행 중이거나 실행 직후에 이루어진 것과 비교하여 긴급체포는 범행과 체포 사이의 시간적 접속성이 인정되지 않는 점에 차이가 있으며 수사의 효율성이 강조됨에 따라 자칫 인권침해의 상황이 우려되기도 한다. 더구나 헌법 제12조 제3항에서 요구하는 사후영장이, 형사소송법 제200조의4 제1항에 의하면 '피의자를 체포한 경우 피의자를 구속하고자 할 때에는 구속영장을 청구하여야 한다'고 하여 긴급체포 후에 사후 체포영장을 청구할 필요도 없다는 점에서 더욱 논란이 되고 있다. 이런 점에서도 긴급체포의 요건은 매우 엄격하게 해석하여야 할 것이다.

[참고문헌] 심희기, 긴급체포의 요건인정기준과 요건을 갖추지 못한 긴급체포의 효과, 고시연구 29권 9호(342호)(2002. 9.); 조국, 불법한 긴급체포 중에 작성된 피의자신문조서 및 약속에 의한 자백의 증거능력, Jurist 384호(2002. 9.).

[필자: 이창현 교수(한국외국어대)]

# 10. 자진출석한 참고인에 대한 긴급체포의 적법성

[대법원 2006. 9. 8. 선고 2006도148 판결]

**[사안]** 위증교사, 위조증거사용죄로 기소된 변호사 D에 대하여 1심 법원에서 무죄가 선고되자 공판검사이던 O는 항소를 한 후 보완수사를 한다며 D의 변호사 사무실 사무장이던 D2를 검사실로 소환하였다. O는 D의 위증교사 사건과 관련하여 "D2가 O2에 대한 증인신문사항을 작성할 당시 O2가 허위증언할 것이라는 것을 알고 있었을 것이라고 생각한다"는 취지로 진술한 O3(이미 위 위증사건 1심 사건의 판결에서 그 진술의 신빙성이 배척되었다)과 D2를 대질조사하기 위하여 O3을 소환한 상태에서 자진출석한 D2에 대하여 참고인조사를 하지 아니한 채 곧바로 위증 및 위증교사 혐의로 피의자신문조서를 받기 시작하였고, 이에 D2는 인적사항만을 진술한 후 O의 승낙하에 D에게 전화하였고, 조사가 잠시 중단된 상태에서 검사실에 온 D는 O에게 "참고인조사만을 한다고 하여 임의수사에 응한 것인데 D2를 피의자로 조사하는 데 대해서는 협조하지 않겠다"고 말한 후 D2에게 나가라고 지시하였고, D2가 나가려고 하자 O는 D2에게 "지금부터 긴급체포하겠다"고 말하면서 D2의 퇴거를 제지하려 하였고, D는 D2에게 계속 나가라고 하며 O를 몸으로 밀어 제지하였다.

D는 공무집행방해 및 상해죄 혐의로 기소되었다. 항소심은 O 검사가 D2를 긴급체포한 행위에 대하여 객관적으로 합리적 근거를 갖추지 못하였음에도 긴급체포를 하였다고 인정할 수 있는 사정이 있었다고 보기 어려우므로, 'O 검사가 D2를 긴급체포하려고 한 행위가 적법한 공무집행에 해당한다'는 이유로 유죄를 선고하였다. D는 위법한 체포라며 상고하였다.

**★[판지(파기환송)]★**

## 1. 긴급체포의 요건

긴급체포는 영장주의원칙에 대한 예외인 만큼 형사소송법 제200조의3 제1항의 요건을 모두 갖춘 경우에 한하여 예외적으로 허용되어야 하고, 요건을 갖추지

못한 긴급체포는 법적 근거에 의하지 아니한 영장 없는 체포로서 위법한 체포에 해당하는 것인바, 위에서 인정한 사실관계에 의하면, ① D2는 참고인조사를 받는 줄 알고 검찰청에 자진출석하였는데 예상과는 달리 갑자기 피의자로 조사한다고 하므로 임의수사에 대한 협조를 거부하면서 그에 대한 위증 및 위증교사 혐의에 대하여 조사를 시작하기도 전에 귀가를 요구한 것이므로, O 검사가 D2를 긴급체포하려고 할 당시 D2가 위증 및 위증교사의 범행을 범하였다고 의심할 만한 상당한 이유가 있었다고 볼 수 없고(위 O3의 진술은 이미 위 1심 판결에서 그 신빙성이 배척되었으므로 그의 진술만으로 D2가 위증 등의 범행을 범하였다고 의심할 만한 상당한 이유가 있다고 보기 어렵다), ② 기록에 나타난 D2의 소환 경위, D2의 직업 및 혐의사실의 정도, D의 위증교사죄에 대한 무죄선고, D의 위증교사 사건과 관련한 D2의 종전 진술 등에 비추어 보면, D2가 임의 수사에 대한 협조를 거부하고 자신의 혐의사실에 대한 조사가 이루어지기 전에 퇴거를 요구하면서 검사의 제지에도 불구하고 퇴거하였다고 하여 도망할 우려가 있다거나 증거를 인멸할 우려가 있다고 보기도 어렵다.

## 2. 긴급체포 요건의 판단기준

③ 긴급체포의 요건을 갖추었는지 여부는 사후에 밝혀진 사정을 기초로 판단하는 것이 아니라 체포 당시의 상황을 기초로 판단하여야 하고, 이에 관해 검사나 사법경찰관 등 수사주체의 판단에는 상당한 재량의 여지가 있으나, 긴급체포 당시의 상황으로 보아서도 그 요건의 충족 여부에 관한 검사나 사법경찰관의 판단이 경험칙에 비추어 현저히 합리성을 잃은 경우에는 그 체포는 위법한 체포이다(대법원 2002. 6. 11. 선고 2000도5701 판결 참조). 위에서 본 바와 같은 상황에서 긴급체포를 하려고 한 것은 형사소송법 제200조의3 제1항의 요건을 갖추지 못한 것으로 이를 실행한 검사 등의 판단이 현저히 합리성을 잃었다. 따라서 검사가 위와 같이 검찰청에 자진출석한 D2를 체포하려고 한 행위를 적법한 공무집행이라고 할 수 없다.

### 3. 공무집행방해죄의 성립 요건

④ 형법 제136조가 규정하는 공무집행방해죄는 공무원의 직무집행이 적법한 경우에 한하여 성립하고, 여기서 적법한 공무집행은 그 행위가 공무원의 추상적 권한에 속할 뿐만 아니라 구체적 직무집행에 관한 법률상 요건과 방식을 갖춘 경우를 가리키므로, 검사나 사법경찰관이 수사기관에 자진출석한 사람을 긴급체포의 요건을 갖추지 못하였음에도 실력으로 체포하려고 하였다면 적법한 공무집행이라고 할 수 없고, 자진출석한 사람이 검사나 사법경찰관에 대하여 이를 거부하는 방법으로써 폭행을 하였다고 하여 공무집행방해죄가 성립하는 것은 아니다(대법원 1994. 10. 25. 선고 94도2283 판결, 대법원 2000. 7. 4. 선고 99도4341 판결 등 참조).

### 4. 위법한 공무집행에 대한 정당방위

⑤ 검사가 참고인 조사를 받는 줄 알고 검찰청에 자진출석한 변호사 사무실 사무장을 합리적 근거 없이 긴급체포하자 그 변호사가 이를 제지하는 과정에서 위 검사에게 상해를 가하였다면 정당방위에 해당한다.

### [해설]

#### 1. 긴급체포의 요건

긴급체포를 위해서는 ⓐ 범죄의 객관적 혐의(범죄를 저질렀다고 인정할 만한 객관적 상당성이 필요하나 공소제기에 충분할 정도의 객관적 혐의가 있음을 요하지는 않는다), ⓑ 범죄의 중대성(사형, 무기 또는 장기 3년 이상의 징역이나 금고), ⓒ 체포의 긴급성(긴급을 요하여 지방법원 판사의 체포영장을 받을 수 없는 때에 그 사유를 알리고 영장 없이 피의자를 체포할 수 있고 이 경우 긴급을 요한다 함은 피의자를 우연히 발견한 경우 등과 같이 체포영장을 받을 시간적 여유가 없는 때를 말한다), ⓓ 체포의 필요성(피의자가 증거를 인멸할 염려가 있거나 도망 또는 도망할 염려가 있어야 한다) 등이 충족되어야 한다.

#### 2. 자진 출석한 자에 대한 긴급체포

긴급체포의 적법 여부는 긴급체포 당시에 긴급체포의 요건이 갖추어져 있었느냐의 문제이다. 자진출석 여부를 불문하고 긴급체포 당시에 긴급체포의 요건이 구비되어 있으면, 수사기관에 자진출석한 자에 대하여도 긴급체포가 가능하다고 보아야 한다. 즉 조사 착수시에는 범죄 혐의 유무에 대한 판단이 어렵거나, 장기 3년 이상의 범죄에 해당하는지 여부가 불투명하거나,

도주 우려가 있다고 하기 어렵지만 조사가 진행되면서 또는 조사 후에 장기 3년 이상의 범죄에 해당하는 혐의가 드러나고, 죄를 범하였다고 볼 상당한 이유가 밝혀져 수사기관이 영장을 청구할 필요가 생기는 경우에는 피의자가 도주하거나 증거를 인멸할 우려가 생길 수 있다. 이 경우에는 긴급체포가 가능할 것이다.

#### 3. 본 사안에의 적용

O 검사는 D2를 조사하기도 전에 그를 긴급체포하였다. 긴급체포 당시 위에서 설시한 바와 같이 D2가 위증 등의 죄를 범하였다고 인정할 만한 상당한 이유가 있다고 보기 어려우며, 도주 및 증거인멸의 우려가 있다고 보기도 어렵다. 만약 D2를 소환하기 이전에 범죄 혐의를 의심할 만한 상당한 이유가 있었다고 한다면, 수사기관으로서는 D2를 피의자신분으로 소환하고, 그가 소환에 불응하면 통상의 체포영장을 발부받아 조사하여야 한다. O 검사가 D2를 처음부터 피의자로 조사할 의도가 있으면서도 참고인으로 소환한 것이 문제이다.

[참고문헌] 김용관, 자진 출석한 참고인에 대한 긴급체포(대법원 2006. 9. 8. 선고 2006도 148 판결), 대법원 판례해설 66호(2006 하반기).

[필자: 정상환 변호사]

# 11. 검사의 구속영장 청구 전 피의자 대면조사의 적법성

[대법원 2010. 10. 28. 선고 2008도11999 판결]

[사안] 지방경찰청 수사팀장인 P는 O를 상습사기 혐의로 긴급체포한 다음 검사에게 긴급체포 승인 건의와 함께 구속영장을 신청하였는데, 검사는 수사과정의 적법성 및 적정성에 의문을 갖고 긴급체포 승인 여부와 구속영장 청구 여부를 결정하기 전에 O를 직접 신문함이 상당하다고 판단하여 P에게 O를 검사실로 인치할 것을 명하였다. P는 2005. 12. 13. 17:30경 검사의 위 인치 명령을 같은 팀 소속 사법경찰리를 통해 전해 듣고도 이를 이행하지 않았고, 이후 같은 날 21:00경 검사의 서면 인치 명령을 받고도 이를 이행하지 않았다. 검사는, P의 17:30경 거부행위를 인권옹호직무명령불준수죄와 직무유기죄의 상상적 경합범으로, 21:00경 거부행위를 인권옹호직무명령불준수죄와 직무유기죄의 상상적 경합범으로, 위 각 거부행위를 실체적 경합범으로 기소하였다. 제1심과 항소심은 모두 유죄를 선고하였는데, 항소심은 위 각 거부행위를 포괄일죄로 판단하면서 인권옹호직무명령불준수죄와 직무유기죄가 상상적 경합 관계에 있다고 판단하였다. P는 '위 인치 명령이 부적법하고 인권옹호를 위하여 꼭 필요한 명령에 해당하지 않는다. 그리고 인권옹호직무명령불준수죄와 직무유기죄는 법조경합의 한 형태인 특별관계'라고 주장하며 상고하였다.

★[판지(상고기각)]★
[검사가 구속영장 청구 전 대면 조사를 위하여 사법경찰관리에게 긴급체포된 피의자(이하 'S'로 약칭함)의 인치를 명하는 것이 적법한 수사지휘에 해당하는지 여부(한정 적극)]
P가 검사에게 긴급체포된 S에 대한 긴급체포 승인 건의와 함께 구속영장을 신청한 경우, 검사는 긴급체포의 승인 및 구속영장의 청구가 S의 인권에 대한 부당한 침해를 초래하지 않도록 긴급체포의 적법성 여부를 심사하면서 수사서류뿐만 아니라 S를 검찰청으로

출석시켜 직접 대면 조사할 수 있는 권한을 가진다고 보아야 한다. 따라서 이와 같은 목적과 절차의 일환으로 검사가 구속영장 청구 전에 S를 대면 조사하기 위하여 사법경찰관리에게 S를 검찰청으로 인치할 것을 명하는 것은 적법하고 타당한 수사지휘 활동에 해당하고, 수사지휘를 전달받은 사법경찰관리는 이를 준수할 의무를 부담한다. 다만 체포된 S의 구금 장소가 임의적으로 변경되는 점, 법원에 의한 영장실질심사 제도를 도입하고 있는 현행 형사소송법하에서 체포된 S의 신속한 법관 대면권 보장이 지연될 우려가 있는 점 등을 고려하면, 위와 같은 검사의 구속영장 청구 전 S 대면 조사는 긴급체포의 적법성을 의심할 만한 사유가 기록 기타 객관적 자료에 나타나고 S의 대면 조사를 통해 그 여부의 판단이 가능할 것으로 보이는 예외적인 경우에 한하여 허용될 뿐, 긴급체포의 합당성이나 구속영장 청구에 필요한 사유를 보강하기 위한 목적으로 실시되어서는 아니 된다. 나아가 검사의 구속영장 청구 전 S 대면 조사는 강제수사가 아니므로 S는 검사의 출석 요구에 응할 의무가 없고, S가 검사의 출석 요구에 동의한 때에 한하여 사법경찰관리는 S를 검찰청으로 호송하여야 한다.

[해설]
1. 검사의 구속영장 청구 전 피의자 대면 조사(피의자 인치 명령)의 적법성 여부
형법 제139조의 입법 취지 및 보호법익, 그 적용대상의 특수성, 관련 헌법재판소 결정(헌법재판소 2007. 3. 29. 선고 2006헌바69 전원재판부 결정) 등을 고려하면 형법 제139조에 규정된 '인권옹호에 관한 검사의 명령'은 사법경찰관리에 의하여 침해될 수 있는 피의자 S(이하 'S'로 약칭함), W, 기타 관계인의 신체적 인권 옹호에 관한 검사의 제반 명령 중 그 명령을 위반할 경우 사법경찰관리를 형사처벌까지 함으로써 준수되도록 해야 할 정도로 인권옹호를 위하여 꼭 필요한 검사의 명령으로 한정하여야 하고 나아가 법적 근거를 가진 적법한 명

령이어야 한다. 따라서 인권옹호직무명령불준수죄(형법 제139조)가 성립하기 위해서는 검사의 이 사건 인치 명령이 적법한 명령이어야 한다. 그런데 검사의 S 인치 명령에 관하여는 형사소송법과 형사소송규칙에 명문 규정이 없고, '검찰사건사무규칙'(법무부령)과 '인권보호수사준칙'(법무부훈령) 및 이를 구체화한 '체포·구속 업무처리지침'(대검예규)에 관련 규정이 있을 뿐이다. 그렇다면 형사소송법과 형사소송규칙에 근거 규정이 없는 이상 검사가 S 인치 명령을 할 수 없다는 견해가 가능하다. 이 견해는, 검사가 S를 대면 조사한다면 S가 신속히 법관 앞으로 인도되어 법관 앞에서 호소할 수 있는 권리 행사가 지연될 가능성이 있는 점, 검사가 긴급체포의 적법성 등에 의문이 있어 영장 청구 여부 판단이 곤란하면 현행법상 체포·구속 장소 감찰제도를 통하여 S를 석방하거나 사건을 검찰에 송치할 것을 명하는 것으로 충분한 점, 긴급체포된 S를 검사실로 인치하는 것은 인치 장소의 임의적 변경으로서 S의 방어권과 접견교통권 행사에 중대한 장애가 초래될 위험이 있는 점 등을 그 논거로 한다. 그러나 검사에게 수사지휘권과 독점적 영장청구권을 부여한 헌법과 형사소송법 및 검찰청법 규정에 비추어 검사는 긴급체포된 S에 대한 구속영장 신청을 받아 법관에게 구속영장을 청구하기에 앞서 관련 서류를 심사하는 것 이외에 S의 인권옹호를 위하여 S를 직접 대면 조사할 수 있다고 해석하는 것이 타당한 점, 검사의 영장 청구 전 조사를 위한 S의 일시적인 신병 이동이 S의 방어권이나 접견교통권 행사에 중대한 장애를 가져온다고 보기는 어려운 점, 법률에 따른 긴급체포는 그 자체로 신체의 자유에 대한 합법적 침해로 볼 수 있으므로 긴급체포 후 수사절차의 적법성 여부를 확인·통제하기 위하여 S를 검사실로 일시 이동하는 것을 또 다른 인권침해로 볼 수는 없는 점, 이미 체포되어 신체의 자유가 제한된 S로서는 검사실로 인치되는 불이익보다는 검사에게 상황을 설명하고 검찰 단계에서 석방될 기회를 부여받는 이익이 더 크다고 할 수 있는 점 등을 고려하면, 형사소송법과 형사소송규칙에 근거 규정이 없다 하더라도 검사는 긴급체포된 S의 인권옹호를 위하여 S를 직접 대면 조사할 수 있다고 해석하는 것이 타당하므로, 검사의 S 인치 명령은 적법하다고 보아야 한다. 다만 판례에서 설시하는 사정에 비추어 예외적인 경우에만 검

사가 S를 대면 조사할 수 있다고 보아야 한다. 또한, 검사의 구속영장 청구 전 S 대면 조사는 강제수사가 아니므로 S는 검사의 출석요구에 응할 의무가 없다. 한편 행위 주체와 보호법익의 점에 있어서는 인권옹호직무명령불준수죄가 직무유기죄(형법 제122조)의 특별규정인 것으로 보이나, 양 죄의 형법상 위치와 행위 객체, 행위 태양의 점을 고려하면 양 죄를 법조경합 관계로 보기는 어렵고, 항소심 판결과 같이 상상적 경합 관계로 봄이 타당하다.

## 2. 이 사건 인치 명령이 '인권옹호를 위하여 꼭 필요한 명령'인지 여부

인권옹호직무명령불준수죄가 성립하기 위해서는 검사의 이 사건 인치명령이 적법할 뿐만 아니라 인권옹호를 위하여 꼭 필요한 검사의 명령이어야 한다. 살피건대, 이 사건에서는 긴급체포된 S에 대한 긴급체포 승인 및 구속영장 청구 여부를 심사한 검사가 이 사건 긴급체포 등 강제처분의 적법성에 의문을 갖고 수사서류 외에 S를 대면 조사할 충분한 사유가 있었던 것으로 보인다. 따라서 2회에 걸친 검사의 이 사건 인치 명령은 적법하고 타당한 수사지휘권 행사에 해당하고, 사법경찰관리의 체포 등 강제수사 과정에서 야기될 수 있는 S의 신체적 인권에 대한 침해를 방지하기 위하여 사법경찰관리를 형사처벌까지 함으로써 준수되도록 해야 할 정도로 인권옹호를 위해 꼭 필요한 검사의 명령으로 봄이 타당하다.

[참고문헌]   신현범, 인권옹호직무명령불준수죄, 대법원판례해설 제86호(2010 하).

[필자: 신현범 판사]

# 12. 출정을 거부하는 피의자에 대한 구속영장의 효력

[대법원 2013. 7. 1. 자 2013모160 결정]

[사안] 국가정보원은 북한의 대남공작기구와 연계하여 대한민국 내에 구축된 지하당에 가담하여 활동하였다는 혐의 등으로 D 등을 수사하였고, D 등은 법원에서 발부한 구속영장에 의하여 2011. 7. 20. ××구치소에 구금되었다.

국가정보원은 2011. 7. 20. 오전에 D 등을 국가정보원 조사실로 소환하였으나 D 등은 수사기관에서는 진술은 물론 어떠한 조사도 받지 않겠다며 출감을 거부하였다. D 등의 출석거부를 보고받은 검사는 그 날 오후 ××구치소 측에 D 등이 국가정보원에서 조사를 받을 수 있도록 인치하여 달라는 내용의 협조요청공문('피의자인치지휘 협조요청서')을 발송하였다.

2011. 7. 21. D 등이 다시 국가정보원 조사실로의 출감을 거부하자, ××구치소 교도관들은 검사로부터 교부받은 '피의자인치지휘 협조요청서'를 제시하면서 국가정보원 수사관들과 함께 D 등을 국가정보원 조사실로 호송하였는데 그 과정에서 D1은 계속하여 출감을 거부하였고, 담당 교도관들이 다소의 물리력을 행사하여 D1을 수용실에서 나오게 한 후 호송차량에 탑승시켰다. 이후 담당 교도관들과 국가정보원 수사관들은 함께 D 등을 국가정보원 조사실로 호송하였다.

D 등은 이와 같은 강제인치에 대하여 다음과 같이 주장하면서 준항고를 하였다. ① 신체구속을 당하고 있는 피의자라고 하더라도 수사기관에 출석하거나 신문에 응할 의무는 없으므로 이를 강제한 수사기관의 처분은 위법하다. ② 예비적으로, 피의자가 수사기관에 출석하여 신문에 응할 의무가 있다고 하더라도 별도의 구인영장이 필요하므로 법원으로부터 구인영장을 발부받지 않고 강제인치한 처분은 영장주의 원칙에 반한다. ③ 예비적으로, 설사 피의자신문의 출석을 강제할 수 있고 구인영장이 별도로 필요하지 않다고 하더라도 피의자들에 대한 강제인치처분은 피의자들의 진술거부권을 포기하도록 강제하고, 변호인의 조력을 받을 수 있는 권리를 원천적으로 차단하거나 가족들과의 접견을 제한할 목적으로 이루어진 것이므로 재량권의 한계를 일탈·남용하여 위법하다는 것이다.

준항고심에서는 D 등의 준항고를 기각하였고 이에 D 등이 재항고를 하였다.

★[판지(재항고기각)]★

## 1. 구속영장의 효력과 피의자신문절차의 구인

형사소송법(이하 '법'이라고 한다) 제70조 제1항 제1호, 제2호, 제3호, 제199조 제1항, 제200조, 제200조의2 제1항, 제201조 제1항의 취지와 내용에 비추어 보면, 수사기관이 관할 지방법원 판사가 발부한 구속영장에 의하여 피의자를 구속하는 경우, 그 구속영장은 기본적으로 장차 공판정에의 출석이나 형의 집행을 담보하기 위한 것이지만, 이와 함께 법 제202조, 제203조에서 정하는 구속기간의 범위 내에서 수사기관이 법 제200조, 제241조 내지 제244조의5에 규정된 피의자신문의 방식으로 구속된 피의자를 조사하는 등 적정한 방법으로 범죄를 수사하는 것도 예정하고 있다고 할 것이다. 따라서 구속영장 발부에 의하여 적법하게 구금된 피의자가 피의자신문을 위한 출석요구에 응하지 아니하면서 수사기관 조사실에 출석을 거부한다면 수사기관은 그 구속영장의 효력에 의하여 피의자를 조사실로 구인할 수 있다고 보아야 한다.

## 2. 피의자신문의 성질

다만, 이러한 경우에도 피의자신문절차는 어디까지나 법 제199조 제1항 본문, 제200조의 규정에 따른 임의수사의 한 방법으로 진행되어야 하므로, 피의자는 헌법 제12조 제2항과 법 제244조의3에 따라 일체의 진술을 하지 아니하거나 개개의 질문에 대하여 진술을 거부할 수 있고, 수사기관은 피의자를 신문하기 전에 그와 같은 권리를 알려주어야 한다.

## [해설]

### 1. 피의자신문절차의 구인과 구속영장의 효력

#### (1) 피의자 신문과 출석 강제 문제

구속된 피의자에 대해 수사기관이 피의자신문을 하기 위해 출석을 요구하는 경우에 피의자가 이에 응할 의무가 있는가. 나아가 이에 응하지 않을 때 그 출석을 강제할 수 있는가.

#### (2) 견해 대립

1) **부정설**　피의자신문은 임의수사이므로 출석요구에 응할 의무가 없고, 임의로 출석한 경우에도 언제든지 퇴거할 수 있다고 한다. 구속된 피의자도 출석할 의무가 없고, 출석을 강제할 수도 없다.

2) **체포영장설**　체포사유로 규정된 출석 불응은 불구속 피의자에 한정되는 것이 아니므로 구속 피의자가 출석요구에 불응하는 경우에도 체포영장을 받아 강제로 출석하게 할 수 있다는 견해이다.

3) **구인영장설**　출석 불응에 따른 출석 강제는 개념상 구인이므로 구인을 위한 영장을 받아 구인하면 된다는 견해이다. 다만 현행법상 구인영장이 별도로 규정되어 있지 않으므로 구인용으로 구속영장을 받으면 된다고 한다.

4) **구속영장 효력설**　구속된 피의자가 출석요구에 응하지 않는 경우 이미 발부된 구속영장의 효력에 의해 구인함으로써 출석을 강제할 수 있다는 견해이다. 이 견해는 형사소송법상 구속은 구금과 구인을 포함한다는 제69조 규정에서 근거를 찾는다.

특히 구속의 정의에 포함된 구인은 피의자를 구금하기 위해 구인하는 것뿐만 아니라 구금된 이후에 형사절차의 진행을 위하여 구인하는 것을 포함한다고 해석하면서 그렇기 때문에 구금된 피의자나 피고인을 구인하는데는 별도의 영장이 필요없고 이미 발부된 구속영장의 효력에 의해 구인할 수 있다고 한다.

#### (3) 판례의 취지

본 판례는 이러한 실무상 문제를 해결한 판례로서 구속된 피의자의 출석불응에 대한 강제구인은 이미 발부된 구속영장의 효력에 의해 가능하다고 하여 구속영장 효력설을 취하고 있다.

### 2. 피의자신문의 성질

#### (1) 견해 대립

1) **임의수사설**　피의자신문은 진술거부권이 보장되므로 진술이 강제되지 않고, 신문의 진행과 관련하여 출석의무도 없고 신문 중 임의로 퇴거할 수 있다는 견해이다.

2) **강제수사설**　피의자신문은 진술거부권이 보장되므로 진술은 강제할 수 없으나 구금 중의 피의자 신문은 신문의 진행과 관련하여 출석의무와 체류의무가 있어 출석하지 않으면 출석을 강제할 수 있고, 신문 중 임의로 퇴거할 수는 없다는 점에서 강제수사라고 한다.

강제수사설을 취하는 견해는 제200조의 조사규정과 제241조 이하 규정을 구별할 것인가와 관련하여 견해가 나뉜다. 구별설은 강제수사인 피의자신문은 구금된 피의자(구속 또는 체포)에 대한 신문방법이므로 이에 따라 불구속 피의자 조사 방법인 형사소송법 제200조의 피의자 조사와 구금된 피의자 조사방법인 제241조 이하에 피의자신문은 별개의 조사방법을 규정한 것이라는 견해이다. 반면에 비구별설은 제200조와 제241조 이하는 모두 피의자신문을 규정하고 있는데 불구속 피의자의 경우는 출석의무만 부여되고(물론 그 의무를 강제할 필요가 있을 때에는 체포영장에 의하여 강제되며 피의자가 임의로 출석한 경우는 임의수사로서 언제든지 퇴거할 수 있다고 한다), 구금된 피의자의 경우는 강제수사로서 (체포 또는 구속영장의 효력에 의해) 출석 및 체류가 강제될 수 있다는 견해이다.

#### (2) 판례의 취지

판례는 피의자신문을 진술거부권이 보장되어 있어서 진술이 강제되지 않는다는 점에서 임의수사라고 한다. 그러나 진술거부권이 보장된다는 점은 강제수사설도 부정하지 않는다는 점에서 피의자신문의 성질을 둘러싼 쟁점은 아직 해결된 것이 아니라 할 수 있다. 판례에 의하면 구금된 피의자의 경우 신문진행상 출석과 체류는 강제될 수 있다고 할 것인데 이러한 강제의 성질을 어떻게 파악할 것인가가 향후의 쟁점으로 남아 있다.

[참고문헌] 이완규, 형사소송법 특강, 법문사, 2006; 이완규, 형사소송법 연구 II, 법문사, 2011.

[필자: 이완규 변호사]

# 13. 현행범인 체포의 요건

**[대법원 2011. 5. 26. 선고 2011도3682 판결]**

**[사안]** D의 범죄혐의는 다음과 같다. D는 2009. 9. 6. 01:45경 서울 마포구 서교동(이하 생략) 빌라 주차장에서 술에 취한 상태에서 전화를 걸다가 인근지역을 순찰하던 서울마포경찰서 홍익지역서 소속 사법경찰관 P1, P2로부터 불심검문을 받게 되자 이들에게 자신의 운전면허증을 교부하고 P2가 신분조회를 위해 순찰차로 걸어가는 사이에, 같은 동 앞 노상에서 이러한 불심검문에 항의하면서 인근주민인 O 및 불특정 다수의 행인들에게 들리도록 P1에게 "씨발놈아, 도둑질도 안 했는데 왜 검문을 하냐, 검문 똑바로 해, 개새끼야"라고 욕을 하여 공연히 P1을 모욕하였다. 이에 P1이 D를 모욕죄의 현행범으로 체포한다며 미란다원칙을 고지하자, D는 이에 불만을 품고 양손으로 P1의 가슴을 밀치고, 옆에서 이를 말리던 P2를 밀어버린 후 양손으로 P1의 멱살을 잡고, P1로부터 목을 잡히는 등 제지당하자 입으로 P1의 왼쪽 팔 부위를 세게 물었다. 이후 D는 P1, P2에 의해 공무집행방해 및 상해죄의 현행범인으로 체포당해 순찰차 뒷좌석에 태워진 후 발로 P2가 앉아 있는 운전석을 2~3회 차는 등 폭력으로써 P1, P2의 현행범인 체포에 관한 정당한 공무집행을 방해함과 동시에 P1에게 약 2주간의 치료가 필요한 교상 등을 가한 모욕죄와 공무집행방해 및 상해 혐의로 기소되었다. 항소심은 모욕죄 부분에 대하여는 벌금 50만원의 유죄를 선고하였으나, 공무집행방해 및 상해의 공소사실에 대하여 무죄를 선고하였다. 이에 검사는 현행범인 체포의 요건을 구비한 P1, P2의 정당한 직무집행을 방해했다는 논거로 상고하였다.

항소심은 '현행범인으로 체포하기 위해서는 행위의 가벌성, 범죄의 현행성, 시간적 접착성, 범인·범죄의 명백성 이외에 체포의 필요성 즉, 도망 또는 증거인멸의 염려가 있어야 하고, 이러한 요건을 갖추지 못한 현행범인 체포는 법적 근거에 의하지 아니한 영장 없는 체포로서 위법한 체포에 해당한다. 그리고 현행범인 체포의 요건을 갖추었는지 여부는 체포 당시의 상황을 기초로 판단하여야 하고, 이에 관한 검사나 사법경찰관 등 수사주체의 판단에는 상당한 재량의 여지가 있으나, 체포 당시의 상황으로 보아서도 그 요건의 충족 여부에 관한 검사나 사법경찰관 등의 판단이 경험칙에 비추어 현저히 합리성을 잃은 경우에는 그 체포는 위법하다고 보아야 한다. 따라서 경찰관이 현행범인 체포의 요건을 갖추지 못하였음에도 실력으로 현행범인을 체포하려고 하였다면 적법한 공무집행이라고 할 수 없고, 현행범인 체포행위가 적법한 공무집행을 벗어나 불법하게 체포한 것으로 볼 수밖에 없다면, 현행범이 그 체포를 면하려고 반항하는 과정에서 경찰관에게 상해를 가한 것은 불법체포로 인한 신체에 대한 현재의 부당한 침해에서 벗어나기 위한 행위로서 정당방위에 해당하여 위법성이 조각된다'고 판단하였다.

## *[판지(상고기각)]*

### 1. 현행범인의 체포의 요건

현행범인은 누구든지 영장 없이 체포할 수 있는데, 현행범인으로 체포하기 위해서는 ① 행위의 가벌성, ② 범죄의 현행성, 시간적 접착성, ③ 범인·범죄의 명백성 이외에 ④ 체포의 필요성 즉, 도망 또는 증거인멸의 염려가 있어야 하고, 이러한 요건을 갖추지 못한 현행범인의 체포는 법적 근거에 의하지 아니한 영장 없는 체포로서 위법한 체포에 해당한다. 여기서 현행범인 체포의 요건을 갖추었는지는 ⓐ 체포 당시 상황을 기초로 판단하여야 하고, ⓑ 이에 관한 검사나 사법경찰관 등 수사주체의 판단에는 상당한 재량 여지가 있으나, ⓒ 체포 당시 상황으로 보아도 요건 충족 여부에 관한 검사나 사법경찰관 등의 판단이 경험칙에 비추어 현저히 합리성을 잃은 경우에는 그 체포는 위법하다.

### 2. 불법체포와 관련된 문제

이 사안에서 D는 경찰관의 불심검문에 응하여 이미 운전면허증을 교부한 상태이고, 경찰관뿐만 아니라 인근 주민도 욕설을 직접 들었으므로, ⓐ D가 도망하거나 증거를 인멸할 염려가 있다고 보기는 어렵고, ⓑ D의 모욕 범행은 불심검문에 항의하는 과정에서 저지른 일시적, 우발적인 행위로서 사안 자체가 경미할 뿐 아니라, ⓒ 피해자인 경찰관이 범행현장에서 즉시 범인을 체포할 급박한 사정이 있다고 보기도 어려우므로, ⓓ 경찰관이 D를 체포한 행위는 적법한 공무집행이라고 볼 수 없고, ⓔ D가 체포를 면하려고 반항하는 과정에서 상해를 가한 것은 불법체포로 인한 신체에 대한 현재의 부당한 침해에서 벗어나기 위한 행위로서 정당방위에 해당한다.

[해 설]

### 1. 현행범인의 의의

형사소송법 제211조 제1항에는 '범죄의 실행중이거나 범죄의 실행의 직후인 자는 누구든지 체포할 수 있다'고 규정하고 있다. 여기서 '범죄의 실행중'이란 실행행위에 착수하여 실행행위를 종료하지 않은 상태에 있는 자를 말하며, '범죄의 실행직후'란 범죄의 실행행위를 종료한 직후를 말한다. 그리고 '직후'란 범죄의 실행행위를 종료한 순간 또는 이에 시간적으로 접착한 단계를 말한다. 현행범인이란 시간적 단계의 개념이지만 범인이 범행 장소를 이탈할 때에는 시간적 접착성도 인정되지 않는다는 점에서 장소적 접착성도 필요하다. 이와 같이 현행범인은 범죄와 죄증이 명백하기 때문에 현행범인으로 체포하더라도 체포에 따른 부당한 인권침해의 우려가 없기 때문에 이를 허용하고 있다.

### 2. 현행범체포의 적법요건

① 특정범죄의 범인이고 죄증이 명백해야 하고, ② 행위의 가벌성을 고려하여 경미사건에 대하여는 현행범인에 대하여도 체포해서는 안 된다는 비례성의 원칙이 적용된다(이견 없음). 다음에 ③ 체포의 필요성이 필요한가에 대하여는, ⓐ 체포요건으로 도주 또는 증거인멸의 우려라는 구속사유가 불필요하다고 해석하는 소극설과 ⓑ 필요하다고 해석하는 적극설, 그리고 ⓒ 구속사유중 도망의 염려가 있거나 신분이 확인이 안될 경우에는 현행범인 체포의 요건이 되지만, 증거인멸의 위험은 체포사유가 될 수 없다고 해석하는 절충설이 대립한다. 사인에 의한 무영장체포가 가능한 현행범인 체포제도의 남용을 방지하기 위해서는 다수설인 적극설의 입장이 타당하며, 판례도 일관되게 적극

설의 입장을 취하고 있다(대법원 1999. 1. 26. 선고 98도3029 판결).

### 3. 본 사안에의 적용

본 사안에서는 D의 행위가 범죄의 실행 직후에 해당하지만 ① '도망 또는 증거인멸의 염려'가 없고, ② 행위의 가벌성이 경미하며, ③ 긴급한 체포의 필요성도 없어 현행범인 체포의 적법요건이 결여되어 있다. 따라서 사법경찰관 P1이 D를 현행범인으로 체포하고자 하는 것은 불법체포에 해당하고 이를 저지하기 위해 행사한 상해행위는 정당방위로서 위법성이 조각된다.

### 4. 현행범인 체포요건의 판단기준

현행범인 체포의 요건을 구비했는지 여부에 대한 판단기준에 대하여 대법원은, ① 체포 당시의 상황을 토대로 수사기관의 입장에서 판단해야 하고, ② 이러한 수사기관의 판단은 경험칙에 비추어 현저히 합리성을 잃지 않을 것을 요건으로 한다고 판시하고 있다. 그러나 사인이 현행범인을 체포할 때에는 수사기관이 아니라 사인의 입장에서 체포 당시의 상황을 토대로 판단해야 한다고 보아야 할 것이다.

### 5. 준현행범인의 체포

형소법 제211조 제2항은 '① 범인으로 호창되어 추적되고 있는 때, ② 장물이나 범죄에 사용되었다고 인정함에 충분한 흉기 기타의 물건을 소지하고 있는 때, ③ 신체 또는 의복류에 현저한 증적이 있는 때, ④ 누구임을 물음에 대하여 도망하려 하는 때'의 4가지를 준현행범인으로 명시하면서, 이에 대하여는 현행범인으로 간주하여 누구든지 영장 없이 체포가 가능하도록 규정하고 있다. 준현행범인에 대한 체포제도는 현행범인에 대한 체포제도의 논거인 범죄의 명백성이나 긴급한 체포의 필요성이 인정되지 않을 뿐 아니라 수사기관이 아닌 사인에 의한 준현행범인의 체포 시에는 남용이 우려되기 때문에 폐지론이 제기되고 있다.

[참고문헌] 김대성, 현행법상 현행범인 체포제도의 문제점과 개선방안, 형사법연구 제25권 제1호(통권 54호)(2013 봄).

[필자: 김신규 교수(목포대)]

# 14. 체포현장의 의미와 임의제출물 압수

**[대법원 2016. 2. 18. 선고 2015도13726 판결]**

**[사안]** D는 '2014. 5. 29.경 중국 ○○항에서 필로폰을 은닉한 채 바지선에 승선하여 밀입국하면서 같은 해 6. 1. 16:15경 거제시 △△항에 입항함으로써 필로폰 약 6.1kg을 밀수입하였다'는 혐의로 기소되었다. 검찰수사관들은 2014. 5. 29.경 D가 a선박이 예인하는 바지선(b선박)을 타고 밀입국하면서 필로폰을 밀수한다는 제보를 받고, 6. 1. 16:15경 △△항에 도착한 위 바지선을 수색(㉠)하였다. 검찰수사관 P1은 수색 도중 선용품 창고 선반 위에 숨어 있던 D를 발견하고 천천히 내려오게 한 후 필로폰을 둔 장소를 물었으나 대답을 듣지 못하였고, 때마침 바지선 내 다른 장소를 수색(㉡)하던 다른 검찰수사관 P2가 "물건이 여기 있다, 찾았다."라고 외치자, 16:30경 D를 필로폰 밀수입 및 밀입국 등의 현행범으로 체포(㉢)하였다. P1은 곧바로 D에게 발견된 필로폰 약 6.1kg을 제시하고 "필로폰을 임의제출하면 영장 없이 압수할 수 있고 압수될 경우 임의로 돌려받지 못하며, 임의제출하지 않으면 영장을 발부받아서 압수하여야 한다."라고 설명하면서 필로폰을 임의로 제출할 의사가 있는지를 물었고, D로부터 "그 정도는 저도 압니다."라는 말과 함께 승낙을 받아 필로폰을 압수(㉣)하였으며, 같은 날 검찰청에서 임의제출확인서를 작성하여 D로부터 서명·날인을 받았다. 검사는 압수한 필로폰에 관하여 사후 압수영장을 발부받지는 않고 보관하고 있다.

제1심과 항소심은, "현행범 체포로서 적법하다 하더라도 수사기관이 필로폰을 압수하고 사후 압수·수색영장을 발부받지도 않음으로써 적법절차를 위반하였고, 피고인이 스스로 필로폰이 있는 곳을 알려주지 않았고 숨어 있던 바로 그 장소에서 필로폰이 발견된 것도 아니므로, 비록 수사기관이 현행범 체포로 이미 제압당한 피고인으로부터 필로폰을 임의제출받는 형식을 취하였다고 하더라도 이를 적법한 임의제출 물건으로 볼 수도 없으므로, 압수된 필로폰 등은 증거능력이 없

다"는 이유로 필로폰 밀수입 부분에 대해 무죄로 판단하였다. 검사가 상고하였다.

**★[판지(파기환송)]★**

형사소송법 제218조에 의하면 검사 또는 사법경찰관은 피의자 등이 유류한 물건이나 소유자·소지자 또는 보관자가 임의로 제출한 물건은 영장 없이 압수할 수 있으므로, 현행범 체포 현장이나 범죄 장소에서도 소지자 등이 임의로 제출하는 물건은 위 조항에 의하여 영장 없이 압수할 수 있고, 이 경우에는 검사나 사법경찰관이 사후에 영장을 받을 필요가 없다.

검찰수사관이 필로폰을 압수하기 전에 피고인에게 임의제출의 의미, 효과 등에 관하여 고지하였던 점, 피고인도 필로폰 매매 등 동종 범행으로 여러 차례 형사처벌을 받은 전력이 있어 피압수물인 필로폰을 임의제출할 경우 압수되어 돌려받지 못한다는 사정 등을 충분히 알았을 것으로 보이는 점, 피고인이 체포될 당시 필로폰 관련 범행을 부인하였다고 볼 자료가 없고, 검찰수사관이 필로폰을 임의로 제출받기 위하여 피고인을 기망하거나 협박하였다고 볼 아무런 사정이 없는 점 등에 비추어 보면, 피고인은 필로폰의 소지인으로서 이를 임의로 제출하였다고 할 것이므로 그 필로폰의 압수도 적법하다.

**[해설]**

## 1. 체포현장의 범위

체포현장에서의 영장 없는 압수·수색·검증(제216조 ①항 제2호)은 ① 시간적으로 체포와 이들 행위 사이에 시간적 접속이 있어야 하고, ② 장소적으로는 피체포자의 신체와 그의 직접적 지배 아래 있는 장소에 국한된다. 이를 시간적·장소적 접착성이라 한다. 긴급행위설의 당연한 귀결이다. 문제는 시간적 접속의 정도와 관련하여 체포행위에 선행하는 압수·수색·검증의 허용 여부이다. 시간적·장소적 접착설(체포 전후를 불문), 현장설, 체포착수설(피의자가 현장에 있고 체포에 착수되

있다면 체포성공 여부를 불문), 체포설(체포성공) 등 견해가 대립한다. 체포에 선행하는 압수·수색·검증은 허용되지 않는다는 것이 다수설의 입장이다. 법문상 '체포하는 경우' 이에 수반되는 수색을 허용하는 것이고, 체포에 선행하는 수색은 체포에 수반되는 행위가 아니기 때문이다. 판례도 이를 분명히 하고 있다. 즉, "체포에 착수하지 아니한 상태는 '체포현장에서의 압수·수색' 요건을 갖추지 못하였으므로, 영장 없는 압수·수색은 위법한 공무집행이다"(대법원 2017. 11. 29. 선고 2014도16080 판결)는 것이다.

사안에서 우선, ㉠수색은 적법하다. '밀입국'(출입국관리법위반)의 현행범인에 해당하는 이상, 피의자를 현행범인 체포하는 경우에 필요한 때에는 타인이 간수하는 선박 내에서 피의자를 수사('수색')할 수 있고(제216조 ①항 제1호), 요급처분 특칙(제220조)이 적용되어 '급속을 요하는 때'에는 타인의 주거 등에서의 주거주·간수자 등의 참여(제123조 ②항) 규정이 적용되지 않기 때문이다. 다음으로, ㉡수색은 적법성이 문제된다. 대상판결에서 현행범인 체포(㉢)의 적법성은 인정하였지만, ㉡수색은 필로폰 '밀수입'의 현행범 체포 이전에 이루어진 수색이기 때문이다. 체포에 선행하는 수색은 체포현장에서의 수색 요건을 갖추지 못한 것으로 허용되지 않는 이상 ㉡수색은 '위법한 수색'이다. 대상판결에서 이 부분은 크게 쟁점화되지 않은 것으로 보인다. 해당 선박의 선장 등이 자발적으로 수색에 동의한 것으로 볼 여지가 있었는지, 적어도 선반 위에 숨어 있던 피의자를 발견하고 천천히 내려오게 하는 시점에서 '밀입국'의 현행범 체포에 착수한 것으로 볼 여지가 있었는지, 작은 크기의 선박(바지선)인 점을 감안한 것인지 등은 분명하지 않다.

## 2. 체포현장에서의 임의제출물 압수

임의제출물의 압수가 적법하기 위해서는, 제출자의 '자발적인 의사'에 기한 것이어야 한다. 제출과정에서 수사기관의 우월적 지위에 의하여 영장주의를 잠탈하는 편법수단으로 악용될 여지가 있기 때문에, 그 임의성은 엄격하게 판단할 필요가 있다. 오로지 제출자의 자발적 의사에 기한 것이라는 점이 객관적 사정에 의하여 명백하게 입증된 경우에 한하여 그 임의성을 인정된다고 보는 것이 타당하다[대법원 2010. 7. 22. 선고 2009도14376 판결(불심검문); 대법원 2015. 7. 9. 선고 2014

도16051 판결(채혈에 의한 음주측정) 참조]. 물론 수사기관의 임의제출 거부권의 고지는 임의성의 존재 증명에 유리한 사정이 된다.

특히 문제되는 것은 위법한 압수물의 임의제출이다. 위법한 압수가 있은 직후에 임의제출이 이루어지는 경우 그 임의성은 쉽게 인정되기 어렵다. 즉, "헌법과 형사소송법이 선언한 영장주의의 중요성에 비추어, 위법한 압수가 있은 직후에 피고인으로부터 작성받은 그 압수물에 대한 임의제출동의서도 특별한 사정이 없는 한 마찬가지로 유죄 인정의 증거로 사용할 수 없다"(대법원 2010. 7. 22. 선고 2009도14376 판결). 물론 위법한 압수물을 '일단 반환'하고 후에 임의제출 받아 다시 압수하였다면 증거를 압수한 최초의 절차 위반행위와 최종적인 증거수집 사이의 '인과관계가 단절'되었다고 평가할 수 있지만, 수사기관의 우월적 지위에 의하여 임의제출 명목으로 실질적으로 강제적인 압수가 행하여질 수 있으므로, 임의성을 엄격하게 판단하여 이를 부정한 사례도 있다(대법원 2016. 3. 10. 선고 2013도11233 판결 : 한국 까르푸 사건).

대상판결은 해당 필로폰에 대해 ㉡수색단계에서 발견한 후 그 시점에서 압수한 것(원심)이 아니라 ㉣임의제출 단계에서 압수한 것으로 평가하면서, 여러 구체적인 사정을 종합하여 제출의 임의성을 인정한 이례적인 사례이다. 필로폰 약 6.1kg은 약 20만명의 동시투약이 가능한 막대한 분량으로 사안이 중한 점도 감안된 것으로 보인다. 그러나 이미 수사기관에 위법하게 사실상 압수된 상태라면 그 직후에 이루어진 제출에 임의성을 인정하는 것은, 헌법상 영장주의 원칙을 훼손할 위험이 있다. 이러한 사례를 일반화한다면, 압수·수색영장 및 사후영장제도를 사실상 형해화하는 결과를 용인하는 것이 된다.

**[필자: 이주원 교수(고려대)]**

# 15. 대물적 강제처분과 관련성 (1)

**[대법원 2008. 7. 10. 선고 2008도2245 판결]**

**[사안]** 사법경찰관 P는 전화사기의 범행을 저질렀다는 범죄사실 등으로 D를 긴급체포하면서 소지하고 있던 지갑과 함께 지갑 안에 들어 있던 W명의의 주민등록증과 운전면허증을 압수하였고 48시간 안에 D에 대한 구속영장이 발부되었다(2007. 6. 1. 법률 제8496호로 개정되기 전의 구 형사소송법 제217조 제1항 등에 의하면 검사 또는 사법경찰관은 피의자를 긴급체포한 경우 체포한 때로부터 48시간 이내에 한하여 영장 없이 피의자의 소유, 소지, 보관하고 있는 물건을 압수할 수 있고, 피의자에 대하여 사후구속영장을 받은 때에는 별도로 사후 압수수색영장을 받지 않아도 되었다). D는 주민등록증과 운전면허증은 주운 것이라고 변해(辨解)하였고 이에 대해 점유이탈물횡령죄로 기소되었다. D는, "긴급체포시의 범죄사실은 전화사기 범행이었으므로 이와 관련성이 있는 물건만 압수할 수 있는데 W명의의 주민등록증과 운전면허증은 이와 관련성이 없는 물건이므로 압수가 불법이며 따라서 이것들은 위법수집증거로서 증거로 사용할 수 없다"고 주장하였다.

**★[판지]★**

구 형사소송법 제217조 제1항 등에 의하면 검사 또는 사법경찰관은 피의자를 긴급체포한 경우 체포한 때부터 48시간 이내에 한하여 영장 없이 긴급체포의 사유가 된 범죄사실 수사에 필요한 최소한의 범위 내에서 범죄사실과 관련된 증거물 또는 몰수할 것으로 판단되는 피의자의 소유, 소지 또는 보관하는 물건을 압수할 수 있다. 이때, 어떤 물건이 긴급체포의 사유가 된 범죄사실 수사에 필요한 최소한의 범위 내의 것으로서 압수의 대상이 되는 것인지는 당해 범죄사실의 구체적인 내용과 성질, 압수하고자 하는 물건의 형상, 성질, 당해 범죄사실과의 관련 정도와 증거가치, 인멸의 우려는 물론 압수로 인하여 발생하는 불이익의 정도 등 압수 당시의 여러 사정을 종합적으로 고려하여

객관적으로 판단하여야 한다. 이 사건 압수물은 피고인이 보관하던 다른 사람의 주민등록증, 운전면허증 및 그것이 들어 있던 지갑으로서, 피고인이 이른바 전화사기죄의 범행을 저질렀다는 범죄사실 등으로 긴급체포된 직후 압수되었는바, 압수 당시 위 범죄사실의 수사에 필요한 범위 내의 것으로서 전화사기범행과 관련된다고 의심할 만한 이유가 있었다고 보이므로 적법하게 압수되었다.

**[해설]**

## 1. 압수 대상물과 범죄사실의 관련성

### (1) 관련성의 의의

압수는 일정한 범죄혐의를 전제로 하여 그 혐의를 확인하기 위한 수사의 한 방법으로 행해지므로 압수대상물은 범죄혐의에 대한 증거로서의 의미를 가지는 것 또는 몰수할 수 있는 물건에 한정된다. 여기서 증거로서의 의미를 가지는 것을 관련성이라고 한다.

2012. 1. 1.자로 압수수색 조문의 개정이 있었고 압수수색 대상물에 '피고사건과 관계가 있다고 인정되는 것'(제106조 제1항), '해당 사건과 관계가 있다고 인정될 수 있는 것'이라는 문구가 추가되었다. 종래의 요건이던 필요성의 내용으로서 해석상 인정되던 관련성 요건이 별개의 문구로 규정되어 향후 주목을 끌게 되었다. 새로 규정된 관련성의 의미와 인정 범위에 대한 해석론에 따라 압수·수색의 허용범위가 정해질 것이어서 매우 중요한 의미를 가진다.

### (2) 긴급압수와 관련성

영장에 의한 압수의 경우는 영장에 기재된 압수대상물이 특정되어 있으나 긴급압수수색에 있어서는 기재된 특정물이 없으므로 압수대상물의 범위가 어디까지인지 문제될 수 있다.

2012년 법개정 이전에는 체포·구속되는 범죄사실과 관련성이 있는 물건에 한정된다는 한정설, 긴급압수에 관하여 사후압수영장 조문이 없던 2007년 이전체제와 달리 현행법은 사후압수영장을 받아야 하는 체제로 변

화되었으므로 긴급압수의 요건하에서 다른 범죄의 증거라도 압수할 수 있는 것으로 해석하여야 한다는 비한정설이 있었다. 그러나 2012년 법개정으로 압수대상물에 피고사건과의 관련성이 명문화되었고, 이 조문은 긴급압수의 경우에도 적용되어야 하므로 이제는 긴급압수의 경우도 범죄사건과의 관련성이 필요하게 되었다.

## 2. 관련성 판단의 기준

### (1) 우리 법의 상황

우리 형사소송법은 체포현장 또는 범죄현장에서의 긴급압수·수색(제216조)이나 긴급체포시의 긴급압수·수색(제217조)과 같이 특정한 상황에서의 긴급압수만을 규정할 뿐 미국법상의 육안발견예외(plain view), 또는 독일법상의 긴급압수 내지 우연한 발견 압수 등의 규정을 두고 있지 않다. 따라서 수사기관이 적법한 수색과정에서 우연히 발견한 압수대상물을 즉시 확보할 수 있는 수단이 없어서 실무현장에서 대응하기 어려운 공백이 있다. 관련성을 제한적으로 해석하면 그 공백은 매우 커질 것이며, 이 부분을 보완적으로 해석하면 공백을 줄일 수 있다.

### (2) 해석의 방향

해석방향을 모색함에 있어 그 출발점으로는 "수사기관이 적법하게 수색을 하는 장소에서 발견된 증거에 대해 별도의 영장을 받을 때까지는 눈을 감으라고 요구하는 것은 불필요한 불편이 될 뿐만 아니라 때로는 증거의 인멸을 초래하는 위험이 있거나 경찰관 자신에게도 위험이 될 수도 있다"[Collidge v. New Hampshire, 403 U.S. 443, 91 S. ct. 2022, 29 L.Ed.2d 564(1971)]는 미국 연방대법원의 관점을 염두에 둘 필요가 있다.

적법한 수색 중에 다른 증거를 발견하는 경우에는 적어도 그 전제인 수색은 영장 또는 법 소정의 긴급상황에 따라 행해지는 적법한 것이므로 영장주의에서 달성하고자 하는 압수수색에 있어 상당한 이유 요구와는 충돌되지 않는다. 또한 일반적·탐색적 압수수색을 막고자 하는 특정성 요구와 관련해서도 이미 행해진 압수·수색의 전제가 되었던 범죄와의 관련성에 의해 적절히 제한되는 한 탐색적 수색으로 전환되는 것도 아니다.

### (3) 보충적 개괄 기재와 관련성의 탄력적 해석

성문법 주의를 취하고 있는 우리법의 해석상 성문법의 범위를 넘어, 해석으로 미국법상의 육안발견이론을 인정할 수는 없을 것이므로 사건과의 관련성이 없는 증거에까지 긴급 압수를 인정하는 육안발견이론처럼 그 대상을 확대하기는 어려운 점이 있다. 따라서 공백을 최소화할 수 있는 방법은 보충적 개괄 기재를 허용하면서 관련성을 탄력적으로 해석하는 것이다. 피의사실의 전체적인 상황의 이해에 의미가 있는 것이면 관련성이 있는 것으로 폭넓게 해석할 필요가 있다. 따라서 범죄사실 자체의 증거뿐만 아니라 범죄의 수단이나 간접적 도구, 피의자의 상습성이나 성격, 범죄의 전체적 성격을 이해할 수 있는 자료, 양형에 관련된 자료 등도 관련성이 있는 것으로 탄력적으로 해석할 필요가 있다.

동일 구성요건으로 범위가 확대되는 경우라든가 또는 동일죄질로서 통상 함께 행해질 가능성이 많고 예견될 수 있는 경우, 증인에 관한 자료, 그 증인의 신빙성에 관한 자료, 공범에 대한 증거의 경우 등도 관련성이 있다고 볼 여지가 있다.

### (4) 본 판례의 기준

본 판례에서 경찰관이 이른바 전화사기 피의자를 긴급체포하면서 그가 보관하고 있던 다른 사람의 주민등록증, 운전면허증 등을 압수하였는데 대법원은 이 압수물들이 해당 범죄의 수사에 필요한 범위 내의 압수로 적법하다고 판시하였다. 그런데 왜 필요한 범위 내인지 구체적인 근거는 설시되고 있지 않다.

전화사기 범행을 위해 다른 사람의 이름을 도용하는 등의 행위를 할 수 있고 이러한 신분증은 그를 위한 수단도 될 수 있으므로 관련성을 인정한 것으로 판단되는데 이는 관련성 개념을 탄력적으로 해석한 것이다.

[참고문헌] 오기두, 전자정보의 수색·검증·압수에 관한 개정 형사소송법의 함의, 형사소송이론과 실무 제4권 제1호; 이완규, 긴급압수·수색에 대한 사후영장의 성질과 효력, 형사소송이론과 실무 제4권 제1호; 이완규, 디지털증거의 압수수색과 관련성 개념의 해석, 법조 제62권 제2호(2013).

**[필자: 이완규 변호사]**

# 16. 대물적 강제처분과 관련성(2) ─ 적법하게 취득한 통신사실확인자료를 다른 사건 증거로 사용할 수 있는 범위 ─

[대법원 2017. 1. 25. 선고 2016도13489 판결]

**[사안]** 서울동부지방검찰청 검사 P는 D가 건설현장 식당운영권 알선 부로커로 활동하면서 전국 여러 지역의 건설현장 식당운영권 수주와 관련하여 공무원이나 공사관계자에게 금품을 제공한 혐의를 수사하는 과정에서, 2010. 12. 16. 및 2010. 12. 21. 서울동부지방법원 판사의 허가를 받아 D에 대한 통신사실 확인자료를 취득하였다. 그 2010. 12. 16.자 허가서(이하, 1 허가서라고 함)에는 대상자가 'D'이고, 대상 범죄는 '2010. 3.경부터 2010. 10.경 사이의 D와 ○○랜드 사장인 K 사이의 ○○랜드 직원 채용 및 ○○랜드 발주 공사 납품업체 선정 청탁 관련 금품수수(공여자는 D)'로 기재되어 있었다. 한편, 2010. 12. 21.자 허가서(이하, 2 허가서라고 함)에는 대상자는 'D, K, B(D의 운전사)'로, 대상 범죄는 '2009. 2.경부터 2010. 12.경까지 사이의 K와 D 사이의 ○○랜드 직원 채용 및 ○○랜드 발주 공사 납품업체 선정, △△건설이 시공하는 인천 송도 건설현장의 식당운영권을 받을 수 있도록 △△건설 사장(C)에게 영향력을 행사해 달라는 청탁과 함께 금품을 K에게 공여하였다(공여자는 D)'로 기재되어 있었다. 그런데 1과 2의 허가서의 통신사실확인자료에는 D와 D2가 위 대상 범죄 기간 동안에 통화한 내용이 포함되어 있었다. 위 P의 수사가 종결된 후 그 사건과는 별개로 부산 지방검찰청 검사 A가 2014. 9. 경 ○○ 교통공사 사장인 D2가 건설현장 식당운영권 알선 부로커인 D로부터 ○○교통공사가 발주하는 지하철 공사현장의 식당운영권을 수주할 수 있도록 도와달라는 청탁을 받고 2009. 8. 23. 부터 2010. 6. 14.까지 4회에 걸쳐 합계 2,000만원의 뇌물을 수수하였다는 사실을 수사하여 D와 D2를 부산지방법원에 기소하였다. 이 때 부산지방검찰청 검사 A는 서울동부지방검찰청으로부터 위 수사기록에 있는 위 허가서 1, 2에 의한 통신사실확인자료를 송부받아 D, D2에 대한 뇌물공여와 뇌물수수에 대한 유죄 증거로 제출하였다. D2는 "1·2 허가서에 의하여 제공

받은 통신사실 확인자료의 통화내역은 D2에 대한 이 사건 공소사실과 관련성이 없는 통신사실 확인자료의 통화 내역이므로 공소사실의 증명을 위한 증거로 사용할 수 없다."고 주장하며 상고하였다.

**★[판지(상고기각)]★**
1. 통신비밀보호법은 통신제한조치의 집행으로 인하여 취득된 전기통신의 내용은 통신제한조치의 목적이 된 범죄나 이와 관련되는 범죄를 수사·소추하거나 그 범죄를 예방하기 위한 경우 등에 한정하여 사용할 수 있도록 규정하고(제12조 제1호), 통신사실확인자료의 사용제한에 관하여 이 규정을 준용하도록 하고 있다(제13조의5). 따라서 통신사실확인자료 제공요청에 의하여 취득한 통화내역 등 통신사실확인자료를 범죄의 수사·소추를 위하여 사용하는 경우 대상 범죄는 통신사실확인자료 제공요청의 목적이 된 범죄 및 이와 관련된 범죄에 한정되어야 한다.

2. 여기서 통신사실확인자료 제공요청의 목적이 된 범죄와 관련된 범죄란 통신사실 확인자료제공요청 허가서에 기재한 혐의사실과 **객관적 관련성**이 있고 자료제공 요청대상자와 피의자 사이에 **인적 관련성**이 있는 범죄를 의미한다. 그 중 혐의사실과의 **객관적 관련성**은, 통신사실 확인자료제공요청 허가서에 기재된 혐의사실 자체 또는 그와 기본적 사실관계가 동일한 범행과 직접 관련되어 있는 경우는 물론 범행 동기와 경위, 범행 수단 및 방법, 범행 시간과 장소 등을 증명하기 위한 간접증거나 정황증거 등으로 사용될 수 있는 경우에도 인정될 수 있다. 다만 통신비밀보호법이 통신사실확인자료의 사용 범위를 제한하고 있는 것은 특정한 혐의사실을 전제로 제공된 통신사실확인자료가 별건의 범죄사실을 수사하거나 소추하는 데 이용되는 것을 방지함으로써 통신의 비밀과 자유에 대한 제한을 최소화하는 데 입법 취지가 있다. 따라서 그 관련성은 통신사실 확인자료제공요청 허가서에 기재된 혐의사실

의 내용과 수사의 대상 및 수사 경위 등을 종합하여 구체적·개별적 연관관계가 있는 경우에만 인정되고, 혐의사실과 단순히 동종 또는 유사 범행이라는 사유만으로 관련성이 있는 것은 아니다.

그리고 피의자와 사이의 **인적 관련성**은 통신사실 확인자료제공요청 허가서에 기재된 대상자의 공동정범이나 교사범 등 공범이나 간접정범은 물론 필요적 공범 등에 대한 피고사건에 대해서도 인정될 수 있다.

#### [ 해 설 ]

#### 1. 증거사용범위 측면에서의 관련성

2011년의 형사소송법 개정으로 압수·수색 대상을 제한하는 개념으로 관련성 문구가 추가되면서 관련성에 대한 논의가 활발히 전개되고 있고 실무상으로도 중요한 쟁점이 되고 있다. 압수·수색 대상의 제한 개념으로서의 관련성 문제는 일정한 범죄사실에 기하여 수사가 진행되고 그 범죄사실이 기재된 압수·수색영장에 의해 압수수색할 수 있는 범위가 어디까지인가를 논하는 것이기 때문에 그 관련성을 넘는 대상물을 압수하면 이는 영장없는 압수로서 위법한 압수가 되어 위법수집증거로서 증거로 사용할 수 없게 되기 때문이다.

#### 2. 본 사안의 쟁점

본 사안의 쟁점은 압수의 범위라는 차원과 위법수집증거 여부를 판단하는 차원에서의 관련성이 아니라 적법하게 수집한 증거를 어떤 범위에서 증거로 사용할 수 있는가, 즉 증거사용범위라는 측면에서 관련성 개념이 논해지고 있으므로 구별할 필요가 있다.

본 사안을 이해하기 위해서는 먼저, 적법하게 수집한 증거의 사용범위가 제한되는가라는 일반적인 원칙부터 논해야 한다. 예를 들어 보이스피싱 사기의 범죄사실에 의한 압수·수색영장에 의해 피의자 S로부터 S가 소지하고 있던 다른 사람의 주민등록증을 사기 범죄사실에 대한 관련성 있는 증거로 적법하게 압수하였는데 그 주민등록증이 점유이탈물횡령죄의 범죄사실에 대한 증거로도 사용될 수 있을 때 검사가 압수·수색영장기재 범죄사실이 아닌 다른 범죄(점유이탈물횡령죄)의 증거로도 이를 사용할 수 있는가의 문제이다.

영장에 의해 적법하게 취득된 압수물을 어떻게 사용하는가는 영장주의 영역이 아니다. 영장주의는 재산권

이나 프라이버시 침해에 대한 허용 여부를 심사하는 것일 뿐이고 압수물을 영장에 기재된 범죄사실에만 사용할 것을 허용하는 요건은 아니다. 적법하게 압수된 압수물을 다른 범죄의 증거로 사용함으로써 개인의 프라이버시가 새롭게 다시 침해되는 것은 아니므로 취득한 압수물을 사용하는 과정에서는 새로 영장을 발부받아야 할 필요성은 없다.

이와 같이 적법하게 취득한 압수물의 증거사용범위는 제한되지 않는 것이 원칙이므로 그 증거사용범위를 제한하기 위해서는 별도의 법적 근거가 필요한데 그 대표적인 사례가 본 사안에서의 통신비밀보호법상의 제한 규정이다.

대법원은 통신비밀보호법상의 증거사용범위에 관한 관련성에 대해서도 위 판시와 같이 논하면서 2 허가서에 기재된 D의 인천 송도 건설현장의 식당운영권 수주 관련 금품제공 부분은 범행 경위와 수법이 D2에 대한 공소사실과 동일하고 범행 시기도 근접해 있을 뿐만 아니라, 건설현장 식당운영권 수주와 관련한 D의 일련의 범죄혐의와 범행 경위와 수법 등이 공통되고, 증거로 제출된 2 허가서에 의한 통신사실 확인자료는 D2의 범행과 관련된 뇌물수수 등 범죄에 대한 포괄적인 수사를 하는 과정에서 취득한 점 등을 종합하여 "D2에 대한 공소사실과 2 허가서에 기재된 혐의사실은 객관적 관련성이 인정되고, 또한 2 허가서에 대상자로 기재된 D는 D2의 뇌물수수 범행의 증뢰자로서 필요적 공범에 해당하는 이상 주관적 관련성도 있다."고 판시하였다.

[참고문헌] 이완규, 디지털 증거 압수 절차상 피압수자 참여 방식과 관련된 범위 밖의 별건 증거 압수 방법, 형사법의 신동향(통권 제48호), 대검찰청, 2015. 9; 이완규, 영장에 의해 취득한 통신사실 확인자료 증거사용 제한 규정의 문제점, 형사판례연구 26, 박영사, 2018; 정한중, 적법하게 취득한 통신사실 확인자료와 관련성있는 범죄, 법조 2017. 4.

**[필자: 이완규 변호사]**

# 17. 대물적 강제처분의 효력이 미치는 범위 — 집행에 착수한 이후 반입된 물건

[대법원 2009. 3. 12. 선고 2008도763 판결]

**[사안]** 이 사건 압수물은 원래 도지사 집무실에 보관 중이던 것을 압수수색을 즈음하여 공소외 1이 이 사건 압수 지점으로 일시 가져 온 물건이고, 공소외 1은 검사가 이 사건 압수물의 제출을 요구하자 도지사 집무실에 보관중인 서류임을 이유로 제출을 거부하여 검사가 검찰에 가서 조사를 받고 서류를 주겠느냐고 다소 강압적인 태도를 보여 어쩔 수 없이 이 사건 압수물을 제출하게 되었고, 이 사건 압수조서에는 압수물의 소유자를 피고인 1.로 기재하였다.

원심은, "보관의 사전적 의미는 '물건을 맡아서 간직하고 관리하는 것'인 점, 형사소송법 제108조, 제217조, 제218조 등에서는 압수대상인 물건의 소유, 소지, 보관을 구별하고 있는 점, 압수대상 목적물은 수사기관의 자의적인 판단을 배제하기 위하여 명확히 특정되어야 하고 영장기재 자체만으로 압수대상자에게 그 의미가 분명하게 전달될 수 있어야 하는 점, 형사소송법 제109조 제2항, 제219조는 피의자 아닌 자의 물건에 대한 수색의 경우 압수하여야 할 물건이 있다는 구체적인 소명이 있는 경우에 한하여 엄격한 요건 아래 영장을 발부하도록 규정하고 있는 점에 비추어 단지 영장집행 당시 영장기재 장소에 물건이 '현존'하는 경우까지 보관에 포함된다고 볼 수는 없다"고 하면서 이 사건 압수물은 이 사건 영장에 기재된 압수 대상물에 해당하지 않는 것으로서, 이 사건 압수물의 압수절차에는 적법한 압수영장에 의하지 아니하고 압수물을 압수한 위법이 있다고 하였다.

이에 대하여 검사는 이 사건 영장에 기재된 장소에 '보관중인 물건'이란 영장집행 당시 영장기재 장소에 현존하기만 하면 '보관중인 물건'에 해당하여 압수 대상물로 보아 압수할 수 있다고 주장하면서 이 건 상고에 이르렀다.

**★[판지(상고기각)]★**

헌법과 형사소송법이 구현하고자 하는 적법절차와 영장주의의 정신에 비추어 볼 때, 법관이 압수·수색영장을 발부하면서 '압수할 물건'을 특정하기 위하여 기재한 문언은 이를 엄격하게 해석하여야 하고, 함부로 피 압수자 등에게 불리한 내용으로 확장 또는 유추 해석하는 것은 허용될 수 없다. 같은 취지에서 이 사건 압수·수색영장에서 압수할 물건을 '압수장소에 보관중인 물건'이라고 기재하고 있는 것을 '압수장소에 현존하는 물건'으로 해석할 수 없다고 한 원심의 판단은 옳고, 압수·수색영장의 효력에 관한 법리오해 등의 위법은 없다. 이 부분 검사의 주장은 받아들이지 않는다.

**[해설]**

### 1. 문제제기

본 건은 절차위법의 중복사유를 거론하면서 압수물의 증거능력을 배제한 사안으로, 수사기관의 위법수사에 대한 억지라는 차원에서 배제의 상당성 유무에 관한 일응의 기준을 시사하고 있다는 점에서 중요한 의미를 가진다.

다만 여기에서는, 본 판례가 적시하고 있는 사유인 "압수·수색영장에 압수할 물건을 '압수장소에 보관중인 물건'이라고 기재하고 있는 것을 '압수장소에 현존하는 물건'으로 해석할 수는 없다"고 한 점에 대해서만 살펴본다. 이는 영장 집행 중에 우연히 반입된 물건에 대해서도 영장기재사항의 대상목적물로 포섭하여 압수·수색할 수 있는가 하는 문제와 관련된다.

먼저, 압수수색의 대상 여부를 판단하는 시점은 언제를 기준으로 할 것인가 하는 이론적인 문제와 과연 압수수색 집행 중에 우연히 반입된 물건은 모두 압수수색의 대상에서 제외되어야 하는가라는 실무적인 관점에서 따져볼 필요가 있다.

### 2. 이론적인 입장

학설로서는, 이에 대해 명확한 견해가 없지만, 압수·수색 영장의 효력 발생 시점과 깊은 관련성을 따져볼 수 있다. 즉, 판사가 기록을 검토하여 허가장에 서명날인하여 영장을 발부할 때를 기준으로 영장발부 시 현장에 '보관' 중인 물건에 한해 압수수색의 대상이 된다는 영장발부시설과 검찰의 주장과 같이 당해 허가장을 가지고 집행할 때를 기준으로 판단하여야 한다는 영장집행시설이 있을 수 있다.

전자에 의하면, 영장심사단계에서 판사의 심사대상이 되지 않은 물건에 대해서는 압수·수색할 수 없으므로 압수수색 집행 중에 반입된 물건은 압수대상이 되지 않을 것이고, 후자에 의하면 영장범죄사실과 관련이 있는 범위 내의 물건은 집행 중에 반입된 것이라도 압수·수색의 대상이 된다고 할 수 있다.

이론상으로만 보면, 판사가 영장에 서명날인을 한 시점인 영장 발부시설이 타당하고, 그 대상도 영장발부 시점을 기준으로 판단하는 것이 상당하다. 그러나 구체적으로 영장의 집행에 착수해 보지 않으면 어떠한 물건이 현장에 있는지를 알 수 없다는 점에서 기본적으로 압수수색 영장집행 착수시를 기준으로 판단할 수밖에 없을 것이다(영장집행착수시설).

### 3. 일본의 최고재판소 판례

일본의 최고재판소는, 그 집행 중에 현장에 반입된 물품에 대해서도 압수수색은 유효하다는 입장(最高裁判所, 2007. 2. 8. 決定, 刑集 61-1-1)이다. 그 이론적 근거에 대해서는 구체적인 설명을 피하고 있다.

다만, 하급심인 센다이(仙台)고등재판소는 "압수·수색의 범위가 그 허가장을 피의자에게 제시한 시점에서 수색장소에 존재하는 물건에 한정되어야 한다는 명문의 규정은 없다. 나아가 실질적으로 보아도 형소법 제219조, 제114조의 영장의 특정은, 사람의 거주권, 관리권을 보호하기 위한 것이라고 해석되고, 집행도중에 피의자가 수색장소에서 소지·관리하기에 이른 물건에 대하여 수색하였다고 하더라도 새로운 거주권, 관리권을 침해하는 것은 아니어서 영장주의 위배는 아니다"고 하고 있다. 결국 일본의 실무는 영장집행 중에 우연히 반입된 물건에 대해서도 새로운 거주권이나 관리권의 침해가 없다면 적법하다는 입장이다.

그렇다면 피의자의 관리권의 미치지 않는 수취인을 제3자로 한 우편물이나 제3자가 들고 들어온 물건 혹은 다른 곳으로부터 우연히 날아 들어온 것임이 명백한 물건 등에 대해서는 압수·수색의 대상에서 제외된

다고 봄이 상당하다.

### 4. 본 판례의 의미

본 사안은 압수·수색 영장 집행에 착수한 이후에 반입된 물건이므로 영장착수시설에 의하면 영장집행의 대상은 아니다. 영장청구서에는 압수할 물건, 수색 또는 검증할 장소, 신체나 물건을 특정하여 기재하도록 하고(형사소송규칙 제107조 제1항 제2호), 피의자에게 범죄의 혐의가 있다고 인정되는 자료와 압수, 수색 또는 검증의 필요 및 해당 사건과의 관련성을 인정할 수 있는 자료를 제출하도록 하는 점(동 제108조 제1항)에서도 현행법상 근거를 찾을 수 있다.

따라서 본 판례가 "'압수장소에 보관중인 물건'이라고 기재하고 있는 것을 '압수장소에 현존하는 물건'으로 해석할 수는 없다"고 한 것도 영장발부시 또는 영장집행착수시 현장에 '보관' 중인 물건을 말하는 것이고, 일단 착수한 이후에 반입되어 '현존'하게 된 물건은 포함되지 않는다고 한 것은 정당하다.

그렇다면 그 이후에 반입된 물건에 대한 압수수색은 예외 없이 위법한 압수·수색이 되는가? 영장의 효력이 미치는 장소적 범위에 관하여 피압수자의 관리권이 미치는 범위 내라고 한다. 그렇다면 비록 압수·수색 영장 착수 후에 반입된 물건이라도 피압수자의 물건임이 명백한 경우에는 이를 수색하더라도 더 이상의 새로운 법익의 침해가 없다고 해석할 수도 있다. 따라서 영장 착수 이후에 반입된 물건이라도 피처분자의 소유, 소지 또는 보관하기에 이른 물건임이 분명하다면 수색할 수 있고, 피의사실과 관련하여 이를 압수하더라도 새로운 관리권을 침해하는 것은 아니라고 해석할 수 있다. 본 사안에서는 피의자가 아닌 공소외 비서관이 들고 온 서류 가방이지만, 피의자의 집무실에 보관 중이던 물건이라고 하므로 동 서류가 피의자의 소유, 소지 또는 보관하는 물건(검찰은 피고인 소유물로 표시하였다)인지, 피의자의 관리권 범위 내에 있는지 여부에 대해서도 판단해 주었더라면 하는 아쉬움이 남는다.

[필자: 노명선 교수(성균관대)]

# 18. 영장주의의 예외 (1) — 체포이전의 수색·압수

[서울중앙지방법원 2006. 10. 31. 선고 2006노2113 판결]

**[사안]** D는 O로부터 양도받은 건물이 무허가 건물로 강제철거를 당하게 되어 O에게 앙심을 품고 있던 중, O가 시행하는 상가신축공사 현장사무실에서 현장에서 작업하던 인부가 손을 다쳐 O가 그 인부를 병원에 데리고 간 틈을 이용하여, 책상 서랍에 있던 O 소유의 현금 76만원을 절취한 혐의로 현행범인으로 체포되어 절도죄로 기소되었다. 유죄의 증거로 D의 집과 차량에서 수색·압수한 19만원 및 40만원이 제출되었다. D는 검찰 이래 제2심에 이르기까지 절도 범행을 극구 부인하면서 자신의 집에서 발견된 19만원은 자신의 돈이고, 차에서 발견된 40만원은 자신이 숨겨 둔 것이 아니라 자신을 범인으로 만들기 위한 O의 자작극이라고 변소하였다. 그러나 D는 이들을 증거로 함에 동의하였다. 제1심은 무죄를 선고하였고, 검사가 항소하였다.

O로부터 도난신고를 받고 D의 집으로 출동한 P경사 등은, D의 집 주방 입구에서 지갑 옆에 흩어져 있던 19만원을 발견하였으나, O가 분실하였다는 76만원과는 차이가 있고 D가 절취사실을 부인하면서 수색영장과 구속영장의 제시를 요구하여, 일단 임의동행 형식으로 D를 지구대로 데리고 갔다. 이후 P2 경장은 D에게 인근에 주차되어 있던 D 소유 트럭의 열쇠를 요구하였으나 거절당하자, 영장 없이 D의 주거를 수색하여 D 소유 차량열쇠를 발견하고 그 열쇠로 D의 트럭 문을 열어 조수석 아래에 있던 종이박스 밑에서 40만원을 찾아 사진 촬영을 하였다. 곧바로 경찰은 D와 함께 D의 집으로 가서 19만원 및 40만원을 압수하고, D를 다시 지구대로 연행하여 압수조서를 작성한 후 현행범인으로 체포하였다. 경찰은 압수한 물건에 대해 압수·수색영장을 청구하여 발부받지 않았다.

**★[판지(항소기각)]★**

형사소송법 제216조 제1항은 '수사기관이 현행범인을 체포하는 경우에 필요한 때에는 영장 없이 체포현장에서 압수·수색을 할 수 있다'고 규정하고, 형사소송법 제217조 제1항은 "수사기관은 '긴급체포할 수 있는 자'(현행법에서는 '긴급체포된 자')의 소유, 소지 또는 보관하는 물건에 대하여는 체포한 때부터 48시간 이내에 영장 없이 압수·수색을 할 수 있다"고 규정하고 있으나, 이는 영장주의 자체에 대한 예외규정이므로, ① 현행범 체포행위에 선행하는 압수·수색은 허용되지 아니하고, ② 현행범으로 체포된 자가 압수·수색의 현장에 있음을 요하며, 또한 '긴급체포할 수 있는 자'란 현실적으로 '긴급체포된 자'로 해석하여야 할 것이다. 그런데 D가 이미 지구대에 임의동행되어 있었던 이상 그 후 D를 현행범인으로 체포할 당시 D가 범죄의 실행 중이거나 범죄의 실행의 즉후에 있었다고 할 수 없어 D를 현행범인이라고 볼 수 없을 뿐만 아니라 형사소송법 제211조 제2항 각 호의 준현행범인에 해당하지 아니하고, D를 지구대에 남겨두고 다시 D의 집으로 가서 D의 집과 차량을 수색한 것을 체포현장에서의 수색이라고 할 수 없으며, 또한 D가 긴급체포된 자에 해당한다고 볼 수도 없다. 나아가 형사소송법 제216조 제3항은 '범행중 또는 범행 직후의 범죄장소에서 긴급을 요하여 법원판사의 영장을 받을 수 없는 때에는 영장 없이 압수·수색을 할 수 있다. 이 경우에는 사후에 지체 없이 영장을 받아야 한다'고 규정하고 있으나, 사후에 지체 없이 영장을 받지 아니한 이 사건에서 위 압수·수색이 적법하다고 할 수 없다. 그렇다면 이 사건 사진 및 압수조서는 위와 같은 위법한 수색의 계속 중에 이를 이용하여 촬영되거나 작성된 것으로서, 수색 등 절차에는 헌법 제12조 제3항 및 이를 이어받은 형사소송법 제215조 등에서 기대되는 영장주의의 정신을 무시한 중대한 위법이 있고, 이들을 증거로 허용하는 것은 장래 위법한 수사의 억지의 관점에서 볼 때 상당하지 않다. 비록 위법한 압수·수색으로 인하여 그 압수물의 사진이나 압수조서 자체의 성질·형상에 변경을 가져오는 것은 아니어서 그 형태 등에 관한 증거가치에는 변함이 없다고 하더라도 그 증거능력을 부정하여야 할 것이다. 이에 대해 검사는, D가 이들을 증거로 함에 동의하였으므로 유죄의 증거로 할 수 있다고 주장하나, 위법하게 수집된 증거는 형사소송법 제318조 제1항에 의한 증거동의의 대상이 될 수 없어(대법원 1997. 9. 30. 선고 97도1230 판결 참조) 동의가 있다 하더라도 증거능력이 인정되지 않으므로, 위 주장은 받아들일 수 없다.

### [해설]

#### 1. 체포·구속현장에서의 영장 없는 압수·수색의 허용

법 제216조 제1항 제2호에서는 체포 또는 구속현장에서의 영장 없는 압수·수색을 허용하고 있다. 영장이 필요치 않은 이유로는 ⓐ 체포·구속에 의하여 가장 중요한 법익(자유권)의 침해가 정당화되므로 작은 법익(소유권)에 대한 침해는 당연히 영장 없이 할 수 있다는 **부수처분설**, ⓑ 체포·구속하는 자의 안전과 피체포자의 증거인멸방지를 위한 긴급행위로서 허용된다는 **긴급행위설** 등의 대립이 있다. 부수처분설에 따르면 영장 없는 대물적 강제수사가 부당하게 확대될 우려가 있는 반면, 다수설인 긴급처분설은 압수·수색과 체포 또는 구속의 동시병행성을 요구하므로 체포·구속현장의 포섭범위가 좁아 원칙적으로 체포 전이나 체포 후의 압수·수색을 부정한다. 이 판례는 긴급처분설의 입장을 취하고 있다.

#### 2. 적법한 체포·구속에 선행하는 압수·수색의 금지 (영장 없는 압수·수색의 시간적 범위)

법 제216조 제1항 제2호는 영장 없는 압수·수색은 "체포현장에서" 행해져야 함을 명시하고 있다. 여기서 체포현장의 의미와 관련, 압수·수색과 체포와 시간적·장소적으로 어느 정도 접착되어야 하는가에 대해 ⓐ 체포행위에 시간적으로 접착되면 체포 전후를 불문한다는 시간적·장소적 접착설, ⓑ 피체포자가 수색장소에 있고 현실적으로 체포가 착수되었을 것을 요한다는 체포착수설, ⓒ 현실적으로 체포되는 경우에 한한다는 체포실현설 등이 있다. 본 판례는 "현행범 체포행위에 선행하는 압수·수색은 허용되지 아니하고, '긴급체포할 수 있는 자'를 현실적으로 '긴급체포된 자'로 해석하여야 할 것"이라는 취지로 판시하여 시간적으로

체포실현설의 입장을 취하고 있다. 이에 따르면 현행범 체포행위에 앞서 행한 영장 없는 압수·수색은 그 적법성을 인정받을 수 없다. 또한 체포가 완료된 이후에 행해지는 영장 없는 압수·수색도 허용될 수 없다(대법원 2010. 7. 22. 선고 2009도14376 판결 참조). 다만, 이 경우 그 체포가 긴급체포인 때에는 형사소송법 제217조 제1항에 따라 적법성은 인정될 수 있겠지만, 사후영장의 청구를 요한다.

#### 3. 체포·구속현장에서의 영장 없는 압수·수색의 장소적 범위

영장 없는 압수·수색의 장소는 피체포자의 신체와 그의 사실상 지배하에 있는 장소로 국한함이 합리적이다. 문제는 체포현장에 있던 피의자가 도주하여 체포에 실패한 경우에도 여기에 해당되는가이다. 적법절차가 강조되는 최근의 경향상 이론적으로 체포현장의 의미를 가장 엄격히 해석하는 체포실현설이 가장 바람직하다. 그러나 피의자가 도주하여 체포에 실패한 경우까지 체포현장에서 제외하면 도주한 피의자의 권리가 오히려 순순히 체포에 응한 피의자보다 더 보호되는 이상한 결론에 도달하게 된다. 따라서 피체포자가 체포현장에 존재하고 현실적으로 체포에 착수하였다면 체포의 성공여부에 관계없이 영장 없는 압수·수색을 인정하는 **체포착수설**이 타당하다. 본 판례는 "현행범으로 체포된 자가 압수·수색의 현장에 있음을 요"한다는 취지로 판시하였다.

[참고문헌] 심희기·양동철, 형사소송법 판례 150선, 2014; 손동권, 수사절차상 긴급 압수·수색 제도와 그에 관한 개선입법론, 경희법학 제46권 제3호(2011); 노정환, 현행 압수·수색제도에 대한 비판적 고찰, 법조 통권 제643호(2010. 4.).

[필자: 황문규 교수(중부대)]

# 19. '긴급체포 후의 압수·수색'과 요급처분의 적법성

[대법원 2017. 9. 12. 선고 2017도10309 판결]

## [사안]

사법경찰관들은 2016.10.5. 20:00 경기 광주시 OO 앞 도로에서 위장거래자와 만나서 마약류 거래를 하고 있는 D를 긴급체포한 뒤 현장에서 D가 위장거래자에게 건네준 메트암페타민 약 9.5g이 들어 있는 비닐팩 1개(증 제1호)를 압수하였다. 위 경찰관들은 같은 날 20:24경 영장없이 체포현장에서 약 2km 떨어진 경기 광주시 소재 D의 주거지에 대한 수색을 실시해서 작은방 서랍장 등에서 메트암페타민 약 4.82g이 들어있는 비닐팩 1개(증 제2호) 등을 추가로 찾아내어 이를 압수하였다.

이후 사법경찰관은 압수한 위 메트암페타민 약 4.82g이 들어있는 비닐팩 1개(증 제2호)에 대하여 감정의뢰 등 계속 압수의 필요성을 이유로 검사에게 사후 압수·수색영장 청구를 신청하였고, 검사의 청구로 서울지방법원 판사로부터 2016.10.7. 사후 압수·수색영장을 발부받았다.

이에 따라 D는 마약류취급자가 아님에도 2016.10.5.경 광주시 곤지암읍 가마골길 24 앞에서 A로부터 160만원을 지급받고 필로폰 약 9.5g이 담긴 비닐팩 1개를 건네주려고 하였으나 수사기관에 체포되어 그 뜻을 이루지 못하여 필로폰을 매도하려다가 미수에 그치고, 2016.10.5.경 D의 위 주거지 서랍장 안에 필로폰 약 4.82g을 비닐팩에 담아 필로폰을 소지하였다는 혐의 등으로 기소되었다.

제1심은 '필로폰 소지행위'는 필로폰 매도미수행위의 실행행위와 불가분의 관계에 있거나 사회통념상 실행행위의 일부로 평가되는 것이어서 흡수되고 별개의 범죄가 성립한다고 볼 수 없다며 무죄를 선고하였지만 나머지는 모두 유죄를 인정하였고, 피고인의 항소에 대해 원심은 항소를 기각하여 피고인이 상고하였다.

## [판지]

사법경찰관이 범죄수사에 필요한 때에는 피의자가 죄를 범하였다고 의심할 만한 정황이 있고 해당 사건과 관계가 있다고 인정할 수 있는 것에 한정하여 검사에게 신청하여 검사의 청구로 지방법원 판사가 발부한 영장에 의하여 압수, 수색 또는 검증을 할 수 있다(형사소송법 제215조 제2항). 이처럼 범죄수사를 위하여 압수, 수색 또는 검증을 하려면 미리 영장을 발부받아야 한다는 이른바 사전영장주의가 원칙이지만, 형사소송법 제217조는 그 예외를 인정한다. 즉, 검사 또는 사법경찰관은 긴급체포된 자가 소유·소지 또는 보관하는 물건에 대하여는 긴급히 압수할 필요가 있는 경우에는 체포한 때부터 24시간 이내에 한하여 영장없이 압수·수색 또는 검증을 할 수 있고(제217조 제1항), 압수한 물건을 계속 압수할 필요가 있는 경우에는 지체없이 압수·수색영장을 청구하여야 한다. 이 경우 압수·수색영장의 청구는 체포한 때부터 48시간 이내에 하여야 한다(동조 제2항).

형사소송법 제217조 제1항은 수사기관이 피의자를 긴급체포한 상황에서 피의자가 체포되었다는 사실이 공범이나 관련자들에게 알려짐으로써 관련자들이 증거를 파괴하거나 은닉하는 것을 방지하고, 범죄사실과 관련된 증거물을 신속히 확보할 수 있도록 하기 위한 것이다. 이 규정에 따른 압수·수색 또는 검증은 체포현장에서의 압수·수색 또는 검증을 규정하고 있는 형사소송법 제216조 제1항 제2호와 달리, 체포현장이 아닌 장소에서도 긴급체포된 자가 소유·소지 또는 보관하는 물건을 대상으로 할 수 있다.

위와 같은 피고인에 대한 긴급체포 사유, 압수·수색의 시각과 경위, 사후영장의 발부 내역 등에 비추어 보면, 수사기관이 피고인의 주거지에서 긴급 압수한 메트암페타민 4.82g은 긴급체포의 사유가 된 범죄사실 수사에 필요한 범위 내의 것으로서 형사소송법 제217조에 따라 적법하게 압수되었다고 할 것이다. 원심은 증 제2호 등을 증거로 삼아 2016.10.5.자 마약류관리에 관한법률위반(향정)죄의 공소사실을 유죄로 인정한 제1심 판결을 유지하였는데, 이는 위 법리에 따른 것으로 정당하다.

### [해 설]

#### 1. '긴급체포 후의 압수·수색'에서의 요급처분

피의자를 긴급체포한 후에 사전 압수·수색영장이 없이 긴급압수를 할 수 있는 경우로는 '체포현장에서의 압수·수색'(제216조 제1항 제2호)과 '긴급체포 후의 압수·수색'(제217조 제1항)이 있다. 사안은 체포현장에서 약 2km나 떨어진 피의자의 주거지를 수색하여 필로폰을 압수한 것이어서 시간적·장소적 접착성이 인정되지 않아 체포현장으로 볼 수 없으므로 위 '긴급체포 후의 압수·수색'에 해당한다.

그런데 20:00경에 피의자를 체포하고 20:24경 긴급압수를 하였기에 '야간집행의 제한'(제125조)이 문제가 된다. 요급처분의 특칙은 형사소송법 제216조의 규정에 의한 처분을 하는 경우에 급속을 요하는 때에는 주거주나 간수자 등의 참여(제123조 제2항)와 야간집행의 제한(제125조)에 의하지 않아도 되는데, '긴급체포 후의 압수·수색'에는 적용된다는 규정이 없기 때문이다. 그동안 실무에서는 사법경찰관이 긴급체포한 후 피의자의 소유물을 야간에 압수하고 사후영장을 신청하였으나 검사가 요급처분을 할 수 없다는 이유로 영장을 청구하지 않은 사례도 있는 등 혼란이 야기되어 경찰에서는 긴급체포한 경우에는 야간에 긴급압수를 하지 않도록 하는 교육이 실시되기도 하였다고 한다.

#### 2. 요급처분의 적법성

'긴급체포 후의 압수·수색'이 '체포한 때로부터 24시간 이내에 한하여 영장없이 압수·수색을 할 수 있다'는 엄격한 요건에 비추어 야간집행이 예외적으로 가능할 수 있는지가 논의된다. 학설은 ① 형사소송법 제220조에서 요급처분을 예외적으로 인정하는 명문규정에 따라 요급처분의 예외가 '긴급체포 후의 압수수색'에는 적용되지 않기 때문에 형사소송법 제217조에 의한 야간 압수·수색의 집행은 위법하다는 견해와 ② 원칙적으로는 위법하지만 사후에 발부된 영장에 의해 야간 압수·수색이 허용되는 경우에는 법관의 사후추인으로 적법할 수 있다는 견해가 있으며, ③ 제217조에 의한 긴급압수·수색도 긴급성을 요한다는 점에서 제

220조를 준용하여 적법하다는 견해도 있을 수 있다.

판례는 사후영장에 의하여 긴급압수한 필로폰은 긴급체포의 사유가 된 범죄사실 수사에 필요한 범위 내의 것으로서 적법하다고 판단하고 있기는 하지만 긴급체포 후에 체포현장이 아닌 장소에서의 야간 압수·수색임에도 불구하고 형사소송법 제220조의 요급처분의 특칙에 대해 명시적인 언급이 없어서 이에 대한 명확한 판단을 확인하기가 쉽지 않다. 다만 사후의 압수·수색영장청구서에는 일반적인 기재사항 이외에 긴급체포한 일시 및 장소, 영장없이 압수·수색을 한 일시 및 장소를 추가로 기재하여야 하고(형사소송규칙 제107조 제1항 제6호), 압수·수색의 필요성 등을 지방법원 판사가 심사하여 사후 압수·수색영장을 발부한 것이기에 긴급체포 후에 비록 야간이기는 하지만 예외적으로 긴급한 압수·수색이 사후추인에 따라 허용된 것으로 평가할 수가 있다고 본다. 판례도 '압수·수색의 시각과 경위 등에 비추어 보면'이라고 언급하여 야간 압수·수색임을 당연히 고려하였음을 엿볼 수 있다.

#### 3. 결 론

판례는 형사소송법 제220조에 의해서 '긴급체포 후의 압수·수색·검증'에는 요급처분의 특칙이 적용되지 않으므로 긴급체포 후의 압수·수색·검증에서는 일출전, 일몰 후에는 압수·수색·검증을 위하여 타인의 주거 등에 들어가지 못하는 것이 원칙이긴 하지만 사후 압수·수색·검증영장의 발부에 의하여 예외적으로 적법하게 된다고 판단하여 실무의 혼선을 해결하였다는 점에서 큰 의미가 있다고 본다.

[필자: 이창현 교수(한국외대)]

# 20. 범죄 증거 수집 목적의 사전 강제 채뇨 영장의 요건과 채뇨 방법

[대법원 2018. 7. 12. 선고 2018도6219 판결]

**[사안]** 부산지방검찰청 소속 검사는 부산지방경찰청 소속 경찰관 P의 신청에 따라 피고인 D가 '2017. 8. 초순 메트암페타민(이하 '필로폰'이라 한다)을 투약했다'는 제보를 바탕으로 부산지방법원에 압수·수색·검증영장을 청구하여 2017. 8. 10. 영장담당판사로부터 마약류 관리에 관한 법률 위반 혐의에 관하여 압수·수색·검증영장(이하 '이 사건 영장'으로 약칭함)을 발부받았다. 이 사건 영장의 '압수할 물건'란에는 '피의자의 소변 30cc, 모발 약 80수, 마약류 불법사용에 대한 도구' 등이, '수색·검증할 장소'란에는 '피의자의 실제 주거지[부산 해운대구 (주소 생략)]' 등이 포함되어 있다. D는 필로폰 투약으로 인한 마약류 관리에 관한 법률 위반(향정)죄로 수차례 처벌받은 전력이 있다. P는 2017. 8. 28. 11:10경 부산 해운대구 (주소 생략)에서 D에게 이 사건 영장을 제시하고 주거지를 수색하여 사용 흔적이 있는 주사기 4개를 증거물로 압수하였다. P는 이 사건 영장에 따라 D에게 소변과 모발을 제출하도록 요구하였으나, D는 욕설을 하며 완강하게 거부하였다. P는 3시간 가량 D를 설득하였으나, D가 계속 거부하면서 자해를 하자 D에게 수갑과 포승을 채운 뒤 강제로 의료원 응급실로 데리고 갔다. D가 의료원 응급실에서도 소변의 임의 제출을 거부하자, P는 같은 날 15:30경 응급구조사로 하여금 D의 신체에서 소변 30cc를 채취하도록 하여 이를 압수하였는데, 압수한 소변을 간이시약(MET)으로 검사한 결과 필로폰 양성반응이 나왔다. D는 필로폰 투약 혐의로 기소되었다. 제1심과 항소심 법원은 "피고인에 대한 압수수색검증영장의 집행은 압수수색검증을 하는 사유, 압수수색검증과의 관련성, 긴급성 등 제반사정을 종합하여 볼 때 영장 집행을 위한 필요한 처분으로서 영장의 집행을 위한 범위 내에서 상당한 방법으로 이루어진 것이므로 적법하다."고 판시하였다. D는 "자신의 소변에 대한 압수·수색·검증영장 집행이 위법하며, 따라서 자신의 소변 및 모발,

그리고 그에 기초하여 수집된 증거들은 위법수집증거 또는 위법수집증거의 2차적 증거로서 유죄 인정의 증거로 삼을 수 없다."고 주장하며 상고하였다.

**＊[판지(상고기각)]＊**

1. 강제 채뇨는 피의자가 임의로 소변을 제출하지 않는 경우 피의자에 대하여 강제력을 사용해서 도뇨관(catheter)을 요도를 통하여 방광에 삽입한 뒤 체내에 있는 소변을 배출시켜 소변을 취득·보관하는 행위이다. 수사기관이 범죄 증거를 수집할 목적으로 하는 강제 채뇨는 피의자의 신체에 직접적인 작용을 수반할 뿐만 아니라 피의자에게 신체적 고통이나 장애를 초래하거나 수치심이나 굴욕감을 줄 수 있다. 따라서 피의자에게 범죄 혐의가 있고 그 범죄가 중대한지, 소변성분 분석을 통해서 범죄 혐의를 밝힐 수 있는지, 범죄 증거를 수집하기 위하여 피의자의 신체에서 소변을 확보하는 것이 필요한 것인지, 채뇨가 아닌 다른 수단으로는 증명이 곤란한지 등을 고려하여 범죄 수사를 위해서 강제 채뇨가 부득이하다고 인정되는 경우에 최후의 수단으로 적법한 절차에 따라 허용된다. 이때 의사, 간호사, 그 밖의 숙련된 의료인 등으로 하여금 소변 채취에 적합한 의료장비와 시설을 갖춘 곳에서 피의자의 신체와 건강을 해칠 위험이 적고 피의자의 굴욕감 등을 최소화하는 방법으로 소변을 채취하여야 한다.

2. 수사기관이 범죄 증거를 수집할 목적으로 피의자의 동의 없이 피의자의 소변을 채취하는 것은 법원으로부터 감정허가장을 받아 형사소송법 제221조의4 제1항, 제173조 제1항에서 정한 '감정에 필요한 처분'으로 할 수 있지만(피의자를 병원 등에 유치할 필요가 있는 경우에는 형사소송법 제221조의3에 따라 법원으로부터 감정유치장을 받아야 한다), 형사소송법 제219조, 제106조 제1항, 제109조에 따른 압수·수색의 방법으로도 할 수 있다. 이러한 압수·수색의 경우에도 수사기관은 원칙적으로 형사소송법 제215조에 따라 판사로부터 압수·수색영

장을 적법하게 발부받아 집행해야 한다.

3. 압수·수색의 방법으로 소변을 채취하는 경우 압수대상물인 피의자의 소변을 확보하기 위한 수사기관의 노력에도 불구하고, 피의자가 인근 병원 응급실 등 소변 채취에 적합한 장소로 이동하는 것에 동의하지 않거나 저항하는 등 임의동행을 기대할 수 없는 사정이 있는 때에는 수사기관으로서는 소변 채취에 적합한 장소로 피의자를 데려가기 위해서 필요 최소한의 유형력을 행사하는 것이 허용된다. 이는 형사소송법 제219조, 제120조 제1항에서 정한 '압수·수색영장의 집행에 필요한 처분'에 해당한다. 그렇지 않으면 피의자의 신체와 건강을 해칠 위험이 적고 피의자의 굴욕감을 최소화하기 위하여 마련된 절차에 따른 강제 채뇨가 불가능하여 압수영장의 목적을 달성할 방법이 없기 때문이다.

**[해설]**

수사기관에서는 피고인 D가 2017. 8. 초순경 필로폰을 투약하였다는 제보자의 진술내용에 따라 2017. 8. 10. 부산지방법원 판사로부터 압수·수색·검증영장을 발부받았다. 수사기관은 2017. 8. 28. 11:10경 위 압수수색검증영장의 집행을 위하여 D의 실제 주거지인 부산 해운대구 (주소 생략), 4층을 수색하여 위 장소에서 사용한 흔적이 있는 주사기 총 4개를 증거물로 압수하였다. 수사기관은 같은 기회에 D에게 위 영장에 의하여 소변 및 모발을 제출할 것을 요구하였으나 D가 약 3시간 이상 이를 완강히 거부하고 자해하여 위 영장의 집행에 항거하였다. 수사기관은 같은 날 15:30경 D의 자해를 방지하기 위해 D에게 수갑과 포승을 채우고 강제로 의료원 응급실로 이동하여 위 영장의 집행에 응하도록 요구하였으나, D가 이를 계속 거부하여 응급구조사의 소변 강제 채취를 통해 D의 소변을 압수하였다. 압수한 D의 소변을 간이검사한 결과 필로폰 양성 반응이 확인되자 같은 날 16:00 수사기관은 D를 부산지방경찰청 마약수사대로 인치한 후 모발을 채취·압수하였다.

이런 사실관계를 기초로 살펴볼 때, 첫째, D에 대한 피의사실이 중대하고 객관적 사실에 근거한 명백한 범죄 혐의가 있었다고 볼 수 있다. 왜냐하면 P의 장시간에 걸친 설득에도 불구하고 D가 소변의 임의 제출을 거부하면서 판사가 적법하게 발부한 압수영장의 집행에 저항하였으며, P는 다른 방법으로 수사 목적을 달성하기 곤란하다고 판단하여 압수대상물인 D의 소변을 채취하기 위하여 강제로 D를 소변 채취에 적합한 장소인 인근 병원 응급실로 데리고 가 의사의 지시를 받은 응급구조사로 하여금 D의 신체에서 소변을 채취하도록 하였고, 그 과정에서 D에 대한 강제력의 행사가 필요 최소한도를 벗어나지 않았기 때문이다. 따라서 P의 이러한 조치는 형사소송법 제219조, 제120조 제1항에서 정한 '압수영장의 집행에 필요한 처분'으로서 허용된다.

둘째, 경찰관 직무집행법 제10조 제1항, 제10조의2 제1항 제2호, 제3호, 제2항 등에 따르면, 경찰관은 직무수행 중 자신이나 다른 사람의 생명·신체의 방어와 보호, 공무집행에 대한 항거 제지를 위하여 필요하다고 인정되는 상당한 이유가 있을 때에는 그 사태를 합리적으로 판단하여 필요한 한도에서 수갑, 포승, 경찰봉, 방패 등 경찰장구를 사용할 수 있다. 따라서 P가 압수영장을 집행하기 위하여 D를 의료원 응급실로 데리고 가는 과정에서 공무집행에 항거하는 D를 제지하고 자해 위험을 방지하기 위해 수갑과 포승을 사용한 것은 경찰관 직무집행법에 따라 허용되는 경찰장구의 사용으로서 적법하다.

D의 소변에 대한 압수영장의 집행은 논리와 경험의 법칙에 반하여 자유심증주의의 한계를 벗어나 사실을 오인하거나 압수영장 집행에 관한 법리를 오해한 잘못이 없는 것으로 보인다.

**[필자: 정웅석 교수(서경대)]**

# 21. 영장주의의 예외 (2) — 긴급 강제채혈

[대법원 2012. 11. 15. 선고 2011도15258 판결]

**[사안]** D는 2011. 3. 5. 혈중알코올농도 0.211%의 술에 취한 상태로 약 2㎞ 가량 오토바이를 운전한 혐의로 기소되었다. 당시 D는 오토바이를 운전하다가 차량 뒷부분을 들이받는 교통사고를 일으킨 후 의식을 잃었다. D는 구급차량에 의하여 사고 현장에서 곧바로 병원 응급실로 후송되었는데, 출동한 P는 법원으로부터 압수·수색 또는 검증영장이나 감정처분허가장을 발부받지 않은 채 간호사를 통하여 D의 혈액을 채취하였다. P는 법원으로부터 사후영장을 발부받지도 않았으며, 국립과학수사연구원은 채취된 D의 혈액을 감정한 결과 혈중알코올농도가 0.211%로 측정되었다는 내용이 담긴 감정의뢰회보를 제출하였다. D는 법정에서 공소사실을 인정하였지만, 이 사건 하급심은 감정의뢰회보의 증거능력을 부정하고 무죄로 판단하였다. 검사가 상고하였다.

## ★[판지(상고기각)]★

### 1. 강제채혈의 법적 성격

ⓐ 수사기관이 범죄 증거를 수집할 목적으로 피의자의 동의 없이 피의자의 혈액을 취득·보관하는 행위는, 법원으로부터 감정처분허가장을 받아 형사소송법(이하 '법'이라 한다) 제221조의4 제1항, 제173조 제1항에 의한 '감정에 필요한 처분'으로도 할 수 있지만, ⓑ 법 제219조, 제106조 제1항에 정한 압수의 방법으로도 할 수 있고, ⓒ 압수의 방법에 의하는 경우 혈액의 취득을 위하여 피의자의 신체로부터 혈액을 채취하는 행위는 혈액의 압수를 위한 것으로서 법 제219조, 제120조 제1항에 정한 '압수영장의 집행에 있어 필요한 처분'에 해당한다.

### 2. 긴급 강제채혈의 적법요건

ⓐ 음주운전 중 교통사고를 야기한 후 피의자가 의식불명 상태에 빠져 있는 등으로 도로교통법이 음주운전의 제1차적 수사방법으로 규정한 호흡조사에 의한 음주측정이 불가능하고 혈액 채취에 대한 동의를 받을

수도 없을 뿐만 아니라 법원으로부터 혈액 채취에 대한 감정처분허가장이나 사전 압수영장을 발부받을 시간적 여유도 없는 긴급한 상황이 생길 수 있다. ⓑ 이러한 경우 피의자의 신체 내지 의복류에 주취로 인한 냄새가 강하게 나는 등 법 제211조 제2항 제3호가 정하는 범죄의 증적이 현저한 준현행범인의 요건이 갖추어져 있고 ⓒ 교통사고 발생 시각으로부터 사회통념상 범행 직후라고 볼 수 있는 시간 내라면, 피의자의 생명·신체를 구조하기 위하여 사고 현장으로부터 곧바로 후송된 병원 응급실 등의 장소는 법 제216조 제3항의 범죄 장소에 준하므로, ⓓ 검사 또는 사법경찰관은 피의자의 혈중알코올농도 등 증거의 수집을 위하여 의료법상 의료인의 자격이 있는 자로 하여금 의료용 기구로 의학적인 방법에 따라 필요최소한의 한도 내에서 피의자의 혈액을 채취하게 한 후 그 혈액을 영장 없이 압수할 수 있다. ⓔ 다만 이 경우에도 법 제216조 제3항 단서, 형사소송규칙(이하 '규칙'이라 한다) 제58조, 제107조 제1항 제3호에 따라 사후에 지체 없이 강제채혈에 의한 압수의 사유 등을 기재한 영장청구서에 의하여 법원으로부터 압수영장을 받아야 한다.

## [해설 <1>]

### 1. 강제채혈의 법적 성격

음주운전 등의 범죄 증거 수집을 위하여 피의자(이하 'S'라 한다)의 혈액 채취가 필요한 경우, 그 의사에 반하여 강제로 채혈하여야 할 필요성이 있을 수 있다. 특히 대상판결 사안과 같이 S가 의식불명 상태에 빠진 경우에는 그 동의라는 것을 상정하기도 어렵다.

강제채혈에는 원칙적으로 헌법 제12조 제3항에 의하여 법관의 영장이 필요하다(영장주의 원칙). 강제채혈의 법적 성격에 대해서는 그동안 학계에서 압수·수색설, 검증설, 감정처분설 등의 다양한 견해가 제시되어 왔는데, 대법원 2011. 4. 28. 선고 2009도2109 판결은 이에 대하여 '영장 또는 감정처분허가장'을 발부받지 않은 채 이루어진 강제채혈은 영장주의 원칙을 위반한

것이라는 취지로 판시하였다. 대상판결도 우선 위 판결의 취지에 따라 원칙적으로 '감정'의 성격을 가진다고 전제하였다(판지 @부분). 다만 대상판결 사안과 같이 S로부터 동의를 얻을 수 없고 법원의 영장을 받을 시간적 여유도 없는 이른바 '긴급 강제채혈'의 경우에는 어떤 법적 성격을 띠는지 명확하지 않았는데, 대상판결은 법 제106조가 정하는 '압수'로 본 것으로 이해된다. 이러한 채혈절차는 통상적으로 P의 요구로 병원에서 의료인이 S의 혈액을 채혈하는 절차(제1단계 채혈절차), 그 혈액이 P에게 교부되어 P가 혈액의 점유를 취득·보관하는 절차(제2단계 혈액취득·보관절차), P가 혈액을 감정기관에 송부하여 감정의뢰회보를 제출받는 절차(제3단계 혈액분석절차)를 거친다. 대상판결은 제2단계의 혈액취득·보관이 법상 '압수'에 해당하고, 그 압수를 위한 사전절차인 제1단계의 채혈절차는 법 제120조 제1항이 규정하는 '압수영장의 집행에 필요한 처분'으로 본 것으로 이해할 수 있다(판지 ⓑ부분).

## 2. 긴급 강제채혈의 법적 요건

앞서 본 대법원 2009도2109 판결은 영장 또는 감정처분허가장 없이 S의 신체로부터 혈액을 채취하여 혈중알코올농도를 감정한 서류에 대하여 그 증거능력을 부정하였다. 그런데 채혈을 위한 사전 영장을 발부받기 위해서는 먼저 경찰이 검찰에 영장청구를 신청하고 다시 검사가 법원에 영장을 청구하여 법관이 이를 심사하는 절차를 밟게 되므로, 필연적으로 사고 발생시점으로부터 일정 시간이 소요될 수밖에 없다. 따라서 이러한 경우에도 일률적으로 채혈을 위한 사전 영장을 요구한다면, 구체적 사안에 따라 그 영장이 발부되더라도 이미 S의 혈중알코올농도가 희석되어 의미가 없게 되는 등 형사 사법 정의와 실체적 진실발견에 상당한 지장이 초래될 가능성이 있다(판지 @부분).

그런데 법 제216조 제3항은 "범행 중 또는 범행 직후의 범죄 장소에서 긴급을 요하여 법원판사의 영장을 받을 수 없는 때에는 영장 없이 압수, 수색 또는 검증을 할 수 있다. 이 경우에는 사후에 지체 없이 영장을 받아야 한다"고 규정하는데, 이는 현행범 상황하의 압수·수색·검증을 의미하는 것이다. 다만 그 입법자료에 의하면 "준현행범은 영장 없이 압수·수색 또는 검증할 수 있도록 하기 위한 것"이라고 기재되어 있으므로, 그 입법 취지는 준현행범 상황도 아울러 고려한 것

이라 볼 수 있다. 한편 법 제211조 제2항 제3호는 "신체 또는 의복류에 현저한 증적이 있는 때"를 준현행범인 중 하나로 열거하고 있다. 대상판결은 위 규정들의 문언 및 입법 취지 등을 감안하여, 다음과 같은 엄격한 요건 하에 긴급 강제채혈에 대하여 사전영장이 아닌 사후영장을 요구하는 취지(판지 ⓔ부분)로 판시한다.

### (1) 혐의의 명백성

S의 신체 내지 의복류에 주취로 인한 냄새가 강하게 나는 등 법 제211조 제2항 제3호가 정하는 '범죄의 증적이 현저'한 준현행범인의 요건이 명백한 경우라야 한다(판지 ⓑ부분).

### (2) 시간적·장소적 접착성

교통사고시로부터 사회통념상 그 직후라고 볼 수 있는 시간 내에, S가 의식불명 상태에 빠져 그 생명·신체를 구조하고자 곧바로 후송된 병원 응급실 등의 장소에서 채혈절차가 실시되어야 한다(판지 ⓒ부분).

### (3) 수단의 보충성·상당성

S의 기본권을 고려하여, 의료법상 의료인의 자격이 있는 자로 하여금 의료용 기구로 의학적인 방법에 따라 S의 건강에 영향이 없도록 필요최소한의 한도 내에서 실시되어야 한다(판지 ⓓ부분).

다만 본 사안에서는 P가 위와 같은 사후영장도 받지 않은 채 강제채혈하였으므로, 대상판결은 위법수집증거 배제법칙을 적용한 원심 판단을 수긍한 것으로 이해할 수 있다.

[참고문헌] 김승주, 긴급 강제채혈의 법적 성질과 영장주의, 대법원판례해설 제94호(2013); 이창현, 의식불명 상태의 음주운전자에 대한 강제채혈의 적법성 연구, 외법논집(2013. 2.).

[필자: 김승주 판사]

## [해설 <2>]

### 1. 2차적 증거와 위법수집증거 배제법칙

통설·판례는 위법수집증거배제법칙은 위법하게 수집된 증거를 기초로 하여 획득한 2차적 증거에도 마찬가지로 적용된다고 해석한다. 수사기관이 채취한 혈액을 감정의뢰하여 감정을 거쳐 받은 감정의뢰회보는 혈액을 기초로 하여 취득한 2차적 증거이다. 만약 혈액을

취득한 절차에 위법이 있어 그 혈액이 위법수집증거에 해당한다면, 2차적 증거인 감정의뢰회보서도 위법수집증거 배제의 효력이 미칠 것이다[독수의 과실(the fruits of the poisonous tree)이론].

그동안 대법원은 강제채혈과 관련하여 상반된 판례를 내놓았다. 임의제출물의 압수(법 제218조)로 구성하여 강제채혈을 허용한 사안에서는 "간호사로부터 임의로 D의 혈액을 제출받은 경우, 압수 과정에서 D 측의 동의 및 영장이 없어도 적법절차원칙의 위반은 아니다(대법원 1999. 9. 3. 선고 98도968 판결)"라고 판시하였다. 이 판결에 대하여는 '간호사에게는 혈액주체인 환자 본인의 동의 없이 혈액을 수사기관에게 제출할 권한이 없다는 점을 근거로 혈액채취가 불법이라고 주장하는 견해'가 있다(한영수, 음주측정을 위한 '동의없는 채혈'과 '혈액의 압수', 형사판례연구 9권, 2001. 6.). 이에 반하여 위법수집증거(영장주의 위반)로 보아 강제채혈을 불허한 사안에서는 "D의 동의가 없는 상황에서 사전영장 없이 이루어진 채혈에 기초한 감정결과보고서는 영장주의원칙을 위반해 수집하거나 그에 기초하여 획득한 증거로, D나 변호인의 동의가 있더라도 증거로 사용할 수 없다(대법원 2011. 5. 13. 선고 2009도10871 판결)"고 판시하였다. 대법원은 2007년 형사소송법 개정으로 위법수집증거 배제 원칙이 명문화(법 제308조의2)된 이후, 혈액의 임의제출이나 D 측의 동의 아래 이루어진 채혈의 효력을 모두 부정하고 엄격하게 영장주의를 적용하겠다는 입장으로 선회하였다.

## 2. 채혈행위의 성질에 관한 종래의 판례 및 실무 현실

종래의 판례는 채혈을, 감정을 위한 하나의 처분으로 보아 감정처분허가장을 받아 행해도 되고, 압수의 집행을 위한 처분으로 보아 압수수색영장을 받아 행해도 된다고 한다(같은 취지 대법원 2011. 5. 13. 선고 2009도10871 판결).

그러면 양자의 차이는 무엇일까. 감정으로 보면 수사기관은 피의자의 체내의 혈중알코올농도가 얼마인지를 감정하기 위해 감정인을 위촉하여야 하는데 혈중알코올농도를 감정할 수 있는 기관, 예컨대 국립과학수사연구원의 의료진이 감정인이 될 것이다(법 제221조 제2항). 그러면 그 감정인이 감정을 위한 조치로서 혈액채취를 하기 위해 검사의 청구로 감정처분허가장을 받는다(법 제221조의4 제1항, 제2항). 이렇게 되면 그 채혈

행위를 감정인이 행하여야 한다. 반면에 압수수색으로 보면 압수수색의 주체가 수사기관이 되고, 다만 채혈은 수사기관이 직접 하지 않고 집행방법으로서 전문의료진에 의뢰하여 행하면 된다. 채혈 후 그 감정을 위해 국립과학수사연구원으로 혈액을 보내면 국립과학수사연구원에서 감정결과를 회보하게 된다. 이때의 감정은 이미 영장을 받아 압수한 대상물에 대한 감정이므로 별도로 감정처분허가장을 받을 필요가 없다.

이러한 차이로 실무 현실에서는 먼저, 감정인을 위촉해야 하는 감정절차보다는 압수수색절차가 편리하고 효율적이어서 압수수색영장을 받는 게 일반적이다.

## 3. 긴급 강제채혈의 요건

### (1) 실무상 문제

음주운전 중 교통사고를 야기한 후 피의자가 의식불명 상태에 빠져 있는 등으로 호흡조사에 의한 음주측정이 불가능하고 혈액채취에 대한 동의를 받을 수도 없을 뿐만 아니라, 법원으로부터 혈액 채취에 대한 감정처분허가장이나 사전 압수영장을 발부받을 시간적 여유도 없는 긴급한 상황이 생길 수 있다. 현장에 임하는 사법경찰관의 입장에서 보면 실무상 영장을 신청하여 검사의 청구를 거쳐 법원으로부터 영장을 발부받기까지 수 시간이 걸리는데 혈중알코올농도는 시간의 경과에 따라 변화하고 일정한 시간이 지나면 희석되기 때문에 증거수집의 목적을 달성하기 어렵다.

그렇기 때문에 영장 없이 긴급행위로서 채혈을 할 필요성이 있는데 법에 규정된 긴급강제처분 중 어느 규정을 통해서 가능한지 문제되었다. 실무에서는 그간 ① 음주로 인한 신체나 의류 등의 냄새 등을 보고, 법 제211조 제1항의 현행범인 범죄의 실행 즉후인 자 또는 제2항의 신체에 현저한 증적이 있는 자인 준현행범으로 보아 현행범 체포를 한 후 법 제216조 제1항 제2호의 체포현장에서의 긴급 압수수색 규정에 의해 긴급채혈을 한 후 법적인 체포를 풀어 석방조치하고 사후 영장을 받는 방법, ② 교통사고 현장에서 곧바로 후송된 병원 응급실 등의 장소이고 시간적으로 단기간 내라면 범죄장소의 연속으로 보아 법 제216조 제3항에 규정한 범죄장소에서의 긴급 압수수색으로 긴급채혈을 한 후 사후 영장을 받는 방법, ③ 시간적으로 좀 지났으나 증거보전을 위해 긴급채혈의 필요가 있는 경우는 증거인멸의 염려를 이유로 긴급체포를 하고 제217조

제1항의 긴급압수수색으로 채혈을 한 후 사후영장을 받는 방법 등을 사용하고 있었다. 이 중 현행범 또는 준현행범으로 체포하는 방법은 간혹 교통사고 발생시와 채혈시까지 시간적 간격이 있는 경우 현행범 또는 준현행범으로 보기 어렵다는 이유로 영장이 기각되는 사례가 있었다. 제216조 제3항에 따른 사후 압수영장에 대하여도 음주운전 현장이 아닌 병원 응급실은 문언상 범죄장소가 아니라는 이유로 영장이 기각된 사례가 다수 있었다.

한편 긴급체포 후의 압수수색 방법은 최근 도로교통법 개정으로 음주전과가 2회 이상이거나 혈중알코올농도가 0.2퍼센트 이상인 경우만 법정형이 장기 3년 이하의 징역 또는 금고에 해당하는 죄로 긴급체포 대상이고, 그 이외에는 법정형이 장기 3년 미만이어서 긴급체포 대상 범죄가 아니라는 문제점이 있다. 그러나 체포 당시에는 정확한 음주량을 알 수 없으므로 음주의 증적이 외부적으로 나타나는 경우에는 장기 3년 이상의 경우에 해당한다고 보고 긴급체포하여 긴급압수수색으로 채혈한 후 석방하는 조치를 하고, 사후 영장을 받을 수밖에 없을 것이다. 이 경우에는 과연 혈중알코올농도 0.2퍼센트 이상으로 판단할 수 있는 증적이 있었는가가 다투어질 수 있다. 또한 혈중알코올농도는 시간이 지나면 희석되기 때문에 음주운전자의 혈액은 휘발성 증거로서 증거의 성질상 객관적으로 증거인멸의 여지가 있으나, 의식 없는 음주운전자에게 증거인멸행위를 행할 의사가 있다고 보기 어려우므로 피의자가 증거를 인멸할 염려가 있거나 도망할 우려가 있는지(체포의 필요성)에 대한 견해 차이가 있을 수 있다.

### (2) 본 판례의 의의

본 판례는 긴급 채혈의 법적 성격을 법 제216조 제3항에 의한 범죄장소에서의 긴급압수수색임을 밝히고, 사전영장 없이 이루어지는 긴급채혈의 적법요건을 설시하고 있다. 범행직후의 범죄장소로 인정되기 위해서는 ① 피의자의 신체 내지 의복류에 주취로 인한 냄새가 강하게 나는 등 법 제211조 제2항 제3호가 정하는 범죄의 증적이 현저한 준현행범인의 요건이 갖추어져 있고, ② 교통사고 발생 시각으로부터 사회통념상 범행 직후라고 볼 수 있는 시간 내라는 전제에서, 피의자의 생명·신체를 구조하기 위하여 사고 현장으로부터 곧바로 후송된 병원 응급실 등의 장소이어야 한다.

### (3) 검토

그런데 본 판례의 기준에 대해서도 사회통념상 범행 직후라고 볼 수 있는 시간 내가 어느 정도인지, 범죄장소에 준하는 것으로 평가할 수 있는 장소가 예로 든 병원 응급실 이외에도 인정될 수 있는지 등 '시간적·장소적 근접성'에 대한 해석상 논란의 여지가 남아 있다. 현행법은 긴급압수수색에 대해 압수물이 있는 경우 사후에 법관의 영장을 받도록 하여 사법적 통제가 가능하므로 범행직후의 범죄장소에 준하는 상황의 범위를 비교적 넓게 탄력적으로 인정하여도 될 것으로 본다(같은 취지, 이완규, 176~179쪽).

### 4. 입법론

현행법상 긴급 강제채혈을 할 수 있는 명확한 법적 규정이 없어 채혈의 법적 성격과 강제채혈을 할 수 있는 법적 근거에 대한 해석상 논란의 여지가 있다. 판례가 제시하는 '범죄장소에서의 압수수색'(법 제216조 제3항)에 의한 긴급 강제채혈 방안도 '범행직후의 범죄장소'로 인정되기 위해서는 술냄새 등 범죄의 증적이 현저하고 범행 직후에 후송된 응급실이 준범행장소로 인정되는 등 준현행범인의 요건이 충족되어야 하므로, 체포현장은 아니지만 현행범체포에 준하는 정도의 시간적·장소적 근접성을 요구하고 있어 그 요건을 갖추었는지에 대한 견해 차이가 있을 수 있다. 따라서, 체포나 범죄장소를 전제로 하지 않는 '긴급상황에 대처할 수 있는 독립적 긴급 압수·수색규정'을 두는 것이 바람직하다. 다만, 우리 헌법(제12조 제3항)과 형사소송법이 선언한 영장주의의 중요성에 비추어, '검사나 사법경찰관이 범죄에 대한 증거의 인멸을 방지해야 할 긴급한 필요가 있을 때에는 영장 없이 압수·수색을 할 수 있는 독립적 긴급 압수·수색'에 대한 사법적 통제 방안으로 법관의 사후영장을 신속히 발부받도록 하여 사후 영장주의를 관철하는 것이 타당하다.

[참고문헌] 이완규, 헌법적 관점에서 본 긴급강제처분의 성질과 범위, 형사소송법 연구 Ⅱ, 법문사, 2011; 이완규, 검증의 개념과 성질, 형사소송법 연구 Ⅱ, 법문사, 2011.

[필자: 김영규 검사]

# 22. 압수물에 대한 소유권포기와 환부청구권

[대법원 1996. 8. 16. 자 94모1190 결정]

**[사안]**　재항고인인 보석회사 영업사원인 D는 1993. 9. 10. 같은 영업사원 O, 보석판매상 O2, 보석중개상 O3을 경유하여 이름불상인 보석중개상 O4로부터 교부받은 3.69캐럿 다이아몬드 1개(당시 시가 6,500만원 상당)를 보석상인 O5에게 판매하려다 관세법위반 혐의로 경찰에 검거되었으며, 다이아몬드도 임의제출의 방법으로 압수되었다. 사건을 이첩받은 세관이 같은 달 16. 검찰에 신병지휘를 요청하자, 검사는 위 다이아몬드에 대한 소유권포기각서를 받은 뒤 재지휘를 받도록 지시하고 이에 따라 D가 "압수된 다이아몬드에 대하여 어떠한 권리나 소유권을 주장하지 않을 것을 서약한다"는 취지의 소유권포기각서를 제출하였으며, 다음날 검사는 불구속지휘를 하였다. 사건이 검찰에 송치된 후 검사는 같은 해 12. 29. D에 대하여 위 O4의 소재불명을 이유로 기소중지결정을 하면서 위 다이아몬드에 대하여 계속보관결정을 하였다.

**[사건의 경과]**　D는 1994. 5. 9. 국가를 상대로 위 다이아몬드가 관세포탈물이라고 단정지을 수 없고 언제 누가 관세포탈하였는지도 알 수 없어 기소중지 처분을 한 이상 국고에 귀속시킬 수 없을 뿐 아니라 계속 압수할 필요도 없으므로 제출인인 D에게 환부하여야 한다며, 검사의 계속보관 결정을 취소하라는 준항고를 제기하였다. 위 준항고에 대하여 원심은 1994. 7. 8. D가 수사과정에서 위 다이아몬드에 대한 소유권 등 일체의 권리를 포기하는 의사표시를 하였으므로 그것이 착오나 사기, 강박 등을 원인으로 하여 취소되었다는 특단의 사정이 없는 한 D는 환부를 구할 수 없고, 따라서 D는 검사의 계속보관 결정의 취소를 구할 아무런 법률상·사실상 이익이 없다는 이유로 이를 기각하였으며, D는 같은 해 8. 11. 재항고하였다.

**\*[판지(파기환송)]\***

**1. 다수의견**

(1) 피압수자 등 환부를 받을 자가 압수 후 그 소유권을 포기하는 등의 방법으로 실체법상의 권리를 상실하더라도 그 때문에 압수물을 환부하여야 하는 수사기관의 의무에 어떠한 영향을 미칠 수 없고, 또한 수사기관에 대하여 형사소송법상의 환부청구권을 포기한다는 의사표시를 하더라도 그 효력이 없어 그에 의하여 수사기관의 필요적 환부의무가 면제된다고 볼 수도 없으므로 압수물의 소유권이나 그 환부청구권을 포기하는 의사표시로 인하여 위 환부의무에 대응하는 압수물에 대한 환부청구권이 소멸하는 것은 아니다.

(2) 압수물에 대하여 더 이상 압수를 계속할 필요가 없어진 때에는 수사기관은 환부가 불가능하여 국고에 귀속시키는 경우를 제외하고는 반드시 그 압수물을 환부하여야 하고, 환부를 받을 자로 하여금 그 환부청구권을 포기하게 하는 등의 방법으로 압수물의 환부의무를 면할 수는 없다.

(3) 이 사건에 있어 D의 소유권포기 의사표시는 그 효력이 없어 검사의 필요적 환부의무가 면제되는 것은 아니므로 위 환부의무에 대응하는 환부청구권이 소멸되었다고 할 수 없다. 결국 D를 기소중지 처분한 이상 위 다이아몬드를 계속 압수할 필요가 없어졌으므로 D에게 이를 환부할 필요가 없다거나 이를 환부하는 것이 불가능한 것으로 볼 수 없는 이 사건에서 검사의 계속보관 결정은 부적법하여 마땅히 취소되어야 하고, 따라서 원심 결정은 위법하므로 이를 파기환송한다.

**2. 반대의견**

(1) 피압수자가 수사기관에 소유권포기서를 제출한 경우에는 의사표시의 해석상 특별한 사정이 없는 한 환부청구권을 포기한 것으로 보아야 할 것이므로 수사기관은 압수물을 피압수자에게 환부할 의무가 없으며, 다만 피압수자의 소유권포기가 수사기관의 강요나 기망 등으로 인한 하자있는 의사표시에 의하여 이루어진 경우에는 그 포기는 무효 또는 취소할 수 있는 법률행

위로서 피압수자는 이를 주장하여 압수물의 환부를 청구할 수 있다.

(2) 이 사건에서 D가 위 다이아몬드에 대하여 소유권포기의 의사표시를 함에 있어 수사기관으로부터 강박을 받았음을 인정할 자료가 없으므로 소유권포기서를 수사기관에 제출함으로써 수사기관에 대한 환부청구권도 포기하였고, 따라서 환부의무도 면제되었으므로 A의 환부청구를 기각한 원심결정이 정당하다.

## [해 설]

### 1. 압수물에 대한 소유권포기와 환부청구권의 소멸여부

압수를 계속할 필요가 없다고 인정되는 압수물은 피고사건 종결 전이라도 결정으로 환부하여야 하지만(형소법 제133조 제1항), 종래 밀수·도박사건 등 수사실무에서 압수물에 대하여 소유권포기각서를 받고 기소중지·기소유예결정을 하면서 계속보관·국고귀속 결정을 하는 사례가 있었다. 본 판결은 압수물에 대하여 소유권을 포기하더라도 그에 대한 환부청구권이 소멸되지 않고, 나아가 환부청구권은 포기할 수 없다고 한 전원합의체 판결이다.

다수의견은 소유권포기로써 환부청구권이 소멸하지는 않는다고 한다. 다수의견은 피압수자가 일방적인 의사표시로 소유권 등 압수물에 대한 실체적 권리를 포기할 수 있으나, 이러한 소유권의 포기는 실체법상 권리와 관계없는 압수물의 환부를 받을 자의 절차법상 지위에 어떠한 영향을 미친다고 할 수 없다는 것을 주된 논거로 하고 있다. 반면에, 반대의견은 소유권포기로써 환부청구권이 소멸한다고 한다. 압수물에 대한 소유권포기가 있으면 국가가 그 소유권을 취득하므로 환부청구에 의하여 환부가 된다 하여도 국가는 소유권에 기하여 다시 인도를 청구할 수 있게 되어 환부 청구할 실익이 없다는 것을 주된 논거로 한다.

### 2. 환부청구권의 포기 가부

피압수자가 수사기관에 소유권포기서를 제출하는 경우에는 의사표시의 해석상 특별한 사정이 없는 한 환부청구권도 포기하는 것으로 볼 여지가 있다. 이때 환부청구권의 포기가 가능한지 문제된다.

다수의견은 환부청구권은 주관적 공권이므로 포기할 수 없다고 한다. 즉, 형사소송법에 정해져 있지 아니한 환부청구권의 포기라는 방법으로 수사기관의 압수물환부의무를 면하게 함으로써 압수를 계속할 필요가 없어진 물건을 국고에 귀속시킬 수 있는 길을 허용하는 것은 적법절차에 의한 인권보장 및 재산권 보장의 헌법정신에도 어긋나고, 압수물의 환부를 필요적이고 의무적인 것으로 규정한 형사소송법 제133조를 사문화시키며, 나아가 몰수제도를 잠탈할 수 있는 길을 열어 놓는 것이라고 한다. 반면에, 반대의견은 형사소송법 제133조의 주된 입법취지가 공익적 요소보다는 압수물에 대한 권리자의 경제적 이익의 보호에 있는 점 등을 고려하면 환부청구권도 권리자의 자유로운 의사로 포기할 수 있다고 한다.

### 3. 본 판결의 의의

다수의견은 구체적 정의의 실현에 중점을 둔 반대의견과는 달리 적법절차에 의한 인권 보장 및 피압수자의 재산권 보장이라는 헌법정신을 강조하고 있다. 반대의견을 찬성하는 견해(노명선·이완규, 형사소송법, 326면)도 있으나, 통설은 다수의견이 타당하다고 한다(이재상, 형사소송법, §20/44). 본 판결을 계기로 소유권을 포기하더라도 직권 또는 피압수자나 소유자의 신청에 의하여 환부할 수 있도록 검찰압수물사무규칙이 개정되었다(동규칙 제48조 제2항 단서). 본 판결은 헌법정신에 따라 압수물에 대한 소유권포기를 둘러싼 종래의 수사기관 실무를 바꾸는 계기가 되었다는 점에서 그 의의가 있다.

[참고문헌] 조균석, 압수물환부청구권의 포기, 형사판례의 연구Ⅱ (2003)(반대의견 찬성); 김희태, 수사도중의 권리포기를 근거로 한 압수물환부거부의 가부, 형사재판의 제문제 제1권(다수의견 찬성).

**[필자: 조균석 교수(이화여대)]**

# 23. 피의자의 진술거부권 고지를 받을 권리

[대법원 1992. 6. 23. 선고 92도682 판결 등]

**[사안]** D 등은 'O등과 공모하여 1985. 7.경 폭력, 공갈, 협박 등의 행사를 목적으로 하는 '신이십세기파' 범죄단체를 구성한 혐의[폭력행위 등 처벌에 관한 법률(법률 제3279호) 제4조 제1호 위반]로 기소되었다. 제1심 법원은 O에 대한 비디오검증조서의 기재 등을 근거로 D 등에 대하여 유죄판결을 선고하였다. D 등은 제1심 판결에 대하여 사실오인 및 양형부당을 이유로 항소하였으나, 항소심 법원은 양형부당 항소만 받아들인 다음 제1심 판결을 파기하고 제1심의 선고형보다 낮은 형을 선고하였다. 이에 D는 '위 비디오검증조서는 위법수집증거로서 유죄의 증거로 할 수 없음에도 불구하고 채증법칙을 위반하여 유죄의 증거로 채택하였다'는 이유 등으로 상고하였다.

## *[판지(상고기각)]*

1. 형사소송법 제200조 제2항(현행법 제244조의3 제1항)은 검사 또는 사법경찰관이 출석한 피의자의 진술을 들을 때에는 미리 피의자에 대하여 진술을 거부할 수 있음을 알려야 한다고 규정하고 있는바, 이러한 피의자의 진술거부권은 헌법이 보장하는 형사상 자기에 불리한 진술을 강요당하지 않는 자기부죄(自己負罪)거부의 권리에 터잡은 것이므로 수사기관이 피의자를 신문함에 있어서 피의자에게 미리 진술거부권을 고지하지 않은 때에는 그 피의자의 진술은 위법하게 수집된 증거로서 진술의 임의성이 인정되는 경우라도 증거능력이 부인되어야 한다.

2. 원심(항소심)이 인용한 제1심 판결 채용증거 중 비디오검증조서는 이 사건 범죄단체조직에 관한 공범으로 별도로 공소제기된 사건의 피고인 O에 대한 수사과정에서 담당 검사가 피의자 O와 그 사건에 관하여 대화하는 내용과 장면을 녹화한 것으로 보이는 비디오테이프에 대한 검증조서인바, 이러한 비디오테이프 녹화내용은 피의자의 진술을 기재한 피의자신문조서와 실

질적으로 같으므로 피의자신문조서에 준하여 그 증거능력을 가려야 한다.

3. 그런데, 기록을 살펴보아도 검사가 O의 진술을 들음에 있어 동인에게 미리 진술거부권이 있음을 고지한 사실을 인정할 자료가 없으므로 위 녹화내용은 위법하게 수집된 증거로서 증거능력이 없는 것으로 볼 수밖에 없고, 이러한 녹화내용에 대한 검증조서 기재는 유죄증거로 삼을 수 없는데도 원심이 위 검증조서를 유죄증거로 채용한 것은 채증법칙에 위반한 위법한 처사로서 이 점에 관한 논지는 이유 있다.

4. 그러나 원심채용증거 중 위 검증조서를 제외하고 나머지 증거만으로도 D의 이 사건 범죄사실을 인정하기에 넉넉하므로 위 검증조서의 증거채용에 관한 위법은 원심의 유죄결론에는 결국 영향이 없다.

## [해설]

### 1. 대상판결의 의미

대상판결은 진술거부권을 고지하지 않고 얻은 피의자 진술의 증거능력을 위법하게 수집한 증거라는 이유로 증거능력을 부정한 것으로서 '한국형 미란다판결'이라고도 불리웠으며, 1992년도 법조 10대 뉴스중의 하나로 선정되기도 하였다.

### 2. 진술거부권의 의의와 진술거부권의 고지

진술거부권이란 피의자 또는 피고인이 수사절차 또는 공판절차에서 수사기관 또는 법원의 신문에 대하여 진술을 거부할 수 있는 헌법 및 형사소송법상의 권리를 말하며, 이는 영미법의 자기부죄거부의 특권(privilege against self-incrimination)에서 유래한다.

진술거부권의 고지는 미국 연방대법원의 미란다판결(Miranda v. Arizona, 384 U.S. 436) 이후 미국법상 인정되는 미란다고지와 유사하지만 한국 형사실무상 통용되는 미란다고지와는 구별된다. 한국 실무상 통용되는 미란다고지는 피의자 또는 피고인을 체포·구속하는 경우에 피의자 또는 피고인에게 범죄사실의 요지, 체포·구속의 이유와 변호인을 선임할 수 있음을 말하고

변명의 기회를 주는 것까지 포함하기 때문이다(대법원 2007. 11. 29. 선고 2007도7961 판결).

### 3. 진술거부권의 고지대상, 내용 및 고지시기

진술거부권은 피의자 또는 피고인에게 신문하기 전에 고지하여야 한다. 범죄인지에 의하여 수사가 개시되는 경우 피의자의 지위가 인정되는 시기는 수사기관이 수사대상자에 대한 범죄혐의를 인정하여 수사를 개시한 때이며 수사기관이 범죄인지보고서를 작성한 때가 아니다(대법원 2011. 11. 10. 선고 2011도8125 판결 등). 따라서 이러한 피의자 지위에 있지 아니한 자에 대하여는 진술거부권이 고지되지 아니하였더라도 진술의 증거능력을 부정할 것은 아니다.

진술거부권에 의하여 거부할 수 있는 것은 진술(구두진술뿐만 아니라 서면진술도 포함한다)에 한하므로 음주측정요구는 진술거부권의 대상이 아니다(헌법재판소 1997. 3. 27. 자 96헌가11 결정). 지문과 족형의 채취, 신체의 측정, 사진촬영이나 신체검사는 진술거부권의 대상이 아니라는 것이 다수설이지만, 거짓말탐지기검사(또는 심리생리검사)에 대하여는 견해가 갈린다. 거짓말탐지기검사는 질문과의 대응관계에서 의미가 있으므로 진술거부권의 대상이 된다고 해석함이 상당하다.

진술거부권의 고지시기도 문제된다. 현행법은 피의자에 대하여는 피의자신문 전에 고지하도록 명문으로 규정하고 있지만, 피고인에 대하여는 고지시기를 규정하고 있지 않다. 따라서 인정신문 전에 고지하여야 할 것인지 아니면 인정신문 후에 고지하여야 할 것인지가 문제된다. 견해가 갈리지만 진술거부권의 범위에는 제한이 없을 뿐만 아니라 조문순서상 인정신문 전에 고지함이 상당하다.

### 4. 진술거부권 불고지의 효과

진술거부권을 고지하지 아니하고 진술을 청취하였는데 그 진술에 임의성이 있는 경우에 위법수집증거배제법칙에 의하여 그 자백 진술의 증거능력을 부정하여야 한다는 견해와 법원이 여러 가지 사정을 종합하여 재량으로 증거능력의 배제 여부를 결정할 수 있다는 견해가 갈린다. 대상판결은 미국의 미란다판결과 같이 진술거부권의 불고지가 있으면 다른 사정을 감안하지 않고 자동적으로 증거능력을 부정하였으며, 그 이후 같은 취지의 대법원판결이 선고되었다(대법원 2009. 8. 20. 선고 2008도8213 판결 등).

진술거부권을 고지하지 아니하고 진행된 피의자신문 결과 채취된 진술은 공소사실 인정의 직접증거로 사용할 수는 없다 하더라도 피의자이었던 피고인의 법정 진술을 탄핵하기 위하여 사용할 수 있는지 문제된다. 탄핵증거로 사용하는 것을 허용할 때에는 사실상 증거배제의 효과를 피하는 것을 허용하는 결과와 같으므로 탄핵증거로도 허용하여서는 안 된다는 견해가 다수설이다. 그러나 피의자가 그 진술을 임의로 하였음이 객관적으로 인정되는 경우 등 제한적인 경우에는 탄핵증거로 사용할 수 있도록 하여야 할 것이다.

### 5. 진술거부권 행사와 불이익추정의 금지

진술거부권을 행사하였다는 이유로 이를 피고인에게 불리한 간접증거로 삼거나 이를 근거로 유죄 추정을 하여서는 아니 된다. 이는 진술거부권의 보장을 무의미하게 할 우려가 있기 때문이다. 다음에 진술거부권의 행사를 양형에서 고려할 수 있는지에 관하여는 견해가 갈린다. 생각건대, 객관적이고 명백한 증거가 있음에도 피고인이 진실의 발견을 적극적으로 숨기거나 법원을 오도하려고 시도하는 경우에는 가중적 양형요건으로 참작될 수도 있다(대법원 2001. 3. 9. 선고 2001도192 판결).

[참고문헌] 이재홍, 진술거부권고지가 결여된 피의자신문조서 등의 증거능력, 사법행정(1993. 5); 심희기, '신이십세기파' 사건판결의 재검토, 고시연구(1998. 3); 안성수, 진술거부권과 진술거부권 불고지의 효과, 형사판례연구 16(2008).

[필자: 김영태 검사]

# 24. 행정조사와 진술거부권 고지의무

**[대법원 2014. 1. 16. 선고 2013도5441 판결]**

**[사안]** O는 'D가 200만원 내지 300만원 정도의 월급을 줄 테니 도와달라'고 말하여 그렇게 하기로 하고 D를 위해 선거운동을 하였다. 그 후 O는 2012. 4. 11. 실시된 제19대 국회의원 선거의 수원시 을 선거구에 출마한 D를 위하여 2011. 6.경부터 2012. 4.경까지 지인들을 상대로 당내 경선을 위한 모바일 경선 선거인단 등록을 권유하고, 자신의 축구계 인맥을 이용하여 D로 하여금 축구대회에서 축사를 할 수 있도록 하는 등 D를 위한 선거운동을 하였다. O는 D의 지지를 호소하기 위해 자신이 식대를 부담하면서 지인들에게 식사를 대접하고 그 식비 영수증에 같이 식사한 사람 등을 기재하여 정리하여 두었고, D는 O를 자신의 지역사무소에 유급사무원으로 채용하면서도 담당업무, 근로조건, 급여 등에 관하여 O와 의논한 적이 없었다. D는 '선거관리위원회에 제출하여야 한다'며 요구한 주민등록등본의 제출과 근로계약서의 작성에 O가 협조하지 아니하였는데도 O에게 2012. 6.분 및 2012. 7.분 급여를 각 지급하였다. O는 경기도선거관리위원회(이하, 선관위라고 한다)에서 선관위 직원들로부터 진술거부권을 고지받지 않고 조사를 받으면서 이러한 사실을 진술하여, 위 직원들은 이를 문답서에 기재하였고, O는 이 사실을 검찰과 법정에서 진술하였다.

**★[판지(상고기각)]★**

헌법 제12조는 제1항에서 적법절차의 원칙을 선언하고 제2항에서 "모든 국민은 고문을 받지 아니하며, 형사상 자기에게 불리한 진술을 강요당하지 아니한다"고 규정하여 진술거부권을 국민의 기본적 권리로 보장하고 있다. 이는 형사책임과 관련하여 비인간적인 자백의 강요와 고문을 근절하고 인간의 존엄성과 가치를 보장하려는 데에 그 취지가 있다. 그러나 진술거부권이 보장되는 절차에서 진술거부권을 고지받을 권리가 헌법 제12조 제2항에 의하여 바로 도출된다고 할 수는 없고, 이를 인정하기 위해서는 입법적 뒷받침이 필요하다.

구 공직선거법(2013. 8. 13. 법률 제12111호로 개정되기 전의 것, 이하 같다)은 제272조의2에서 선거범죄 조사와 관련하여 선거관리위원회 위원·직원이 관계자에게 질문·조사를 할 수 있다고 규정하면서도 진술거부권의 고지에 관하여는 별도의 규정을 두지 않았고, 수사기관의 피의자에 대한 진술거부권 고지를 규정한 형사소송법 제244조의3 제1항이 구 공직선거법상 선거관리위원회 위원·직원의 조사절차에 당연히 유추적용된다고 볼 수도 없다. 한편, 2013. 8. 13. 법률 제12111호로 개정된 공직선거법은 제272조의2 제7항을 신설하여 선거관리위원회의 조사절차에서 피조사자에게 진술거부권을 고지하도록 하는 규정을 마련하였으나, 그 부칙 제1조는 "이 법은 공포한 날부터 시행한다"고 규정하고 있어 그 시행 전에 이루어진 선거관리위원회의 조사절차에 대하여는 구 공직선거법이 적용된다. 결국, 구 공직선거법 시행 당시 선거관리위원회 위원·직원이 선거범죄 조사와 관련하여 관계자에게 질문을 하면서 미리 진술거부권을 고지하지 않았다고 하여 단지 그러한 이유만으로 그 조사절차가 위법하다거나 그 과정에서 작성·수집된 선거관리위원회 문답서의 증거능력이 당연히 부정된다고 할 수는 없다.

원심판결 이유에 의하면, 원심은 그 판시와 같은 이유를 들어 경기도선거관리위원회 직원인 공소외 2, 3 등이 구 공직선거법에 따라 D를 조사하면서 작성한 선거관리위원회 문답서의 증거능력을 다투는 D의 주장을 모두 배척하고 그 증거능력을 인정한 제1심의 판단을 그대로 유지하였는바, 이러한 원심의 판단은 정당하고, (중략) 나아가 원심이, O에 대한 선거관리위원회 문답서가 형사소송법 제312조 제3항에 규정된 서류에 해당한다는 전제에서 O와 공범관계에 있는 D가 그 내용을 부인한 이상 증거능력이 부정되어야 한다는 D의 주장을 배척하고, 형사소송법 제313조 제1항 본문에 따라 위 문답서의 증거능력을 인정할 수 있다고 판단한 것은 정당[하다].

**[ 해설 ]**

### 1. 행정조사의 경우에 조사자의 진술거부권 고지의무 부정

대상판결은 진술거부권은 통설과 같이 청문절차, 행정절차 등 모든 절차에서 보장되지만 진술거부권이 보장되는 절차에서 진술거부권을 고지받을 권리가 헌법 제12조 제2항에 의하여 바로 도출된다고 할 수는 없고, 이를 인정하기 위해서는 입법적 뒷받침이 필요하다고 판시하였다. 즉 대상판결은 "구 공직선거법은 제272조의2에서 선거범죄 조사와 관련하여 선거관리위원회 위원·직원이 관계자에게 질문·조사를 할 수 있다고 규정하면서도 진술거부권의 고지에 관하여는 별도의 규정을 두지 않았고, 수사기관의 피의자에 대한 진술거부권 고지를 규정한 형사소송법 제244조의3 제1항이 구 공직선거법상 선거관리위원회 위원·직원의 조사절차에 당연히 유추적용된다고 볼 수도 없다"고 판시하여 선거관리위원회 직원의 피조사자에게 진술거부권을 고지할 의무가 없다고 판단하였다(현행 공직선거법은 조사자의 고지의무를 신설하였다).

그러나 진술거부권을 고지받을 권리는 헌법 제12조 제1항에서 규정한 헌법상 일반원칙인 적법절차의 원칙에서 파생되는 헌법적 권리이므로 형사절차는 물론 국세청의 조세범죄 조사 등 준형사절차에도 보장되어야 한다. 나아가 선거관리위원회의 직원 등이 하는 선거범죄의 피조사자에 대한 조사 절차는 형사절차나 준형사절차는 아니라고 하더라도 형사책임으로 이어질 가능성이 많은 행정조사절차이고, 선거관리위원회에서는 선거범죄혐의자와 관련하여 수사기관에 대한 수사의뢰나 고발권이 있고, 이를 상시적으로 행사하는 기관이라는 점에서 조사자는 조사개시 당시에 조사자의 진술 결과가 형사절차에서 증거로 사용될 수 있다는 것을 충분히 인식하였다고 할 수 있으므로 조사자의 진술거부권 고지의무도 인정되어야 한다. 따라서 개정 공직선거법에서 선거관리위원회 직원에 대해 진술거부권 고지의무를 인정하였는지 여부와 무관하게 종전 법률의 해석상으로도 진술거부권 고지의무가 인정된다는 것이 사견이다.

### 2. 수집된 증거의 증거능력 긍정

대상판결은 2012. 7. 3. 선관위에서의 진술이 기재된 O의 문답서에 대하여 조사절차가 위법하다거나 그 과정에서 작성·수집된 선거관리위원회 문답서의 증거능력이 당연히 부정된다고 할 수는 없다고 판시하였다. 그러나 대상판결에서 O의 문답서는 이러한 진술거부권의 고지의무를 이행하지 아니한 채 작성되어 적법한 절차에 반하여 위법하게 수집된 증거에 해당하여 형사소송법 제308조의2에 따라 증거능력을 인정할 수 없다고 보아야 한다(사견). 행정조사 영역 등에서 조사대상자에게 진술거부권을 고지하지 않고 진술을 획득한 경우에는 위법한 행정조사 과정에서 획득한 위법수집증거로 보아야 하기 때문이다. 이 증거는 탄핵증거로도 사용할 수 없다(사견).

### 3. 선거관리위원회 직원 작성 문답서에 대한 전문법칙의 적용

대상판결은 'O에 대한 위 문답서는 형사소송법 제313조 제1항 본문에 따라 위 문답서의 증거능력을 인정할 수 있다'고 판단하였다. 선거관리위원회 직원은 사법경찰관리가 아니므로 위 문답서가 위법수집증거에 해당하지 않고 진술의 임의성이 인정된다면 형사소송법 제313조의 '피고인 아닌 자가 작성한 진술서류'에 해당되어 원진술자인 피고인이 진정성립을 부인하는 경우, 그 작성자의 진술에 의하여 성립의 진정함이 증명되고, 그 진술이 특히 신빙할 수 있는 상태 하에서 행하여진 때에 한하여 증거로 할 수 있다(형사소송법 제313조 단서 해석에 있어서의 완화요건설).

[참고문헌] 정한중, 행정조사와 진술거부권 고지의무, 외법논집 제38권 제2호(2014. 5).

**[필자: 정한중 교수(한국외국어대)]**

# 25. 접견교통권의 불허처분과 준항고

[대법원 1991. 3. 28. 자 91모24 결정]

[사안] S1과 S2는 국가보안법 위반 혐의로 국가안전기획부에 구속되었다. 국가보안법 위반 혐의에 대해서는 국가안전기획부(현재는 국가정보원)가 수사를 할수 있다(국가안전기획부법). 당시 S1과 S2에 대한 각 구속영장에는 구속집행장소가 국가안전기획부, 인치 장소는 서울 중부경찰서 유치장으로 각 기재되어 있었다. S1 및 S2의 어머니로부터 변호인으로 선임된 변호인 C는 S1과 S2를 접견하고자 국가안전기획부 서울분실과 인접한 위 중부경찰서 산하 주자파출소에 가서 S1과 S2의 변호인으로서 국가안전기획부에 접견신청을 한다는 취지의 접견신청서를 제출하였다. C는 국가안전기획부가 S1과 S2를 구속 수사함에 있어 인치장소가 중부경찰서 유치장으로 기재되어 있었고, 위 중부경찰서 산하 주자파출소가 국가안전기획부 서울분실과 인접한 위치에 있다는 등의 사유로 접견신청서를 주자파출소에 제출하였으나, 위 신청서에는 국가안전기획부에 대하여 접견신청을 한다는 취지를 명시하였다. 이에 접견신청서를 받은 중부경찰서 및 접견신청서 제출 사실을 유선으로 통보받은 국가안전기획부는 접견신청일이 도과(=경과)될 때까지 접견신청을 허가하지 아니하였다. 이에 대하여 원심은 '국가안전기획부장이 한 S1, S2에 대한 변호인 접견불허처분을 취소한다'고 결정하였다. 국가안전기획부장이 대법원에 재항고 하였다.

*[판지(재항고기각)]*
## 1. 재항고이유가 되는 위법사유 여부
국가안전기획부가 국가안전기획부법 제2조 제1항 제3호에 해당하는 국가보안법위반 등의 범죄를 수사함에 있어 위 법 제15조 및 사법경찰 관리의 직무를 행할 자와 그 직무범위에 관한 법률 제8조에 의하여 국가안전기획부직원으로서 국가안전기획부장이 지명하는 자가 사법경찰관리의 직무를 행하도록 되어 있다. 그런데 국가안전기획부장이 한 S1, S2에 대한 접견불허처분을 취소한다는 원심결정의 취지는 결국 국가안전기획부직원으로서 국가안전기획부장의 지명에 의하여 사법경찰관의 직무를 행하는 자가 한 변호인접견금지처분을 취소한다는 취지이고, 또한 형사소송법 제417조 소정의 준항고절차는 당사자주의에 입각한 소송절차와는 달리 대립되는 양당사자의 관여를 필요로 하는 것도 아니다. 따라서 원심 결정이 위 제417조 소정의 사법경찰관이 아닌 국가안전기획부장을 상대방으로 표시한 잘못이 있다고 하더라도 그것이 형사소송법 제415조의 재항고이유가 되는 위법사유가 된다고 볼 수는 없다.

## 2. 적법한 접견신청 여부
이 사건에 있어 C는 국가안전기획부가 S1, S2를 구속 수사함에 있어 발부받은 구속영장상의 인치장소가 중부경찰서 유치장으로 기재되어 있었고, 위 중부경찰서 산하 주자파출소가 국가안전기획부 서울분실과 인접한 위치에 있다는 등의 사유로 신청인이 접견신청서를 위 주자파출소에 제출하였으나 C는 위 신청서에 국가안전기획부에 대하여 접견신청을 한다는 취지를 명시한 바 있다. 또한 국가안전기획부장은 국가안전기획부법 제2조 제2항 정보 및 보안 업무기획조정규정 제3조에 의하여 각급 경찰기관을 포함한 위 규정 소정의 각 정보수사기관의 업무를 조정할 수 있는 권한을 보유하고 있고, 형사소송법 제34조 규정에 의하여 변호사가 접견을 신청함에 있어 반드시 일정한 형식을 갖추어야 하는 것도 아니다. 또한 위 접견신청이 유선을 통하여 국가안전기획부에 통보되었음이 확인되는 등의 사정에 비추어 적법한 접견신청이 없었다고 단정할 수 없다.

## 3. 접견신청일이 도과한 경우의 접견불허처분 해당 여부
헌법 제12조 제4항 전문은 체포 또는 구속을 당한 자가 '즉시' 변호인의 조력을 받을 권리를 갖는다고 규정되어 있고, 형사소송법 제34조는 위의 권리를 실질적으로 보장하기 위하여 변호인의 피고인 또는 피의자와의 접견교통권을 규정하면서 이에 대해서는 절차상 또는 시기상 아무런 제약도 두지 아니하고 있으며 같은 법 제89조, 제90조, 제91조 등의 규정은 구속된 피고인 또는 피의자에 대하여도 '즉시' 변호인과 접견 교통할 수 있는 권리를 보장하고 있다. 따라서 변호인의 접견교통권은 신체구속을 당한 피고인이나 피의자의 인권보장과 방어준비를 위하여 필수불가결한 권리이므로, 법령에 의한 제한이 없는 한 수사기관의 처분은 물론 법원의 결정으로도 이를 제한할 수 없다. 따라서 접견신청일이 경과하도록 접견이 이루어지지 않은 것은 실질적으로 접견불허처분이 있는 것으로 보아야 한다.

**[해설]**

### 1. 변호인의 피의자 · 피고인에 대한 접견교통권

헌법상 변호인의 조력을 받을 권리의 하나로 인정될 수 있는 변호인의 피의자 · 피고인에 대한 접견교통권에 대하여 대법원은 접견신청일로부터 상당한 기간이 경과하도록 접견을 허가하지 않고 있는 경우에는 접견불허처분이 있는 것과 동일시하지 않을 수 없다(대법원 1990. 2. 13. 자 89모37 결정)고 보았을 뿐만 아니라, 접견교통권 보장을 위하여 신속한 접견의 실현이 중요하므로 접견신청일이 경과하도록 접견이 이루어지지 않은 때에는 실질적으로 접견불허처분이 있는 것이라고 판시한다. 그리고 피고인의 접견교통권은 수사기관의 처분 또는 법원의 결정으로도 제한할 수 없는 구속된 피고인 또는 피의자가 변호인의 조력을 받을 수 있도록 하는 형사절차상 가장 중요한 기본적 권리이며 변호인의 고유권 가운데 가장 중요한 권리라 할 수 있다. 따라서 구속 중인 피의자를 수사 중이라는 이유로 변호인의 접견신청을 불허할 수는 없으며, 접견신청을 허가하는 것이 피의자에 대한 유죄 증거의 인멸 우려 또는 피의자가 도주할 사정과 직결될 것이라는 사유로 수사기관 또는 법원이 이를 불허할 수도 없다. 한편, 변호인의 접견교통권은 감시받지 않는 자유로운 것을 그 내용으로 하기 때문에 접견에 있어 비밀이 보장되어야 하므로 변호인과의 접견에 입회하거나 감시하는 것은 절대로 허용할 수 없고, 수수한 서류나 물건을 압수하는 것 역시 허용되지 않으며, 접견교통권을 침해하여 얻은 증거의 증거능력 역시 부정되어야 한다. 단, 구속장소의 질서유지를 위한 접견시간의 제한이나 무기 또는 위험한 물건의 수수를 금지하는 것은 변호인

의 접견교통권을 침해한 것이라고 할 수 없다.

### 2. 접견신청의 양식 및 접견불허처분에 대한 준항고 여부

변호인의 접견신청에 대한 검사 또는 사법경찰관의 불허처분은 형사소송법 제417조에서 규정하고 있는 준항고의 대상이 되고 이 사건에서는 국가안전기획부장이 지명하는 자가 사법경찰관리의 직무를 행하도록 되어 있고, 이 사건의 접견불허처분은 결국 국가안전기획부직원으로서 국가안전기획부장의 지명에 의하여 사법경찰관의 직무를 행하는 자가 한 변호인접견금지처분이 그 대상이다. 또 형사소송법 제417조 소정의 준항고절차는 당사자주의에 입각한 소송절차와는 달리 대립되는 양당사자의 관여를 필요로 하는 것 역시 아니므로 비록 원심 결정이 위 제417조 소정의 사법경찰관이 아닌 국가안전기획부장을 상대방으로 표시한 잘못이 있다고 하더라도 그것이 형사소송법 제415조에서 규정하는 '재판에 영향을 미친 헌법 · 법률 · 명령 또는 규칙의 위반'이 있음을 이유로 하는 재항고이유가 되는 위법사유가 된다고 볼 수는 없다.

[참고문헌] 이완규, 변호인의 피의자신문참여권의 법적 성질, 형사법의 신동향 통권 제5호(2006. 12.); 이동희, 한국의 피의자신문절차와 그 개혁-형사법연구 제21권 제4호(통권 41호)(한국형사법학회, 2009); 조국, 피의자신문시 변호인참여권 소고, Jurist 제406호(2004. 7.).

**[필자: 박용철 교수(서강대)]**

# 26. 통제 배달과 영장의 요부

**[대법원 2013. 9. 26. 선고 2013도7718 판결]**

**[사안]** D는 약통 속 캡슐에 은닉된 필로폰을 국내 항공사의 국제특급우편물 편으로 밀수입한 혐의로 기소되었다. 인천국제공항 국제우편세관 우편검사과 소속 세관공무원은 공항에 도착한 국제특급우편물에 대한 엑스선 검사 도중 이상 음영이 있는 우편물을 열어 필로폰을 발견하고 시료를 채취한 후 성분분석을 하였고, 마약조사과 소속 마약조사관은 인천지방검찰청 검사에게 이를 보고하고 검찰수사관과 합동으로 이른바 '통제 배달' 방식으로 이 우편물을 배달하여 D를 수취인 주소지에서 현행범으로 체포하였다. D는 인천지방검찰청 검사실에서 이 우편물 전부를 검사에게 임의로 제출하였고, 검사는 이를 영장 없이 압수하였다. D는 "수사기관이 국제특급우편물을 개봉하거나 성분분석을 하면서 사전 영장을 받지 않았고 성분분석 후에도 사후 영장을 받지 않았으므로, 수사기관의 이 사건 우편물에 대한 시료채취와 성분분석, 전체적인 필로폰 압수과정은 영장주의에 위반하여 위법"이라고 주장하였다.

**\*[판지(상고기각)]\***

1. 우편물 통관검사절차에서 이루어지는 우편물의 개봉, 시료채취, 성분분석 등의 검사는 수출입물품에 대한 적정한 통관 등을 목적으로 한 행정조사의 성격을 가지는 것으로서 수사기관의 강제처분이라고 할 수 없으므로, 압수·수색영장 없이 우편물의 개봉, 시료채취, 성분분석 등의 검사가 진행되었다 하더라도 특별한 사정이 없는 한 위법하다고 볼 수 없다.

2. 형사소송법 제218조는 검사 또는 사법경찰관은 피의자, 기타인의 유류한 물건이나 소유자, 소지자 또는 보관자가 임의로 제출한 물건을 영장 없이 압수할 수 있다고 규정하고 있고, 압수는 증거물 또는 몰수할 것으로 사료되는 물건의 점유를 취득하는 강제처분으로서, 세관공무원이 통관검사를 위하여 직무상 소지 또는 보관하는 우편물을 수사기관에게 임의로 제출한 경우에는 비록 소유자의 동의를 받지 않았다 하더라도 수사기관이 강제로 점유를 취득하지 않은 이상 해당 우편물을 압수하였다고 할 수 없다.

**[해설]**

## 1. 행정조사와 수사의 구분

일반적으로 수사라 함은 범죄의 혐의가 있다고 사료되는 때에 그 혐의의 진위를 확인하고 범죄가 발생하였다고 인정되는 경우 범인을 발견·확보하며 증거를 수집·보전하는 수사기관의 활동을 말하고, 행정조사는 행정기관이 행정목적을 달성하기 위하여 필요한 자료나 정보를 수집하는 일체의 행정작용이다. 이를 구분하는 이유는, 수사가 개시된 시점 이후에는 '영장주의'의 문제가 제기되기 때문이다. 관세법 제246조 제1항은 '세관공무원은 수출·수입 또는 반송하려는 물품에 대하여 검사를 할 수 있다', 제2항은 '관세청장은 검사의 효율을 거두기 위하여 검사대상, 검사범위, 검사방법 등에 관하여 필요한 기준을 정할 수 있다', 제257조는 '통관우체국의 장이 수출·수입 또는 반송하려는 우편물을 접수하였을 때에는 세관장에게 우편물목록을 제출하고 해당 우편물에 대한 검사를 받아야 한다'고 각각 규정하고 있다. 즉, 관세법 제246조와 제257조가 세관공무원의 행정조사인 '검사(檢査)'를 규정하고 있고, 이 범위를 초과하는 행위가 수사에 해당하여 영장주의의 적용영역이 된다.

대상판결은 우편물 통관검사 절차에서 이루어지는 세관공무원의 우편물 개봉, 시료채취, 성분분석 등은 위 관세법 규정에 근거한 행정조사일 뿐 수사라고 할 수 없고, 따라서 세관공무원이 최초에 이 사건 필로폰을 수중에 넣은 행위는 행정조사의 영역에서 일어난 일이므로 법관의 영장이 필요하지 않다고 보았다.

그러나 검사가 마약이 든 국제특송화물이 국내에 도착한다는 정보를 미리 입수하고 세관공무원과 협의하여 화물의 공항 도착 즉시 이를 세관공무원으로부터 임의제출 받은 사안에서, 대법원은 세관공무원 중 일부가 특별사법경찰관리로 지명받아 수사 업무에도 종사하고 있음에 착안하여 세관공무원이 구체적인 범죄 혐의를 파악하여 이를 확인하기 위한 절차에 들어갔을 때의 행위는 단순한 행정조사가 아닌 수사에 해당하므로 법관의 영장이 있어야만 강제처분을 할 수 있다고 보았다(대법원 2017. 7. 18. 선고 2014도8719 판결).

## 2. 임의제출물의 위법수집증거 판단

임의제출은 형사소송법이 예정하고 있는 압수라는 강제처분의 여러 방식 중 하나로, 범행 현장이나 체포 현장에서도 가능하고, 제출자인 소유자, 소지자 또는 보관자가 반드시 적법한 권리자일 필요도 없다. 또 수사기관은 영장에 의해 압수하였다가 환부하는 압수물이 다른 사건의 혐의사실과 관련성이 인정되는 경우 이를 다시 임의제출 받을 수도 있고(대법원 2016. 3. 10. 선고 2013도11233 판결), 갑이 관리하는 A장소에 대해 영장에 의한 압수·수색을 진행하는 한편으로 영장과 관련 없는 B장소에 있던 갑으로부터 임의제출을 받는 것도 가능하고(광주 고등법원 2014. 7. 1. 선고 2014노20 판결), 영장에 의한 압수·수색을 실시하였으나 필요한 물건을 미처 압수하지 못한 경우 압수·수색 직후에 재차 임의제출의 방법으로 압수하는 것도 가능하다(대법원 2016. 12. 15. 선고 2016도11306 판결).

대상판결은 세관공무원이 통관검사를 위하여 직무상 소지 또는 보관하는 우편물을 수사기관에게 임의로 제출한 경우에는 비록 소유자의 동의를 받지 않았다 하더라도 수사기관이 강제로 점유를 취득하지 않은 이상 해당 우편물을 압수하였다고 할 수 없다고 보았다. 이런 논지의 선례가 되는 판결로 '의료인이 진료 목적으로 채혈한 환자의 혈액을 수사기관에 임의로 제출한 것은 특별한 사정이 없는 한 적법하다'는 취지의 대법원 1999. 9. 3. 선고 98도968 판결, '교도관이 재소자가 맡긴 비망록을 수사기관에 임의로 제출한 것은 특별한 사정이 없는 한 적법하다'는 취지의 대법원 2008. 5. 15. 선고 2008도1097 판결 등이 있다.

대상판결의 사안에서는 검사가 우편물에서 발견된 필로폰을 세관공무원으로부터 직접 임의제출 받은 것이 아니라, 위 우편물에 필로폰을 그대로 넣어둔 채로 '통제 배달'을 실시한 후 이를 수령한 D를 체포하여 그로부터 임의제출 받았다.

'통제 배달'이라 함은, 우편물이나 배송화물의 내용물이 마약과 같은 금제품으로 판명되어 그 수취인을 특정할 필요가 있는 경우 수사관이 우편집배원이나 화물배송인의 협조를 얻어 함께 그 우편물이나 화물이 전달되는 현장에 가 수취인을 체포하는 수사방식을 말한다. 대상판결의 사안과 같이 은닉된 마약을 즉시 압수하지 않고 우편물이나 화물을 다시 원상태로 복구한 다음 감시체계를 가동하면서 발송인의 의도대로 배송 계약상의 경로를 밟아 최종수취인에게 배송될 때까지 은밀히 추적하는 것을 '라이브 통제 배달(live controlled delivery)'이라고 한다. 이와 달리, 은닉된 마약을 발송인이나 수취인 모르게 다른 것으로 대체한 상태에서 최종수취인에게 배송될 때까지 추적하는 것은 '클린 통제 배달(clean controlled delivery)'이라고 한다. 마약 유통을 방지하기 위해 통상 후자의 방식으로 통제 배달이 이루어진다.

'라이브 통제 배달'의 경우 배달 과정에서 수사기관이 해당 우편물이나 화물에 대한 점유를 확보하고 있어 사실상 이미 압수를 한 상태나 마찬가지라고 볼 여지가 있으나, 대상판결은 이러한 방식의 통제 배달을 수취인을 특정하기 위한 특별한 배달방법으로 보면서 강제처분으로서의 압수에 해당하지 않는다고 보았다. 통제 배달 과정에서 수사기관이 감시체계를 유지한 것일 뿐, 정당한 점유자의 점유를 배제하고 강제로 점유를 취득한 것은 아니기 때문이다.

[참고문헌] 한제희, 세관공무원의 마약 압수와 위법수집증거 판단, 형사판례연구 제26권(2018), 349-393 ; 한제희, 위법수집증거 배제법칙 운용의 개선방향, 형사소송 이론과 실무 제9권 제2호(2017), 269-320

[필자: 한제희 검사]

# 27. 음주측정기에 의한 측정 요구와 음주감지기에 의한 시험 요구

**[대법원 2017. 6. 15. 선고 2017도5115 판결]**

**[사안]** 1. 목격자인 O는 2016. 6. 11. 05:10경 차종과 차량번호를 특정하여 D가 차량에서 비틀거리며 내린 후 다시 탑승하여 운전하는 것을 목격하고 112로 음주운전을 신고하였다. 경찰관 P는 신고내용을 접수하고 곧바로, 근무하고 있던 지구대 밖으로 나갔고, 때마침 신호대기 중이던 D의 차량을 발견하고 운전석 쪽으로 다가가 유리창을 두드리거나 호각을 불면서 창문을 내릴 것과 차량을 도로 우측 가장자리로 이동시킬 것을 요청하였으나, D는 자신의 휴대전화를 조작하거나 시선을 주지 않았다. 뒤따라온 동료경찰관 P2도 운전석 쪽으로 다가가 창문을 내릴 것과 차량을 우측으로 이동시킬 것을 요구하였으나, D는 이에 불응한 채 차량을 10~15m 정도 2~3회에 걸쳐 조금씩 진행하다 멈추는 것을 반복하였다. P2가 운전석의 손잡이를 잡아당기면서 하차할 것을 요구하는 순간, D는 갑자기 차량을 급히 출발시키면서 5m 정도 진행하여 도주를 시도하다가 때마침 좌측 대각선 방면에서 진행해 오던 순찰차량에 의해 진로가 막히자 도로 우측에 정차하게 되었다. D의 차량을 뒤쫓아 달려온 P, P2 등 경찰관들이 D 차량의 운전석 앞 유리창을 삼단봉으로 깨뜨리자 D와 동승자는 차량에서 내렸다. D에게서는 술 냄새가 나고 얼굴이 붉었고 보행상태도 다소 비틀거렸으며 동승자는 완전히 만취된 상태로 몸을 가누지 못하였다. 경찰관 P3는 같은 날 05:45경 차량에서 내린 D에게 특수공무집행방해 혐의로 체포한다고 고지한 후 P, P2와 함께 D를 현행범으로 체포한 다음 인근의 지구대로 연행하였다. 그 직후부터 같은 날 06:30경까지 P가 위 지구대에서 D에게 음주감지기에 의한 시험에 응할 것을 요구함과 동시에 주취운전자 정황진술보고서에 서명할 것을 요구하였으나, D는 자신에 대한 체포나 수사에 대한 불만을 이유로 인적사항을 밝히기를 거부한 채 지구대에서 경찰관들의 발이나 엉덩이를 걷어차거나 욕설하면서 계속 소란을 피웠다. D는 위 지구대에서 경찰서로 이송된 후 이루어진 경찰조사에서 "당시 나와 동승자가 부당하게 체포되거나 나의 차량이 손괴된 것으로 인하여 너무 화가 나 도저히 음주측정에 응할 수 없었다."고 진술하였다. D가 체포된 때로부터 약 4시간 뒤 경찰서에서 이루어진 음주감지기에 의한 시험에서 혈중알코올농도 0.1% 이상에서 반응하는 적색불이 감지되었다.

2. D는 도로교통법 위반(음주측정거부)죄 혐의로 기소되었다. 항소심은, "도로교통법 제44조 제2항에 의해 경찰공무원이 운전자가 술에 취하였는지 여부를 알아보기 위하여 실시하는 측정은 호흡을 채취하여 그로부터 주취의 정도를 객관적으로 환산하는 측정방법, 즉 음주측정기에 의한 측정으로 이해하여야 한다."고 전제한 다음, "음주감지기에 의한 시험은 음주측정을 하기 위한 요건을 객관적으로 확인하기 위한 하나의 수단으로 사용되는 점을 더하여 보면, 당시 D가 호흡측정기에 의한 측정을 요구받고도 이에 응하지 않은 사실이 없는 이상, 도로교통법위반(음주측정거부)죄는 성립하지 않고, 나아가 호흡측정의 사전 단계로써 단순히 음주 여부를 감지하는 음주감지기를 호흡측정기와 동일한 것으로 볼 수 없다."는 이유로 "D가 음주감지기에 의한 시험 요구를 거부하였더라도 위 죄가 성립할 수 없다."고 판단하였다. 검사가 상고하였다.

**★[판지(파기환송)]★**

1. 도로교통법 제44조 제2항에 의하여 경찰공무원이 운전자가 술에 취하였는지를 알아보기 위하여 실시하는 측정은 '호흡을 채취하여 그로부터 주취의 정도를 객관적으로 환산하는 측정방법' 즉, 음주측정기에 의한 측정으로 이해하여야 한다(대법원 2000. 3. 10. 선고 99도5377 판결, 대법원 2008. 5. 8. 선고 2008도2170 판결 등 참조). 다만 경찰공무원은 음주 여부나 주취 정도를 측정함에 있어 필요한 한도 내에서 그 측정방법이나 측정회수에 관하여 어느 정도 재량을 갖는 것이므로(대법원 1992. 4. 28. 선고 92도220 판결 참조), 운전자의 음주 여

부나 주취 정도를 확인하기 위하여 운전자에게 음주측정기를 면전에 제시하면서 호흡을 불어넣을 것을 요구하는 것 이외에도 그 '사전절차로서 음주측정기에 의한 측정과 밀접한 관련이 있는 검사방법인 음주감지기에 의한 시험'도 요구할 수 있다.

2. 도로교통법 제148조의2 제1항 제2호에서 말하는 '경찰공무원의 측정에 응하지 아니한 경우'란 전체적인 사건의 경과에 비추어 술에 취한 상태에 있다고 인정할 만한 상당한 이유가 있는 (A) '운전자가 음주측정에 응할 의사가 없음이 객관적으로 명백하다고 인정되는 때'를 의미한다. 경찰공무원이 술에 취한 상태에 있다고 인정할 만한 상당한 이유가 있는 운전자에게 음주 여부를 확인하기 위하여 음주측정기에 의한 측정의 사전 단계로 음주감지기에 의한 시험을 요구하는 경우, 그 시험 결과에 따라 음주측정기에 의한 측정이 예정되어 있고 운전자가 그러한 사정을 인식하였음에도 음주감지기에 의한 시험에 명시적으로 불응함으로써 음주측정을 거부하겠다는 의사를 표명하였다면, 음주감지기에 의한 시험을 거부한 행위도 음주측정기에 의한 측정에 응할 의사가 없음을 객관적으로 명백하게 나타낸 것으로 볼 수 있다.

3. 사실관계에 의하여 알 수 있는 D에 대한 현행범 체포 경위, 음주감지기에 의한 시험요구 당시 D의 상태 및 시험요구를 받은 후에 보인 D의 태도 등을 종합하여 보면, D에게는 당시 술에 취한 상태에서 자동차를 운전하였다고 인정할 만한 상당한 이유가 있었고, 이로 인하여 경찰관 P가 음주측정기에 의한 측정의 사전단계로 음주감지기에 의한 시험을 요구하였음에도 D가 이를 명시적으로 거부함으로써 결국 D는 음주측정기에 의한 측정 요구에도 응할 의사가 없음을 객관적으로 명백하게 표시하였다고 보기에 충분하고, 이러한 D의 행위는 도로교통법위반(음주측정거부)죄에 해당한다고 봄이 타당하다. 이는 P가 당시 D에게 음주측정기에 의한 측정을 명시적으로 요구하지 않았다고 하더라도 달리 볼 것은 아니다.

### [해설]

#### 1. 이 판결의 선례

이 판결의 선례가 되는 판결(대법원 2017. 6. 8. 선고 2016도16121 판결)이 있었다. 재판요지 1항과 2항의 판시는 위 2016도16121 판결에서 먼저 제시되었지만 그 사안에서 음주측정불응죄 혐의로 기소된 피고인은 무죄판결을 받아 피고인이 유죄판결을 받을 만한 사안인 본 판결을 리딩케이스로 설정하여 해설대상으로 삼았다.

#### 2. 음주운전죄와 음주측정불응죄의 관계

음주운전죄와 구별되는 음주측정불응죄를 도로교통법에 별도로 설정하고 음주측정불응죄의 법정형을 음주운전죄와 동일한 법정형으로 처벌하며 범인의 음주운전죄와 음주측정불응죄의 관계를 실체적 경합으로 인정하는 한국의 법제는 다소 지나친 측면(과잉처벌이자 일사부재리의 원칙 위반의 의심이 있다)이 없지 않다. 게다가 음주감지기 시험에 응하지 않는 경우에도 일정한 요건(A)이 구비되면 음주측정불응죄로 간주할 수 있다는 본 판결은 더 더욱 지나친 판결이 아닌가 하는 의심이 들기도 한다.

#### 3. 윤창호법

윤창호법은 음주운전 사망사고를 내면 처벌을 강화하는 개정 특가법과 운전면허 정지·취소 기준을 강화한 개정 도로교통법을 합쳐 부르는 말이다. 개정된 특가법은 음주운전 사망사고를 낸 운전자의 처벌 수준을 현행 '1년 이상의 유기징역'에서 '최고 무기징역 또는 최저 3년 이상의 징역'으로 상향 조정하는 내용을 담고 있으며 2018년 12월 18일부터 시행되었고 2018년 12월 7일 국회에서 의결된 개정 도로교통법은 공포 6개월 후인 2019년 6월부터 시행된다. 대한민국 시민들은 음주운전에 대한 죄의식이 매우 낮다. 반면에 음주운전 단속에 임하는 한국 경찰의 하드웨어와 소프트웨어가 너무나 열악하여 도로교통법과 같은 무리한 법률이 제정되고 본 판결과 같은 다소 무리한 해석론이 나온 것으로 보인다.

[필자: 심희기 교수(연세대)]

# 제2장 공소제기

刑事訴訟法核心判例130選

# 28. 재정신청절차와 재소자 특칙

[대법원 2015. 7. 16. 자 2013모2347 전원합의체 결정]

## [사안]

원심법원의 재정신청 기각결정이 2013. 9. 30. 재정신청인에게 송달되었고, 재정신청인이 그 기각결정에 대한 재항고장을 같은 날 전주교도소장에게 제출하여 일반우편으로 발송하였으며, 재항고장이 2013. 10. 14. 원심법원에 도달하자 원심법원은 2013. 10. 15. 재항고권 소멸 후에 재항고를 제기하였다고 인정하여 재항고 기각결정을 하였다. 이에 대하여 재정신청인은 2013. 10. 18. 재항고 기각결정을 송달받은 후 2013. 10. 21. 전주교도소장에게 그 기각결정에 대한 즉시항고장을 제출하여 일반우편으로 발송하였으며, 즉시항고장이 2013. 10. 29. 원심법원에 도달하였다.

## [판지(재항고기각)]

### 1. 다수의견

다수의견은 다음과 같다. ① 형사소송절차에서 법원에 제출하는 서류는 법원에 도달하여야 제출의 효과가 발생하며, 법정기간의 준수 여부를 판단할 때에도 해당 서류가 법원에 도달한 시점을 기준으로 하여야 한다. ② 형사소송법은 법정기간의 준수에 대하여 도달주의 원칙을 정하고 그에 대한 예외로서 '재소자에 대한 특칙'(이하 '재소자 특칙'이라 함)을 제한적으로 인정하고 있는데, 그 취지는 소송절차의 명확성·안정성·신속성을 도모하기 위한 것이다. ③ 재정신청절차는 형사재판절차와는 다르며, 고소·고발인인 재정신청인은 피고인과는 지위가 본질적으로 다르다. ④ 재정신청인이 재소자인 경우에도 제3자에게 제출권한을 위임하거나 특급우편제도를 이용할 수 있고, 형사소송법 제67조 및 형사소송규칙 제44조에 의하여 일정한 기간이 재항고 제기기간에 부가되고 법원에 의하여 기간이 더 연장될 수 있을 뿐만 아니라 형사소송법 제345조에 따라 재항고권 회복을 청구할 수도 있다. 따라서 ⑤ 재정신청 기각결정에 대한 재항고나 그 재항고 기각결정에 대한 즉시항고로서의 재항고에 대한 법정기간의 준수 여부는 도달주의 원칙에 따라 재항고장이나 즉시항고장이 법원에 도달한 시점을 기준으로 판단하여야 하고, 거기에 재소자 특칙은 준용되지 아니한다.

### 2. 대법관 민일영, 이인복, 박보영, 김소영, 권순일의 반대의견

반대의견은 다음과 같다. ① 형사소송법이 재소자 특칙을 인정한 취지는 '구금으로 인해 행동의 자유가 박탈되어 있는 사람'에게 상소제기라는 형사소송법상 권리를 실질적으로 행사할 수 있게 편의를 제공하자는 데 있고, 이와 같은 재소자 특칙의 취지에 비추어 볼 때 명문의 규정이 없더라도 예외적으로 재소자 특칙이 준용된다. ② 형사소송법상 재소자 특칙은 피고인이라는 법적 지위에서 비롯된 것이라기보다는 교도소나 구치소에 구금되어 있는 재소자라는 처지가 형사소송법상 권리행사를 심각하게 제약하는 현실적인 측면을 중시하여 마련된 것이라고 보는 것이 타당하므로 재소자가 피고인의 지위에 있지 않더라도 특칙을 준용할 수 있다. ③ 재소자인 재정신청인은 기각결정을 전달받은 직후 재항고를 결심하고 곧바로 재항고장을 작성하여 특급우편으로 발송하여야만 재항고 기간을 준수할 수 있을 만큼 3일이라는 재항고 기간은 너무나 짧기 때문에 도달주의를 고수하게 되면 형식적으로는 재항고권이 부여되어 있다고 하더라도 실질적으로는 재항고권이 침해되는 것이다. 따라서 ④ 재소자 특칙은 재소자인 재정신청인의 재항고장 제출에도 준용되어야 한다.

## [해설]

### 1. 서론

재정신청제도는 검사의 불기소처분에 불복하는 고소인 또는 고발인이 법원에 공소제기의 여부를 재판으로 결정해 줄 것을 신청하는 제도이다. 이와 같은 재정신청제도는 검찰항고전치주의를 채택하고 있기 때문에 형사소송법 제260조에 따라 재정신청을 하려는 자는 항고 기각결정을 받은 날 또는 동조 제2항 각 호의 사유가 발생한 날부터 10일 이내에 지방검찰청검사장 또는 지청장에게 재정신청서를 제출하여야 한다. 그리고 형사소송법 제260조 제4항, 제415조, 그리고 제405조에 따르면 재정신청 기각결정에 대한 즉시항고로서의 재항고나 그 재항고 기각결정에 대한 즉시항고로서의 재항고는 3일 이내에 하여야 한다. 재정신청절차와 관련된 이러한 법정기간의 준수 여부는 원칙적으로 도달주의에 따라 판단하여야 한다. 그러므로 형사소송절차에서 법원에 제출하는 서류는 법원에 도달하여야 제출의 효과가 발생하며, 각종 서류의 제출에 관하여 법정기간의 준수 여부를 판단할 때에도 당연히 해당 서류가 법원에 도달한 시점을 기준으로 하여야 한다.

그런데 이러한 도달주의 원칙과 관련하여 형사소송법 제344조는 재소자 특칙을 규정함으로써 예외를 인정하고 있다. 즉 형사소송법 제344조 제1항은 "교도소 또는 구치소에 있는 피고인이 상소의 제기기간 내에 상소장을 교도소장 또는 구치소장 또는 그 직무를 대리하는 자에게 제출한 때에는 상소의 제기기간 내에 상소한 것으로 간주한다."고 규정하고 있다. 그리고 형사소송법은 상소장 이외에도 상소권회복의 청구 또는 상소의 포기나 취하(제355조), 항소이유서 및 상고이유서 제출(제361조의3 제1항, 제379조 제1항), 재심의 청구와 취하(제430조), 소송비용의 집행면제 신청, 재판의 해석에 대한 의의신청과 재판의 집행에 대한 이의신청 및 취하(제490조 제2항) 등의 경우에 개별적으로 재소자 특칙을 준용하는 규정을 두고 있다. 더 나아가 판례는 '약식명령에 대한 정식재판청구서 제출'에 대하여 준용 규정이 없더라도 재소자 특칙이 준용될 수 있다고 판시하였다(대법원 2006. 3. 16. 선고 2005도9729 전원합의체판결; 대법원 2006. 10. 13. 자 2005모552 결정).

유감스럽게도 재정신청절차에서 재소자 특칙을 준용하는 규정은 없다. 이와 관련하여 재정신청절차에 대하여 재소자 특칙을 적용할 수 있는지 여부에 대해 판례는 일관된 입장을 취하고 있지 않을 뿐만 아니라 대상판례에서도 다수의견과 반대의견이 상반된 입장을 보여주었다.

## 2. 다수의견에 대한 검토

다수의견에서 ①은 형사소송절차에서 서류제출과 관련된 법정기간의 준수에 대하여 도달주의 원칙에 따라야 한다는 것으로서, 서류의 송달에 관하여 형사소송법에 특별한 규정이 없는 때에는 민사소송법을 준용하도록 한 형사소송법 제65조와 민사소송법 제174조 이하의 내용에 비추어 볼 때 문제될 것이 없다. 그리고 반대의견도 다수의견과 마찬가지로 도달주의 원칙을 전제로 하고 있기 때문에 ①은 특별한 쟁점이 될 수 없다. ②는 도달주의 원칙에 대한 예외로서 재소자 특칙을 제한적으로 인정한 취지는 소송절차의 명확성·안정성·신속성을 도모하는 데 있다는 것으로 그 자체로는 특별한 문제가 없는 것으로 보인다. 그런데 도달주의를 원칙으로 하고 재소자 특칙을 제한적으로 인정한 취지가 소송절차의 명확성·안정성·신속성을 도모하기 위한 것이라는 사실로부터 재정신청절차에서 재소자 특칙이 준용되지 않는다는 결론이 도출될 수 있는 것은 아니다. 왜냐하면 대법원판례는 '약식명령에 대한 정식재판청구서 제출'에 대하여 준용 규정이 없더라도 재소자 특칙이 준용될 수 있다고 판시하였기 때문이다. 따라서 ②는 재정신청절차에서 재소자 특칙이 준용되지 않는다는 것에 대한 독자적 논거가 될 수 없다. ③은 재정신청절차는 형사재판절차와 다르고, 재정신청인의 지위는 피고인의 지위와 본질적으로 다르다는 것으로 이것도 그 자체로는 특별한 문제가 없는 것으로 보인다. 그러나 재정신청인의 지위와 피고인의 지위가 다르다는 사실로부터 재정신청절차에서 재소자 특칙이 준용되지 않는다는 결론이 바로 도출될 수 있는 것은 아니다. 그리고 재정신청절차도 형사절차의 한 부분이고 형사재판절차도 형사절차의 한 부분이기 때문에 양자는 전체형사절차의 한 부분이라는 점에서 다를 바 없고, 동일한 전체절차의 서로 다른 부분이라는 차이만 있을 뿐이다. 피고인과 재정신청인의 지위도 마찬가지로 형사절차에 연루된 사람이라는 점에서 다를 바 없고, 전체형사절차에서 차지하는 양적·질적 차이만 있을 뿐이다. 게다가 형사소송법 제490조 제2항은 재소자 특칙을 형사재판이 확정된 후에도 소송비용의 집행면제 신청, 집행에 관하여 재판의 해석에 대한 의의신청, 집행에 관한 검사의 처분에 대한 이의신청에 준용하고 있다. 이것은 '이미 피고인이라는 법적 지위에서 벗어나서 수형자의 지위'에 있는 사람에 대해서도 재소자 특칙을 준용하는 법적 근거가 되기 때문에 재소자 특칙이 '피고인의 법적 지위에서 비롯된 것'이 아니라는 사실을 형사소송법이 입증하고 있다는 것을 의미한다. 더 나아가 인간의 존엄과 가치를 근본규범으로 삼고 민주주의를 기본원칙으로 천명하고 있는 헌법을 전제로 한다면, 피고인의 경우에는 재소자 특칙을 적용하고 재정신청인의 경우에는 재소자 특칙을 준용할 수 없다는 것은 도무지 납득할 수 없는 주장으로 보인다. 따라서 ③도 재정신청절차에서 재소자 특칙이 준용되지 않는다는 것에 대한 독자적 논거가 될 수 없다. ④는 재정신청인이 재소자인 경우에도 제3자에게 제출권한을 위임하거나 특급우편제도를 이용할 수 있을 뿐만 아니라 법정기간 내의 도달주의를 보완할 수 있는 여러 형사소송법상 제도가 있다는 것으로 이것도 그 자체로는 특별한 문제가 없는 것으로 보인다. 그러나 도달주의에 대한 다양한 보완장치가 있다는 것만으로 재정신청절차에서 재소자 특칙이 준용되지 않는다는 결론이 도출될 수 있는 것이 아니다. 왜냐하면 반대의견이 정확히 지적하고 있는 바와 같이, 상소, 재심청구, 소송비용의 집행면제 신청, 재판의 집행에 대한 이의신청 등의 경우에도 마찬가지로 도달주의에 대한 다양한 보완장치가 있음에도 불구하고 재소자 특칙이 적용되기 때문이다. 따라서 ④도 재정신청절차에서 재소자 특칙이 준용되지 않는다는 것에 대한 독자적 논거가 될 수 없다. ⑤는 ②, ③, 그리고 ④의 내용을 종합해 보면, 재정신청절차에서 도달주의 원칙에 따라야 하고 재소자 특칙이 준용되지 않는다는 것으로 많은 문제점을 내포하고 있는 것으로 보인다. 왜냐하면 앞에서 언급한 바와 같이 ②, ③, 그리고 ④의 개별적 내용으로부터 재정신청절차에서 재소자 특칙이 준용되지 않는다는 결론이 나올 수 없는데, ②, ③, 그리고 ④의 내용을 종합한다고 해서 재정신청절차에서 재소자 특칙이 준용되지 않는다는 결론이 나올 수 있는 것은 아니기 때문이다. 따라서 ⑤는 자세한 검토가 필요한 핵심쟁점이라고 할 수 있다.

요컨대 다수의견은 '도달주의를 원칙으로 한 것'뿐만 아니라 '그러한 원칙에 대한 예외로서 재소자 특칙을 제한적으로 인정한 것'과 '재정신청절차에 대하여 재소자 특칙을 준용하는 규정을 두지 아니한 것'의 취지는 모두 '소송절차의 명확성·안정성·신속성을 도모하기 위한 것'이라는 의미이다. 그렇다면 다수의견은 도달주의 원칙과 그것에 대한 예외를 제한적으로 인정

한 취지만 밝히고 있고, 재소자 특칙의 근본취지에 대해서는 전혀 설명이 없는 셈이다. 이러한 관점에 따르면 재소자 특칙에 대한 준용 규정의 유무에 따라 준용 여부가 결정되고, 피고인과 재정신청인의 형사소송법상 지위차이에 따라 준용 여부가 결정될 것이다. 그런데 다수의견은 "피고인의 경우 준용 규정이 없더라도 재소자 특칙이 준용될 수 있다."고 함으로써 '소송절차의 명확성·안정성·신속성 도모'라고 스스로 주장한 도달주의 원칙과 예외의 취지에 반하기 때문에 모순에 빠진다. 더 나아가 "피고인의 지위에 있는 사람에 대해서만 재소자 특칙이 준용될 수 있다."는 다수의견의 입장은 수형자에 대해서도 재소자 특칙을 준용하고 있는 형사소송법 제490조 제2항과도 모순된다.

### 3. 반대의견에 대한 검토

수사기관에 범죄사실을 신고하여 범인의 처벌을 희망하는 의사표시인 고소 또는 고발은 국가소추주의와 기소독점주의 및 기소편의주의를 채택하고 있는 형사소송법에서 범죄의 피해자 등이 국가의 공소권 행사를 촉구하기 위한 유일한 방법이다. 그리고 재정신청제도는 범죄 피해자의 이러한 사법구제청구권을 보호함과 아울러 검사에게 부여된 기소독점권과 기소재량권이 잘못 행사되지 않도록 법원의 심사를 통하여 통제하기 위한 중요한 제도로서 재정신청 기각결정에 대하여 헌법 및 법령 위반 등을 사유로 한 재항고를 허용하고 있으므로 재정신청인의 재항고권은 실질적으로 보장되어야 한다. 이와 같은 반대의견에서 ①, ②, 그리고 ③은 형사소송법이 도달주의 원칙에 대한 예외로서 재소자 특칙을 둔 근본취지를 설명한 것으로서 다수의견에서는 찾아 볼 수 없는 내용이라고 할 수 있다. 그리고 ④는 ①과 ② 및 ③의 내용에 따른 결론에 해당한다. 그러므로 반대의견은 "재소자 특칙의 근본취지를 '구금으로 인해 행동의 자유가 박탈되어 있는 사람에게 형사소송법상의 권리를 실질적으로 보장하기 위한 것'으로 파악하기 때문에 재소자가 피고인이 아니라 재정신청인인 경우에도 재소자 특칙이 준용되어야 한다."는 것이다.

반대의견은 다수의견과 달리 도달주의에 대한 예외로서 재소자 특칙을 인정한 근본취지를 '구금으로 인해 행동의 자유가 박탈되어 있는 사람에게 형사소송법상의 권리를 실질적으로 보장하기 위한 것'이라고 하

여 실질적으로 파악하고 있다. 그리고 반대의견은 "이와 같은 재소자 특칙의 규정 취지에 비추어 보면, 재소자의 문서 제출에 대하여 법원 도달주의 원칙을 고수할 경우 재소자의 상소권을 현저히 침해하는 결과를 초래하게 된다면 명문의 규정이 없더라도 예외적으로 재소자 특칙이 준용된다고 해석하는 것이 재소자 특칙을 둔 형사소송법의 입법 취지에 부합한다."고 하였다. 더 나아가 반대의견은 "형사소송법상 재소자 특칙은 '피고인이라는 법적 지위에서 비롯된 것'이라기보다는 교도소나 구치소에 구금되어 있는 '재소자라는 처지가 형사소송법상 권리행사를 심각하게 제약하는 현실적인 측면을 중시하여 마련된 것'이라고 보는 것이 타당하므로 재소자가 피고인의 지위에 있지 않다고 하여 특칙을 준용할 수 없다고 볼 것은 아니다."고 하였다. 이것은 재소자 특칙이 '피고인이라는 법적 지위'에서 비롯된 것이라기보다 '구금으로 인해 재소자의 형사소송법상 권리행사가 심각한 제약을 받고 있는 현실'을 중시하여 마련된 제도라는 의미이다. 끝으로 반대의견은 재정신청기간에 대해서 직접적인 언급을 하지 않았지만, "재소자인 재정신청인이 재항고를 제기하는 경우에도 형사소송법이 규정한 기간만큼은 실질적으로 보장되어야만 초단기로 규정한 3일의 불복기간이 정당화될 수 있는 것이므로, 재소자 특칙은 재소자인 재정신청인의 '재항고장 제출에도' 준용되어야 한다."고 한 내용으로부터 재정신청기간에 대해서도 재소자 특칙이 준용된다는 입장임을 알 수 있다.

### 4. 결론

결론적으로 형사소송법의 개정을 통해 독일이나 일본과 같이 재정신청기간과 재항고기간을 충분히 보장해주는 것이 가장 확실한 해결책이 될 것이다. 그러나 그와 같은 입법론적 해결책은 10일이라는 재정신청기간에 대해서는 적절한 방법이 될 수 있겠지만 요원한 이야기이고, 특히 3일이라는 즉시항고의 기간은 비단 재정신청제도와만 관련된 것이 아니기 때문에 입법론적으로도 쉽게 연장할 수 있는 문제가 아닌 것으로 보인다. 따라서 장기적으로 입법론적 해결을 통해 정리할 수 있는 것은 그렇게 하더라도, 우선은 반대의견과 같이 해석론을 통해 문제를 합리적으로 해결할 필요가 있다.

[참고문헌] 김정환, "제정형사소송법을 통해 본 재정신청제도의 본질 – 검사의 기소독점주의와 기소편의주의에 대한 통제수단 –", 법학연구 제26권 제2호, 연세대학교 법학연구원(2016); 신이철, "검사의 불기소처분에 대한 재정신청 – 특히 재정신청기간과 재정신청서를 중심으로 –", 비교형사법연구 제17권 제3호(2015); 최석윤/최성진/이수진, "재정신청절차와 재소자 특칙에 대한 검토", 비교형사법연구 제18권 제4호(2016)

[필자: 최석윤 교수(한국해양대)]

# 29. 공소장일본주의

[대법원 2009. 10. 22. 선고 2009도7436 판결]

**[사안]** 이 사건 공소사실의 요지 중, 주위적 공소사실은 'A당 대표인 피고인은 같은 당 재정국장인 甲과 공모하여, A당이 乙을 제18대 국회의원 선거에서 비례대표 후보자로 추천하는 일과 관련하여 乙로부터 6억원의 금품을 제공받음과 동시에 위와 같이 금품을 제공받는 행위를 통하여 정치자금을 기부받았다'는 것이고, 항소심(원심)에서 추가된 예비적 공소사실은 '피고인은 위와 같이 乙로 하여금 A당에 당채 매입 대금으로 6억원을 이자 연 1%, 만기 1년 후로 정하여 지급하게 함으로써, 그로 인한 6억원의 자금 융통 및 시중 사채 금리와 차액 상당 재산상의 이익이 A당에 제공되게 함과 동시에 위와 같은 재산상의 이익을 제공받는 행위를 통하여 정치자금을 기부받았다'는 것이다. 항소심은, 예비적 공소사실 추가의 공소장변경이 있었음을 이유로 제1심 판결을 직권파기한 후, 피고인에게 위 6억원에 대한 금융기관의 시중 대출 이율과 연 1%의 당채이율 사이의 차액에 상당하는 재산상 이익을 제공받은 행위에 의한 공직선거법위반죄 및 정치자금법위반죄 모두를 유죄로 인정하면서, 주위적 공소사실과 예비적 공소사실 중 일부에 대하여 이유무죄를 선고하였다. 항소심 판결은 이유에서, '공소장에 공소제기 이후에 제출된 증거의 내용 중 일부를 인용한 이 사건 공소제기의 방식이 공소장일본주의에 위반된다고 볼 수 없고, 이 사건 공소장의 일부 인용 부분이 공소장일본주의를 위반하였다고 하더라도 피고인 및 그 변호인이 이 사건 공소장에 인용된 증거들을 포함한 검사 제출의 증거에 대한 증거조사가 마쳐질 때까지 공소장일본주의 위반의 점에 대한 이의를 제기하지 아니한 점 등에 비추어 이 사건 공소제기의 절차가 법률의 규정에 위반하여 무효인 경우에 해당되지 아니한다'고 판시하였다. 이에 대하여 피고인은 상고이유로서, '원심의 위와 같은 판단은 공소장일본주의 원칙에 관한 법리를 오해하여 판결에 영향을 미친 중대한 위법이 있다'고

주장하였다.

**★[판지(상고기각)]★**

1. 공소장일본주의의 위배 여부는 공소사실로 기재된 범죄의 유형과 내용 등에 비추어 볼 때에 공소장에 첨부 또는 인용된 서류 기타 물건의 내용, 그리고 법령이 요구하는 사항 이외에 공소장에 기재된 사실이 법관 또는 배심원에게 예단을 생기게 하여 법관 또는 배심원이 범죄사실의 실체를 파악하는 데 장애가 될 수 있는지 여부를 기준으로 당해 사건에서 구체적으로 판단하여야 한다. 이러한 기준에 비추어 공소장일본주의에 위배된 공소제기라고 인정되는 때에는 그 절차가 법률의 규정을 위반하여 무효인 때에 해당하는 것으로 보아 공소기각의 판결을 선고하는 것이 원칙이다. 그러나 공소장 기재의 방식에 관하여 피고인측으로부터 아무런 이의가 제기되지 아니하였고 법원 역시 범죄사실의 실체를 파악하는 데 지장이 없다고 판단하여 그대로 공판절차를 진행한 결과 증거조사절차가 마무리되어 법관의 심증형성이 이루어진 단계에서는 소송절차의 동적 안정성 및 소송경제의 이념 등에 비추어 볼 때 이제는 더 이상 공소장일본주의 위배를 주장하여 이미 진행된 소송절차의 효력을 다툴 수는 없다.

2. 이러한 법리에 비추어 원심판결을 살펴보면, 원심이 판시한 바와 같은 사정, 특히 당초 이 사건 공소가 제기되었던 주위적 공소사실은 정당이 후보자 추천과 관련하여 당대표 등이 금품 등을 수수하여 공직을 매수하는 범행에 관한 것으로서, 이러한 범죄는 당 내부적으로도 일부 핵심 인사만 알 수 있도록 은밀하고도 계획적으로 행하여지는 성격을 가지기 때문에 검사로서는 그 범의나 공모관계, 범행의 동기나 경위 등을 명확히 하기 위하여 구체적인 사정을 적시할 필요도 어느 정도 있다는 점, 이와 관련하여 제1심 공판절차에서 피고인 측이 이 점에 관하여 아무런 이의를 제기하지 않은 상태에서 공판절차가 진행되어 위와 같이 공소사실에 인용된 증거들을 포함하여 검사가 제출한 증

거들에 대한 증거조사가 모두 마쳐진 점 등을 종합하여, 이 사건 공소제기의 절차가 법률의 규정에 위반하여 무효인 경우에 해당하므로 공소기각 하여야 한다는 피고인의 주장을 받아들이지 않은 것은 정당한 것으로 수긍할 수 있고, 여기에 공소장일본주의에 관한 법리오해의 위법은 없다.

## [해설]

### 1. 공소장일본주의의 내용

(1) 공소장일본주의에 의하여 공소장에 첨부와 인용이 금지되는 '사건에 관하여 법원에 예단이 생기게 할 수 있는 서류 기타 물건'이라 함은 사건의 실체심리에 앞서 법관의 심증형성에 영향을 줄 수 있는 자료로서, 공소사실의 존부 판단에 영향을 주는 피의자신문조서, 참고인진술조서, 검증조서 등 수사기록 자체 또는 그 일부나 증거물 또는 이들 기록을 발췌한 문서를 첨부하거나 인용하는 것이 금지된다.

(2) 공소장일본주의는 검사가 한 첨부, 인용 등의 행위에 관한 것을 말하는지, 아니면 그 주체에 관계없이 객관적으로 첨부, 인용된 상태 자체를 문제 삼는 것인지는 반드시 명확하지 아니하다. 그러나 검사의 책임에 속하지 아니한 행위에 의해 공소제기가 무효가 된다는 것은 모순이므로, 검사의 행위에 의한 경우만 문제 된다.

(3) 형사소송법은 어떤 경우에 검사의 공소제기가 공소장일본주의에 위배되었다고 볼 것인지에 대하여 아무런 규정을 두고 있지 아니하고, 대상판결 이전의 대법원 판례도 이에 대한 기준을 제시하지 못하고 있었다. 이에 대상판결은 공소장일본주의의 위배 여부에 관한 기준을 제시하고 있는바, "공소사실로 기재된 범죄의 유형과 내용 등에 비추어 볼 때에 공소장에 첨부 또는 인용된 서류 기타 물건의 내용, 그리고 법령이 요구하는 사항 이외에 공소장에 기재된 사실이 법관 또는 배심원에게 예단을 생기게 하여 법관 또는 배심원이 범죄사실의 실체를 파악하는 데 장애가 될 수 있는지 여부를 기준으로 당해 사건에서 구체적으로 판단하여야 한다"는 것이 그것이다. 대상판결에서는 당해 사건에서의 공소가 공소장일본주의를 위배하였는지 여부에 대하여 명확하게 판단하고 있지 아니하다.

### 2. 공소장일본주의 위배의 효과

(1) 공소장일본주의 위배의 효과에 대하여 우리나라 학자들은 대체로 '공소장일본주의 위배는 공소제기의 방식에 관한 중대한 위반이므로 공소제기는 무효이며, 따라서 법원은 형사소송법 제327조 제2호에 의하여 판결로 공소기각을 선고하여야 한다'고 간단하게 언급하고 있다. 이와 같이 다소 불명확하여 여러 견해의 대립이 가능하였던 공소장일본주의 위배의 효과에 관하여 대상판결은 아래와 같이 판시함으로써 이를 명확히 하면서, 당해 사건의 경우 피고인은 더 이상 공소장일본주의 위배의 효과를 주장할 수 없다고 판시하였다.

(2) 공소장일본주의에 위배된 공소제기라고 인정되는 때에는 그 절차가 법률의 규정에 위반하여 무효인 때에 해당하는 것으로 보아 공소기각의 판결을 선고하는 것이 원칙이다. 다만 공소장일본주의 위배가 인정된다 하더라도 무조건 공소기각을 하여야 하는 것은 아니고, 공소장 기재의 방식에 관하여 피고인 측으로부터 아무런 이의가 제기되지 아니하였고 법원 역시 범죄사실의 실체를 파악하는 데 지장이 없다고 판단하여 그대로 공판절차를 진행한 결과 증거조사절차가 마무리되어 법관의 심증형성이 이루어진 단계에서는 이제는 더 이상 공소장일본주의 위배를 주장하여 이미 진행된 소송절차의 효력을 다툴 수는 없다.

[참고문헌] 박순영, 공소장일본주의, 사법 12호(사법연구지원재단, 2010); 김현석, 공판중심주의 실현을 위한 법정심리절차, 사법 제3호(사법연구지원재단, 2008); 새로 쓰는 증거조사: 공판중심주의의 실천적 증거조사 방법론, 법원행정처; 이한주·김동오·김득환, 독일의 공판중심주의, 법조 55권 11호(통권 602호)(2006. 11.).

**[필자: 박순영 판사]**

# 30. 검사의 기소재량 (1) ─ 일죄의 일부기소

**[대법원 2008. 2. 14. 선고 2005도4202 판결]**

**[사안]** A경찰서 B파출소 부소장으로 근무하던 D는 112 순찰을 하고 있던 경장 O1과 순경 O2에게 'C시장 내 H호프에 불법체류자가 있으니 출동하라'는 무전지령을 하여 동인들로 하여금 그곳에 있던 불법체류자 O3 등 5명을 B파출소로 연행해 오도록 한 다음, 이들이 불법체류자임을 알면서도 이들의 신병을 출입국관리사무소에 인계하지 않고 본서(本署)인 A경찰서 외사계에도 보고하지 않았을 뿐만 아니라, 나아가 근무일지에 단지 'E동 복개천 꼬치구이집에 밀항한 여자 2명과 남자 2명이 있다는 신고 접한 후, 손님 3명, 여자 2명을 조사한 바 꼬치구이 종업원으로 혐의점이 없어 귀가시킴'이라고 허위사실을 기재하고, 이들이 불법체류자라는 사실은 기재하지도 않은 채 자신이 혼자 소내에 근무 중임을 이용하여 이들을 훈방하였으며, 훈방을 함에 있어서도 통상의 절차와 달리 이들의 인적사항조차 기재해 두지 아니하여 직무를 유기한 혐의로 기소되었다. 항소심이 유죄를 선고하자 D가 상고하였다.

**＊[판지(상고기각)]＊**

하나의 행위가 부작위범인 직무유기죄와 작위범인 허위공문서작성·행사죄의 구성요건을 동시에 충족하는 경우 공소제기권자는 재량에 의하여 작위범인 허위공문서작성·행사죄로 공소를 제기하지 않고 부작위범인 직무유기죄로만 공소를 제기할 수도 있는 것이므로, 검사가 위 피고인의 행위를 허위공문서작성·행사죄로 기소하지 않고 직무유기죄로만 공소를 제기한 이 사건에서 원심(항소심)이 그 공소범위 내에서 위 피고인을 직무유기죄로 인정하여 처벌한 조치 역시 정당하다.

**[해설]**

## 1. 일부기소의 개념과 유형

일부기소란 검사가 소송법상 일죄로 취급되는 단순일죄 또는 과형상 일죄의 일부에 대하여만 공소를 제기하는 것을 말한다. 일부기소는 ① 강도에 대하여 고소가 있음에도 그 수단인 폭행·협박으로만 기소하는 경우와 같이 단순일죄의 일부에 대하여 기소한 경우, ② 수개의 상습사기 중에 그 일부에 대해서만 기소하는 경우와 같이 포괄일죄의 일부에 대해서 기소하는 경우, 그리고 ③ 동일한 기회에 동일한 장소에서 행해진 감금과 강간과 같이 상상적 경합관계에 있는 수죄의 일부에 대해서만 기소하는 경우로 구분할 수 있다. 일부기소의 문제는 일죄의 전부에 대하여 범죄혐의가 인정되고 소송조건이 구비되었음에도 불구하고 검사가 일부에 대해서만 기소하는 경우에 발생한다.

## 2. 일부기소의 허용 여부

이에 대하여는 공소불가분의 원칙에 의하여 공소장에 공소사실의 일부만이 기재된 경우에도 그 전부에 대하여 공소제기의 효력이 미치며, 이를 허용하는 경우에는 실체진실발견을 무시하고 검사의 자의를 인정하는 결과가 되기 때문에 허용해서는 안 된다는 견해(소극설), 변론주의 원칙상 검사에게는 소송물에 대한 처분권이 있다거나 공소권의 주체인 검사에게는 기소재량이 인정되므로 일죄의 일부에 대한 공소제기도 허용된다는 견해(적극설) 및 일죄의 일부에 대한 공소제기는 원칙적으로 허용되지 않으나 검사가 범죄사실의 일부를 예비적·택일적으로 기재한 경우에는 예외적으로 허용된다는 견해(절충설)가 대립하고 있다.

법 제248조 제1항은 '검사는 형법 제51조의 사항을 참작하여 공소를 제기하지 아니할 수 있다'고 규정하여 검사에게 기소재량을 인정하고 있고, 나아가 같은 조 제2항은 '범죄사실의 일부에 대한 공소는 그 효력이 전부에 미친다.'고 규정하여 일부기소를 사실상 전제하고 있는 점에 비추어 볼 때 소극설은 채택하기 곤란하다. 그러나 검사의 기소재량에는 스스로 합리적 한계가 있으므로(대법원 1988. 1. 29. 자 86모58 결정 참조), 일부기소를 무한정 인정할 수도 없다.

일부기소는 이를 허용할 것인가 또는 허용하지 않을 것인가의 관점이 아니라 기소재량의 합리적인 한계를 벗어났는가의 관점에서 파악해야 한다. 대법원은 2012. 12. 18. 개정형법(2013. 6. 19.시행)에 의해 비친고죄로 되기 전에, "강간죄의 경우 고소가 없거나 고소가 취소된 경우 또는 고소기간이 경과된 후에 고소가 있는 때에는 강간죄로 공소를 제기할 수 없음은 물론, 강간범행의 수단으로 또는 그에 수반하여 저질러진 폭행·협박의 점은 강간죄의 구성요소로서 그에 흡수되는 법조경합의 관계에 있는 만큼 이를 따로 떼어내어 공소제기할 수 없고, 이러한 공소제기를 허용하는 것은 강간죄를 친고죄로 규정한 취지에 반하기 때문에 결국 그와 같은 공소는 공소제기의 절차가 법률에 위반되어 무효인 경우로서 공소기각의 판결을 하여야 한다"(대법원 2002. 5. 16. 선고 2002도51 전원합의체 판결)고 판시한 바 있다. 이 판례를 이 사건에 적용해 보자.

이 사건의 핵심은 '부작위범인 직무유기죄와 작위범인 허위공문서작성·행사죄가 모두 인정됨에도 불구하고 검사가 부작위범인 직무유기죄만으로 기소하는 것이 과연 정당한가'에 있다. 대법원은 이 판결 이외에도 "하나의 행위가 부작위범인 직무유기죄와 작위범인 범인도피죄의 구성요건을 동시에 충족하는 경우 공소제기권자는 재량에 의하여 작위범인 범인도피죄로 공소를 제기하지 않고 부작위범인 직무유기죄로만 공소를 제기할 수도 있다"(대법원 1999. 11. 26. 선고 99도1904 판결)고 판시하여, 하나의 행위가 수개의 구성요건을 동시에 충족하는 경우 검사는 재량에 의하여 하나의 범죄로만 공소제기를 할 수 있다는 견해를 취하고 있다.

### 3. 논평

그러나 대법원의 태도는 다음과 같은 점에서 수긍하기 곤란하다.

부작위범인 직무유기죄와 작위범인 허위공문서작성·행사죄는 하나의 행위가 수개의 구성요건을 동시에 충족하는 관계, 즉 상상적 경합관계에 있는 것이 아니라 법조경합의 관계에 있다. 대법원도 "공무원이 위법사실을 발견하고도 직무상 의무에 따른 적절한 조치를 취하지 아니하고 위법사실을 적극적으로 은폐할 목적으로 허위공문서를 작성·행사한 경우에는 직무위배의 위법상태는 허위공문서작성 당시부터 그 속에 포함되는 것으로 작위범인 허위공문서작성, 동행사죄만이 성립하고 부작위범인 직무유기죄는 따로 성립하지 아니한다."(대법원 1993. 12. 24. 선고 92도3334 판결)고 판시하

여, 두 죄가 법조경합의 관계에 있음을 인정하고 있다. 이와 같이 법조경합의 관계에 있는 중한 죄인 허위공문서작성, 동행사죄를 차치하고 경한 죄인 직무유기죄로 기소하는 것은 기소재량의 합리적인 한계 내에 있다고 보기 어렵다. 이 사안과 같이 엄연히 허위공문서작성, 동행사죄의 범죄사실이 밝혀졌음에도 불구하고 피고인을 가벼운 직무유기죄로 기소하여 그 판결이 확정되는 경우에는 결국 중한 죄에 대하여 면죄부를 주는 결과가 되기 때문이다.

### 4. 기소재량을 벗어난 일부기소에 대해 법원이 취해야 할 조치

이 사안에서 검사가 피고인을 직무유기죄로 기소한 것은 합리적인 기소재량을 벗어난 것이다. 다만 범죄사실의 일부에 대한 공소제기의 효력은 그 전부에 미치고(제248조 제2항), 법은 공소장변경과 더불어 공소장변경요구제도를 규정하고 있는 점(제298조 제2항)에 비추어 볼 때, 법원은 곧바로 공소기각판결을 내릴 것이 아니라 공소장변경요구권을 행사하여 검사로 하여금 기소재량을 벗어난 부당한 일부기소를 바로잡도록 하는 것이 바람직하다. 대법원은 공소장변경요구를 의무가 아니라 재량이라는 견해를 취하고 있지만(대법원 1990. 10. 26. 선고 90도1229 판결), 사안이 중대하여 이를 처벌하지 않는다면 적정절차에 의한 신속한 실체적 진실의 발견이라는 형사소송의 목적에 비추어 현저히 정의와 형평에 반하는 것으로 인정되는 경우라면 공소장변경요구를 해야 한다(대법원 2008. 10. 9. 선고 2007도1220 판결 참조)는 입장을 취하고 있기 때문이다.

[참고문헌] 심희기·양동철, 일죄의 일부기소와 법원이 취해야 할 조치, 형사소송법판례 150선, 홍문사, 2014; 손동권, 친고죄에서의 일부기소, 고시계 48권 7호(2003. 7.).

[필자: 김태명 교수(전북대)]

# 31. 검사의 기소재량 (2) — 일반법과 특별법 관계

[대법원 2007. 12. 27. 선고 2007도4749 판결]

[사안] 군인인 D는 소속 군부대 내에서 현금을 19회 절취하고 야간에 취사병 생활관에 침입하여 현금을 2회 절취하였는데, 검찰관은 D의 행위를 형법상의 상습절도죄로 기소하였고, 1심인 보통군사법원은 벌금형을 선고하였다. 검찰관은 1심 판결 선고에 대하여 양형부당을 들어 항소 후, 항소심에서 위 2회의 생활관 침입 절취행위를 단순절도에서 야간주거침입절도로, 적용법조를 형법 제332조, 제329조, 제330조로 변경하는 취지의 공소장변경을 신청하였고, 항소심 법원은 이를 허가하였다. 항소심 법원은 "특정범죄가중처벌등에 관한 법률 제5조의4 제1항은 형법상의 상습절도와 구성요건이 동일하고 법정형만이 가중되어 있어서 D의 방어권 행사에 아무런 불이익을 초래하지 아니한다"는 이유로, 추가적인 공소장변경 없이 직권으로 공소사실에 대하여 특정범죄가중처벌등에 관한 법률 제5조의4 제1항, 형법 제329조, 제330조를 적용하여 D에게 '징역 1년 6월 집행유예 2년'을 선고하였다. D가 '공소장변경에 대한 법리오해'를 들어 상고하였다.

★[판지(파기환송)]★

## 1. 방어권 행사의 불이익의 판단기준

D의 방어권 행사에 실질적인 불이익을 초래할 염려가 없는 경우에는 법원이 공소장변경절차 없이 일부 다른 사실을 인정하거나 적용법조를 달리한다고 할지라도 불고불리의 원칙에 위배되지 아니하지만, 방어권 행사에 있어서 실질적인 불이익 여부는 그 공소사실의 기본적 동일성이라는 요소 외에도 법정형의 경중 및 그러한 경중의 차이에 따라 D가 자신의 방어에 들일 노력·시간·비용에 관한 판단을 달리할 가능성이 뚜렷한지 여부 등의 여러 요소를 종합하여 판단하여야 한다.

## 2. 검사의 기소재량과 더 무거운 죄에 대한 법원의 직권인정 가부

일반법과 특별법이 동일한 구성요건을 가지고 있고 그 구성요건에 해당하는 어느 범죄사실에 대하여 검사가 그 중 형이 가벼운 일반법의 법조를 적용하여 그 죄명으로 기소하였는데 그 일반법과 특별법을 적용한 때 형의 범위가 차이나는 경우에는, 비록 그 공소사실에 변경이 없고 적용법조의 구성요건이 완전히 동일하다 하더라도, 그러한 적용법조의 변경이 D의 방어권 행사에 실질적인 불이익을 초래하며, 따라서 법원은 공소장변경 없이는 형이 더 무거운 특별법의 법조를 적용하여 특별법 위반의 죄로 처단할 수 없다.

[해설]

## 1. 본 사안의 쟁점

'검사는 특별법이 존재함에도 법정형이 가벼운 일반법을 적용하여 기소할 수 있는가'가 문제된다. 형사소송법 제247조(기소편의주의)는 '검사는 형법 제51조의 사항을 참작하여 공소를 제기하지 아니할 수 있다'고 규정하고 있는데, 이 기소편의주의를 근거로 검사가 특별법을 적용하지 않고 일반법을 적용하여 기소할 수 있는 재량이 있다고 볼 여지가 없는 것은 아니다. 그러나 검사는 검찰청법 제4조 제1항 제3호에 따라 법원에 대해 법령의 정당한 적용을 청구해야 할 의무가 있다. 이 점을 강조하면 검사는 특별법을 적용하여 기소하여야 한다. 검사가 이를 위반하여 기소하였을 경우 법원은 이를 시정할 수 있는지, 그 장치가 무엇인지 문제된다.

## 2. 본건 기소 및 공소장 변경의 적법 여부

사안에서 군인인 D는 19회에 걸치는 군부대 내 일반절도행위와 함께 2회의 생활관 절도행위를 감행한 혐의를 받고 있다. 군검찰관은 위 21회의 절취행위 모두를 합쳐 특별법인 특정범죄가중처벌등에 관한 법률 위반(절도)죄가 아닌 형법의 상습절도죄(형법 제332조) 혐의로 기소하였다. 당사자주의와 기소편의주의를 강조하면 이러한 기소도 인정된다(긍정설)고 볼 여지가 있다. 필자는 단순히 정상사유가 있음을 근거로, 입법자가 우선 적용을 명한 특별법을 배제하고 일반법을 적용하는 것은 삼권분립에 반하고, 기소편의주의라는 이름 아래 자의적 공소권행사를 허용하는 결과가 된다는 점에서 허용될 수 없다고 생각한다. 따라서 검사가 특별법을 배제하고 일반법을 적용하는 것은 검찰청법 제4조 제1항 제3호에 위반되고 기소편의주의로 정당화될 수 없는 것이 아닌가 생각된다. 따라서 법원으로서는 형사소송법 제298조 제2항에 따라, 특별법으로 죄명과 적용법조를 변경할 것을 요구하여야 할 것이다.

### 3. 법원의 조치

본건의 항소심은 '일반법과 특별법의 구성요건이 완전히 동일하여 실질적 불이익이 없다'는 이유로 공소장변경요구를 하지 아니하고 직권으로 특별법을 적용하여 선고하였다. 이에 대해 대법원은 "D의 방어권 행사에 실질적인 불이익 여부는 공소사실의 동일성 이외에도 법정형의 경중 및 그러한 경중의 차이에 따라 D가 자신의 방어에 들일 노력·시간·비용에 관한 판단을 달리할 가능성 등 여러 요소를 종합하여 판단하여야 한다"는 이유로 항소심을 파기하였다. 대법원이 "D의 방어권 보장을 위해 판단할 기회"를 언급한 것은 당사자주의적 발상을 관철시킨 논증으로 보인다.

대법원은 항소심이 공소장변경을 요구하였어야 하는지 여부에 관해서는 판단하지 않았다. 아마도 대법원은, 공소장변경요구는 법원의 의무가 아니어서 법원이 공소장변경요구를 하지 않았다 하더라도 심리미진이 아니라는 기존의 판례를 따른 것으로 보인다.

그러나 검사의 부당한 법령적용청구를 견제할 필요성, 형사소송의 철저한 당사자주의화는 형사소송의 본질을 형해화하며, 공소장변경요구제도는 심판의 대상에 대한 법원의 직권행사로서의 의미를 가진 제도이므로 적어도 특별법 적용이 정의에 합치한다고 봄이 명백한 사안에서 검사가 일반법의 적용을 청구한 경우에는 예외적으로 공소장변경요구의 의무가 있다고 봄이 타당하지 않을까?

### 4. 본 판례에 대한 다른 각도에서의 논평

필자는, 법원이 검사의 위법·부당한 기소권 행사를 견제하여 형사소송에서 정당한 법령의 청구와 적용이 이루어지도록 하는 것이 더 바람직하지 않았을까 하는 의문이 든다. 그러나 이 판결에 대하여는 다음과 같은 다른 각도에서의 논평도 있다. "동일한 공소사실 및 구성요건을 두고서 법원이 공소장변경 없이 무거운 죄명·법조를 적용할 수 있는지 여부는 판례가 지금까지 (이에 관한 판례가 일견 있었던 것처럼 보이지만 실제로는) 그 답을 주지 않고" 있었다. "대상판결은 이 문제에 관하여, '방어권 행사에 있어서 실질적인 불이익 여부'는 그 공소사실의 기본적 동일성이라는 요소 외에도 법정형의 경중 및 그러한 경중의 차이에 따라 피고인이 자신의 방어에 들일 노력·시간·비용에 관한 판단을 달리할 가능성이 뚜렷한지 여부 등의 여러 요소를 종합하여 판단하여야 하며, 이 사안처럼 법정형의 경중이 뚜렷한 경우에는 공소장변경절차가 필요하다고 판시함으로써, 위 논점에 대한 답변을 처음으로 제시하였다."(아래 전원열의 논문)

[참고문헌] 심희기·양동철, 일반법과 특별법이 동일한 구성요건을 가지고 있는 경우 검사의 기소재량권, 형사소송법판례 150선, 홍문사, 2014; 전원열, 법원이 공소장변경 없이 공소사실과 다른 사실을 인정하거나 적용법조를 달리하는 경우, 그것이 피고인의 방어권 행사에 실질적인 불이익을 초래하는지 여부의 판단 기준, 대법원판례해설 74호(2007 하반기)(2008. 7.).

[필자: 이상민 검사]

# 32. 검사의 기소재량 (3) — 자의적인 공소권행사

## [대법원 2001. 9. 7. 선고 2001도3026 판결]

**[사안]** D가 1999. 7. 28. 23:00경 고양시 일산구 주엽동 17 소재 썬프라자 지하 주차장에서 간판작업용 공구가 적재된 채 주차되어 있던 V 소유의 포터화물차를 소지하고 있던 보조열쇠로 시동을 걸고 운전하여가 이를 절취하였다(이하 'A사건'이라 한다).

1999. 7. 29. V는 고양경찰서 주엽2파출소에 차량도난신고를 하였고, 이에 고양경찰서는 D의 소재를 파악하였으나 소재불명으로 밝혀지자 D를 절도죄로 지명수배하고 서울지방검찰청 의정부지청에 사건을 송치하였으나 의정부지청은 1999. 11. 25. 위 사건을 기소중지하였다. D는 1999. 12. 2. 안산경찰서 목감경찰초소에 근무하던 사법경찰관 P에게 A사건 절도범행의 기소중지자로 검거되었고, 그때까지 D는 절취한 화물차를 무면허로 운전하였다.

P는 D에 대한 피의자신문과정에서 A사건 절도 범행뿐만 아니라 무면허운전의 도로교통법위반 범행도 모두 밝혀냈지만, D의 신병을 수배관서인 고양경찰서에 인계하지 아니한 채, 위 화물차 절취 이후 약 6개월 동안 무면허운전의 도로교통법위반죄(이하 'B사건'이라 한다)만을 조사한 후, 수원지방검찰청에 송치하였고, 위화물차도 압수하지 않고 있다가 1999. 12. 6. V에게 반환하였다. 사건을 송치 받은 수원지방검찰청 검사도 B사건의 도로교통법위반 범행만을 기소하였고 2000. 1. 27. D는 B사건으로 징역 6월의 형을 선고받고 복역하다가 2000. 5. 10. 가석방으로 출소하던 중 수원경찰서 사법경찰관들에게 '절도범행의 기소중지자로 긴급체포'되어 기소중지의 관할관서인 고양경찰서로 인계되었다.

D는 고양경찰서와 서울지방법원 의정부지청에서 A사건의 절도의 범행사실 및 이미 처벌받은 무면허운전의 범행사실도 모두 자백하여, 검사는 B사건의 도로교통법위반죄로 징역 6월의 형을 복역하다가 가석방된 사실을 알고 있었음에도, 이 사실을 확인하지 아니한

채, A사건 절도의 공소사실과 절도직후 '무면허로, 주차장으로부터 성남시 태평3동 앞길까지 약 20Km의 거리에서 위 화물차를 운전하였다(이하 'A1사건'이라 한다)'는 공소사실로 기소하였다.

항소심(서울지방법원 2001. 5. 23. 선고 2001노2729판결)은 검사가 제기한 A사건 절도의 공소사실과 A1사건 무면허운전의 도로교통법위반의 공소사실에 대하여 모두 유죄로 인정하고, D가 2001. 1. 27. 수원지방법원에서 징역 6월의 형을 선고받아 같은 날 확정된 도로교통법위반죄(B사건)와 그 판결이 확정되기 전에 범한 A사건 절도죄 및 A1사건 무면허운전의 도로교통법위반죄는 형법 제37조 후단의 경합범 관계에 있다는 이유로 형법 제39조 제1항에 따라 판결을 받지 아니한 A 및 A1사건에 대하여 징역 6월의 형을 선고하였다. D는 이에 불복하여 대법원에 상고하였다.

### ★[판지(파기환송)]★

### 1. 검사의 자의적인 공소권행사

형사소송법 제246조와 제247조에 의하여 검사는 범죄의 구성요건에 해당하여 형사적 제재를 함이 상당하다고 판단되는 경우에는 공소를 제기할 수 있고 또 형법 제51조의 사항을 참작하여 공소를 제기하지 아니할 수 있는 재량권이 부여되어 있다. 그러나 검사가 자의적으로 공소권을 행사하여 피고인에게 실질적인 불이익을 줌으로써 소추재량권을 현저히 일탈하였다고 보이는 경우에 이를 공소권의 남용으로 보아 공소제기의 효력을 부인할 수 있는 것이고, 여기서 자의적인 공소권의 행사라 함은 단순히 직무상의 과실에 의한 것만으로는 부족하고 적어도 미필적이나마 어떤 의도가 있어야 한다(대법원 1996. 2. 13. 선고 94도2658 판결, 대법원 1998. 7. 10. 선고 98도1273 판결, 대법원 1999. 12. 10. 선고 99도577 판결 등 참조).

### 2. 누락사건에 대한 추가기소와 자의적인 공소권행사

종전 사건의 판결이 확정되고 나아가 피고인이 그 형을 복역하고 출소한 다음에서야 이미 처벌받은 종전

사건의 일부 범죄사실까지 포함하는 이 사건 공소를 제기하여 다시 피고인에 대한 재판과 처벌을 반복하는 것은 **관련 사건을 함께 재판받을 이익**을 박탈함으로써 현저하게 피고인의 권리나 이익을 침해하므로 공소권을 자의적으로 행사한 것이 아닌가 하는 의심이 든다.

**[해 설]**

### 1. 검사의 공소권행사와 공소권남용이론

대법원은 "검사의 공소제기가 비록 형식적으로는 적법하다고 하더라도 실질적으로는 소추재량을 현저하게 일탈하여 피고인의 이익을 크게 해하고 거기에 피고인의 귀책사유가 없어 공소권의 행사가 정당하다고 용인할 수 없는 정도에 이르는 경우, 권리남용이론에 준하여 검사가 남용한 공소권행사를 통제할 수 있다"고 한다(대법원 1999. 12. 10. 선고 99도577 판결). 공소권남용이론이란 검사가 공소권을 남용하여 기소한 것으로 인정되는 경우에 유죄·무죄의 실체판결을 할 것이 아니라, 공소기각 또는 면소판결과 같은 형식재판으로 소송을 종결시켜야 한다는 이론을 말한다.

공소권남용이론을 긍정하는 입장은 대부분 검사의 소추재량에 대한 통제의 관점에서 출발한다. 검사의 부당한 공소권행사는 통제할 필요가 있고, 이로써 피고인을 조기에 형사절차로부터 해방시킬 수 있으며, 특히 위의 대상판례에서와 같이 확정판결 후에 누락사건에 대한 추가기소의 사례에서는 병합심리에 의한 양형 상의 혜택을 받을 수 있는 피고인의 이익(형법 제37조 및 형소법 제11조 제1호 참조)을 침해하는 것이기 때문에 일정한 귀책사유가 있는 경우에는 공소권남용을 긍정해야 한다는 것이다.

그러나 이를 부정하는 입장에서는, 공소권남용이론은 전형적인 소송조건이론을 통해서는 견제하기 어려운 검사의 공소권행사의 적정성을 도모하고 검사의 부당한 공소제기를 시정·억제하기 위한 이론이라는 점에서 입법론적으로는 가치 있는 이론이라고 할 수 있지만, 공소기각과 면소판결의 사유를 제한하고 있는 현행 형사소송법의 해석에 있어서 공소권의 행사가 '형식적으로는 적법하나 실질적으로는 부당'하게 보이는 모든 사례에 대하여 형식재판을 하는 것은 불가능하다는 점을 들고 있다. 공소권남용이론을 부정하는 견해는 현행 형사소송법에 공소권남용이론을 인정하는

명문의 규정이 없다는 점도 논거로 삼고 있다.

### 2. 누락사건에 대한 추가기소의 공소권남용 인정 여부와 그 요건

종래 공소권남용의 유형으로 논해져 왔던 범죄의 혐의 없는 기소, 소추재량을 일탈한 기소, 불평등기소 및 위법수사에 기초한 기소 이외에 사실심 판결 선고 후의 "누락사건에 대한 추가기소"를 최근에 등장한 유형으로 들 수 있다. 누락사건에 대한 추가기소의 문제를 해결하는 방안으로 ① 공소권남용의 문제가 아닌 기판력의 문제로 해결하려는 입장, ② 일반적으로 누락된 기소를 검사가 처리하는 방법은 기소유예하든지 기소하든지 둘 중 하나일 것이므로, 기소유예하지 않고 기소한 것의 적법성 여부와 관련하여 공소권남용이론에서 넓은 의미의 소추재량을 일탈한 공소제기의 하나로 파악하려는 입장, ③ 독자적인 공소권남용의 유형으로 파악하려는 입장이 있다.

생각건대 누락사건에 대한 추가기소는 공소권남용으로 보되, 이 경우라도 추가기소가 검사의 자의적인 공소권행사에 기인하는 경우에만 공소권남용에 해당한다고 보아야 할 것이다. 즉 추가기소가 공소권남용이 되려면 ① 공소권행사에 있어 수사결과 객관적으로 드러난 사회적 사실관계에 대하여 법률적 관점에서 이를 적절히 평가하여 소추할 책임을 다하지 못한 검사의 과실이 존재(대상판례에서는 미필적 의도를 요구한다)하고, ② 소추 측의 기소누락에 있어 피고인의 귀책사유 내지 과실이 없고, ③ 추가기소로 피고인에게 실질적인 불이익이 초래되어야 한다.

[참고문헌] 채방은, 사실심 판결 선고 후의 추가기소와 공소권남용, 저스티스 34권 6호(2001); 이진국, 판결확정 후 자의적인 추가기소와 공소권남용, 동아법학 30호(2002).

[필자: 김혜정 교수(영남대)]

# 33. 공소사실의 특정 (1) — 마약사범에 대한 소변검사

[대법원 2010. 8. 26. 선고 2010도4671 판결]

**[사안]** D는, 2009. 8. 7. 향정신성의약품인 메스암페타민(이하 '필로폰')을 O1에게 교부해 수수하고(이하 '①범행'), 같은 달 19. 필로폰을 O1, O2에게 교부해 수수하고(이하 '②범행'), 2009. 8. 10.부터 같은 달 19.까지의 사이에 서울 또는 부산 이하 불상지에서 필로폰 불상량을 불상의 방법으로 투약하였다(이하 '③범행')는 내용의 공소사실로 기소되었다. ②범행 직후 체포된 D로부터 체포당일 채취한 소변에서 필로폰양성반응결과가 나오자 검사는 ③범행의 투약시일을 중독자(D는 동종실형전과 2회 등 3회의 동종전력이 있고, C형간염을 앓고 있다)의 필로폰 투약시 통상 **최장 10일**까지 그 대사체가 소변에서 검출된다는 점에 근거하여 소변채취일로부터 10일까지 역으로 추산하고, 범죄장소는 D의 서울 주거지 및 이 사건 필로폰 구입차 부산에 다녀왔다는 D 진술에 기초하여 위와 같이 기소하였다. D는 1심에서 ①범행에 대하여, 그 수수자체는 시인하되 압수된 필로폰의 양이 실제와 다르다는 취지의 일부 부인, ②범행은 시인, ③범행은 극구부인 하였는데, 1심은 ③범행의 공소사실 특정을 전제로 공소사실 전부를 유죄로 인정하였다. 이에 D는 항소하면서 ③범행을 제외한 나머지는 모두 시인했는데, 2심은 ③범행에 관해 공소사실의 불특정을 이유로 공소기각판결을, 나머지에 관해 유죄판결을 하였다. 그러자 검사는 공소기각판결에 대해 공소사실특정에 관한 법리오해를, D는 유죄판결에 대하여 함정수사에 관한 법리오해 등을 이유로 상고하였다.

**★[판지(파기환송)]★**

공소사실의 기재는 범죄의 시일, 장소와 방법을 명시하여 사실을 특정할 수 있도록 하여야 하는데(형사소송법 제254조 제4항), 이처럼 공소사실의 특정을 요구하는 법의 취지는 피고인의 방어권 행사를 쉽게 해 주기 위한 데에 있으므로, 공소사실은 이러한 요소를 종합하여 구성요건 해당사실을 다른 사실과 식별할 수 있는 정도로 기재하면 족하고, 공소장에 범죄의 일시, 장소, 방법 등이 구체적으로 적시되지 않았더라도 공소사실을 특정하도록 한 법의 취지에 반하지 아니하고, 공소범죄의 성격에 비추어 그 개괄적 표시가 부득이하며 그에 대한 피고인의 방어권 행사에 지장이 없다면 그 공소내용이 특정되지 않았다고 볼 수 없다(대법원 2008. 7. 24. 선고 2008도4854 판결, 대법원 2007. 6. 14. 선고 2007도2694 판결 등 참조).

검사는 필로폰 양성반응이 나온 소변의 채취일시, 필로폰의 투약 후 소변으로 배출되는 기간에 관한 자료와 D가 체포될 당시까지 거주 또는 왕래한 장소에 대한 D의 진술 등 기소 당시의 증거들에 의하여 범죄 일시를 '2009. 8. 10.부터 2009. 8. 19.까지 사이'로 열흘의 기간 내로 표시하고, 장소를 '서울 또는 부산 이하 불상'으로 표시하여 가능한 한 이를 구체적으로 특정하였으며, 나아가, D가 자신의 체내에 필로폰이 투약된 사실을 인정하면서도 위 투약은 O1이 위 범죄일시로 기재된 기간에 해당하는 2009. 8. 19. D 몰래 D의 음료에 필로폰을 넣어서 생긴 것이므로 위 투약에 관한 정을 몰랐다는 취지로 변소하자 이에 대응하여 O1에 대한 수사기관의 수사와 제1심의 증거조사까지 이루어졌음을 알 수 있다. 위와 같은 이 부분 공소사실 기재의 경위 및 D의 변소와 그에 대한 증거조사 내용에다가 앞서 본 향정신성의약품투약 범죄의 특성 등에 비추어 볼 때 이 부분 공소사실은 피고인의 방어권을 침해하지 않는 범위 내에서 범죄의 특성을 고려하여 합리적인 정도로 특정된 것으로 볼 수 있다.

**[해설]**

### 1. '범죄의 특수성에 따른 공소사실 특정정도의 완화'의 요청과 '피고인의 방어권 보장'의 요청의 조화의 필요성

형사소송법(이하 '법'이라 한다)은 공소사실을 특정하도록 요구하고 있는데(제254조 제4항), 이는 주로 방어의 범위를 특정하여 피고인의 방어권 행사를 용이하게 하기 위한 데에 그 취지가 있다. 한편 마약투약범죄의 경우 그 범행이 은밀한 투약자만의 공간에서 투약자 자신을 대상으로 이루어지는 관계로 혐의자가 범행을 부인하면 공소사실의 특정이 곤란하다는 특징이 있어 범죄단속의 실효성을 위해서는 그 특정정도를 다소 완화하여야 할 필요성이 있다. 따라서 마약투약범죄에 관한 공소사실의 특정과 관련하여서는 '범죄의 특수성에 따른 공소사실 특정정도의 완화'의 요청과 '피고인의 방어권 보장'의 요청이 서로 충돌하므로 양자 간의 조화로운 운용이 절실하다.

## 2. 모발감정결과에 기초한 투약일시의 특정과 소변감정결과에 기초한 투약일시의 특정

실무상 마약투약범죄에서는 공소사실의 특정, 특히 그중 사실상 가장 결정적인 부분이라 해도 과언이 아닌 '투약일시의 특정'은 마약성분의 체내흡수 후 신진대사작용을 통해 모발에 축적되거나 또는 소변을 통해 배출된다는 점에 착안한 감정결과에 기초하여 왔다(좀 더 자세히 말하면 그 감정결과에 기초하여 추정되는 투약가능기간을 시료채취일로부터 역으로 추산한 기간을 투약일시로 특정하였다). 종전에는 모발감정결과에 기초한 투약일시의 특정이 주된 것이었는데 대법원은 법이 요구하는 정도의 특정을 충족하였는지 여부에 관하여 세 가지 방향으로 처리함으로써 다소 일관되지 못한 태도를 취하다가 대법원 2007. 1. 11. 선고 2005도7422 판결 이후로는 모발감정결과에 기초한 경우 대체로 그 특정성을 부정하는 경향을 보였고, 그 이후 소변감정결과에 기초한 경우에 대하여도 모발감정결과에 기초한 경우와 같이 그 특정성을 부정하는 취지의 2심에 대하여 위 대법원 2010도4671 판결(이하 '대상판결')을 통하여 2심과 달리 그 특정성을 긍정하는 입장을 취하였는데 대상판결 이후 소변감정결과에 기초한 경우 그 특정성을 긍정하는 경향이 두드러지게 나타나고 있다.

## 3. 양자를 구별하는 이유

이는 모발감정결과에 기초한 경우에 비하여 소변감정결과에 기초한 경우가 정확성이 높고, 추정투약기간이 짧으며, 체내흡수가 아닌 단순외부오염의 위험 내지 가능성을 배제할 수 있는 등의 차이에 기인한 것으로 보인다. 즉 그 차이의 내용은 대표적인 마약투약범죄인 필로폰투약의 경우, 양성판정기준은 그 대사체가,

전자는 0.5ng[1ng(나노그램)은 1그램의 10억분의 1 수치이다.]으로 족한 반면 후자는 300ng 이상으로서 별도의 추가검사결과 메스암페타민 성분과 암페타민 성분이 동시에 검출된 경우라야 하고, 추정투약기간은 전자가 수개월 심지어는 1년에 가까울 정도의 기간도 가능한 반면에 후자는 길어야 10일에 그치며, 단순외부오염의 위험 내지 가능성 측면에서 전자는 마약성분의 체내흡수가 아닌 모발자체에 대한 외부오염으로부터 발생할 가능성도 배제하기가 힘든 반면에 후자는 체내흡수가 아니고서는 검출이 되지 않아 그 가능성이 배제될 수 있다는 점 등이다(그 밖에 전자는 평균 1㎝의 1개월 모발성장속도를 대전제로 하나 그 개인별·모발채취부위별·채취모발의 모발주기별 편차가 경우에 따라선 유의적인 반면에 후자는 신진대사속도를 전제로 하는데 그 개인별 편차가 유의적인 정도에 이르지 아니한 사정도 있다). 다만 위 경향은 어디까지나 앞서 본 상반된 요청 사이의 조화로운 운용을 위한 과정에서 나타난 것으로(이런 측면에서 아직까지 다소 이례적인 판례가 나오는 것도 그 조화로운 운용을 위한 노력의 일환으로 이해하여야 할 것이다) 어떠한 감정결과에 기초하는지를 공소사실의 특정성 충족의 절대적인 요소로 삼는 극단적인 도식화는 경계할 필요가 있다. 어쨌든 이러한 대법원판례의 경향으로, 기존의 다소 일관되지 못한 대법원의 태도 탓으로 하급심에 초래된 혼선은 상당부분 제거되었을 것으로 평가된다.

[참고문헌] 김양섭, 양성반응이 나온 소변감정결과에 기하여 투약범행일시를 기재하여 공소제기한 경우 형사소송법 제254조 제4항이 요구하는 공소사실의 특정을 충족하였는지 여부, 대법원판례해설 86호(2010 하반기)(2011); 김양섭, 마약범죄에서의 공소사실 특정문제 – 마약투약범죄를 중심으로, 형사법실무연구 재판자료 제123집(2012).

**[필자: 김양섭 판사]**

# 34. 공소사실의 특정 (2) — 마약사범에 대한 모발감정

**[대법원 2012. 4. 26. 선고 2011도11817 판결]**

**[사안]** 부산 사하구에 살고 있는 D는 필로폰을 투약한 혐의로 수사기관에 체포되어 마약류 관리에 관한 법률 위반(향정)으로 기소되었는데, 검사는 공소장에 D의 범행일시를 4~5㎝가량 길이의 D의 모발에서 필로폰 양성반응이 나온 모발감정 결과를 기초로 하여 투약가능기간을 역으로 추산해서 '2010. 11.경'으로, 투약장소를 '부산 사하구 이하 불상지'로 기재하였다. 제1심과 항소심은 '이러한 검사의 공소사실의 기재는 형사소송법 제254조 제4항의 요건에 맞는 구체적 사실의 기재라고 보기 어렵다'는 등의 이유로 공소를 기각하였다. 검사가 상고하였다.

**＊[판지 (상고기각)]＊**

## 1. 공소사실 특정의 의미

형사소송법 제254조 제4항은 '공소사실의 기재는 범죄의 시일, 장소와 방법을 명시하여 사실을 특정할 수 있도록 하여야 한다'고 규정하고 있는바, 이와 같이 공소사실의 특정을 요구하는 법의 취지는 ① 법원의 심판대상과 공소의 범위를 확정하는 한편 ② 피고인의 방어권을 보장하고자 함에 있다. 따라서 공소사실은 이러한 요소를 종합하여 구성요건 해당사실을 다른 사실과 식별할 수 있는 정도로 기재하면 충분하고, 비록 공소장에 범죄의 시일, 장소, 방법 등이 구체적으로 적시되지 않았다고 하더라도 공소사실을 특정하도록 한 법의 취지에 반하지 않고, 공소범죄의 성격에 비추어 그 개괄적 표시가 부득이하며, 그에 대한 피고인의 방어권 행사에 지장이 없는 경우라면 굳이 그 공소내용이 특정되지 않았다고 볼 것은 아니다.

## 2. 마약류 투약범죄의 공소사실 특정 여부를 판단하는 방법

마약류 투약범죄는 그 범행이 은밀한 공간에서 목격자 없이 이루어지는 경우가 많고 관련 증거를 확보하기도 매우 어려운 사정이 있으므로 그 공소사실의 특정 여부를 판단함에 있어서도 해당 범죄의 특성이 충분히 고려될 필요가 있으나, 피고인이 필로폰 투약사실을 부인하고 있고 그에 관한 뚜렷한 증거가 확보되지 않았음에도 모발감정 결과에 기초하여 그 투약가능기간을 추정한 다음 개괄적으로만 그 범행시기를 적시하여 공소사실을 기재한 경우에 그 공소내용이 특정되었다고 볼 것인지는 매우 신중히 판단하여야 한다.

우선 ⓐ 마약류 투약사실을 밝히기 위한 모발감정은 그 검사 조건 등 외부적 요인에 의한 변수가 작용할 수 있고, 그 결과에 터 잡아 투약가능기간을 추정하는 방법은 모발의 성장속도가 일정하다는 것을 전제로 하고 있으나 실제로는 개인에 따라 모발의 성장속도에 적지 않은 차이가 있고, 동일인의 경우에도 그 채취 부위, 건강상태에 따라 편차가 있으며, 채취된 모발에도 성장기, 휴지기, 퇴행기 단계의 모발이 혼재함으로 인해 그 정확성을 신뢰하기 어려운 문제가 있다. 또한 ⓑ 모발감정 결과에 기초한 투약가능기간의 추정은 수십 일에서 수개월에 걸쳐 있는 경우가 많은데, 마약류 투약범죄의 특성상 그 기간 동안 수회의 투약가능성을 부정하기 어려운 점에 비추어 볼 때, 그와 같은 방법으로 추정한 투약가능기간을 공소제기된 범죄의 범행시기로 기재하는 것은, ① 피고인의 방어권 행사에 현저한 지장을 초래할 수 있고, ② 매 투약 시마다 별개의 범죄를 구성하는 마약류 투약범죄의 성격상 이중기소 여부나 일사부재리의 효력이 미치는 범위를 판단함에 있어서도 곤란한 문제가 발생할 수 있다. 따라서 검사가 상고이유에서 주장하는 여러 사정을 고려하더라도, 이 사건 공소사실은 그 범행을 부인하는 피고인에 대한 모발감정 결과 등을 바탕으로 그 범행일시와 장소 및 투약방법을 단순히 추정한 것에 불과하고, 특히 범행시기로 기재된 '2010. 11.경'에는 1개월 이상의 기간이 포함될 수 있어 위에서 본 마약류 투약범죄의 특성 등에 비추어도 그 공소내용이 특정되었다고 보기는 어렵다.

## [해설]

### 1. 공소사실 특정의 개념

형사소송법 제254조 제4항에 "공소사실의 기재는 범죄의 시일, 장소와 방법을 명시하여 사실을 특정할 수 있도록 하여야 한다"고 규정하고 있는데, 이는 법원과 피고인에게 어떠한 범죄사실이 공소제기 되었는지를 식별할 수 있도록 범죄사실을 특정하도록 하는 것을 말하므로, 검사는 공소제기시에 공소사실을 특정하기 위해 ⓐ 범죄의 시일, 장소와 방법이라는 3가지 특정요소를 기재함으로써 ⓑ 다른 사실과 식별이 가능하도록 구성요건에 해당하는 구체적인 사실을 기재해야 한다는 것을 의미한다.

### 2. 공소사실의 특정요소의 특정정도

역사적·사회적 사실로서의 범죄사실을 법률적으로 구성하여 구체적 사실의 형태로 기재하는 공소사실은 가능한 한 그 내용이 구체적으로 특정되고 명확하게 기재할 것이 요구된다. 그러나 지나치게 엄격한 요구는 소송지연 등 소송경제적 부담을 가중시키거나 실체적 진실발견이라는 형사사법적 정의실현을 훼손하게 하고 공판절차의 경직화를 초래하므로 공소사실의 특정정도는 유연하게 해석해야 할 필요가 있다. 공소사실의 특정요소의 특정정도는, ① 범죄의 시일은 이중기소나 시효에 저촉되지 않을 정도, ② 장소는 토지관할을 가늠할 정도, ③ 방법에 있어서는 범죄구성요건을 밝힐 정도로 기재하면 족하고, 위의 세 가지 특정요소를 종합하여 범죄구성요건에 해당하는 구체적인 사실을 다른 사실과 판별할 수 있을 정도로 기재하여야 한다는 것이 대법원의 일관된 입장이다.

### 3. 마약류 투약범죄와 공소사실의 특정성 판단기준

마약류 투약범죄는 그 특성상 투약자 혼자서 행하거나 은밀한 장소에서 이루어지므로 마약투약자가 범행을 부인할 경우에는 공소사실의 특정이 매우 곤란하게 된다. 이러한 범죄의 특성과 처벌의 실효성을 고려할 때 공소사실의 특정을 어느 정도 완화해야 할 필요성이 있다. 따라서 마약류 투약범죄의 공소사실의 특정문제는 이러한 범죄의 특성을 고려하여, ① 실체적 진실발견에 의한 형사사법적 정의실현과 ② 피고인의 방어권 보장이라는 충돌하는 가치를 적절히 조화할 수 있도록 공소사실의 특정 정도를 완화하여 해석해야 할 필요가 있다. 대법원은 마약류 투약범죄의 특성을 고려하여 합리적인 정도로 특정되면 족하다는 입장에서, 공소사실의 특정요소 중 범죄의 시일과 관련하여 범죄의 투약일시의 특정에 관해서는 마약성분이 체내에 흡수되어 신진대사작용을 통해 모발에 축적되거나 소변을 통해 배출된다는 점에 착안하여 감정결과를 토대로 투약일시를 추정하여 기재한 공소사실에 대하여, 모발감정결과 또는 소변감정결과에 기초한 공소사실의 기재인가 여하에 따라 공소사실의 특정에 대한 판단을 달리하고 있다. 모발감정결과에 기초한 이 사안에서는 투약시기를 '2010. 11.경'으로 하여 1개월로, 투약장소를 '부산 사하구 이하 불상지'로만 기재한 공소사실은 공소범죄의 특성을 고려하더라도, ① 피고인의 방어권 행사에 현저한 지장을 초래할 수 있고, ② 매 투약 시마다 별개의 범죄를 구성하는 마약류 투약범죄의 성격상 이중기소 여부나 일사부재리의 효력이 미치는 범위를 판단함에 있어서도 곤란한 문제가 발생할 수 있으므로 공소사실이 특정되지 않았다고 판시하고 있다. 이와 달리 소변감정결과에 대하여는 정확성에 대한 신뢰도가 높고 범행 기간도 짧아 피고인의 방어권 행사에 현저한 지장을 초래하지 않으므로 공소사실이 특정되었다고 판시하고 있다(대법원 2010. 8. 26. 선고 2010도4671 판결).

### 4. 공소사실 불특정의 효과

공소사실이 전혀 특정되지 아니한 공소제기는 무효이므로 법원은 판결로써 공소를 기각해야 한다. 그러나 공소사실로서 구체적인 범죄구성요건적 사실이 기재되어 있지만 그 내용이 불명확한 경우에는 소송경제를 고려하여 검사 스스로 또는 법원의 석명에 의해 불명확한 공소사실을 보정하여 그 하자를 치유할 수 있다고 해석하는 입장이 다수설과 판례의 태도이다(대법원 2001. 10. 26. 선고 2000도2968 판결).

[참고문헌] 김양섭, 마약범죄에서의 공소사실의 특정문제−마약투약범죄를 중심으로−, 재판자료 형사법 실무연구, 제123집(2012).

[필자: 김신규 교수(목포대)]

# 35. 공소사실의 예비적·택일적 기재

## [대법원 1966. 3. 24. 선고 65도114 전원합의체 판결]

**[사안]** 피고인 D1과 D2는 뇌물수수 및 뇌물공여 혐의로 수사를 받았으나 피고인들은 이를 완강히 부인하였다. 따라서 검사는 공판과정에서 뇌물죄가 인정되지 않는 경우를 대비하여 피고인 D1에게는 뇌물수수와 업무상횡령, 피고인 D2에게는 뇌물공여와 업무상횡령으로 택일적 기재를 하여 공소를 제기하였다. 이에 대해 원심(항소심)은 기존 판례의 입장에 따라 '검찰의 공소는 공소사실의 동일성을 인정할 수 없는 범죄사실들을 택일적으로 기소한 것이고, 이는 공소 제기절차가 법률 규정을 위반한 것'이라며 공소기각판결을 선고하였다. 검사가 상고하였다.

## *[판지(파기환송)]*
### 1. 예비적·택일적 기재에서 동일성 요구 여부

"수개의 범죄사실 간의 범죄사실의 동일성이 인정되는 범위 내에서 예비적 또는 택일적으로 기재할 수 있음은 물론이나 그들 범죄사실 상호 간에 범죄의 일시, 장소, 수단, 및 객체 등이 달라서 수개의 범죄사실로 인정되는 경우에도 이들 수개의 범죄사실을 예비적 또는 택일적으로 기재할 수 있다고 해석할 것이며 이렇게 본다 하여도 공소장에 수개의 범죄사실을 특정하여 기재하고 있는 만큼 피고인의 방어권행사에, 경합범으로 기소된 경우에 비하여, 더 지장이나 불이익을 준다고 볼 수 없을 것일 뿐만 아니라 위와 같은 택일적 또는 예비적 기소는 검사의 기소편의주의의 입장에서도 법률상 용인될 것임이 명백할 것이며, 검사가 수개의 범죄사실을 택일적으로 기소한 경우에는 법원으로서는 수개의 범죄사실 중 어느 하나만에 대하여 심리하여 유죄로 인정하면 이에 대한 유죄판결을 할 것이고, 만일 유죄로 인정되지 않는다면 다른 공소사실을 심리하여 이에 대한 재판을 할 것이다. 다만, 검사가 수개의 범죄사실을 예비적으로 기소한 경우에는 검사의 청구에 따라 심리순서가 제한될 뿐이다."

### 2. 기존 판례 견해의 폐기

"당원이 일찍이 이점에 관하여 형사소송법 254조 5항에 수개의 범죄사실과 적용법조를 예비적 또는 택일적으로 기재할 수 있다 함은 범죄 사실 상호간에 동일성을 인정할 수 있는 범위 내에서 가능하며 동일성의 범위를 벗어나서 전연 별개의 범죄사실을 예비적 또는 택일적으로 기재할 수 있다는 취지는 아닐 것이라는 견해(1962. 6. 28. 판결 62도66 국가보안법위반)를 표명한 바 있으나 이와 같은 종전의 당원의 견해는 이를 폐기하는 바이다."

## [해설]
### 1. 예비적·택일적 기재의 필요성

범죄사실 및 적용법조에 대한 예비적·택일적 기재를 허용하는 데는 다음과 같은 이유가 있다. 범죄사실은 소송과정에서 비로소 보다 명확하게 밝혀지기 때문에 사건에 따라서는 검사가 공소단계에서 범죄사실을 명확히 파악하여 적절한 심증형성을 하는 것이 어려운 경우가 있다. 그러므로 공소장의 기재방법에 다소 융통적인 장치를 두어 검사의 공소제기 및 공소유지를 다소 용이하게 할 필요가 있다. 이와 같은 장치로는 공소사실의 동일성을 해하지 않는 범위 내에서 법원의 허가를 얻어 공소장에 기재한 공소사실 또는 적용법조의 추가, 철회 또는 변경을 할 수 있는 공소장변경(법 제298조)이 있다. 무엇보다 이 제도는 소송경제의 도모, 피고인의 방어권보장, 심판범위의 확정 및 일사부재리의 원칙과도 관련을 갖기 때문에 이들과의 조화를 고려해야 할 필요가 있다.

### 2. 범죄사실의 동일성에 대한 학설 대립

1962년 판례(대법원 1962. 6. 28. 선고 62도66 판결 국가보안법위반)는 '예비적·택일적 기재를 위해서는 동일성이 요구된다'고 판시하였다. 그러나 본 판례는 1962년 판례를 폐기하며 '예비적·택일적 기재에서는 동일성이 요구되지 않는다'고 판시하였다. 대법원 [다수견해]는 '수개의 범죄사실 간에 범죄사실의 동일성이 인정되는 경우뿐 아니라 인정되지 않는 경우에도 예비적·택일적 기재가 가능하다'고 판시하고 있다. 반면에 [소수견해]는, '다수견해는 법의 통일적 해석에 대한 고려가 부족하고, 일사부재리로 인한 문제가 발생할 수 있으며, 형법 제38조 규정을 무의미하게 만들 수 있고, 심판의 대상이 불명확해지는 문제점 등이 있다'고 지적하고 있다. 본 판결에 대한 학설의 견해도 대립되고 있는데, 예비적·택일적 기재에 있어 동일성이 요구되지 않는다는 적극설(또는 비한정설)과 동일성이 요구된다는 소극설(또는 한정설)이 대립하고 있다. 적극설의 논거를 보면 ① 제254조 제5항이 소송경제를 목적으로 하고 있기 때문에 구태여 동일성을 필요로 하지 않고, ② 동일성을 요구하고 있는 공소장변경과는 구별되며, ③ 수개의 범죄사실에 대해 독립적으로 범죄사실을 기재하거나 추가기소를 요구하는 것은 무용한 절차의 반복이고, ④ 무엇보다 같은 규정에서는 단지 "수개의 범죄사실"이라고만 규정되어 있어 동일성을 요구하지 않고 있다고 한다. 이에 반해 소극설의 논거는 본 판결의 반대견해와 그 궤를 같이 하고 있는데, ① 예비적·택일적 기재는 무죄판결 방지에 그 목적이 있고, ② 동일성을 인정하지 않을 경우 조건부 공소제기를 허용하는 것이 되며, ③ 공소제기 전과 공소제기 후를 구별하는 것은 법체계의 통일성에 반하는 모순이 있고, ④ 법원의 심판범위와 피고인의 방어권 보장의 차원에서 공소장변경과 다르게 취급할 필요가 없으며, ⑤ 더욱이 제254조 제5항에서 "수개의 범죄사실"이라고 규정한 것은 입법상의 오류라고 한다.

### 3. 학설대립에 대한 검토

적극설은 '피고인에게 유리한 장점이 있고, 예비적·택일적 공소제기가 경합범으로 공소제기한 것보다 피고인에게 더 큰 방어부담을 준다고 볼 수도 없다'고 한다. 또한 예비적·택일적 기재에 대해 석명권(형사소송규칙 제141조) 조문을 활용하여 공소장을 경합범 형식으로 보정하면 사실상 소극설과 큰 차이가 없다고도 한다. 더욱이 실무상 검사 스스로가 심증형성의 부족을 나타내는 예비적·택일적 기재를 하는 경우는 매우 드물고, 또한 택일적 기재의 경우 법원은 배척되는 범죄사실에 대해 판단할 필요가 없기 때문에 검사가 공소장에 대한 자신감의 상실로 비칠 수 있는 택일적 기재를 사용하는 경우도 거의 없다고 한다. 무엇보다 공

소제기 시에는 예비적·택일적 기재에서 동일성을 요구하지 않지만(제254조 제5항), 공소제기 후에는 동일성을 요구하고 있는 규정체계를 보면(제298조 제1항) 둘을 구분하는 것이 통일적 해석에 대한 고려가 부족한 것이 아니라 오히려 통일적 해석에 합당한 것일 수도 있다는 견해도 있다.

### 4. 결어

① 제254조 제5항을 변경하지 않는 이상 예비적·택일적 기재에서 동일성을 요구하지 않는 것이 보다 합리적인 견해이고, ② 예비적·택일적 기재와 공소장 변경은 구별되는 제도이고, ③ 실무적으로 볼 때도 그 남용이나 피고인의 방어권이 심각하게 침해되는 것도 아니며, ④ 경우에 따라서는 석명권을 활용하여 보정할 수도 있기 때문에 예비적·택일적 기재에서 동일성 요건까지 엄격하게 요구할 필요는 없다.

[참고문헌] 백형구, 공소사실의 예비적·택일적 기재의 허용범위, 형사재판의 제문제 제4권(박영사, 2003).

**[필자: 이원상 교수(조선대)]**

# 36. 공소시효의 법적 성질과 시효정지

[대법원 2008. 12. 11. 선고 2008도4101 판결]

[사안] '某주식회사의 대표이사 D는 1995. 6.부터 1995. 12. 사이에 회사 당좌수표 32장 액면 합계 1,411,786,000원 상당을 발행하여 그 소지인들이 지급제시기간 내에 지급제시 하였으나 지급되지 않게' 한 부정수표단속법위반죄를 저지르고 1996. 6. 국내에 가족들을 둔 채 중국으로 출국하였고, 그곳에서 사업을 하던 중 범한 죄의 혐의로 징역 14년의 형을 선고받고 1998. 3.부터 약 8년 10개월 동안 중국의 교도소에 수감되어 있다가 2007. 1. 추방되어 귀국하였다. 검사는 'D의 국외 체류기간 동안 위 부정수표단속법위반죄의 공소시효가 정지되었다'고 판단하여 2007. 9. D의 부정수표단속법위반 혐의를 기소하였다. 형사소송법 제253조 제3항은 "범인이 형사처분을 면할 목적으로 국외에 있는 경우 그 기간 동안 공소시효는 정지된다"고 규정하고 있다.

1심은 "D가 중국으로 출국할 당시 위 부정수표단속법위반죄와 관련한 형사처분을 면할 목적이 있었던 것으로 보이나 중국에서 징역형을 선고받아 그 곳 교도소에 수감되어 귀국하는 것이 원천적으로 불가능하게 되었다면 그 기간 동안만큼은 형사처분을 면할 목적으로 국외에 있었다고 단정할 수 없어 공소시효가 계속 진행하여 완성되었다"며 면소판결을 선고하였다. 그러자 검사는 "D가 형사처분을 면할 목적으로 출국하였다면 국외 체류기간 동안 도피목적이 소멸하였다는 등의 특별한 사정이 없는 이상 공소시효가 정지된다고 봄이 상당하고, D가 별개의 범죄로 수감생활을 하였다고 하여 도피목적이 소멸한 것은 아니므로 여전히 공소시효는 정지된다"고 주장하며 항소하였다.

항소심도 "형사처분을 면할 목적은 국외로 도피할 당시뿐 아니라 국외에 체류하는 기간 중에도 유지되어야 하므로 도피목적이 소멸되었다거나 그에 상당하는 특별한 사정이 발생하였다면 공소시효는 진행된다"고 전제한 다음, "D가 국외로 출국할 당시에는 형사처분

을 면할 목적이 있었다고 하더라도 국외 체류 중 다른 범죄로 징역 14년의 형을 선고받아 수감되었다면 그때부터는 그의 의사나 목적과 상관없이 스스로의 의사에 의한 귀국이 불가능한 상황으로서 형사처분을 면할 목적으로 국외에 있는 경우라고 보기 어려워 정지되었던 공소시효가 다시 진행된다"고 판단하여 검사의 항소를 기각하였다. 검사는 다시 같은 이유로 상고하였다.

**＊[판지(상고기각)]＊**

## 1. '형사처분을 면할 목적'의 의미

"공소시효 정지에 관한 형사소송법 제253조 제3항의 입법 취지는 범인이 우리나라의 사법권이 실질적으로 미치지 못하는 국외에 체류한 것이 도피의 수단으로 이용된 경우에 그 체류기간 동안은 공소시효가 진행되는 것을 저지하여 범인을 처벌할 수 있도록 하여 형벌권을 적정하게 실현하고자 하는 데 있다. 따라서 위 규정이 정한 '형사처분을 면할 목적'은 국외 체류의 유일한 목적으로 되는 것에 한정되지 않고 범인이 가지는 여러 국외 체류 목적 중에 포함되어 있으면 족하다. 범인이 국외에 있는 것이 형사처분을 면하기 위한 방편이었다면 '형사처분을 면할 목적'이 있었다고 볼 수 있고, 위 '형사처분을 면할 목적'과 양립할 수 없는 범인의 주관적 의사가 명백히 드러나는 객관적 사정이 존재하지 않는 한 국외 체류기간 동안 '형사처분을 면할 목적'은 계속 유지된다."

## 2. '형사처분을 면할 목적'의 판단방법

"국외에 체류 중인 범인에게 형사소송법 제253조 제3항의 '형사처분을 면할 목적'이 계속 존재하였는지가 의심스러운 사정이 발생한 경우, 그 기간 동안 '형사처분을 면할 목적'이 있었는지 여부는 당해 범죄의 공소시효의 기간, 범인이 귀국할 수 없는 사정이 초래된 경위, 그러한 사정이 존속한 기간이 당해 범죄의 공소시효의 기간과 비교하여 도피 의사가 인정되지 않는다고 보기에 충분할 만큼 연속적인 장기의 기간인지, 귀국 의사가 수사기관이나 영사관에 통보되었는지, 피고인

의 생활근거지가 어느 곳인지 등의 제반 사정을 참작하여 판단하여야 한다. 통상 범인이 외국에서 다른 범죄로 외국의 수감시설에 수감된 경우, 그 범행에 대한 법정형이 당해 범죄의 법정형보다 월등하게 높고, 실제 그 범죄로 인한 수감기간이 당해 범죄의 공소시효 기간보다도 현저하게 길어서 범인이 수감기간 중에 생활근거지가 있는 우리나라로 돌아오려고 했을 것으로 넉넉잡아 인정할 수 있는 사정이 있다면, 그 수감기간에는 '형사처분을 면할 목적'이 유지되지 않았다고 볼 여지가 있다. 그럼에도 그러한 목적이 유지되고 있었다는 점은 검사가 입증하여야 한다."

### 3. 사안의 판단

"이 사건 부정수표단속법위반죄의 법정형은 최고 징역 5년으로서 그 공소시효의 기간이 5년에 불과한 반면 이 사건 공소제기는 범행종료일로부터 약 12년이 경과한 시점에 제기되었고, 그 사이 D가 중국에 체류하면서 그곳 교도소에 수감되어 있었던 기간이 무려 8년 10개월이나 되는 점에 비추어 D가 그 수감기간 중에 가족이 있는 우리나라로 돌아오려고 하였을 것이라고 충분히 짐작되는 점을 고려하면, D가 귀국하려는 의사가 수사기관 등에 통보되는 등 객관적으로 표출된 사정이 없다고 하더라도 중국의 교도소에 수감되어 있었던 기간 동안에도 이 사건 범죄에 대한 '형사처분을 면할 목적'이 있었다고 볼 다른 자료가 없는 상태에서는 이 사건 범죄에 대한 '형사처분을 면할 목적'이 있다고 쉽게 단정할 수 없다."

### [해설]

#### 1. 공소시효의 법적 성질

공소시효의 법적 성질에 대해서는, 시간의 경과에 따라 사회의 응보감정이나 범인의 악성 소멸로 인해 국가의 형벌권을 소멸시키는 사유로 보는 실체법설, 국가의 형벌권과 관계없이 시간의 경과에 따라 증거멸실 등에 따른 형사소추의 곤란성을 이유로 국가의 소추권만 상실시키는 소송조건이라고 보는 소송법설, 가벌성을 감소시키는 사유인 동시에 증거멸실로 인한 소추권의 소멸을 가져오는 소송조건이라고 보는 결합설 등이 논의되고 있다.

#### 2. 공소시효 정지제도의 의의

공소시효의 정지란 일정한 사유로 인하여 공소시효

의 진행이 정지되는 것을 말하는데, 일정한 사유가 없어지면 나머지 시효기간이 다시 진행된다. 공소시효는 그 기간 동안 정상적인 소추권의 행사가 가능할 것을 전제로 하므로, 소추기관이 유효하게 공소권을 행사할 수 있었음에도 불구하고 이를 행사하지 않은 채 시효기간을 경과하였을 것을 요건으로 한다.

#### 3. 공소시효 정지의 요건

공소시효는 공소의 제기로 진행이 정지되고, 공소기각 또는 관할위반의 재판이 확정된 때로부터 다시 진행된다(제253조 제1항). 공범의 1인에 대한 시효정지는 다른 공범자에게도 효력이 미치고, 당해 사건의 재판이 확정된 때로부터 다시 공소시효가 진행된다(제253조 제2항). 또한 재정신청이 있으면 고등법원의 재정결정이 있을 때까지 공소시효의 진행이 정지되고(제262조의4 제1항), 재정신청절차에서 고등법원의 공소제기결정이 있는 때에는 공소시효에 관하여 그 결정이 있는 날에 공소가 제기된 것으로 본다(제262조의4 제2항).

#### 4. 본 판결의 의미

범인이 형사처분을 면할 목적으로 국외에 있는 기간 동안 공소시효가 정지됨을 규정하는 형사소송법 제253조 제3항은 1995. 12. 29. 신설(1997. 1. 1. 시행)된 조문이다. 이는 원칙적인 공소시효의 진행을 정지시키는 예외규정인 만큼 이에 대한 해석은 대상판결의 판시내용과 같이 공소시효제도의 본질 및 취지를 해하지 않는 범위 내에서 제한적으로 이루어져야 한다.

형사소송법 외에도 소년법 제54조, 가정폭력범죄의 처벌 등에 관한 특례법 제17조, 성매매알선 등 행위의 처벌에 관한 법률 제17조 제1항, 성폭력범죄의 처벌 등에 관한 특례법 제21조 제1항, 아동·청소년의 성보호에 관한 법률 제20조 제1항, 5·18민주화운동 등에 관한 특별법 제2조 등에서 공소시효의 정지 사유를 규정하고 있다.

[참고문헌] 박찬걸, 공소시효의 정지·연장·배제에 관한 최근의 논의, 형사법의 신동향, 통권 34호(2012. 3.).

[필자: 한제희 검사]

# 37. 제253조 제2항(공소시효 정지)의 공범에 대향범의 포함 여부

**[대법원 2015. 2. 12. 선고 2012도4842 판결]**

**[사안]** D는 건축업자, D2는 부동산중개업자, D3은 경찰관, D4는 부천시 공무원이다. D와 D2는 이 사건 부천시 소유 체비지를 수의계약으로 매입할 자격이 없던 관계로, D3을 통하여 D4에게 뇌물을 주고 저가 매입을 청탁하기로 공모하였다. 이에 따라 D는 2005. 2. 3. D2에게 3,000만원을 송금하고, D2는 이를 포함하여 6,000만원을 현금으로 인출한 다음 D3에게 위와 같이 부탁하면서 이를 교부하였다.

검사는 D를 제외한 채 먼저 D2, D3, D4에 대하여 2006. 1. 10. 공소제기하였는바, D2는 제3자뇌물교부죄, D3은 제3자뇌물취득죄, D4은 특정범죄가중처벌등에관한법률위반(뇌물)죄로 모두 유죄 확정되었다. 그 확정일은 D2가 2007. 4. 27.이고, D3과 D4가 각 2007. 7. 27.이다.

그 후 검사는 D에 대하여 2011. 6. 29. 제3자뇌물교부죄로 공소제기하였는바, 공소사실은 "D는 D2와 공모하여 2005. 2. 3. D3에게, 이 사건 체비지를 싸게 매입할 수 있도록 D4에게 전달해 달라며 6,000만원을 교부하였다"는 내용이다.

**★[판지(상고기각)]★**

"형사소송법 제253조 제2항의 공범을 해석할 때에는 공범 사이의 처벌의 형평이라는 위 조항의 입법 취지, 국가형벌권의 적정한 실현이라는 형사소송법의 기본이념, 국가형벌권 행사의 대상을 규정한 형법 등 실체법과의 체계적 조화 등의 관점을 종합적으로 고려하여야 하고, 특히 위 조항이 공소제기 효력의 인적 범위를 확장하는 예외를 마련하여 놓은 것이므로 원칙적으로 엄격하게 해석하여야 하고 피고인에게 불리한 방향으로 확장하여 해석해서는 아니 된다.

뇌물공여죄와 뇌물수수죄 사이와 같은 이른바 대향범 관계에 있는 자는 강학상으로는 필요적 공범이라고 불리고 있으나, 서로 대향된 행위의 존재를 필요로 할

뿐 각자 자신의 구성요건을 실현하고 별도의 형벌규정에 따라 처벌되는 것이어서, 2인 이상이 가공하여 공동의 구성요건을 실현하는 공범관계에 있는 자와는 본질적으로 다르며, 대향범 관계에 있는 자 사이에서는 각자 상대방의 범행에 대하여 형법 총칙의 공범규정이 적용되지 아니한다.

이러한 점들에 비추어 보면, 형사소송법 제253조 제2항에서 말하는 '공범'에는 뇌물공여죄와 뇌물수수죄 사이와 같은 대향범 관계에 있는 자는 포함되지 않는다."

## [해설]

### 1. 쟁점

공소시효 정지의 효력은 공소제기된 당해 피고인에게만 미치는 것이 원칙이나, 공범 중 1인에 대한 시효정지는 공소제기 되지 아니한 다른 공범자에 대하여 효력이 미친다(형사소송법 제252조 제2항). 다만 여기서의 공범의 의미에 관하여 형사소송법상 아무런 규정이 없다. ( i ) 여기서의 공범에 공동정범, 교사범, 방조범 등 형법총칙상 공범이 포함된다는 점에 대해서는 이견이 없다(통설·판례). 공동정범의 특수한 형태인 합동범(형법상 특수절도, 특수강도, 특수도주, 성폭법상 특수강간 등), 공동범(폭처법 제2조 제2항의 공동폭력행위등)도 여기서의 공범에 포함된다는 것에 이견이 없다. ( ii ) 나아가 강학상 필요적 공범(집합범, 대향범)이 포함되는지에 관하여, 적어도 집합범 관계에 있는 자는 포함된다는 것이 통설·판례(대법원 1995. 1. 20. 선고 94도2752 판결 참조)이다. 문제는 강학상 필요적 공범 중 특히 대향범이 포함되는지 여부이다. 즉, 대향범 중 1인에 대한 공소제기가 다른 대향범에 대하여도 공소시효정지의 효력이 있는지 여부이다. 대상판결의 사안에서 D는 D3과 대향범 관계에 있다.

### 2. 강학상 필요적 공범 중 대향범

대향범은 2인 이상의 관여자가 동일한 목표를 추구하되 서로 다른 방향에서 서로 다른 행위를 행함으로

써 하나의 범죄실현에 관여하는 경우이다. ⅰ) 관여자를 동일한 법정형으로 처벌하는 경우(예: 도박죄, 아동혹사죄 등), ⅱ) 관여자를 상이한 법정형으로 처벌하는 경우(예: 뇌물수수죄와 뇌물공여죄, 배임수재죄와 배임증재죄 등), ⅲ) 관여자 중 일방만 처벌하고 다른 일방은 처벌규정이 흠결된 경우(편면적 대향범)(예: 음화판매죄, 공무상비밀누설죄 등)로 나뉜다.

### 3. 형사소송법 제253조 제2항의 공범에 대향범이 포함되는지 여부

(1) 대상판결은, 여기서의 '공범'에는 뇌물공여죄와 뇌물수수죄 사이와 같은 대향범 관계에 있는 자는 포함되지 않는다고 해석한다. 그 주된 논거는 다음과 같다 : ㉠ 위 조항이 공소제기 효력의 인적 범위를 확장하는 예외를 마련하여 놓은 것이므로 원칙적으로 엄격하게 해석하여야 하고 피고인에게 불리한 방향으로 확장하여 해석해서는 아니 된다. ㉡ 뇌물공여죄와 뇌물수수죄 사이와 같은 이른바 대향범 관계에 있는 자는, 서로 대향된 행위의 존재를 필요로 할 뿐 "각자 자신의 구성요건을 실현하고 별도의 형벌규정에 따라 처벌되는 것"이어서, 2인 이상이 가공하여 "공동의" 구성요건을 실현하는 공범관계에 있는 자와는 본질적으로 다르다. ㉢ 대향범 관계에 있는 자 사이에서는 각자 상대방의 범행에 대하여 형법 총칙의 공범규정이 적용되지 아니한다.

(2) 학설은 긍정설, 부정설, 제한설이 대립하는데, 대상판결은 제한설의 입장에서 결국 위 ㉡의 점에 특히 주목한 것으로 볼 수 있다. 뇌물공여죄와 뇌물수수죄의 성립에 관한 확립된 판례(대법원 1987. 12. 22. 선고 87도1699 판결 등 참조)는, 뇌물공여죄와 뇌물수수죄가 필요적 공범관계에 있으나, 이러한 범죄의 성립에 행위의 공동을 필요로 하는 것에 불과하고 반드시 협력자 전부가 책임이 있음을 필요로 하는 것은 아니라고 한다. 즉, 공여와 수수라는 대향적 행위가 필요하나, 뇌물수수죄가 성립하지 않더라도 뇌물공여죄는 성립할 수 있고 그 반대도 얼마든지 가능하다는 것이 판례의 확립된 태도이다. 공여하지 않는다면 수수가 성립될 수 없기 때문에 수수와 공여는 불가분의 행위태양이기는 하나, 이들 범죄는 단지 이러한 행위의 공동을 필요로 한다는 점에서 필요적 공범이라는 것에 불과하고, 자신의 범죄 성립은 상대방의 범죄 성립과 무관하게

각자 독립적으로 자신의 구성요건을 실현하고 별도의 처벌규정에 따라 처벌되는 것이므로 이 점에서는 더 이상 서로 '필요적 공범관계'에 있는 것은 아니라는 취지이다. 대상판결은 서로 구성요건 자체가 상이하고 범죄의 성립 여부도 각각 독립적이라는 바로 이러한 특성에 주목하여, 임의적 공범 즉 '공동의' 구성요건을 실현하는 공범관계에 있는 자와는 그 본질이 서로 다른 것으로 평가하고 있는 것이라고 할 수 있다. 이와 같이 수수행위와 교부행위가 구성요건 측면에서 주체, 행위, 죄질, 고의 등 모두 상이한 별개의 범죄를 구성하는 이상, '공동의' 구성요건에 해당하는 위법한 행위의 공동이란 개념은 위와 같은 대향범에서는 이를 상정하기 어렵다. 따라서 대상판결은 뇌물공여죄와 뇌물수수죄 등 범죄성립에서 서로 대향된 행위의 존재를 필요로 할 뿐 "각자 자신의 구성요건을 실현하고 별도의 형벌규정에 따라 처벌되는 것"이라는 기존의 확립된 판례태도와 궤를 같이 하는 것으로서 타당하다.

(3) 이러한 법리가 그대로 적용되는 대향범 관계로는 ① 뇌물수수죄와 뇌물공여죄에서의 수수자와 교부자 상호간 이외에도, ② 제3자뇌물취득죄와 제3자뇌물교부죄에서의 취득자와 교부자 상호간(대상판결의 사안), ③ 특경법상 알선수재죄(제5조 제3항)와 증재죄(제6조 제1항)에서의 수재자와 증재자 상호간, ④ 특경법상 제3자금품취득죄와 제3자금품교부죄(제6조 제2항)에서의 취득자와 교부자 상호간, ⑤ 배임수재죄와 배임증재죄에서의 수재자와 증재자 상호간 등을 들 수 있다.

[참고문헌] 이주원, "대향범과 공소시효 정지", 법조 718호(법조협회, 2016. 8.)

[필자: 이주원 교수(고려대)]

# 38. 포괄일죄의 일부에 대한 추가기소와 공소장변경 의제

[대법원 1996. 10. 11. 선고 96도1698 판결]

**[사안]** 검사는 D를 특수절도죄 등 혐의로 기소한 후(이하 ①사건이라 한다) 같은 죄의 여죄가 밝혀지자 그 여죄를 상습으로 범하였다고 판단하여 이를 특정범죄가중처벌등에 관한 법률위반(절도)죄로 추가로 기소하였다(이하 ②사건이라 한다). 제1심은 ①,②사건을 병합심리하기로 결정한 후 공판절차에서 검사가 구두로 ①사건의 공소장 중 죄명 '특수절도'와 적용법조 '형법 제331조 제2항, 제1항'을 철회하자 ①사건의 특수절도 부분에 대하여 검사가 공소를 철회하였음을 이유로 공소기각결정을 하고, ①,②사건의 절도 범행 전부를 특정범죄가중처벌등에 관한 법률위반(절도)죄로 의율하여 유죄를 선고하였다.

항소심은 "검사가 ①사건 중 특수절도 부분의 죄명과 적용법조를 철회하는 진술을 하였으나 이를 적법한 공소장변경 신청이나 공소취소로 볼 수 없으므로 제1심의 공소기각결정은 효력이 없고, 먼저 기소된 특수절도 범행과 추가기소된 상습특수절도 범행이 실체법상 일죄인 상습특수절도의 포괄일죄의 관계에 있으므로 먼저 제기된 ①사건의 공소의 효과가 그와 포괄일죄의 관계에 있는 ②사건의 공소사실에도 미친다"고 보아 ②사건의 공소사실에 대하여는 형사소송법 제327조 제3호에 따라 공소를 기각하고, 먼저 기소된 ①사건의 특수절도 범행만을 유죄로 인정하였다. 검사가 상고하였다.

**★[판지(파기환송)]★**

**1. 포괄일죄의 일부에 대한 추가기소와 검사가 취할 조치**

"검사가 단순일죄라고 하여 특수절도 범행을 먼저 기소하고 포괄일죄인 상습특수절도 범행을 추가기소하였으나 심리과정에서 전후에 기소된 범죄사실이 모두 포괄하여 상습특수절도인 특정범죄가중처벌등에 관한 법률(절도)위반의 일죄를 구성하는 것으로 밝혀진 경우에, 검사로서는 원칙적으로 먼저 기소한 사건의 범죄사실에 추가기소의 공소장에 기재한 범죄사실을 추가하여 전체를 상습범행으로 변경하고 그 죄명과 적용법조도 이에 맞추어 변경하는 공소장변경 신청을 하고 추가기소한 사건에 대하여는 공소취소를 하는 것이 형사소송법의 규정에 충실한 온당한 처리라고 할 것이다."

**2. 포괄일죄의 일부에 대한 추가기소와 법원이 취할 조치**

"포괄일죄를 구성하는 일부 범죄사실이 먼저 단순일죄로 기소된 후 그 나머지 범죄사실이 포괄일죄로 추가기소되고 단순일죄의 범죄사실도 추가기소된 포괄일죄를 구성하는 행위의 일부임이 밝혀진 경우라면, 위 추가기소에 의하여 전후에 기소된 각 범죄사실 전부를 포괄일죄로 처벌할 것을 신청하는 취지가 포함되었다고 볼 수 있어 공소사실을 추가하는 등의 공소장변경과는 절차상 차이가 있을 뿐 그 실질에 있어서 별 차이가 없으므로, 위의 경우에 검사의 석명에 의하여 추가기소의 공소장 제출은 포괄일죄를 구성하는 행위로서 먼저 기소된 공소장에 누락된 것을 추가 보충하고 죄명과 적용법조를 포괄일죄의 죄명과 적용법조로 변경하는 취지의 것으로서 1개의 죄에 대하여 중복하여 공소를 제기한 것이 아님이 분명해진 경우에는 위의 추가기소에 의하여 공소장변경이 이루어진 것으로 보아 전후에 기소된 범죄사실 전부에 대하여 실체판단을 하여야 하고 추가기소에 대하여 공소기각판결을 할 필요가 없다. (중략) 이 사건의 경위가 위와 같다면 원심으로서는 석명권을 행사하여 검사로 하여금 추가기소의 진정한 취지를 밝히도록 하여 만일 그 취지가 일죄에 대한 이중기소가 아니라 위와 같은 공소장변경의 취지라고 한다면 그 범죄사실 전체에 대하여 실체판단을 하여야 할 것임에도 불구하고, 원심이 이에 나아가지 아니하고 곧바로 추가기소가 이중기소라고 (판단)하여 공소기각판결을 선고한 것은 심리를 다하지 아니하여 결과적으로 포괄일죄에 대한 추가기소의 경우 공소장변경 절차 없이 심판할 수 있는 범위에 관하여 법리를 오해한 위법이 있다."

## 1. 문제의 제기

실체법상 포괄일죄의 일부에 해당하는 범죄를 단순일죄로 기소하더라도 그 공소제기의 효과는 포괄일죄의 나머지 범죄사실에도 미치게 된다(형사소송법 제248조 제2항). 따라서 포괄일죄의 나머지 일부에 대한 검사의 추가기소는 이중기소에 해당하므로, 추가기소된 범죄사실이 먼저 기소된 범죄사실과 포괄일죄를 구성하는 것으로 밝혀진 경우에 검사는 원칙적으로 먼저 기소한 사건의 범죄사실에 추가기소한 공소장에 기재된 범죄사실을 추가하여 전체를 포괄일죄로 변경하는 공소장변경 신청을 하고 추가기소한 사건에 대하여는 공소를 취소하여야 한다(판지1.). 그런데 검사가 이러한 조치를 취하지 않으면 법원은 이중기소금지의 원칙에 따라 추가기소된 범죄사실에 대하여 공소기각판결을 하여야 하는지 아니면 추가기소로 공소장변경이 이루어진 것으로 보아 실체판단을 해야 하는지 문제된다.

## 2. 학설

이에 대하여는 ① 포괄일죄의 일부에 대한 공소제기의 효과가 나머지 부분에 대하여도 미치는 이상 이중기소금지의 원칙에 따라 공소기각판결을 해야 한다는 **공소기각설,** ② 이 경우의 추가기소는 실질적으로는 포괄일죄의 전체에 대한 심판을 구하는 공소사실의 추가와 같은 취지이므로 법원은 공소장변경절차 없이 전후의 공소사실을 병합심리하여 실체판단을 해야 한다는 **공소장변경의제설,** ③ 검사의 석명에 의해 추가기소의 공소장 제출이 먼저 기소된 공소장에 누락된 것을 추가 보충하고 포괄일죄의 죄명과 적용법조로 변경하는 취지의 것으로 밝혀진 경우에는 공소장변경이 이루어진 것으로 보아 실체판단을 해야 한다는 **석명후판단설** 등의 견해가 제시된다. 공소장변경의제설과 석명후판단설은 검사의 석명이 요구되는지 여부만 다를 뿐 실체판단을 허용한다는 점에서는 동일하다.

## 3. 공소장변경의제설과 석명후판단설의 논거

수개의 범죄사실이 포괄일죄에 해당하는지를 명확하게 판단하기 어려운 경우가 많고, 일부 범죄에 대한 기소 후 그와 포괄일죄의 관계에 있는 범죄사실이 새로이 밝혀지는 경우도 적지 않은 점, 포괄일죄의 일부가 추가기소되는 경우 추가로 심판대상이 되는 범죄사실이 명확하게 제시되므로 이를 공소장변경으로 보더라도 피고인의 방어권행사에 지장이 없고, 동일 법원에서 병합하여 심리하는 이상 피고인이 이중의 위험에 처하거나 여러 개의 실체판결이 선고될 가능성도 없는 점, 공소장변경으로 인정하여 실체판단을 하는 것이 절차유지의 원칙이나 소송경제에도 부합하는 점 등을 고려하면, 실체판단을 허용하는 공소장변경의제설이나 석명후판단설이 타당하다.

## 4. 대법원판결의 추세

대법원판결은 사안에 따라 공소장변경의제설 또는 석명후판단설의 입장에서 결론을 내리고 있다. 대상판결은 석명후판단설의 입장에서 실체판단을 허용한 사례이다. 대법원은 상상적 경합 관계에 있는 공소사실 중 일부가 먼저 기소된 후 나머지 공소사실이 추가기소된 경우에도 석명후판단설의 입장에서 대상판결과 같은 취지로 판시한 바 있다(대법원 2012. 6. 28. 선고 2012도2087 판결). 대법원이 공소장변경의제설의 입장에서 판시한 사례로는 대법원 2007. 8. 23. 선고 2007도2595 판결(수 개의 협박 범행을 먼저 기소하고 별개의 협박 범행을 추가로 기소하였는데 병합심리 과정에서 전후의 범행이 포괄하여 하나의 협박죄를 구성하는 것으로 밝혀진 경우), 대법원 2012. 1. 26. 선고 2011도15356 판결(존속상해 범행을 단순일죄로 기소하고 상습존속상해 범행을 추가로 기소하였는데 병합심리 과정에서 전후의 범행이 포괄하여 하나의 상습존속상해죄를 구성하는 것으로 밝혀진 경우), 대법원 1993. 10. 22. 선고 93도2178 판결(영업범의 일부에 해당하는 범행이 추가로 기소된 경우) 등이 있다.

[참고문헌] 김만오, 포괄일죄와 이중기소, 형사판례의 제문제 제1권(2000); 하태훈, 포괄일죄의 경우 추가기소의 처리방안, 판례월보 제367호(2001. 4.); 박광민, 포괄일죄의 일부에 대한 추가기소와 확정판결에 의한 전후사건의 분리, 형사판례연구 11(2003).

**[필자: 이현석 판사]**

# 39. 공소사실의 동일성 판단기준

[대법원 1994. 3. 22. 선고 93도2080 전원합의체 판결]

[사안] D는 1992. 9. 24. 02:00경 서울 서초구 방배동에 있는 공중전화박스 옆에서 다른 범인이 전날인 9. 23. 23:40경 서울 구로구 구로동 노상에서 피해자로부터 강취한 V 소유의 신용카드 1매를 장물인 정을 알면서도 교부받아 취득한 혐의로 1992. 11. 30. 서울형사지방법원에서 장물취득죄로 유죄판결을 선고받았다. 그런데, D는 비슷한 사실을 기초로 강도상해죄로 다시 기소된 본 사건의 원심(항소심)에서 유죄판결을 선고받았다. 원심이 유죄로 인정한 D에 대한 강도상해죄의 공소사실은, "1992. 9. 23. 23:40경 서울 구로구 구로동 번지불상 앞길에서 D는 망을 보고 다른 공범들이 술에 취하여 졸고 있던 V에게 다가가 주먹과 발로 피해자의 얼굴 및 몸통부위를 수회 때리고 피해자의 반항을 억압한 후 V의 상·하의 호주머니에서 V 소유의 신용카드와 현금 및 주민등록증이 들어 있는 지갑 2개를 꺼내어 가 이를 강취하고, 그로 인하여 V에게 치료일수 미상의 안면부 타박상 등을 입혔다"는 것이었다. D는, "나는 동일한 사건으로 재차 기소되었으므로 강도상해죄의 공소사실에 대해서는 면소판결을 선고해야 하며, 만약 D 자신을 강도상해죄로 처벌한다면 일사부재리의 원칙에 반하는 것"이라고 주장하며 상고하였다.

*[판지(상고기각)]*
## 1. 다수의견
(1) 유죄로 확정된 장물취득죄와 이 사건 강도상해죄는 범행일시가 근접하고 위 장물취득죄의 장물이 이 사건 강도상해죄의 목적물 중 일부이기는 하나, 그 범행의 일시, 장소가 서로 다르고, 강도상해죄는 피해자를 폭행하여 상해를 입히고 재물을 강취하였다는 것인데 반하여 위 장물취득죄는 위와 같은 강도상해의 범행이 완료된 이후에 강도상해죄의 범인이 아닌 피고인이 다른 장소에서 그 장물을 교부받았음을 내용으로

하는 것으로서 그 수단, 방법, 상대방 등 범죄사실의 내용이나 행위가 별개이고, 행위의 태양이나 피해법익도 다르고 죄질에도 현저한 차이가 있어, 위 장물취득죄와 이 사건 강도상해죄 사이에는 동일성이 있다고 보기 어렵고, 따라서 피고인이 장물취득죄로 받은 판결이 확정되었다고 하여 강도상해죄의 공소사실에 대하여 면소를 선고하여야 한다거나 피고인을 강도상해죄로 처벌하는 것이 일사부재리의 원칙에 어긋난다고는 할 수 없다.

(2) 공소사실이나 범죄사실의 동일성은 형사소송법상의 개념이므로 이것이 형사소송절차에서 가지는 의의나 소송법적 기능을 고려하여야 할 것이고, 따라서 두 죄의 기본적 사실관계가 동일한가의 여부는 그 규범적 요소를 전적으로 배제한 채 순수하게 사회적, 전법률적인 관점에서만 파악할 수는 없고, 그 자연적, 사회적 사실관계나 피고인의 행위가 동일한 것인가 외에 그 규범적 요소도 기본적 사실관계 동일성의 실질적 내용의 일부를 이루는 것이라고 보는 것이 상당하다.

## 2. 반대의견
(1) 강도상해죄는 강도죄와 상해죄의 결합범이고 강도죄는 절도죄와 폭행 또는 협박죄의 결합범의 형태를 갖추고 있는 것으로서 실체적으로는 수개의 행위를 법률적 관점에서 하나의 행위로 파악하고 있는 데 지나지 아니하므로, 강도상해죄가 절도죄의 경우와는 달리 장물죄와의 사이에 피해법익이 다르고 죄질에 현저한 차이가 있다는 것만으로 이 사건 범죄사실의 동일성을 부인할 이유는 되지 않는다. 금품을 강취한 후 그 장물을 분배하는 일련의 범죄행위는 이를 생활의 한 단면으로 보아야 할 것이고, 한편 공소사실의 동일성이 인정되는 한 공소장의 변경을 허용할 수 있어 기판력이 미치는 범위와 공소장변경이 허용되는 범위는 일치한다고 보아야 하는바, 생활의 한 단면 내의 어느 한 행위(장물죄)에 대하여 재판절차를 마친 이상 피고인에게는 그 단면 내의 모든 행위에 대하여 소추 재판의 위험이 따랐다고 하여야 할 것인데 실제로 소추 재판된 행

위(장물죄)가 같은 단면 내의 다른 행위(강도죄)와 비교하여 피해법익에 있어서 완전히 겹쳐지지 않는 부분이 있다는 이유만으로 그 다른 행위(강도죄)에 대해 다시 논할 수 있다는 것은 방대한 조직과 법률지식을 갖춘 국가기관이 형사소추를 거듭 행함으로써 무용의 절차를 되풀이하면서 국민에 대해 정신적·물질적 고통을 주게 하는 것이며, 한편으로는 수사기관으로 하여금 사건을 1회에 완전히 해결하려 하지 않게 함과 아울러 이를 악용하게 할 소지마저 있다.

(2) 기본적사실관계동일설을 취하는 경우에는 그 사실의 기초가 되는 사회적 사실관계가 기본적인 점에서 동일한가의 여부를 구체적 사실에 관하여 개별적으로 판단하여 결정하여야 하는 것으로서 기본적 사실관계의 동일성 여부를 판단함에 있어서는 일체의 법률적 관점을 배제하고 순수하게 자연적, 전법률적 관점에서 범죄사실의 동일성을 판단하고자 하는 것이고 규범적 요소는 고려되지 아니함이 원칙이다.

**[해설]**

## 1. 종래의 통설·판례였던 기본적 사실동일설

범죄사실 또는 공소사실의 동일성의 문제는 형사소송법상 공소장 변경의 한계 및 기판력 또는 일사부재리효력의 범위와 관련을 갖는다. 공소사실의 동일성 여부의 판단에 관하여는 다양한 학설이 대립하고 있으며, 다수설과 종래 대법원 판례의 입장은 기본적 사실동일설이었다. 기본적 사실동일설은 범죄사실의 동일성을 판단함에 있어 일체의 법률적 관점을 배제하고 순수하게 자연적·전(前)법률적 관점에서 동일성을 판단하려는 데 특색이 있다.

## 2. 본 판결의 입장과 규범적 요소

그러나 강도상해죄와 장물취득죄의 동일성에 관한 본 대상판결에서 대법원은 범죄사실의 동일성 판단에는 규범적 요소도 고려해야 한다고 하여 기본적 사실동일설의 관점과 다른 입장을 취하였다. 대법원은 이 사건에서 강도상해죄와 장물취득죄의 동일성 판단에 그 수단, 방법, 상대방, 행위의 태양, 피해법익, 죄질 등을 모두 비교하여 양 죄 사이에는 동일성이 없다고 판시하였다. 즉 양 죄의 동일성 여부의 판단은 그 규범적 요소를 전적으로 배제한 채 순수하게 사회적, 전법률적인 관점에서만 파악할 수는 없고, 그 규범적 요소

도 고려하여 판단해야 하는 것으로 본 것이다.

## 3. 논평

기본적 사실동일설은 순수하게 사실적 측면을 기초로 범죄사실의 동일성을 판단하기 때문에 판단기준이 명확하며 법치국가적 안정성에 기여한다. 반면, 순수하게 객관적 사실만을 기초로 하므로 구체적 타당성의 측면에서 문제가 있을 수 있다. 한편 본 대법원 판례와 같이 규범적 요소 또는 평가적 관점까지 동원하여 판단하는 경우 구체적 타당성은 기할 수 있으나 법적 안정성을 해할 수 있다. 본 사안의 피고인의 경우 원래 강도상해죄를 범하였으나 거짓 진술을 하여 그보다 가벼운 장물취득죄로 유죄의 확정판결을 받았다. 형사정책적 관점 또는 구체적 타당성의 측면에서 보면, 피고인을 다시 강도상해죄로 처벌해야 할 필요성이 있다. 하지만, 피고인을 강도상해죄로 다시 처벌하는 경우 일사부재리원칙 또는 이중위험금지의 원칙에 반하며 법치국가적 안정성을 침해한다는 비판이 있게 된다.

대법원은 본 대상 판결을 통해 종래 공소사실의 동일성의 인정 범위를 넓게 보았던 견해에서 동일성의 인정 범위를 좁히는 방향으로 견해를 변경하였다. 그런데, 현대의 사회현상은 오히려 기본적 사실동일설의 관점에 충실할 것을 요구한다. 왜냐하면, 수많은 법령이 만들어지고 있는 현대 사회에서는 과거에 비해 하나의 기본적 행위가 여러 개의 법령에 위반될 수 있고, 따라서 한 개인이 하나의 사건으로 반복하여 기소될 가능성이 높아졌기 때문이다. 이 관점에서도 범죄사실의 동일성의 인정 범위를 협소하게 만든 본 판례는 문제가 있다. 범죄사실의 동일성 여부는 원칙적으로 기본적 사실동일설의 관점을 기초로 하여 판단하여야 할 것이다.

[참고문헌] 김종구, 범죄사실의 동일성에 관한 대법원과 미국연방대법원 판례의 비교고찰, 형사법연구 제19권 제3호(2007); 홍승희, 공소사실 동일성판단에서 규범적 요소의 의미, 형사법연구 제26호(2006).

**[필자: 김종구 교수(조선대)]**

# 40. 공소장변경의 요부 (1) — 판단기준

[대법원 2003. 7. 25. 선고 2003도2252 판결]

**[사안]** 검사는 당초 D에 대하여 '절취한 신용카드를 사용한 사기' 혐의로 기소하였다. 그러나 원심(항소심)은 "이를 인정할 증거가 없다"고 판단하여 무죄를 선고하였다. 이에 검사는 (A) "D가 위 신용카드를 절취한 사실이 인정되지 않는다 하더라도, D는 위 신용카드사용 당시 신용카드 가맹점의 담당직원들에게 D가 틀림없이 카드대금을 지급할 것처럼 행세하거나 또는 함께 카드를 사용한 위 신용카드의 소유인 V가 카드대금을 지급할 것인 양 행세하여 위 직원들을 기망하였으므로, 신용카드 절취 여부와 무관하게, 피고인 D에 대하여 위 신용카드 사용으로 인한 사기를 인정할 수 있다"고 주장하며 상고하였다.

## *[판지(상고기각)]*

**[공소장변경 없이 직권으로 공소장에 기재된 공소사실과 다른 범죄사실을 인정하기 위한 요건]**

법원이 공소장의 변경 없이 직권으로 공소장에 기재된 공소사실과 다른 범죄사실을 인정하기 위하여는 ⓐ 공소사실의 동일성이 인정되는 범위 내이어야 할 뿐더러 또한 ⓑ 피고인의 방어권 행사에 실질적 불이익을 초래할 염려가 없어야 [한다.](대법원 1999. 4. 9. 선고 98도667 판결 등 참조). ⓒ 절취한 신용카드를 사용한 사기의 이 사건 공소사실과, 검사 주장의 위 범죄사실(A)은 그 범죄행위의 내용 내지 태양에서 서로 달라 이에 대응할 피고인의 방어행위 역시 달라질 수밖에 없어, 공소장 변경 없이 검사 주장과 같은 범죄사실을 인정하는 경우에는 피고인의 방어권 행사에 실질적인 불이익을 초래할 염려가 있으므로, 그와 같은 범죄사실을 인정할 증거가 있는지 여부에 관하여 판단할 필요도 없이 위 주장은 이유 [없다].

## [해설]

### 1. 공소장 변경의 요부

공판심리결과 판명된 사실·그에 합당한 적용법조가 '당초 공소장에 기재된 공소사실·적용법조'와 조금이라도 다르면 언제나 공소장 변경절차를 경유하여야 하는 것은 아니다. 양자의 차이가 사소하고 판명된 사실대로 유죄를 선고한다 하더라도 피고인에게 실질적 불이익이 없으면, 법원은 판명된 사실과 그에 합당한 적용법조를 적용하여 유죄선고를 할 수 있고 그렇게 하여도 불고불리원칙 위반이 아니다.

어떤 경우가 공소장 변경절차를 경유하여야 하는 사안(이를 하지 않고 판명사실을 인정하면 불고불리원칙 위반)이고, 어떤 경우가 그럴 필요가 없는 사안(이를 하지 않고 판명사실을 인정하여도 불고불리원칙 위반이 아닌 경우)인지를 구별하는 기준인지 문제된다.

'공소장에 기재된 공소사실'과 '판명사실'이 조금이라도 다르면 '원칙적으로 공소장 변경절차의 경유가 필요하다'는 입장을 **사실기재설, 혹은 실질적 불이익설**이라고 한다. 사실기재설을 글자 그대로 엄격히 밀고 나가면 소송의 지연을 초래하고 소송경제를 해하기 때문에 실무상 피고인에게 실질적 불이익을 초래하지 않는 범위 내에서 공소장 변경절차의 경유를 불필요하게 만드는 일정한 영역이 있는 것으로 상정되고 있다. 이 영역을 이론적으로 형상화시키는 것이 이곳에서의 과제이다.

### 2. 필요한 사안과 불필요한 사안을 판단하는 기준

공소사실의 법률적·규범적 측면에 중점을 두는 동일법조설, 법률구성설 등이 있으나, 공소사실의 사실적 측면을 강조하여 '법원이 공소장에 기재되어 있는 사실과 실질적으로 다른 사실을 인정할 때에는 **원칙적으로 공소장변경이 필요하다**'는 **사실기재설**이 통설 및 판례의 태도이다. 사실기재설은 이때 양자가 '실질적으로 다른 사실'인지 여부를 (어떻게 하는 것이) '실질적으로 피고인에게 불이익한지' 여부를 기준으로 판정한다.

공소장변경제도는 법원의 심판의 편의를 도모하는 제도이지만 다른 한편 판명사실이 공소장에 기재된 사실과 동일성(법 제298조)이 인정되는 사실이라 하더라도 공소장변경 허가절차의 경유로 명백히 심판의 대상이 된 경우에만 이를 심판할 수 있도록 하여 피고인의 방어권을 보장하고자 함에도 그 취지의 일단이 있다. 피고인의 방어권보장이라는 목표가 심리의 편의 못지않게 중요한 목표의 일부이기 때문에, 법원이 공소장에 기재된 사실을 인정하면서 법적 평가만을 달리하는 경우에도 공소장변경이 필요한가의 문제는 일률적으로 답하기 어렵고, 궁극적으로는 '피고인의 방어권보장이라는 관점'에서 해답을 찾아야 한다.

대상판결에서 대법원은 '피고인의 방어권행사에 실질적 불이익을 초래할 염려의 유무'를 기준으로 삼아 ⓒ '절취한 신용카드를 사용한 사기의 공소사실'과 '검사 주장의 범죄사실(A)'은 그 범죄행위의 내용 내지 태양에서 서로 달라 공소장 변경 없이 (A)사실을 인정하는 경우에는 피고인의 방어권 행사에 실질적인 불이익을 초래할 염려가 있다고 판단하였다.

## 3. 구체적 사례들

(1) 범죄의 일시·장소가 범죄의 성부에 중요한 의미가 있는 경우에는 공소장 변경을 요하지만 범죄의 일시의 기재가 명백한 오기인 경우에는 공소장 변경을 요하지 않는다. 피해자를 달리 인정하는 경우(대법원 2002. 8. 23. 선고 2001도6876 판결), 피해품의 종류나 액수를 변경하여 인정하는 경우, 상해죄의 치료기간에 다소 차이가 있는 경우(대법원 1984. 10. 23. 선고 84도1803 판결, 공소장에 약 4개월간의 치유를 요하는 상해라고 적시된 것을 법원이 공소장변경절차 없이 약 8개월간의 치료를 요하는 것으로 인정) 등 범죄사실의 내용이 약간 다르게 인정되는 경우에는 공소장변경의 필요가 없다.

(2) 그러나 피해액수의 현저한 증가, 범행의 객체의 변경에는 공소장 변경이 필요하다. 대체로 범죄의 수단·방법의 사소한 차이는 공소장 변경을 요하지 않지만(대법원 1984. 9. 25. 선고 84도312 판결), 행위의 내용에 현저한 차이가 있거나 중요부분에 차이가 있는 경우에는 공소장 변경절차의 경유를 요한다.

(3) 공소장에 기재되어 있지 않은 전과사실의 인정에는 공소장 변경을 요하지 않지만, 피고인의 전과가 범죄사실의 명시를 위하여 필요불가결한 경우, 예컨대 상습범이거나 치료감호요건사실이 되는 경우에는 공소장 변경을 요한다.

(4) 구성요건을 달리하는 경우에는 원칙적으로 공소장변경이 필요하다. 그러나 예외가 없지 않다. 예비·음모는 독립된 별개의 구성요건이므로 예컨대 살인미수를 살인예비·음모로, 특정범죄가중처벌 등에 관한 법률상의 관세포탈미수를 동법상의 관세포탈예비로 인정하는 경우에는 공소장 변경을 요한다.

(5) 단독범을 공범으로 인정하는 경우 혹은 공동정범을 방조범으로 인정하는 경우는 일률적으로 말할 수 없고 구체적 사건에서 실질적인 불이익을 줄 우려가 있음을 기준으로 공소장 변경 요부를 판단한다.

(6) 실질적 불이익설을 적용한 최신판결: "공소사실의 동일성이 인정되는 범위 내에서 공소가 제기된 범죄사실보다 가벼운 범죄사실이 인정되는 경우 법원이 공소장변경 없이 직권으로 그 범죄사실을 인정할 수는 있으나, 그 경우에도 심리의 경과 등에 비추어 이로 인하여 피고인의 방어에 실질적인 불이익을 주는 것이 아니어야 한다. (피고인 D가 공동정범으로 기소된 사안에서) 법원이 최종판결에서 갑자기 직권으로 방조범의 성립을 인정하게 되면 D의 방어권행사에 실질적 불이익을 초래할 우려가 있다. 따라서 원심으로서는 설령 그 판시와 같은 사정을 들어 D를 조세포탈범행의 방조범으로 인정할 수 있다고 하더라도 그에 앞서 공소장변경의 절차를 거치거나 D에게 방조범의 성립 여부와 관련한 방어의 기회를 제공함으로써 그 방어권 행사에 불이익이 초래되지 않도록 필요한 조치를 하였어야 한다"(대법원 2011. 11. 24. 선고 2009도7166 판결).

[참고문헌] 김형준, 공소장변경의 필요성과 한계, 중앙법학 2권(2000); 조한창, 실제 사기 피해자와 공소장 기재의 피해자가 다른 경우 법원의 조치, 대법원판례해설 43호(2002 하반기); 심희기, '공소장변경 요부'가 문제되는 특수사안들, 고시연구 32권 10호(379호)(2005. 10.); 이창섭, 법원의 법률적용과 공소장 변경의 필요성, 법학연구 50권 2호(2009. 10.).

[필자: 김혜경 교수(계명대)]

# 41. 공소장변경의 요부 (2) — 공범관계의 변경

[대법원 1991. 5. 28. 선고 90도2977 판결]

[사안] D는 1988. 5. 18.경부터 1989. 11. 23.경까지 사이에 영등포구청 시민봉사실 호적계에서 호적주임으로 근무하면서 호적사무에 관한 영등포구청장의 업무를 보조하던 자인데, 1989. 7.경부터 같은 해 11.초순경까지 사이에 미국영주권을 가진 O로부터 'O의 처 O2, O의 자 O3의 미국초청을 위하여 혼인신고 및 출생신고 일자를 영주권 취득일인 1986. 3.이후로 변조하여 주면 사례를 하겠다'는 불법청탁을 여러 번 받았으나 이를 거절하였다. 그러다가 며칠 공적 사무로 자리를 비울 일이 있어 자리를 비운 일이 있었는데 그 사이에 위 호적부 가운데 O와 O2의 혼인신고일인 1985. 10. 23.이 1986. 10. 23.로, O3의 출생일자 1985. 11. 20.이 1985. 12. 30.로, 출생 신고일자 1986. 1. 13.이 1986. 11. 13.로 누군가에 의하여 각 변조된 사실을 1989. 11. 12. 발견하였다. 이에 D는 상급자인 호적계장 C, 시민봉사실장 K 등과 상의 끝에 법원의 호적정정결정을 받아 호적을 원상회복시키기로 하여 1988. 12. 7. 11:00경 서울 영등포구 당산동 3가 385의 1소재 영등포구청 시민봉사실에서 서울지방법원 남부지원에 제출할 호적정정허가 신청서를 작성하였다. 즉, 실은 위 O의 호적부가 누군가에 의해 변조된 것임에도 불구하고 당초 호적공무원이 혼인신고 및 출생신고 등재 시 착오기재한 것처럼 허위내용의 정정사유를 기재하여 직무에 관한 허위내용의 공문서를 작성한 것이다. 또한, 같은 날 11:30경 서울지방법원 남부지원 호적계 사무실에서 성명불상 직원에게 위 허위작성의 호적정정허가신청서를 제출하여 이를 행사하였으며 그로 인하여 허위공문서작성, 같은 행사죄 혐의로 기소되었다.

제1심은 D에게 징역 8월에 1년간 집행유예의 유죄판결을 선고하였다. D는 "호적정정허가신청서의 작성권자는 영등포구청장이므로 그 보조자인 D는 허위공문서작성죄의 주체가 될 수 없고 원상회복의 일념으로 신청서를 작성한 것이므로 허위에 대한 인식이 없었으

며, 아니라도 형이 과중하다"는 법리오해와 양형부당의 이유를 들어 항소하였다. 항소심은 위 "법리오해 주장은 위 작성권자 대리인과 공모하여 허위인 줄 알면서 작성한 것이므로 그 이유 없으나, 양형이 높다"며 양형부당주장을 받아들여 제1심을 파기하고 선고유예판결을 선고하였다. 그런데 이때 항소심은 공소제기 당시 단독범으로 기소된 것을 공소장변경 없이 '호적계장 C, 시민봉사실장 K와 공모하여' 범행한 것으로 인정하였다. D의 변호인은 "D가 그 작성권한 내에서 허위공문서인 이 건 신청서를 작성한 단독범으로 기소한 것인데 항소심이 작성권자인 시민봉사실장과 공모하여 허위공문서를 작성하였다고 인정한 것은 공소사실과 판시사실 사이에 동일성이 없어 불고불리의 원칙에 위반되는 것이고, 그렇지 않다 하더라도 공소장변경 절차의 경유 없이 사실을 인정한 잘못을 범하여 판결에 영향을 미쳤다"며 상고하였다.

**★[판지(상고기각)]★**

1. 형사재판에서 법원의 심판대상은 공소장에 기재된 공소사실과 예비적 또는 택일적으로 기재된 공소사실, 그리고 소송의 발전에 따라 추가 또는 변경된 사실에 한정되고, 공소사실과 동일성이 인정되는 사실이라 할지라도 위와 같은 공소장이나 공소장변경신청서에 공소사실로 기재되어 현실로 심판의 대상이 되지 아니한 사실은 법원이 그 사실을 인정하더라도 피고인의 방어에 실질적 불이익을 초래할 염려가 없는 경우가 아니면 법원이 임의로 공소사실과 다르게 인정할 수 없으며, 판명된 사실을 인정하려면 공소장변경이 필요하다(대법원 1989. 10. 10. 선고 88도1691 판결).

2. 그런데 기록을 살펴보면 위 공소사실이나 원심의 인정사실은 모두 피고인이 영등포구청 시민봉사실의 호적업무를 보조하는 자로서 판시와 같은 허위내용의 호적정정허가신청서를 작성하여 행사한 것이라는 점에서는 동일하고, 다만 공소사실은 피고인이 판시 호적정정허가신청서를 단독범으로서 허위로 작성하여 행사

하였다는 것인데, 원심은 이를 결재권자인 시민봉사실장등과 공모하여 작성, 행사한 것이라고 인정한 것에 지나지 아니한다.

3. 단독범으로 기소된 것을 다른 사람과 공모하여 동일한 내용의 범행을 한 것으로 인정하는 경우에는 이 때문에 피고인에게 불의의 타격을 주어 그 방어권의 행사에 실질적 불이익을 줄 우려가 있지 아니하는 경우에는 반드시 공소장 변경을 필요로 한다고 할 수 없고, 이 사건의 경우 기록을 살펴보면 피고인과 변호인은 원심에 이르기까지 피고인은 위 호적계장이나 시민봉사실장과 의논이 되어 판시와 같은 호적정정허가 신청서를 작성하여 행사한 것이고 위 시민봉사실장은 위 신청서의 정정사유가 허위임을 알면서도 결재한 것이라고 주장하여 온 바 있음을 알 수 있으므로, 원심이 공소장변경절차 없이 피고인 단독범으로 기소된 이 사건 공소사실을 그 범행사실의 내용의 동일한 공동정범으로 인정하였다고 하여 피고인의 방어권 행사에 불이익을 줄 우려가 있는 경우라고 할 수 없다.

4. 그렇다면 원심이 공소사실과 동일성이 없는 사실을 인정하였다거나, 공소장변경 없이 심판의 대상이 되지 아니한 사실을 인정한 위법이 있다고 할 수 없고, 논지는 이유가 없다.

### [해설]

#### 1. 공범관계의 변경인정과 공소장변경의 요부

사실심법원이 증거조사 후에 공소장변경절차의 경유 없이 기소된 것과 다른 공범관계를 인정하여 유죄선고를 하면 불고불리원칙 위반인가? 불고불리원칙 위반이 선언된 판례(대법원 2011. 11. 24. 선고 2009도7166 판결)가 있는가 하면 불고불리원칙 위반이 아니라는 판례(예를 들어 본 판결)도 있다. 그러면 전자의 판결과 후자의 판결은 모순되는 판결인가?

그렇지 않다. 실질적 불이익설이 '케이스 바이 케이스' 기준이기 때문에 다른 결론이 나올 수 있다.

#### 2. 실질적 불이익설의 응용

(1) 본 사안에서 피고인은 '단독으로 위 허위의 호적정정신청서를 작성한 것이 아니고 상급자인 호적계장, 작성권자인 시민봉사실장과 상의하여 한 것'이라고 경찰 이래 항소심(원심) 법정에 이르기까지 계속 주장하여 왔다. 이 경우에는 당초 단독범으로 기소되었지만

공소장 변경 없이 항소심에서 공동정범으로 인정한다 하더라도, 공소사실과 인정사실 사이에 ⓐ 동일성이 인정되고, ⓑ 피고인의 방어권행사에 실질적 불이익을 초래한 것이 아니다. 대법원이 같은 입장에서 상고를 기각한 것은 종래의 입장과도 부합한다.

(2) 불고불리원칙 위반이 선언된 판례(대법원 2011. 11. 24. 선고 2009도7166 판결)의 사실관계는 위와 다르다. 2011년 판례의 사안은 '피고인이 공동정범으로 기소되었는데 판명사실은 방조범이고, 피고인은 사실심에서 공동정범은 물론 방조사실도 부인하는 사안'이었다. 이 경우에는 공소장변경절차의 경유가 필요하다.

#### 3. 장래의 유사사안에 대한 예측

실질적 불이익설의 특성상 다음과 같이 말할 수 있다. 향후 피고인이 단독범으로 기소되었지만 실제로는 공동정범으로 판명되는 경우 공소장변경절차의 경유가 필요한가 하는 문제는 일률적으로 논할 수 없고 개별 사건의 구체적인 소송경과를 고려하여 개별적으로 판정되어야 할 문제이다. 공판심리과정에서 피고인이 판명된 사실을 인정하였으면 공소장변경절차의 경유는 필요하지 않다. 반대로 공판심리과정에서 피고인이 판명된 사실을 부정하였으면 공소장변경절차의 경유가 필요하다.

요컨대, 단독범을 공범으로 인정하는 것, 혹은 공범으로 기소하였는데 정범을 인정하는 것 자체만 가지고 그 방어권행사에 지장을 초래하였는지 여부를 판단할 일은 아니고, 그때그때의 공판심리과정, 피고인의 범행과 관련한 주장등을 종합하여 피고인의 방어권행사에 지장을 주는지 여부를 가려서 판단할 일이다. 물론 검사가 공소장변경절차를 경유하면 공판심리절차는 좀 더 매끄럽게 진행될 것이다.

[참고문헌] 손용근, 공소장 변경 없는 단독범의 공동정범 인정 가능 여부, 대법원판례해설 제15호(1992).

**[필자: 심희기 교수(연세대)]**

제3장 **공판**

刑事訴訟法核心判例130選

# 42. 병합심리 신청사건의 관할법원

[대법원 2006. 12. 5. 자 2006초기335 전원합의체 결정]

**[사안]** D는 2006. 7. 26. 무고죄로 서울중앙지방법원 2006고단3591호로 기소되었다(제1사건). 이와 별도로 D는 2006. 7. 31. 무고죄로 수원지방법원 성남지원 2006고단1276호로 기소되었다(제2사건). 제2사건의 국선변호인은 2006. 9. 15. '제1사건이 계속 중인 법원(서울중앙지법)에서 제2사건도 함께 재판받게 해달라'는 취지로 법제6조에 따른 토지관할의 병합심리결정을 '대법원'에 신청하였다.

**★[판지(조직법설: 관할법원이송)]★**

"사물관할은 같지만 토지관할을 달리하는 수개의 제1심법원(지원을 포함한다)들에 관련사건이 계속된 경우에, 법 제6조에서 말하는 상급법원은 그 성질상 형사사건의 토지관할 구역을 정해 놓은 '각급 법원의 설치와 관할구역에 관한 법률' 제4조에 기한 [별표3]의 관할구역 구분을 기준으로 정하여야 한다. 형사사건의 제1심법원은 각각 일정한 토지관할 구역을 나누어 가지는 대등한 관계에 있으므로 그 상급법원은 위 표에서 정한 제1심법원들의 토지관할 구역을 포괄하여 관할하는 고등법원이 된다. 따라서 토지관할을 달리하는 수개의 제1심법원들에 관련사건이 계속된 경우에 그 소속 고등법원이 같은 경우에는 그 고등법원이, 그 소속 고등법원이 다른 경우에는 대법원이 위 제1심원들의 공통되는 직근상급법원으로서 법 제6조에 의한 토지관할 병합심리 신청사건의 관할법원이 된다."

**[해설]**

## 1. 관련사건의 의의

관련사건이란 관할이 인정된 하나의 피고사건을 전제로 그 사건과 주관적(인적) 또는 객관적(물적) 관련성이 인정되는 사건을 말한다. 주관적(인적) 관련성은 1인이 범한 수죄를 말하고, 객관적(물적) 관련성은 수인

이 범한 1죄를 말한다. 수인이 공동하여 수개의 죄를 범한 경우와 같이 주관적·객관적 관련성이 모두 인정되는 경우도 관련사건이 된다.

형사소송법상 관련사건은 ① 1인이 범한 수죄(실체적 경합범), ② 수인이 공동으로 범한 죄(임의적 공범, 합동범, 필요적 공범), ③ 수인이 동시에 동일장소에서 범한 죄(동시범), ④ 범인은닉죄, 증거인멸죄, 위증죄, 허위감정통역죄 및 장물에 관한 죄와 그 본범의 죄(본범과 사후종범)이다(제11조).

## 2. 관련사건의 병합관할

관련사건 중 1개의 사건에 대해 관할권 있는 법원은 고유의 법정관할이 인정되지 않는 다른 관련사건에 대해서도 병합하여 관할하는 것이 원칙이다. 즉, ① (사물관할의 병합관할) 사물관할을 달리하는 수개의 사건이 관련된 때는 법원 합의부가 병합관할한다. 단, 결정으로 관할권 있는 법원 단독판사에게 이송할 수 있다(제9조). 또한 ② (토지관할의 병합관할) 토지관할을 달리하는 수개의 사건이 관련된 때에는 1개의 사건에 관하여 관할권 있는 법원은 다른 사건까지 관할할 수 있다(제5조). 따라서 ① 수개의 관련사건이 합의사건과 단독사건으로 사물관할을 달리하는 경우라도 동시에 기소되면 합의부가 모두 병합관할하는 것이 원칙이고, ② 수개의 관련사건이 토지관할을 달리하는 경우라도 동시에 기소되면 1개 사건에 관하여 관할권 있는 법원이 모두 병합관할한다.

이와 같이 병합관할을 인정하는 이유는 ① 주관적(인적) 관련성이 있는 사건은 동일한 피고인에 대한 불필요한 중복심리를 방지할 필요가 있고 전체범죄에 대해 경합범으로 한꺼번에 처벌받을 경우 양형상의 이익이 발생할 수 있으며, ② 객관적(물적) 관련성이 있는 사건은 동일 사건에 대한 판결의 모순·저촉을 방지할 필요가 있고 증거가 공통되기 때문이다.

## 3. 관련사건의 병합심리

문제는 수개의 관련사건이 별도로 기소되어 각각 다른 법원에 계속된 경우인데, 이는 관련사건의 병합심

리의 문제이다.

### (1) 사물관할의 병합심리

사물관할을 달리하는 수개의 관련사건이 각각 법원 합의부와 단독판사에 계속된 때에는, "합의부"는 결정으로 단독판사에 속한 사건을 병합하여 심리할 수 있다(제10조). 이는 법원 합의부와 단독판사에 계속된 각 관련사건이 토지관할을 달리하는 경우에도 적용된다(규칙 제4조 제1항). 합의부우선의 원칙 때문이다. 또한 관련사건이 항소된 경우에도 마찬가지이다. 즉, 수개의 관련항소사건이 각각 고등법원과 지방법원본원합의부에 계속된 경우에도 고등법원은 결정으로 지방법원본원합의부에 계속된 사건을 병합심리할 수 있고, 토지관할을 달리하는 경우에도 같다(규칙 제4조의2 제1항).

### (2) 토지관할의 병합심리

토지관할을 달리하는 수개의 관련사건이 각각 다른 법원에 계속된 때에는, "공통되는 직근상급법원"은 검사 또는 피고인의 신청에 의하여 결정으로 1개 법원으로 하여금 병합심리하게 할 수 있다(제6조). 여기서 '각각 다른 법원'이란 사물관할은 같지만 토지관할을 달리하는 동종·동등의 법원을 말한다(대법원 1990. 5. 23. 자 90초56 결정 참조). 수개의 관련사건이 별도로 기소되어 토지관할을 달리하는 각각 다른 법원에 계속 중이라도, 합의사건과 단독사건으로 사물관할을 달리하는 경우에는, 합의부우선의 원칙이 적용되어 "합의부"가 결정으로 단독사건을 병합하여 심리할 수 있기 때문이다.

### 4. 법 제6조에 따른 토지관할 병합심리 신청사건의 관할법원

법 제6조에 따라 토지관할의 병합심리 결정을 하는 상급법원에 대해, ① 조직법상 상급법원을 의미한다는 견해(조직법설)와 ② 심급관할상 상급법원을 의미한다는 견해(소송법설 또는 심급설)가 모두 가능하다. 이 판결에서는 소송법설(심급설)에 입각한 종전의 판례(대법원 1991. 2. 12. 자 90초112 결정)를 변경하고, 조직법설을 채택하여 '각급 법원의 설치와 관할구역에 관한 법률' 제4조에 기한 관할구역 구분을 기준으로 삼고 있다.

소송법설과 조직법설에 따른 관할법원의 차이는 동일 고등법원 관내 지방법원의 제1심단독사건 또는 항소사건의 경우에 나타난다. 예컨대, 서울중앙지방법원과 수원지방법원의 제1심단독사건·항소사건의 경우에 직근상급법원은, 소송법설에 따르면 대법원이 되고, 조

직법설에 따르면 서울고등법원이 된다.

이 판결은 조직법설(조직설)을 채택함으로써 당사자의 소송상 편의 도모, 대법원의 법률심으로서의 역할 강화 등을 도모한 것으로 평가된다. 즉, 첫째, 동일 고등법원 관내 사건의 병합심리 결정은 단독사건이나 합의사건 모두 고등법원에서 처리하도록 함으로써, 사건 비중에 비하여 상급법원이 역전되는 현상을 방지하고, 당사자의 소송상 편의를 도모할 수 있다. 둘째, 이러한 병합심리 결정은 그 재판의 성질에 비추어 되도록 사실심 법원에서 다루는 것이 바람직하고, 법률심인 대법원은 그에 걸맞은 사건의 처리에 역량을 집중할 수 있다.

그 결과 사물관할은 같지만 토지관할을 달리하는 수개의 관련사건이 ① 모두 제1심법원에 계속된 경우(예: 모두 제1심합의사건, 모두 제1심단독사건) 또는 ② 모두 지방법원항소부에 계속된 경우(예: 모두 단독사건의 항소사건)에, 그 소속 고등법원이 같으면 그 고등법원이, 그 소속 고등법원이 다르면 대법원이, '공통되는 직근상급법원'으로서 법 제6조에 따른 토지관할 병합심리 신청사건의 관할법원이 된다.

[참고문헌] 이재권, 형사소송법 제6조에 의한 토지관할 병합신청 사건의 관할법원, 정의로운 사법(이용훈 대법원장 재임기념), 2011.

[필자: 이주원 교수(고려대)]

# 43. 기피신청과 불공평한 재판

**[대법원 2001. 3. 21. 자 2001모2 결정]**

**[사안]** D는 특정범죄가중처벌등에 관한 법률위반 (배임) 등의 혐의로 기소되어 제1심에서 유죄판결을 선고받고 항소하였다. 항소심은 1999. 11. 17. 제1회 공판기일을 개시한 이래 2000. 11. 23. 제10회 공판기일에 이르기까지 변호인의 신청으로 6회에 걸쳐 공판기일을 변경하거나 연기하였으며 증인도 합계 9명을 채택하여 신문을 마친 상태였다. 2000. 12. 21. 제11회 공판기일에서 ① 검사는 이 사건 공소사실 중 배임의 점에 대해 '54억원의 지급보증을 하여 배임하였다'는 기존의 공소사실을 '위 지급보증을 해주고 그 중 미상환액 39억원을 대위지급하여 배임하였다'는 내용으로 배임액수를 감액하고, 적용법조를 특정범죄가중처벌등에 관한 법률 제3조 제1항 제1호(무기 또는 5년 이상의 징역)를 제3조 제1항 제2호(3년 이상의 유기징역)로 변경하는 공소장 변경허가신청을 하였으나, 항소심은 불허가결정을 하였다. ② 변호인은 D측 증인을 다시 신청하였으나, 항소심은 이미 증거로 채택하지 않기로 결정한 증인이고 충분히 변론기회를 부여했음을 이유로 변호인의 증인신청을 기각하였다. 이에 변호인은 구두로 기피신청을 하였다. 항소심은, '이 사건 기피신청은 소송지연을 목적으로 한 것'이라는 이유로 변호인의 소명을 기다리지 않고 곧바로 기각결정을 하였다. D는 '구두로 기피신청을 한 경우에는 3일 내에 서면에 의한 소명자료를 심리한 후 결정하여야 함에도 즉시 기각한 것은 잘못이고, 공소장변경허가신청을 불허가한 것은 불공평한 재판을 할 우려가 있다'고 주장하며 재항고하였다.

## ★[판지(재항고기각)]★

### 1. 소송지연 목적 여부의 판단방법

"기피신청이 소송의 지연을 목적으로 함이 명백한 경우에는 그 신청 자체가 부적법한 것이므로 신청을 받은 법원 또는 법관은 이를 결정으로 기각할 수 있는 것이고, 소송지연을 목적으로 함이 명백한 기피신청인

지의 여부는 기피신청인이 제출한 소명방법만에 의하여 판단할 것은 아니고, 당해 법원에 현저한 사실이거나 당해 사건기록에 나타나 있는 제반 사정들을 종합하여 판단할 수 있다."

### 2. '불공평한 재판을 할 염려가 있는 때'의 의미

"기피원인에 관한 법 제18조 제1항 제2호 소정의 '불공정한 재판을 할 염려가 있는 때'라고 함은 당사자가 불공평한 재판이 될지도 모른다고 추측할 만한 주관적인 사정이 있는 때를 말하는 것이 아니라, 통상인의 판단으로서 법관과 사건과의 관계상 불공평한 재판을 할 것이라는 의혹을 갖는 것이 합리적이라고 인정할 만한 객관적인 사정이 있는 때를 말한다(대법원 1996. 2. 9. 자 95모93 결정 참조)."

## [해설]

### 1. '불공평한 재판을 할 염려가 있는 때'의 의미

기피란 법관이 제척사유에 해당하거나 기타 불공평한 재판을 할 염려가 있는 때에 검사 또는 피고인의 신청에 의하여 그 법관을 직무집행에서 배제시키는 제도를 말한다. 여기서 '불공정한 재판을 할 염려가 있는 때'라고 함은 당사자가 불공평한 재판이 될지도 모른다고 추측할 만한 주관적인 사정이 있는 때를 말하는 것이 아니라, 통상인의 판단으로서 법관과 사건과의 관계상 불공평한 재판을 할 것이라는 의혹을 갖는 것이 합리적이라고 인정할 만한 객관적인 사정이 있는 때를 말한다.

법 제298조는 "검사는 법원의 허가를 얻어 공소장에 기재한 공소사실 또는 적용법조의 추가, 철회 또는 변경을 할 수 있다. 이 경우에 법원은 공소사실의 동일성을 해하지 아니하는 한도에서 허가하여야 한다"고 규정하고 있는데, 이 경우 법원의 허가는 의무적이다. 판례도 법원이 검사에게 공소장변경을 요구할 것인지의 여부는 재량사항이라고 하면서도(대법원 1999. 12. 24. 선고 99도3003 판결 등 참조), '검사의 공소장변경허가신청의 경우에는 법문의 규정과 같이 공소사실의 동일성

을 해하지 않는 경우 이를 허가하여야 한다'고 판시하고 있다(대법원 1999. 5. 14. 선고 98도1438 판결 등 참조). 따라서 이 사건에서 항소심이 공소장변경허가신청에 대하여 불허가결정을 한 것은 일응 공소사실의 동일성 범위 내의 사실에 관하여 의무적으로 허가하여야 하는 법리를 위반한 것이 아닌가 하는 의문이 제기될 수 있다. 그러나 공소사실의 동일성에 관한 판단은 여전히 법원에 맡겨져 있는 것이므로 불허가결정이 있다고 하여 그러한 사정만으로 곧바로 불공평한 재판을 할 것이라는 의혹을 갖는 것이 합리적이라고 인정할 만한 객관적인 사정이 있다고 보기는 어렵다. 만일 공소장변경허가신청에 대한 불허가결정이 위법하다면 이는 상소로 다툴 수 있는 문제이다.

법관이 심리 중 피고인이 유죄임을 예단하는 취지로 미리 법률판단을 한 때에는 '불공평한 재판을 할 염려가 있는 때'에 해당될 수 있으나(대법원 1974. 10. 16. 자 74모68 결정), 소송이송신청에 대한 가부판단 없이 소송을 진행하거나(대법원 1982. 11. 5. 자 82마637 결정), 당사자의 증거신청을 채택하지 아니하거나 이미 한 증거결정을 취소하거나 증인신문권의 본질적인 부분을 침해하지 않는 범위 내에서 피고인의 증인에 대한 신문을 제지하거나(대법원 1995. 4. 3. 자 95모10 결정), 소송기록 열람신청에 대하여 국선변호인이 선임되어 있으니 국선변호인을 통하여 소송기록의 열람 및 등사신청을 하도록 알려주거나 국선변호인에게 성실한 변론을 하도록 촉구하지 아니하거나(대법원 1996. 2. 29. 자 95모93 결정), 피고인을 법정구속하면서 죄질이 나쁘다는 취지로 말하거나(대법원 2004. 8. 13. 자 2004모263 결정), 피고인에 대한 다른 피고사건을 처리한 적이 있다거나(대법원 2005. 1. 13. 자 2004초기506 결정) 하는 사정만으로는 '불공평한 재판을 할 염려가 있는 때'에 해당한다고 볼 수 없다는 것이 판례이다.

## 2. 간이기각결정에서 소송지연 목적 여부의 판단방법

기피신청이 소송의 지연을 목적으로 함이 명백하거나 법 제19조의 규정에 위배된 때(관할에 위반되거나 기피사유를 3일 이내에 서면으로 소명하지 아니한 때)에는 신청을 받은 법원 또는 법관은 결정으로 이를 기각한다(제20조 제1항). 이러한 간이기각결정은 기피신청의 남용을 방지하여 형사소송절차의 신속성을 실현하기 위한 것이다(헌법재판소 2006. 7. 27. 선고 2005헌바 58 결정).

법 제20조 중 소송지연을 목적으로 한 경우의 기각결정에 관한 부분은 1995. 12. 29. 개정으로 신설된 것인데, 개정 전에도 대법원은 소송지연을 목적으로 하는 기피신청은 그 신청자체가 부적법하다고 일관되게 판시(대법원 1991. 12. 7. 자 91모79 결정 등 참조)한 바 있다. 간이기각결정에서 소송지연 목적 여부는 법원이 당사자가 제출한 소명방법만을 가지고 신청의 당부를 판단하여야 하는 것은 아니다. 왜냐하면 법 제19조는 기피신청인의 의무사항으로 소명자료를 제출하도록 규정하고 있을 뿐 이를 법원의 의무로 규정하고 있지는 않으며, 법 제20조는 간이기각결정의 사유로 '소송의 지연을 목적으로 함이 명백한 기피신청의 경우'와 '제19조의 규정에 위배된 기피신청의 경우'를 선택적으로 규정하고 있기 때문이다. 기피의 원인사유가 당해 법원에 현저한 경우에는 그 사실에 관하여 달리 소명을 받음이 없이 기피신청 당부에 관한 결정을 할 수도 있다. 따라서 항소심이 이 사건 신청을 소송지연의 목적으로 보아 소명자료의 제출을 기다리지 않고 기각결정을 한 것은 위법하다고 할 수 없다.

[참고문헌] 이충상, 법관기피신청의 남용: 간이기각을 중심으로, 법조 547호(2002. 4.).

[필자: 이주원 교수(고려대)]

# 44. 피고인의 확정 — 성명모용소송

[대법원 1993. 1. 19. 선고 92도2554 판결]

**[사안]** D는 1991. 3. 28. 도박혐의로 약식으로 기소되었다. 진범은 O(공소외인)이었는데 O가 수사단계에서 D의 성명, 생년월일, 주민등록번호, 주거, 본적 등 인적 사항을 모용하였기 때문에 검사는 D를 O로 오인하여 기소한 것이고, 법원에서도 그대로 약식명령을 한 것이다. 이 약식명령을 송달받은 D가 정식재판청구를 하여 정식재판절차에서 위와 같은 사실이 밝혀지자, 검사는 공소장의 인적 사항을 D로부터 O로 변경하고자 허가신청을 하였고, 제1심법원은 위 약식명령의 인적 사항을 O로 경정하는 결정을 하고, 위 약식명령과 경정결정을 O에게 송달하였다. 제1심과 항소심은 "이 사건 공소의 효력은 D에게는 미치지 아니하고, 이 공소제기절차는 법률의 규정에 위반하여 무효인 때에 해당한다"며 D에 대한 이 사건 공소를 기각하는 판결을 하였다. 검사가 상고하였다.

**\*[판지(상고기각)]\***
1. 피의자가 다른 사람의 성명을 모용한 탓으로 공소장에 피모용자가 피고인으로 표시되었다 하더라도 이는 당사자의 표시상의 착오일 뿐이고 검사는 모용자에 대하여 공소를 제기한 것이므로 모용자가 피고인이 되고 피모용자에게 공소의 효력이 미친다고 할 수 없다. 이와 같은 경우 검사는 공소장의 인적 사항의 기재를 정정하여 피고인의 표시를 바로잡아야 하는 것인바, 이는 피고인의 표시상의 착오를 정정하는 것이지 공소장을 변경하는 것이 아니므로 형사소송법 제298조에 따른 공소장변경의 절차를 밟을 필요가 없고 법원의 허가도 필요로 하지 아니한다.
2. 검사가 공소장의 피고인 표시를 정정하여 모용관계를 바로잡지 아니한 경우에는 외형상 피모용자 명의로 공소가 제기된 것으로 되어 있어 공소제기의 방식이 형사소송법 제254조의 규정에 위반하여 무효이므로 법원은 공소기각의 판결을 선고하여야 하고, 검사가

피고인 표시를 바로잡은 경우에는 처음부터 모용자에 대한 공소의 제기가 있었고 피모용자에 대한 공소의 제기가 있었던 것이 아니므로 법원은 모용자에 대하여 심리하고 재판을 하면 되지 원칙적으로 피모용자에 대하여 심판할 것이 아니다.
3. 피모용자가 약식명령에 대하여 정식재판을 청구하여 피모용자를 상대로 심리를 하는 과정에서 성명모용사실이 발각되어 검사가 공소장을 정정하는 등 사실상의 소송계속이 발생하고 형식상 또는 외관상 피고인의 지위를 갖게 된 경우에 법원으로서는 피모용자에게 적법한 공소의 제기가 없었음을 밝혀 주는 의미에서 법 제327조 제2호를 유추적용하여 공소기각의 판결을 함으로써 피모용자의 불안정한 지위를 명확히 해소해 주어야 하고, 피모용자가 정식재판을 청구하였다 하여도 모용자에게는 아직 약식명령의 송달이 없었으므로 검사는 공소장에 기재된 피고인의 표시를 정정할 수 있으며, 법원은 이에 따라 약식명령의 피고인 표시를 경정할 수 있고, 본래의 약식명령정본과 함께 이 경정결정을 모용자에게 송달하면 이때에 약식명령의 적법한 송달이 있다. 이에 대하여 소정의 기간 내에 정식재판의 청구가 없으면 약식명령은 확정된다.

**[해설]**
**1. 피고인의 의의**
이 판결은 형사소송의 주체 중에서 피고인 확정에 대한 대법원의 입장이다. 누가 피고인으로 되는가에 대해서는 표시설, 행위설, 의사설 그리고 결합설로 나뉜다. 표시설은 공소장의 표시에 의해 결정한다는 입장, 즉 갑이라고 기재되어 있으면 실제로 을이 갑 행세를 해도 갑만 피고인이라는 입장이다. 행위설은 피고인으로 실제 취급되었거나 그 행위를 한 자가 피고인이라는 입장으로, 갑이라고 기재되어 있더라도 실제로 을이 갑 행세를 하면 을만 피고인이 된다는 입장이다. 의사설은 검사의 의사를 기준으로 결정한다는 입장이다. 통설과 판례의 입장은 표시설과 행위설의 결합으

로, 공소장에 표시된 자 및 피고인으로 취급되는 자는 모두 피고인으로 본다는 입장이다.

## 2. 피고인 모용의 유형

### (1) 피고인이 타인의 성명을 모용한 경우

검사에 의하여 지목된 실제 피고인 갑이 을의 성명을 모용하여 공소장 기재는 을로 된 경우이다(을에게는 사실상의 소송 계속도 없다). 이 경우 공소장에 기재된 피모용자(을)는 피고인이 아니다. 따라서 판결이 선고되거나 확정되어도 피모용자 을에게는 하등의 영향을 미치지 아니하며, 만일 형이 확정되어 그의 본적지에 전과가 통보된 경우에는 형 집행관서인 검찰청 검사에게 수형인명부의 전과 말소 신청을 할 수 있다. 인정신문을 포함한 공판심리 중 성명모용사실이 밝혀지면 검사는 공소장 정정 절차(실무상 인정, 법조문에는 없음)에 의하여 피고인의 성명 등을 정정하면 된다(대법원 1984. 9. 25. 선고 84도610 판결; 대법원 1985. 6. 11. 선고 85도756 판결).

피모용자에게 판결이 선고되거나 확정되어도 그는 피고인이 아니므로 그는 상소 또는 재심에 의하여 판결을 시정할 수 있다. 실제 실무에서는 불구속 기소의 경우에 종종 이런 일이 일어나며 구속기소의 경우에도 수사기관의 실수나 잘못으로 피고인의 성명 모용이 일어나는 경우가 있다.

만일 성명모용에 의하여 피모용자가 공판심리 중 "아는 바 없다"고 진술함으로써 모용사실이 밝혀지면 그를 사실상 절차에서 배제하면 족하고 그에게 공소기각 등 재판을 할 필요는 없다. 본래의 피고인(모용자)에 대하여는 공소장 정정을 경유하여 다시 적법한 절차를 진행하면 된다.

### (2) 피고인이 가명 또는 허무인 명의를 사용한 경우

검사에 의하여 지목된 실제 피고인 갑이 가명, 위명을 사용하여 공소장 기재는 허명인 을로 된 경우(실제로 이런 일은 수사절차에서 발생될 가능성이 희박하다) 피고인은 갑뿐이며 허무인 을이 피고인일 수는 없다. 공판심리 중 위 사실이 밝혀지면 공소장정정절차로 정정하면 될 것이고, 판결이 선고되거나 확정된 경우에는 상소 또는 재심으로 시정할 수 있을 것이다.

### (3) 공소장에 기재된 피고인 이외의 자가 피고인으로서 행위를 하거나 또는 피고인으로 취급된 경우

공소장에 기재된 진실한 피고인 갑에 대하여 을이 소위 몸받이로서 갑 행세를 하는 경우이다. 공소장에 표시된 갑을 실질적 피고인, 피고인 취급을 받는 을을 형식적 피고인이라고 하며 모두 피고인이다. 인정신문 단계에서 위 사실이 밝혀지면 형식적 피고인(을)을 피고인으로 취급할 필요는 없으므로 재판 없이 을을 사실상 배제하면 족하다. 실질적 피고인(갑)의 출석을 명하고 절차를 진행시키면 된다. 판결 선고 또는 확정 후에 사실이 밝혀진 경우에는 상소 또는 재심에 의하여 형식적 피고인(을)에 대한 판결을 시정할 수 있을 것이다. 실질적 피고인(갑)에게는 원래의 공소 제기에 근거하여 그 이후의 절차를 진행시키면 된다.

[참고문헌] 오영근, 피고인의 특정, 고시연구 22권 5호(254호)(1995. 4.); 황현호, 성명모용과 위장출석의 경우 피고인의 인정기준, 사법논집 25집(1994. 12.); 오경식, 성명모용과 위장출석에 대한 형사소송법적 효력에 대하여, 고시연구 32권 1호(370호)(2005. 1.).

**[필자: 오경식 교수(강릉원주대)]**

# 45. 국선변호인의 선정

**[대법원 2013. 5. 9. 선고 2013도1886 판결]**

**[사안]** D는 V의 위탁을 받아 관리·보관하던 인삼포 중 일부를 임의로 처분하여 그 대금 5억 1,350만원을 횡령하고, V를 포함한 V2·V3 등으로부터 차용금 또는 인삼포 매매대금 명목 등으로 5억 4,350만원을 받아서 편취한 혐의(횡령 및 사기)로 기소되었다. 공판과정에서 D는 당초 공소사실을 부인하는 취지의 의견서와 국선변호인 선정청구서를 제출하였다. 제1심은 제1회 공판기일에 국선변호인을 선정하여 주었고, D와 국선변호인은 그 후 공소사실을 부인하다가, 제4회 공판기일에 증인들이 출석하여 증언하자 공소사실을 모두 인정하고 'V들과의 합의를 위해 노력하겠다'고 진술하였다. 그 후 제1심은 판결 전 조사를 거친 다음 D에게 징역 1년의 형을 선고하되 법정구속을 하지는 않았다. 제1심 판결 이후 D는 아무런 항소이유도 기재되지 않은 항소장을 제출한 다음 항소심법원으로부터 소송기록 접수통지를 받고도 법정기간 내에 항소이유서를 제출하지 않았으며 국선변호인 선정청구도 하지 않았다. D는 그 후 항소심 제1회 공판기일에 출석하여 'V들과 합의하겠으니 형을 감경하여 달라'는 취지의 진술만 한 후, 며칠 뒤 동일한 내용의 항소이유서를 제출하였다. 이에 항소심은 판결 전 조사를 거친 다음 'D가 법정기간 내에 적법한 항소이유의 주장을 하지 않았고 달리 직권조사 사유도 없다'는 이유로 D의 항소를 기각하고 징역 1년형을 선고하였다. 이에 D는 국선변호인을 선정해 주지 않음에 따른 변호인의 조력을 받을 권리 침해 및 양형부당을 이유로 상고하였다.

**★[판지(상고기각)]★**

법 제33조는 제1항 및 제3항에서 법원이 직권으로 변호인을 선정하여야 하는 경우를 규정하면서, 제1항 각 호에 해당하는 경우에 변호인이 없는 때에는 의무적으로 변호인을 선정하도록 규정한 반면, 제3항에서는 피고인의 연령·지능 및 교육 정도 등을 참작하여

권리보호를 위하여 필요하다고 인정하는 때에 한하여 재량으로 피고인의 명시적 의사에 반하지 아니하는 범위 안에서 변호인을 선정하도록 정하고 있으므로, 법 제33조 제1항 각 호에 해당하는 경우가 아닌 한, 법원으로서는 권리보호를 위하여 필요하다고 인정하지 않으면 국선변호인을 선정하지 않을 수 있다. 이 경우 국선변호인 선정 없이 심리를 하더라도 피고인의 방어권이 침해되어 판결에 영향을 미쳤다고 볼 수 없는 것이므로 법 제33조 제3항을 위반한 위법이 있다고 볼 수 없다.

이러한 법리에 비추어 보면, D의 권리보호를 위하여 법원이 재량으로 국선변호인 선정을 해 줄 필요가 없다고 보고 국선변호인 선정 없이 심리를 진행한 항소심의 판단과 조치 및 절차는 정당하다고 수긍할 수 있다. D가 V들과의 합의를 전제로 감형만을 구하였던 이상 항소심이 국선변호인을 선정하여 주지 않은 것이 D의 방어권을 침해하여 판결 결과에 영향을 미쳤다고 보기 어렵다. 따라서 변호인의 조력을 받을 D의 권리를 침해한 위법이나 법 제361조의4 규정에 관한 법리오해의 위법이 있다고 할 수 없다. 한편 법 제383조 제4호에 따라 사형, 무기 또는 10년 이상의 경우에만 양형부당을 이유로 한 상고가 가능하므로 양형부당은 적법한 상고이유가 될 수 없다.

**[해설]**

## 1. 변호인의 조력을 받을 권리

형사절차의 모든 단계에서 국가형벌권 행사라는 기능을 수행하고 있는 검찰은 오랜 기간 법학을 전공하고 국가시험을 통과한 인재들로 구성되어 있는 준사법기관이다. 검찰은 수사 및 공판 단계에서 여러모로 피고인보다 훨씬 우위에 서 있다. 한편 법원 앞에서 검찰과 피고인이 최선을 다하고 이에 따라 양쪽의 시각을 충분히 검토할 수 있게 되어 실체적 진실에 접근한다는 것이 현재 당사자 구조 형사소송절차의 핵심이라고 생각된다. 이러한 당사자 구조는 검찰과 피고인이라는

양쪽 당사자가 실질적으로 대등하지 못한 상태에서는 제대로 기능을 발휘할 수 없게 된다. 따라서 검찰의 힘이 일방적으로 강하다면 상대방의 능력을 보강시켜 정당한 방어권의 행사가 가능하게 해야 한다. 이 점을 감안하여 헌법 제12조 제4항이 보장하고 있는 것이 바로 변호인의 조력을 받을 권리이다. 법률전문가인 변호인이 피고인을 도와준다면 수사단계나 공판단계에서 부당한 불이익을 받지 않을 수 있을 것이라는 발상이다.

## 2. 국선변호인 제도

이처럼 변호인의 도움을 받을 권리는 형사소송절차의 공정성을 위해서 반드시 필요한 것이고 헌법에 의해서 보장되어 있기도 하다. 그러나 경제적인 측면에서 변호인을 선임하는 것이 그렇게 쉬운 문제는 아니다. 이와 관련하여 헌법 제12조 제4항 단서는 "다만, 형사피고인이 스스로 변호인을 구할 수 없을 때에는 법률이 정하는 바에 의하여 국가가 변호인을 붙인다." 고 규정하고 있다. 이 조항에 따라 빈곤 등의 이유로 인하여 아예 변호인 없이 형사피고인이 되는 어려움은 피할 수 있게 되었다.

그런데 형사소송은 공판절차로만 이루어지는 것이 아니라 수사절차도 있기 때문에 헌법 제12조 제4항에서 말하는 형사피고인을 좁은 의미의 피고인으로 제한적인 해석을 할 것이 아니라 형사피의자도 포함하는 넓은 개념으로 이해할 수 있는가 하는 문제가 생긴다. 체포·구속된 피의자도 변호인의 도움이 절실하므로 체포·구속된 피의자도 국선변호인의 도움을 받을 수 있는 방향으로 해석하는 것이 바람직스럽다.

## 3. 국선변호인 선정의 요건

법원은 법 제33조 제1항에 따라 피고인의 방어능력이 열악한 경우(구속, 미성년, 70세 이상, 농아자 또는 심신장애자 의심 피고인) 및 중대한 사건(사형, 무기 또는 단기 3년 이상)의 경우에는 직권으로 국선변호인을 선정하여야 한다. 또한 법원은 피고인이 빈곤 등의 사유로 변호인을 선임할 수 없을 때에는 피고인의 청구에 따라 국선변호인을 선정하여야 한다(제2항). 나아가 법원은 피고인의 연령·지능 및 교육 정도 등을 감안하여 권리보호를 위해 필요하다고 인정되면 피고인이 거부하지 않는 한 국선변호인을 선정하여야 한다(제3항).

이들 선정요건에 비추어 볼 때 D는 제1심에서 징역 1년을 선고받았으나 법정구속을 당하지 않았고 횡령 및 사기는 중대한 사건도 아니므로 법 제33조 제1항에 따라 국선변호인을 직권으로 선정하여야 하는 사안은 아니다. 또한 D는 제1심 판결 이후 항소장만 제출하였을 뿐 국선변호인 선정청구를 하지 않았으므로 같은 조 제2항에 따른 직권 선정의 대상도 되지 않는다. 나아가 D는 사람들을 기망하여 수억 원의 돈을 받아낼 정도의 인물이므로 연령·지능 및 교육 정도 등을 감안하여 권리보호를 위해 필요하다고 인정하기도 힘들다. 이에 따라 국선변호인의 직권선정이 필요하지 않은 경우라고 판단한 것은 정당한 결론이다. 그리고 법 제361조의4 제1항에 따라 기간 내에 항소이유서를 제출하지 않은 때에는 결정으로 항소를 기각하여야 하므로, 항소심의 항소기각 판단을 정당하다고 본 대법원의 판결도 정당한 결론이다.

국선변호인 제도의 근본취지를 생각해 볼 때 이 사건의 피고인은 어느 모로 보나 국선변호인 제도의 혜택을 누릴 만한 대상이 아니다.

[참고문헌] 김희균, 국선전담변호인제 도입론, 법과 사회 제28권 (2005); 원혜욱, 국선변호인제도의 개선방안, 법학논집(이화여대) 제12권 제1호(2007); 최선호, 국선변호인제도에 관한 소고, 법학연구 제18권(한국법학회, 2005).

[필자: 김성천 교수(중앙대)]

# 46. 변호인의 진실의무

**[대법원 2012. 8. 30. 선고 2012도6027 판결]**

**[사안]** ① D(변호사로서 D2의 적법한 변호인)는 2011. 5. 2.경 구치소에서 D3을 접견하고 그로부터 'D2가 진범'이라는 취지의 이야기를 들었고, 2011. 5. 19.경 D2가 D의 사무실을 찾아가 상의하는 과정에서 'D3은 이른바 바지사장으로서 제1심에서 허위자백을 한 것'이고, 'D2가 진범'임을 알게 되었다. D는 그 무렵 D2의 목적이, 'D3의 허위자백을 항소심에서도 유지시키는 데 있음'을 알았으면서도 2011. 5. 24.경 제1심 재판에서 D3이 예치하였던 D2의 자금을 항소심 착수금으로 전환시킴으로써, D2로부터 수임료를 받고 D3에 대한 항소심 사건을 수임하였다. 그 후 D는, D2와 D3 사이에서 허위자백의 부정한 대가를 둘러싼 양쪽의 의사를 전달하면서(최종적으로 허위자백을 유지하는 대가로 D2가 D3에게 1억원을 지급하되, 그중 5,000만원을 먼저 지급하고, 나머지는 D2가 보관하고 있다가 재판이 끝난 후 일정한 조건의 성취 여하에 따라 D3에게 지급하기로 하는 합의가 이루어짐) 이러한 합의가 성사되도록 두 사람 사이의 신뢰를 제고시키는 역할을 했다. 또한 D는 D2의 부탁을 받고 2011. 6. 3. D3이 D2로부터 합의금 중 5,000만원을 받았다는 확인서를 직접 작성하여 D2의 서명을 받았으며, D2가 D를 D3의 항소심 변호인으로 선임한 데 대하여도 같은 날 D3의 동의를 얻어 법원에 변호인선임서를 제출하였다. D는 2011. 6. 13. D3을 접견하여 위 합의 내용에 따라 D2가 진범이라는 취지의 항소이유를 철회하고 종전의 주장을 유지하기로 변론방향을 정한 다음, 2011. 6. 14. 항소심 공판에서 그대로 변론하였다. 그러나 2011. 6. 28. 오후 검찰에서 D3에 대한 조사 결과 D2가 진범임이 밝혀지게 되었다.

D는 범인도피방조 혐의로 기소되었다. 제1심과 항소심이 유죄를 선고하자 D는 자신의 행위는 "변호인의 정당한 변론권의 범위, 비밀유지의무 내에 속하므로 죄가 되지 아니하고, 자신은 적극적으로 D2를 도피시킬 목적으로 D3을 위하여 변론한 것이 아니고, 'D2가

진범'이라는 항소이유를 철회하고 D3의 양형에 관한 변론만 하였을 뿐이므로 D2의 범인도피행위에 공동가공한 사실이나 공동가공의 범의가 없다"며 상고하였다.

**★[판지(상고기각)]★**

## 1. 변호인의 진실의무의 내용과 한계

"변호사는 공공성을 지닌 법률 전문직으로서 독립하여 자유롭게 그 직무를 수행하여야 하고(변호사법 제2조), 그 직무를 수행함에 있어 진실을 은폐하거나 거짓 진술을 하여서는 아니 된다(같은 법 제24조 제2항). 따라서 ① 형사변호인의 기본적인 임무가 피고인 또는 피의자를 보호하고 그의 이익을 대변하는 것이라고 하더라도, 그러한 이익은 ⓐ 법적으로 보호받을 가치가 있는 정당한 이익으로 제한되고, ⓑ 변호인이 의뢰인의 요청에 따른 변론행위라는 명목으로 수사기관이나 법원에 대하여 적극적으로 허위의 진술을 하거나 피고인 또는 피의자로 하여금 허위진술을 하도록 하는 것은 허용되지 않는다. 나아가 ② 변호인의 비밀유지의무는 변호인이 업무상 알게 된 비밀을 다른 곳에 누설하지 않을 소극적 의무를 말하는 것일 뿐, 이 사건과 같이 진범을 은폐하는 허위자백을 적극적으로 유지하게 한 행위가 변호인의 비밀유지의무에 의하여 정당화될 수는 없다."

## 2. 범인도피죄의 성립범위와 공범의 의의

"범인도피죄는 범인을 도피하게 함으로써 기수에 이르지만, 범인도피행위가 계속되는 동안에는 범죄행위도 계속되고 행위가 끝날 때 비로소 범죄행위가 종료된다. 따라서 ③ 공범자의 범인도피행위의 도중에 그 범행을 인식하면서 그와 공동의 범의를 가지고 기왕의 범인도피상태를 이용하여 스스로 범인도피행위를 계속한 경우에는 범인도피죄의 공동정범이 성립하고(대법원 1995. 9. 5. 선고 95도577 판결 참조), 이는 그 공범자의 범행을 방조한 종범의 경우도 마찬가지이다. 다만 ④ 형법 제30조의 공동정범이 성립하기 위하여는 주관적 요건인 공동가공의 의사와 객관적 요건으로서 그 공동의사에 기한 기능적 행위지배를 통하여 범죄를 실행하였

을 것이 필요하고, 여기서 공동가공의 의사란 타인의 범행을 인식하면서도 이를 제지함이 없이 용인하는 것만으로는 부족하고 공동의 의사로 특정한 범죄행위를 하기 위하여 일체가 되어 서로 다른 사람의 행위를 이용하여 자기의 의사를 실행에 옮기는 것을 내용으로 하는 것이어야 한다(대법원 2004. 6. 24. 선고 2002도995 판결 등 참조).”

[해설]

### 1. 변호사 직무의 공공성

형사절차에서 피의자·피고인의 변호인은 피의자·피고인의 정당한 권리를 옹호하는 지위에 있어 때로는 피의자·피고인에게는 인정되지 아니하는 권한도 변호인에게 부여된다(법 제266조의3 제1항). 따라서 변호사·변호인에게는 상대적으로 높은 공공성과 윤리성이 요구된다고 할 것이다. 헌법 제12조도 변호인 조력권을 규정하고 형소법 또한 변호인은 변호사 중에서 선임하여야 함을 원칙으로 하면서(동법 제31조) 변호인의 자격과 권한을 구체적으로 규정하고 있다. 특히 변호사법은 '변호사가 기본적 인권을 옹호하고 사회정의를 실현함을 사명으로 함'을 선언하면서(제1조 제1항), '변호사는 공공성을 지닌 법률 전문직으로서 독립하여 자유롭게 직무를 수행한다'고 규정하고(제2조), 동시에 품위유지의무(제24조 제1항), 진실의무(제24조 제2항), 비밀유지의무(제26조) 및 공익활동의무(제27조) 등을 명시하고 있다.

### 2. 변호인의 진실의무의 내용과 한계

변호사 직무의 공공성에서 핵심적인 내용의 하나가 진실의무이다. 변호사의 진실의무는 실체적 진실발견을 위하여 법원에 대하여 관련 증거와 정보를 개시할 것을 요구하는 적극적 진실의무와 법원의 진실발견을 방해하거나 왜곡해서는 안 되는 소극적 진실의무로 나누어진다. 형사 변호인에게 적극적 진실의무를 부담시키면 변호인에게 지나치게 공익적 책무를 부여하는 것일 뿐만 아니라 변호인을 둔 피고인이 오히려 불리한 상황에 처할 수 있다는 점에서, 변호인의 진실의무는 소극적인 것으로 이해될 필요가 있다.

통상 진실의무는 소송에서 진실에 반하는 소송자료를 제출하지 말 것을 그 내용으로 하기 때문에 구조적으로 변호인의 진실의무는 피의자나 피고인인 의뢰인의 이익옹호(①) 및 비밀유지의무(②)와 상충될 가능성이 있다. 대법원은, '형사 변호인의 정당한 변론권은 피고인의 이익을 위한 적절한 변론과 그에 필요한 활동에 그쳐야 하며, 여기서 피고인의 이익은 법적으로 보호받을 가치가 있는 정당한 이익으로 제한된다'(ⓐ)고 판시하고, 동시에 '변호인이 피고인의 이익을 위한 적절한 변론과 필요한 활동(비밀유지 등)을 하더라도, 진실을 은폐하거나 거짓 진술을 해서는 안 되기 때문에(변호사법 제24조 제2항) 변호인이 변론행위라는 명목으로 수사기관이나 법원에 대하여 적극적으로 허위의 진술을 하거나 피고인 또는 피의자로 하여금 허위진술을 하도록 하는 것은 허용되지 않는다'(ⓑ)고 판시한다.

### 3. 범인도피죄의 성립범위와 공범의 의의

본 사안에서 대법원은 '변호인이 피고인과 공모하여 진범 등을 은폐하는 허위자백을 유지함으로써 범인을 도피시킨 행위는 비밀유지의무로 정당화될 수 없'고, 변호인이 범인도피를 교사받고 제1심 법원에서 적극적으로 허위진술을 하여 진범을 도피하게 하였다면 변호인의 범행은 이미 기수에 이른 것이고, 더 나아가 변호인이 이후 열린 항소심 공판기일에서 여전히 허위자백을 유지하는 태도를 취하였다가 검찰조사를 통해 진범이 밝혀지게 되었다면 진범이 밝혀진 그 시점에 비로소 범행이 종료된 것(③)이라고 판시한다.

그러나 공동정범은 '주관적으로는 공동가공의 의사와 객관적으로는 공동의사에 기한 기능적 행위지배를 통한 범죄실행'을 요하므로, 변호인이 허위자백을 유지하도록 적극적으로 종용하지는 않았거나, 공동피고인들이 해임 등의 방법으로 변호인을 사건에서 배제시킬 수 있었다면, 변호인의 행위는 정범인 공동피고인의 결의를 강화하게 한 방조행위로 평가할 수 있을지언정, 공동가공의 의사나 기능적 행위지배가 있다고 보기는 어려울 것이다.

[참고문헌] 김형준, 변호인의 진실의무와 진술거부권 행사권고─대법원 2007. 1. 13. 자 2006모656 결정, 법학논문집 제31집 제1호(중앙대학교 법학연구원, 2007); 정형근, 변호사의 진실의무─대법원 2012. 8. 30. 선고 2012도6027 판결─인권과 정의 436호(2013. 9.).

**[필자: 김대근 부연구위원(한국형사정책연구원)]**

# 47. 변호인의 증언거부특권

[대법원 2012. 5. 17. 선고 2009도6788 전원합의체 판결]

**[사안]** 갑 주식회사 및 그 직원인 피고인들이 정비사업전문관리업자의 임원에게 갑 회사가 '주택재개발사업 시공사로 선정되게 해 달라'는 청탁을 하면서 금원을 제공'하였다고 하여 구 건설산업기본법(2011. 5. 24. 법률 제10719호로 개정되기 전의 것) 위반으로 기소되었다. 변호사가 법률자문 과정에 작성하여 갑 회사 측에 전송한 전자문서를 출력한 '법률의견서'가 유죄증거로 제출되었다. 피고인들이 이를 증거로 함에 동의하지 아니하고, 변호사가 항소심 공판기일에 증인으로 출석하였으나 증언할 내용이 갑 회사로부터 업무상 위탁을 받은 관계로 알게 된 타인의 비밀에 관한 것임을 소명한 후 증언을 거부하였다. 항소심은 "위 법률의견서는 압수된 디지털 저장매체로부터 출력한 문건으로서 실질에 있어서 형사소송법 제313조 제1항에 규정된 '피고인 아닌 자가 작성한 진술이나 그 진술을 기재한 서류'에 해당하는데, 공판준비 또는 공판기일에서 작성자 또는 진술자인 변호사의 진술에 의하여 성립의 진정함이 증명되지 아니하였으므로 위 규정에 의하여 증거능력을 인정할 수 없고, 나아가 항소심 공판기일에 출석한 변호사가 그 진정성립 등에 관하여 진술하지 아니한 것은 형사소송법 제149조에서 정한 바에 따라 정당하게 증언거부권을 행사한 경우에 해당하므로 형사소송법 제314조에 의하여 증거능력을 인정할 수도 없다"는 이유로, 항소심은 '이른바 변호인·의뢰인 특권에 근거하여 위 의견서의 증거능력을 부정'하였다. 검사가 상고하였다.

## ★[판지(상고기각)]★

### 1. 다수의견

형사소송법 제314조는 (조문내용 생략), 원진술자 등의 진술에 의하여 진정성립이 증명되지 아니하는 전문증거에 대하여 예외적으로 증거능력이 인정될 수 있는

사유로 '사망·질병·외국거주·소재불명, 그 밖에 이에 준하는 사유로 인하여 진술할 수 없는 때'를 들고 있다. 위 증거능력에 대한 예외사유로 1995. 12. 29. 법률 제5054호로 개정되기 전의 구 형사소송법 제314조가 '사망, 질병 기타 사유로 인하여 진술할 수 없는 때', 2007. 6. 1. 법률 제8496호로 개정되기 전의 구 형사소송법 제314조가 '사망, 질병, 외국거주 기타 사유로 인하여 진술할 수 없는 때'라고 각 규정한 것에 비하여 현행 형사소송법은 그 예외사유의 범위를 더욱 엄격하게 제한하고 있는데, 이는 직접심리주의와 공판중심주의의 요소를 강화하려는 취지가 반영된 것이다. 한편 형사소송법은 누구든지 자기 또는 친족 등이 형사소추 또는 공소제기를 당하거나 유죄판결을 받을 사실이 발로될 염려가 있는 증언을 거부할 수 있도록 하고(제148조), 또한 변호사, 변리사, 공증인, 공인회계사, 세무사, 대서업자, 의사, 한의사, 치과의사, 약사, 약종상, 조산사, 간호사, 종교의 직에 있는 자 또는 이러한 직에 있던 사람은 그 업무상 위탁을 받은 관계로 알게 된 사실로서 타인의 비밀에 관한 것은 증언을 거부할 수 있도록 규정하여(제149조 본문), 증인에게 일정한 사유가 있는 경우 증언을 거부할 수 있는 권리를 보장하고 있다. 위와 같은 현행 형사소송법 제314조의 문언과 개정 취지, 증언거부권 관련 규정의 내용 등에 비추어 보면, 법정에 출석한 증인이 형사소송법 제148조, 제149조 등에서 정한 바에 따라 정당하게 증언거부권을 행사하여 증언을 거부한 경우는 형사소송법 제314조의 '그 밖에 이에 준하는 사유로 인하여 진술할 수 없는 때'에 해당하지 아니한다.

### 2. 대법관 안대희의 반대의견

형사소송법 제314조는 작성자 또는 원진술자의 법정진술에 의하여 진정성립이 증명되지 아니한 서류라도 일정한 경우 증거로 할 수 있도록 허용한 규정으로서, 전문증거의 증거능력을 지나치게 엄격하게 제한함으로써 형사소송의 지도이념인 실체적 진실발견을 방해하여서는 아니 된다는 데 그 목적과 취지가 있다. 따

라서 위 규정의 '진술을 요하는 자가 사망·질병·외국 거주·소재불명, 그 밖에 이에 준하는 사유로 인하여 진술할 수 없는 때'라 함은 서류의 작성자 또는 원진술 자가 공판준비 또는 공판기일에 출석할 수 없는 경우 는 물론이고 법정에 출석하더라도 그로부터 해당 서류 의 진정성립에 관한 진술을 들을 수 없는 경우도 널리 포함한다고 해석하여야 한다. 증인이 사망·질병·외국 거주·소재불명 등인 때와 법정에 출석한 증인이 증언 거부권을 행사한 때는 모두 증거신청자인 검사의 책임 없이 해당 서류의 진정성립을 증명할 수 없게 된 경우 로서 실체적 진실발견을 위하여 전문법칙의 예외를 인 정할 필요성의 정도에서 차이가 없다.

[해설]

당사자주의 소송구조하에서 변호인의 조력을 받을 권리의 중요성을 고려할 때, 직접심리주의와 공판중심 주의의 요소를 강화하는 방향에서, 대법원의 다수의견 이 변호사가 증언거부권을 행사한 경우는 형사소송법 제314조의 적용대상이 되지 않는다고 보고, 예외적으 로 변호사와 의뢰인 간의 대화내용에 관한 증거서류 의 증거능력을 인정해오던 종래의 입장을 바꾼 것은 옳았다.

그러나 대법원이 변호사와 의뢰인 간에 업무상 주고 받은 비밀스런 이메일 내용에 대한 압수물의 증거능력 과 관련하여, 서구 여러 나라에서 인정(1심과 2심도 인 정)하고 있는 변호사와 의뢰인 간의 의사교환내용에 대 한 진술거부의 특권을 부정한 것은 옳지 못하다. 현행 법상 변호인과 의뢰인 사이의 비밀유지에 관한 여러 규정과, 그간의 헌법재판소 결정과 대법원 판례의 흐 름을 고려할 때, 비록 형사소송법 등에서 구체적으로 규정되고 있지 않으나 헌법 제12조 제4항에 의하여 인 정되는 변호인의 조력을 받을 권리로부터, 변호인과 의뢰인 사이에서 의뢰인이 법률자문을 받을 목적으로 비밀리에 이루어진 의사 교환에 대하여는 의뢰인이 그 공개를 거부할 수 있는 특권을 보유하는 것으로 해석 하는 것이 타당하다. 그러므로 본 판례에서 형사소송 법 제313조상 전문법칙의 예외적 허용을 통하여 변호 사와 의뢰인 간의 의견교환 내용이 공개될 수 있다고 판단한 것은 서구 여러 나라들에서 변호사와 의뢰인 간의 특권을 인정하는 취지에 배치되는 것이다. '의뢰

인의 동의 없이 변호사와의 의견교환 내용에 관하여 변호사가 전문증거에 대한 성립의 진정만 인정하여도 증거로 채택될 수 있다'고 본다면, 변호인의 조력을 받 을 권리가 제대로 보장되지 않기 때문이다.

이와 같은 논란의 소지를 해소하고 변호인과 의뢰인 간의 의사교환 내용에 대한 비밀보호의 특권을 인정하 는 세계적 흐름에 따르기 위하여, 의뢰인의 동의나 특 권의 포기 없이는 변호인과의 의사교환 내용을 변호인 이 공개하는 것을 금지하는 내용의 형사소송법 개정 등의 입법적 보완이 필요하다. 현행법 제149조상 변호 사의 증언거부권 행사의 예외사유로서의 "중대한 공익 상 필요가 있는 때"라는 표현이 지나치게 넓고 추상적 이며, 형법 제317조 제1항의 업무상비밀누설죄 처벌의 예외사유도 체계적 해석상 불분명한 상황이므로 이에 대한 법규정 정비작업도 필요하다.

[참고문헌] 박용철, 변호사가 의뢰인에게 작성해 준 의견서가 압 수된 경우 그 의견서의 증거능력, 형사법연구 제24권 제2호 (2012); 송시섭, 변호사 법률의견서의 증거능력, 동아법학 제58호 (2013); 윤종행, 변호사와 의뢰인간의 의사교환 내용과 증언거부의 특권, 홍익법학 제14권 제2호(2013. 6.).

[필자: 윤종행 교수(충남대)]

# 48. 소송지휘권의 재량권 일탈

**대상판결 1**
[대법원 2009. 11. 12. 선고 2009도8949 판결]
**대상판결 2**
[대법원 2011. 11. 10. 선고 2011도11115 판결]

**[사안 1 - 2009도8949]** A는 B로부터 오른쪽 팔꿈치로 얼굴을 가격당하여 약 6개월간의 치료를 요하는 측두하악관절질환 등의 상해를 입었다고 허위사실을 수사기관에 고소한 혐의(형법 제156조 무고죄)로 기소되었다.

원심은 A의 사건 현장에 대한 검증신청, 진단서 발급경위에 관한 사실조회신청을 채택하였다가 취소하였고, 사건 현장에 있던 CCTV 동영상 원본의 진위 여부 관련한 사실조회신청 중 CCTV 제조사와 관련 보안업체에 대한 사실조회 신청만 받아들이고, 직접 관련이 없는 업체나 교수 등에 대한 사실조회신청, 그 조작 여부에 대한 추가 심리 요청을 받아들이지 아니하였다.

**[사안 2 - 2011도11115]** C는 고속도로 상에서 버스를 운전 중이던 피해자에게 10여분 넘게 욕을 하고 피해자의 어깨를 잡는 등 유형력을 행사한 혐의(형법 제314조 위력에 의한 업무방해죄)로 기소되었다. 유죄 증거로 제출된 것은 피해자의 법정진술(경찰 진술조서 포함) 및 버스 내부에 있던 CCTV의 동영상이 수록된 CD이다.

C는 범죄사실을 강하게 부인하면서 다투어 왔고, '당시 버스 내에서 촬영된 CCTV 영상을 살펴보면 폭력을 행한 사실이 없음이 밝혀질 것이다'며 변소하였고, 제1심에서 피해자는 '증인이 운전을 하는 동안 피고인이 증인의 어깨를 잡은 사실이 있는가'라는 신문에 대하여 '어깨를 살짝 잡은 것이지 폭행은 없었다'는 취지로 진술하였고, 경찰에서도 '피고인이 폭행을 하지 않고 계속하여 말로만 괴롭히면서 업무를 방해하였다'는 취지로 진술한 바 있었다.

제1심에서 유죄증거로 채용한 것은 피해자의 법정진술(경찰 진술조서 포함)뿐이고, CCTV 동영상 CD가 첨부되어 있던 수사보고서는 증거로 채택되었으나 형사소송법 제292조의 증거서류에 대한 조사방식에 따라 증거조사가 이루어졌고 제292조의3에서 정한 컴퓨터용 디스크에 대한 증거조사 방식에 따라 증거조사가 이루어지지는 않았다. 그런데, 원심은 그 CCTV 동영상을 재생할 수 있는 매체인 CD에 대한 증거조사가 이루어졌음을 전제로 제1심이 채택하여 조사한 증거들로 "CCTV 영상"을 적시한 다음, '이를 비롯한 그 판시 증거들을 종합하여 보면 이 사건 범죄사실이 인정된다'고 판단하였다.

**＊[판지 1 - 2009도8949]＊**

1. 현장 검증 미실시 및 진단서 발급 관련 사실조회 신청 미채택에 관하여

원심은 사건 현장인 현관 및 엘리베이터에 설치되어 있던 CCTV 동영상에 대한 검증을 실시하였고, 피고인과 검사로부터 현장 및 사건 당시의 상황을 재연한 동영상을 각각 제출받아 이를 심리하였으며, 진단서 발급 경위 관련하여서는 제1심에서 의사 3명을 증인으로 신문하였다. 따라서 원심이 따로 현장검증을 실시하지 아니하였거나 피고인의 사실조회신청을 채택하지 않았다고 하여도 원심의 위와 같은 조치는 사실심법원의 합리적인 심리방법의 선택에 속하는 것으로서 위법하다고 할 수 없다.

2. 현관 CCTV 동영상 원본 검증결과에 대한 사실조회에 관하여

증거신청의 채택 여부는 법원의 재량으로서 법원이 필요하지 아니하다고 인정할 때에는 이를 조사하지 아니할 수 있으므로, 원심이 CCTV 동영상 원본의 진위 여부 관련한 피고인의 사실조회신청 중 CCTV 제조사와 관련 보안업체에 대한 사실조회 신청만 받아들이고, 직접 관련이 없는 업체나 교수 등에 대한 사실조회신청을 받아들이지 않은 조치가 위법하다고 할 수 없다.

## 3. 현관 CCTV 동영상의 조작 여부에 관한 추가 심리에 관하여

원심은 사건 현장인 현관에 설치되어 있는 CCTV 기기 본체 및 하드디스크를 제출받았고 그 CCTV 동영상 원본에 대하여 검증을 마쳤으므로, 이 사건 동영상의 조작 여부에 관하여 피고인이 요청한 추가 심리를 하지 아니하였다고 해도 심리 미진의 위법이 없다.

### *[판지 2 - 2011도11115]*
#### 1. 증거의 채부 및 증거조사 방법의 원칙

원칙적으로 증거의 채부는 법원의 재량에 의하여 판단할 것이지만, 형사사건의 실체를 규명하는 데 가장 직접적이고 핵심적인 증거는 법정에서 증거조사를 하기 곤란하거나 부적절한 경우 또는 다른 증거에 비추어 굳이 추가 증거조사를 할 필요가 없다는 등 특별한 사정이 없는 한 공개된 법정에서 그 증거방법에 가장 적합한 방식으로 증거조사를 하고, 이를 통해 형성된 유죄·무죄의 심증에 따라 사건의 실체를 규명하는 것이 형사사건을 처리하는 법원이 마땅히 취하여야 할 조치이고, 그것이 우리 형사소송법이 채택한 증거재판주의, 공판중심주의 및 그 한 요소인 실질적 직접심리주의의 정신에도 부합한다고 할 것이다.

#### 2. 증거조사 방법 위반 여부

버스를 운행 중인 피해자에 대해 단지 말로만 위협한 경우와 폭력 등의 유형력을 행사한 경우는 범행의 내용에 결정적 차이가 있고, 이는 유무죄의 판단뿐만 아니라 양형의 요소로서도 매우 중요한 인자가 되는 것이므로, 그 점을 밝혀 볼 수 있는 가장 확실하고 직접적인 증거가 있다면, 다른 특별한 사정이 없는 한, 그 증거방법에 대해 적합한 방식으로 증거조사를 하여 실체를 밝혀내는 것이 필요하다. 그럼에도 원심이 이 사건 범죄사실에 대하여 가장 관건이 되는 실체를 밝혀줄 수 있는 CCTV 영상 자료가 녹화되어 있는 CD에 대한 적법한 증거조사를 하지 아니한 채 피해자의 애매한 진술만을 토대로 폭행의 점에 대해서까지 범죄사실의 증명이 있다고 판단한 것은 법원의 증거결정권의 내재적인 재량의 한계를 넘은 것일 뿐만 아니라 피고인의 방어권을 침해하는 것이기도 하고, 결국, 증거재판주의 등을 위반한 위법이 있다고 할 것이다.

## [해설]
### 1. 증거 채부 및 증거조사 방법의 원칙

일반적으로 법원은 증거신청이 부적법하거나 이유 없는 경우에는 그 증거신청을 기각할 수 있는데, 그 사유로는, ① 증거능력이나 증인적격이 없는 증거신청, 입증취지를 명시하지 아니하거나 증거로 할 부분을 특정하지 아니한 증거신청 등(형사소송규칙 제132조의2, 제132조의3)과 같이 증거신청이 부적법한 경우, ② 망자나 해외거주 중인 자를 증인으로 신청하는 경우와 같이 증거조사가 불가능한 경우, ③ 증거가 사건과 관련이 없거나 법원이 이미 충분한 심증을 형성한 요증사실에 관하여 증거조사를 신청한 경우와 같이 증거조사의 필요성이 없는 경우가 있다.

대부분의 형사재판에서 증거 채부가 문제되는 경우는 증거조사의 필요성이 없다는 이유로 증거신청이 기각되는 경우이다. ①과 ②의 경우는 증거신청 과정에서 그 기각 사유가 비교적 명확히 발견되므로 크게 문제되지 아니하나, 증거가 필요없다는 이유는 막상 그 증거가 필요하다고 생각하기 때문에 조사해달라고 신청하는 입장에서 납득할 것을 기대하기는 어렵고 법원도 그 이유에 대해 그 증거신청자가 완전히 납득할 때까지 설명을 해주지는 않기 때문이다(증거결정은 상소가 허용되지 아니하는 재판이므로 법 제39조 단서에 따라 이유를 명시할 필요도 없음).

원칙적으로 증거조사의 필요성 인정 등 증거의 채부는 법원의 재량에 의하여 판단할 수 있다. 이를 통해 소송절차의 신속·원활한 진행을 도모하고, 소송과 무관하거나 왜곡된 증거가 제출·조사되어 부당한 결론이 도출되는 것을 방지함으로써 신속한 재판과 실체적 진실에 합치하는 공정한 재판 실현이라는 헌법적 요청에 부합한다는 것이 우리 헌법재판소의 태도이기도 하다(헌법재판소 2012. 5. 31. 자 2010헌바403 결정, 2013. 8. 29. 자 2011헌바253 결정).

그러나 증거조사의 필요성 여부에 관한 법관의 판단에도 내재적 한계가 있다. 위 2011도11115 판례는 그러한 내재적 한계에 대한 하나의 기준을 제시하고 있다. 바로 '실체를 규명하는 데 가장 직접적이고 핵심적인 증거는 법정에서 증거조사를 하기 곤란하거나 부적절한 경우 또는 다른 증거에 비추어 굳이 추가 증거조사를 할 필요가 없다는 등 특별한 사정이 없는 한 공개된 법정에서 그 증거방법에 가장 적합한 방식으로 증거조사를 하고, 이를 통해 형성된 유죄·무죄의 심증에 따라 사건의 실체를 규명해야 한다'는 것이다.

## 2. 사안 1과 관련하여

사안 1에서는 원심이 피고인의 증거신청이나 추가 심리 요청을 기각한 것이 심리미진인지 여부가 문제되었다. 그런데 사안에서는 원심이 각각의 쟁점에 대하여 증거조사를 전혀 하지 않은 것이 아니라, 같은 쟁점에 대한 복수의 증거신청 중 일부만을 받아들여 증거조사를 하거나 우선 일부에 대해 증거조사를 한 다음 나머지 증거신청을 기각하거나 증거채택 결정을 취소한 것을 알 수 있다.

구체적으로 살펴보면, 현관 및 엘리베이터에 설치되어 있던 CCTV 동영상에 대한 검증은 현장검증을 대체할 수 있다고 보이고, 진단서 발급 관련하여 진단서 발급 의사를 직접 증인으로 신문한 이상 그 발급 여부에 대한 사실조회신청은 특별한 사정(가령, 위증 등)이 없는 한 불필요해 보인다. 또한 CCTV 동영상 원본의 진위 여부는 그 CCTV의 제조사와 그 CCTV를 설치한 보안업체에 대한 사실조회를 통해 어느 정도 입증될 수 있다고 보이고, 다른 업체나 교수는 단지 CCTV 동영상이 조작되었을 가능성에 대한 의견만을 제시할 수 있고 직접적인 위조 여부를 설명할 수는 없으므로 그 의견의 청취가 반드시 필요한 것이라고 보이지는 않는다(피고인은 다른 업체나 전문가인 교수의 의견을 탄핵증거 등으로 제출할 수 있을 것임). 아울러, CCTV 동영상의 조작 여부 관련해서, 재판부가 그 CCTV 기기 본체 및 하드디스크를 제출받아 원본을 검증한 이상 그 검증을 통해 그 조작 여부에 대해서도 심증을 형성할 수 있는 것이다.

결국, 원심이 그 일부의 증거조사만으로도 각각의 쟁점에 대한 충분한 심증을 형성하여 나머지 증거의 조사 필요성이 없다고 판단한 것으로 볼 수 있고, 나아가 신청이 기각된 증거들이 각각의 쟁점에 대한 가장 직접적이고 핵심적인 증거라고 보기도 어려워, 위와 같은 원심의 판단이 증거 채부에 대한 법원의 재량 범위를 넘은 것이라고 하기 어렵다.

## 3. 사안 2와 관련하여

사안 2에서는 폭력의 점에 대한 증거로서 동영상 CD가 실체를 규명하는 데 가장 직접적이고 핵심적인

증거였는지 여부, 그 동영상 CD의 영상 내용에 대해 증거조사를 할 필요가 있었는지 여부, 공개된 법정에서 그 증거방법에 가장 적합한 방식으로 증거조사가 되었는지 여부가 문제되었다.

판지에서는, 버스를 운행 중인 피해자에 대해 단지 말로만 위협한 경우와 폭력 등의 유형력을 행사한 경우는 범행의 내용에 결정적 차이가 있고, 이는 유무죄의 판단뿐만 아니라 양형의 요소로서도 매우 중요한 인자가 된다는 점에서 폭력의 점에 대하여 증거조사가 필요하다고 판단하였다. 제1심에서는 유죄의 증거로 피해자의 법정진술(경찰 진술조서 포함)만을 실시하였는데 만약 그 진술만으로도 충분히 폭력의 점이 인정될 수 있다면 굳이 추가 증거조사를 할 필요가 없겠지만, 사안에서 볼 수 있듯이 피해자의 진술만으로는 운전을 방해할 만한 유형력의 행사가 있었는지 여부가 불분명한바, 폭력의 점에 대한 별도의 증거조사가 필요함을 알 수 있다. 만약 동영상 CD에 수록된 영상 내용이 사안에서 문제되는 시간 동안 운전자인 피해자 쪽이 촬영된 것이라면 폭력의 점을 입증할 수 있는 가장 직접적이고 핵심적인 증거가 될 수 있고, 이에 대해 피고인은 CCTV 동영상만 확인하면 폭력이 없었다는 점이 인정될 수 있다고 주장하였고 이러한 피고인의 주장에 반하는 증거가 제시되지 아니한 이상 CCTV 동영상에 대한 증거조사가 필요하다고 볼 수 있다.

그런데, 제1심에서 CCTV 동영상이 수록된 CD가 첨부되어 있던 수사보고서가 증거로 채택되어 증거조사가 이루어진 이상 비록 제1심에서는 유죄 인정의 증거로 실시되지는 아니하였다고 하더라도 원심에서 이를 증거로 실시할 수는 있는 것인데, 문제는 형사소송법 제292조의 증거서류에 대한 조사방식에 따라 증거조사를 하였고 제292조의3에서 정한 컴퓨터용 디스크에 대한 증거조사 방식에 따라 증거조사를 하지는 않았고, 그 증거로서 동영상 CD나 수사보고서가 아니란 "CCTV 영상"이 실시되었다는 점에 있다.

원심이 "CCTV 영상"을 증거로 실시한 것으로 보아 원심의 주심판사는 수사보고서에 첨부되어 있는 동영상 CD를 열람하여 폭행의 점에 대한 심증을 형성하였을 가능성이 있다. 그러나 판사가 법정 외에서 동영상 CD를 열람하였더라도 이는 증거조사에 해당하지는 아니하고, 단지 판사가 증거를 수집하는 행위로서의 검

증을 한 것으로 볼 수 있고, 이때에는 수명법관으로서 판사가 별도의 검증조서를 작성한 다음 재판부가 법정에서 그 검증조서에 대한 증거조사를 하여야 하고, 이를 유죄의 증거로 사용하려면 동영상 CD의 영상 내용에 대한 "검증조서의 기재"를 증거로 설시하여야 한다. 만약 법정에서 증거조사의 방법으로 동영상 CD를 검증하였다면 그 검증에 의해 인식하게 된 내용이 증거자료로서 법원의 사실판단의 기초가 되므로 검증조서가 작성되었더라도 이 경우에는 "CCTV의 영상"이 증거가 된다(만약, 재판 절차가 갱신되는 등의 사정이 있다면, 공판조서의 일부로서 작성된 검증조서가 증거가 될 것임).

그런데 원심에서는 검증조서가 작성되었다거나 검증조서에 대한 증거조사 절차가 진행된 사정이 없어 보이고, 법정에서도 컴퓨터용 디스크에 대한 증거조사 방식에 따라 증거조사를 하지 아니하였는바, 증거서류에 대한 증거조사 방법만으로는 단지 수사보고서의 기재 내용이나 당시 사건현장이 촬영된 동영상 CD의 현존 사실에 대해서만 입증된 것으로 볼 수 있을 뿐이고, CCTV의 영상 내용에 대한 증거조사는 없었던 것이 된다.

설령 주심판사가 법정 외의 판사실에서 위 동영상 CD를 열람하였고, 검증절차에 따라 검증조서가 작성되었다고 하더라도 문제는 있다. 왜냐하면, 증거조사는 공개된 법정에서 그 증거방법에 가장 적합한 방식으로 하여야 하는데, 위 동영상 CD를 열람함에 있어서 공개된 법정에서 검증하기 곤란하거나 부적절하다는 제약이 없는 이상, 별도의 법정 외 검증절차 후 작성된 검증조서를 법정에서 증거조사하는 것보다는, 공개된 법정에서 제292조의3에서 정한 컴퓨터용 디스크에 대한 증거조사 방식에 따라 증거조사를 하되 피고인에게 그에 대한 의견진술을 기회를 부여하는 것이 공판중심주의 및 실질적 직접심리주의, 피고인의 방어권 보장을 위해 가장 적합한 방식이기 때문이다.

이로써, 원심은 공개된 법정에서 가장 적합한 방식으로 증거조사를 하지 아니하였고, 그로 인하여 실체적 진실을 발견하고 공정한 재판을 실현하기 위해 필요한 피고인의 증거에 관한 직접적인 의견진술의 기회를 부여하지 아니하게 되었으며, 적법한 증거조사를 거치지 않은 증거를 채택하여 범죄사실을 인정하는 등 당해 요증사실에 대한 증거로는 사용할 수 없는 증거를 유죄의 증거로 한 잘못이 있다. 결국, 원심은 핵심

쟁점에 대한 실체를 밝혀줄 CCTV 영상에 대한 증거조사를 하지 아니한 것이 되고, 이는 법원의 증거결정권의 내재적인 재량의 한계를 넘은 것일 뿐만 아니라 피고인의 방어권을 침해하는 것이 된다.

이는 공판중심주의, 증거재판주의, 실질적 직접심리주의 등을 위반한 것이라고 평가할 수 있다.

[참고문헌] 이완규, 압수·수색·검증의 개념과 강제처분의 범위, 대검찰청 공법연구회 발표 논문, 2009; 헌법재판소 2012. 5. 31. 자 2010헌바403 결정, 2013. 8. 29. 자 2011헌바253 결정 참조.

[필자: 이준범 검사]

# 49. 소송행위의 하자 — 착오에 의한 상소취하의 효력

## [대법원 1992. 3. 13. 자 92모1 결정]

**[사안]** D는 1989. 5. 11. 마산지방법원에서 특정범죄가중처벌등에 관한 법률위반죄 등으로 징역 7년, 벌금 20만원과 보호감호에 처하는 판결을 선고받고 이에 불복하여 항소하였다. 부산고등법원은 같은 해 8. 24. 피고사건에 대하여는 원심판결을 파기한 후 징역 5년, 벌금 20만원을 선고하고, 보호감호처분에 대한 항소는 기각하였다. 공판출정 담당교도관은 판결 선고결과보고서를 작성하면서 재판장의 보호감호부분의 항소기각이라는 선고내용을 보호감호부분 청구기각으로 잘못 알아듣고 위 보고서에 피고사건에 대한 형 외에 보호감호청구기각이라고 기재하였다. D는 부산구치소에서 항소심 판결에 불복하여 상고장을 제출하였는데, 그 상고장을 대필하여 준 교도관이 보안과에 비치된 판결선고결과보고서를 보고 D에게 보호감호청구가 기각되었다고 말하였다. D는 같은 해 8. 28. 피고사건에 대한 상고취하서를 제출하여 9. 8. 피고사건의 형과 보호감호처분이 모두 확정되었다. D는 항소심선고 공판정에서 심신이 긴장되어 재판장의 선고내용을 정확히 듣지 못하였으나 보호감호가 선고된 것으로 알고 당일 피고사건과 보호감호사건에 대하여 모두 상고를 제기하였는데 그 날 저녁 담당교도관으로부터 보호감호부분이 청구기각되었다는 말을 듣고 이를 오신하여 징역형과 벌금형에 대하여 승복하려는 마음에서 상고취하서를 제출하였다고 주장하면서, 부산고등법원에 상소절차속행신청을 제출하였으나 기각되자 재항고하였다.

## *[판지(재항고기각)]*

절차형성적 소송행위가 착오로 인하여 행하여진 경우, 절차의 형식적 확실성을 강조하면서도 피고인의 이익과 정의의 희생이 커서는 안 된다는 측면에서 그 소송행위의 효력을 고려할 필요가 있으므로 착오에 의한 소송행위가 무효로 되기 위하여서는 첫째, 통상인의 판단을 기준으로 하여 만일 착오가 없었다면 그러한 소송행위를 하지 않았으리라고 인정되는 중요한 점(동기를 포함)에 관하여 착오가 있고, 둘째, 착오가 행위자 또는 대리인이 책임질 수 없는 사유로 인하여 발생하였으며, 셋째, 그 행위를 유효로 하는 것이 현저히 정의에 반한다고 인정될 것 등 세 가지 요건을 필요로 한다고 해석된다. 사안에서 D의 상고취하는 보호감호사건이 항소심에서 청구기각된 것으로 잘못 생각하여 한 것으로 일응 첫째의 요건은 갖추었다고 인정되나 두 번째의 요건, 즉 D의 책임질 수 없는 사유로 상고취하를 하였는가 하는 것이 문제된다. D가 착오를 일으키게 된 과정에 교도관의 과실이 개입되어 있었다 하더라도 착오에 의한 상고취하의 무효를 인정하려면 우선 D 자신의 과실이 없어야 하는 것인데, 보호감호가 선고된 것으로 알고 일단 상고를 제기한 재항고인으로서 교도관의 말과 판결 선고결과보고서의 기재를 믿은 나머지 판결등본송달을 기다리지 않고 상고취하를 하였다는 점에 있어서 D에게 과실이 있으므로 D가 책임질 수 없는 사유로 인하여 상고취하를 하였다고 보기는 어렵고 원심이 D의 상고취하에 관하여 그 무효를 인정하지 아니한 것은 정당하다.

## [해설]

### 1. 소송행위 개관

형사절차를 실체면과 절차면으로 구분하여 구체적 사건에서 유·무죄와 같은 실체법률관계를 형성·확정하기 위하여 행해지는 소송행위를 실체형성행위 또는 실체형성적 소송행위, 절차의 진행을 위하여 행해지는 소송행위를 절차형성행위 또는 절차형성적 소송행위라고 한다. 증언, 검증, 변론, 논고 등은 실체판단을 행하는 법관의 심증에 영향을 미치는 실체형성행위이고, 공판기일의 지정, 소송관계인의 소환, 기피신청, 상소제기, 유·무죄의 판결 등은 형사절차의 진행 자체와 관련된 절차형성행위이다.

실체형성행위와 절차형성행위를 구별하는 실익은 절차유지의 원칙이 절차형성행위에는 적용이 되지만 실체형성행위에는 적용이 되지 않는다는 점에 있다. 즉 변론, 증언, 진술과 같은 실체형성행위는 그것이 행위자의 진의와 합치하는지 여부보다는 실체에 부합하는가가 중요하므로 착오와 같은 문제가 실체형성행위의 효력에 영향을 미칠 수 없지만, 절차형성행위의 경우에는 그 소송행위를 기초로 후행 소송행위가 연속, 집적되면서 형사절차가 진행되므로 절차의 안정성과 명확성을 위하여 선행 소송행위의 철회를 허용하지 않고, 하자(흠)가 있는 경우에도 이를 무효로 하는 것을 가급적 억제한다는 절차유지의 원칙이 적용되며, 이러한 점에서 사법상의 의사표시의 하자에 관한 이론은 절차형성행위에는 그대로 적용되지 않는다.

## 2. 착오에 의한 절차형성적 소송행위의 효력

착오에 의한 절차형성적 소송행위의 효력에 관하여 절차의 신속성, 안정성, 확정성을 강조하여 사법상의 의사표시의 하자에 관한 사유는 소송행위의 효력에 영향을 미치지 못한다는 견해(제1설), 피고인의 이익과 정의와 소송의 안정성을 비교형량하여 착오가 피고인의 귀책사유에 기인하지 아니하고 그 소송행위를 유효로 하는 것이 현저히 정의에 반하는 경우에 무효가 된다는 견해(제2설), 법원 또는 검사의 사기, 강박에 의한 경우에 무효가 된다는 견해(제3설) 등이 제시되고 있다.

대법원은 위 사건에서 착오로 인한 절차형성적 소송행위가 무효가 되기 위한 요건으로 ① 통상인의 판단을 기준으로 하여 만일 착오가 없었다면 그러한 소송행위를 하지 않았으리라고 인정되는 중요한 점(동기를 포함)에 관하여 착오가 있고, ② 착오가 행위자 또는 대리인이 책임질 수 없는 사유로 인하여 발생하였으며, ③ 그 행위를 유효로 하는 것이 현저히 정의에 반한다고 인정될 것이라는 세 가지 요건을 요구함으로써 제2설에 가까운 입장이다.

대법원은 위 사안에서 판결 선고결과보고서를 신뢰한 D에게 과실이 있다고 보았고, 간통 혐의로 징역 10월을 선고받은 D가 '안경을 쓰지 않아 글을 알아보기 불가능한 상황에서 담당교도관이 항소장 용지 대신에 상소권포기서 용지를 잘못 내어 주는 바람에 이를 항소장 용지로 알고 이를 확인하여 보지 않고 서명무인한 사안'에서도 D에게 과실이 있기 때문에 그 항소포기는 유효하다(대법원 1995. 8. 17. 자 95모49 결정)고 판시하였다. 그런데 대법원이 위에서 제시한 요건을 구

체적인 사례에 적용함에 있어서 '피고인이나 대리인의 책임을 매우 광범위하게 인정함으로써 형사절차의 안정성에 치우치고 실체진실, 적법절차, 피고인 보호를 외면한다'는 비판이 있다. 그러나 대법원은 상소이유서 제출 분야에서는 다소간 전향적인 모습을 보이고 있다.

대법원은 과거에 '교도소장 또는 구치소장 및 그 직무를 대리하는 자에게 항소이유서를 제출하였다고 하더라도 이를 항소법원에 제출한 것으로 간주할 수는 없다'(대법원 2000. 6. 20. 자 2000모69 결정)고 하였으나, 2006년의 전원합의체 판결을 통하여 "제출기간 내에 교도소장 등에게 상소이유서를 제출하였음에도 불구하고 기간 도과 후에 법원에 전달되었다는 이유만으로 상소가 기각된다면 이는 실체적 진실발견을 위하여 자기가 할 수 있는 최선을 다한 자에게조차 상소심의 심판을 받을 기회를 박탈하는 것이고, 결과적으로 실체적 진실발견을 통하여 형벌권을 행사한다는 형사소송의 이념을 훼손하며 인권유린의 결과를 초래"할 수도 있고, "형사소송법이 자기 또는 대리인이 책임질 수 없는 사유로 인하여 상소의 제기기간 내에 상소를 하지 못한 자에게 상소권회복의 청구를 인정하며(형사소송법 제345조), 그 상소권회복청구의 제기기간에 대하여 재소자에 대한 특칙 규정을 준용하는 것도 피고인이 책임질 수 없는 사유로 상소권이 박탈되어서는 안 된다는 형사소송의 이념을 표현한 것"(대법원 2006. 3. 16. 선고 2005도9729 전원합의체 판결)이라고 판시하여 앞의 결정을 폐기함으로써 향후 피고인이 책임질 수 없는 경우를 보다 넓게 인정할 수 있는 계기를 마련하였다.

[참고문헌] 김택수, 착오에 의한 절차형성적 형사소송행위가 무효로 인정되기 위한 요건, 법조, 제41권 제9호(1992).

[필자: 이윤제 교수(아주대)]

# 50. 소송행위의 하자(흠)와 그 치유 (1) — 인정범위

**대상판결 1**

[대법원 1982. 9. 14. 선고 82도1504 판결]

**대상판결 2**

[대법원 1989. 2. 14. 선고 85도1435 판결]

**[사안 1 − 82도1504]** 검사는 1981. 6. 16. 공소사실 중 강간과 살인의 점에 관하여 강간치사죄의 상상적 경합범으로 기소하였다가 1심 공판이 진행 중인 같은 해 10. 21. 강간치사죄를 강간으로 변경하였고 피해자의 부(父)는 같은 해 10. 27.에 비로소 고소장을 제출하였다.

**[사안 2 − 85도1435]** 검사는 1982. 5. 10. D의 상습특수절도범행에 대하여 특정범죄 가중처벌 등에 관한 법률위반으로 기소(84고합136)한 후, 그것과 포괄1죄의 관계에 있는 상습절도범행을 별도로 1984. 4. 16. 상습절도죄로 기소(84고합103)하였다. 그 후 검사는 1984. 5. 22. 위 84고합103 사건의 공소사실을 장물알선 사실로 공소장변경허가신청을 하였고 제1심법원은 최초 심리기일의 기소요지 진술단계에서 변경을 허가하였다.

## ★[판지 1 − 82도1504]★

"강간죄는 친고죄(2013. 6. 19. 이후는 비친고죄)로서 피해자의 고소가 있어야 죄를 논할 수 있고 기소 이후의 고소의 추완은 허용되지 아니한다 할 것이며, 이는 비친고죄인 강간치사죄로 기소되었다가 강간죄로 공소장이 변경되는 경우에도 동일하다. 강간치사죄의 공소사실을 강간죄로 변경한 후에 이르러 비로소 고소장을 제출한 경우에는 강간죄의 공소제기절차는 법률의 규정에 위반하여 무효인 때에 해당한다."

## ★[판지 2 − 85도1435]★

"기소당시에는 이중기소된 위법이 있었다 하여도 그 후 공소사실과 적용법조가 적법하게 변경되어 새로운 사실의 소송계속상태가 있게 된 때에는 이중기소된 위법상태가 계속 존재한다고 할 수 없다."

## [해설]

### 1. 판결의 의미와 문제의 제기

대상판결의 쟁점은 소송행위의 추완 중 보정적 추완이 허용되는가이다. 판결 1은 고소의 추완을 부정한 것으로 판례의 일관된 입장이다. 이에 반해 판결 2는 공소장변경에 의해 이중기소의 하자가 치유된다는 것이므로 공소장변경의 추완을 인정한 것이다.

소송행위는 소송절차를 조성하는 개개의 행위로서 소송법적 효과가 인정되는 행위를 말한다. 그런데 형사절차는 동적·발전적 성격을 가지고 있고, 이러한 형사절차를 조성하는 소송행위는 체계적·상호의존적 기능을 하므로 소송행위에는 형식적 확실성이 강하게 요구된다. 그리하여 형사소송법은 소송행위에 대하여 일정한 요건·절차·방식 등을 규정하고 있는바 그 구체적인 내용은 개별 소송행위마다 다르다. 문제는 이러한 요소를 구비하지 못한 소송행위가 사후의 소송행위에 의해 유효하게 되는가이다.

### 2. 소송행위의 흠과 그 치유

#### (1) 소송행위의 흠

소송행위의 흠(하자)이란 소송행위가 법률이 요구하는 모든 요소를 완전하게 구비하지 못한 것을 말한다. 소송행위의 흠은 형사절차의 진행·발전과 관련하여 일단 성립한 소송행위에 본래적 효력을 부여할 것인가가 가장 문제되므로, 무효원인으로서의 흠이 그 핵심이다. 소송행위가 성립하지 않는 경우나 부적법한 소송행위일지라도 유효한 것으로 인정되는 경우(법 제2조)는 치유가 문제되지 않으며, 부적법을 이유로 무효로 되는 경우에 비로소 흠의 치유가 의미 있으므로, 결국 소송행위의 흠으로서 다루어야 할 것은 무효로 되는 소송행위에 한정된다.

#### (2) 무효인 소송행위의 치유—보정적 추완과 관련하여

무효의 치유란 소송행위 당시에는 무효인 것이 그 후의 사정변경에 의하여 유효로 되는 것을 말한다. 무효가 치유되는 원인으로 소송절차의 발전(책문권의 포기), 공격·방어방법의 소멸, 소송행위의 추완을 생각할 수 있는데, 특히 문제가 되는 것은 소송행위의 보정적 추완이다. 보정적 추완이란 사후에 행하여진 어떤 소송행위의 추완에 의하여 무효인 소송행위가 유효하게 되는 것을 말한다.

① **고소의 추완**이란 친고죄에 대하여 고소가 없음에도 불구하고 공소를 제기하였는데 그 후 고소가 있는 경우에 공소제기가 유효하게 되는가의 문제이다. 고소는 공소제기의 적법·유효요건으로 그것은 검사의 공소를 규제하고 피고인을 당해 절차로부터 해방시키는 기능을 한다는 이유로 추완을 부정하는 견해(부정설: 다수설), 추완을 부정하면 소송경제와 절차유지원칙에 반하는 결과를 가져오고 재판이 지연될 뿐 아니라 피고인에게 실질적인 불이익을 가져온다는 점을 이유로 하는 긍정설(적극설), 그리고 처음부터 친고죄로 공소제기된 경우에는 고소의 추완을 부정하고 비친고죄로 공소제기되어 심리 중 친고죄임이 판명된 경우에는 고소의 추완을 인정하는 절충설이 대립한다. 대법원은 판결 1 이외에도, 세무공무원의 고발 없이 조세범칙사건의 공소가 제기된 후에 세무공무원이 고발을 한 경우(대법원 1970. 7. 28. 선고 70도942 판결), 간통고소 당시 이혼심판청구를 제기하였는데 그 심판청구가 각하되자 다시 동일한 원인으로 이혼심판청구를 제기한 경우(대법원 1981. 12. 8. 선고 81도2391 판결) '공소제기절차의 무효가 치유된다고는 볼 수 없다'고 하여 부정설을 따른다.

② **변호인선임신고의 추완**이란 변호인선임신고 전에 변호인으로서 한 소송행위가 변호인선임신고에 의해 유효하게 되는가, 예컨대 상소이유서 제출기간 내에 변호인선임서가 제출되면 변호인선임 전에 변호인이 제출한 상소이유서가 유효한가의 문제이다. 대법원은, 변호인선임계를 제출치 아니한 채 항소이유서만을 제출하고 이유제출기간 경과 후에 선임계를 제출하였다면 이는 적법 유효한 변호인의 항소이유서로 볼 수 없고(대법원 1969. 10. 4. 자 69모68 결정), 변호인선임신고서를 제출하지 아니한 변호인이 변호인 명의로 정식재판청구서만 제출하고 법 제453조 제1항이 정하는 정식재판청구기간 경과 후에 비로소 변호인선임신고서를 제출한 경우 변호인 명의로 제출한 위 정식재판청구서는 적법·유효한 정식재판청구로서의 효력이 없다(대법원 2005. 1. 20. 자 2003모429 결정)고 판시하였다. 69모68 결정에 대하여 다수 학자는 부정설로 이해하지만, 항소이유서 제출기간 경과 전에 변호인선임서를 제출하였다면 적법·유효한 변호인의 항소이유서로 볼 수 있다는 해석이 가능하므로, 판례가 부정설의 입장이라고 단언할 수는 없다. 2003모429 결정도 정식재판청구기간 경과 전에 변호인선임신고서를 제출하였다면 적법·유효한 정식재판청구서로의 효력이 있다는 취지로 해석할 여지가 있다.

③ **공소장변경의 추완**이란 기소당시 이중기소나 공소사실불특정 등의 흠이 공소장변경에 의해 치유될 수 있는가의 문제이다. 판결 2는 공소장변경에 의하여 이중기소의 위법상태가 해소됨을 인정하였고, 검사가 고소 취소된 사건을 협박죄로 기소하였다가 공갈미수로 공소장변경을 신청하여 허용된 이상 그 공소제기의 하자는 치유된다(대법원 1996. 9. 24. 선고 96도2151 판결)고 하였다. 또한 검사의 기명날인 또는 서명이 없는 상태의 공소장 제출에 의한 공소의 제기는 특별한 사정이 없는 한 그 절차가 법률의 규정에 위반하여 무효인 때에 해당하지만 공소를 제기한 검사가 공소장에 기명날인 또는 서명을 추완하는 등의 방법에 의하여 공소의 제기가 유효하게 될 수 있다(대법원 2012. 9. 27. 선고 2010도17052 판결)는 판결(⇨ 본서 43번 판결 참조)도 있다.

### 3. 결어

소송행위의 추완을 인정할 것인가 하는 문제는 소송행위의 형식적 확실성, 형사절차의 동적·발전적 성격에 따른 절차유지와 소송경제를 고려하여 판단하여야 한다. 당해 소송행위의 성질과 형식적 확실성이 필요한 이유를 기초로 소송행위의 누적적 속행이라는 형사절차의 특질에 비추어 가능한 한 추완을 인정하여야 할 것이다. 이러한 점에서 고소의 추완을 제외하고 소송행위의 추완을 인정한 대법원의 태도는 바람직하다고 생각한다.

[참고문헌] 심희기, 공소장변경과 소송조건, Jurist 392호(2003. 5.); 유정주, 이중기소의 판단기준이 되는 공소사실, 대법원판례해설 10호(1988 하반기)(1989. 12.).

[필자: 강동범 교수(이화여대)]

# 51. 소송행위의 하자(흠)와 그 치유 (2) — 검사의 기명날인·서명이 없는 공소제기

[대법원 2012. 9. 27. 선고 2010도17052 판결]

**[사안]** 검사는 2009. 9. 29. 대구지방법원에 D를 상대로 사기죄로 공소를 제기하였다. 공소장상 검사의 서명란과 날인란이 공란으로 비어 있고, 간인도 되어 있지 않은데, 제1심은 무죄판결을 선고하였다. 검사의 항소에 대하여 2010. 11. 26. 항소심 법원 또한 검사의 항소를 기각하였다. 항소심 단계까지 D 측에서 공소장의 서명 또는 기명날인(이하 '서명 등'이라 한다) 누락에 대한 문제 제기나 법원이 이에 대하여 직권으로 조치한 흔적은 찾을 수 없다.

**\*[판지(파기환송)]\***

① 법 제254조 제1항은 "공소를 제기함에는 공소장을 관할 법원에 제출하여야 한다"고 정한다. 한편 법 제57조 제1항은 "공무원이 작성하는 서류에는 법률에 다른 규정이 없는 때에는 작성 연월일과 소속공무소를 기재하고 기명날인 또는 서명하여야 한다"고 정하고 있다. 여기서 '공무원이 작성하는 서류'에는 검사가 작성하는 공소장이 포함되므로, 검사의 서명 등이 없는 상태로 관할법원에 제출된 공소장은 법 제57조 제1항에 위반된 서류이다. ② 그리고 이와 같이 법률이 정한 형식을 갖추지 못한 공소장 제출에 의한 공소의 제기는 특별한 사정이 없는 한 그 절차가 법률의 규정에 위반하여 무효인 때(법 제327조 제2호)에 해당한다. ③ 다만 이 경우 공소를 제기한 검사가 공소장에 기명날인 또는 서명을 추완하는 등의 방법에 의하여 공소의 제기가 유효하게 될 수 있다(대법원 2007. 10. 25. 선고 2007도4961 판결 등 참조).

**[해설]**

## 1. 관련 규정의 취지(판지 ①부분)

법 제254조 제1항은 공소장이라는 서면 제출에 의하여 공소 제기의 효력이 발생한다는 취지로서, 구두에 의한 공소 제기는 그 효력이 인정될 수 없다. 공소장은 법원의 심판범위를 명백하게 하고 피고인 또한 방어 준비의 기초 자료로 삼을 수 있게 하는 의미를 가지므로, 검사에 의한 공소 제기라는 소송행위가 성립하기 위한 본질적 요소이며, 공소 제기는 검사가 법원에 대하여 형사재판을 청구하는 중요한 소송행위로서 형식적 확실성이 특히 요청된다는 고려하에서 규정된 조항이다. 한편 법 제57조 제1항은 "공무원이 작성하는 서류에는 법률에 다른 규정이 없는 때에는 작성 연월일과 소속 공무소를 기재하여야 한다"고 규정하고 있다. 구법(2007. 6. 1. 법률 제8496호로 개정되기 전의 것) 제57조 제1항은 "공무원이 작성하는 서류에는 법률에 다른 규정이 없는 때에는 … 서명날인하여야 한다"고만 규정하고, 이에 따른 구 형사소송규칙(2007. 10. 29. 제2038호로 개정되기 전의 것) 제40조 제1항은 '서명날인의 특칙'이라는 표제 하에 "공무원이 작성하는 서류로서 판결과 각종 영장(감정유치장 및 감정처분허가장 포함) 이외에는 서명날인을 기명날인으로 갈음할 수 있다"고 규정하고 있었다. 그런데 2007. 6. 1. 법률 제8496호로 개정된 현행 법 제57조는 "공무원이 작성하는 서류에는 법률에 다른 규정이 없는 때에는 작성 연월일과 소속 공무소를 기재하고 기명날인 또는 서명하여야 한다."(제1항), "서류에는 간인하거나 이에 준하는 조치를 하여야 한다."(제2항)고 규정함으로써, 구법상 '서명날인'이 '기명날인 또는 서명'으로 대체되었고, 이에 따라 구법 제57조 제3항과 구 규칙 제40조가 폐지되었다. 따라서 현행 법 규정에 의하면 공소장에 검사의 기명날인 또는 서명 중 어느 하나만 기재되어 있더라도 그 공소장은 유효한 것이다.

## 2. 서명 등이 없는 공소장 제출에 의한 공소 제기의 효력(판지 ②부분)

공소장이 법 제57조 제1항에서 정하는 '공무원이 작성하는 서류'에 해당함은 분명한 이상, 위 규정에서 요구하는 요건인 서명 등이 누락되었다면 해당 서류인 공소장은 무효라고 해석할 수밖에 없다. 법 제57조 제1항의 규정이 단순한 훈시규정이라는 입장도 있을 수 있으나, 형사소송절차에 있어 공무원이 작성하는 서류의 중요성, 특히 공소장의 경우 검사의 서명 등은 작성권자의 의사의 진정성과 그 기재 내용의 정확성·완전성을 담보하는 것으로서 공소장 제출에 의하여 공소의 제기라는 중대한 법적 효과를 가져온다는 점을 중시하여야 하고, 그와 같은 서류 작성으로 인하여 피고인의 법적 지위나 이해관계 등에 중대한 변경을 야기할 수 있는 점 등을 감안하면 위 규정은 강행규정으로 보는 것이 타당하다.

공소장이 무효라면 법 제254조 제1항이 예정하고 있는 본래의 소송법적 효과, 즉 '공소의 제기'라는 효력이 발생한다고 볼 수 없다. 결국 서명 등이 누락된 공소장 제출에 의한 공소 제기는 무효이므로, 법 제327조 제2호가 정하는 '공소제기의 절차가 법률의 규정에 위반하여 무효인 때'에 해당하여 공소기각 판결 사유가 되며, 판지 ②부분의 결론은 그러한 의미로 이해할 수 있다.

### 3. 서명 등의 보완에 의한 추완 가능 여부(판지 ③부분)

대상판결 사안에서는 '상고심에 이르기까지 검사의 서명 등이 보완되지 않았기 때문에, 이러한 상태에서 공소기각이라는 형식재판이 아닌 무죄의 실체재판을 한 원심판결이 그대로 유지될 수 없다'는 이유로 파기환송되었다. 다만 서명 등이 누락된 공소장에 의한 공소 제기가 일응 무효라 하더라도, 공판 계속 중에 검사가 서명을 보완하는 등의 조치를 취한 경우 그 절차상 흠(하자)이 치유될 수 있는지가 문제될 수 있고, 판지 ③부분이 이에 대하여 판시하고 있다.

구법이 적용되던 사건에 관하여 대법원 2007. 10. 25. 선고 2007도4961 판결은 '이 사건 공소장이 통상적인 경우와는 달리 기명 및 서명날인이 아닌 기명날인만 된 채 제1심법원에 제출되기는 하였으나 공소제기 검사가 제1심의 제1회 공판기일에 공판검사로 출석하여 기소요지를 진술하고 기명날인이 된 공소장에 서명을 추가함으로써 그 공소제기의 의사를 명확히 하였으므로 이 사건 공소의 제기는 위 검사의 의사에 의하여 적법하게 이루어진 것으로 인정된다'고 한 원심 판단의 정당성을 수긍한 바 있다.

법 제57조 제1항이 공무원이 작성하는 서류에 대하여 서명 등을 요구하는 이유는 '작성자 의사의 진정성을 담보'하고 그 문서의 작성에 신중을 기하도록 함과

동시에 당해 문서 자체에 의하여 그 작성자의 의사가 명백하게 확인되어야 한다는 필요성에 의한 것으로 볼 수 있다. 그렇다면 서명 등이 누락된 공소 제기가 무효라 하더라도, 추후 서명 등의 보완에 의하여 작성자의 의사를 확인하는 조치가 불가능하다고 단정할 것은 아니다.

한편 법 제254조가 공소장의 서면제출(제1항), 필요적 기재사항(제3항), 범죄의 시일, 장소, 방법의 특정(제4항) 등을 규정한 것은, 서면에 의하여 공소사실을 특정함으로써 법원의 심판범위를 명확히 하고 피고인의 방어권을 보장할 목적에서 비롯된 것이다. 다만 피고인은 공소장 원본이 아닌 부본(법 제254조 제2항)을 송달받게 되고 그 부본에는 검사의 서명 등이 나타나 있지 않다. 피고인으로서는 공소가 제기되면 그 부본의 송달로써 특정 검사에 의한 공소 제기 사실과 그 내용을 분명하게 알 수 있게 된다. 결국 검사의 서명 등 보완에 의한 추완 문제는 피고인의 방어권 보장과 직접적 관련이 있다고 보기 어렵다.

대상판결은 이러한 점들에 비추어, 공소제기 검사가 공판기일에 직접 출석하여 해당 공소제기가 자신의 진정한 의사에 기한 것임을 진술하면서 서명 등을 보완하고 이를 공판조서에 기재하는 방법, 그 밖에도 공소장 작성권자의 진정성을 담보할 수 있는 방법에 의하여 공소제기의 효력에 관한 추완을 인정할 수 있다고 판시한 것으로 이해할 수 있다.

[참고문헌] 김승주, 검사의 기명날인·서명이 없는 공소장에 의한 공소 제기의 효력, 대법원판례해설 제94호(2013).

**[필자: 김승주 판사]**

# 52. 소송행위의 하자(흠)와 그 치유 (3) ─ 재정신청인용 결정의 하자

[대법원 2010. 11. 11. 선고 2009도224 판결]

[사안] 고소인인 甲 자동차판매주식회사(이하 '甲 자동차판매'라 한다)는 피의자를 상대로, 공소외 A법인 명의의 임대차계약서, 위임장의 위조 및 동행사, 유가 증권인 동법인 명의의 약속어음의 위조 및 동행사, 위 조된 위임장 및 약속어음을 공증담당변호사에게 제시 하여 약속어음공정증서를 작성 비치하게 한 공정증서 원본불실기재 및 동행사, 그 임대차계약서 및 약속어 음 공정증서를 이용하여 강제집행을 신청하여 배당금 7,100만원 상당을 수령함으로써 이를 편취한 사기 등 의 혐의로 고소를 제기하였는데 이에 대하여 검사가 불기소처분을 하였다. 그러자 고소인은 검찰항고를 거 쳐 재정신청을 하면서 "신청을 이유 있게 하는 사유" 를 제출하도록 한 형사소송법(이하 '법'이라 한다) 제260 조 제4항의 규정에 위반하여 아무런 사유를 제출하지 아니하였다. 그럼에도 불구하고 재정법원은 이를 간과 한 채 고소사실 전부 및 추가로 배당신청을 하였다가 미수에 그친 사기미수의 범죄에 대하여도 공소제기 결 정을 하였고, 검사는 이에 따라 공소를 제기하였다.

제1심이 배당금 7,100만원 상당 수령 부분을 사기죄 의 유죄로, 나머지는 모두 무죄로 선고하자, 피고인은 유죄부분을, 검사는 무죄부분에 대하여 각 항소하였다. 항소심은 쌍방 항소를 모두 기각하였으며, 피고인만 유죄 부분에 대하여 '재정신청이 법률상 방식에 위배 되었으므로 기각되어야 함에도 재정법원이 공소제기 결정을 한 잘못이 있다'는 주장과 아울러 그 외 '판단 유탈, 공소장 변경에 관한 법리오해, 채증법칙 위반 등 의 위법'을 이유로 상고하였다.

★[판지(상고기각)]★

1. 법원이 재정신청서에 재정신청을 이유 있게 하는 사유가 기재되어 있지 않음에도 이를 간과한 채 법 제 262조 제2항 제2호 소정의 공소제기결정을 한 관계로 그에 따른 공소가 제기되어 본안사건의 절차가 개시된 후에는, 다른 특별한 사정이 없는 한 그 본안사건에서 위와 같은 잘못을 다툴 수 없다. 그렇지 아니하고 다툴 수 있다고 한다면 재정신청 결정에 대하여 그것이 기 각결정이든 인용결정이든 불복할 수 없도록 한 법 제 262조 제4항의 규정 취지에 위배하여 **형사소송절차의 안정성**을 해칠 우려가 있기 때문이다. 위와 같은 잘못 은 본안사건에서 공소사실 자체에 대하여 무죄, 면소, 공소기각 등을 할 사유에 해당하는지를 살펴 무죄 등 의 판결을 함으로써 그 잘못을 바로잡을 수 있을 뿐만 아니라, 본안사건에서 심리한 결과 범죄사실이 유죄로 인정되는 때에는 이를 처벌하는 것이 오히려 형사소송 의 이념인 실체적 정의를 구현하는 데 보다 충실하기 때문이다.

2. 재정신청서에 법 제260조 제4항에 정한 사항의 기재가 없어서 법원으로서는 그 재정신청이 법률상의 방식에 위배된 것으로서 이를 기각하여야 함에도, 심 판대상인 사기 부분을 포함한 고소사실 전부에 관하여 공소제기 결정을 한 잘못이 있고 나아가 그 결정에 따 라 공소제기가 이루어졌다 하더라도, 공소사실에 대한 실체 판단에 나아간 제1심의 판결을 유지한 원심의 조 치는 정당하다.

[해설]

### 1. 재정신청 규정의 개정과 재정결정 불복 금지

검사의 불기소처분에 대하여 그 당부의 심사를 법원 에 신청하는 제도가 재정신청 제도이다. 종래 재정신 청 대상 범죄를 내란·외환죄 등 헌정질서 파괴범죄나 고위 공직자의 부패범죄, 공직선거법 위반과 같은 특 별법상의 몇 개를 제외하고는 형법 제123조 내지 제 125조에 규정된 소위 공무원의 직권남용범죄에 한정하 고 있다가 2007년 형사소송법 개정(2007. 6. 1. 법률 제 8496호)으로 그 대상을 전면 확대하였다. 또한 개정 전 의 법은 재정법원(고등법원)의 부심판 결정이 있으면 공 소제기된 것으로 간주(의제)하고, 지정변호사가 공소유 지를 담당하도록 하였으나, 개정법(현행법)은 ① 재정법원이 공소제기 결정을 하면 검사가 공소제기 및 공소유지를 하며 ② 재정결정에 대하여 '항고'할 수 없다는 규정을 '불복'할 수 없다고 개정하는 등(법 제262조 제4항) 제도의 내용을 변경(종래의 부심판절차를 기소강제 절차로 변경)하였다.

## 2. 재정결정 불복 금지(법 제262조 제4항)의 의미

법 개정 전 '항고할 수 없다'고 한 규정에 대하여 판례는 '재정신청 인용결정에 대하여는 항고가 허용되지 아니하나, 재정신청 기각결정에 대하여는 재판에 영향을 미친 헌법·법률·명령 또는 규칙의 위반이 있는 경우 법 제415조에 의하여 대법원에 즉시항고가 가능하다'고 했다(대법원 1997. 11. 20. 자 96모119 전원합의체 결정). 즉, 기각결정에 대하여는 일정한 경우 불복이 가능하였다. 그런데 '불복할 수 없다'고 규정한 현행법하에서도 종래와 같이 해석하는 **불복허용설**, 인용 결정이든 기각결정이든 일체 항고를 불허한다는 **불복불허설**, 민사소송법 제449조상 특별항고 사유가 있는 경우 예외적으로 불복을 허용하는 것으로 해석하는 **예외적 불복허용설**이 대립한다. 불복불허설이 다수설의 입장이며, 개정 경위와 입법 취지도 이에 가깝다.

'재정신청이 인용되어 공소제기된 경우에 항고할 수 없다'는 것은 종전 규정 및 판례에 의하여 확립된 것이다. 본안 재판을 통하여 대법원의 최종적인 판단을 받을 수 있기 때문이다. 현재의 대법원도 이 경우 '독립된 항고의 대상으로 삼아 다투지 못한다'며 재항고를 기각하였다(대법원 2012. 10. 29. 자 2012모1090 결정).

그러나 재정법원이 재정신청을 부적법하게 기각한 경우에 대법원은 항고를 인정한다. 기간 오산정으로 적법한 재정신청을 기간도과 이유로 기각한 재정법원의 결정에 대하여 파기환송한 결정(대법원 2011. 2. 1. 자 2009모407 결정)이 그것이다.

## 3. 법률상 방식에 위반한 공소제기 결정의 효력 및 본건 판결의 의의

본 사안은 형식적 요건을 결여한 재정신청을 간과하고 공소제기 결정한 데 대하여는 이를 본안절차에서 다투어야 하고, 재정결정 자체에 불복하여 항고와 같은 별도 불복수단으로 다투지 못한다고 판시하므로 엄밀하게 말하면 법 제262조 제4항 적용의 문제는 아니다.

이처럼 재정신청 사유의 기재가 없거나, 재정신청권자가 아닌 자에 의한 재정신청, 공소시효가 완료된 경우, 고소 대상(또는 불기소처분 대상)이 아닌 사실에 대하여 공소제기된 경우와 같이 법률상 방식에 위배한 공소제기의 경우 재정결정을 본안에서 다툴 수 있을 것인지가 문제된다.

① 다툴 수 있고 공소제기 절차가 위법 무효이므로 공소기각 판결을 하여야 한다는 공소기각 판결설, ② 다툴 수 없고 일반 공소제기 사건과 마찬가지로 보아 무죄 등 판결로 해결하여야 한다는 **실체판단설**, ③ 원칙적으로 다툴 수 없지만 공소시효 완성 등과 같이 그 하자가 실체적 사유에 해당하는 경우에는 다툴 수 있다는 절충설이 있다. 이 사건 대법원 판결은 일응 ②설의 입장에 선 것으로 보인다.

대법원은 본안에서 공소제기 결정의 잘못을 다툴 경우 ① 법 제262조 제4항의 규정 취지에 반하고, ② 무죄, 면소, 공소기각 등의 사유에 해당되면 그러한 판결을 함으로써 잘못을 바로 잡을 수 있으며, ③ 유죄인 경우에는 유죄 선고를 하는 것이 실체적 정의에 부합한다는 점을 근거로 든다.

본 판결은 피의자의 구제보다 실체진실의 발견 내지 소송 경제의 요청을 더 중시한 것으로 새길 수 있다.

[참고문헌] 김양섭, 법률상의 방식을 위반한 재정신청을 인용하여 공소제기 결정을 한 잘못을 그 본안절차에서 다툴 수 있는지 여부, 대법원판례해설 제86호(2010 하); 조기영, 재정결정에 대한 불복여부 및 재정결정상 하자의 법적 효과, 법조 제59권 제10호(2010); 김양섭, 재정신청이 법률상의 방식을 준수하였음에도 법원이 방식위배의 신청이라고 잘못 보아 그 신청이유에 대한 실체 판단 없이 형식적인 사유로 기각한 경우의 구제 방안, 대법원판례해설 제88호(2011 상).

[필자: 이홍락 검사]

# 53. 피고인이 즉결심판에 대하여 정식재판을 청구하는 절차
## - 날인 없이 서명만 있는 정식재판 청구의 적법성

[대법원 2019. 11. 29. 자 2017모3458 결정]

### [사안]

피고인 D는 승용차를 운전하여 △△삼거리를 진행하다가 '전방 신호가 적색인데도 진행하여 신호를 위반하였다'는 사유로 고정식 무인단속카메라에 적발되었다. D가 이 적발에 대한 범칙금 납부통고서를 받고 통고처분에 대한 이의신청을 하자, 관할 경찰서장은 D에 대하여 즉결심판을 청구하였고, 관할 법원은 같은 날 D에게 벌금 5만 원을 선고하였다(전주지방법원 2016조2호).

이에 D는 경찰서장에게 이 사건 즉결심판에 대한 정식재판청구서를 제출하였는데, 이 사건 정식재판청구서에는 D의 자필로 보이는 이름이 기재되어 있었고 그 옆에 서명이 되어 있었지만 인장이나 지장이 날인되어 있지 않았다. 경찰관 P는 정식재판청구서에 따라 범죄를 인지하였다는 내용의 범죄인지서를 작성하였고, 불구속 기소 의견으로 관할 검찰청에 사건을 송치하였다(전주지방검찰청 2016년 형제25174호). 검사는 D에 대하여 도로교통법 위반죄로 공소를 제기하면서 약식명령을 청구하였고, 법원은 D에게 벌금 20만 원의 약식명령을 발령하였다(전주지방법원 2016고약7603호).

D는 정식재판청구권회복청구 인용결정(전주지방법원 2017초기117호)을 받아 약식명령에 대하여 정식재판청구를 했지만, 제1심은 정식재판청구서에는 날인 없이 서명만 되어 있으므로 구 형사소송법(2017. 12. 12. 법률 제15164호로 개정되기 전의 것) 제59조에 위반되어 적법한 청구서라고 볼 수 없고, 따라서 즉결심판은 확정되어 확정판결과 동일한 효력이 생겼기 때문에, 이 사건 공소사실이 형사소송법 제326조 제1호에서 정한 '확정판결이 있은 때'에 해당한다는 이유로 면소 판결을 선고하였다(전주지방법원 2017고정153호).

이에 대하여 D는 항소하였는데, 원심은 '피고인은 면소 판결을 다툴 만한 이익이 없고 무죄의 실체 판결을 구하기 위해 상소할 수 있는 권리도 인정되지 않으므로 피고인의 항소는 부적법하다'는 이유로 항소기각 결정을 하였다(전주지방법원 2017노1130호).

이에 D는 원심의 항소기각 결정이 구 형사소송법 제59조에서 정한 기명날인, 이중기소에 관한 법리를 오해하여 재판에 영향을 미친 잘못이 있다고 주장하며 대법원에 형사소송법 제415조에 따른 재항고를 하기에 이르렀다.

### [판지(파기환송)]

1. 피고인이 즉결심판에 대하여 제출한 정식재판청구서에 날인 없이 서명만 되어 있더라도, 정식재판청구서에 피고인의 자필로 보이는 이름이 기재되어 있고 그 옆에 서명이 되어 있어 위 서류가 작성자 본인인 피고인의 진정한 의사에 따라 작성되었다는 것을 명백하게 확인할 수 있다면 형사소송절차의 명확성과 안정성을 저해할 우려가 없으므로 정식재판청구는 적법하다고 보아야 한다. 피고인의 인장이나 지장이 찍혀 있지 않다고 해서 이와 달리 볼 것이 아니다.

2. 피고인이 즉결심판에 대하여 적법한 정식재판청구를 하였는데도, 검사가 즉결심판이 청구된 위반 내용과 동일성 있는 범죄사실에 대하여 약식명령을 청구하였으므로, 원심은 제1심 판결을 파기하고 공소가 제기된 사건에 대하여 다시 공소가 제기되었을 때에 해당한다는 이유로 공소기각판결을 선고했어야 한다. 관할 법원은 위에서 본 절차에 따라 정식재판청구서를 첨부한 사건기록과 증거물을 송부받아 피고인의 정식재판청구에 대하여 공판절차에 따라 심판하여야 한다.

### [해설]

**1. 날인 없이 서명만 있는 정식재판 청구의 적법성**

즉결심판에 대하여 정식재판을 청구하고자 하는 피고인은 정식재판청구서를 경찰서장에게 제출하여야 하고(즉결심판법 제14조 제1항), 즉결심판절차에서 즉결심판법에 특별한 규정이 없는 한 그 성질에 반하지 않는 것은 형사소송법의 규정을 준용한다(즉결심판법 제19조).

이 사안의 쟁점인 구 형사소송법 제59조는 "공무원 아닌 자가 작성하는 서류에는 연월일을 기재하고 기명날인하여야 한다. 인장이 없으면 지장으로 한다."라고 정하고 있었는데, 여기에서 '기명날인'은 공무원 아닌 사람이 작성하는 서류에 관하여 그 서류가 작성자 본인의 진정한 의사에 따라 작성되었다는 것을 확인하는 표식으로서 형사소송절차의 명확성과 안정성을 도모하는 것이 그 주된 목적이었다.

그러나 공무원이 작성하는 서류에 관하여는 법률에 다른 규정이 없는 때에는 작성 연월일과 소속공무소를 기재하고 기명날인 또는 서명하여야 한다고 정하여(법 제57조) 공무원이 작성하는 서류에 대한 본인확인 방법으로 기명날인 외에 서명을 허용하고 있고, 형사소송 서류에 대한 본인확인 방법과 관련하여 공무원이 아닌 사람이 작성하는 서류를 공무원이 작성하는 서류와 달리 적용하거나 판단해야 할 이유가 없다. 오히려 생활저변에 서명이 보편화되는 추세에 따라 행정기관에 제출되는 서류의 본인확인 표식으로 인장이나 지장뿐만 아니라 서명도 인정될 필요성이 높아지고 있다. 인감증명서와 동일한 사법적 효력을 가지고 있는 본인서명사실확인서의 발급률이 지속적으로 상승하고 있다는 점도 이를 뒷받침한다. 이를 고려하여 개정한 형사소송법 제59조에서도 본인확인 방법으로 기명날인 외에 서명을 허용하였다.

물론 구 형사소송법을 기준으로 할 때 작성자의 기명날인 또는 무인이 없는 서류는 무효라는 견해도 있으나 그 자체만으로 무효라고 보기는 어렵고, 법 제313조도 피고인 또는 피고인 아닌 자가 작성한 진술서나 그 진술을 기재한 서류가 그 작성자 또는 진술자의 자필인 경우 그 성립의 진정함이 증명된 때에는 증거로 할 수 있다고 규정하는 점 등을 고려하면 서류의 내용과 서류가 가지는 법률상 의미 및 그 진정성립이라는 견지에서 그 서류의 유무효를 결정하여야 한다고 본다는 의견이 더욱 타당하다고 본다.

| 구 형사소송법<br>(2017. 12. 12. 법률<br>제15164호로 개정되기 전의 것) | 현행 형사소송법<br>(개정 2017. 12. 12.) |
|---|---|
| 제59조(비공무원의 서류)<br>공무원 아닌 자가 작성하는 서류에는 연월일을 기재하고 **기명날인**하여야 한다. 인장이 없으면 지장으로 한다. | 제59조(비공무원의 서류)<br>공무원 아닌 자가 작성하는 서류에는 연월일을 기재하고 **기명날인 또는 서명**하여야 한다. 인장이 없으면 지장으로 한다. |

따라서 피고인의 자필로 보이는 이름이 기재되어 있고 그 옆에 서명이 되어 있어 위 서류가 작성자 본인인 피고인의 진정한 의사에 따라 작성되었다는 것을 명백하게 확인할 수 있는 경우에는 피고인의 인장이나 지장이 없다고 하더라도 형사소송절차의 명확성과 안정성을 저해할 우려가 없으므로, 적법하다고 보아야 한다. 물론 개정 이후에 발생하는 서명 사안이 적법함은 더욱 자명하다.

2. 피고인이 즉결심판에 대하여 정식재판청구를 한 경우 검사가 법원에 사건기록과 증거물을 그대로 송부하지 않고 즉결심판이 청구된 위반 내용과 동일성 있는 범죄사실에 대하여 청구한 약식명령 (공소기각 판결)

피고인이 즉결심판에 대하여 정식재판청구를 한 경우 검사가 법원에 사건기록과 증거물을 그대로 송부하지 않고 즉결심판이 청구된 위반 내용과 동일성 있는 범죄사실에 대하여 약식명령을 청구하면, 법원은 공소가 제기된 사건에 대하여 다시 공소가 제기되었을 때에 해당한다는 이유로 공소기각 판결을 선고하여야 한다는 것이 대법원의 확고한 태도다(대법원 2012. 3. 29. 선고 2011도8503 판결, 대법원 2017. 10. 12. 선고 2017도10368 판결 등 참조). 즉결심판에 대한 정식재판청구가 이미 공소제기에 해당하기 때문에, 동일성 있는 범죄사실에 대한 약식명령 청구는 공소기각 판결의 대상인 이중기소가 되는 것이다. 따라서 이 사안의 약식명령에 대하여 원심은 제1심 판결을 파기하고 공소기각판결을 선고해야 하고, 즉결심판에 대한 피고인의 정식재판청구에 대하여 공판절차에 따라 심판하여야 할 것이다.

[참고문헌] 주석 형사소송법(상), 한국사법행정학회(1983), 322(백형구) 등

[필자: 이충윤 변호사(법무법인 해율 파트너 변호사<br>/대한변호사협회 대변인)]

# 54. 위법한 공시송달에 기초한 재판의 효력

[대법원 2013. 6. 27. 선고 2013도2714 판결]

**[사안]** 피고인은 음주운전과 무면허 운전으로 도로교통법 위반으로 기소된 사건의 제1심 재판이 진행 중 별건으로 2011년 8월 29일부터 서울 구치소에 수감되어 있었고, 2012년 3월 21일 이후 소망교도소에서 수형 중이었다. 제1심 법원은 피고인의 소재를 파악하지 못하여 2012년 5월 11일 피고인에 대한 송달을 공시송달로 할 것을 결정하였고 이후 공소장 부본, 공판기일 소환장 등 피고인에게 송달하여야 할 소송서류를 공시송달의 방법으로 송달하여 피고인의 출석 없이 재판을 진행한 후 피고인에게 벌금 500만원을 선고하였다. 피고인은 이후 상소권회복결정을 받아 항소심 공판기일에 출석하였는데 항소심은 새로 소송행위를 하지 않은 채 제1심이 채택하여 조사한 증거만으로 피고인의 유죄를 인정하고 판결을 선고하였다.

## *[판지(원심판결 파기환송)]*

### 1. 공시송달의 적법성 요건

"피고인이 구치소나 교도소 등에 수감 중에 있는 경우는 형사소송법 제63조 제1항에 규정된 '피고인의 주거, 사무소, 현재지를 알 수 없는 때'나 '소송촉진 등에 관한 특례법' 제23조에 규정된 '피고인의 소재를 확인할 수 없는 경우'에 해당한다고 할 수 없으므로, 법원이 수감 중인 피고인에 대하여 공소장 부본과 피고인 소환장 등을 종전 주소지 등으로 송달한 경우는 물론 공시송달의 방법으로 송달하였더라도 이는 위법하다고 보아야 한다. 따라서 법원은 주거, 사무소, 현재지 등 소재가 확인되지 않는 피고인에 대하여 공시송달을 할 때에는 검사에게 주소보정을 요구하거나 기타 필요한 조치를 취하여 피고인의 수감 여부를 확인할 필요가 있다."

### 2. 위법한 공시송달에 기초한 재판의 효력

"제1심법원이 별건으로 수감 중인 피고인에게 공시송달의 방법으로 소송서류를 송달한 다음 피고인의 출석 없이 재판을 진행하여 유죄를 선고하였는데, 그 후 피고인이 상소권회복결정을 받아 원심 공판기일에 출석한 사안에서, 제1심의 피고인에 대한 송달은 위법하고, 위법한 공시송달에 기초하여 진행된 제1심 소송절차는 모두 위법하므로, 원심이 제1심의 공시송달이 적법함을 전제로 공소장 부본의 송달부터 증거조사 등 절차진행을 새로이 하지 아니한 채 제1심이 채택하여 조사한 증거만으로 피고인에게 유죄판결을 선고한 것은 위법하다."

## [해설]

### 1. 공시송달의 적법성 요건

송달은 재판에 필요한 각종 서류를 당사자와 그 밖의 소송관계인에게 법정의 방식에 좇아 알려줌으로써 소송의 개시와 진행 그리고 종료를 위한 기초를 마련해주는 기능을 할 뿐만 아니라 이러한 과정 속에서 당사자에 대한 헌법상의 재판청구권의 보장과 법적 안정성 실현에 중요한 역할을 담당하게 된다. 교부송달이 원칙이지만, 공시송달이라는 보충적이고 최후의 송달방법을 인정하는 것은 피고인의 소재불명이 원인이 되어 소송상의 서류를 송달하지 못함으로써 소송절차의 진행이 불가능하게 되는 경우를 피하기 위해서이다. 하지만, 공시송달은 현실적으로 송달을 받을 자에게 소송서류를 교부하지 않고, 송달의 효력을 발생시키는 것이므로 송달을 받을 자의 불이익은 어느 정도 예상할 수 있다. 그렇기 때문에 피고인의 공판정에의 출석할 권리 및 재판받을 권리, 방어권 보장 등의 부분에서 헌법상의 기본권 침해가 일어나지 않도록 원칙적인 송달방식으로 불가능한 경우에 필요한 조치를 강구한 이후에만 공시송달을 시행할 수 있다.

공시송달은 피고인의 주거, 사무소와 현재지를 알 수 없거나, 피고인이 재판권이 미치지 아니하는 장소에 있는 경우 다른 방법으로 송달할 수 없는 경우, 법원이 명하는 때에 한하여 할 수 있다(형사소송법 제63조 제1항, 제64조 제1항). 구속 피고인의 경우에는 공소장

기재의 주소와 관계없이, 공소장 첨부서류 중 피의자 수용증명이 있으면 그 증명된 구치소 또는 교도소에(수용증명이 한 피고인에 대하여 여러 통 첨부되어 있으면 최후에 작성된 것에 의함), 피의자 수용증명이 없으면 구속영장에 기재된 구금장소에 각 소재하는 것으로 본다. 피고인이 수감되어 있는 경우에는 형사소송법 제63조 제1항에 규정된 '피고인의 주거, 사무소, 현재지를 알 수 없는 때'나 '소송촉진 등에 관한 특례법' 제23조에 규정된 '피고인의 소재를 확인할 수 없는 경우'에 해당한다고 할 수 없으며, 본 사안에서와 같이 법원은 주거, 사무소, 현재지 등 소재가 확인되지 않는 피고인에 대하여 공시송달을 할 때에는 검사에게 주소보정을 요구하거나 기타 필요한 조치를 취하여 피고인의 수감 여부를 확인할 필요가 있다.

공시송달의 요건을 흠결한 경우를 살펴보면 ① 주소보정요구의 결여, ② 소재탐지 등의 피고인 소재확인의 결여, ③ 6개월 미경과, ④ 절차 누락의 사유를 들 수 있다. 소송촉진 등에 관한 특례법상으로 피고인에 대한 송달이 불능한 경우에 피고인의 소재를 확인하기 위하여 필요한 조치를 취하여야 한다는 규정과 같이 공시송달의 경우에도 피고인의 소재확인을 위해 피고인의 소재탐지를 촉탁하고 소재탐지를 위한 필요한 조치를 강구하여야 한다. 만약 피의자신문조서나 진술서 등의 기록을 찾아 피고인의 다른 연락처나 휴대전화번호 등이 기록상 나타나 있는 경우에는 그 연락처로 연락하여 송달받을 장소를 확인하여 보는 등의 시도를 해 보아야 하고, 그러한 조치를 취하지 아니한 채 곧바로 공시송달의 방법에 의한 송달을 하는 것은 형사소송법 제63조 제1항 위반이 된다(대법원 2007. 7. 12. 선고 2006도3892 판결 참조).

### 2. 위법한 공시송달에 기초하여 진행된 재판의 효력

위법한 공시송달의 방법으로 피고인이 불출석한 가운데 공판절차가 진행되고 판결이 선고되었으며, 피고인으로서는 공소장부본이나 소환장 등을 송달받지 못한 관계로 공소가 제기된 사실은 물론 판결 선고 사실에 대하여 알지 못한 나머지 항소기간 내에 항소를 제기하지 못한 경우 이와 같은 항소제기기간의 경과는 피고인의 책임질 수 없는 사유에 기인한 것으로 봄이 상당하다(대법원 2007. 1. 12. 자 2006모691 결정) 본 사안에서와 같이 제1심의 피고인에 대한 송달은 위법하고,

위법한 공시송달에 기초하여 진행된 제1심 소송절차는 모두 위법하므로 이에 따른 제1심 판결도 파기되어야 한다. 위법한 공시송달로 인하여 피고인의 책임질 수 없는 사유로 인하여 상소제기기간 내에 상소하지 못하게 된 경우 소멸된 상소권을 법원의 결정에 의하여 회복시킨다.

상소권회복결정에 의해 이루어진 항소심에서는 다시 적법한 절차에 의하여 소송행위를 새로이 한 후 피고인의 진술과 증거조사 등 심리 결과에 기초하여 다시 판결하여야 한다(대법원 2004. 2. 27. 선고 2002도5800 판결). 항소심이 이를 간과한 채 제1심의 공시송달을 적법함을 전제로 하여 피고인의 불출석으로 그가 증거로 할 수 있음을 동의한 것으로 간주된다고 보고 피고인의 참여 없이 실시된 제1심의 증거조사 결과에 기초하여 항소심에서 유죄판결을 행할 수 없다(대법원 2012. 4. 26. 선고 2012도986 판결).

항소법원은 판결에 영향을 미친 사유에 관하여는 항소이유서에 포함되지 아니한 경우에도 직권으로 이를 심판할 수 있으므로, 항소심은 마땅히 직권으로 제1심 공시송달의 위법을 시정하는 조치를 취한 후 다시 피고인에게 증거의견을 묻는 등으로 적법하게 소송절차를 진행하여야 한다. 항소심에서의 피고인의 진술 및 증거조사의 결과에 따라 다시 판결을 하였어야 함에도 불구하고 제1심 공시송달의 위법을 시정하지 아니한 채 제1심에서 채택한 증거들이 여전히 증거능력이 있음을 전제로 다시 그 증거들에 대하여 증거조사만 하여 피고인에게 유죄판결을 행한 것은 공시송달의 요건에 관한 법리를 오해하여 판결에 영향을 미친 위법이 있다(대법원 2011. 7. 28. 선고 2011도6762 판결).

[참고문헌] 신용석, 제1심이 위법한 공시송달로 피고인의 출석 없이 재판한 경우 항소심이 취하여야 할 조치, 대법원판례해설 50호 (2004. 12.).

[필자: 이인영 교수(홍익대)]

# 55. 수사기록에 대한 변호인의 열람·등사권 (1) — 개정 형소법 이전 헌재결정

[헌법재판소 1997. 11. 27. 선고 94헌마60 결정]

[**사안**] D(청구인)는 1994. 3. 21. 국가보안법위반죄 혐의로 구속기소되었다. D의 변호인이 D를 위한 변론을 준비하기 위하여 같은 달 22. 검사 S(피청구인)에게 경찰 및 검찰에서의 D의 자술서 및 피의자신문조서, 참고인들의 진술조서 등이 포함된 사건 수사기록 일체를 열람·등사하겠다는 신청을 하였으나, 검사 S는 거부사유를 일체 밝히지 아니한 채 이를 거부하였다. 이에 D는 "변호인의 열람·등사신청을 거부한 S의 행위는 헌법 제12조 제4항이 보장하고 있는 변호인의 조력을 받을 권리 및 헌법 제27조 제1항, 제3항이 보장하고 있는 신속하고 공정한 재판을 받을 권리 등 헌법상 보장된 D의 기본권을 침해하고 있다"는 이유를 들어 1994. 4. 16. 헌법재판소법 제68조 제1항에 의한 헌법소원심판을 청구하였다.

**\*[판지(위헌확인)]\***

1. 검사가 보관하는 수사기록에 대한 변호인의 열람·등사는 실질적 당사자대등을 확보하고, 신속·공정한 재판을 실현하기 위하여 필요불가결한 것이며, 그에 대한 지나친 제한은 피고인의 신속·공정한 재판을 받을 권리를 침해하는 것이다.

2. ① 변호인의 수사기록에 대한 열람·등사권도 기본권제한의 일반적 법률유보조항인 국가안전보장 질서유지 또는 공공복리를 위하여 제한되는 경우가 있을 수 있으며, 검사가 보관중인 수사기록에 대한 열람·등사는 당해 사건의 성질과 상황, 열람·등사를 구하는 증거의 종류 및 내용 등 제반 사정을 감안하여 그 열람·등사가 피고인의 방어를 위하여 특히 중요하고 또 그로 인하여 국가기밀의 누설이나 증거인멸, 증인협박, 사생활침해, 관련사건 수사의 현저한 지장 등과 같은 폐해를 초래할 우려가 없는 때에 한하여 허용된다. (이하의 내용은 해설에서 소개하므로 생략함)

5. 공소장일본주의는 법원으로 하여금 사전에 유죄 심증의 예단을 갖고 재판에 임하게 되는 것을 방지하고자 마련된 제도로서 공정한 재판을 하기 위한 것이므로 이는 어디까지나 법원에 대한 예단 배제의 한도 내에서 운용되어야 하는 것이지 그것이 피고인의 방어권을 제약하는 수단으로 이용되어서는 아니 된다.

6. 이 사건에서 검사 S가 국가기밀의 누설이나 증거인멸, 증인협박, 사생활침해의 우려 등 정당한 사유를 밝히지 아니한 채 수사기록의 열람·등사를 전부 거부한 것은 청구인 D의 신속·공정한 재판을 받을 권리와 변호인의 조력을 받을 권리를 침해하는 것으로 헌법에 위반된다.

[**해설**]

본 사건에서는 공소제기 후 법원에 증거를 제출하기 전까지의 사이에 검사가 보관하고 있는 수사기록을 열람·등사할 수 있는지 여부가 쟁점이며 구체적으로 열람·등사의 근거, 대상, 절차 등이 문제된다. 2007년 형사소송법 개정에 의하여 증거개시제도가 도입되어(제226조의3, 제266조의4) 이 문제는 입법적으로 대부분 해결되었다. 그러나 본 결정은 증거개시의 헌법적 기초를 제공한다는 점에서 여전히 중요한 의미를 갖는다. 한편 수사기록 등 형사기록에 대한 피고인이나 변호인의 열람·등사는 공소제기 전, 판결확정 후에도 필요하지만, 이는 별도로 논의되어야 한다(헌법재판소 2003. 3. 27. 선고 2000헌마474 결정, 형사소송법 제59조의3 참조).

1. 수사기록 열람·등사권의 근거

헌법재판소(이하 '헌재'로 약칭함)는 공소제기 후 증거제출 전 검사가 보관하고 있는 수사기록의 열람·등사신청을 정당한 사유 없이 전부 거부한 것은 위헌임을 확인하고 있다(판지 6. 부분). 헌재는 그 근거로서 실질적 당사자 대등주의, 신속·공정한 재판을 받을 권리 및 변호인의 조력을 받을 권리를 제시하고 있다(판지 1. 부분). 형사소송법상 당사자주의는 당사자 대등을 전제로 하는데 이는 형식적 대등이 아닌 실질적 당사자 대등을 의미한다. 우월한 증거수집능력과 수사기술을 바탕으로 검사가 증거를 독점하고 있는 상황에서 증거의 공유 없이는 실질적 당사자 대등을 기대할 수 없기 때문에 수사기록의 열람·등사가 인정되어야 실질적 당사자 대등을 이룰 수 있다. 또한 수사기록에는 수사기관이 수집한 방대한 양의 증거를 포함하고 있는데, 증거조사 전에 이에 대한 열람·등사의 기회가 주어지지 않으면 변호인은 유효적절한 방어를 할 수 없고 법원의 심증형성에도 불리하게 작용하여 공정한 재판이 이루어질 수 없다. 헌재는 열람·등사권의 근거를 형사소송법 제35조(서류·증거물의 열람·등사)가 아닌 헌법상 원칙이나 권리에서 찾고 있다.

## 2. 수사기록 열람·등사의 제한

수사기록에 대한 열람·등사권은 무제한으로 보장되는 것이 아니라 일정한 제한이 있다. 헌재는 그 구체적인 제한사유를 다음과 같이 제시하고 있다.

첫째, 기본권제한의 일반적 법률유보조항인 국가안전보장 질서유지 또는 공공복리를 위하여 제한될 수 있다. 둘째, 당해 사건의 성질과 상황, 열람·등사를 구하는 증거의 종류 및 내용 등 제반 사정을 감안하여 그 열람·등사가 피고인의 방어를 위하여 특히 중요하고 또 그로 인하여 국가기밀의 누설이나 증거인멸, 증인협박, 사생활침해, 관련사건 수사의 현저한 지장 등과 같은 폐해를 초래할 우려가 있으면 제한될 수 있다. 다만 제한사유가 있는 경우에도 과도한 제한은 방지되어야 하므로 법익형량의 원칙 등 기본권제한에 요구되는 모든 원칙은 엄격히 지켜져야 한다. 셋째, 형소법은 '열람·등사 청구의 시기적 제한'을 제시한다. 피고인에 대한 수사가 종결되고 공소가 제기된 이후에 열람·등사가 허용된다. 공소제기 이전의 수사단계에서 열람·등사를 허용하면 수사기밀의 누설 등으로 국가형벌권의 행사가 현저히 방해받을 우려가 있기 때문이다. 넷째, 열람·등사권은 다른 기본권에 의하여 제한될 수 있다. 수사기록의 열람·등사가 공동피의자, 공동피고인, 고소인이나 참고인, 증인, 감정인 등의 명예나 인격, 사생활의 비밀, 생명·신체의 안전과 평온 등과 충돌하는 경우에는 이들 기본권이나 이익과 조화되기 위하여 열람·등사권이 제한될 수 있다.

## 3. 수사기록 열람·등사의 대상

첫째, 수사기록 중 열람·등사가 허용되는 것은 피고인에 대한 수사의 범위 내에서 수집된 것으로서 장차 법원에 증거로 제출될 서류나 증거물 등과 같은 피고인의 공격과 방어의 준비를 위하여 필요한 부분만이다. 따라서 수사기록 중 증거로서 중요한 의미를 가지고 있고 증거인멸 등의 위험이 유형적으로 작은 증거들, 예컨대 압수조서, 증거물, 실황조사서, 감정서, 피고인 자신의 자술서, 피의자신문조서 등은 제한 없이 열람·등사가 허용된다. 둘째, 참고인 진술조서도 증인에 대한 신분이 사전에 노출됨으로써 증거인멸, 증인협박 또는 사생활침해 등의 폐해를 초래할 우려가 없는 한 원칙적으로 허용된다. 그러나 수사기관 내부의 의견서, 보고문서, 메모, 법률검토, 내사자료 등 피고인의 범죄사실 입증에 관련된 증거가 아닌 자료는 원칙적으로 피고인의 방어활동과 직접 관계가 없기 때문에 열람·등사의 대상이 되지 않는다.

## 4. 2007년 개정법상 증거개시제도의 도입에 의한 입법적 해결

본 결정 당시 공소제기 후 검사보관 증거에 대한 열람·등사의 법적 근거는 없었다. 이런 상황에서 헌재는 헌법상 기본원칙과 기본권을 근거로 열람·등사권을 인정했다는 점에서 중요한 의미를 갖는다. 무엇보다도 열람·등사권의 헌법적 기초를 명백히 제시했다는 점에서 본 결정은 그 가치를 인정할 수 있다. 또한 본 결정은 열람·등사권의 법적 근거를 구체적으로 명확하게 마련할 필요성을 인식시키는 계기가 되었다. 이에 따라 2007년 형사소송법 개정에 의하여 소위 증거개시제도가 도입되었고, 본 사건에서의 쟁점이 되었던 사항들은 대부분 입법적으로 해결되었다(형사소송법 제266조의3, 제226조의4).

[참고문헌] 석동현, 검사가 증거로 제출하지 아니한 수사기록 등에 대한 열람·등사의 거부, 형사판례연구 8(2000); 신동운, 공판절차에 있어서 피고인의 방어권 보장 ─ 수사기록 열람·등사권 확보를 중심으로, 서울대학교 법학 제44권 제1호(2003. 3.).

[필자: 김재봉 교수(한양대)]

# 56. 수사기록에 대한 변호인의 열람·등사권 (2) — 개정 형소법 이후 헌재결정

[헌법재판소 2010. 6. 24. 선고 2009헌마257 결정]

**[사안]** 청구인들은 2009. 1. 19.부터 같은 달 20.까지 서울 용산구에 있는 건물 옥상에 망루를 짓고 점거농성을 하던 중 이를 진압하기 위해 투입된 경찰공무원에게 화염병을 투척하는 등의 행위를 하여 경찰관에게 상해를 가하고 그 중 1인을 사망에 이르게 하는 등 특수공무집행방해치사상죄 등 혐의로 기소되었다. 경찰의 과잉진압에 대해서는 고발장이 제출되었으나 이는 불기소처분되었다. 2009. 3. 25. 청구인 측은 피청구인(서울중앙지방검찰청 검사)에게 불기소처분기록의 열람·등사를 신청하였다. 곧이어 검찰의 거부처분이 있자 청구인들은 2009. 3. 31. 서울중앙지방법원에 열람·등사를 허용하도록 할 것을 신청하였다. 법원은 2009. 4. 14. 위 신청이 이유 있다고 인정하여 열람·등사를 허용할 것을 명하는 결정을 하였다. 청구인들은 위 결정의 사본을 첨부하여 다시 열람·등사를 신청하였으나 검찰이 여전히 거부하자 본 건 청구에 이르렀다.

**\*[판지]\***

### 1. 다수의견

변호인의 수사서류 열람·등사를 제한함으로 인하여 결과적으로 피고인의 신속·공정한 재판을 받을 권리 또는 변호인의 충분한 조력을 받을 권리가 침해된다면 이는 헌법에 위반되는 것이라고 전제한 다음, "법원의 열람·등사 허용 결정에도 불구하고 검사가 이를 신속하게 이행하지 아니하는 경우에는 해당 증인 및 서류 등을 증거로 신청할 수 없는 불이익을 받는 것에 그치는 것이 아니라, 그러한 검사의 거부행위는 피고인의 열람·등사권을 침해하고, 나아가 피고인의 신속·공정한 재판을 받을 권리 및 변호인의 조력을 받을 권리까지 침해하게 되는 것"이라고 결정하였다.

### 2. 보충의견

법원의 수사서류 열람·등사에 관한 결정은 당사자 및 관련 이해관계인들과 공익에 중대한 영향을 미칠

수 있고, 잘못된 법원의 결정에 대하여는 이를 시정할 기회가 주어져야 한다는 점에 비추어 볼 때, 이 결정에 대하여는 검사 및 피고인 또는 변호인에게 법적으로 효과적인 불복수단을 명문의 특별규정으로 마련해 주는 것이 필요하다.

**[해설]**

### 1. 본 결정의 배경

2007년 형사소송법의 개정으로, 피고인 또는 변호인은 공소 제기된 사건에 관한 서류 또는 물건(이하 '서면 등'이라 한다)의 열람·등사 등을 신청할 수 있도록 하는 증거개시 제도가 명문으로 도입되었고(제266조의3), 검사의 거부처분에 대해서 변호인은 법원에 교부명령을 신청할 수 있게 되었다(제266조의4).

본 결정은 법원의 교부명령에 대한 검사의 거부처분은 피고인의 열람·등사권을 침해하고, 나아가 피고인의 신속·공정한 재판을 받을 권리 및 변호인의 조력을 받을 권리까지 침해하는 것이라고 하면서도, 형사소송법 제266조의3 및 4에 규정된 수사기록 열람·등사 조항의 취지에 관해, 열람·등사로 인하여 국가안보 등 중대한 공익이 침해되는 등의 폐해가 발생하지 않도록 검사나 법원이 신중한 판단을 하여야 한다고 판시하고 있다. 나아가, 보충의견은 법원의 명령에 대한 불복제도의 불비 등을 지적하였다는 점에서 매우 의미 있는 결정이라고 생각한다. 이하에서는 현행법상 기록열람 등사제도의 구조를 간단히 살펴보고 본 결정의 의미를 살려 동 규정의 문제점과 개선방향을 살펴보기로 한다.

### 2. 현행법의 기록열람·등사제도의 구조

형사소송법 제266조의3 및 4는 공소제기 후 검사가 보관하고 있는 서류 등의 열람·등사에 관하여 당사자의 열람·등사신청 → 검사의 거부처분 등 → 법원에 신청 → 법원의 허부명령 등 → 불이행에 대한 제재규정의 순서로 구성되어 있다.

첫째, 검사는 공소제기 된 사건에 관한 서류 또는 물건(이하 "서면 등"이라 한다)의 목록(제266조의3 제5항),

공소사실의 인정 또는 양형에 영향을 미칠 수 있는 서류로서 ① '검사가 증거로 신청할 서류 등(제266조의3 제1항 제1호)'과 ② 검사가 증인으로 신청할 사람의 성명, 사건과의 관계 등을 기재한 서면 또는 그 사람이 공판기일 전에 행한 진술을 기재한 서류(이하에서는 '검사조사신청서면 등' 또는 '제1호, 제2호 서면 등'이라고 한다)(제266조의3 제1항 제2호)에 대해서는 변호인에게 기록열람·등사를 허용해야 한다.

둘째, 변호인은 먼저, 열람한 기록목록과 검사조사신청증거를 검토하여 ③ 이 서류 등의 증명력과 관련된 서류(이하에서는 '탄핵관련서면 등' 또는 '제3호 서면 등'이라고 한다)을 열람·등사신청하고(제266조의3 제1항 제3호), 자신이 행할 법률상·사실상 주장을 명확히 한 다음 ④ 이 법률상·사실상 주장과 관련된 서면 등(이하에서는 '주장관련서면 등' 또는 '4호서면 등'이라고 한다)(제266조의3 제1항 제4호)의 열람·등사를 신청할 수 있다. 여기에는 관련 형사재판확정기록, 불기소처분기록 등이 포함된다(제266조의3 제1항).

셋째, 검사는 이에 대해서, '국가안보, 증인보호의 필요성, 증거인멸의 염려, 관련 사건의 수사에 장애'를 가져올 것으로 예상되는 구체적인 사유 등 열람·등사 또는 서면의 교부를 허용하지 아니할 상당한 이유가 있다고 인정하는 때에는 열람·등사 또는 서면의 교부를 거부하거나 그 범위를 제한할 수 있다(제266조의3 제2항).

넷째, 검찰의 거부처분 등에 대해서, 법원은 변호인 측의 신청을 받아 신청서면 등에 대하여 개별적으로 '열람·등사 또는 서면의 교부를 허용하는 경우에 생길 폐해의 유형·정도, 피고인의 방어 또는 재판의 신속한 진행을 위한 필요성 및 해당 서류 등의 중요성 등'을 고려하여 허부 판단을 할 수 있다. 법원이 검사에게 이를 교부허용을 명하는 경우에 열람 또는 등사의 시기·방법을 지정하거나 조건·의무를 부과할 수 있다(제266조의4 제2항).

다섯째, 법원의 열람·등사 또는 서면의 교부에 관한 법원의 결정을 검사가 지체 없이 이행하지 아니하는 때에는 해당 증인 및 서류 등에 대한 증거신청을 할 수 없도록 하고 있을 뿐(제266조의4 제5항) 달리 이를 제재하는 규정은 없다.

## 3. 본 결정의 의미와 현행 법률의 개선방향

본 사안은 공소제기 후 검사가 보관하고 있는 기록에 대한 법원의 열람·등사 허용명령에 대한 검사의 거부처분을 '중대한 위법'이라고 최초로 선언하였다는 점에서 의의가 크다. 그러나 현행법에는 다음과 같은 문제들이 있다.

(1) 피고인 측이 법원에 교부명령을 신청함에 있어 형사소송규칙은, ① 사건번호, 사건명, 피고인, ② 신청인 및 피고인과의 관계, ③ 열람 또는 등사할 대상을 기재하도록 하고 있을 뿐이다(규칙 제123조의2). 규칙은 사건과의 관련성이나 증거로서의 중요성, 필요성에 관한 소명자료의 첨부 등에 대해서는 아무런 제한을 두지 않고 있어서 포괄적, 망라적인 신청을 허용할 우려가 있다(제266조의3 제1항 참조).

(2) 보충의견이 지적하는 바와 같이 법원의 기각이나 기록의 열람·등사 교부허용명령에 대해서 즉시항고 등 불복방법이 없어 상급법원의 선례를 통한 일정한 기준을 마련하는 것이 어렵다.

(3) 법원의 교부허용명령에 대해서도 검찰이 거부할 수 있는지, 거부하는 경우 피고인 측의 구제수단은 무엇인지 분명하지 않고, 단순히 '증거로 제출할 수 없다'는 제재규정만 있는데 이것만으로는 부족하다. 이 제재는 1호, 2호 서면 등과 같이 검찰이 증거로 신청할 증거에 대해서는 효과가 있겠으나 검찰이 제출하지 않을 제3호, 제4호 서면 등에 대해서는 사실상 제재규정이 없는 셈이 된다.

현행법은 검찰이 불제출하는 기록에 대해서도 증거개시의 대상으로 삼았다는 점에서는 의미가 크지만 입법의 불비로 인하여 자칫 당사자 간의 분쟁의 불씨를 제공하였다는 비판이 가능하다.

**[필자: 노명선 교수(성균관대)]**

# 57. 불기소 결정문에 대한 열람·지정과 거절의 효과

[대법원 2012. 5. 24. 선고 2012도1284 판결]

[사안] D1~D3은 A파라는 범죄단체의 조직원으로 가입하였다는 공소사실로 기소되었다. 이들의 변호인은 항소심에서 기소 이전인 2003년경 ○○지방검찰청 ○○지청이 A파의 범죄단체성에 대하여 '혐의없음' 결정을 한 것과 관련하여 그 결정문(이하 '이 사건 불기소결정서'라 한다)의 인증등본 송부촉탁을 신청하였다. 항소심 재판부는 그 신청을 채택하여 ○○지청에 송부촉탁서를 보냈는데, ○○지청은 '수사기관의 내부 문서'에 해당한다는 이유로 그 제출을 거부하는 취지로 회신하였다. 항소심이 유죄판결을 선고하자 피고인들은 자신들의 '헌법상 적법절차에 따른 재판을 받을 권리가 침해되었다'고 주장하며 상고하였다.

*[판지(상고기각)]*

## 1. 열람·지정을 거절할 수 있는 '정당한 이유'

① 형사소송법(이하 '법'이라 한다) 제282조 제1항, 형사소송규칙(이하 '규칙'이라 한다) 제132조의4 제2항, 제3항에서 규정한 바와 같이, 법원이 송부요구한 서류에 대하여 변호인 등이 열람·지정할 수 있도록 한 것은 D의 방어권과 변호인의 변론권 행사를 위한 것으로서 실질적인 당사자 대등을 확보하고, D의 신속·공정한 재판을 받을 권리를 실현하기 위한 것이므로, 서류의 열람·지정을 거절할 수 있는 '정당한 이유'는 엄격하게 해석하여야 한다. ② 특히 그 서류가 관련 형사재판 확정기록이나 불기소처분기록 등으로서 D 또는 변호인이 행한 법률상·사실상 주장과 관련된 것인 때에는, "국가안보, 증인보호의 필요성, 증거인멸의 염려, 관련사건의 수사에 장애를 가져올 것으로 예상되는 구체적인 사유"에 준하는 사유가 있어야만 그에 대한 열람·지정을 거절할 수 있는 정당한 이유가 인정될 수 있다.

## 2. 불기소결정서에 대한 열람·지정

검찰청이 보관하고 있는 불기소처분기록에 포함된 불기소결정서는 형사피의자에 대한 수사의 종결을 위한 검사의 처분 결과와 이유를 기재한 서류로서 그 작성목적이나 성격 등에 비추어 이는 수사기관 내부의 의사결정과정 또는 검토과정에 있는 사항에 관한 문서도 아니고 그 공개로써 수사에 관한 직무의 수행을 현저하게 곤란하게 하는 것도 아니므로, 달리 특별한 사정이 없는 한 변호인의 열람·지정에 의한 공개대상이 된다.

## 3. 정당한 이유 없는 열람·지정 거절에 대한 소송법적 효과

① 법원이 형사소송법 제272조 제1항에 의하여 송부요구한 서류가 D의 무죄를 뒷받침할 수 있거나 적어도 법관의 유·무죄에 대한 심증을 달리할 만한 상당한 가능성이 있는 중요증거에 해당하는데도 정당한 이유 없이 D 또는 변호인의 열람·지정 내지 법원의 송부요구를 거절하는 것은, D의 신속·공정한 재판을 받을 권리와 변호인의 조력을 받을 권리를 중대하게 침해하는 것이다. ② 따라서 이러한 경우 서류의 송부요구를 한 법원으로서도 해당 서류의 내용을 가능한 범위에서 밝혀보아 그 서류가 제출되면 유·무죄의 판단에 영향을 미칠 상당한 개연성이 있다고 인정될 경우에는 공소사실이 합리적 의심의 여지 없이 증명되었다고 보아서는 아니 된다.

[해설]

## 1. 변호인의 열람·지정을 거절할 수 있는 '정당한 이유'의 범위

법 제272조 제1항은 "법원은 … 피고인이나 변호인의 신청에 의하여 공무소 또는 공사단체에 조회하여 필요한 사항의 보고 또는 그 보관서류의 송부를 요구할 수 있다", 규칙 제132조의4 제3항은 '법원등(=법원, 검찰청, 기타의 공무소 또는 공사단체)은 당해서류를 보관하고 있지 아니하거나 기타 송부요구에 응할 수 없는 사정이 있는 경우를 제외하고는 신청인 또는 변호인에게 당해 서류를 열람하게 하여 필요한 부분을 지정할 수 있도록 하여야 하며 정당한 이유 없이 이에 대한 협력을 거절하지 못한다'고 규정한다. 이 규정들에 따른 보관서류 송부요구 내지 열람·지정은 형사재판절차에서 D측이 검사로부터 자신에게 유리한 증거를 확보할 수 있는 방안이라는 점에서 형사소송법상 이른바 증거개시제도나 공공기관의 정보공개에 관한 법률(이하 '정보공개법')의 정보공개청구와 그 목적이나 법적 성격이 공통된다(판지 1.① 부분).

법 제266조의3은 2007년 형사소송법 개정에 의하여 신설된 열람·등사에 관한 규정으로, 주로 D측이 검사가 보관하고 있는 관련 서류나 증거물에 접근할 수 있도록 하여 그 방어권·변론권을 보장하는 제도로 이해된다. 같은 조 제1항 제4호는 '피고인 또는 변호인이 행한 법률상·사실상 주장과 관련된 서류 등(관련 형사재판확정기록, 불기소처분기록 등을 포함한다)'을 열람·등사청구의 대상으로 규정하므로, 이 조항과 유사한 성격을 가지는 보관서류 송부요구 절차에서도 당해 피고사건의 주장과 관련된 불기소결정서는 D측의 열람·지정 대상이 되는 것으로 볼 수 있다. 다만 정보공개법 제9조의 비공개대상정보 규정에 준하는 사유가 있는 경우에만 '정당한 이유'가 인정되어 열람·지정을 거절할 수 있다(판지 1.②부분).

## 2. 불기소결정서에 대한 열람·지정

이 사건 불기소결정서의 열람·지정 요구를 받은 검찰청이 이를 거절한 사유는 '수사기관 내부문서'라는 것인데, 과연 이 사유가 열람·지정을 거절할 수 있는 정당한 이유가 되는지 문제된다. 대법원 2004. 3. 12. 선고 2003두13816 판결 등은 수사기록 중 의견서, 보고문서, 메모, 내사자료 등은 정보공개법 제7조 제1항 제4호에 따른 비공개대상정보라는 취지인데, 불기소결정서는 실무상 제한적으로나마 사건관계인들의 사건기록 열람·등사 청구시 제공되고 있는데다가, 검찰사건사무규칙 제69조와 같이 '수사의 결과 및 공소를 제기하지 아니하는 이유'를 필요적으로 기재하도록 규정되어 있는 문서로서, 단지 수사결과에 관한 검사의 의견뿐만 아니라 그와 같은 의견에 이르게 된 사실이 드러나 있어 단순한 의견서라고 보기 어려우므로, 순수하게 '수사기관의 내부문서'로 볼 수 없다. 대상판결은 이러한 사정과 D측의 방어권에 대한 실질적 보장의 필요성을 중시하여 불기소결정서는 특별한 사정이 없는 한 열람·지정에 의한 공개의 대상이 된다고 판시한 것으로 이해

할 수 있다.

## 3. 정당한 이유 없는 열람·지정 거절에 대한 소송법적 효과

이와 같이 검찰청이 정당한 이유 없이 D에게 유리한 보관서류 송부요구(내지 D측의 열람·지정)를 거부하면, 그에 대하여 어떠한 소송법적 대처방법이 있는지 문제된다. 대상판결은 '피고인의 무죄를 뒷받침할 수 있거나 적어도 법관의 유·무죄에 대한 심증을 달리할 만한 상당한 가능성이 있는 중요증거'를 개시하지 않은 경우에 한하여 무죄판결을 할 수 있다는 취지로 판시하였다. 미국에서도 Brady v. Maryland(1963) 판결 이래 D의 유·무죄 여부가 달라질 것이라는 합리적 가망성(reasonable probability) 있는 증거의 개시를 요구하는 것으로 보인다. 검사의 거부는, D의 정당한 이익을 옹호하여야 할 검사의 객관의무 위반(대법원 2002. 2. 22. 선고 2001다23447 판결 참조)이자, 헌법 제12조가 정하는 적법절차의 원칙이나 변호인의 조력을 받을 권리, 그리고 헌법 제27조에 규정된 신속·공정한 재판을 받을 권리를 중대하게 침해하는 것으로 평가하지 않을 수 없다(헌법재판소 2010. 6. 24. 선고 2009헌마257 결정 등 참조).

## 4. 사안에의 적용 및 의미

대상판결은 이상과 같은 법리를 전제하면서, ○○지청이 이 사건 불기소결정서에 대한 법원의 보관서류 송부요구 내지 D측의 열람·지정을 거절한 데에 '정당한 이유'가 인정되지 않는다고 보았다. 다만 대법원은 '이 사건 불기소결정서는 여러 사정을 종합하여 볼 때 위와 같은 중요증거에 해당하지 않는다'고 보아 D의 주장을 배척한 것으로 이해할 수 있다.

[참고문헌] 김승주, 불기소결정서에 대한 보관서류 송부요구를 거절할 수 있는 정당한 이유의 한계와 그 소송법적 효과, 대법원판례해설 제92호(2012); 민영성, 형사증거개시제도의 바람직한 운용방향, 사법 3호(2008. 3.).

[필자: 김승주 판사]

# 58. 전문심리위원의 형사소송절차 참여와 관련하여 법원이 준수하여야 할 사항 및 위반의 효과

**[대법원 2019. 5. 30. 선고 2018도19051 판결]**

**[사안]** '진술녹화 영상에 담긴 피해아동과 목격아동의 진술에 신빙성이 있는지 여부'가 쟁점이 된 사건에서, ① 제1심이 피해아동 등의 진술의 신빙성을 인정하지 아니하여 피고인들에 대하여 무죄를 선고하자, 검사는 제1심판결에 항소를 한 다음 원심 제2회 공판기일 이후인 2018. 7. 26. 원심에 전문심리위원 참여결정 신청서를 제출하였다. ② 검사는 2018. 8. 6. 원심에 다시 '원심 판시와 달리, 피해아동들의 영상녹화 진술내용 요약, 피해아동의 진술녹화 영상물, 녹취록 분석결과 등을 종합하면 피해아동들이 비교적 일관되게 피해 내용을 진술하였으며, 진술 분석가 공소외 1도 피해아동의 진술은 신빙성이 비교적 높고 진술 왜곡 가능성도 낮은 것으로 판단하였다'는 취지의 전문심리위원 참여결정 신청서를 제출하였다. ③ 원심은 2018. 8. 8. 형사소송법 제279조의2, 제279조의4에 따라 공소외 2를 전문심리위원으로 지정하여 참여하게 한다는 결정을 하는 한편, 공소외 2에게 2018. 8. 6. 검사가 제출한 신청서와 아동진술 녹화영상을 송부함으로써 피해아동 등의 진술의 신빙성에 관한 의견을 제출하도록 요구하였다. ④ 원심 제3회 공판기일인 2018. 9. 6. 공소외 3에 대한 증인신문이 예정되어 있었다. 그런데 공소외 2가 2018. 9. 5. 원심에 팩스전송의 방법으로 의견서를 제출하였고, 원심은 공소외 2에게 제3회 공판기일에 출석하여 의견 등을 진술하도록 통지하였다. ⑤ 원심은 2018. 9. 5. 피고인들의 변호인(이하 '변호인'이라 한다) 등에게 공소외 2가 제출한 의견서를 팩스전송의 방법으로 송부하였으나, 제3회 공판기일에 공소외 2가 출석하여 의견 등을 진술한다는 점은 통지하지 아니하였다. ⑥ 공소외 2는 원심 제3회 공판기일에 출석하여 피해아동 등의 진술은 신빙할 수 있다는 의견을 진술하였다. 이에 변호인이 원심 제4회 공판기일인 2018. 10. 11. 공소외 2의 위와 같은 의견 진술을 탄핵하기 위하여 대한의사협회, 경찰대학교병원 등에 대한 사실

조회 등을 신청하였으나, 원심은 이를 모두 기각하였다. ⑦ 원심법원은 2018. 11. 15. 이 사건 공소사실을 무죄로 판단한 제1심을 파기하고, 전문심리위원 공소외 2의 의견 진술에 의하여 알 수 있는 사정들을 근거로 들어 피해아동 등의 진술의 신빙성을 인정하고 공소사실을 유죄로 판단하였다.

**★[판지(파기환송)]★**

가. 앞서 본 사실관계와 기록 등에서 알 수 있는 아래와 같은 사정들에 비추어 보면, 원심은 전문심리위원이 지정되는 단계, 전문심리위원의 설명이나 의견의 대상 내지 범위를 정하는 과정, 그의 설명이나 의견을 듣는 절차를 진행하면서 형사소송법 등 관련 법령에서 정한 적법절차를 따르지 아니하였다.

1) 원심은 공소외 2를 후보자로 선정하는 절차를 거치지 않았고, 공소외 2를 전문심리위원으로 지정하는 데에 관하여 피고인들 또는 변호인에게 의견을 제시할 기회를 부여하지 않았다.

2) 원심이 2018. 8. 8. 공소외 2에게 의견 등을 요구하는 과정에서 검사가 제출한 2018. 8. 6.자 신청서만을 공소외 2에게 송부하였고, 피고인들 또는 변호인과는 질문의 내용이나 순서 등에 관하여 전혀 협의하지 않았다.

3) 피해아동 등의 진술에 신빙성이 있는지는 이 사건 공소사실의 유·무죄를 좌우하는 중요한 사항이다. 그럼에도 원심이 공소외 2에게 의견 등을 요구한 사항을 피고인들이나 변호인에게 통지하지 않았다.

4) 원심은 피고인들에게 불리한 내용이 담긴 공소외 2 작성의 의견서가 법원에 제출된 바로 다음 날인 2018. 9. 6. 제3회 공판기일에 공소외 2를 출석하게 하여 의견 등을 진술하게 하였다. 그런데 공소외 2가 위 제3회 공판기일에 출석하여 의견을 진술하는지와 어떠한 방법 등으로 의견을 진술하는지에 대하여 피고인들이나 변호인에게 사전에

구체적으로 통지하지 않았다. 피고인들이 법정에서 전문심리위원의 의견 진술에 충분히 대비하여 실질적으로 방어권을 행사할 기회를 부여받지 못하였다.

5) 그 후 피고인들과 변호인이 제기한 사실조회 신청 등은 전문심리위원의 의견을 나름 탄핵하기 위한 것으로 의미가 있다고 볼 수 있는데 원심은 이를 전혀 받아들이지 않음으로써 제3회 공판기일의 위와 같은 진행과 보태어져서 피고인들 또는 변호인에게 전문심리위원의 의견 등에 대한 실질적인 반론의 기회를 보장하지 않았다고 볼 여지가 생겼다.

나. 원심의 절차 진행은 전문심리위원의 형사소송절차 참여 등에 관한 적법절차와 공정한 재판을 받을 권리의 보장에 관한 법리 등을 오해하고 필요한 심리를 다하지 아니하여 판결에 영향을 미친 위법이 있다.

**[ 해 설 ]**

이 사건은 2007. 12. 21. 형사소송법 개정으로 도입된 전문심리위원 제도에 관하여, 전문심리위원의 참여에 관한 절차 위반이 파기 사유가 될 수 있음을 분명히 하였다는 점에 의의가 있다.

**1. 전문심리위원제도의 의의**

개정 형사소송법은 첨단산업분야, 지적재산권, 국제금융 기타 전문적인 지식이 필요한 사건에서 법관이 전문가의 조력을 받아 재판을 보다 충실하게 할 필요가 있어서 전문심리위원 제도를 도입하였다.[1]

전문심리위원은 전문적인 지식에 의한 설명 또는 의견을 기재한 서면을 제출하거나 기일에 전문적인 지식에 의하여 설명이나 의견을 진술할 수 있다. 다만, 재판의 합의에는 참여할 수 없다.[2]

**2. 감정제도와의 비교**

감정인은 특별한 지식과 경험에 속하는 법칙이나 그 법칙을 적용하여 얻은 판단을 법원에 보고하는 자로, 법원이 재판을 하는데 필요한 지식과 경험의 부족을 보충하여 제공하는 역할을 한다. 전문심리위원 역시 소송관계를 분명하게 하거나 소송절차를 원활하게 진

행하기 위하여 전문적인 지식과 경험으로 법관의 판단이 가지는 한계를 보충한다는 점에서 감정인과 유사한 점이 있다.

그러나 감정의 결과는 그 자체가 증거자료로 쓰이는 반면, 전문심리위원의 설명이나 의견은 독립적인 증거자료가 될 수 없다는 점에 차이가 있다. 또한 감정인은 선서를 하여야 하나 전문심리위원은 선서를 요하지 아니한다.

**3. 형사소송절차에서 전문심리위원의 참여 절차**

가. 법원은 소송관계를 분명하게 하거나 소송절차를 원활하게 진행하기 위하여 필요한 경우에는 직권으로 또는 검사, 피고인 또는 변호인의 신청에 의하여 전문심리위원을 지정하여 공판준비 및 공판기일 등 소송절차에 참여하게 할 수 있고, 전문심리위원은 전문적인 지식에 의한 설명 또는 의견을 기재한 서면을 제출하거나 기일에 전문적인 지식에 의하여 설명이나 의견을 진술할 수 있다(형사소송법 제279조의2 제1항, 제2항).

나. ① 법원은 전문심리위원을 소송절차에 참여시키는 경우 전문심리위원 후보자 명단에서 전문심리위원으로 지정할 후보자를 선정하여 그 후보자로부터 전문심리위원으로서 참여할 수 있는지를 확인한 다음, 전자우편 또는 팩시밀리 등을 활용하여 검사, 피고인 또는 변호인(이하 '당사자'라 한다)에게 그 후보자의 이름, 전문분야, 경력 등을 기재한 의견청취서를 보내거나 그 밖의 적절한 방법으로 당사자로부터 전문심리위원의 지정에 관한 의견을 들어 전문심리위원을 지정해야 한다[형사소송법 제279조의4 제1항, 전문심리위원의 소송절차 참여에 관한 예규(이하 '예규'라 한다) 제4조 제1항]. ② 전문심리위원의 중립성·공평성을 확보하기 위하여 법관의 제척 및 기피에 관한 형사소송법 제17조부터 제20조까지 및 제23조가 전문심리위원에 대하여 준용되도록 규정하고 있다(형사소송법 제279조의5 제1항). 재판장이 기일 외에서 전문심리위원에게 설명 또는 의견을 요구할 때에는 질문의 내용, 질문의 순서 등에 관하여 당사자와 사전에 협의할 수 있고, 기일 외에서 설명 또는 의견을 요구한 사항이 소송관계를 분명하게 하는 데 중요한 사항일 때에는 당사자에게 그 사항을 통지해야 한다(형사소송규칙 제126조의8, 예규 제5조). ③ 재판장이 전문심리위원에게 쟁점의 확인 등 적절한 준비를 지시한 때에도 당사자에게 그 취지를 통

---

1) 2007. 12. 21. 법률 제8730호로 일부 개정된 구 형사소송법 개정이유 참조.
2) 형사소송법 제279조의2 제2항.

보해야 한다(형사소송규칙 제126조의10). ④ 그리고 전문심리위원이 제출한 서면이나 전문심리위원의 설명 또는 의견의 진술에 관하여 당사자에게 구술 또는 서면에 의하여 의견진술의 기회를 주어야 한다(형사소송법 제279조의2 제4항).

### 4. 전문심리위원 참여 절차를 상세히 규정한 이유

형사소송법과 형사소송규칙 등에서 전문심리위원의 형사소송절차 참여와 관련하여 위와 같이 상세한 규정을 마련한 것은, 전문심리위원의 전문적 지식이나 경험에 기초한 설명이나 의견이 법원의 심증형성에 상당한 영향을 미칠 가능성이 있음을 고려한 다음 그에 대응하여 전문심리위원이 지정되는 단계, 전문심리위원의 설명이나 의견의 대상 내지 범위를 정하는 과정, 그의 설명이나 의견을 듣는 절차에 피고인 등 당사자가 참여할 수 있도록 한 것이다. 그럼으로써 형사재판에 대한 당사자의 신뢰의 기초가 될 '형사재판의 절차적 공정성과 객관성'이 확보될 수 있기 때문이다. 따라서 형사재판의 담당 법원은 전문심리위원에 관한 위 각각의 규정들을 지켜야 하고 이를 준수함에 있어서도 적법절차원칙을 특별히 강조하고 있는 헌법 제12조 제1항을 고려하여 전문심리위원과 관련된 절차 진행 등에 관한 사항을 당사자에게 적절한 방법으로 적시에 통지하여 당사자의 참여 기회가 실질적으로 보장될 수 있도록 세심한 배려를 하여야 한다. 그렇지 않을 경우, 헌법 제12조 제1항의 적법절차원칙을 구현하기 위하여 형사소송법 등에서 입법한 위 각각의 적법절차조항을 위반한 것임과 동시에 헌법 제27조가 보장하고 있는 공정한 재판을 받을 권리로서 '법관의 면전에서 모든 증거자료가 조사·진술되고 이에 대하여 피고인이 방어할 수 있는 기회가 실질적으로 부여되는 재판을 받을 권리'(대법원 2000. 6. 15. 선고 99도1108 전원합의체 판결 참조)의 침해로 귀결될 수 있다.

### 5. 전문심리위원의 참여에 관한 절차 위반의 효력

감정의 결과는 그 자체가 증거자료이므로 감정에 위법이 있는 경우 채증법칙 위반 내지 이로 인한 심리미진이 파기 사유가 되는 것으로 보인다.3) 그런데 대법원은 이 사건에서 채증법칙 위반을 파기 사유로 거론

하지 아니하고 적법절차와 공정한 재판을 받을 권리의 보장에 관한 법리오해와 심리미진을 파기 사유로 들었는데, 이는 전문심리위원의 설명과 의견 그 자체는 증거자료가 될 수 없기 때문인 것으로 보인다.

[참고문헌] 김희옥, 박일환 저, 주석 형사소송법, 한국사법행정학회 (2017) ; 강성수, "전문가 감정 및 전문심리위원 제도의 개선 방안 연구", 사법정책연구원 (2016) 등

**[필자: 최승환 변호사(법무법인(유한) 바른)]**

---

3) 대법원 1986. 8. 19. 선고 86누342 판결, 대법원 1989. 6. 13. 선고 88다카18931 판결, 대법원 2008. 3. 27. 선고 2007다16519 판결 등 참조.

제4장 증거

刑事訴訟法核心判例130選

# 59. 과학적 증거의 증거능력 — 거짓말탐지기 검사결과

## [대법원 1983. 9. 13. 선고 83도712 판결]

**[사안]** D는 자신이 교제하던 여대생 V를 살해한 혐의로 검찰의 수사를 받고 있었다. 수사관들은 D를 수사하는 과정에서 거짓말탐지기를 사용하였는데 D의 진술 중 일부가 거짓반응이 나왔고, 이후 D는 범행을 자백하였다. 검사는 D를 살인죄로 기소하였으나 법정에서 D는 허위자백을 주장하며 범행사실을 일관되게 부인하였다.

검사는 증거조사절차에서 자백이 기재된 피의자신문조서와 거짓말탐지기 검사결과 및 그 외 정황증거들을 증거로 제시하였다. 거짓말탐지기 검사결과는 사용된 기종이 울트라스크라이브이고 긴장절정 시험인 POT검사방법에 의해 실시하였으며, 피해자가 범행당시 입고 있었던 상의 및 피해자 오빠집의 전화번호를 묻는 질문에 '모른다'고 한 답변이 모두 거짓으로 판정되었다는 내용이다.

제1심 법원은 피고인의 자백에 임의성은 있으나 신빙성이 없다는 점과, 거짓말탐지기 검사결과와 정황증거 등이 공소사실을 뒷받침할 만한 증거가 될 수 없다는 점을 들어 배척하고 무죄를 선고하였다. 항소심인 원심법원도 제1심의 판단을 그대로 유지하였다. 검사는 자백의 신빙성을 부인하고 거짓말탐지기 검사결과 등 각 증거들이 범죄를 입증할 자료가 되지 못한다고 배척한 것은 자유심증주의의 법리를 오해하고 채증법칙을 위배한 것이라는 요지의 이유를 들어 상고하였다.

대법원은 상고심에서 원심이 행한 자백의 신빙성 부정은 타당하며 거짓말탐지기 검사결과도 증거능력이 인정되지 않는다며 검사의 상고이유를 배척하였다. 특히 거짓말탐지기의 검사결과가 증거능력을 인정받기 위한 3가지 요건을 명시하고 제출된 검사결과가 이를 충족하지 못함을 들어 증거능력을 부정하였다.

## *[판지(상고기각)]*
### [거짓말탐지기의 검사결과]

거짓말탐지기 검사결과에 대하여 형사소송법상 증거능력을 부여하려면 우선 그 검사결과가 사실적 관련성, 즉 요증사실에 대하여 필요한 최소한도의 증명력을 가지고 있음을 요하는 것이다. 그런데 거짓말탐지기 검사의 원리는 의식적으로 거짓말을 하는 자는 양심의 가책이나 거짓발각에 대한 우려 등으로 심리상태의 변동이 일어나고 이것이 호흡, 혈압, 맥박, 피부 등에 생리적 반응을 일으킨다는 전제 아래 그 생리적 반응을 측정하여 거짓말인 여부를 판독한다는 데에 있으므로, 이와 같은 검사결과에 대하여 사실적 관련성을 가진 증거로서 증거능력을 인정할 수 있으려면

첫째로, 거짓말을 하면 반드시 일정한 심리상태의 변동이 일어나고

둘째로, 그 심리상태의 변동은 반드시 일정한 생리적 반응을 일으키며

셋째로, 그 생리적 반응에 의하여 피검사자의 말이 거짓인지 아닌가가 정확히 판정될 수 있다는 세 가지 전제요건이 충족되어야 할 것이다.

특히 마지막의 생리적 반응에 대한 거짓 여부 판정은 거짓말탐지기가 검사에 동의한 피검사자의 생리적 반응을 정확히 측정할 수 있는 장치이어야 하고 질문조항의 작성과 검사의 기술 및 방법이 합리적이어야 하며 검사자가 탐지기의 측정내용을 객관성있고 정확하게 판독할 능력을 갖춘 경우라야만 그 정확성을 확보할 수 있는 것이다.

그러므로 이상과 같은 제반요건이 충족되지 않는 한 거짓말탐지기 검사결과에 대하여 형사소송법상 증거능력을 부여하기는 어려운 것이라고 보지 않을 수 없다.

## [해설]
### 1. 대법원 판례의 태도
대법원은 위 판례에서 거짓말탐지기 검사결과에 대하여 증거능력을 갖기 위해 필요한 세 가지 전제조건

을 제시하고 만일 이러한 조건이 갖추어지지 않는다면 검사결과의 증거능력은 부정되어야 한다는 입장을 취하고 있다. 그리하여 "범행 당시 피해자가 입고 있었던 상의 및 피해자 오빠집에 가설된 전화번호를 질문대상으로 하여 이것들을 피고인이 알고 있었는지의 여부를 검사한 결과 피고인이 모른다고 한 답변은 모두 거짓으로 판명되었다"는 내용의 검사결과에 대하여 "과연 위에서 설시한 바와 같은 제반요건을 충족하는 것으로서 그 정확성을 보장할 수 있는 것인지를 확정할 자료가 없다"는 이유에서 그 증거능력을 부인하는 결론에 이르고 있다.

이와 같이 대법원은 거짓말탐지기의 검사결과에 대하여 증거능력을 부여하기 위한 엄격한 조건을 제시하고 이것이 지켜지지 않을 경우 증거능력을 부인하는 일관된 태도를 보이고 있다(대법원 2005. 5. 26. 선고 2005도130 판결; 대법원 1987. 7. 21. 선고 87도968 판결; 대법원 1986. 11. 25. 선고 85도2208 판결; 대법원 1985. 4. 9. 선고 84도2277 판결 등).

### 2. 거짓말탐지기 검사결과의 증거능력에 관한 학설

거짓말탐지기 검사결과 자체에 증거능력을 인정할 것인가 하는 문제에 대하여 부정설과 긍정설이 대립하고 있다.

① 증거능력 부정설은 거짓말탐지기 검사결과에 증거능력을 부여해서는 안 된다고 보는 입장이다. 여기에는 다시 ⓐ 거짓말탐지기에 의한 검사는 인간의 인격을 침해하는 것이므로 허용될 수 없다는 견해, ⓑ 거짓말탐지기 검사결과에 자연적 관련성의 결여, 즉 최량의 조건하에서도 증거로서 허용될 수 있는 신빙성을 결여하고 있다고 보는 견해 등이 존재한다.

② 증거능력 긍정설은 거짓말탐지기 검사결과의 자연적 관련성 및 법적 관련성을 모두 인정하면서 그 증거능력을 긍정한다. 단 거짓말탐지기는 피검사자의 자발적인 협조를 전제로 하기 때문에 피검사자의 동의 또는 적극적인 요구가 있을 경우에 한하여 증거능력을 인정하는 제한적인 입장을 취하게 된다.

### 3. 외국판례의 태도

미국의 판례는 1923년 Frye 판결(Frye v. United states, 1013) 이후 거짓말탐지기의 검사결과는 유무죄를 인정하는 증거로서뿐 아니라 진술의 신용성을 판단하는 증거로서도 원칙적으로 허용되지 않는다는 태도를 취해

왔다. 그 후 1993년 Daubert 판결(Dauert v. Merrell Dow Phamaceuticals, Inc., 509)을 계기로 과학적 증거의 허용성에 대한 완화된 기준이 제시되면서 거짓말탐지기 검사결과는 증거능력 허용입장이 등장하기도 하였다. 그러나 1998년 연방대법원이 Scheffer 판결(United States v. Edward G. Scheffer, 523 U.S. 303)에서 다시 거짓말탐지기 검사결과의 증거능력을 부정함으로써 제동이 걸렸고 여전히 미국 내에서 거짓말탐지기 검사결과의 증거능력을 인정하는 위험은 크고 실익은 적다고 보는 견해가 지배적이라고 할 수 있다.

독일에서 거짓말탐지기의 검사결과는 피고인이 증거로 함에 동의하더라도 증거의 허용성을 부정하는 것이 통설과 판례의 태도이다. 거짓말탐지기에 의한 검사는 독일 기본법이 규정한 인간의 존엄이나 인격권에 반한다는 점을 근거로 하였다. 그런데 이러한 태도는 1998년 독일 연방대법원이 피조사자의 동의가 있는 경우 거짓말탐지기의 사용은 인간의 존엄이나 인격권을 침해하는 것이 아니고 형사소송법 제244조 제3항에 규정한 '매우 부적절한 증거방법'에 해당되어 증거능력이 없다고 밝혀 입장의 변화를 보여주고 있다(BGH 44, 308).

생각건대 현재로선 거짓말탐지기 검사결과에 대하여 전문가들 사이에서도 과학적인 승인이 되었다고 보기 어렵고 일반의 신뢰도 충분하지 않은 상태이므로, 그 활용가치나 유용성에 불구하고 증거능력이 부인되는 것이 타당하다고 판단된다.

[참고문헌] 신동운, 자백의 신빙성과 거짓말탐지기 검사결과의 증거능력, 경사 이회창선생 화갑기념 논문집(1995); 최정학, 거짓말탐지기 검사결과의 증거능력－과학적 증거의 허용기준과 관련하여－, 경희법학 제44권 제1호(2009. 6.); 박미숙, 미국의 거짓말탐지기 검사결과의 증거능력, 형사정책연구소식 통권 제55호(1999. 9/10월호).

[필자: 이기수 경정(치안연구소)]

# 60. 과학적 증거에 의한 증명력 — 간접사실의 증명

## [대법원 2011. 5. 26. 선고 2011도1902 판결]

[사안] "D는 2008. 11. 11. 20:00경부터 같은 날 21:40경까지 사이에 처인 V를 조수석에 태우고 이 사건 차량을 운전하여 양주시 장흥면에 있는 편도 2차선 도로의 2차로를 구파발 방면에서 양주 방면으로 진행하던 중 그동안 V와 겪은 갈등과 차에서 대화 중 V에게 생긴 악감정으로 인해 순간적으로 V를 살해하기로 마음먹고 도로 옆에 설치된 대전차 방호벽의 안쪽 벽면을 위 차량의 우측 부분으로 들이받아 당시 안전벨트를 착용하지 않았던 V가 전신에 큰 충격을 받아 차에서 탈출하거나 D에게 저항할 수 없는 상태가 되자(이하 '1차 사고'라 한다), 재차 사고를 일으켜 그 충격으로 V를 살해하되, 마치 과실에 의한 교통사고로 V가 사망한 것처럼 가장하기로 마음먹고, 같은 날 21:40경 위 차량을 운전하여 알 수 없는 경로로 위 방호벽 부근 지점으로 되돌아 온 다음 위 차량의 앞범퍼 부분으로 위 방호벽 중 진행방향의 오른쪽에 돌출된 부분의 모서리를 들이받아(이하 '2차 사고'라 한다), V가 이 충격과 앞서의 충격으로 인해 전신에 다발성 손상을 입고 그 자리에서 사망하게 하여 V를 살해하였다"는 내용의 살인의 주위적 공소사실에 대하여, 원심은 이 사건 사고일인 2008. 11. 11.부터 3개월 가까이 경과한 2009. 2. 2. 이 사건 사고가 발생한 대전차 방호벽의 안쪽 벽면에 부착된 철제구조물에서 발견된 강판조각, 이 사건 사고 차량인 그랜저TG 승용차 우측 앞 펜더에서 탈거된 보강용 강판, 이 사건 차량에서 채취된 페인트, 국립과학수사연구소 소속 감정인 O1, O3, O4 등의 이에 대한 감정서 및 법정진술과 O5의 V에 대한 사체부검 의견 등을 기초로 유죄를 선고하였다. 제1심(의정부지방법원 2010. 4. 2. 선고 2009고합260 판결)에서는 제1차 사고는 살인의 범의가 없는 상태였고, 그 직후 살해의사가 생긴 제2차 사고를 일으킨 것으로 기소되었고, 원심(서울고등법원 2011. 1. 20. 선고 2010노1013 판결)에서는 검사가 종래의 공소사실을 예비적으로 유지하면서 위

와 같은 주위적 공소사실로 공소장변경을 신청하고 원심법원은 이를 허가하였다. 제1심과 원심의 살인의 유죄인정에 대해 D는 단지 한 차례의 과실로 인한 교통사고로 V가 사망한 것일 뿐이며, 수집된 증거는 위법수집증거로 증거능력이 없다는 이유로 상고했다.

이에 대해 대법원은 수집된 증거는 위법수집증거로 볼 수 없지만, 원심법원이 유죄의 근거로 사용한 증거방법에 있어서는 다음과 같이 과학적 합리성을 수긍하기 어렵다는 이유로 파기환송하였다. 즉 제1차 사고부터 살해의 범의가 있었다는 근거로 제시한 강판이 철제구조물에 끼어있었다는 사실의 증명과 관련한 O3, O4의 감정서에서는 위 철제 구조물과 구분되는 '회색계통물체'가 식별된다는 감정결과만 있을 뿐, 강판이 끼어있음을 인정할 수 있는 객관적 자료가 없고, 강판조각이 보강용강판의 일부임을 증명하는 증거로 제시된 O1의 감정서의 감정결과도 육안관찰의 방법에 따른 것일 뿐, 양자의 성분 비교 등 과학적 분석과정을 전혀 거치지 아니한 것으로 수긍할 만한 과학적 근거가 부족하며, 사건 차량 우측면의 긁힌 흔적에 묻은 적색페인트가 철제구조물에 도색된 페인트와 동일하다는 증거로 제시된 O1의 감정결과도 적외선 흡수 스펙트럼 실험 결과가 첨부되어 있지도 않고, V에 대한 O5의 부검감정서에 근거한 법정 진술에서도 V의 신체에 발생한 손상은 2차 사고 한 번의 충돌로도 얼마든지 발생할 수 있다는 점 등에서 관련 증거의 객관적·과학적 분석에 있어 합리적 의문의 여지가 없는 경우라고 보기 어렵다는 것이었다.

## *[판지(파기환송)]*

### 1. 간접증거의 증명력 및 간접사실의 증명 정도

"① 살인죄 등과 같이 법정형이 무거운 범죄의 경우에도 직접증거 없이 간접증거만으로 유죄를 인정할 수 있으나, ② 그러한 유죄 인정에 있어서는 공소사실에 대한 관련성이 깊은 간접증거들에 의하여 신중한 판단이 요구되므로(대법원 2008. 3. 13. 선고 2007도10754 판결

참조), 간접증거에 의하여 주요사실의 전제가 되는 간접사실을 인정함에 있어서는 ⓐ 그 증명이 합리적인 의심을 허용하지 않을 정도에 이르러야 하고, ⓑ 그 하나하나의 간접사실은 그 사이에 모순, 저촉이 없어야 함은 물론 논리와 경험칙, 과학법칙에 의하여 뒷받침되어야 한다(대법원 2010. 12. 9. 선고 2010도10895 판결 참조)."

## 2. 과학적 증거방법이 사실인정에서 상당한 정도의 구속력을 갖기 위한 요건

"③ 공소사실을 뒷받침하는 과학적 증거방법은 그 전제로 하는 사실이 모두 진실임이 입증되고 ④ 그 추론의 방법이 과학적으로 정당하여 오류의 가능성이 전혀 없거나 무시할 정도로 극소한 것으로 인정되는 경우라야 법관이 사실인정을 함에 있어 상당한 정도로 구속력을 가진다 할 것인바(대법원 2007. 5. 10. 선고 2007도1950 판결, 대법원 2009. 3. 12. 선고 2008도8486 판결 등 참조), 이를 위해서는 ⓐ 그 증거방법이 전문적인 지식·기술·경험을 가진 감정인에 의하여 ⓑ 공인된 표준 검사기법으로 분석을 거쳐 법원에 제출된 것이어야 할 뿐만 아니라 ⓒ 그 채취·보관·분석 등 모든 과정에서 자료의 동일성이 인정되고 인위적인 조작·훼손·첨가가 없었음이 담보되어야 한다(대법원 2010. 3. 25. 선고 2009도14772 판결 참조)."

### [해설]

#### 1. 간접증거의 증명력 및 간접사실의 증명 정도

직접증거가 없는 경우는 물론, 직접증거가 존재하는 경우에도 그 추론의 힘을 실어주기 위해서 간접증거에 의한 간접사실의 증명은 형사재판에서 중요한 의미가 있다. 대법원은 사건의 경중을 불문하고 간접증거는 우선적으로 공소사실과 깊은 관련성을 가지는 것이어야 하고, 그 증명의 정도에 있어서도 합리적 의심을 허용하지 않을 정도로 확신을 주어야 하고(유죄의 확신이 아니라 간접사실의 존재에 대한 확신을 의미함), 간접사실 상호간에 모순이나 저촉이 없어야 하고, 간접사실의 존재에 대한 추론이 논리칙, 경험칙, 과학법칙에 부합하는 추론이어야 함을 설시하고 있다.

## 2. 과학적 증거방법이 사실인정에서 상당한 정도의 구속력을 갖기 위한 요건

무엇을 과학적 증거로 볼 것인가, 법정에 허용되는 과학적 증거는 무엇인가에 대해서는 활발한 논의가 진행 중이다(예를 들어 유전자검사, 혈액형검사, 오염물질분석, 소변·모발검사, 필적감정, 문서감정, 음성분석, 교통사고분석, 거짓말탐지기 등). 현행법의 태도는 물론 기존 판결들에서도 과학적 증거의 증거능력과 증명력을 무엇을 기준으로 구분하고 있는지, 다양한 과학적 기법이 사용된 증거방법들에 적용되는 소위 '과학'의 기준·내용은 무엇인지에 대해서 아직은 확립된 기준이 제시되었다고 보기 어렵다. 이와 관련하여 일본의 증거의 허용성·관련성 개념과 미국의 프라이 기준(Frye Standard)·다우버트(Daubert) 기준 등이 대법원의 입장과 국내의 관련 논의에 반영되고 있다. 위 판결에서는 소위 '과학적 증거방법'이 법관의 심증형성에 상당한 구속력을 가지기 위한 요건으로 감정인의 자격(ⓐ), 과학적 방법의 인정기준(ⓑ), 보관의 연속성(ⓒ)이 강조되고 있다.

[참고문헌] 김성룡, 현행법에서 과학적 증거의 증거능력과 증명력, 형사법연구 제24권 제4호(2012); 송혜정, 과학적 증거에 대한 법원의 판단기준, 형사법실무연구, 제123집(2011. 하); 조병구, 과학적 증거에 대한 증거채부결정─합리적 증거결정 기준의 모색, 형사법실무연구, 제123집(2011. 하).

[필자: 김성룡 교수(경북대)]

# 61. 자유로운 증명의 대상

**[대법원 2010. 10. 14. 선고 2010도5610 판결]**

**[사안]** D는 성폭력특례법 위반(반의사불벌죄인 강제추행 등) 혐의로 기소되었다. 피해자 V는 1995. 3. 25.생으로 만 14세인 2009년 여름과 2009. 8.경 D로부터 강제추행을 당하였다. V는 2009. 9. 15.경 경찰조사를 받으면서 'D의 처벌을 원한다'고 진술하였다. V는 2009. 9. 26.경 D의 처벌을 원한다는 내용의 고소장을 경찰에 각 제출하였고, V의 어머니는 V를 복지시설에 맡긴 후부터 현재까지 그 소재를 알 수 없다. V는 위 고소장을 제출한 후 불과 2개월 만에 처벌불원의 의사표시를 하였는데 이 소송행위(처벌불원의 의사표시)가 유효한가 하는 점이 쟁점화 되었다. 항소심은 "① 아무런 사정변경이 없음에도 2009. 11. 26. 합의 및 탄원서를 작성해 주었는데, D 측의 성인여자 2명(D의 여동생과 제수)이 학교 앞에서 하교하는 V를 기다렸다가 음식점으로 데리고 가 위 합의 및 탄원서를 작성하도록 유도하였고, 그 문구도 위 2명이 불러주는 대로 작성한 것이며, V는 제1심판결 선고일 무렵에도 여전히 D의 처벌을 원하고 있다는 의사를 표시하였었다. ② (중략) ③ V는 모두 위 합의 및 탄원서의 작성과 관련하여 아무런 경제적 보상을 받지 아니한 점 등에 비추어 볼 때, V가 D에 대한 처벌희망 의사표시를 철회할 당시 진실한 의사표시로서 위와 같은 처벌희망 의사표시를 철회하였다고 볼 수 없다"고 판단하여 유죄를 선고하였다. 항소심이 위와 같은 사안파악을 하는 근거가 된 증거는 검사가 참고인인 V와의 전화통화 내용을 기재한 수사보고서였다. 이 수사보고서에는 원진술자인 V의 서명 또는 날인이 없고, 공판준비기일이나 공판기일에서 원진술자인 V의 진술에 의해 성립의 진정함이 증명되지는 않았다. D가 상고하였다.

**\*[판지(파기환송)]\***

이 사건 각 수사보고서는 검사가 참고인인 V와의 전화통화 내용을 기재한 서류로서 형사소송법 제313조 제1항 본문에 정한 '피고인 아닌 자의 진술을 기재한 서류'인 전문증거에 해당하나, 그 진술자의 서명 또는 날인이 없을 뿐만 아니라 공판준비기일이나 공판기일에서 진술자의 진술에 의해 성립의 진정함이 증명되지도 않았으므로 증거능력이 없다(대법원 1999. 2. 26. 선고 98도2742 판결, 대법원 2007. 9. 20. 선고 2007도4105 판결 등 참조).

그러나 반의사불벌죄에서 D 또는 피의자의 처벌을 희망하지 않는다는 의사표시 또는 처벌희망 의사표시 철회의 유무나 그 효력 여부에 관한 사실은 엄격한 증명의 대상이 아니라 증거능력이 없는 증거나 법률이 규정한 증거조사방법을 거치지 아니한 증거에 의한 증명, 이른바 자유로운 증명의 대상이다(대법원 1999. 2. 9. 선고 98도2074 판결, 대법원 1999. 5. 14. 선고 99도947 판결 등 참조).

원심이 증거능력이 없는 이 사건 각 수사보고서를 V의 처벌희망 의사표시 철회의 효력 여부를 판단하는 증거로 사용한 것 자체는 위와 같은 법리에 따른 것으로서 정당하다.

한편, 다른 반의사불벌죄와 마찬가지로 구 청소년의 성보호에 관한 법률(2009. 6. 9. 법률 제9765호 아동·청소년의 성보호에 관한 법률로 전부 개정되기 전의 것) 제16조에 규정된 반의사불벌죄의 경우에도 피해자인 청소년에게 의사능력이 있는 이상 단독으로 '피고인 또는 피의자의 처벌을 희망하지 않는다'는 의사표시 또는 처벌희망 의사표시의 철회를 할 수 있고, 법정대리인의 동의가 있어야 하는 것은 아니다. 다만, 피해자인 청소년의 의사능력은 그 나이, 지능, 지적 수준, 발달성숙도 및 사회적응력 등에 비추어 그 범죄의 의미, 피해를 당한 정황, 처벌을 희망하지 않는다는 의사표시 또는 처벌희망 의사표시의 철회가 가지는 의미·내용·효과를 이해하고 알아차릴 수 있는 능력을 말하고, 그 의사표시는 흠이 없는 진실한 것이어야 하므로, (중략) V의 나이, 지능, 지적 수준, 발달성숙도 및 사회적응력 등에 비추어 위 V는 처벌희망 의사표시의 철회가 가지는 의미나 효과 등을 잘 이해하고 있었던 것으로 보이는 점, (중략) 원심이 든 앞서 본 여러 사정을 고려하더라도, 위 V의 처벌희망 의사표시의 철회를 무효라고 쉽사리 단정하기는 어렵다. 더구나 처벌희망 의사표시의 철회의 효력 여부는 형벌권의 존부를 심판하는 데 구비되어야 할 소송조건에 관한 것이어서 D가 증인신청 등의 방법으로 처벌희망 의사표시의 철회가 유효하다고 다투는 경우에는 원심으로서는 검사가 일방적으로 작성한 수사보고서의 기재만으로 그 철회가 효력이 없다고 섣불리 인정할 것이 아니라 직접 위 V를 증인으로 심문하는 등의 방법을 통해 처벌희망 의사표시 철회의 효력 여부를 세밀하고 신중하게 조사·판단하여야 한다.

그럼에도 불구하고, 원심은 이러한 조치에 이르지 않은 채 D의 증인신청을 불허하고 이 사건 각 수사보고서의 기재를 주요한 근거로 삼아 위 V의 처벌희망 의사표시의 철회를 무효로 판단하였으니 원심판결에는 처벌희망 의사표시의 철회의 효력에 관한 법리를 오해하였거나 필요한 심리를 다하지 않아 판결에 영향을 미친 위법이 있다.

[ 해설 ]

## 1. 자유로운 증명의 대상 여부

어떠한 사항이 자유로운 증명을 요하는 사항인지는 형사소송법 제323조 제1항의 범위와 판결문상 기재를 요하는 증거의 요지의 범위나 제310조의 해석에 따라 당연히 결정되는 것이 아니라 형사소송법의 제 원칙들에 비추어 보아 구체적·개별적으로 판단하여야 할 것이나 원칙적으로 범죄의 존부와 형벌권의 양적 범위를 결정하는 데 필요한 사실의 존부 및 내용에 관하여는 모두 엄격한 증명을 요하며, 단지 양형의 자료가 되는 데 불과한 정상사실에 관하여는 자유로운 증명으로 족하다고 할 것이다(대법원 2000. 9. 22. 선고 2000노337 판결). 따라서 자유로운 증명의 대상이 되면 증거능력이나 증거조사방식에 제한을 받지 않고 법원에 제출된 이상 법원은 이를 증거로 할 수 있다. 그러나 엄격한 증명과 자유로운 증명은 증거능력 유무 및 증거조사방법에 차이가 있을 뿐이고, 합리적 의심이 없을 정도의 확신이 있어야 한다는 점에서는 차이가 없다.

## 2. 구체적인 기준

① 양형의 기초가 되는 정상관계사실은 복잡하고 비유형적일 뿐만 아니라, 양형은 그 성질상 법원의 재량사항이므로 자유로운 증명으로 족하다. 따라서 형의 선고유예, 집행유예, 작량감경, 양형의 조건 등의 판단 대상이 되는 피고인의 경력, 성격, 환경, 범죄 후의 정황, 전과사실 등은 자유로운 증명의 대상이다. 다만 정상관계사실이 범죄사실의 내용을 이루는 경우에는 이미 공소범죄사실에서 다루어지므로 엄격한 증명의 대상이 된다.

② 소송법적 사실이란 소송법규의 적용요건에 해당하는 사실을 의미하는바, 소송조건의 존부, 형사절차진행의 적법성에 관한 순수한 소송법적 사실로서 친고죄에서의 고소의 유무, 반의사불벌죄에서 처벌불원의 의사표시, 피고인의 구속기간, 공소제기나 공소개시 등 피고인 보호와 직접적 관련이 없는 사실은 자유로운 증명으로 족하다. 판례는 자백의 임의성의 기초되는 사실 역시 소송법적 사실로서 자유로운 증명으로 족하다고 본다.

③ 보조사실이란 증거의 증거능력이나 증명력에 영향을 미치는 사실로서, 보조사실이 보강하는 증거의 입증취지가 자유로운 증명의 대상이 되는 사실이면 보조사실도 자유로운 증명의 대상이 된다. 판례는 증거의 증명력을 탄핵하는 경우뿐만 아니라 공소사실과 양립할 수 없는 반대사실도 자유로운 증명으로 족하다고 본다(대법원 1994. 11. 11. 선고 94도1159 판결).

[참고문헌] 김정한, 증거재판주의의 의미와 엄격한 증명, 자유로운 증명, 법학논총 17집 1호(조선대학교 법학연구소, 2010. 3.).

[필자: 김혜경 교수(계명대)]

# 62. 형법 제310조의 법적 성격과 거증책임

[대법원 1996. 10. 25. 선고 95도1473 판결]

**[사안]** D 등은 재건축조합 조합장 및 임원으로서 아파트 재건축추진 문제로 전 자치회장인 V와 다툼이 있자, 대의원 회의를 개최하여 V로 인해 아파트 지역이 소란스러워졌고, 관할구청에 대해서도 조합인가와 관련하여 조합원 간에 내분이 있는 것으로 비추어져 재건축사업 추진에 차질이 빚어질 수 있다는 점을 우려하였다. D 등은 이러한 사실을 주민들에게 알려서 적극적인 협조를 구하기로 결의하였고, 이후 D 등 조합임원들 명의로 유인물을 제작하여 배포하였는바, 해당 유인물에는 V와 관련하여 '강탈', '도용', '악의에 찬 행패', '협박과 공포조성에 혈안' 등이라는 다소 감정적이고 과격한 표현들이 사용되었다. 이에 V는 D 등을 고소하였고, V를 비방할 목적으로 해당 유인물을 제작·배포하였다고 판단한 검사는 D 등을 명예훼손죄로 기소하였다. 공판절차에서 D 등은 V가 작성한 서신과 대의원 회의록 등을 증거로 제시하였으나 검사는 증거채택에 동의하지 않았고, 원진술자에 의한 성립의 진정도 인정되지 않았다. 원심은 "형법 제310조의 위법성조각사유에 관한 입증에는 형사소송법 제310조의2가 적용되지 않는다"고 하면서 "D 등의 행위는 형법 제310조의 오로지 공공의 이익에 관한 때에 해당하므로 위법성이 조각된다"고 판단하였다. 이에 검사는 "형법 제310조의 '사실의 진실성과 공익성'의 거증책임은 피고인에게 있으며, 그 증명은 엄격한 증명에 의하여야 하므로 형사소송법 제310조의2 소정의 전문법칙이 적용되어야 하고, D 등에게는 V를 비방할 목적이 인정되기 때문에 형법 제310조가 적용될 수 없다"고 주장하면서 상고하였다.

## ★[판지(상고기각)]★

**1. 명예훼손죄의 위법성조각사유에 대한 거증책임 및 형사소송법 제310조의2의 적용 여부**

공연히 사실을 적시하여 사람의 명예를 훼손한 행위가 형법 제310조의 규정에 따라서 위법성이 조각되어 처벌대상이 되지 않기 위해서는 그것이 진실한 사실로서 오로지 공공의 이익에 관한 때에 해당된다는 점을 행위자가 증명하여야 한다. 그러나 그 증명은 유죄의 인정에 있어서 요구되는 것처럼 법관으로 하여금 의심의 여지가 없을 정도의 확신을 가지도록 하는 증명력을 가진 엄격한 증거에 의해야 하는 것이 아니므로, 이 경우 전문증거에 대한 증거능력의 제한을 규정한 형사소송법 제310조의2는 적용될 여지가 없다.

**2. 형법 제310조에서의 '오로지 공공의 이익에 관한 때'의 의미 및 그 판단기준**

형법 제310조에서 '오로지 공공의 이익에 관한 때'라 함은 적시된 사실이 객관적으로 볼 때 공공의 이익에 관한 것으로서 행위자도 공공의 이익을 위하여 그 사실을 적시한 것이어야 한다. 이 경우에 적시된 사실이 공공의 이익에 관한 것인지 여부는 당해 적시 사실의 구체적인 내용, 당해 사실의 공표가 이루어진 상대방의 범위, 그 표현의 방법 등 그 표현 자체에 관한 제반 사정을 감안함과 동시에 그 표현에 의하여 훼손되거나 훼손될 수 있는 명예의 침해 정도 등을 비교·고려하여 결정하여야 하며, 행위자의 주요한 목적이나 동기가 공공의 이익을 위한 것이라면 부수적으로 다른 사익적인 목적이나 동기가 내포되어 있더라도 형법 제310조의 적용을 배제할 수 없다.

## [해설]

**1. 명예훼손죄의 위법성조각사유 거증책임 전환 여부**

형사소송에서 거증책임은 검사가 부담하는 것이 원칙이고, 상해죄의 동시범 특례가 규정된 형법 제263조와 같은 예외적인 경우에만 피고인에게로 거증책임이 전환된다. 형법 제310조는 명예훼손죄의 위법성조각사유를 규정하고 있는바, 공연히 사실을 적시하여 사람의 명예를 훼손한 행위가 진실한 사실로서 오로지 공공의 이익에 관한 때에는 처벌하지 아니하는 것이다. 형법 제310조가 거증책임의 전환을 규정한 것인지에 대해서는 견해가 대립되고 있는데, 종래 통설은 본조를 적시한 사실이 진실이고 공공의 이익에 관한 것이라는 점에 대하여 피고인이 거증책임을 지도록 규정한 것이라고 파악하였다. 이러한 긍정설은 진위불명의 사실을 공익을 위해서 적시했다는 이유만으로 곧바로 위법성을 조각시키는 것은 개개인의 명예보호를 약화시킨다는 점, 적시된 사실의 진위여부에 대한 실무상 입증곤란의 문제를 해소할 필요가 있다는 점 등을 근거로 한다. 반면, 부정설은 형법 제310조에서는 적시된 사실이 진실이고 공공의 이익에 관한 때에는 벌하지 아니한다고 규정되고 있을 뿐, 증명과 관련해서는 아무런 언급이 없다는 점에 주목한다. 즉, 본조는 언론의 자유를 보장할 목적에서 규정되고 있는 명예훼손죄에 관한 특수한 위법성조각사유일 뿐이지, 거증책임의 전환에 관한 규정은 아니라는 것이다. 요컨대, 형법 제310조를 피고인에게 거증책임을 전환시킨 규정으로 파악하는 것은 의심스러운 때에는 피고인의 이익으로 판단해야 하는 in dubio pro reo 원칙에 반하는 것이라고 사료되는바, 본조의 증명과 관련해서는 검사에게 위법성조각사유의 부존재에 대한 거증책임이 있는 것으로 해석해야 할 것이다.

## 2. 명예훼손죄의 위법성조각사유 입증에 대한 판례의 태도

판례는 공연히 사실을 적시하여 사람의 명예를 훼손한 행위가 형법 제310조의 규정에 따라서 위법성이 조각되어 처벌되지 않기 위해서는 그것이 진실한 사실로서 오로지 공공의 이익에 관한 때에 해당된다는 점을 행위자가 증명해야 한다는 입장을 취하고 있다. 즉, 형법 제310조는 거증책임을 피고인에게 부담시킨 거증책임의 전환에 관한 규정이라고 파악하는 것이다(대법원 1988. 10. 11. 선고 85다카29 판결, 대법원 1993. 6. 22. 선고 92도3160 판결, 대법원 1996. 5. 28. 선고 94다33828 판결 등 참조). 다만, 판례는 거증책임의 전환을 인정하면서도 피고인 측의 입증부담을 완화시키기 위해서 적시된 사실을 인정함에 있어서 엄격한 증명을 요하지 아니하며, 증거능력이 없는 전문증거의 사용도 허용한다는 입장을 취하고 있다. 즉, 대법원은 적시된 사실의 진위여부에 대한 입증곤란 등의 문제로 인해 형법 제310조의 거증책임을 피고인에게 전환시키고 있으나, 이로 인해 표현의 자유가 현저히 제한될 것을 우려하여 엄격한

증명이 아닌 자유로운 증명의 방법을 취하도록 하고 있는 것이다.

한편, 판례는 형법 제310조에서 '오로지 공공의 이익에 관한 때'라 함은 적시된 사실이 객관적으로 볼 때 공공의 이익에 관한 것으로서 행위자도 공공의 이익을 위하여 그 사실을 적시한 것이어야 한다고 판단하고 있다. 이때 적시된 사실이 공공의 이익에 관한 것인지의 여부는 적시된 사실의 구체적인 내용, 사실의 공표가 이루어진 상대방의 범위 및 표현의 방법 등 해당 표현 자체의 제반 사정을 감안함과 아울러 그 표현으로 인하여 훼손되거나 훼손될 수 있는 명예의 침해 정도 등을 비교하거나 고려해서 결정해야 한다(대법원 1994. 8. 26. 선고 94도237 판결, 대법원 1995. 11. 10. 선고 94도1942 판결, 대법원 1996. 4. 12. 선고 94도3309 판결 등 참조). 또한 판례는 공공의 이익이 유일한 동기일 것을 요하지 아니하는바, 행위자의 주된 목적이나 동기가 공공의 이익을 위한 것이라면 부수적으로 다른 사익적인 목적이나 동기가 내포되어 있더라도 형법 제310조의 적용을 배제할 수 없다는 입장을 취하고 있다(대법원 1989. 2. 14. 선고 88도899 판결, 대법원 1993. 6. 22. 선고 92도3160 판결, 대법원 1993. 6. 22. 선고 93도1035 판결 등 참조).

[참고문헌] 손동권, 명예훼손죄에 대한 특별한 위법성조각규정(형법 제310조)의 적용상 문제점, 판례월보 제322호(1997. 7.); 이광범, 명예훼손죄에 있어서 위법성조각사유 및 그 입증방법, 형사재판의 제문제 제1권(1997. 1.).

[필자: 윤지영 부연구위원(한국형사정책연구원)]

# 63. 공동피고인의 증인적격

**[대법원 2008. 6. 26. 선고 2008도3300 판결]**

**[사안]** D는, "사실은 D2가 광주시 상호불상 게임장의 실제 업주이고, D 자신은 단순히 위 게임장을 관리하였을 뿐이며, 위 게임장의 수익금은 위 D2에게 지급하기로 하였고, 달리 O2에게 수익금을 관리하도록 한 사실이 없음에도 불구하고, 수원지방법원 법정에서 J 판사가 심리중인 D2의 게임산업진흥에 관한 법률 위반 사건의 증인으로 출석하여 선서한 다음 증언함에 있어, 판사의 '증인(D)이 게임장의 실제 업주가 맞는가요?'라는 질문에 '예'라고 답변하여 자신의 주관적 기억에 반하여 허위진술한 위증" 혐의로 기소되었다. 제1심은 유죄를 인정하였지만 항소심은 제1심판결을 파기하고 무죄를 선고하였다. 검사가 상고하였다. 공범인 공동피고인(D)의 다른 공범사건(D2의 피고사건)에서의 증인적격 혹은 병합기소사건에서 한 공범(D)의 상피고인(D2)사건에 대한 증인적격이 쟁점이 되었다.

**★[판지(상고기각)]★**

공범인 공동피고인은 당해 소송절차에서는 피고인의 지위에 있으므로 다른 공동피고인에 대한 공소사실에 관하여 증인이 될 수 없으나, 소송절차가 분리되어 피고인의 지위에서 벗어나게 되면 다른 공동피고인에 대한 공소사실에 관하여 증인이 될 수 있다(대법원 1999. 9. 17. 선고 99도2449 판결, 대법원 2007. 11. 29. 선고 2007도2661 판결 등 참조). 원심(항소심)이 이와 달리, 공동피고인은 자신에 대한 공소사실과 밀접한 관련이 있는 공범인 다른 공동피고인에 대한 공소사실에 관하여는 변론의 분리 여부와 관계없이 증인적격이 없음을 전제로, 피고인이 (중략) 공범인 D2에 대한 공소사실에 관하여 증인으로 출석하여 선서한 다음 증언함에 있어 기억에 반하는 허위의 진술을 하였다고 하더라도 위증죄가 성립하지 아니한다고 판단한 것은 잘못이다. 위 법리에 비추어 보면, 피고인(D)과 D2의 변론이 분리되지 아니한 이상 피고인은 공범인 D2에 대한 공소사실

에 관하여 증인이 될 수 없고, 따라서 피고인이 D2에 대한 공소사실에 관하여 증인으로 출석하여 선서한 다음 증언함에 있어 기억에 반하는 허위의 진술을 하였다고 하더라도 위증죄가 성립하지 아니하므로, 원심이 이 사건 위증의 공소사실을 무죄로 인정한 조치는 결과적으로 정당하다.

**[해설]**

### 1. 문제의 소재

공범자인 공동피고인에게 증인적격이 있는지의 문제는 기본적으로 당사자로서의 지위와 제3자로서의 지위를 겸유하고 있는 공범자인 공동피고인의 지위 중 어떤 부분을 우선시 할 것인지의 문제로서, 공동피고인의 제3자성을 강조하여 증인적격을 인정할 경우 선서 없이 한 진술은 증거능력이 없게 되며, 피고인으로서 진술거부권을 강조하는 경우 증언을 강제할 수 없게 된다. 특히 공동피고인의 증인적격의 문제는 변론을 분리하지 않는 경우에도 공동피고인 상호간에 증인적격을 인정할 수 있을 것인가에 있다. 즉 위의 공소사실에서 보는 바와 같이 피고인 D는 공소외 1(D2)과 함께 2007고단1764 사건의 공범으로 기소되어 공동피고인으로 재판을 받던 중 검사의 신청에 따라 공소외 1(D2)에 대한 게임산업진흥에 관한 법률 위반죄의 증인으로 채택되어 제4회 공판기일에 증인의 자격에서 선서하고 증언하였다. 그런데 위증죄의 주체는 '증인'이고, '증인'이란 법원 또는 법관에 대하여 과거의 경험사실을 진술하는 '제3자'를 뜻하는바, 위증죄의 주체와 관련하여 이 사건 피고인과 같은 공범인 공동피고인이 자신에 대한 공소사실과 밀접한 관련이 있는 공범의 공소사실에 대해 증인적격이 있는 것인지, 그리고 증인적격이 있다 하더라도 변론이 분리되지 않은 채 증인으로 신문하는 것이 적법한지 여부가 문제된다.

### 2. 학설

#### (1) 부정설

공동피고인이 상호간에 공범관계에 있는지를 불문

하고 변론을 분리하지 않는 한 증인으로 신문할 수 없다는 견해이다. 부정설에 대해서는 변론의 분리 여부에 따라 공동피고인의 증인적격 여부가 달라지게 되는 것은 지나치게 기술적이고 작위적이라는 비판이 제기된다.

### (2) 긍정설

공동피고인도 다른 피고인에 대해서는 제3자이므로 공범관계에 있느냐를 불문하고 증인적격이 있다는 견해이다. 긍정설에 대해서는 공동피고인 사이에 이해관계가 공통되는 공범관계가 성립함에도 불구하고 일률적으로 증인적격을 인정하여 공동피고인에게 위증의 제재하에 진실한 진술을 강요할 우려가 있으며, 이로 인하여 형사상 자기에게 불리한 진술을 강요당하지 아니한다고 규정한 헌법상의 진술거부권(헌법 제12조 제2항 후단)을 소홀히 취급하는 흠이 있고, 또한 긍정설은 공동피고인의 피고인지위와 증인의 진실의무의 지위가 갖는 모순관계를 경시하게 될 수 있다는 비판이 제기된다.

### (3) 절충설

공동피고인이 상호간에 이해관계를 공통으로 하는 공범관계에 있는 경우에는 모두 피고인으로서의 성질을 가지므로 진술거부권이 인정되고 증인적격이 없다. 그러나 공동피고인 사이에 아무런 실질적 이해관계가 없이 우연히 심리만 병합하는 경우에는 증인적격이 인정된다는 견해이다. 공범관계에 있는 공동피고인의 법정자백은 다른 공동피고인의 공소사실에 관하여 증거능력이 있으므로 증인으로 신문할 필요가 없다는 것을 이유로 제시한다.

### 3. 판례

판례의 입장(대상판결 포함)은 공범인 공동피고인의 경우는 변론을 분리해야 다른 공동피고인에 대한 증인으로 신문할 수 있다는 것이다. 그러나 판례의 입장에 따를 때에도 공범이 아닌 공동피고인의 경우는 변론을 분리하지 않고도 증인으로 신문할 수 있다는 것인지가 명백하지 않다.

### 4. 결론(절충설)

① 상호간에 이해관계를 공통으로 하는 공범관계에 있는 피고인에게까지 증인적격을 인정한다면 우리 형사소송법이 피고인의 방어권과 진술거부권을 보장하기 위해 피고인의 증인적격을 인정하지 않는 것과 배치될 뿐만 아니라, 피고인의 지위에서의 허위의 진술은 처벌의 대상이 되지 않는 반면 증인의 지위에서의 허위의 진술은 처벌의 대상이 되므로 법원이 진술거부권을 갖는 피고인에게 그 진술거부권을 포기하고 선서하여 진실을 말하도록 강제하는 모순된 요구를 하는 것이 되어 부당하다. ② 공범자인 공동피고인의 법정에서의 진술은 다른 공동피고인의 공소사실에 대하여도 증거능력이 있고, 검사가 작성한 공범자인 공동피고인에 대한 피의자신문조서는 공범자인 공동피고인이 성립 및 임의성을 인정하는 경우에는 다른 공동피고인이 이를 증거로 함에 부동의하더라도 다른 공동피고인의 공소사실에 대하여도 증거능력이 있으며, 이러한 공범자인 공동피고인의 진술에 대하여는 다른 공동피고인의 반대신문권이 보장되어 있으므로 실체진실 발견을 위해 굳이 공범자인 공동피고인을 증인으로 신문할 현실적인 필요성이 약하다. ③ 동일한 공동피고인의 진술을 변론의 병합 또는 분리라는 다소 형식적인 절차에 따라 피고인의 진술 또는 증인의 진술로 달리 파악한다든지, 공동피고인의 증인적격이 공동피고인 상호간의 실질적인 관련성과 관계없이 오직 변론의 병합 또는 분리라는 기술적인 절차에 의해 좌우되는 결과가 된다면 부당하다. ④ 결국 공동피고인이 공범관계에 있는 경우와 같이 밀접한 범죄관련성이 공동피고인 상호간에 존재하는 경우에는 증인적격을 인정하지 않는 것이 타당하다. 그러나 공동피고인 각자의 관점에서 볼 때 다른 공동피고인과의 사이에 밀접한 범죄관련성이 없는 경우 ⓐ 단순히 심리만 병합된 경우, ⓑ 맞고소 사건과 같이 공동피고인 상호간에 이해가 상반된 경우 등에는 공동피고인 간에 제3자성이 유지되고 있기 때문에 증인적격이 인정된다고 본다. 즉 이 경우에는 공동피고인에 대한 증인신문을 위해 변론을 분리할 필요가 없다고 본다.

[참고문헌] 강동범, '공동피고인의 증인적격' 한국 형사법학의 이론과 실천: 정암 정성진박사 고희기념논문집, 한국사법행정학회 (2010).

[필자: 권오걸 교수(경북대)]

# 64. 공동피고인의 공판정 자백과 증인적격

[대법원 1985. 6. 25. 선고 85도691 판결]

[**사안**] 피고인 D는 ○○도 식산국 축정과 계장으로서 축산물 유통센타 설치계획과 관련하여 원심 공동피고인 D2로부터 1981. 11. 초순경 500,000원, 그 해 12.말경 200,000원, 도합 700,000원을 뇌물로 교부받은 혐의로 기소되었다. 증거로는 공소사실에 부합하는 검사작성의 D, D2에 대한 각 피의자신문조서, D 작성의 자술서가 제출되었다. 원심은 위 각 피의자신문조서와 자술서가 임의성을 의심할 만한 상당한 이유가 있거나 신빙성이 없으므로 유죄의 증거로 삼을 수 없고 달리 위 공소사실을 인정할 증거가 없으므로 결국 범죄의 증명이 없는 것이라고 하여 무죄를 선고하였다. 검사는 상고하였다.

**\*[판지(파기환송)]\***
[공동피고인의 공판정 자백의 증거능력]
"공동피고인의 자백은 이에 대한 피고인의 반대신문권이 보장되어 있어 증인으로 신문한 경우와 다를 바 없으므로 독립한 증거능력이 있다는 것이 당원이 견지해온 견해인바, 기록에 의하면, 원심 공동피고인 D2는 1심법정에서 위 공소내용과 같이 피고인 D에게 두 차례에 걸쳐 500,000원과 200,000원, 도합 700,000원을 교부하였다고 진술하고 있고 2심법정에 이르러서는 위 금원 중 500,000원은 피고인 D로부터 돌려받은 것 같다고 진술하고 있다.

원심이 위와 같은 원심 공동피고인의 법정진술의 증거가치에 관하여는 전혀 언급함이 없이 공소사실을 인정할 증거가 없다고 판단하고 말았음은 증거에 관한 판단을 유탈한 위법을 범한 것[이다].

원심으로서는 원심 공동피고인의 위 법정진술의 신빙성 유무를 살펴보고 특히 500,000원을 반환받은 상황과 그 일시 등을 따져서 피고인의 영득의사 유무를 가려보아야 할 것이다.

결국 (중략) 원심판결을 파기하고, 사건을 원심법원

에 환송하기로 [한다].

[**해설**]
## 1. 공범자 진술을 증거로 사용하는 여러 경우
이 판례는 공범자 진술을 증거로 사용하는 여러 경우 중 하나인 공범자의 공판정 자백에 대한 것이다. 우선 공범자 진술을 증거로 사용하는 여러 경우를 일별하여 보자.

예를 들어 갑과 을이 공범으로 기소된 경우에(여기서 공범이란 넓은 의미의 공범을 다 포함한다. 공소장의 갑과 을의 관계가 필요적공범의 관계, 공동정범의 관계, 교사범과 정범의 관계, 방조범과 정범의 관계인 경우를 모두 포함한다) 갑은 범행을 부인하는 데 반하여 을은 갑과 공범관계임을 자백하는 경우가 있다. 이때 검사는 갑(당해피고인)의 공소사실을 증명하기 위하여 을(공범자)의 여러 형태의 진술을 증거로 사용하려고 할 것이다. 이때 검사측 증거로 예상할 수 있는 것으로는 사법경찰관 작성의 을의 피의자신문조서, 검사 작성의 을의 피의자신문조서, 을의 증언, 을의 공판정 자백이 있다(이 판례에서는 공판정 자백을 법정진술이라고 표현하고 있다. 법정진술이라는 용어는 광의로는 증언을 포함하나 협의로는 피고인으로서의 공판정 진술만을 의미함).

이 판례에서는 공범자의 공판정 자백이 문제되고 있다. 대법원은 소송기록에 의하면 공범자 D2의 1심과 2심의 공판정 자백이 있으며 그 내용은 피고인 D의 공소사실을 뒷받침하는 것인데도 원심이 이 증거에 관한 판단유탈을 하였다고 지적하고 있다.

## 2. 선행문제 — 공동피고인의 증인적격
공동피고인의 공판정 자백의 증거능력 판단은, 우리 대법원 판례에 따르면 그 공동피고인의 증인적격 판단과 밀접하게 연관되어 있으며, 이 둘 중 증인적격 판단이 선행한다. 그러므로 먼저 공동피고인의 증인적격에 대하여 살펴본다.

공동피고인의 증인적격이 문제되는 이유는 공동피고인이 증인으로 채택되어 증언을 마치고 나면 다시 피고인으로서 재판을 받아야 하므로 그의 증언과정에서 '피고인으로서의 진술거부권'이 침해될 수 있기 때문이다. 이에 대하여 견해 대립이 있다.

① 부정설은 공동피고인은 공범관계 여부를 불문하고 그 공판에서는 피고인이므로 증인적격이 없다고 한다. ② 긍정설은 공동피고인은 다른 피고인에 대한 관계에서는 제3자이므로 증인적격이 있다고 한다. ③ 절충설은 공범인('공범으로 기소된'이라는 뜻이다) 공동피고인은 증인적격이 없지만, 공범 아닌 공동피고인은 증인적격이 있다고 한다(다수설). ④ 판례는 기본적으로 절충설의 입장을 취하면서도 공범인 경우에도 변론을 분리하면 증인적격이 있다고 한다(변론분리후허용설, 대법원 2008. 6. 26. 선고 2008도3300 판결)(⇨상세한 것은 '55. 공동피고인의 증인적격' 참조 바람).

생각건대, 공범 아닌 공동피고인의 증언은 단순한 증언이지만, 공범인 공동피고인의 증언은 실질적으로 자기 자신의 피고사건에 대한 진술이기도 하다. 그런데 증인은 증언거부를 할 수 없으므로 후자의 경우에는 증인은 자신의 피고사건에 대한 진술이 강제되고 실질적으로 '피고인으로서의 진술거부권'을 침해당하게 된다. 이처럼 '피고인으로서의 진술거부권' 침해 문제는 공범인지 여부에 따라 실질적으로 판단해야 하므로 절충설이 타당하다.

부정설은 진술거부권 침해 문제가 발생하지 않는 경우(공범이 아닌 경우)에까지 증인적격을 부정하여 법정의 진실규명에 불필요한 지장을 초래하는 견해이므로 타당하지 않다.

긍정설은 증언으로 인한 불이익이 예상되면 증언거부권(제148조)을 행사하면 된다고 하나, 증언을 거부하는 자는 거부사유를 소명해야 하는데(제150조) 거부사유 소명 과정에서 불이익한 진술을 할 수밖에 없으므로 타당하지 않다.

판례의 입장인 변론분리후허용설은, 변론분리라는 형식에 의하여 '피고인으로서의 진술거부권' 침해라는 문제의 본질이 해소되지 않으므로 타당하지 않다. 변론분리에 의하여 공동피고인의 증언과 그의 피고사건에 관한 심증형성이 차단되어야 비로소 그 절차가 의미 있게 된다. 변론분리 절차를 보면, 공판조서에 변론분리라고 기록될 뿐이며, 재판부가 분리되지도 않고, 공판기록이 분철되지도 않으며, 피고인들도 여전히 같은 법정의 같은 좌석에 앉아 공판이 진행될 뿐이다.

### 3. 정리된 결론 — 공동피고인의 공판정 자백의 증거능력

공동피고인의 공판정 자백의 증거능력에 관한 아래의 대법원 판례들은 공동피고인의 증인적격과 관련지어 다음과 같이 종합적으로 정리하여 이해할 수 있다. 즉, ⓐ 공동피고인이 공범이 아닌 경우에는 증인적격이 있으므로 반드시 선서하고 한 증언만 증거능력이 있다. 그러므로 증언이 아닌 공동피고인의 공판정 자백은 증거능력이 없다. 최우량증거법칙의 귀결이다. 판례는 "피고인과 별개의 범죄사실로 기소되어 병합심리 중인(즉, 공범자 아닌, 필자 주) 공동피고인은 피고인의 범죄사실에 관하여는 증인의 지위에 있다 할 것이므로 선서 없이 한 공동피고인의 법정진술이나 피고인이 증거로 함에 동의한 바 없는 공동피고인에 대한 피의자신문조서는 피고인의 공소 범죄사실을 인정하는 증거로 할 수 없다"라고 판시하였다(대법원 1982. 9. 14. 선고 82도1000 판결).

ⓑ 공동피고인이 공범인 경우에는 증인적격이 없어서 그의 증언을 취득할 수 없으므로 그의 공판정 자백을 증거로 쓸 수밖에 없다. 다만 당해피고인에게 반대신문권을 보장하는 것을 전제로 한다. 판례는 "공동피고인의 자백은 이에 대한 피고인의 반대신문권이 보장되어 있어 증인으로 신문한 경우와 다를 바 없으므로 독립한 증거능력이 있다"라고 판시하였다(대법원 1985. 6. 25. 선고 85도691 판결). 이 사건 판결이다. 이 사건은 공동피고인이 공범인 경우이다.

ⓒ 판례에 따르면, 공동피고인이 공범인 경우에도 변론분리를 하면 증인적격이 있으므로 변론분리를 하여 공동피고인의 증언을 들은 경우에는 그의 공판정 자백은 증거능력이 없다고 해야 할 것이다.

**[필자: 차정인 교수(부산대)]**

# 65. 아동의 증언능력

[대법원 1999. 11. 26. 선고 99도3786 판결]

**[사안]** D는 금전적인 어려움에 처하게 되자 평소 알고 지내던 V1을 찾아가 금원차용 등의 문제로 다투다가 동녀를 살해하였다. 또한 D는 범행현장에 있던 V1의 딸인 V2(사건 당시 만 4세 6개월)도 목을 조르고 머리를 찧는 등의 방법으로 살해하고자 하였으나, 기절하여 쓰러진 것을 죽었다고 오인해서 그냥 나가는 바람에 그 뜻을 이루지 못하였다. 나아가 D는 죄증을 인멸하기 위해서 범행현장으로 다시 돌아와서 방화를 하고 강도의 소행으로 위장하였다. 이 사건 범행현장에서 살아남아 범인을 직접 목격한 유일한 사람인 V2는 D를 범인으로 지목하는 내용의 진술을 하였다. D는 살인죄와 살인미수 및 현주건조물방화치상죄로 기소되었다. 원심은 사건 당시 만 4세 6개월 남짓이었고, 제1심 증언 당시 만 6세 11개월 남짓이던 V2의 증언 등을 토대로 D에게 살인죄와 살인미수 및 현주건조물방화죄(현주건조물방화치상죄 부분은 현주건조물방화죄가 인정됨)로 유죄를 선고하였고, 이에 피고인 측은 V2의 증언능력을 인정한 원심의 조치는 유아의 증언능력에 관한 법리를 오해한 위법이 있다는 등의 이유로 대법원에 상고하였다.

**★[판지(상고기각)]★**

## 1. 유아의 증언능력 유무의 판단 기준

증인의 증언능력은 증인 자신이 과거에 경험한 사실을 그 기억에 따라 공술할 수 있는 정신적인 능력이라 할 것이므로, 유아의 증언능력에 관해서도 그 유무는 단지 공술자의 연령에만 의할 것이 아니라 그의 지적 수준에 따라 개별적이고 구체적으로 결정되어야 함은 물론이고 공술의 태도 및 내용 등을 구체적으로 검토해야 하고, 경험한 과거의 사실이 공술자의 이해력과 판단력 등에 의해 변식될 수 있는 범위 내에 속하는가의 여부도 충분히 고려해서 판단하여야 한다. 대법원은 사건 당시 만 4세 6개월, 제1심 증언 당시 만 6세 11

개월 된 피해자인 유아의 증언능력을 인정하였다.

## 2. 형사소송법 제314조 소정의 '특히 신빙할 수 있는 상태하에서 행하여진 때'의 의미

원진술자가 사망·질병·외국거주 기타 사유로 인하여 공판정에 출정하여 진술을 할 수 없을 때에는 그 진술 또는 서류의 작성이 특히 신빙할 수 있는 상태하에서 행하여진 경우에 한하여 형사소송법 제314조에 의하여 예외적으로 원진술자의 진술 없이도 증거능력을 가지는데, 여기서 특히 신빙할 수 있는 상태하에서 행하여진 때라 함은 그 진술내용이나 조서 또는 서류의 작성에 허위개입의 여지가 거의 없고 그 진술내용의 신빙성이나 임의성을 담보할 구체적이고 외부적인 정황이 있는 경우를 가리킨다.

**[해설]**

## 1. 증언능력

증언능력이란 증인으로서 법정에 나온 자가 과거에 자신이 경험한 사실을 그 기억에 따라서 진술할 수 있는 정신적 능력을 말한다. 증언능력은 증인적격과 구별되는데, 증인이 될 수 있는 일반적인 자격을 증인적격이라고 일컫는 것에 반해, 증언능력은 구체적인 경험내용의 개별적인 전달능력을 말한다. 그러므로 증인적격이 있는 자라 하더라도 증언능력이 결여되어 있다면 해당 증언의 증거능력은 부정된다. 한편, 증인으로 법정에 출석한 자는 신문 전에 선서를 해야 하는데, 16세 미만의 자나 선서의 취지를 이해하지 못하는 자는 선서무능력자로서 선서의 의무가 없으며, 법정에서 거짓 진술을 하더라도 위증죄로 처벌되지 않는다. 요컨대, 증언능력은 일정한 나이를 기준으로 판단되는 것이 아니므로, 16세 미만의 선서무능력자나 14세 미만의 형사미성년자도 증언능력이 인정될 수 있다.

## 2. 아동증언의 특징

아동은 성인에 비해 일반적으로 지각, 기억, 사고, 표현 등의 능력이 미발달되어 있다. 그로 인해 아동은 경험한 사실을 정확하게 진술하지 못할 수 있고, 조사자로부터 구체적인 내용의 질문을 받고 나서야 기억을 되살려 진술하는 경우가 있는가 하면, 주변 사람들의 영향에 의해 기억을 왜곡시킬 가능성이 크다. 그러나 아동도 어느 정도는 자신의 연령에 맞는 정신적 수준에서 경험한 사실을 기억하고 진술할 수 있다. 오히려 아동의 경우에는 성인에 비해 의도적으로 허위사실을 증언할 여지가 희박하기 때문에 진술의 신빙성을 낮게 평가할 수 없는 측면도 있다. 다만, 아동이 어릴수록 개괄적이고 추상적인 질문에 스스로 기억을 떠올려 정확하게 표현하는 것이 어렵고, 보다 구체적인 내용의 질문을 받아야 자신이 경험한 사실을 상기시켜 진술할 수 있다는 점을 고려해야 한다. 즉, 아동의 증언은 위와 같은 특징들을 고려해서 증언능력이나 해당 증언의 신빙성이 판단되어야 할 것이다.

### 3. 아동의 증언능력에 관한 판단기준

아동의 증언능력과 관련하여 대법원의 초창기 판례들은 증언능력을 의사능력과 동일한 것으로 파악하였으나, 보다 구체적인 판단기준은 제시하지 않았다(대법원 1966. 12. 27. 선고 66도1535 판결, 대법원 1984. 9. 25. 선고 84도619 판결). 1990년대에 들어 대법원은 아동의 증언능력을 인정하는 입장을 확립하였는데, 증언능력은 증인 자신이 과거에 경험한 사실을 그 기억에 따라 진술할 수 있는 정신적인 능력을 말하므로, 아동의 증언능력 유무는 연령에 의해서만 판단할 것이 아니라 해당 진술자의 지적수준에 따라 개별적이고 구체적으로 결정되어야 한다고 판시하고 있다. 또한 진술의 태도 및 내용 등을 구체적으로 검토하고, 경험한 과거의 사실이 진술자의 이해력과 판단력 등에 의해 변식될 수 있는 범위 내에 속하는가의 여부도 충분히 고려되어야 하는바, 대상판결은 사건 당시 만 4세 6개월, 제1심 증언 당시 만 6세 11개월 된 피해자인 유아의 증언능력과 증언의 신빙성을 인정하였다(대법원 1991. 5. 10. 선고 91도579 판결, 대법원 2004. 9. 13. 선고 2004도3161 판결, 대법원 2006. 4. 14. 선고 2005도9561 판결 참조). 한편, 대법원 판례 중에서는 아동의 증언능력은 인정하면서도, 체험시점과 진술시점 간의 현저한 시간적 간격이나 유도질문 등의 문제로 인해 진술의 신빙성을 부정한 사례들이 있다(대법원 1992. 7. 14. 선고 92도874 판결, 대법원 2000. 3. 10. 선고 2000도159 판결 참조). 아동의 증언능력과 증언의 신빙성에 관한 문제는 그 판단기준을 엄

격하게 구분하기가 어렵다. 또한 아동증언의 특성을 고려한다면, 시간적 간격이나 유도질문 등의 여부에 의해서 증언의 신빙성을 판단하는 것은 타당하지 못한 측면이 있다. 아동의 증언능력과 함께 증언의 신빙성도 인정되는 것이 바람직하다고 사료되는바, 이를 위해서는 아동증언의 특성을 충실히 반영한 신문기법의 개발과 조사환경의 개선 및 전문가들의 참여가 확대되어야 할 것이다.

[참고문헌] 여훈구, 유아의 증언능력 유무의 판단기준, 형사판례연구 14(2006); 원혜욱, 대법원 판례를 통해 본 성폭력 피해아동 증언의 인정 여부, 피해자학연구 제15권 제2호(2007. 10.).

[필자: 윤지영 부연구위원(한국형사정책연구원)]

# 66. 범인식별진술의 신용성

[대법원 2004. 2. 27. 선고 2003도7033 판결]

[사안] W는 메스암페타민(일명 히로뽕)을 판매하려다가 체포되었다. 검찰에서 W는 친구 O가 '성불상 천'이라고 소개하며 알려준 휴대폰번호로 전화를 하여 '성불상 천'을 만나 그로부터 메스암페타민을 매수하였다고 진술하면서 위 매수 당시 목격한 판매자의 연령과 키·몸무게 등 체격조건에 대하여 간략하게 진술하였다. 검찰은 위 휴대폰번호의 가입자 주소지를 조회하여 주소를 알아내고 그 주소지를 관할하는 동사무소에 비치된 주민등록등·초본을 열람하여 D의 이름 끝자가 '천'인 것이 확인되자 사진이 첨부된 D의 주민등록초본을 모사전송받아 W에게 제시하였다. W는 자신에 대한 피의자신문에서 사진상의 인물이 자신에게 메스암페타민을 판매한 '성불상 천'이 맞다고 진술하였다. 그러나 W는 그 후 D에 대한 사건에서 참고인으로 검찰에서 진술하면서 자신이 메스암페타민을 구입한 '성불상 천'은 D와 다른 사람이라고 진술을 번복하고, 종전 진술은 수사관들이 핸드폰번호를 추적하여 D의 이름을 대기에 '성불상 천'의 이름 끝자가 동일하여 자세히 확인해 보지도 않고 한 것이라고 진술하였다. D는 시종일관 자신은 범인이 아니라고 주장하였다. 그러나 D는 W에게 메스암페타민을 판매하였다는 공소사실로 기소되었고 제1심 및 원심은 유죄라고 판단하였다. D가 상고하였다.

★[판지(상고기각)]★

1. 용의자의 인상착의 등에 의한 범인식별절차에 있어 용의자 한 사람을 단독으로 목격자와 대질시키거나 용의자의 사진 한 장만을 목격자에게 제시하여 범인 여부를 확인하게 하는 것은 사람의 기억력의 한계 및 부정확성과 구체적인 상황하에서 용의자나 그 사진상의 인물이 범인으로 의심받고 있다는 무의식적 암시를 목격자에게 줄 수 있는 가능성으로 인하여, 그러한 방식에 의한 범인식별절차에서의 목격자의 진술은, 그 용의자가 종전에 피해자와 안면이 있는 사람이라든가 피해자의 진술 외에도 그 용의자를 범인으로 의심할 만한 다른 정황이 존재한다든가 하는 등의 부가적인 사정이 없는 한 그 신빙성이 낮다고 보아야 할 것이다 (대법원 2001. 2. 9. 선고 2000도4946 판결 참조).

2. 이와 같은 점에서 볼 때, 범인식별절차에 있어 목격자의 진술의 신빙성을 높게 평가할 수 있게 하려면, ① 범인의 인상착의 등에 관한 목격자의 진술 내지 묘사를 사전에 상세히 기록화한 다음, ② 용의자를 포함하여 그와 인상착의가 비슷한 여러 사람을 동시에 목격자와 대면시켜 범인을 지목하도록 하여야 하고, ③ 용의자와 목격자 및 비교대상자들이 상호 사전에 접촉하지 못하도록 하여야 하며, ④ 사후에 증거가치를 평가할 수 있도록 대질 과정과 결과를 문자와 사진 등으로 서면화하는 등의 조치를 취하여야 할 것이고, 사진 제시에 의한 범인식별절차에 있어서도 기본적으로 이러한 원칙에 따라야 할 것이다.

3. W의 진술은 범인식별절차에서 신빙성을 높이기 위하여 준수하여야 할 절차를 제대로 지키지 못하였을 뿐만 아니라, 그 식별절차 이전의 과정에 비추어 볼 때 제시된 사진상의 인물인 D가 위 핸드폰의 가입명의자임을 알게 된 W에게 피고인이 범인일 가능성이 있다는 암시가 주어졌을 개연성이 있다는 점에서 높은 정도의 신빙성이 있다고 하기는 어렵다. 그러나 (다른 사정에 비추어 보면 — 필자 주) 사건 당시 위 핸드폰으로 W와 통화를 한 사람은 D라고 보아야 할 것이고, 이러한 부가적 사정을 보태어 보면 범인식별에 관한 W의 검찰 진술은 그 절차상의 하자에도 불구하고 높은 정도의 신빙성을 인정할 수 있다.

[해설]

범인과 직접적인 접촉이 있었던 피해자 등 목격자가 특정인을 범인으로 지목하는 진술은 수사기관이 범인을 확인하는 데 결정적인 역할을 하는 경우가 많다. 그러나 이러한 진술에는 여러 가지 오류의 가능성이 존재하기 때문에 그 진술의 중요성만큼이나 진술의 오류는 형사절차에 치명적인 문제를 초래한다. 이에 각국은 어떻게 하면 목격자가 정확하게 범인을 지목할 수 있도록 할 것인가에 관하여 고민하여 왔다. 이러한 맥락에서 '범인식별절차'에 대한 규율이 발달하게 되었다.

범인식별절차의 방법에는 목격자에게 대상자를 직접 보게 하는 방법과 사진이나 동영상을 제시하는 방법이 있고, 전자에는 장소에 따라 조사실에서 하는 방법과 범행 현장이나 부근에서 하는 방법, 거리 등 공공장소에서 하는 방법(가두식별이 이에 속한다)이 있다. 또 대상자의 단복(單複)에 따라 한 사람 또는 사진 한 장을 보여주는 방법(단수대면, showup)과 여러 사람 또는 여러 사람의 사진을 보여주는 방법(복수대면, lineup)이 있다. 범인식별진술은 목격자의 인지−기억−진술의 과정을 거쳐 이루어지는데, 이 과정에 존재하는 부정확성과 가변성이 무고한 사람을 범인으로 지목할 위험을 야기한다. 이러한 위험은 사건, 행위자, 목격자의 특성과 같은 제도 외적 요인과 범인식별진술을 얻어내는 절차의 구성과 같은 제도적 요인에 의하여 영향을 받는다. 전자에 대한 지식을 바탕으로 후자에 관한 합리적 방안을 고안하는 것이 법적인 논의의 핵심이 된다. 판례가 제시하는 범인식별절차의 기준은 이를 위한 것으로서 아래와 같이 정리할 수 있다(판지 2.).

| 구분 | 기준 | 내용 |
|---|---|---|
| ① | 사전기록 | 범인의 인상착의 등에 관한 목격자의 진술 내지 묘사를 사전에 상세히 기록할 것 |
| ② | 복수대면 | 용의자 및 그와 인상착의가 비슷한 여러 사람을 동시에 목격자와 대면하게 할 것 |
| ③ | 사전접촉 금지 | 목격자와 용의자 및 비교대상자들이 상호 사전에 접촉하지 못하도록 할 것 |
| ④ | 과정결과 기록 | 사후 증거가치 평가를 위하여 대면 과정과 결과를 문자와 사진 등으로 기록할 것 |

단수대면(showup, '일대일대면'이라고도 한다)은 복수대면(lineup)에 비하여 오류의 가능성이 높다고 알려져 있는데, 판례는 복수대면을 원칙으로 하여 단수대면은 원칙적으로 신빙성이 낮다고 평가하면서, 단수대면이지만 신빙성을 인정할 수 있는 부가적인 사정이 있는 경우에는 예외를 인정한다(판지 1.). 위와 같은 판례의 법리(판지 1., 2.)는 매우 확고하게 유지되어 오고 있고, 직접 대면뿐만 아니라 사진제시, 동영상제시, 가두식별

등에 의한 경우에도 적용된다(2007도5201 등).

이러한 기준에서 단수대면으로 확인한 경우(2005도734, 2000도4946), 단수대면일 뿐만 아니라 다른 피해자들과 함께 대면한 경우(2005도1461), 단수대면을 통하여 범인이라고 확인한 후 복수대면에 의하여 범인으로 지목한 경우(2007도5201, 2007도1950), 용의자와 인상착의가 비슷하지 않은 사람을 대상으로 복수대면을 하게 한 경우(2004도7363) 등은 신빙성이 낮다고 판단되었는데, 이들은 범인식별절차에서 신빙성을 높이기 위하여 준수하여야 할 절차를 제대로 지키지 못하였기 때문이다.

한편, 단수대면이지만 신빙성을 인정할 수 있는 부가적 사정으로서 판례는 일반적으로 ⓐ 목격자가 용의자와 종전부터 안면이 있는 경우와 ⓑ 목격자의 범인식별진술 외에 용의자가 범인이라고 의심할 만한 다른 정황이 존재하는 경우를 들고 있는데(판지 1.), 판지 3.은 ⓑ의 구체적 예이다(단수대면 후 복수대면을 한 절차상의 하자에도 불구하고 신빙성을 인정한 2006도4658도 같은 경우이다). 그 밖에도 ⓒ 범죄 발생 직후 목격자의 기억이 생생하게 살아있는 상황에서 현장이나 그 부근에서 범인식별 절차를 실시하는 경우 단수대면이 허용된다고 하면서 그 신빙성을 인정하였다(2008도12111).

범인식별절차에서 요구되는 기준을 갖추지 못한 경우 증거능력을 배제하는 법리도 가능하다. 그러나 우리 판례는 증명력의 문제로 다루고 있다. 절차상의 하자가 있더라도 부가적인 사정이 있는 때에는 높은 신빙성이 있다고 한 것은 이러한 측면에서 이해할 수 있다.

복수대면에는 여러 사람을 동시에 대면하는 동시대면과 한 사람씩 차례로 대면하는 순차대면이 있는데, 순차대면이 우수하다는 견해와 반드시 그런지는 확인되지 않아 순차대면만이 합리적이라고 할 수는 없다는 견해가 있다. 우리 판례가 동시에 대면하도록 판시하고 있기는 하지만(판지 2.②), 이것이 순차대면을 배제하고 동시대면을 하여야 한다는 취지라고 확대해석할 것은 아니다.

[참고문헌] 민영성, 목격자에 의한 범인식별 진술의 적정한 신용성 평가를 위한 담보방안, 저스티스 통권 제79호(한국법학원, 2004); 백승민, 형사절차에 있어서 범인식별에 관한 연구, 저스티스 통권 102호(한국법학원, 2008).

**[필자: 이상원 교수(서울대)]**

# 67. 위법수집증거배제법칙 (1) ― 절차적 위법과 피의자신문조서의 증거능력

**[대법원 2013. 3. 28. 선고 2010도3359 판결]**

**[사안]** 업무상 횡령죄의 성립 여부가 쟁점이 된 이 사안에서 평석대상인 수사기관(사법경찰관) 작성 피의자신문조서의 증거능력 여부와 관련하여 문제가 된 사실관계는 다음과 같다. ① (피고인이 된) 피의자 甲에 대한 사법경찰관 작성 피의자신문조서에 "피의자는 진술거부권을 행사할 것인가요?"라는 사법경찰관의 질문에 "아니요, 진술할 것입니다"라는 甲의 답변이 기재되어 있기는 하나, 그 답변은 甲의 자필로 기재된 것이 아니고 답변란에 甲의 기명날인 또는 서명이 되어 있지 않았다. ② (피고인이 된) 피의자 乙에 대한 사법경찰관 작성 피의자신문조서에 의하면 "피의자는 변호인의 조력을 받을 권리를 행사할 것인가요?"라는 사법경찰관의 물음에 "예"라고 답변하였음에도, 사법경찰관은 변호인이 참여하지 아니한 상태에서 계속하여 乙을 상대로 혐의사실에 대한 신문을 하였다.

원심은 위 ①, ②의 각 피의자신문조서에 대해 제1심과 마찬가지로 증거능력이 없다고 보았는데, 대법원은 원심판결을 대상으로 ⓐ 사법경찰관 작성 피의자신문조서의 증거능력에 관한 법리 오해의 위법이 있음과 ⓑ 배임죄 및 업무상 횡령죄에 관한 법리 오해의 위법이 있음을 이유로 검사가 제기한 상고에 대해 ⓐ 부분에 관해서는 증거능력을 부정한 원심의 판단이 정당하다고 보았다. 하지만 ⓑ 부분의 업무상 횡령죄와 관련해서는 유죄의 증명이 부족하다는 이유로 무죄를 선고한 원심과는 달리 원심이 업무상 횡령죄의 증명의 정도에 관한 법리를 오해하여 필요한 심리를 다하지 않았음을 이유로 원심판결을 파기 환송하였다.

**★[판지(파기환송)]★**

1. 진술거부권 행사 여부에 대한 피의자의 답변이 형사소송법 제244조의3 제2항에 규정한 방식에 위배된 경우, 사법경찰관 작성 피의자신문조서의 증거능력 유무

"헌법 제12조 제2항, 형사소송법 제244조의3 제1항, 제2항, 제312조 제3항에 비추어 보면, 비록 사법경찰관이 피의자에게 진술거부권을 행사할 수 있음을 알려주고 그 행사 여부를 질문하였다 하더라도, 형사소송법 제244조의3 제2항에 규정한 방식에 위반하여 진술거부권 행사 여부에 대한 피의자의 답변이 자필로 기재되어 있지 아니하거나 그 답변 부분에 피의자의 기명날인 또는 서명이 되어 있지 아니한 사법경찰관 작성의 피의자신문조서는 특별한 사정이 없는 한 형사소송법 제312조 제3항에서 정한 '적법한 절차와 방식'에 따라 작성된 조서라 할 수 없으므로 그 증거능력을 인정할 수 없다."

2. 피의자가 변호인 참여를 원하는 의사를 표시하였는데도 수사기관이 정당한 사유 없이 변호인을 참여하게 하지 아니한 채 피의자를 신문하여 작성한 피의자신문조서의 증거능력 유무

"헌법 제12조 제1항, 제4항 본문, 형사소송법 제243조의2 제1항 및 그 입법 목적 등에 비추어 보면, 피의자가 변호인의 참여를 원한다는 의사를 명백하게 표시하였음에도 수사기관이 정당한 사유 없이 변호인을 참여하게 하지 아니한 채 피의자를 신문하여 작성한 피의자신문조서는 형사소송법 제312조에 정한 '적법한 절차와 방식'에 위반된 증거일 뿐만 아니라, 형사소송법 제308조의2에서 정한 '적법한 절차에 따르지 아니하고 수집한 증거'에 해당하므로 이를 증거로 할 수 없다."

**[해설]**

1. 문제제기

대법원의 판단의 당부에 대한 핵심은 증거능력 부정의 타당성 여부에 있다기보다 그 부정의 근거 내지 근거조항을 적절히 제시했는지에 있다. 그런데 이 문제는 수사기관이 피의자신문과정에서 형사소송법상의 절차나 방식을 위반한 경우 어떤 경우(①에 대한 판지 1.)에는 제312조에 의해서(만) 증거능력이 부정되고 또 어떤 경우(②에 대한 판지 2.)에는 제308조의2에 의해서(도) 증거능력이 부정되는가의 물음이 해결된 연후에야 제

대로 대답될 수 있다. 이를 위해서는 양 규정상의 '적법한 절차'의 의미와 그 관계를 해명하는 것이 중요하다.

### 2. 제308조의2와 제312조에 정한 '적법한 절차'의 의미

2007년 개정 형사소송법에서 신설된 제308조의2의 '적법한 절차'는 입법취지에 따를 때 헌법상의 적법절차를 뜻한다. 또한 각종 관련문헌에서도 제308조의2가 증거배제기준으로 설정한 '적법한 절차'는 입법취지를 좇아 헌법상의 적법한 절차와 동일한 의미를 갖는 것으로 이해되고 있다. 그리고 수사기관 작성의 조서에 대한 증거능력 인정요건을 강화하기 위해 2007년 전문 개정된 제312조상의 '적법한 절차'(와 방식)는 그 개정 취지에 비추어 볼 때 조서작성 절차와 방식의 적법성을 의미한다. 학계의 지배적 견해 역시 제312조의 '적법한 절차'(와 방식)는 종래의 형식적 진정 성립보다 넓은 개념으로서 조서작성 절차와 방식의 적법성까지 포함하는 개념으로 파악한다. 따라서 수사기관 작성 피의자신문조서가 적법한 절차와 방식에 따라 작성된 것으로 인정되려면 형사소송법 제241조 이하에 규정된 피의자신문 절차와 방식을 준수해야 한다는 것이 대체적인 인식이다. 같은 취지에서 대법원 역시 제312조의 '적법한 절차와 방식'이란 피의자에 대한 조서작성과정에서 지켜야 할 진술거부권의 고지 등 형사소송법이 정한 제반 절차를 준수하고 조서의 작성방식에도 어긋남이 없어야 함을 뜻한다고 본다.

### 3. 양 규정상의 '적법한 절차'의 함의와 그 관계

이점과 관련해서는 제308조의2(일반조항)의 '적법한 절차'는 헌법상의 기본권 침해를 겨냥한 개념이고 제312조(특별조항)의 그것은 조서작성에서 요구되는 법규의 준수를 겨냥한 개념이라는 견해, 제308조의2는 진술거부권의 고지나 변호인 참여와 같은 기본권과 밀접한 관련을 가지거나 위법의 정도가 중대한 경우에 적용되고 기타의 절차규정 위반에 대해서는 제312조의 적법절차를 근거로 증거능력이 부정된다는 견해, 제308조의2는 모든 위법수집증거의 증거능력을 원칙적으로 배제하는 규정이므로 (피의자신문을 포함한) 수사기관의 증거수집과정에서 형사소송법이 규정하고 있는 절차를 준수하지 않은 경우에는 제308조의2에 따라 증거능력을 부정해야 한다는 견해, 수사기관이 피의자신문과정에서 진술거부권을 고지하지 않거나 변호인 선임

권, 접견교통권 및 신문참여권을 침해한 상태에서 신문을 행하고 작성된 피의자신문조서는 제312조에 의해서는 물론, 자백배제법칙(자백조서인 경우) 또는 위법수집증거배제법칙에 의해서도 증거능력이 부정된다고 보는 견해 등이 대립하고 있다.

### 4. 양자의 공통점과 차이점, 그리고 중첩

두 규정의 규율구조와 입법취지·개정취지에 비추어 볼 때 제308조의2의 '적법한 절차'는 포괄적인 법원리로서 규정된 것인 반면, 제312조의 '적법한 절차'는 확정적인 법규칙상의 구체적인 법정절차로서 규정된 것이다. 양자는 모두 헌법상의 적법절차와 연결되어 있기는 하지만, 그 내용(적용범위)은 법원리와 법규칙이라는 차이로 인해 다를 수밖에 없다. 이런 점에서 제308조의2와 제312조의 '적법한 절차'(와 방식)는 구별되는 개념이다. 다만, 그 적용범위와 관련하여 일정한 경우에 한해 중첩(교집합)이 문제될 수 있다. 즉 조서작성과정에서 법정된 절차와 방식을 위반한 경우로서, 우리의 법공동체 구성원들이 공유하고 있는 가치관련적 기본요청(헌법상의 기본권 보호요청)에 해당하는 조항들을 위반한 경우(가령 진술거부권 및 그 고지의무의 침해, 변호인의 접견권과 신문참여권의 침해 등과 같은 실질적 또는 중대한 절차위반이 있는 경우)에는 제312조는 물론 제308조의2도 함께 증거배제의 근거조항이 될 수 있다. 이와 같이 볼 때 위 사안에 대한 대법원의 판단은 타당한 것으로 여겨진다.

[참고문헌] 변종필, '적법한 절차'를 위반한 사법경찰관 작성 피의자신문조서의 증거능력, 형사법연구 제25권 제4호(2013. 12.).

[필자: 변종필 교수(동국대)]

# 68. 위법수집증거배제법칙 (2) ─ 대화당사자 / 제3자 녹음·청취의 적법성

## 대상판결 1
[대법원 1999. 3. 9. 선고 98도3169 판결]
## 대상판결 2
[대법원 2002. 10. 8. 선고 2002도123 판결 등]

**［사안 1 ─ 98도3169］** D는 공직선거및선거부정 방지법위반죄로 기소되었다. 항소심은 수사기관이 아닌 O1이 O2와의 대화내용을 대화 상대방 몰래 녹음한 녹음테이프, 비디오테이프의 진술 부분을 증거로 하여 유죄로 판단하였다. D가 증거능력에 대한 법리오해를 주장하며 상고하였다.

**［사안 2 ─ 2002도123］** D는 자신이 경영하는 이용원에서 경쟁업체를 공중위생법위반죄로 고발하는 데 사용할 목적으로 O1로 하여금 같은 상가내 미용실의 O2에게 전화를 걸어 통화하게 한 다음 그 내용을 녹음함으로써 공개되지 아니한 타인간의 대화를 녹음하여 통신비밀보호법위반으로 기소되었다. 항소심은 통신비밀보호법 제3조에서 공개되지 아니한 타인간의 대화를 녹음하는 행위를 금지하는 이유는 대화 당사자 사이에 대화의 비밀성을 보장하는 것이고, 대화자 일방이 상대방과의 대화를 상대방의 승낙 없이 녹음하는 경우에는 제3조에 해당하지 아니하는 점 등을 고려하여 D가 일방 당사자의 동의를 받아 녹음한 이 사건 행위는 대화자 일방의 상대방 승낙 없는 녹음행위와 동일하다는 이유로 무죄로 판단하였다. 검사가 상고하였다.

**＊［판지 1 ─ 98도3169 (상고기각)］＊**
수사기관이 아닌 사인(O1)이 피고인 아닌 사람(O2)과의 대화내용을 대화 상대방 몰래 녹음하였다고 하더라도 그것만으로는 그 녹음테이프가 위법하게 수집된 증거로서 증거능력이 없다고 할 수 없으며, 사인이 피고인 아닌 사람과의 대화내용을 상대방 몰래 비디오로 촬영·녹음한 경우에 그 비디오테이프의 진술 부분도 마찬가지로 취급하여야 할 것이다.

**＊［판지 2 ─ 2002도123 (상고인용)］＊**
전기통신에 해당하는 전화통화 당사자의 일방이 상대방 모르게 통화내용을 녹음(통신비밀보호법에는 '채록'이라고 규정)하는 것은 통신비밀보호법의 감청에 해당하지 아니한다. 따라서 전화통화 당사자의 일방이 상대방 몰래 통화내용을 녹음하더라도, 대화 당사자 일방이 상대방 모르게 그 대화내용을 녹음한 경우와 마찬가지로 통신비밀보호법 제3조 제1항 위반이 되지 아니한다. 제3자의 경우는 전화통화 당사자 일방의 동의를 받고 그 통화내용을 녹음하였다 하더라도 그 상대방의 동의가 없었던 이상, 사생활 및 통신의 불가침을 국민의 기본권의 하나로 선언하고 있는 헌법규정과 통신비밀의 보호와 통신의 자유신장을 목적으로 제정된 통신비밀보호법의 취지에 비추어 동법 제3조 제1항 위반이 된다. 이 점은 제3자가 공개되지 아니한 타인간의 대화를 녹음한 경우에도 마찬가지이다. 공소사실은 전체적으로 보아 D가 제3자로서 타인의 전기통신에 해당하는 전화통화를 감청한 사실을 기소하고 있다고 보는 것이 타당하다.

## ［해 설］
### 1. 통신비밀보호법 제정의 의의와 구조
통신비밀보호법은 통신 및 대화의 비밀과 자유에 대한 제한은 그 대상을 한정하고 엄격한 법적 절차를 거치도록 함으로써 통신비밀을 보호하고 통신의 자유를 신장하기 위하여 1993년 제정되었다(동법 제1조). 위법수집증거배제법칙이 도입되기 이전에 이미 통신비밀보호법은 통신 및 대화의 비밀과 자유를 침해하여 얻은 증거의 증거능력을 부정하였다. 동법은 우편물의 검열, 전기통신의 감청, 통신사실확인자료의 제공, 공개되지 아니한 타인간의 대화의 녹음 또는 청취를 제한하고(동법 제3조, 제14조 제1항), 이에 위반하여 수집된 증거의 증거능력을 부정한다(제4조, 제14조 제2항). 또한 직접 위와 같은 행위를 한 자를 처벌하는 것은 물론(동법 제16조 제1항 제1호), 그렇게 하여 지득한 통신 또는 대화의 내용을 공개하거나 누설한 자도 처벌한다(동법 제16조 제1항 제2호). 통신비밀보호법상 통신제한조치는 우편물의 검열과 전기통신의 감청을 의미한다(동법 제3조 제2항). 여기서 전기통신의 감청이라 함은 전기통신에 대하여 당사자의 동의없이 전자장치·기계장치 등을 사용하여 통신의 음향·문언·부호·영상을 청취·공독하여 그 내용을 지득 또는 채록하거나 전기통신의 송·수신을 방해하는 것으로 통신비밀보호법은 우편물의 검열과 전기통신의 감청을 통신제한조치로 부른다(동법 제2조 제7호, 제3조 제2항). 여기서 당사자는 전기통신의 송신인과 수신인 쌍방이다(동법 제2조 제4호). 전자장치·기계장치 등을 사용하지 아니한 경우에는 감청이 아니므로 전기통신에 의하지 아니한 타인간의 대화를 녹음하거나 전자장치 또는 기계적 수단을 이용하여 청취하는 행위는 감청, 즉 통신제한조치에 포함되지는 않지만(2002도123 판결이 전화통화가 통신비밀보호법에서 규정하고 있는 전기통신에 해당하므로 이를 동법 제3조 제1항 소정의 '타인간의 대화'에 포함시킬 수는 없다고 한 점 참조), 증거능력과 처벌에 있어서 통신제한조치에 준하여 이를 별도로 취급하고 있다(동법 제14조, 제16조 제1항).

## 2. 통신 및 대화의 비밀과 자유 보장의 정도

통신비밀보호법은 전기통신의 '당사자의 동의가 없는' 전기통신의 감청과 공개되지 아니한 '타인간의' 대화와 녹음을 제한하고 있다. 법문을 엄격히 해석하면 전기통신이나 대화의 당사자 사이에는 이미 대화의 비밀성이 없으며 따라서 그 일방에 의한 녹음은 통신 및 대화의 비밀을 침해하지 않고 통신비밀보호법의 적용대상이 되지 않는다는 취지로 읽힌다. 이에 대하여는 일방 당사자에 의한 통신 및 대화의 녹음과 그 사용도 녹음을 한다는 사실을 모르는 상대방의 통신 및 대화의 자유를 침해하며, 나아가 상대방이 제3자에 대하여 가지고 있는 통신 및 대화의 비밀성을 침해한다는 이유로 통신비밀보호법에 의해 규율하여야 한다는 주장이 제기되고 있다. 판례는 초기에는 통신비밀보호법의 문언에 엄격히 따랐다가 이후 구체적인 사안에 있어서 비밀성은 물론 자유보장까지 고려하여 개별적 사안의 구체적 상황에 비추어 적절한 결론을 제시하는 방향으로 바뀌고 있는 것으로 보인다. 98도3169 판결은 대화의 일방 당사자가 상대방 몰래 대화내용을 녹음한 경우에 그 증거능력을 인정하고 있다. 3인 간의 대화에 있어서 그 중 한 사람이 그 대화를 녹음하는 경우에 다른 두 사람의 발언은 그 녹음자에 대한 관계에서 '타인간의 대화'라고 할 수 없다(대법원 2006. 10. 12. 선고 2006도4981 판결). 전화통화의 당사자 일방이 상대방과의 통화내용을 녹음하는 행위도 전기통신의 감청에 해당하지 않는다(대법원 2008. 12. 23. 선고 2008도1237 판결). 그러나 2002도123 판결에서는 전기통신에 해당하는 전화통화 당사자의 일방이 상대방 모르게 통화내용을 녹음하는 것은 여기의 감청에 해당하지 아니하지만 제3자의 경우는 설령 전화통화 당사자 일방의 동의를 받고 그 통화내용을 녹음하였다 하더라도 그 상대방의 동의가 없었던 이상 통신비밀보호법위반이 된다고 해석하여야 하며 이 점은 제3자가 공개되지 아니한 타인간의 대화를 녹음한 경우에도 마찬가지라고 판시하였다. 즉 판례는 제3자가 녹음한 경우에는 당사자 일방의 동의가 있는 경우에도 당사자의 동의 없는 감청이 되고, 공개되지 않은 타인간의 대화가 된다고 해석하였다. 판례에 따르면 녹음의 주체가 대화의 일방으로 평가되느냐 제3자로 평가되느냐에 따라 처벌 여부가 달라지게 된다. 2008도1237 판결에서 대법원은 골프장 운영업체인 강원랜드가 예약전용 전화선에 녹취시스템을 설치하여 예약담당직원과 고객 간의 골프장 예약에 관한 통화내용을 녹취한 사안에서 녹음의 동기, 내용, 그 사용 방법 등 사실관계를 고려하여 강원랜드가 전화통화의 당사자로서 통화내용을 녹음하였다는 이유로 감청에 해당하지 않는다고 판시하였다. 한편, 대법원 2010. 10. 14. 선고 2010도9016 판결에서는 수사기관의 범죄수사와 관련하여 녹음의 주체를 판단하였다. 수사기관이 O로부터 D의 마약류관리에관한법률위반(향정) 범행에 대한 진술을 듣고 추가적인 증거를 확보할 목적으로, 구속수감되어 있던 O에게 그의 압수된 휴대전화를 제공하여 D와 통화하고 위 범행에 관한 통화 내용을 녹음하게 한 경우에 수사기관 스스로가 주체가 되어 구속수감된 자의 동의만을 받고 상대방인 피고인의 동의가 없는 상태에서 그들의 통화 내용을 녹음한 것으로서 범죄수사를 위한 통신제한조치의 허가 등을 받지 아니한 불법감청에 해당한다고 판시하였다.

[필자: 이윤제 교수(아주대)]

# 69. 위법수집증거배제법칙 (3) — 공소제기후 검사의 강제처분

[대법원 2011. 4. 28. 선고 2009도10412 판결]

**[사안]** 공무원 D는 그 직무와 관련하여 D2로부터 100만원권 수표 3매를 교부받아 그 직무에 관하여 뇌물을 수수한 혐의로, D2는 D에게 위 100만원권 수표 3매를 교부하여 공무원의 직무에 관하여 뇌물을 공여한 혐의로 각 기소되었다. 검사는 당초 'D가 D2로부터 100만원권 수표 2매(수표번호 A, B)를 수수, 교부하였다'는 내용으로 공소제기하였으나 그 후 지방법원 판사로부터 발부받은 D2에 대한 압수·수색영장에 의하여 D가 D2로부터 받은 100만원권 수표 1매(수표번호 C)를 추가로 확보하게 되자 제1심 공판 중 D가 D2로부터 100만원권 수표 1매를 더 받았다는 취지로 공소사실을 변경, 추가하여 법원의 허가를 받았다. 한편 위 압수·수색영장에 기재된 '범죄사실'은 당초 기소된 수표 2매를 교부받았다는 사실이다.

제1심과 항소심은 D와 D2가 100만원권 수표 2매(수표번호 A, B)를 직무에 관한 뇌물로서 수수, 공여한 것으로 인정하여 유죄를 선고하였으나, 나머지 수표 1매(수표번호 C, 이하 '이 사건 수표'라 한다)는 '공소제기 후 검사가 수소법원 외 법관으로부터 압수·수색영장을 발부받아 수집된 증거로서 증거능력이 없다'는 이유로, 이 사건 수표를 뇌물로서 수수, 공여하였다는 공소사실 부분에 대하여는 무죄를 선고하였다(이유무죄, 단일죄의 관계).

검사는 '공소제기 후에도 검사는 법원으로부터 영장을 발부받아 압수·수색을 할 수 있다. 검사는 D2에 대한 압수·수색영장을 법원에 청구하고, 적법하게 영장을 발부받아 이 사건 수표를 수집하였으므로, 그에 대한 증거능력이 인정되어야 한다'고 주장하며 상고하였다.

**\*[판지(상고기각)]\***

[검사가 공소제기 후 형사소송법 제215조에 따라 수소법원 외 법관으로부터 발부받은 압수·수색영장에 의해 수집한 증거의 증거능력(원칙적 소극)]

형사소송법은 제215조에서 검사가 압수·수색영장을 청구할 수 있는 시기를 공소제기 전으로 명시적으로 한정하고 있지는 아니하나, 헌법상 보장된 적법절차의 원칙과 재판받을 권리, 공판중심주의·당사자주의·직접주의를 지향하는 현행 형사소송법의 소송구조, 관련 법규의 체계, 문언 형식, 내용 등을 종합하여 보면, 일단 공소가 제기된 후에는 피고사건에 관하여 검사로서는 형사소송법 제215조에 의하여 압수·수색을 할 수 없다고 보아야 하며, 그럼에도 검사가 공소제기 후 형사소송법 제215조에 따라 수소법원 이외의 지방법원 판사에게 청구하여 발부받은 영장에 의하여 압수·수색을 하였다면, 그와 같이 수집된 증거는 기본적 인권 보장을 위해 마련된 적법한 절차에 따르지 않은 것으로서 원칙적으로 유죄의 증거로 삼을 수 없다.

**[해설]**

### 1. 본 사안의 쟁점

본 사안의 쟁점은 공소제기 후 강제수사가 허용되는지 여부이다. 학설은 긍정설, 부정설, 제한적 허용설로 견해를 달리하는데, 대상판례는 부정설의 입장을 분명히 하였다.

### 2. 긍정설의 논거

① 형사소송법(이하 '법'이라 한다) 제215조는 수사기관의 압수·수색에 관하여 시기를 제한하고 있지 않다. ② 압수·수색에 의하여 피고인의 방어활동에 지장을 주지 않는다. ③ 수소법원의 처분을 기다리지 않고 당사자인 검사가 직접 증거를 수집·보전하는 것은 당사자주의와 공판중심주의에도 부합한다. ④ 공소제기 후에도 수사기관이 수소법원의 손을 빌리지 않고 압수·수색을 할 수 있다고 하여야 공소제기 이후 발생하는 압수·수색의 필요성에 대응하고 당사자주의적 구조에

적합한 운영을 할 수 있다. ⑤ 수소법원이 직접 압수·수색을 하면서 증거를 수집하는 행위를 하는 것은 수사와 재판의 분리를 통해 법원을 순수한 재판기관으로 하고자 하는 근대 형사소송법의 기본 원리에 반하므로 부적절하다(법원의 재판기관으로서의 순수성 유지 필요성). ⑥ 법원의 압수·수색은 증거물의 검토 및 집행 등의 측면에서 매우 비효율적이다(기업장부, 계좌추적에 대한 검토와 판단, 압수물 보관 등의 어려움). 현실적인 효율성의 측면에서도 검사의 압수·수색을 인정하는 것이 더 적절하다(법원에 의한 압수·수색의 비효율성).

### 3. 부정설의 논거

① 법 제215조의 수사상 강제처분은 인권보장적 견지에서 제한적으로 해석하여야 한다. ② 현행법은 수사절차에서의 압수·수색·검증과 공판절차에서의 압수·수색·검증을 구분하고 있다. ③ 공소가 제기되면 사건이 법원에 계속되므로 압수·수색도 법원의 권한에 속한다. 공소제기 후 검사의 압수·수색영장 청구는 수소법원의 직권발동을 촉구하는 것에 불과하다. ④ 공소제기 후 제1회 공판기일 전에 압수·수색·검증을 해야 할 긴급한 사정이 있는 때에는 증거보전절차(법 제184조)에 의한 증거보전이 가능하고 이로써 검사는 대물적 강제수사의 목적을 달성할 수 있다. ⑤ 제1회 공판기일 이후에는 법원에 의한 압수·수색·검증이 가능하므로 수사기관에 의한 강제처분을 인정할 근거가 없다. ⑥ 공소제기 후 수사기관의 강제수사를 무제한적으로 허용하면 강제처분 법정주의(법 제199조 제1항 단서)에 위배된다. ⑦ 제1회 공판기일 이전에 검사가 압수·수색을 위하여 영장을 청구할 때에는 범죄의 혐의가 있다고 인정되는 자료를 제출하여야 하는데(형사소송규칙 제108조 제1항, 이하 '규칙'이라 한다) 이와 같이 제1회 공판기일 이전에 범죄 혐의에 대한 자료를 제출할 수 있는 길을 열어두는 것은 공소장일본주의에 반한다.

### 4. 제한적 허용설

이 견해는 '공판절차가 개시된 이상 법원이 행하는 압수·수색에 맡기는 것이 원칙이고, 또 제1회 공판기일 이후에는 법원이 증거조사에 착수하게 되므로 강제처분에 속하는 증거수집활동은 법원에 맡겨야 한다'면서도, 다만 '제1회 공판기일 이전에 법원의 증거조사(법 제273조) 및 증거보전절차(법 제183조) 등을 이용할 수 없는 예외적인 경우에 한하여 검사가 법원의 영장

을 받아 압수·수색을 할 수 있다'는 입장이다.

### 5. 검토

부정설이 타당하다. 우리 형사소송절차의 체계상 일단 공소가 제기되면 강제처분권을 포함한 형사절차의 제권한이 사건을 주재하는 수소법원에 속하게 되고 수사의 대상이던 피의자는 형사소송상 검사와 대등한 관계에 서는 피고인의 지위를 가지게 되므로 피고인의 기본적 인권에 영향을 미치는 강제처분은 원칙적으로 수소법원의 직접적인 판단에 기초하여 이루어져야 한다. 또한, 법 제184조(증거보전절차)의 규정 취지는 공소제기 후에는 법 제215조에 의한 압수·수색영장의 청구를 허용하지 않음을 전제로 하는 것이다. 나아가 유죄의 증명책임은 원칙적으로 검사에게 있는 이상 공소제기 후 법원이 압수·수색의 권한을 가진다고 하더라도 곧 법원이 공판과정에서 적극적으로 사실조사를 하고 직접적 증거수집활동에 나서는 것을 의미하지는 않는다. 부정설을 취한다고 하더라도 법원의 재판기관으로서의 순수성이 훼손된다고 볼 수 없다. 긍정설에서 지적하는, 법원에 의한 압수·수색의 현실적 비효율성은 긍정설의 '이론적' 근거가 될 수 없다. 압수·수색에 있어 적법절차와 영장주의의 원칙을 관철하는 것이 현실적 효율성을 추구하는 것보다 피고인의 인권 보장상 우위에 있기 때문이다.

대상판례는 판지와 같은 논거를 들어 부정설의 입장을 취하면서 검사가 공소제기 후 형사소송법 제215조에 따라 수소법원 외 법관으로부터 발부받은 압수·수색영장에 의해 수집한 증거의 증거능력을 인정할 수 없다는 법리를 최초로 선언하였다는 데 큰 의미가 있다.

[참고문헌] 김민기, 공소제기 후 형사소송법 제215조에 따라 수소법원 외 법관으로부터 발부받은 압수·수색영장에 의해 수집한 증거의 증거능력, 대법원 판례해설 88호(2011 상반기).

[필자: 김민기 판사]

# 70. 위법수집증거배제법칙 (4) — 주장적격

[대법원 2011. 6. 30. 선고 2009도6717 판결]

**[사안]** D는 유흥주점의 영업실장으로 종업원 O2로 하여금 손님 O와 함께 일명 티켓영업을 나가도록 하고 대가를 받았고, D2는 위 유흥주점의 업주로서 D의 위와 같은 위반행위에 대한 주의, 감독의무를 소홀히 하였다는 혐의(식품위생법 제44조, 제97조 위반)로 기소되었다. 유죄증거로 제출된 것 중 주요한 것은 O의 자술서와 진술조서이다. D, D2는 O의 자술서와 진술조서의 증거능력을 부인하였다. 제1심과 항소심은 무죄를 선고하였다. 검사는 위 각 증거들이 증거능력이 있다고 주장하며 상고하였다.

경찰관 4명이 성매매 제보를 받고 잠복근무 중 유흥주점에서 O, O2가 나와 인근 여관으로 들어가는 것을 확인하고 여관업주의 협조를 얻어 투숙한 여관방문을 열고 들어갔다. 당시 O, O2는 침대에 옷을 벗은 채로 약간 떨어져 누워 있었고, 경찰관들이 O, O2에게 성매매로 현행범 체포한다고 고지하였으나, 위 두 사람이 성행위를 하고 있는 상태도 아니었고 방 내부에서 성관계를 가졌음을 증명할 수 있는 화장지나 콘돔 등도 발견되지 아니하자 성매매로 현행범 체포를 하지 못하고(성매매 미수는 처벌규정이 없다) 수사관서로 동행해 줄 것을 요구하면서 그 중 한 경찰관은 "동행을 거부할 수도 있으나 거부하더라도 강제로 연행할 수 있다"고 말하였다. 수사관서로 동행과정에서 O2가 화장실에 가자 여자 경찰관이 O2를 따라가 감시하였다. O, O2는 경찰관들과 경찰서에 도착하여 각각 자술서를 작성하였고, 곧이어 사법경찰리가 O, O2에 대하여 각각 진술조서를 작성하였다. O의 자술서와 진술조서에는 자신이 치른 술값에 O2와의 성매매 대가가 포함되어 있다는 내용이 기재되어 있다. 제1심과 항소심은 위 각 자술서와 진술조서가 적법하지 않은 임의동행을 통하여 수집된 위법수집증거로서 증거능력이 없어 증거로 사용할 수 없다고 판단하였다.

**★[판지(상고기각)]★**

1. 경찰관의 임의동행의 적법성을 인정하기 위한 요건

"수사관이 수사과정에서 당사자의 동의를 받는 형식으로 피의자를 수사관서 등에 동행하는 것은, 상대방의 신체의 자유가 현실적으로 제한되어 실질적으로 체포와 유사한 상태에 놓이게 됨에도, 영장에 의하지 아니하고 그 밖에 강제성을 띤 동행을 억제할 방법도 없어서 제도적으로는 물론 현실적으로도 임의성이 보장되지 않을 뿐만 아니라, 아직 정식의 체포·구속단계 이전이라는 이유로 상대방에게 헌법 및 형사소송법이 체포·구속된 피의자에게 부여하는 각종의 권리보장 장치가 제공되지 않는 등 형사소송법의 원리에 반하는 결과를 초래할 가능성이 크므로, 수사관이 동행에 앞서 피의자에게 동행을 거부할 수 있음을 알려 주었거나 동행한 피의자가 언제든지 자유로이 동행과정에서 이탈 또는 동행장소로부터 퇴거할 수 있었음이 인정되는 등 오로지 피의자의 자발적인 의사에 의하여 수사관서 등에의 동행이 이루어졌음이 객관적인 사정에 의하여 명백하게 입증된 경우에 한하여, 그 적법성이 인정되는 것으로 보아야 한다(대법원 2006. 7. 6. 선고 2005도6810 판결 참조)."

2. 수사기관이 '피고인이 아닌 자'에 대하여 위법수사로 수집한 진술증거의 증거능력

"형사소송법 제308조의2는 '적법한 절차에 따르지 아니하고 수집한 증거는 증거로 할 수 없다'고 규정하고 있는바, 수사기관이 헌법과 형사소송법이 정한 절차에 따르지 아니하고 수집한 증거는 유죄 인정의 증거로 삼을 수 없는 것이 원칙이므로(대법원 2007. 11. 15. 선고 2007도3061 전원합의체 판결 등 참조), 수사기관이 피고인이 아닌 자를 상대로 적법한 절차에 따르지 아니하고 수집한 증거는 원칙적으로 피고인에 대한 유죄 인정의 증거로 삼을 수 없다(대법원 1992. 6. 23. 선고 92도682 판결, 대법원 2009. 8. 20. 선고 2008도8213 판결 참조)."

## [해설]

### 1. 경찰관의 위법한 임의동행에 의하여 수집된 진술서와 진술조서의 증거능력

대법원은 경찰관의 임의동행의 적법성을 원칙적으로 부인하면서 극히 제한적인 경우, 즉 오로지 피의자의 자발적인 의사에 의하여 동행이 이루어졌음이 객관적 사정에 의하여 명백히 인정되는 경우에 한하여 임의동행의 적법성을 인정하여 왔다(대법원 2006. 7. 6. 선고 2005도6810 판결 참조). 대법원은 이 사건의 사실관계에 비추어 O에 대한 경찰관의 임의동행의 적법성을 인정하지 아니하고 경찰관의 동행요구를 거절할 수 없는 심리적 압박 아래 행하여진 사실상의 강제연행에 해당한다고 보아 경찰관이 수집한 O의 진술서와 진술조서는 위법수집증거에 해당한다고 판단하였다.

### 2. 위법수집증거의 배제를 주장할 수 있는 자의 범위

국내 학계에서는 위법수집증거배제법칙은 수사기관의 위법수사에 대한 객관적 통제장치가 아니라 기본적 인권의 침해에 대한 견제장치라는 것을 이유로 그 증거능력 없음을 주장할 수 있는 자는 위법수사로 인하여 기본적 인권이 직접 침해된 상대방에게 국한된다고 보는 견해와 위법수집증거배제법칙은 적법절차의 보장과 위법수사억지를 주요한 정책목표로 하고 있는 점을 고려하여 그 증거능력 없음을 주장할 수 있는 자는 직접적인 권리침해자로 제한할 필요가 없다는 견해가 대립하고 있다. 미국 연방대법원은 피고인이 아닌 제3자에 대하여 위법한 방법으로 수사가 행해진 경우에는 그로 인하여 얻은 증거를 피고인에 대하여 사용할 수 있고, 피의자에 대한 위법한 수사결과 취득한 증거를 제3자에 대한 증거로 사용할 수 있다는 입장으로 [Alderman v. United States, 394 U.S. 165, 171~172(1969)], 위법수집증거배제법칙은 위법수사로 인하여 기본권이 침해된 자에 대하여만 적용된다는 전제에 서 있다.

대법원은 1992. 6. 23. 선고 92도682 판결(공범으로서 별도로 공소제기된 다른 사건의 D에 대한 수사과정에서 검사가 피의자인 D와 대화하는 내용과 장면을 녹화할 당시 검사가 미리 진술거부권을 고지한 바가 없다는 이유로 위 비디오테이프에 대한 법원의 검증조서에 증거능력이 없다고 본 사례)과 2009. 8. 20. 선고 2008도8213 판결(검사가 별도로 기소된 공범에 대하여 D 등 공범들의 공소사실에 관한 신문을 하면서 피의자신문조서가 아닌 일반적인 진술조서를 작성하였는데 그 내용은 피의자의 진술을 기재한 피의자신문조서와 실질적으로 같은데도 검사가 미리 진술거부권을 고지한 사실을 인정할 자료가 없으므로 위법하게 수집된 증거로서 증거능력이 없어 당해 사건의 D에 대한 유죄의 증거로 쓸 수 없다고 한 사례)에서 위법수집증거배제법칙을 주장할 수 있는 자를 권리침해 당사자 본인으로 제한하지 않은 태도를 취하고 있었다.

이 판결은 대법원 2007. 11. 15. 선고 2007도3061 전원합의체 판결이 위법수집증거는 원칙적으로 증거에서 배제된다고 판시하고, 형사소송법 제308조의2가 "적법한 절차에 따르지 아니하고 수집한 증거는 증거로 할 수 없다"고 규정한 것과 관련하여, 위법수집증거배제를 주장할 수 있는 자의 범위는 위법수사를 받았거나 또는 위법수사로 사생활이 침해된 피해자에 한정되지 아니하고 제3자도 이를 주장할 수 있음을 명시적으로 판시한 것이다.

[참고문헌] 심담, 수사기관이 피고인이 아닌 제3자에 대여 위법수사로 수집한 진술증거를 피고인에 대한 유죄 인정의 증거로 삼을 수 있는지 여부, 대법원판례해설 88호(2011 상반기).

[필자: 심담 판사]

# 71. 위법수집증거배제법칙 (5) — 전자정보의 수색·압수의 적법한 집행처분의 요건과 흠의 효과

[대법원 2015. 7. 16. 자 2011모1839 결정(종근당 사건)]

**[사안]** 수원지검 강력부 A검사는 2011. 4. 25. D[주식회사 J의 회장(준항고인1)]의 배임 혐의와 관련된 압수·수색영장(이하 '제1영장'이라 한다)을 발부받아 압수·수색을 진행하였다.

(1) 저장매체의 반출처분(물리적 압수@) : A검사는 빌딩 내 D의 사무실에 임하여 압수·수색을 개시하였는데, 그곳에서의 압수 당시 제1영장에, **저장매체에 혐의사실과 관련된 정보와 관련되지 않은 전자정보가 혼재**된 것으로 판단하여 D2(주식회사 J)의 동의를 받아 저장매체 자체를 봉인하여 영장 기재 집행 장소에서 자신의 사무실로 반출(이하 '반출처분'으로 약칭함)하였다. 이 때 피압수자측의 참여기회가 제공되었다.

(2) 이미징 복제(물리적 압수ⓑ·제1처분) : A검사는 2011. 4. 26.경 저장매체를 대검찰청 디지털포렌식센터(이하 'DFC'로 약칭함)에 인계하여 그곳에서 저장매체에 저장되어 있는 **전자정보파일 전부를 '이미징'의 방법으로 다른 저장매체로 복제(이미징 복제)(이하 '제1처분'이라 한다)**하도록 하였다. 이 때에도 피압수자측의 참여기회가 제공되었다. A검사는 제1처분이 완료된 후 저장매체를 D2에게 반환(2011. 4. 27.)하였다.

(3) **복제된 이미징의 재복제(제2처분)** : A검사는 **이미징한 복제본을 2011. 5. 3.부터 같은 달 6일까지 자신이 소지한 '외장 하드디스크에 재복제'(이하 '제2처분'이라 한다)**하고,

(4) **디지털 정보의 수색**(유관정보의 탐색) : A검사는 같은 달 9일부터 같은 달 20일까지 외장 하드디스크를 통하여 제1영장 기재 범죄혐의와 관련된 유관정보를 탐색(5. 9. ~ 20.)하였다. A검사는 의미 있는 유관정보를 발견하지 못하였다. 이 때 피압수자측의 참여기회는 제공되지 않았다.

(5) 별건범죄(약사법 위반 등) 정보의 발견 : **디지털 정보의 수색** 과정에서 A검사는 D2의 **약사법 위반·조세범처벌법 위반 혐의의 증거가 되는 별건범죄관련 전자정보를 발견하였다.

(6) **별건정보의 출력** : 검사는 제1영장에 기재된 혐의사실(과 유관정보들)과 **무관한 정보들**(그러나 **별건범죄의 증거**)을 출력(이하 '**제3처분**'이라 한다)하였다. 이 때 피압수자측의 참여기회는 제공되지 않았다.

(7) A검사는 자신이 발견한 '별건범죄의 증거'(그러나 제1영장의 견지에서는 무관정보)를 수원지방검찰청 특별수사부에 전달하여 특별수사부 B검사가 2011. 5. 26.경 별건 정보를 소명자료로 제출하면서 다시 압수·수색영장을 청구하여 수원지방법원으로부터 별도의 압수·수색영장(이하 '제2영장'이라 한다)을 발부받았다.

(8) 제2영장의 집행과 유관증거의 획득 : B검사는 제2영장에 기초하여 기왕에 확보된 외장 하드디스크에서 별건 정보를 탐색·출력(제2영장 집행처분)하는 방식으로 압수·수색을 한 결과 별건범죄의 증거를 획득하였다. 이 때 피압수자측의 참여기회는 제공되지 않았으며 B검사는 압수한 전자정보 목록을 교부하지도 않았다.

(9) 배임죄 기소사건의 약사(略史) : D는 2011년 경 배임죄 혐의로 불구속기소되어 2012년 1월 경 1심에서 '징역 3년에 집행유예 4년'을 선고받고 항소하였다. 항소심은 2012년 7월 경 "검사가 제출한 증거만으로는 당시 이노메디시스의 주식가치를 1주당 6525원으로 평가한 것이 현저하게 과대평가된 것이라고 단정하기 어렵다"며 D(L 회장)에게 무죄를 선고했다. 검사가 상고하였다. 2014년 3월 경 대법원이 상고를 기각하여 D의 무죄가 확정되었다.

(10) 2011년 D가 제1영장의 집행처분인 검사의 저장매체의 이미징 복사 등 제1,2,3 처분과 제2영장의 집행처분(제4처분) 모두의 취소를 구하는 준항고를 제기하였다. 2011년 10월 경 수원지방법원은 제1영장의 집행처분인 제1,2,3 처분과 제2영장의 집행처분(제4처분)을 모두 취소(수원지방법원 2011. 10. 31.자 2011보2 결정)하였다. 검사가 대법원에 재항고하였다. D의 무죄가 확

정된 지 16개월이 지난 후에야 종근당 결정이 공표되었다.

**\*[판지(재항고기각)]\*** (생략)

**[해설]**

### 1. 이 사안의 쟁점

이 사안에서는 (1) 전자정보에 대한 수색·압수를 집행할 때 피압수자의 참여권이 보장되는 범위, (2) 하나의 수색·압수 영장에 터잡은 집행처분이 복수로 차례로 행해질 때 후행 집행처분의 흠이 일견 적법하게 행하여진 선행집행처분, 더 나아가서는 일련의 집행처분 전체를 무효로 하는가[따라서 피압수자(준항고인)가 일련의 수색·압수 과정을 단계적·개별적으로 구분하여 각 단계의 개별 처분의 취소를 구하더라도 준항고법원으로서는 당해 압수·수색 과정 전체를 하나의 절차로 파악하여 그 과정에서 나타난 위법이 일련의 압수·수색 절차 전체를 위법하게 할 정도로 중대한지 여부에 따라 전체적으로 그 압수·수색 처분을 취소할 것인지를 가려야 하는가], (3) 유관정보를 탐색하는 과정에서 우연히 별건의 무관정보가 발견된 때 수사기관이 무관정보를 적법하게 압수할 수 있는 적법한 방법은 무엇인가이다. 이하 각각의 쟁점에 대하여 다수의견을 요약하는 방식으로 살펴본다.

### 2. 전자정보 피압수자의 참여권이 보장되는 범위

(1) 검사의 제1집행처분에는 피압수자측에서 참여하였지만 검사의 제2,3,4 집행처분 당시에는 검사의 통지 등 피압수자측에게 참여기회의 부여가 없어 피압수자측에서 참여할 수 없었다. 이 흠은 사소한 흠인지 중대한 흠인지 문제된다. 이 문제에 대하여 다수의견은 **"전자정보는 복제가 용이**하여 전자정보가 수록된 저장매체 또는 복제본이 압수·수색 과정에서 외부로 반출되면 압수·수색이 종료한 후에도 복제본이 남아있을 가능성을 배제할 수 없고, 그 경우 혐의사실과 무관한 전자정보가 수사기관에 의해 다른 범죄의 수사의 단서 내지 증거로 위법하게 사용되는 등 새로운 법익침해를 초래할 가능성이 있으므로, 혐의사실 관련성에 대한 구분 없이 이루어지는 **복제·탐색·출력**(대법원은 이를 '압수종료 후의 적법한 임의처분'으로 보는 검사의 견해를 부정하고 아직 압수가 진행 중인 '집행처분'으로 파악한다)**을 막는 절차적 조치가 중요성을 가지게 된다**"면서 피압

수자의 참여를 **"가장 중요한 절차"**로 보았다. 다수의견은 그 이유를 "만약 그러한 조치가 취해지지 않았다면 피압수자 측이 참여하지 않겠다는 의사를 명시적으로 표시하였거나 절차 위반행위가 이루어진 과정의 성질과 내용 등에 비추어 피압수자 측에 절차 참여를 보장한 취지가 실질적으로 침해되었다고 볼 수 없을 정도에 해당한다는 등의 **특별한 사정이 없는 이상 압수·수색이 적법하다고 평가할 수 없고**(대법원 2011. 5. 26.자 2009모1190 결정 등 참조), 비록 수사기관이 저장매체 또는 복제본에서 혐의사실과 관련된 전자정보만을 복제·출력하였다 하더라도 달리 볼 것은 아니"라고 한다. 다수의견은 결국 피압수자의 참여결여라는 흠을 중대한 흠으로 판단한 것이다.

(2) 다음에 일견 적법한 것으로 보이는 제2영장에 터잡은 제4처분에 대하여도 동일한 판단(피압수자측의 참여기회를 부여하지 않은 것을 중대한 흠으로 판정)을 하는 이유는 무엇일까? 다수의견은 그 이유를 "제2영장 청구 당시 압수할 물건으로 삼은 정보는 검사가 임의로 재복제한 외장하드디스크에 저장된 정보로서 **그 자체가 위법한 압수물**이고, 나아가 제2영장에 기한 압수·수색 당시 **S 측에 참여할 기회도 보장하지 않은** 만큼 제2영장에 기한 압수·수색은 위법하다"고 논증(좀 더 상세한 논증은 뒤의 4.부분 참조)한다.

### 3. 후행 집행처분(사안에서는 제2,3집행처분)의 흠이 본질적이면 선행집행처분(제1집행처분)이나 '일련의 집행처분전체' 까지 무효로 하는가(긍정)

이 질문에 대한 논증이 2015년 본 결정에서 가장 특이한 논증이다. 다수의견의 논증은 다음과 같다: "P가 저장매체에 저장되어 있는 전자정보를 압수·수색함에 있어 저장매체 자체를 자신의 사무실로 **반출한 조치**는 제1영장이 예외적으로 허용한 부득이한 사유의 발생에 따른 것이고, **제1처분** 또한 준항고인들에게 저장매체 원본을 가능한 한 조속히 반환하기 위한 목적에서 이루어진 조치로서 준항고인들이 묵시적으로나마 이에 동의하였다고 볼 수 있을 뿐만 아니라 (피압수자측이) 그 복제 과정에도 참여하였다고 평가할 수 있으므로 제1처분은 위법하다고 볼 수 없다." 그러나 "제2,3 처분은 제1처분 후 피압수자에게 **계속적인 참여권을 보장**하는 등의 조치가 이루어지지 아니한 채 제1영장 기재 혐의사실과 관련된 정보는 물론 그와 무관한 정보

까지 재복제·출력한 것으로서 영장이 허용한 범위를 벗어나고 적법절차를 위반한 위법한 처분이다."

다수의견은 이렇게 판단해야 하는 근거로 다음과 같이 논증한다: "전자정보에 대한 압수·수색 과정에서 이루어진 현장에서의 저장매체 압수·이미징·탐색·복제 및 출력행위 등 수사기관의 처분은 하나의 영장에 의한 압수·수색 과정에서 이루어지는 것이다. 그러한 **일련의 행위가 모두 진행되어 압수·수색이 종료된 이후에는 특정단계의 처분만을 취소하더라도 그 이후의 압수·수색을 저지한다는 것을 상정할 수 없고**, 수사기관으로 하여금 압수·수색의 결과물을 보유하도록 할 것인지가 문제될 뿐이다. 그러므로 이 경우에는 S가 전체 압수·수색 과정을 단계적·개별적으로 구분하여 각 단계의 개별 처분의 취소를 구하더라도 준항고법원으로서는 특별한 사정이 없는 한 그 구분된 개별 처분의 위법이나 취소 여부를 판단할 것이 아니라 당해 압수·수색 과정 전체를 하나의 절차로 파악하여 그 과정에서 나타난 위법이 압수·수색 절차 전체를 위법하게 할 정도로 중대한지 여부에 따라 전체적으로 그 압수·수색 처분을 취소할 것인지를 가려야 할 것이다. 여기서 위법의 중대성은 위반한 절차조항의 취지, 전체과정 중에서 위반행위가 발생한 과정의 중요도, 그 위반사항에 의한 법익침해 가능성의 경중 등을 종합하여 판단하여야 한다."

4. 유관정보를 탐색하는 과정에서 우연히 별건의 무관정보가 발견된 때 수사기관이 무관정보를 적법하게 압수할 수 있는 적법한 방법

"수사기관으로서는 **더 이상의 추가 탐색을 중단하고 법원으로부터 별도의 범죄혐의에 대한 압수·수색영장을 발부받은 경우에 한하여** 그러한 정보에 대하여도 적법하게 압수·수색을 할 수 있다. 나아가 이러한 경우에도 **별도의 압수·수색 절차는 최초의 압수·수색 절차와 구별되는 별개의 절차이고**, 별도 범죄혐의와 관련된 전자정보는 최초의 압수·수색영장에 의한 압수·수색의 대상이 아니어서 저장매체의 원래 소재지에서 별도의 압수·수색영장에 기해 압수·수색을 진행하는 경우와 마찬가지로 피압수자는 최초의 압수·수색 이전부터 해당 전자정보를 관리하고 있던 자이므로, 특별한 사정이 없는 한 그 피압수자에게 형사소송법 제219조, 제121조, 제129조에 따라 **참여권을 보장하고**

압수한 전자정보 목록을 교부하는 등 피압수자의 이익을 보호하기 위한 적절한 조치가 이루어져야 한다. 제1영장에서 예외적으로나마 저장매체 자체의 반출이나 그 전자정보 전부의 복제가 허용되어 있으나, **제2영장 청구 당시 압수할 물건으로 삼은 정보는 제1영장의 피압수자에게 참여의 기회를 부여하지 않은 상태에서 임의로 재복제한 외장하드디스크에 저장된 정보로서 그 자체가 위법한 압수물**이어서 앞서 본 별건 정보에 대한 영장청구 요건을 충족하지 못한 것이므로, **비록 제2영장이 발부되었다고 하더라도 그 압수·수색은 영장주의 원칙에 반하는 것으로서 위법하다.** 나아가 제2영장에 기한 압수·수색 당시 S 등에게 압수·수색 과정에 참여할 기회를 전혀 보장하지 않았으므로 이 점에 비추어 보더라도 제2영장에 기한 압수·수색은 전체적으로 위법하다. 원심의 이유설시 중 제2영장에 기한 압수·수색이 종료되었음에도 불구하고 일련의 과정을 구성하는 개별적인 행위를 단계별로 구분하여 그 적법 여부를 판단한 부분은 앞서 본 법리에 비추어 적절하다고 할 수 없으나, 준항고인들이 구하는 제2영장에 기한 처분을 모두 취소한 원심의 판단은 결국 제2영장에 기한 압수·수색 처분 전체를 취소한 것과 동일한 결과이어서 정당하[다.]"

5. 검사가 개진할 만한 반론

사안에서 검사 P는 "J 주식회사의 동의를 받아 저장매체 자체를 봉인하여 영장 기재 집행 장소에서 자신의 사무실로 반출(반출처분)"하였고, "2011. 4. 26.경 저장매체를 대검찰청 디지털포렌식센터(이하 DFC)에 인계하여 그곳에서 저장매체에 저장되어 있는 전자정보 파일 전부를 '이미징'의 방법으로 다른 저장매체로 복제(제1처분)하도록 하였는데, S 측은 검사의 통보에 따라 2011. 4. 27. 위 저장매체의 봉인이 해제되고 위 전자정보파일이 DFC의 원격디지털공조시스템에 복제되는 과정을 참관하다가 임의로 그곳에서 퇴거"하였으므로 반출처분과 제1집행처분은 일단 적법하게 집행되었다. 따라서 '그 이후의 제2,3집행처분은 적법한 압수가 종료된 이후의 임의수사로 보아야 하는 것 아닌가?' 하는 반론을 해 봄직하고 실제로 그렇게 반론하였다. 그러나 대법원은 이런 류의 논증을 거부하고 제1집행처분이 종료하여도 압수는 아직 종료된 것이 아니고, 제2,3집행처분에도 피압수자측의 참여기회의 부여가 필

요하다고 논증하고 있다. 대법원은 그 근거를 "**전자정**
**보는 복제가 용이**하여 전자정보가 수록된 저장매체 또
는 복제본이 압수·수색 과정에서 외부로 반출되면 압
수·수색이 종료한 후에도 복제본이 남아있을 가능성
을 배제할 수 없고, 그 경우 혐의사실과 무관한 전자정
보가 수사기관에 의해 다른 범죄의 수사의 단서 내지
증거로 위법하게 사용되는 등 새로운 법익침해를 초래
할 가능성"이 있다는 점을 들고 있다. 즉 압수의 대상
이 전자증거가 아니라 유체물(예를 들어 혈흔이나 혈액)
이라면 제1집행처분이 종료되면 압수가 종료된 것으로
볼 여지가 없지 않지만(예를 들어 유전자검사를 위하여 **혈**
**흔이나 혈액을 증폭하거나 복제**하는 것은 별도의 영장이 필요
한 새로운 강제처분이 아니다), '전자증거는 통상의 유체
물과 다른 매우 위험한 실체이므로 피압수자측의 프라
이버시 보호를 위하여 정책적으로 유체물과는 다른 법
리의 적용이 필요하다'는 논증을 전개한 것이다.

### 6. 플레인 뷰 이론과 선의의 예외이론의 부정

(1) 수사기관이 적법한 수색영장을 적법하게 집행하
는 도중에 우연히 별건 범죄의 증거를 발견한 경우에
일정한 조건 하에서 별도의 영장 없이 별건범죄의 증
거를 압수할 수 있다는 이론이 플레인 뷰 이론(a plain
view doctrine)인데 이 사안에 대한 논증에서 대법원은
이를 부정하는 것으로 보인다.

(2) 사후에 판정하면 객관적으로 위법한 처분이라
하더라도 수사기관이 적법한 처분으로 믿고 집행하면
적법한 처분으로 보아야 할 때가 있음을 인정하는 이
론을 선의의 예외이론(a good faith exception doctrine)이
라고 하는데 이 판결은 은근히 그것도 부정하는 듯이
보인다. 제2영장은 제1영장을 발부한 판사가 아닌 다
른 지방법원 판사가 적법하게 발부한 영장이고 따라서
제2영장을 집행한 검사는 선의이다. 그럼에도 불구하
고 대법원은 제2영장 발부의 기초가 된 별건증거 자체
가 위법수집증거이므로 제2영장발부는 물론이고 그 영
장에 기초한 압수물도 위법수집증거로 보았으므로 간
접적으로 선의의 예외이론도 부정한 것이다.

**[필자: 심희기 교수(연세대)]**

# 72. 제3자 보관 정보에 대한 압수·수색영장 집행절차
### – 모사전송 방식에 의한 압수·수색영장 제시의 위법성

[대법원 2019. 3. 14. 선고 2018도2841 판결]

### [사안]

피고인 D1은 A당 소속 제00대 비례대표 국회의원이었던 사람으로, 각종 선거 컨설팅 업무 등 광고·선전 기획 업무를 수행하는 주식회사 W의 대표이사이다. 피고인 D1은 피고인 D2 등과 공모하여, 2010년 지방선거에서 ⓐ W와 선거홍보 대행계약을 체결한 V1시 교육감 후보 B, ⓑ W와 유세차량 대여계약을 체결한 V2도 도지사 후보 C와 관련하여, 2010년 지방선거가 끝난 후 선거비용 보전청구를 하면서, 허위 견적서, 계약서 등을 작성, 제출하는 방법으로 V1시 및 V2도 선거관리위원회 직원을 기망하고 위 각 선거관리위원회를 통해서 선거비용 보전명목으로 피해자 V1시로부터 합계 813만원을, 피해자 V2도로부터 6,000만원을 편취하여 사기죄 및 정치자금법위반죄(서울중앙지방법원 2012고합1392), W법인의 대표이사로서 합계 1억 7,640만원 상당의 피해자 W법인 자금을 임의로 사용하여 업무상횡령죄(서울중앙지방법원 2012고합1393)로 기소되었다. 위 사건에서 D1 등은 수사기관이 금융기관 및 이메일 업체에 대하여 압수·수색영장을 집행하면서 그 원본을 제시하는 대신 모사전송 방식에 의하여 사본을 전송하여 금융거래내역 및 이메일을 송부받았고, 피압수·수색 당사자인 금융기관 및 인터넷서비스제공자에게 압수목록을 교부하지 않았는바, 위법한 압수수색절차에 해당하여 이로 인해 취득한 금융거래 자료 및 이메일은 증거능력이 없다고 주장하였다.

### [판지(상고기각)]

1. 수사기관의 압수·수색은 법관이 발부한 압수·수색영장에 의하여야 하는 것이 원칙이고, 그 영장에는 피의자의 성명, 압수할 물건, 수색할 장소·신체·물건과 압수수색의 사유 등이 특정되어야 한다(형사소송법 제215조, 제219조, 제114조 제1항, 형사소송규칙 제58조). 영장은 처분을 받는 자에게 반드시 제시되어야 하고(형사

소송법 제219조, 제118조), 압수물을 압수한 경우에는 목록을 작성하여 소유자, 소지자 등에게 교부하여야 한다(같은 법 제219조, 제129조). 이러한 형사소송법과 형사소송규칙의 절차 조항은 헌법에서 선언하고 있는 적법절차와 영장주의를 구현하기 위한 것으로서 그 규범력은 확고히 유지되어야 한다. 그러므로 형사소송법 등에서 정한 절차에 따르지 않고 수집된 증거는 기본적 인권 보장을 위해 마련된 적법한 절차에 따르지 않은 것으로서 원칙적으로 유죄 인정의 증거로 삼을 수 없다(대법원 2017. 9. 7. 선고 2015도10648 판결 등 참조).

2. 수사기관이 금융기관 및 이메일 업체에 대하여 압수·수색영장을 집행할 때에는 헌법 제12조, 형사소송법 제219조, 제118조 등에 따라 영장의 '원본'이 제시되어야 하므로 이에 따르지 아니하고 수집한 증거는 원칙적으로 적법한 증거로 삼을 수 없고, 수사기관이 금융기관 및 이메일 업체에 대한 압수·수색영장을 집행하면서 모사전송 방식에 의하여 영장 사본을 전송한 사실은 있으나 **영장 원본을 제시하지 않았고 압수조서와 압수물 목록을 작성하여 이를 피압수·수색 당사자에게 교부하였다고 볼 수도 없는** 등의 방법으로 압수된 금융거래 자료와 이메일 자료는 헌법과 형사소송법 제219조, 제118조, 제129조가 정한 절차를 위반하여 수집한 위법수집증거로 원칙적으로 **유죄의 증거로 삼을 수 없으며**, 위법수집증거의 증거능력을 인정할 수 있는 예외적인 경우에 해당한다고 볼 수도 없다고 판단한 제1심 및 원심의 판결을 그대로 유지하고, 검사의 상고를 기각하였다.

### [해설]

### 1. 모사전송 방식에 의한 압수·수색영장 제시 등의 위법성

헌법이나 형사소송법은 압수·수색영장을 집행할 때에는 영장의 '원본'을 제시할 것을 명문으로 규정하고 있지 않다. 한편, 모사전송 방식을 이용한 집행을 허용하는 통신사실 확인자료 제공요청 허가서(통신비밀보호

법 시행령 제37조 제5항)와는 달리, 금융기관 또는 인터넷서비스제공자에 대하여 모사전송 방식에 의해 압수·수색영장을 제시할 수 있도록 하는 근거규정도 없다. 그럼에도 불구하고 금융기관 및 인터넷서비스제공자가 보관한 정보에 대한 압수·수색의 경우 사실상의 수색행위를 수사기관이 아닌 위 업체에서 대행하여 왔기 때문에 모사전송 방식에 의해 영장을 집행을 해왔고, 이러한 경우 압수조서 및 목록을 작성하지 않고 금융기관 등에게 압수목록을 교부하지도 않았다. '엄격한 영장주의의 관철'이라는 측면에서 보면, 대상판결은 법령의 근거가 없는 모사전송 방식에 의한 영장집행, 압수목록 미교부의 관행 등에 대해 위법하다고 판시한 것으로 일응 타당하다고 볼 수 있다.

## 2. 제3자 보관 전자정보에 대한 압수·수색절차 개선의 필요성

금융계좌추적용 압수·수색영장의 경우 1997. 12. 31. 금융실명거래 및 비밀보장에 관한 법률(약칭, '금융실명법', 법률 제5493호)이 제정된 이후 모사전송에 의한 영장집행이 허용되는지 여부에 대하여 논란이 있었으나 수사기관과 금융기관이 협의 하에 이를 허용해왔던 것으로(금융위원회, 「금융실명거래 업무해설」), 이것은 수사기관의 직접적인 수색행위로 인한 영업권 침해를 제한하고자 하는 등의 이유가 있었다. 또한 금융기관은 '금융거래정보 제공요구서'를 통해 압수대상을 인지하고, 보관하고 있는 자료를 직접 추출·사본하여 제공한 후, 그 내역을 따로 기록·관리하기 때문에(금융실명법 제4조의 3), 피압수·수색자인 금융기관의 참여권이 보장될 뿐만 아니라 금융기관이 제공한 금융거래정보의 사본에 대하여 환부 또는 가환부신청 또는 준항고의 가능성이 거의 없어 압수목록의 교부가 일반 유체물의 압수·수색에서와 같이 실익이 있는 것은 아니다. 특히, 대상계좌에 입·출금되는 연결계좌의 압수·수색의 경우 대상계좌를 확인하기 전까지는 집행대상 금융기관의 특정이 어렵기 때문에 영장 청구 당시 몇 통의 영장을 청구하여야 하는지 특정할 수 없어 1통의 영장을 발부받아 다수의 금융기관들에 대하여 '수차례 반복하여 집행'하는 방식으로 이루어져 왔다. 그러나 '수사기관이 압수·수색영장을 제시하고 그 집행을 종료한 때에는 영장의 유효기간이 경과하지 않은 경우에도 이미 그 영장은 목적을 달성하여 효력이 상실된 것이므로

영장의 수회 집행은 위법하다(대법원 1999. 12. 1. 자 99모161 결정)'는 판례의 법리를 그대로 적용하면, 이러한 수회 영장집행은 위법하다고 볼 수밖에 없으나 지금까지 이를 위법하다고 본 판결은 없다. 즉, 금융계좌추적용 압수·수색의 경우 일반적인 압수·수색과 다른 특성이 존재하고, 이를 반영하여 영장집행 실무가 이루어졌다고 볼 수 있다.

이메일 등 인터넷서비스제공자가 보관하는 전자정보의 압수·수색 역시 수사기관이 복잡한 서버 시스템에서 해당 정보를 찾기가 어렵기 때문에 정보가 실제 저장된 서버가 아닌 정보제공 업무 담당부서를 압수·수색장소로 하여 영장을 발부받아, 모사전송방식에 의하여 영장을 송부하면 사실상 위 업체에서 수색행위를 대행하여 왔던 것이다.

즉, 대상판결의 취지를 그대로 반영하여 금융기관 또는 인터넷서비스제공자가 보관한 전자정보에 압수·수색에서 영장원본제시, 압수목록 교부 등의 절차를 준수하는 것은 형식적으로 영장주의, 적법절차의 원칙에 부합하는 것일 수는 있으나, 현실적으로 많은 문제점이 있고 피압수·수색 당사자인 제3자의 권리보호에도 부합하지 않은 측면이 있는바, 제3자 보관 전자정보의 압수·수색절차의 특성을 고려하여 법령을 개정할 필요가 있다.

[참고문헌] 김 혁, "제3자 보관 정보에 대한 압수 수색 영장의 집행과 적정절차", 「형사정책연구」 제29권 제2호(통권 제113호), 형사정책연구원(2018) 이순옥, 인터넷서비스제공자가 보관한 정보에 대한 압수수색절차, 법학논문집, 제43집 제3호(2019) 등.

[필자: 이순옥 교수(중앙대)]

# 73. 판사의 서명날인없는 영장의 효력

[대법원 2019. 7. 11. 선고 2018도20504 판결]

## [사안]

D는 안산시 소재 피해회사 V의 기술영업이사였던 사람으로, ① 재직 중 V의 영업비밀이자 영업상 주요자산인 자료파일을 동종회사측에 유출한 범행에 대하여 업무상배임죄 및 부정경쟁방지및영업비밀보호에관한법률(이하 부경법이라 약칭함)위반(영업비밀누설등)죄로, ② 퇴직 이후 업무용으로 사용하던 외장하드를 반납하였다가 반환받아 V의 영업비밀이자 영업상 주요자산인 자료파일을 D의 노트북에 복사 및 저장한 범행에 대하여 업무상배임죄 및 부경법위반(영업비밀누설등)죄로, ③ 퇴직 이후 V의 영업비밀인 자료파일을 동종회사에 누설하거나 동종회사를 위하여 사용 및 취득한 범행에 대하여 부경법위반(영업비밀누설등)죄로 기소되었다.

1심에서는 ① 범행 중 업무상배임죄에 대하여만 유죄가 선고되었다가, 항소심에서는 1심판결을 파기하고 ① 범행 모두 및 ② 범행 중 업무상배임죄에 대하여 무죄가 선고되었다. 대법원은 D와 검사의 상고를 모두 기각하였다.

## [판지] 상고기각

항소심에서, 1심 판결을 파기하면서 D가 누설하거나 취득한 자료가 영업비밀에 해당한다고 판단하였고 이를 뒷받침하는 증거 중 압수수색영장에 의하여 취득한 자료파일 출력물의 증거능력을 판단하면서 위법수집증거에 해당하지 않는다고 판단하였다. 이에 대하여 피고인이 상고하였기 때문에 대법원 판시사항도 이에 대한 내용으로, 항소심과 마찬가지로 위법수집증거에 해당하지 않는다고 판단하였다.

압수된 자료파일 출력물의 증거능력이 문제가 된 이유는 압수수색영장의 법관 서명날인란에 날인이 누락되었기 때문이다.

항소심과 대법원의 결론은 같으나 그 이유는 다음과 같이 상이하다.

### ① 항소심 판결

압수수색영장의 법관의 날인이 누락되었다 하더라도 법관의 진정한 의사에 기하여 발부된 것으로, 영장주의의 본질은 강제수사의 요부에 대한 판단권한을 수사의 당사자가 아닌 인적·물적 독립을 보장받는 제3자인 법관에게 유보하는 것이라는 점을 고려하면 압수수색영장은 유효하고 따라서 위법수집증거로서 증거능력이 없다고 할 수 없다.

### ② 대법원 판결

ⓐ 압수·수색영장에는 피의자의 성명, 죄명, 압수할 물건, 수색할 장소, 신체, 물건, 발부 연월일, 유효기간, 그 밖에 대법원규칙으로 정한 사항을 기재하고 영장을 발부하는 법관이 서명날인하여야 하기 때문에(형사소송법 제219조, 제114조 제1항), 본건 영장은 법관의 날인이 없으므로, 형사소송법이 정한 요건을 갖추지 못하여 적법하게 발부되었다고 볼 수 없고, 따라서 원심이 영장이 유효하다고 판단한 것은 잘못이다.

ⓑ 수사기관의 절차 위반행위가 적법절차의 실질적인 내용을 침해하는 경우에 해당하지 않고, 오히려 증거능력을 배제하는 것이 적법절차의 원칙과 실체적 진실 규명의 조화에 반하는 예외적인 경우에는 법원은 그 증거를 유죄 인정의 증거로 사용할 수 있다고 보아야 한다. 이는 절차 조항의 취지, 위반 내용과 정도, 구체적인 위반 경위와 회피가능성, 절차 조항이 보호하고자 하는 권리나 법익의 성질과 침해 정도, 절차 위반행위와 증거 수집 사이의 관련성, 수사기관의 인식과 의도 등을 종합적으로 고찰하여 판단해야 한다.

ⓒ 본건의 경우 판사의 의사에 기초하여 진정하게 영장이 발부된 점, 수사기관으로서는 영장이 적법하게 발부되었다고 신뢰할 만한 합리적인 근거가 있었고, 의도적으로 적법절차의 실질적인 내용을 침해한다거나 영장주의를 회피할 의도를 가지고 압수·수색을 하였다고 보기 어려운 점, 압수 이후 수사기관의 자료 복제·탐색·출력 과정에서 D의 참여권이 보장된 점 등에 비추

어 위법수집증거배제 법칙이 달성하려는 목적을 실질적으로 침해하였다고 보기 어렵다.

ⓓ 적법하지 않은 영장에 기초하여 수집되었다는 절차상의 결함이 있지만, 절차 조항 위반의 내용과 정도가 중대하지 않고 절차 조항이 보호하고자 하는 권리나 법익을 본질적으로 침해하였다고 볼 수 없고, 오히려 이러한 경우에까지 공소사실과 관련성이 높은 파일 출력물의 증거능력을 배제하는 것은 적법절차의 원칙과 실체적 진실 규명의 조화를 도모하고 이를 통하여 형사 사법 정의를 실현하려는 취지에 반하는 결과를 초래할 수 있다. 따라서 압수한 자료파일 출력물 및 이에 기초하여 획득한 2차적 증거인 검사작성 D에 대한 피신조서 등의 증거능력도 인정된다.

**[해설]**

**1. 위법수집증거배제 법칙의 개념 및 법적 근거**

위법수집증거배제 법칙은 위법한 절차에 의하여 수집된 증거의 증거능력을 부정하는 증거법상 법칙을 의미한다. 이 법칙은 학설과 판례로서 인정되어 오다가 2007년 형사소송법 개정으로 우리 형사소송법 제308조의2에 "위법수집증거의 배제"라는 표제하에 "적법한 절차에 따르지 아니하고 수집한 증거는 증거로 할 수 없다."라고 명문화되었다.

**2. 판례 및 학설의 태도**

대법원은 진술증거에 대하여는 위법수집증거배제 법칙을 적용하면서도, 비진술증거에 대하여는 소위 '성질·형상 불변론'의 입장에서 적용을 부정하다가 2007년 11월 15일 선고(2007도3061 판결)된 제주도지사 사건 판결을 계기로 비진술증거에까지 적용을 확대하였다. 또한 위법하게 획득한 1차 증거로부터 파생된 2차 증거의 증거능력을 배제하는 미국의 독나무 과실이론을 수용하고 있다. 판례의 입장은 위 판시사항과 같이 적법절차의 원칙과 실체적 진실규명이라는 형사소송의 중요한 두 이념의 조화를 위하여 구체적 사정을 고려하여 증거능력 유무를 판단하고 있다.

통설 또한 형사소송법 제308조의2를 자동적, 의무적 배제조항으로 해석하지 않고 재량적 조항으로 해석하고 있고 다만 원칙과 예외의 기준에 대하여는 학설이 분분하다.

**3. 사안의 경우**

사안에서 절차위반의 점은 영장발부 판사의 날인이 누락된 영장으로 압수수색을 한 것이다. 이는 사적 권리의 침해정도, 관련규정의 중대성 등에 비추어 위법성의 정도가 약하다. 또한 경찰은 영장이 유효하다고 믿고 압수수색한 것으로 위법성의 고의도 없고 중대한 과실로 보기도 어렵다. 그리고 전자정보의 압수수색과 관련하여 혐의사실과 압수물의 관련성, 피압수자의 참여권 보장 등 절차규정이 모두 준수되어 D의 권익이 충분히 보장되었다.

판례는 유류물·임의제출물에 대한 적법한 압수 후 압수조서의 작성 및 압수목록 작성·교부 절차를 이행하지 않은 사안(2011도1902)에서도 비슷한 이유로 위법수집증거가 아니라고 판시하였다. 또한 판시내용 중 '수사기관으로서는 영장이 적법하게 발부되었다고 신뢰할 만한 합리적인 근거가 있었고, 의도적으로 적법절차의 실질적인 내용을 침해한다거나 영장주의를 회피할 의도를 가지고 압수·수색을 하였다고 보기 어렵다'고 판단한 부분은 미국의 선의의 예외이론(the good faith exception doctrine)을 수용한 것으로 보인다.

한편 1차 증거인 압수한 자료파일이 위법수집증거가 아니므로 2차 증거인 검사작성 피신조서 등은 독나무 과실이 아니고 당연히 증거능력이 있다.

**4. 사견**

위법수집증거배제 법칙을 정립하여 우리나라에 영향을 미친 미국의 경우도 통설 및 판례가 예외적 허용의 범위를 폭넓게 인정하고 있다. 수사기관이 선의이고 절차위반의 정도도 경미한 경우에까지 형식적 논리에 의하여 증거능력을 배제함으로서 범죄자가 횡재하게 하는 것은 오히려 적법절차주의가 추구하는 국민의 권익보장에 반한다는 점에서 위법수집증거배제 법칙의 신중한 운용이 요구된다고 생각된다.

[참고문헌] 김승주, "위법수집증거배제법칙에 관한 10년간 판례의 흐름", 형사소송 이론과 실무 제9권 제1호(2017)

**[필자: 박정난 교수(연세대)]**

# 74. 선행절차의 위법과 증거능력 (1) ― 판단기준

[대법원 2007. 11. 15. 선고 2007도3061 전원합의체 판결]

[사안] 제주도 도지사, 제주도 도청 소속 공무원 및 선거운동본부 책임자인 D 등이 공모하여 2006. 5. 31. 실시 제주도 도지사 선거에 대비하여 지역주민 및 소속 공무원들을 조직화하고 방송 토론자료를 마련하는 등 선거운동 기획에 참여하였다는 내용으로 공소제기되었다. 검사는 도지사실 및 도지사 정책특별보좌관이 사용하던 사무실을 수색하는 과정에서 그곳을 방문한 도지사 비서관이 소지한 서류뭉치를 압수하고 그 안에 있는 관련 서류들을 주요 증거로 제시하였다. D 등은 공소제기 직후부터 일관하여 검사가 실시한 압수수색은 압수수색영장의 효력이 미치는 범위, 영장의 제시 및 집행에 관한 사전통지와 참여, 압수목록 작성·교부 등에 관하여 법이 정한 여러 절차 조항을 따르지 않은 위법한 것이어서 이를 통하여 수집된 압수물은 물론 이를 기초로 획득한 2차적 증거는 모두 유죄 인정의 증거로 삼아서는 안 된다고 주장하였다. 이에 따라 압수물의 수집과정에서 헌법 및 형사소송법이 정한 절차 조항을 위반한 위법이 있었는지, 그로 인하여 이 사건 압수물을 유죄 인정의 증거로 삼을 수 없는 것인지가 이 사건의 가장 핵심적인 쟁점이 되었다.

원심은, 검사가 이 사건 압수물을 수집하는 과정에서 실제로 피고인들이 주장하는 바와 같은 헌법 및 형사소송법이 정한 절차 조항을 위반한 위법이 있는지, 특히 영장에 압수할 물건으로 기재되지 않은 물건의 압수, 영장제시 절차의 누락, 압수목록 작성·교부절차의 현저한 지연 등으로 적법절차의 실질적 내용을 침해한 점이 있는지 여부 등을 충분히 심리하지 아니한 채, 압수절차가 위법하더라도 압수물의 증거능력은 인정된다는 이유를 들어 압수물의 증거능력을 인정하고 이를 유죄 인정의 유력한 증거로 채택하여 피고인들에 대한 공소사실 대부분을 유죄로 판단하였다(원심: 광주고등법원 2007. 4. 12. 선고 2007노85 판결, 제주지방법원 2007. 1. 26. 선고 2006고합173 판결).

## ★[판지(파기환송)]★

### 1. 다수의견(대법관 9인)

(1) 기본적 인권보장을 위하여 압수수색에 관한 적법절차와 영장주의의 근간을 선언한 헌법과 이를 이어받아 실체적 진실 규명과 개인의 권리보호 이념을 조화롭게 실현할 수 있도록 압수수색 절차에 관한 구체적 기준을 마련하고 있는 형사소송법의 규범력은 확고히 유지되어야 한다. 그러므로 헌법과 형사소송법이 정한 절차에 따르지 아니하고 수집한 증거는 기본적 인권 보장을 위해 마련된 적법한 절차에 따르지 않는 것으로 원칙적으로 유죄 인정의 증거로 삼을 수 없다. 수사기관의 위법한 압수수색을 억제하고 재발을 방지하는 가장 효과적이고 확실한 대응책은 이를 통하여 수집한 증거는 물론 이를 기초로 하여 획득한 2차적 증거를 유죄 인정의 증거로 삼을 수 없도록 하는 것이다.

(2) 다만, 법이 정한 절차에 따르지 아니하고 수집한 압수물의 증거능력 인정 여부를 최종적으로 판단함에 있어서는, 실체적 진실 규명을 통한 정당한 형벌권의 실현도 헌법과 형사소송법이 형사소송 절차를 통하여 달성하려는 중요한 목표이자 이념이므로, 형식적으로 보아 정해진 절차에 따르지 아니하고 수집한 증거라는 이유만을 내세워 획일적으로 그 증거의 증거능력을 부정하는 것 역시 헌법과 형사소송법이 형사소송에 관한 절차 조항을 마련한 취지에 맞는다고 볼 수 없다.

따라서 수사기관의 증거수집과정에서 이루어진 절차 위반행위와 관련된 모든 사정, 즉 절차 조항의 취지와 그 위반의 내용 및 정도, 구체적 위반경위와 회피가능성, 절차 조항이 보호하고자 하는 권리 또는 법익의 성질과 침해 정도 및 피고인과의 관련성, 절차 위반행위와 증거수집 사이의 인과관계 등 관련성의 정도, 수사기관의 인식과 의도 등을 전체적·종합적으로 살펴볼 때, 수사기관의 절차 위반행위가 적법절차의 실질적인 내용을 침해하는 경우에 해당하지 아니하고, 오히려 그 증거의 증거능력을 배제하는 것이 헌법과 형사소송법이 형사소송에 관한 절차 조항을 마련하여 적법절차의 원칙과 실체적 진실 규명의 조화를 도모하고 이를 통하여 형사사법 정의를 실현하려 한 취지에 반하는 결과를 초래하는 것으로 평가되는 예외적인 경우라면, 법원은 그 증거를 유죄 인정의 증거로 사용할 수 있다고 보아야 한다. 이는 적법한 절차에 따르지 아니하고 수집한 증거를 기초로 하여 획득한 2차적 증거의 경우에도 마찬가지여서, 절차에 따르지 아니한 증거 수집과 2차적 증거 수집 사이 인과관계의 희석 또는 단절 여부를 중심으로 2차적 증거 수집과 관련된 모든 사정을 전체적·종합적으로 고려하여 예외적인 경우에는 유죄 인정을 증거로 사용할 수 있다.

### 2. 별개의견(대법관 3인)

법이 정한 절차에 따르지 아니하고 수집한 압수물의 증거능력 유무를 판단함에 있어서는 적법절차의 요청과 실체적 진실규명의 요청을 조화시키는 균형이 유지되어야 한다. 그런데 다수의견이 제시하는 기준은 그 취지가 분명하지 아니할 뿐 아니라, 지나치게 엄격한 기준으로 위법수집증거의 배제원칙을 선언함으로써 자칫 실체적 진실 규명을 통한 형벌권의 적정한 행사라는 형사 사법의 또 다른 목표의 달성을 불가능하게 하거나 지나치게 어렵게 만들 우려가 있다. 그러므로 수집절차에 위법이 있는 압수물의 증거능력은, 법원이 그 증거수집 절차와 관련된 모든 사정 즉, 절차조항의 취지와 그 위반의 내용 및 정도, 구체적인 위반 경위와 회피가능성, 절차 조항이 보호하고자 하는 권리 또는 법익의 성질과 침해 정도, 수사기관의 인식과 의도 등을 전체적·종합적으로 고려하여 볼 때 그 증거수집 절차의 위법사유가 영장주의의 정신과 취지를 몰각하는 것으로서 그 증거능력을 부정해야 할 만큼 중대한 것이라고 인정될 경우에는 그 증거능력을 부정하여야 하고, 그 위법 사유가 이 정도에 이르지 아니하는 경우에는 그 압수물의 증거능력을 부정하여서는 아니 된다.

### [해설 <1>]

#### 1. 의의

위법수집증거배제법칙(違法蒐集證據排除法則)은 위법한 절차에 의하여 수집한 증거의 증거능력을 부정하는 법칙으로 현대증거법의 중요한 원칙으로 발전, 확립되었다. 대법원의 위 전원합의체 판결은 우리나라 형사절차에서 위법수집증거물의 배제원칙과 그 판단 기준을 구체적으로 천명한 중요한 판례이다. 종래 대법원은 자백 등 진술 증거에 대하여는 위법수집 증거배제법칙을 원칙적으로 적용하면서도, 비진술증거인 증거물(대물적 강제처분의 결과물)에 대하여 위법수집증거배제법칙을 적용하지 않는 것이 원칙이었다. 따라서 "압수물은 그 압수절차가 위법하더라도 물건 자체의 성질, 형상에 변경을 가져오는 것이 아니므로 그 형상 등에 관한 증거가치에는 변함이 없다고 할 것이므로 증거능력이 있다"고 판시해왔다(대법원 1986. 9. 17. 선고 68도932 판결, 대법원 1987. 6. 23. 선고 87도705 판결, 대법원 1994. 2. 8. 선고 93도3318 판결, 대법원 1996. 5. 14. 자 96초88 결정, 대법원 2002. 11. 26. 선고 2000도1513 판결, 대법원 2006. 7. 27. 선고 2006도3194 판결). 그러나 이 전원합의체 판결은 약 40년간 유지해온 종전의 판례를 변경하여 위법한 절차에 의하여 수집된 비진술증거인 증거물에 대하여도 원칙적으로 증거능력을 부정하도록 하고 있다.

#### 2. 우리나라 입법현황

우리나라는 2007. 6. 1. 형사소송법을 개정하여 "제308조의2(위법수집증거의 배제) 적법한 절차에 따르지 아니하고 수집한 증거는 증거로 할 수 없다"라는 조항을 신설, 2008. 1. 1부터 시행하였다. 위 전원합의체 판결은 위 조항이 입법되고 시행되기 전의 시점(2007. 11. 15.)에 선고된 것으로 입법의 취지를 반영한 것으로 보여진다. 그 밖의 입법으로는 통신비밀보호법 제4조, 제14조가 있으며, 불법검열, 불법감청에 의한 증거를 엄격히 금지하고 있다.

#### 3. 배제원칙과 예외의 판단기준

대법원은 다수의견에서 "헌법과 형사소송법이 정한 절차에 따르지 아니하고 수집된 증거는 기본적 인권보장을 위해 마련된 적법한 절차에 따르지 않는 것으로 원칙적으로 유죄의 증거로 삼을 수 없다"고 판시하고 있다. 이는 대법원이 위법수집증거배제법칙의 수용을 명시적으로 선언한 것으로 기본적으로는 미국식 의무적 배제법칙을 채택한 것처럼 보이나, 예외적인 경우로 "수사기관의 절차위반 행위가 적법절차의 실질적인 내용을 침해하는 경우에 해당하지 아니하고, 오히려 그 증거의 증거능력을 배제하는 것이 헌법과 형사소송법이 형사소송에 관한 절차조항을 마련하여 적법절차의 원칙과 실체적 진실규명의 조화를 도모하고 이를 통하여 형사사법 정의를 실현하려 한 취지에 반하는 결과를 초래하는 것으로 평가되는 경우에는 유죄인정의 증거로 사용할 수 있다"고 판시하여 오히려 영국식 재량적 배제법칙을 채택하고 있다고 볼 수 있다. 별개의견은 위법수집증거배제법칙의 채택자체에는 동의하면서도 예외의 기준에 관하여 다수의견이 말하는 "적법절차의 실질적 내용을 침해하는 경우"라는 것이 구체적으로 어떤 의미·내용인지 알기 어렵다고 비판하면서 "영장주의의 정신과 취지를 몰각하는 중대한 위법"을 배제기준으로 제시하였다. 이 별개의견은 일본 최고재판소의 판례와 비슷한 입장으로 증거배제의 요건을 엄격히 제한하고 증거능력을 인정하는 예외를 폭넓게 인정하자는 의견이다.

결국 대법원은 기본적으로 법에 정한 절차에 따르지 아니하고 수집한 압수물은 증거로 사용할 수 없다는 배제법칙을 명백히 선언하면서도, 구체적 사안에 있어서 "증거수집 절차와 관련된 모든 사정, 즉 절차조항의 취지와 그 위반의 내용 및 정도, 구체적인 위반경위와 회피가능성, 절차 조항이 보호하고자 하는 권리 또는 법익의 성질과 침해정도, 피고인과의 관련성, 절차 위반행위와 증거수집 사이의 인과관계 등 관련성의 정도, 수사기관의 인식과 의도 등"을 전체적, 종합적으로 살펴 예외적으로 증거능력을 인정할 수 있다고 판시하여 사안에 따라 별도의견을 포섭할 수 있는 재량의 여지를 남겨두고 있다.

또한 이 판례는 이른바 독수과실의 원칙을 선언하여 적법한 절차에 따르지 아니하고 수집한 증거를 기초로 하여 획득한 2차적 증거의 증거능력을 원칙적으로 부인하면서도, 절차에 따르지 아니한 증거수집과 2차적 증거 수집사이 인과관계 희석 또는 단절 여부를 중심으로 2차적 증거수집과 관련된 모든 사정을 전체적·종합적으로 고려하여 예외적인 경우에는 2차적 증거를 유죄인정의 증거로 사용할 수도 있다고 판시하여 구체적 사안에 따라 위법수집증거 배제법칙에 대한 변형이론이 적용될 여지를 남겨두고 있다.

그러나 이러한 예외적인 경우를 함부로 인정하게 되면 결과적으로 헌법과 형사소송법이 정한 절차에 따르지 아니하고 수집된 증거는 유죄인정의 증거를 삼을 수 없다는 원칙을 훼손하는 결과를 초래할 위험이 있으므로, 이 사건 파기환송심에 대한 검사의 상고에 대하여 대법원은 "법원이 수사기관의 절차 위반행위에도 불구하고, 그 수집된 증거를 유죄인정의 증거로 사용할 수 있는 예외적인 경우에 해당한다고 볼 수 있으려면, 그러한 예외적인 경우에 해당한다고 볼 만한 구체적이고 특별한 사정이 존재한다는 것을 검사가 입증하여야 한다"고 판시하였다(대법원 2009. 3. 12. 선고 2008도763 판결).

[참고문헌] 김진환, 형사법상 위법수집증거의 배제법칙에 관한 연구, 서울대학교법학 석사논문(1977); 김진환, 영미법상 위법수집증거의 배제법칙, 대한변호사협회지 통권 142호(1988).

[필자: 김진환 변호사]

## [ 해설 <2> ]

### 1. 법이 정한 절차를 따르지 않은 압수물을 유죄 인정의 증거로 쓸 수 있는가?

이 판결 전 실무는 이른바 형상불변론(절차가 위법하더라도 압수물 자체의 증거가치는 변하지 않는다)에 기초하여, 법이 정한 압수 절차를 따르지 않은 경우에도 그 압수물의 증거능력을 인정하였다. 원심은 이러한 종전의 실무를 그대로 따른 것이다. 이 판결은 이른바 위법수집증거 배제법칙을 정면으로 선언하였다. 다수의견과 별개의견 모두 법이 정한 절차를 따르지 않은 압수물은 유죄 인정의 증거로 쓸 수 없다고 천명함으로써 종전의 태도를 바꾸었다. 이 판결 후 형사소송법 제308조의2(위법수집증거의 배제) 조항이 시행됨에 따라 이 판결은 그 조항 해석론으로 자리잡게 되었다.

### 2. 다수의견과 별개의견의 차이는?

다수의견은 법이 정한 절차를 따르지 않은 압수물은 원칙적으로 증거능력이 없다고 한다. 예외적으로 증거능력을 인정할 수 있는 때도 있지만 예외는 말 그대로 예외에 그쳐야 한다는 시각이다(이러한 태도는 이 판결 관련 재상고심 판결인 대법원 2009. 3. 12. 선고 2008도763 판결에 잘 나타나 있다). 별개의견은 법이 정한 절차를 따르지 않았다고 하더라도 절차위반 정도가 중대한 때

에 한하여 증거능력을 부정할 것이라고 한다. 별개의
견에 따르면 다수의견에 비하여 증거능력을 인정하는
영역이 상대적으로 넓어지게 된다.

### 3. 예외를 인정하는 기준은?

이는 장차 개별 사건을 다루는 과정에서 점차적으로
정립되어 갈 것이다. 다수의견이 언급한 내용들은 방
향을 제시해 줄 수 있을 뿐 개별 사건에 대한 해답을
줄 수는 없기 때문이다. 1차적 증거보다는 2차적 증거
의 증거능력이 인정되는 경우가 상대적으로 많을 것으
로 예상할 수 있으나, 예외를 인정하는 만큼 원칙이 허
물어진다는 사실을 염두에 두어야 한다.

[참고문헌] 박이규, 헌법과 형사소송법이 정한 절차를 위반하여
수집한 압수물과 이를 기초로 획득한 2차적 증거의 증거능력 유무
및 그 판단 기준, 대법원판례해설 74호(2007 하반기); 박이규, 위
법수집증거의 배제—최근 대법원 판례의 흐름에 관하여, 재판자료
제123집(대법원 법원도서관, 2012).

**[필자: 박이규 판사]**

# 75. 선행절차의 위법과 증거능력 (2) — 위법한 임의동행

대상판결 1

[대법원 2013. 3. 14. 선고 2010도2094 판결]

대상판결 2

[대법원 2013. 3. 14. 선고 2012도13611 판결]

[**사안 1 – 2010도2094**] D는 음식점 주차장에서 나와 2012. 12. 12. 22:00경 자신의 승용차를 운전하고 20미터 가량 진행하다가 골목길에 주차되어 있던 V 소유 차량의 사이드 미러를 손상시켰다. 그 후 'V 차량의 후사경을 부딪쳤다'는 이유로 V 차량의 운전자, 동승자들과 D 사이에 시비가 벌어졌고 V 차량 측의 신고로 경찰관들이 현장에 출동하였다. 경찰관들이 D의 음주운전을 의심하여 음주측정을 위해서 지구대로 동행할 것을 요구하자 D는 '술을 마시지 않았고 사고도 내지 않았다'는 취지로 주장하면서 계속해서 순찰차에 타기를 거부하였다. 그러자 4명의 경찰관이 D의 팔다리를 잡아 강제로 순찰차에 태워 지구대로 데려 갔으며, 그 과정에서 경찰관들은 D에게 형사소송법 제200조의5에 정한 사항(체포와 피의사실 등의 고지)을 고지하는 등의 절차를 밟지 않았다. D는 지구대로 연행된 후 경찰관들로부터 호흡조사 방법에 의한 음주측정에 응할 것을 요구받았으나 이를 거부하다가 '계속 음주측정에 불응할 경우 구속된다'는 말을 듣고 호흡측정에 응하였고 그 결과 음주운전으로 처벌받는 수치(0.130%)가 나왔다. 담당 경찰관은 D에게 '이제 다 끝났으니 집으로 가라'는 취지로 수차 말하였으나 D는 '위 호흡측정 결과를 받아들일 수 없다'는 취지로 항의하면서 혈액측정을 요구하였고 이에 경찰관이 D2와 인근 병원에 동행하여 채혈을 하게 되었다. 채혈된 혈액이 국과수에 송부되었고 국과수는 혈중 알코올농도 감정서를 경찰에 송부하였다. 혈중 알코올농도 감정서에도 음주운전으로 처벌받는 수치(0.142%)가 나왔다. D는 도교법 위반(음주운전) 혐의로 기소되었다. 위의 '국과수의 혈중 알코올농도 감정회보서'가 유죄증거로 제출되었다. 이 회보서에 의하면 D는 운전시에 음주운전으로 처벌받는 수치(0.142%) 하에 있었다. D나 변호인은 이를 증거로 함에 동의하였다. 제1심은 무죄를 선고하였다. 검사가 항소하였다. 항소심은, "비록 D를 현장에서 지구대로 데리고 간 경찰관들의 행위가 임의동행이 아닌 강제력에 의한 체포에 해당하고, 그 체포 당시 형사소송법 제200조의5에 정한 절차가 이행되지 않았다고 하더라도, D2의 자발적인 의사에 기하여 이루어진 채혈을 바탕으로 이루어진 혈중 알코올농도 감정서와 주취운전자 적발보고서는 증거능력이 있다"고 보아 D를 유죄(원심판결을 파기한다. 피고인을 벌금 2,000,000원에 처한다. 피고인이 위 벌금을 납입하지 아니하는 경우 금 50,000원을 1일로 환산한 기간 동안 피고인을 노역장에 유치한다. 위 벌금에 상당한 금액의 가납을 명한다)로 판단하였다. D가 상고하였다.

[**사안 2 – 2012도13611**] 2013. 2. 15. 23:00경 O(D의 지인)는 D와 함께 'M모텔'에 투숙하였는데 D가 정신분열증 비슷하게 안절부절 못하는 등 정신이 이상한 것 같은 행동을 목격하여 M모텔에서 먼저 빠져 나와 24:00경 'D가 마약을 투약하였거나 자살할 우려가 있다'는 취지로 경찰에 신고하였다. 신고를 받은 사법경찰관 P는 D에게 마약(메스암페타민) 투약혐의를 잡고, 2013. 2. 16. 02:00경 M모텔 주인과 D의 동의를 얻어 D가 투숙한 모텔 방안으로 들어갔다. 당시 D는 마약 투약 혐의를 부인하는 한편 모텔 방안에서 운동화를 신고 안절부절 못하면서 P 앞에서 바지와 팬티를 모두 내리는 등의 행동을 하였다. P는 D에게 '마약 투약이 의심되므로 경찰서에 가서 채뇨를 통하여 투약 여부를 확인하자'고 하면서 동행을 요구하였다. D는 "영장 없으면 가지 않겠다"고 말하였다. P는 D를 소속 경찰서로 데려갔다. D는 경찰서에 도착한 이후에도 계속하여 자신의 바지와 팬티를 내린다거나, 휴지에 물을 적셔 이를 화장실 벽면에 계속하여 붙이는 등의 행동을 하였고, 같은 날 03:25경 위 경찰서에서 채뇨를 위한 '소변채취동의서'에 서명하고 그 소변을 제출(이하 이 절차를 '제1차 채뇨절차'라고 한다)하였고, 소변에 대한 간이

시약검사결과 메스암페타민에 대한 양성반응이 검출(간이시약검사결과)되어 이를 시인하는 취지의 '소변검사시인서'에 서명하였다. P는 같은 날 07:50경 D를 '마약류 관리에 관한 법률' 위반(향정) 혐의로 체포의 이유와 변호인 선임권 등을 고지하면서 D를 긴급체포하였고, 23:00경 D에 대한 구속영장과 D의 소변 및 모발 등에 대한 압수·수색·검증영장(이하 '압수영장'이라고만 한다)을 청구하여 2013. 2. 17.경 지방법원으로부터 영장이 발부되었다. P는 2013. 2. 18. D에게 압수영장을 제시하고 D로부터 소변과 모발을 채취(이하 이 절차를 '제2차 채뇨·채모절차'라고 한다)하였다. 소변과 모발을 송부받은 국립과학수사연구원은 'D의 소변과 모발에서 메스암페타민에 대한 양성반응이 검출되었다'는 내용이 담긴 소변 감정서 및 모발 감정서(이하 이를 통틀어 '각 감정서'라고 한다)를 P에게 송부하였다. D는 '마약류 관리에 관한 법률' 위반(향정) 혐의로 기소되었고 '각 감정서'가 유죄증거로 제출되었다. 제1심과 항소심은 유죄를 선고하였다. D가 상고하였다.

## *[판지 1 - 2010도2094 (파기환송)]*

1. 위법수집증거와 이를 기초로 획득한 2차적 증거의 증거능력

헌법 제12조 제1항, 제5항, 형사소송법 제200조의5, 제213조의2, 제308조의2를 종합하면, 적법한 절차에 따르지 아니한 위법행위를 기초로 하여 증거가 수집된 경우에는 당해 증거뿐 아니라 그에 터 잡아 획득한 2차적 증거에 대해서도 증거능력은 부정되어야 한다. 다만 위와 같은 위법수집증거 배제의 원칙은 수사과정의 위법행위를 억지함으로써 국민의 기본적 인권을 보장하기 위한 것이므로 적법절차에 위배되는 행위의 영향이 차단되거나 소멸되었다고 볼 수 있는 상태에서 수집한 증거는 그 증거능력을 인정하더라도 적법절차의 실질적 내용에 대한 침해가 일어나지는 않는다 할 것이니 그 증거능력을 부정할 이유는 없다. 따라서 증거수집 과정에서 이루어진 적법절차 위반행위의 내용과 경위 및 그 관련 사정을 종합하여 볼 때 당초의 적법절차 위반행위와 증거수집 행위의 중간에 그 행위의 위법 요소가 제거 내지 배제되었다고 볼 만한 다른 사정이 개입됨으로써 인과관계가 단절된 것으로 평가할 수 있는 예외적인 경우에는 이를 유죄 인정의 증거로

사용할 수 있다.

2. 강제연행으로부터 시간적·장소적으로 단절되었다고 볼 수 없는 상황에서 피의자의 요구에 의하여 이루어진 음주측정 결과의 증거능력

위법한 강제연행 상태에서 호흡측정 방법에 의한 음주측정을 한 다음 강제연행 상태로부터 시간적·장소적으로 단절되었다고 볼 수도 없고 피의자의 심적 상태 또한 강제연행 상태로부터 완전히 벗어났다고 볼 수 없는 상황에서 피의자가 호흡측정 결과에 대한 탄핵을 하기 위하여 스스로 혈액채취 방법에 의한 측정을 할 것을 요구하여 혈액채취가 이루어졌다고 하더라도 그 사이에 위법한 체포 상태에 의한 영향이 완전하게 배제되고 피의자의 의사결정의 자유가 확실하게 보장되었다고 볼 만한 다른 사정이 개입되지 않은 이상 불법체포와 증거수집 사이의 인과관계가 단절된 것으로 볼 수는 없다. 따라서 그러한 혈액채취에 의한 측정 결과 역시 유죄 인정의 증거로 쓸 수 없다고 보아야 한다. 그리고 이는 수사기관이 위법한 체포 상태를 이용하여 증거를 수집하는 등의 행위를 효과적으로 억지하기 위한 것이므로, 피고인이나 변호인이 이를 증거로 함에 동의하였다고 하여도 달리 볼 것은 아니다.

## *[판지 2 - 2012도13611 (상고기각)]*

1. 부적법한 임의동행

피의자가 동행을 거부하는 의사를 표시하였음에도 불구하고 경찰관들이 영장에 의하지 아니하고 피의자를 강제로 연행한 행위는 수사상의 강제처분에 관한 형사소송법상의 절차를 무시한 채 이루어진 것으로 위법한 체포에 해당하고, 이와 같이 위법한 체포상태에서 마약 투약 혐의를 확인하기 위한 채뇨 요구가 이루어진 경우, 채뇨 요구를 위한 위법한 체포와 그에 이은 채뇨 요구는 마약 투약이라는 범죄행위에 대한 증거 수집을 위하여 연속하여 이루어진 것으로서 개별적으로 그 적법 여부를 평가하는 것은 적절하지 아니하므로 그 일련의 과정을 전체적으로 보아 위법한 채뇨 요구가 있었던 것으로 볼 수밖에 없다(대법원 2006. 11. 9. 선고 2004도8404 판결 참조).

2. 강제연행 상태에서의 1차 채뇨절차와 이후 압수영장에 따른 2차 채뇨절차에서 수집된 증거의 증거능력

마약 투약 혐의를 받고 있던 피고인이 임의동행을

거부하겠다는 의사를 표시하였는데도 경찰관들이 피고인을 영장 없이 강제로 연행한 상태에서 마약 투약 여부의 확인을 위한 1차 채뇨절차가 이루어졌는데, 그 후 피고인의 소변 등 채취에 관한 압수영장에 기하여 2차 채뇨절차가 이루어지고 그 결과를 분석한 소변 감정서 등이 증거로 제출된 사안에서, 피고인을 강제로 연행한 조치는 위법한 체포에 해당하고, 위법한 체포상태에서 이루어진 채뇨 요구 또한 위법하므로 그에 의하여 수집된 '소변검사시인서'는 유죄 인정의 증거로 삼을 수 없으나, 한편 연행 당시 피고인이 마약을 투약한 것이거나 자살할지도 모른다는 취지의 구체적 제보가 있었던 데다가, 피고인이 경찰관 앞에서 바지와 팬티를 내리는 등 비상식적인 행동을 하였던 사정 등에 비추어 피고인에 대한 긴급한 구호의 필요성이 전혀 없었다고 볼 수 없는 점, 경찰관들은 임의동행시점으로부터 얼마 지나지 아니하여 체포의 이유와 변호인 선임권 등을 고지하면서 피고인에 대한 긴급체포의 절차를 밟는 등 절차의 잘못을 시정하려고 한 바 있어, 경찰관들의 위와 같은 임의동행조치는 단지 수사의 순서를 잘못 선택한 것이라고 할 수 있지만 관련 법 규정으로부터의 실질적 일탈 정도가 헌법에 규정된 영장주의 원칙을 현저히 침해할 정도에 이르렀다고 보기 어려운 점 등에 비추어 볼 때, 위와 같은 2차적 증거 수집이 위법한 체포·구금절차에 의하여 형성된 상태를 직접 이용하여 행하여진 것으로는 쉽사리 평가할 수 없으므로, 이와 같은 사정은 체포과정에서의 절차적 위법과 2차적 증거 수집 사이의 인과관계를 희석하게 할 만한 정황에 속하고, 메스암페타민 투약 범행의 중대성도 아울러 참작될 필요가 있는 점 등 제반 사정을 고려할 때 2차적 증거인 소변 감정서 등은 증거능력이 인정된다.

### [해설]

1. 위법수집증거배제법칙과 독수과실(毒樹果實)이론

위법수집증거배제법칙은 위법한 절차에 의해 수집된 증거의 증거능력을 부정하는 원칙이다. 형소법 제308조의2는 '적법한 절차에 따르지 아니하고 수집한 증거는 증거로 할 수 없다'고 하여 위법수집증거배제법칙을 명시적으로 규정하고 있다. 대상판결들은 위법수집증거배제의 법칙과 함께 독수과실이론을 인정하는 판결들이다. 독수과실이론은 위법하게 수집된 증거(독

수)에 의해 발견된 2차 증거(과실)의 증거능력을 배제하는 이론을 의미한다. 다만 독수과실이론에서도 그 예외를 두고 있다.

미국 증거법에서 독수과실이론의 예외를 인정하는 이론으로는 선의이론, 희석이론, 독립된 증거원이론, 불가피한 발견이론이 있다. 선의이론은 수사기관이 수색영장을 적법한 것으로 신뢰하여 수색을 하였으나 후에 그 영장이 형식적 또는 실질적 요건을 갖추지 않아 무효임이 밝혀지면 당해 수색으로 획득한 증거는 증거능력을 가진다는 이론이다. 희석이론은 위법수사로 인한 1차 증거의 오염성이 피고인의 자발적인 행위로 희석되어 2차 증거에 영향을 미치지 않는다는 이론이다. 독립된 증거원이론은 위법수사가 있었더라도 이와 독립하여 수집될 수 있었던 증거임이 증명될 수 있는 경우에는 2차 증거의 증거능력을 인정할 수 있다는 이론이다. 마지막으로 불가피한 발견이론은 위법수사에 의한 오염된 1차 증거가 없었더라도 2차 증거가 다른 경로로 통해 불가피하게 발견되었을 것으로 증명할 수 있을 경우에는 그 증거능력을 인정할 수 있다는 이론이다.

### 2. 독수의 과실이론의 예외 인정 여부

#### (1) 판례

대법원은 독수과실이론의 예외를 인정한다. 즉 증거의 증거능력을 배제하는 것이 헌법과 형사소송법이 형사소송에 관한 절차 조항을 마련하여 적법절차의 원칙과 실체적 진실 규명의 조화를 도모하고 이를 통하여 형사사법 정의를 실현하려고 한 취지에 반한다고 할 수 있는 예외적인 경우라면, 법원은 그 증거를 유죄 인정의 증거로 사용할 수 있다고 하였다. 이는 적법한 절차를 따르지 아니하고 수집한 증거를 기초로 하여 획득한 2차적 증거의 경우에도 마찬가지여서, 절차에 따르지 아니한 증거수집과 2차적 증거수집 사이에 인과관계가 희석 또는 단절되었는지 여부를 중심으로 2차적 증거수집과 관련된 사정을 전체적·종합적으로 고려하여 볼 때 위와 같은 예외적인 경우에 해당한다고 볼 수 있으면 유죄 인정의 증거로 사용할 수 있다고 하였다(대법원 2007. 11. 15. 선고 2007도3061 전원합의체 판결; 대법원 2011. 4. 28. 선고 2009도2109 판결). 위의 예외 이론 중 희석이론에 가깝다고 할 수 있다.

대상판결과 관련하여, 두 판결 모두 수사기관이 임

의동행을 요구하였다가 거부당하자 경찰서로 위법하게 연행하였다는 점에서는 차이가 없다. 그러나 앞의 판결은 체포과정의 절차적 위법과 2차적 증거 수집 사이의 인과관계의 단절 또는 희석이 없어 독수과실이론의 예외를 인정할 수 없다는 판결임에 반해, 뒤의 판결은 강제연행 이후 적법하게 체포절차를 밟고 영장을 발부받아 증거를 수집하였다는 점에서 체포과정의 절차적 위법과 2차적 증거 수집 사이의 인과관계를 희석시킬 만한 정황이 있다고 보아 독수과실이론의 예외를 인정하였다. 위의 대상판결 이외에 대법원 2013. 3. 28. 선고 2012도13607 판결에서도 독수과실이론의 예외가 인정되었다.

(2) 학설

위법수집증거에 의해 수집된 2차 증거의 증거능력을 인정하면 위법수집증거배제법칙이 무의미하게 되므로 이를 부정해야 한다는 다수설적인 견해, 임의성 없는 자백에 의해 수집된 증거의 증거능력만을 부정하자는 견해, 절차적 위법의 정도가 증거배제를 요구할 정도에 이르지 않을 때에는 증거능력을 배제할 필요가 없어 2차 증거의 증거능력을 긍정하는 견해가 있다.

(3) 검토

헌법과 형사소송법이 규정하고 있는 적법절차에 따르지 않고 수집된 증거는 유죄인정의 증거로 될 수 없으며, 1차 증거의 증거능력이 부정된다면 이를 통해 수집된 2차 증거의 증거능력도 부정하는 것이 타당하다.

[참고문헌] 김재중, '독수의 과실이론'의 예외 인정 여부, 대한변협신문(2013. 9. 2.); 이재상, 위법수집증거배제법칙과 독수의 과실이론, 형사소송법 기본 판례(박영사, 2013).

[필자: 안경옥(경희대 교수)]

# 76. 선행절차의 위법과 증거능력 (3) — 진술거부권의 불고지

[대법원 2009. 3. 12. 선고 2008도11437 판결]

**[사안]** X경찰서 Y지구대 소속 경찰관 A 등은 2008. 3. 12. 03:00경 D를 V2에 대한 강도 현행범으로 체포하였다. X경찰서 형사과 소속 경찰관 B는 D를 인계받아 진술거부권을 고지하지 않은 채 같은 날 05:00부터 06:00까지 조사하면서 위 강도 범행에 대한 자백을 받은 다음 D와 함께 D의 주거지로 찾아가는 차 안에서 진술거부권을 고지하지 않은 채 D에게 "이 사건 전의 범행이 있으면 경찰관이 찾기 전에 먼저 이야기하라, 그렇게 해야 너에게 도움이 된다"는 취지로 이야기하여 D로부터 같은 해 2월 초, 중순경 새벽에 Z시장 부근에서 어떤 아주머니 가방을 날치기한 적이 있고, 그 가방을 D의 집에 보관하고 있다는 진술을 듣게 되었다. 경찰관 B는 같은 날 09:00경 D의 집에서 가방 등을 발견하여 임의 제출받아 압수하였고, 그 직후인 10:20경 D에 대하여 최초로 진술거부권을 고지한 후 D로부터 가방을 빼앗았다는 자백을 받았다. 그 후 이루어진 경찰과 검찰 조사과정에서 D에 대한 신문 전에 모두 진술거부권 고지가 이루어졌고, D는 일관되게 임의자백하였다. 한편, 압수된 가방 내용물을 기초로 그 피해자가 V인 점이 확인된 후 V에 대한 조사가 이루어졌다.

그 후 D는 V의 얼굴 등을 수회 때리는 등 반항하지 못하게 한 후 현금 등이 든 손가방을 강취하고, V2를 협박하여 반항하지 못하게 한 후 현금 등이 든 가방을 강취하였다는 공소사실로 공소제기되었는데, 2008. 4. 23. 열린 제1심 제1회 공판기일에서 변호인과 함께 출석하여 인정신문에 앞서 진술거부권을 고지받은 후 '공소사실을 인정하나 피해자들에게 강압적이고 의도적으로 심하게 하면서 가방을 빼앗은 것은 아니다'라고 진술하였다. 변호인도 D가 공소사실 중 V에 대한 강도 부분을 자백하나 다만 제출된 증거들이 위법한 절차에 의해서 수집된 것들이기 때문에 증거능력에 대하여 다툰다고 진술하였다. D는 항소심에서도 V에 대

한 범행을 시인하였다. 항소심에서 검찰은 V를 증인으로 신청하였고, 2008. 10. 16. 열린 항소심 제3회 공판기일에 출석한 V(2008. 9. 19. 증인소환장을 본인이 송달받았으나 2008. 9. 25. 항소심 제2회 공판기일에 출석하지 않았고, 2008. 9. 30. 증인소환장을 재차 본인이 송달받은 후 항소심 제3회 공판기일에 출석하였다)는 이 부분 공소사실에 들어맞는 증언을 하였다.

제1심법원은 V에 대한 공소사실에 대하여 경찰관 B가 D의 진술거부권을 고지하지 않아 적법절차의 실질적인 내용을 침해하여 얻은 D의 진술을 근거로 피고인의 주거지에서 피해자 V 소유의 손가방 등을 압수하고, 그 결과를 압수조서 및 압수목록에 기재하였고, 압수품의 사진을 촬영하였으며, D를 신문하고, V의 진술을 얻었는데, 이들 증거는 적법한 절차에 따르지 아니하고 수집한 D의 차 안 진술을 기초로 획득한 2차적 증거에 해당하여 증거능력이 없고, 달리 증거능력이 인정되는 D의 제1심 법정자백에 대한 보강증거가 없다고 하여 이 부분 공소사실에 대하여 무죄를 선고하였다.

항소심법원은 위 증거들에 대하여 제1심법원과 같이 증거능력을 부인하면서도, D의 제1심 법정자백은 D의 독립된(자발적) 행위가 개입되었고, 항소심법정에서의 V의 증언은 또한 물적 증거와 달리 인격을 지닌 V의 자발적인 행위가 개입되어, 이들은 모두 최초의 위법수집증거인 D의 차 안 진술과 인과관계가 단절되거나 적어도 희석되었다고 할 것이므로, D의 제1심 법정자백과 V의 증언은 증거능력이 인정된다고 판단한 다음 제1심법원과 달리 이 부분 공소사실을 유죄로 판단하였다.

**＊[판지(상고기각)]＊**

1. 헌법과 형사소송법이 정한 절차를 위반하여 수집한 증거를 기초로 획득한 2차적 증거의 증거능력 및 그 판단 기준

형사소송법 제308조의2는 "적법한 절차에 따르지 아니하고 수집한 증거는 증거로 할 수 없다"고 규정하고

있는바, 수사기관이 헌법과 형사소송법이 정한 절차에 따르지 아니하고 수집한 증거는 물론, 이를 기초로 하여 획득한 2차적 증거 역시 유죄 인정의 증거로 삼을 수 없는 것이 원칙이다. 다만, 수사기관의 절차 위반행위가 적법절차의 실질적인 내용을 침해하는 경우에 해당하지 아니하고, 오히려 그 증거의 증거능력을 배제하는 것이 헌법과 형사소송법이 형사소송에 관한 절차 조항을 마련하여 적법절차의 원칙과 실체적 진실규명의 조화를 도모하고 이를 통하여 형사 사법 정의를 실현하려 한 취지에 반하는 결과를 초래하는 것으로 평가되는 예외적인 경우라면, 법원은 그 증거를 유죄 인정의 증거로 사용할 수 있다. 따라서 법원이 2차적 증거의 증거능력 인정 여부를 최종적으로 판단할 때에는 먼저 절차에 따르지 아니한 1차적 증거 수집과 관련된 모든 사정들, 즉 절차 조항의 취지와 그 위반의 내용 및 정도, 구체적인 위반 경위와 회피가능성, 절차 조항이 보호하고자 하는 권리 또는 법익의 성질과 침해 정도 및 피고인과의 관련성, 절차 위반행위와 증거 수집 사이의 인과관계 등 관련성의 정도, 수사기관의 인식과 의도 등을 살펴야 한다. 나아가 1차적 증거를 기초로 하여 다시 2차적 증거를 수집하는 과정에서 추가로 발생한 모든 사정들까지 구체적인 사안에 따라 주로 인과관계 희석 또는 단절 여부를 중심으로 전체적·종합적으로 고려하여야 한다.

### 2. 2차적 증거의 증거능력을 인정할 만한 구체적 정황례

구체적인 사안에서 2차적 증거들의 증거능력 인정 여부는 제반 사정을 전체적·종합적으로 고려하여 판단하여야 한다. 예컨대 진술거부권을 고지하지 않은 것이 단지 수사기관의 실수일 뿐 피의자의 자백을 이끌어내기 위한 의도적이고 기술적인 증거확보의 방법으로 이용되지 않았고, 그 이후 이루어진 신문에서는 진술거부권을 고지하여 잘못이 시정되는 등 수사 절차가 적법하게 진행되었다는 사정, 최초 자백 이후 구금되었던 피고인이 석방되었다거나 변호인으로부터 충분한 조력을 받은 가운데 상당한 시간이 경과하였음에도 다시 자발적으로 계속하여 동일한 내용의 자백을 하였다는 사정, 최초 자백 외에도 다른 독립된 제3자의 행위나 자료 등도 물적 증거나 증인의 증언 등 2차적 증거 수집의 기초가 되었다는 사정, 증인이 그의 독립적

인 판단에 의해 형사소송법이 정한 절차에 따라 소환을 받고 임의로 출석하여 증언하였다는 사정 등은 통상 2차적 증거의 증거능력을 인정할 만한 정황에 속한다.

### [해 설]

#### 1. 독수과실의 이론

독수(毒樹)의 과실(果實)(fruit of poisonous tree)이란 위법하게 수집된 증거에 의하여 취득된 2차적 증거를 말하고, 이 2차적 증거를 증거에서 배제하여야 한다는 원리를 독수과실의 이론(Doctrine of the Fruit of Poisonous Tree)이라고 한다. 독수과실의 이론은 미국 연방대법원에서 생성된 미국 형사절차의 고유한 법리로서 판례에 의하여 발전되어 왔다. 그 예로는, 위법하게 압수한 서류에서 지득한 지식에 의하여 모은 증거, 위법하게 도청된 대화로부터 얻은 증거, 영장에 의하지 않고 불법하게 체포한 피의자의 자백에서 얻어진 증거가 있다.

#### 2. 미란다원칙과 독수과실의 이론

미란다원칙은 미국 연방대법원이 Miranda v. Arizona 사건에서 제시한 원칙으로, 체포된 형사피의자에게 신문에 앞서 진술거부권, 자신의 진술이 자기에게 불리한 증거로 사용될 수 있는 점, 변호인의 조력을 받을 권리 등 헌법상의 권리를 알려야 한다는 것을 말하는데, 미란다원칙을 고지하지 않은 상태에서 이루어진 진술은 위법수집증거로서 증거능력이 배제된다. 우리나라의 경우 헌법 제12조 제2항에서 자기부죄거부의 권리를 선언하였고, 2007. 6. 1. 법률 제8496호로 '진술거부권의 고지'에 관한 형사소송법 제244조의3, '위법수집증거의 배제'에 관한 형사소송법 제308조의2가 신설되었는데, 대법원은 일찍이 피의자에게 진술거부권 고지 없이 작성된 피의자신문조서의 증거능력을 부정하였다(대법원 1992. 6. 23. 선고 92도682 판결).

미국 연방대법원은 미란다 고지 불이행의 경우 원칙적으로 독수과실의 이론이 적용되지 않는다는 입장에서 당해 자백의 증거능력을 부정하되 이를 기초로 하여 수집된 증거물, 2차 자백, 증인의 진술 등의 증거능력을 인정하고 있다. 다만 수사기관이 의도적으로 미란다 고지를 하지 않은 채 자백을 받아낸 뒤 미란다 고지를 하고 계속하여 신문을 진행하는 경우에는 2차 자백의 증거능력도 배제된다고 본 사례가 있다[Missouri v. Seibert 542 U.S. 600, 124 S.Ct. 2601(2004)].

대법원은 이미 위법한 압수수색과 관련하여 위법수집증거가 배제되어야 할 뿐만 아니라 원칙적으로 그 2차적 증거에 대하여도 증거능력이 배제되어야 한다는 독수과실의 이론을 받아들였다(대법원 2007. 11. 15. 선고 2007도3061 전원합의체 판결). 다만, 미국 연방대법원은 미란다 고지 없이 이루어진 진술은 강요된 자기부죄로 가정하는 소위 '미란다 가정'을 전제로 하여 그 진술을 "임의성 없는 진술"로 보고, 그러한 미란다 가정의 적용 범위를 1차적 증거에 한정하고 있다. 이러한 진술거부권 고지와 관련한 역사적 연원에 비추어 보면, 수사기관에서 진술거부권의 고지가 없는 상태에서 한 자백을 기초로 하여 얻은 2차적 증거의 증거능력에 관하여 위 전원합의체판결에서 판시한 바와 같이 독수과실의 이론이 적용되어 원칙적으로 증거능력이 부정된다는 '독수과실의 이론 적용설'과 미국 연방대법원과 같이 독수과실의 이론이 적용되지 아니하므로 증거능력이 인정된다는 '독수과실의 이론 배제설'을 상정할 수 있다.

## 3. 진술거부권 불고지와 2차 증거에 대한 독수과실의 이론의 적용

헌법과 형사소송법이 정한 각 절차조항의 경중에 관한 추상적인 평가는 가능하나, 구체적인 사안에 대한 고려 없이 사전에 획일적으로 독수과실의 이론을 적용할지 여부를 구분하기는 어려우므로, 진술거부권의 불고지의 경우도 일률적으로 그 적용을 배제하는 것은 바람직하지 않다고 할 것이다. 또한, 현재 수사기관이 절차조항을 제대로 준수하는지 의심스럽고, 각종 고지절차가 실제로 이루어지지 않은 채 부동문자화된 서면 첨부로 갈음하고 있는 것으로 보이므로, 이러한 현실에 대한 반성적 고려에서 형사소송법 제244조의3은 수사기관의 진술거부권 고지에 관하여 상세하고 구체적인 절차와 내용을 규정한 것으로 보아야 한다. 따라서 법원은 진술거부권 고지 절차의 규범력을 당분간 유지, 강화하는 방향으로 실무를 운영할 필요가 있다. 다만 진술거부권이 고지되지 않는 경우도 구체적인 사안에 따라 그 위법 정도는 현저한 차이가 있고, 그 위법의 정도를 충분히 구별할 수 있을 것이다. 경찰 등 수사기관이 악의적 또는 관행적으로 진술거부권을 고지하지 않은 채 피의자를 회유하거나 기망하는 방법으로 자백을 받고 이를 기초로 증거물 등을 확보하는 등의 적법절차 위반의 위법을 억지하는 확실한 방법은 원칙적으

로 그러한 진술뿐만 아니라 그 2차적 증거를 원칙적으로 증거로 사용하지 못하게 하는 것이라고 할 것이다.

다만, 예외적으로 독수과실의 이론이 적용되지 않는 경우의 판단 기준 설정이 필요한데, 앞서 본 '대법원 2007. 11. 15. 선고 2007도3061 전원합의체 판결'에서 이미 그 기준을 제시하였으므로 이를 바탕으로 하면 될 것이다. 즉, 진술거부권이 고지되지 않는 경우도 구체적인 사안에 따라 그 위법 정도는 현저한 차이가 있는바, 예외적으로 2차적 증거의 증거능력을 인정할 수 있는 것인지에 대한 심사는, 법원이 "절차에 따르지 아니한 1차적 증거 수집과 관련된 사정들(즉 절차 조항의 취지와 그 위반의 내용 및 정도, 구체적인 위반 경위와 회피 가능성, 절차 조항이 보호하고자 하는 권리 또는 법익의 성질과 침해 정도 및 피고인과의 관련성, 절차 위반행위와 증거수집 사이의 인과관계 등 관련성의 정도, 수사기관의 인식과 의도 등)은 물론, 1차적 증거를 기초로 하여 다시 2차적 증거를 수집하는 과정에서 추가로 발생한 모든 사정까지(구체적인 사안에 따라 주로 인과관계의 희석 또는 단절 여부를 중심으로) 전체적·종합적으로 고려하여" 그 2차적 증거의 증거능력 인정 여부를 최종적으로 판단하면 될 것이다.

대상판결에서는 2차적 증거이지만 증거능력이 인정되는 경우를 제시하였다(단, 대상판결에서는 제1심법원이 증거로 사용할 수 없다고 한 증거들의 증거능력을 따로 판단하지 않은 점에 유의하여야 한다). ① 먼저, D의 제1심 법정자백은 진술거부권을 고지받지 않은 상태에서 이루어진 D의 최초 자백과 같은 내용이기는 하나, D의 제1심 법정자백에 이르게 되기까지의 앞서 본 바와 같은 모든 사정, 특히 최초 자백이 이루어진 이후 몇 시간 뒤 바로 수사기관의 진술거부권 고지가 이루어졌을 뿐 아니라 그 후 신문할 때마다 진술거부권 고지가 모두 적법하게 이루어졌고, 제1심 법정 자백은 최초 자백 이후 약 40여 일이 지난 후 공개된 법정에서 변호인의 충분한 조력을 받으면서 진술거부권을 고지받는 등 적법한 절차를 통해 임의로 이루어진 사정 등을 전체적·종합적으로 고려해 볼 때, 이를 유죄 인정의 증거로 사용할 수 있는 경우에 해당한다. ② 다음으로, V의 항소심 법정진술은 그 진술에 이르게 되기까지의 앞서 본 바와 같은 모든 사정, 특히 V가 피해자로서 범행일로부터 무려 7개월 이상 지난 시점에서 법원의 적법한 소

환에 따라 자발적으로 공개된 법정에 출석하여 위증의
벌을 경고받고 선서한 후 자신이 직접 경험한 사실을
임의로 진술한 사정 등을 고려해 볼 때, 이 역시 유죄
인정의 증거로 사용할 수 있는 경우에 해당한다.

[참고문헌] 박주봉, 독수과실의 증거능력, 새울법학 제5권 제2호
(대전대학교 법학연구소, 2002); 김태업, 진술거부권의 불고지 상
태에서의 자백과 2차적 증거의 증거능력, 대법원판례해설 80호
(2009 상반기)(2009).

[필자: 김태업 판사]

# 77. 선행절차의 위법과 증거능력 (4) — 인과관계의 단절·희석

[대법원 2013. 3. 28. 선고 2012도13607 판결]

**[사안]** 2012. 2. 1.경 대구백화점 내 A매장 지배인이 여성복을 절취당했다(이하 '제1범행'이라 한다)고 경찰에 신고하였다. 신고를 받은 대구중부경찰서 소속 경찰관(이하 'P'로 약칭함)이 범행 현장인 대구 중구(주소 생략) 대구백화점 내 A매장에서 범인이 벗어 놓고 간 점퍼와 그 안에 있는 O 주식회사(금융실명법 제4조에 정한 '금융회사 등'에 해당하는 신용카드회사로서, 이하 '카드회사'라 한다) 발행의 매출전표를 발견하였다. P는 카드회사에 공문을 발송하는 방법으로 카드회사로부터 위 매출전표의 거래명의자가 누구인지 그 인적 사항을 알아내었고 이를 기초로 삼아 D를 범행의 용의자로 특정하였다. P는 2012. 3. 2. D의 주거에서 위와 같은 절도 혐의로 D를 긴급체포하였다. 긴급체포 당시 D의 집안에서 피해신고된 여성복 외에 새것으로 보이는 구두1이 발견되었다. 그 후 구금 상태에서 이루어진 2차례의 경찰 피의자신문에서 D는 제1범행 이외에 구두1은 2012. 1. 초 대구백화점 구두 매장에서 절취한 것(이하 '제2범행'이라 한다)이라는 취지로 자백하였다(구금상태에서 행하여진 피의자신문에서의 제1·2범행에 대한 D의 경찰자백). 수사기관은 D에 대하여 구속영장을 청구하였으나 2012. 3. 4. 대구지방법원이 D에 대한 구속영장을 기각하여 같은 날 D는 석방되었다. 2012. 3. 9. D는 위 경찰서에 다시 출석하여 제3회 피의자신문에서 2011. 4.경 대구 중구(주소 2 생략)에 있는 동아쇼핑 지하 1층 구두 매장에서 구두2를 절취하였다(이하 '제3범행'이라 한다)고 자백(제3범행에 대한 D의 임의성 있는 경찰자백)하였고, 위 구두2를 경찰에 임의로 제출하였다. 위와 같은 구두2와 자백 등을 기초로 제2, 3범행의 피해자(이하 'V2·V3')가 확인된 후 2012. 3. 18.경 V2·V3가 피해 사실에 관한 각 진술서(V2·V3의 진술서)를 작성·경찰에 제출하였다. 검사는 제1·2·3 범행을 묶어 D를 상습절도 혐의로 기소하였다. 그 후 2012. 6. 20. 열린 제1심 제2회 공판기일에서 D는 제1·2·3 범행에 대하여 전부 자

백(D의 제1·2·3 범행에 대한 제1심 법정에서의 자백)하였다. 제1심과 항소심은 'D의 제1·2·3 범행에 대한 제1심 법정에서의 자백'과 '제2·3 범행에 관한 V2·V3의 진술서'를 증거로 채택하여 공소사실(1개의 상습절도)을 유죄(실형 징역 2년)로 인정하였다. D의 변호인은 제1심과 항소심이 "위법하게 수집한 2차증거들을 증거로 채택한 위법이 있다"고 주장하면서 상고하였다.

**★[판지(상고기각)]★**

1. 금융실명거래 및 비밀보장에 관한 법률(이하 '금융실명법'이라 한다) 제4조 제1항은 "금융회사 등에 종사하는 자는 명의인(신탁의 경우에는 위탁자 또는 수익자를 말한다)의 서면상의 요구나 동의를 받지 아니하고는 그 금융거래의 내용에 대한 정보 또는 자료(이하 '거래정보 등'이라 한다)를 타인에게 제공하거나 누설하여서는 아니 되며, 누구든지 금융회사 등에 종사하는 자에게 거래정보 등의 제공을 요구하여서는 아니 된다"고 규정하면서, "법원의 제출명령 또는 법관이 발부한 영장에 따른 거래정보 등의 제공"(제1호) 등을 열거하고 있고, 수사기관이 거래정보 등을 요구하는 경우 그 예외를 인정하고 있지 아니하다. [중략] 그럼에도 수사기관이 영장에 의하지 아니하고 매출전표의 거래명의자에 관한 정보를 획득하였다면, 그와 같이 수집된 증거는 원칙적으로 형사소송법 제308조의2에서 정하는 '적법한 절차에 따르지 아니하고 수집한 증거'에 해당하여 유죄의 증거로 삼을 수 없다.

2. ① 수사기관이 의도적으로 영장주의의 정신을 회피하는 방법으로 증거를 확보한 것이 아니라고 볼 만한 사정, ② 위와 같은 정보에 기초하여 범인으로 특정되어 체포되었던 피의자가 **석방된 후 상당한 시간이 경과**하였음에도 다시 동일한 내용의 자백을 하였다거나 그 범행의 피해품을 수사기관에 **임의로 제출**하였다는 사정, ③ 2차적 증거 수집이 체포 상태에서 이루어진 **자백 등으로부터 독립된 제3자의 진술**에 의하여 이루어진 사정 등은 통상 2차적 증거의 증거능력을 인정

할 만한 정황에 속한다.

3. ① D의 제1심 법정에서의 자백은 [중략] 특히 D에 대한 구속영장이 기각됨으로써 석방된 이후에 진행된 제3회 경찰 피의자신문 당시에도 제3범행에 관하여 자백하였고, 이 사건 범행 전부에 대한 제1심 법정 자백은 최초 자백 이후 약 3개월이 지난 시점에 공개된 법정에서 적법한 절차를 통하여 임의로 이루어진 것이라는 점 등을 **전체적·종합적으로 고려**하여 볼 때 이는 유죄 인정의 증거로 사용할 수 있는 경우에 해당한다. 나아가 ② 제2, 3범행에 관한 각 진술서 또한 그 진술에 이르게 되기까지의 앞서 본 바와 같은 모든 사정들, 즉 수사기관이 매출전표의 거래명의자에 관한 정보를 획득하기 위하여 이 사건 카드회사에 공문까지 발송하였던 사정 등에 비추어 볼 때 **의도적·기술적**으로 금융실명법이 정하는 영장주의의 정신을 회피하려고 시도한 것은 아니라고 보이는 점, ③ 제2, 3범행에 관한 V2, V3 작성의 진술서는 제3자인 V2, V3가 범행일로부터 약 3개월, 11개월 이상 지난 시점에서 **기존의 수사절차로부터 독립하여 자발적으로** 자신들의 피해 사실을 **임의로 진술**한 것으로 보이고, 특히 ④ 제3범행에 관한 진술서의 경우 앞서 본 바와 같이 D가 이미 석방되었음에도 불구하고 이 부분 범행 내용을 자백하면서 **피해품을 수사기관에 임의로 제출**한 **이후에 비로소 수집된 증거인 점** 등을 고려하여 볼 때, 위 증거들 역시 유죄 인정의 증거로 사용할 수 있는 경우에 해당한다.

[ 해 설 ]

1. 이 사안의 쟁점

국내에서는 위법수집된 1차증거뿐만 아니라 그를 기초로 수집된 2차증거도 원칙적으로 증거능력을 배제하여야 한다는 '엄격한 독수독과이론'이 채택(판례·다수설, 이른바 '원칙적 배제와 예외적 긍정론')되고 있다. 사안에서 명시적으로 문제된 것은 'D의 제1·2·3 범행에 대한 제1심 법정에서의 자백'과 '제2·3 범행에 관한 V2·V3의 진술서'이다. 이들은 수사측의 최초의 절차위배행위(영장 없이 매출전표의 거래명의자의 인적사항 획득)가 없었다면 수사측이 확보할 수 없었던 2차증거들이므로 일단 '독수의 과실'이 아닌가 하는 의심을 품어야 할 대상들이다. 그러나 2차증거이지만 예외적으로 증거로 사용할 수 있는 경우가 있는데 그것은 최초의 위

법과 2차증거 사이에 인과관계가 단절·희석되는 경우이다. 문제는 '어떤 경우에 인과관계의 단절·희석을 인정할 수 있을 것인가' 하는 점이다.

2. 2차증거가 최초의 절차위법을 '직접 이용'하거나 혹은 '그 연장선상'에서 획득된 것인가

이 기준은 본 판례보다 2주 앞서 판시된 판결에서 "2차적 증거 수집이 위법한 체포·구금절차에 의하여 형성된 상태를 직접 이용하여 행하여진 것"(대법원 2013. 3. 14. 선고 2012도13611 판결)인지, 혹은 "혈액채취 방법에 의한 혈중 알코올농도 감정서 및 주취운전자 적발보고서 역시 불법체포의 연장선상에서 수집된 증거'에 해당(대법원 2013. 3. 14. 선고 2010도2094 판결)하는 것인지 등으로 표현되고 있다. 뒤집어 말하면 문제의 2차증거가 최초의 절차위법을 '직접 이용'하거나 혹은 '그 연장선상'에서 획득된 것이 아님을 입증하면 검사는 문제의 2차증거를 증거로 사용할 수 있게 된다. 본 판례는 'D의 제1·2·3 범행에 대한 제1심 법정에서의 자백'과 '제2·3 범행에 관한 V2·V3의 진술서'는 최초의 절차위법을 '직접 이용'하거나 혹은 '그 연장선상'에서 획득된 것이 아니라고 판단하였다. 이에 반하여 대법원은 '구금상태에서 행하여진 피의자신문에서의 제1·2범행에 대한 D의 경찰자백', '제3범행에 대한 D의 임의성 있는 경찰자백'에 대하여는 언급하지 아니하여 이들 증거들은 위법한 2차증거로 본 것이 아닌가 생각된다. 물증은 어떤가?

점퍼는 유류물이고 구두2는 임의제출물이므로 위법수집물이 아님이 분명하지만 구두1은 사안이 분명하지 아니하여 판단을 유보한다. 어쨌든 본 판례는 '절차위법과 2차 증거 사이의 인과관계의 단절·희석' 판단의 전형적인 긍정례와 부정례를 보여주는 모범적 사안이다.

[필자: 심희기 교수(연세대)]

# 78. 압수영장과 관련성 없이 압수된 녹음파일의 증거능력 및 2차적 증거의 증거능력

[대법원 2014. 1. 16. 선고 2013도7101 판결]

[사안] D7은 A당 지역구 국회의원, D2는 A당 비례대표 국회의원, D는 전 A당 부산시당 홍보위원장이다. 부산지검 검사는 2012. 8. 3. 부산지법으로부터, 피의자 D2, 죄명 공직선거법위반, 압수할 물건 D 등이 소지하고 있는 휴대전화 및 저장된 정보, 압수할 장소 D의 주거지 등, 영장 범죄사실 및 압수를 필요로 하는 사유 "피의자는 공천과 관련하여 2012. 3. 15. 및 3. 28. O1에게 지시하여 A당 공천심사위원인 O13등에게 거액이 든 봉투를 제공하였다 등"인 압수·수색영장(이하 "이 사건 영장"이라 함)을 발부받았다. 부산지검 수사관들은 이 사건 영장의 집행으로 2012. 8. 4. D의 휴대전화를 압수하여 부산지검으로 가져왔고, 휴대전화에서 추출한 D와 D7 사이의 대화가 녹음된 이 사건 녹음파일을 통해 D와 D7에 대한 공직선거법 위반 혐의를 발견, 수사를 개시하였으나, 이 사건 녹음파일에 대한 별도 압수절차는 없었다.

부산지검 검사는 그 후 수회에 걸쳐 이 사건 녹음파일의 내용을 들려주면서 D, D7을 참고인 또는 피의자로 조사하였고 D, D7은 일부 공소사실을 자백하는 진술을 하였다. D, D7이 기소되었다. 공소사실의 요지는, "D7은 2012. 2. 22. 23:00경 부산 동래구 온천동 소재 커피숍에서 D에게 '선거운동 전반을 도와달라'고 요청하였고, D로부터 '선거운동 전반에 대한 기획을 총괄하여 주겠으니 그 대가로 3억원을 달라'는 요구를 받았다. 이에 D7은 D의 요구대로 선거운동 기획을 총괄하는 대가로 3억원의 제공을 약속하였다"이다. 공판기일에서 D, D7은 진술거부권을 고지 받고 변호인의 조력을 받은 상태에서 '이 사건 녹음파일은 위법수집증거로서 증거능력이 없다'고 다투었고, 증인으로 출석하여 증언거부권 및 위증의 벌을 경고 받고 선서하고 녹음파일을 제시받거나 그 대화 내용을 전제로 한 신문에 답변하였는데 그 답변은 공소사실에 대하여 일부 부합하는 진술이었다. 제1심과 항소심은 녹음파일의 증거능력을 부인하였지만 그것을 토대로 한 법정진술(답변)은 증거로 채택하였다. D, D7이 '2차증거인 법정진술(답변)을 증거로 채택한 것이 위법'이라고 주장하며 상고하였다.

★[판지]★

1. 이 사건 녹음파일에 의하여 그 범행이 의심되었던 혐의사실은 공직선거법상 정당후보자 추천 관련 내지 선거운동 관련 금품 요구·약속의 범행에 관한 것으로서, 일응 범행의 객관적 내용만 볼 때에는 이 사건 영장에 기재된 범죄사실과 동종·유사의 범행에 해당한다고 볼 여지가 있다. 그러나 이 사건 영장에서 당해 혐의사실을 범하였다고 의심된 '피의자'는 D2에 한정되어 있는데, 수사기관이 압수한 이 사건 녹음파일은 D와 D7 사이의 범행에 관한 것으로서 D2가 그 범행에 가담 내지 관련되어 있다고 볼 아무런 자료가 없다.

결국 이 사건 영장에 기재된 '피의자'인 D2가 이 사건 녹음파일에 의하여 의심되는 혐의사실과 무관한 이상, 수사기관이 별도의 압수·수색영장을 발부받지 아니한 채 압수된 이 사건 녹음파일은 형사소송법 제219조에 의하여 수사기관의 압수에 준용되는 형사소송법(2011. 7. 18. 법률 제10864호로 개정되어 2012. 1. 1.부터 시행된 것) 제106조 제1항이 규정하는 '피고사건' 내지 같은 법 제215조 제1항이 규정하는 '해당 사건'과 '관계가 있다고 인정할 수 있는 것'에 해당한다고 할 수 없으며, 이와 같은 압수에는 헌법 제12조 제1항 후문, 제3항 본문이 규정하는 헌법상 영장주의에 위반한 절차적 위법이 있다. 따라서 이 사건 녹음파일은 형사소송법 제308조의2에서 정한 '적법한 절차에 따르지 아니하고 수집한 증거'로서 이를 증거로 쓸 수 없고, 그와 같은 절차적 위법이 헌법상 규정된 영장주의 내지 적법절차의 실질적 내용을 침해하는 중대한 위법에 해당하는 이상 예외적으로 그 증거능력을 인정할 수 있는 경우로 볼 수도 없다.

2. 법원이 2차적 증거의 증거능력 인정 여부를 최종

적으로 판단할 때에는 먼저 절차에 따르지 아니한 1차적 증거 수집과 관련된 모든 사정들, 즉 절차 조항의 취지와 그 위반의 내용 및 정도, 구체적인 위반 경위와 회피가능성, 절차 조항이 보호하고자 하는 권리 또는 법익의 성질과 침해 정도 및 피고인과의 관련성, 절차 위반행위와 증거수집 사이의 인과관계 등 관련성의 정도, 수사기관의 인식과 의도 등을 살피는 것은 물론, 나아가 1차적 증거를 기초로 하여 다시 2차적 증거를 수집하는 과정에서 추가로 발생한 모든 사정들까지 구체적인 사안에 따라 주로 인과관계 희석 또는 단절 여부를 중심으로 전체적·종합적으로 고려해야 한다(대법원 2009. 3. 12. 선고 2008도11437 판결, 대법원 2013. 3. 28. 선고 2012도13607 판결 등 참조).

(중략) 위 D와 D7의 제1심 법정 진술의 경우에는 그 증거능력이 부정되어야 할 이 사건 녹음파일을 제시받거나 그 대화 내용을 전제로 한 신문에 답변한 내용이 일부 포함되어 있으므로, 그와 같은 진술과 이 사건 녹음파일 수집과정에서의 절차적 위법과의 사이에는 여전히 직접적 인과관계가 있다고 볼 여지가 있어 원심이 이 부분 진술까지 그 증거능력이 있다고 단정한 데에는 부적절한 점이 없지 아니하다.

**[해설]**

1. 개정 형사소송법 제106조는 "법원은 필요한 때에는 **피고사건과 관계가 있다고 인정할 수 있는 것에 한정하여** 증거물 또는 몰수할 것으로 사료하는 물건을 압수할 수 있다"라고, 제215조는 "① 검사는 범죄수사에 필요한 때에는 **피의자가 죄를 범하였다고 의심할 만한 정황이 있고 해당 사건과 관계가 있다고 인정할 수 있는 것에 한정하여** 지방법원판사에게 청구하여 발부받은 영장에 의하여 압수, 수색 또는 검증을 할 수 있다. ② 사법경찰관이 범죄수사에 필요한 때에는 **피의자가 죄를 범하였다고 의심할 만한 정황이 있고 해당 사건과 관계가 있다고 인정할 수 있는 것에 한정하여** 검사에게 신청하여 검사의 청구로 지방법원판사가 발부한 영장에 의하여 압수, 수색 또는 검증을 할 수 있다"로 **밑줄** 부분을 추가하여 관련성 요건을 신설하였다.

2. 관련성에 관한 판시 부분

영장 기재 피의자와 범죄사실이 피고인 및 공소사실 모두와 관련성이 있어야 한다. 이 사건 녹음파일은 D2의, D에 대한 공직선거법상 정당후보자 추천 관련 내지 선거운동 관련 금품 요구·약속의 범행에 대한 금품제공을 범죄사실로 하는 영장에 의하여 압수되었는데, 'D의 D7'에 대한 공소사실과 금품제공 요구라는 점에서 유사성이 있지만, 범죄의 주체가 'D2와 D'로 달라 그것만으로는 관련성을 인정하기 부족하고, D2가 'D의 D7'에 대한 금품제공 요구와 어떠한 관련성을 인정할 다른 자료가 없다는 것이 대상판례의 판시이다. 대상판례는 개정법에 따라 관련성이 인정되지 않는 증거는 헌법상 영장주의를 위반한 위법수집증거에 해당하므로 증거능력이 없다는 법적 효과를 명시적으로 선언한 선례이다.

3. 2차적 증거에 관한 판시 부분

대상판례는 2차적 증거인 D와 D7의 검찰진술, 법정진술 등의 증거능력에 관하여 종전의 판례의 입장을 확인하고 있다. 다만 인용판결들이 결론적으로 2차적 증거의 증거능력을 인정하였던 것과 달리 대상판례는 일부 2차적 증거들의 증거능력을 부인하는 취지의 판단을 하고 있다.

이에 대하여 종전에 인과관계 희석 또는 단절을 이유로 하여 법정진술의 증거능력을 인정하였던 인용 판결들과 궤를 달리하고 있다고 보는 견해도 있다.

사견으로는 인용판결의 사안과 달리, 2차적 증거인 법정진술 등이 이 사건 녹음파일의 제시 또는 그 내용을 전제로 신문하여 직접 얻은 것이라는 사안의 차이가 있다고 생각된다.

[참고문헌] 신동운, 판례평석 압수·수색의 관련성 요건과 그 법적 효과, 법률신문 2015. 1. 8.자; 이상원, 2014년 분야별 중요판례분석⑬ 형사소송법, 법률신문 2015. 5. 18.자.

[필자: 심태규 판사]

# 79. 사인의 위법수집증거 (1) — 증거능력배제 판단기준

[대법원 2008. 6. 26. 선고 2008도1584 판결]

[사안] D의 부하직원이던 O는 D가 운영하던 회사에서 퇴사하면서 D에 대해 별건 민사소송을 제기하기 위하여 위 회사의 업무일지를 D 몰래 통째로 들고 나왔다. 그런데 몰래 들고 온 업무일지 이면에는 D가 A사찰에 대한 공사를 하다가 A사찰의 주지가 사망한 것을 기화로 하여 A사찰 건물 전체를 편취하기 위해 이 사건 문서를 위조하기 위해 연습한 흔적이 있었다. 그 이후 A사찰의 주지로 임명된 O2는 O가 몰래 들고 나온 업무일지를 입수하기 위해 O에게 돈을 지급하여 이를 전달 받은 후 위 증거를 검찰에 제출하였고, 검찰은 위 증거에 의거하여 D를 사문서위조, 위조사문서행사, 사기 등으로 기소하였다.

제1심 및 원심은 모두 이 사건 업무일지의 이면을 유력한 증거로 하여 공소사실 전부에 대하여 유죄를 선고하였고, 이에 대하여 D는 이 사건 업무일지는 O가 절취한 것이고 A사찰에서 이를 입수하기 위해 거액의 금원을 O에게 지급하였으므로, 그 제출경위에 위법성이 있어 증거능력이 없다고 주장하였다.

*[판지(상고기각)]*

이 사건 업무일지 그 자체는 피고인이 운영하던 회사가 수행한 업무내용을 담당직원이 기재한 것이고, 그 뒷면은 이 사건 각 문서의 위조를 위해 미리 연습한 흔적이 남아 있는 것에 불과하여, 이를 피고인의 사생활 영역과 관계된 자유로운 인격권의 발현물이라고 볼 수는 없고, 사문서위조·위조사문서행사 및 소송사기로 이어지는 일련의 범행에 대하여 피고인을 형사소추하기 위해서는 이 사건 업무일지가 반드시 필요한 증거로 보이므로, 설령 그것이 제3자에 의하여 절취된 것으로서 위 소송사기 등의 피해자측이 이를 수사기관에 증거자료로 제출하기 위하여 대가를 지급하였다 하더라도, 공익의 실현을 위하여는 이 사건 업무일지를 범죄의 증거로 제출하는 것이 허용되어야 하고, 이로 말미암아 피고인의 사생활 영역을 침해하는 결과가 초래된다 하더라도 이는 피고인이 수인하여야 할 기본권의 제한에 해당된다.

[해설]

## 1. 사인이 위법하게 수집한 증거에 대한 위법수집증거 배제원칙의 적용 여부

위법수집증거 배제원칙은 적법한 절차에 위반하여 수집된 증거는 그 증거능력을 인정하지 아니한다는 원칙이다. 대법원 2007. 11. 15. 선고 2007도3061 전원합의체 판결

에 따라 비진술증거에 대하여도 위 원칙이 전면적으로 인정되었다. 위 전원합의체 판결 이전에는 비진술증거에 대해 '성질, 형상, 불변론'에 따라 비록 압수절차가 위법하다 하더라도 그 물건 자체의 성질, 형태에 변경을 가져오는 것이 아니어서 그 형태 등에 대한 증거가치에는 변함이 없어 증거능력이 인정된다는 입장이었다. 그런데 대법원은 위 전원합의체 판결을 통해 기본적 인권 보장을 위하여 압수수색에 관한 적법절차와 영장주의의 근간을 선언한 헌법과 실체적 진실 규명과 개인의 권리보호 이념을 조화롭게 실현할 수 있도록 압수수색 절차에 관한 구체적 기준을 마련하고 있는 형사소송법의 규범력은 확고히 유지되어야 하므로, 헌법과 형사소송법이 정한 절차에 따르지 아니하고 수집한 증거는 기본적 인권 보장을 위해 마련된 적법한 절차에 따르지 않은 것으로서, 원칙적으로 유죄 인정의 증거로 삼을 수 없다고 판시하였다. 한편, 2008. 1. 1.부터 시행된 개정 형사소송법은 제308조의2(적법한 절차에 따르지 아니하고 수집한 증거는 증거로 할 수 없다)에 위법수집증거 배제원칙을 명시하여 입법적으로 명확히 하였다.

그런데 위법수집증거 배제원칙이 수사기관이 위법하게 수집한 증거에 대해서만 적용될 것인지, 아니면 사인이 위법하게 수집한 증거에 대해서도 적용될 것인지 여부에 대해 위 원칙이 기본권 보호에 근거한다는

입장과 적법절차 준수의 관점에서 위 원칙이 적용되어야 한다는 입장에 따라 다소 다를 수 있을 것이다. 더욱이 위와 같이 시행된 개정 형사소송법의 문언상 위 원칙이 국가기관이 위법하게 수집한 증거에만 적용될 것인지 아니면 국가기관 혹은 사인 불문하고 모두 적용될 것인지 여부 등에 대해 명확하게 명시되어 있지 않아 사인이 위법하게 수집한 증거에도 위 원칙이 적용되는지가 문제가 된다.

## 2. 종전 대법원 판례: 대법원 1997. 9. 30. 선고 97도1230 판결

대상 판결 이전에도 대법원 1997. 9. 30. 선고 97도1230 판결을 통해 사인이 위법하게 수집한 증거의 증거능력에 대해 판시하였다. 즉, 대법원은 '효과적인 형사소추 및 형사소송에서의 진실발견이라는 공익과 개인의 사생활의 보호이익을 비교형량하여 그 허용 여부를 결정하여야 한다'고 전제한 다음, '가사 이 사건 사진을 촬영한 위 공소외인이 이 사건 사진을 이용하여 피고인을 공갈할 의도였다고 하더라도 이 사건 사진의 촬영이 임의성이 배제된 상태에서 이루어진 것이라고 할 수는 없으며, 이 사건 사진은 범죄현장의 사진으로서 피고인에 대한 형사소추를 위하여 반드시 필요한 증거로 보이므로, 공익의 실현을 위하여는 이 사건 사진을 범죄의 증거로 제출하는 것이 허용되어야 하고, 이로 말미암아 피고인의 사생활의 비밀을 침해하는 결과를 초래한다 하더라도 이는 피고인이 수인하여야 할 기본권의 제한에 해당된다고 보아야 할 것이다'라고 판단하였다.

## 3. 대상판례에서 판시한 위법수집증거 배제원칙의 적용기준

대상 판결은 앞서 설명한 종전 대법원 판례에서 제시한 원칙을 그대로 원용하면서, 사인이 위법하게 수집한 증거가 피고인의 사생활 영역과 관계된 자유로운 인격권의 발현물인 경우에는 그 증거능력이 부인되어야 할 것이지만, 그렇지 아니한 경우에는 효과적인 형사소추 및 형사소송에서의 진실발견이라는 공익과 개인의 사생활 보호이익을 비교형량하여 그 증거능력의 허용여부를 결정하여야 할 것이라고 판시하였다.

## 4. 대상판결에 대한 평가

대상판례의 판단 기준은 대법원 2007. 11. 15. 선고 2007도3061 전원합의체 판결에서 판시한 것과는 다소 그 접근방법에 있어 차이가 있다. 위 전원합의체 판결에서는 대상 증거를 수집하는 과정에서 위반된 행위가 적법절차의 실질적인 내용을 침해하는 경우인지 여부에 따라 증거능력의 인정 여부를 결정하는 데 반하여, 대상 판결에서는 사생활 영역과 공익간의 비교형량을 증거능력 인정 여부를 결정한다는 것이다.

대상 판례의 기준과 위 전원합의체 판결이 제시한 각 판단 기준은 실질에 있어서 상당한 차이를 보일 것이다. 대개의 경우 증거수집 과정에서 사생활의 본질적 영역에 해당하는 기본권을 침해하는 경우는 많지 않을 것이고, 형사사법 절차에 있어 실체적 진실발견이라는 가치 보다 더 우월하게 평가되지 못할 것이다. 그러나 적법절차의 본질적 내용을 침해하였는지 여부에 따라 증거능력의 유무를 판단하는 경우에 있어서는 적법절차의 본질적 내용에 관한 기준이 점점 더 엄격해지고, 사인이 증거를 수집하게 위해 타인의 주거에 침입하거나 절취, 강취, 갈취하는 경우 등의 행위는 모두 적법절차를 중대하게 위반한 것으로 평가될 것이다.

한편, 국가기관이 적법절차를 위반한 경우와 사인이 범죄행위를 자행한 사람에 대한 형사처벌을 구하기 위해 증거를 수집하는 과정에서 적법절차를 위반한 경우는, 그 비난가능성 혹은 불법을 억제할 필요 등에 있어 차별성이 있다고 볼 수 없고, 기본적 인권을 보장하기 위해 헌법이 채택하고 있는 압수수색에 관한 적법절차와 영장주의를 준수하여야 하는 것은 사인에 대해서도 마찬가지로 적용되어야 할 것이므로, 위 두 가지 경우를 달리 볼 수는 없을 것이다. 이러한 점에 있어 대상 판례는 다소 미흡한 점이 있는 것으로 보이고, 사인이 위법하게 수집한 증거의 증거능력에 대해 향후 위법수집증거 배제원칙을 보다 더 적극적으로 적용한 판례가 나오길 기대한다.

[참고문헌] 이우철, 사인이 위법하게 수집(절취)한 증거의 증거능력, 대법원판례해설 76호(2008 상반기)(2008. 12.); 김용배, 판례에 나타난 위법수집증거배제법칙의 적용방법 및 2차적 증거의 증거능력 판단기준, 재판실무연구 2011.

[필자: 이태엽 변호사]

# 80. 사인의 위법수집증거 (2) — 거주를 종료한 주거침입의 경우

[대법원 2010. 9. 9. 선고 2008도3990 판결]

[사안] D1은 2006. 2. 10.경 그녀의 남편인 V(고소인)와 동거하던 집에서 나와 이혼을 요구하였는데 V가 이혼에 불응하자, V와 별거하여 생활하다가 같은 해 4. 5.경 고양시 소재 집(이하 'D1의 집'이라 한다)으로 주거를 옮겼다. D1, D2는 1990년경 처음 만나 알고 지냈는데 D1이 고양시로 이사하면서 D2에게 연락하여 이 사건 이전에 5~6회 정도 만났다. D1은 2006. 6. 21.경 D1의 집에서의 거주를 마치고 그 집을 부동산 중개업소에 내 놓은 다음 V의 집으로 다시 들어갔는데, D1, D2는 같은 해 6. 25. 14:00경 D1의 집 근처에서 만났다가 15:00경 헤어졌다. V는 2006. 6. 26. D1의 핸드폰으로 문자메시지를 보낸 사람이 D2임을 확인하고 D1의 소지품에서 빼낸 D1의 집 열쇠를 복제해서 그 복제 열쇠로 그 집의 문을 열고 들어가 그곳의 쓰레기봉투에서 혈흔 등이 묻은 휴지 4점 및 침대시트 1점(이하 이들을 통틀어 '이 사건 휴지 등'이라 한다)을 수거하였다. V가 같은 해 7. 21. 사설감정기관에 위와 같이 수거한 휴지들 중 일부에 대한 유전자분석을 의뢰한 결과, 그 휴지에서 정액 양성 반응이 나왔고, 그 정액의 유전자형이 V의 모발에서 채취한 유전자형과 서로 다르다는 결과를 얻었다. V는 같은 해 10. 4. 경찰에 위와 같이 수거한 휴지 2점, 침대시트 1점을 제출하였고, 경찰은 이들을 압수하였다는 내용의 압수조서를 작성하였다. 경찰이 국립과학수사연구소에 위 휴지 등에 대한 감정을 의뢰하였는데 그 감정의뢰회보(유전자분석감정서)에 의하면, V가 제출한 휴지 2점과 침대시트에서 정액 반응이 양성으로 나왔고, D2의 혈액과 일치하는 남성의 유전자형 및 여성의 유전자형이 검출되었다.

D1, D2는 2006. 6. 25. 14:00경부터 15:00경까지 사이에 D1의 집에서 성교하였다는 내용의 간통죄로 기소되었고, 제1심 및 항소심은 모두 위 감정의뢰회보(유전자분석감정서)의 증거능력을 인정한 다음 이를 유력한 증거로 삼아 공소사실에 대하여 유죄를 선고하였다.

*[판지(상고기각)]*

**1. 국민의 사생활 영역에 관계된 증거 제출이 허용되는지 여부의 판단 기준**

국민의 인간으로서의 존엄과 가치를 보장하는 것은 국가기관의 기본적인 의무에 속하는 것이고 이는 형사절차에서도 당연히 구현되어야 하는 것이지만, 국민의 사생활 영역에 관계된 모든 증거의 제출이 곧바로 금지되는 것으로 볼 수는 없으므로, 법원으로서는 효과적인 형사소추 및 형사소송에서의 진실발견이라는 공익과 개인의 인격적 이익 등의 보호이익을 비교형량하여 그 허용 여부를 결정하여야 한다.

**2. 감정의뢰회보의 증거능력 인정 여부**

D1, D2의 간통 범행을 고소한 V가 D1의 주거에 침입하여 수집한 후 수사기관에 제출한 혈흔이 묻은 휴지들 및 침대시트를 목적물로 하여 이루어진 감정의뢰회보에 대하여, V가 D1의 주거에 침입한 시점은 D1이 그 주거에서의 실제상 거주를 종료한 이후이고, 위 회보는 D1, D2에 대한 형사소추를 위하여 반드시 필요한 증거이므로 공익의 실현을 위해서 증거로 제출하는 것이 허용되어야 하고, 이로 말미암아 D1의 주거의 자유나 사생활의 비밀이 일정 정도 침해되는 결과를 초래하더라도 이는 D1이 수인하여야 할 기본권의 제한에 해당된다는 이유로, 위 회보의 증거능력을 인정한 원심판단을 수긍하였다.

[해설]

**1. 위법수집증거배제법칙과 독수과실의 이론**

형사소송법 제308조의2에 의하면, '위법수집증거의 배제'라는 표제 아래 "적법한 절차에 따르지 아니하고 수집한 증거는 증거로 할 수 없다"고 정함으로써, 위법하게 수집한 증거의 증거능력을 배제하는 원칙을 명문으로 규정하고 있다. 형사소송법이 규정하고 있는 위법수집증거배제법칙은 수사기관에 의한 위법행위를 억제하고 사법활동의 염결성을 확보하는 데에 주된 목적이 있다. 독수의 과실이란 위법하게 수집된 1차적 증거에 의하여 수집된 2차적 증거(파생증거)를 말하고, 위법하게 수집된 1차적 증거를 기초로 하여 파생된 2차적 증거까지도 증거능력을 배제하여야 한다는 원리를 독수과실의 이론(Doctrine of the Fruit of Poisonous Tree)이라 한다. 다만 위법수집증거배제법칙에 이어 독수과실의 이론까지 엄격하게 적용하게 되면 증거의 사용이 지나치게 제한되어 실체적 진실발견에 중대한 장애가 발생하므로 미국, 독일, 우리나라의 학설과 판례는 모두 독수과실의 이론에 대한 예외를 인정하고 있다.

### 2. 사인의 위법수집증거에 대한 증거능력 판단기준

다수설은 개인의 프라이버시 보호라는 사익과 실체진실발견이라는 공익을 비교형량하여 증거능력 여부를 판단한다고 하고, 일부 학설은 독일 연방헌법재판소의 입장과 같은 3단계 판단방식을 따르고 있다. 판례는 효과적인 형사소추 및 형사소송에서의 진실발견이라는 공익과 개인의 사생활 보호이익을 비교형량하여 그 허용 여부를 결정하여야 한다고 하고(대법원 1997. 9. 30. 선고 97도1230 판결, 대법원 2008. 6. 26. 선고 2008도1584 판결 등 참조), 최근에 선고된 대법원 2013. 11. 28. 선고 2010도12244 판결은 법원이 그 비교형량을 함에 있어서는 증거수집 절차와 관련된 모든 사정 즉, 사생활 내지 인격적 이익을 보호하여야 할 필요성 여부 및 그 정도, 증거수집 과정에서 사생활 기타 인격적 이익을 침해하게 된 경위와 그 침해의 내용 및 정도, 형사소추의 대상이 되는 범죄의 경중 및 성격, 피고인의 증거동의 여부 등을 전체적·종합적으로 고려하여야 하고, 단지 형사소추에 필요한 증거라는 사정만을 들어 곧바로 형사소송에서의 진실발견이라는 공익이 개인의 인격적 이익 등의 보호이익보다 우월한 것으로 섣불리 단정하여서는 아니 된다고 한다.

### 3. 이 사건 휴지 등과 감정의뢰회보의 증거능력 인정 여부

간통죄의 성격상 개인의 사생활 보호이익이 상당 부분 침해될 수밖에 없는 특성이 있으므로 사인의 증거수집행위에 있어 간통죄의 성격이 충분히 고려되어야 하고, V의 주거침입 당시 D1이 그 집에서의 거주를 종료하고 자신의 집을 부동산 중개업소에 내 놓은 상태이었으므로, 주거 및 사생활의 보호필요성이 상대적으로 낮아졌으며, 따라서 V의 사생활 침해의 정도가 중하다고 보기 어렵다. 또한 D2의 D1에 대한 문자메시지

의 내용만으로는 수사기관이 법원의 영장을 발부받는 등 적법한 방법으로 D1의 집을 압수, 수색하였을 가능성이 적다고 보이므로 사실상 V의 증거수집행위가 없었다면 이 사건 간통죄의 증거를 제출하는 것이 불가능하였을 것으로 보이고, 이 사건 기록에 의하면 V가 이 사건 휴지 등에 인위적인 조작이나 왜곡을 가하였다고 볼 만한 자료가 전혀 없다. 위와 같은 형사소추의 대상이 되는 간통죄의 성격, D1의 주거 및 사생활의 보호필요성의 정도, V의 주거 침입 경위 및 정도 등을 종합적으로 고려하여 비교형량하면, 이 사건의 경우 증거수집과정에서 D1의 기본권에 대한 본질적 침해가 있다고 보기 어려운 데다가 형사소추 등의 공익이 사생활 보호이익보다 우월하다고 판단되므로, 이 사건 휴지 등의 증거능력이 인정되고 이에 기초한 감정의뢰회보의 증거능력도 인정된다고 봄이 상당하다. 다만 이는 이 사건의 특별한 사실관계에 따른 비교형량의 결과이므로 일반화할 수는 없고, 향후 유사한 사건에서 해당 사실관계에 따라 구체적으로 비교형량하여 합리적으로 그 증거능력을 결정하여야 할 것이다.

[참고문헌] 이승철, 사인이 주거에 침입하여 수집한 증거에 기초한 감정의뢰회보의 증거능력, 대법원판례해설 제86호(2010 하반기).

[필자: 이승철 판사]

# 81. 사인의 위법수집증거 (3)

[대법원 2013. 11. 28. 선고 2010도12244 판결]

**[사안]** X시의 동장 직무대리의 지위에 있던 D는 시장 Y에게 X시청 전자문서시스템을 통하여 전자우편을 보냈는데, 전자우편의 내용은 D가 통장 김모 등에게 Y시장을 도와 달라고 부탁하였다는 내용을 담고 있는 것이었다. 그런데 X시청 소속 공무원인 제3자가 권한 없이 전자우편에 대한 비밀 보호조치를 해제하는 방법을 통하여 이 사건 전자우편을 수집하였다. 이렇게 수집된 이 사건 전자우편과 이를 기초로 수집된 참고인 진술조서가 D의 공직선거법위반죄에 관한 재판의 증거로 제출되었다. 원심은 이 전자우편과 이에 기초한 참고인 진술조서의 증거능력을 인정하였는데, D는 이들 증거는 위법하게 수집된 증거이므로 증거능력이 부정되어야 한다고 주장하면서 상고하였다. 이에 대하여 대법원은 상고를 기각하고 이 사건 전자우편과 이에 기초한 참고인진술조서는 증거능력이 있음을 인정하였다.

**★[판지(상고기각)]★**

국민의 인간으로서의 존엄과 가치를 보장하는 것은 국가기관의 기본적인 의무에 속하는 것이고 이는 형사절차에서도 당연히 구현되어야 하는 것이지만, 국민의 사생활 영역에 관계된 모든 증거의 제출이 곧바로 금지되는 것으로 볼 수는 없으므로 법원으로서는 효과적인 형사소추 및 형사소송에서의 진실발견이라는 공익과 개인의 인격적 이익 등의 보호이익을 비교형량하여 그 허용 여부를 결정하여야 한다. 이때 법원이 그 비교형량을 함에 있어서는 증거수집 절차와 관련된 모든 사정 즉, 사생활 내지 인격적 이익을 보호하여야 할 필요성 여부 및 그 정도, 증거수집 과정에서 사생활 기타 인격적 이익을 침해하게 된 경위와 그 침해의 내용 및 정도, 형사소추의 대상이 되는 범죄의 경중 및 성격, 피고인의 증거동의 여부 등을 전체적·종합적으로 고려하여야 하고, 단지 형사소추에 필요한 증거라는 사정만을 들어 곧바로 형사소송에서의 진실발견이라는 공익이 개인의 인격적 이익 등의 보호이익보다 우월한 것으로 섣불리 단정하여서는 아니 된다.

이러한 법리에 비추어 볼 때, 제3자가 위와 같은 방법으로 이 사건 전자우편을 수집한 행위는 정보통신망 이용촉진 및 정보보호 등에 관한 법률 제71조 제11호, 제49조 소정의 '정보통신망에 의하여 처리·보관 또는 전송되는 타인의 비밀을 침해 또는 누설하는 행위'로서 형사처벌되는 범죄행위에 해당할 수 있을 뿐만 아니라, 이 사건 전자우편을 발송한 피고인의 사생활의 비밀 내지 통신의 자유 등의 기본권을 침해하는 행위에 해당한다는 점에서 일응 그 증거능력을 부인하여야 할 측면도 있어 보인다. 그러나 이 사건 전자우편은 시청의 업무상 필요에 의하여 설치된 전자관리시스템에 의하여 전송·보관되는 것으로서 그 공공적 성격을 완전히 배제할 수는 없다고 할 것이다. 또한 이 사건 형사소추의 대상이 된 행위는 구 공직선거법 제255조 제3항, 제85조 제1항에 의하여 처벌되는 공무원의 지위를 이용한 선거운동행위로서 공무원의 정치적 중립의무를 정면으로 위반하고 이른바 관권선거를 조장할 우려가 있는 중대한 범죄에 해당한다. 여기에 피고인이 제1심에서 이 사건 전자우편을 이 사건 공소사실에 대한 증거로 함에 동의한 점 등을 종합하면, 이 사건 전자우편을 이 사건 공소사실에 대한 증거로 제출하는 것은 허용되어야 할 것이고, 이로 말미암아 피고인의 사생활의 비밀이나 통신의 자유가 일정 정도 침해되는 결과를 초래한다 하더라도 이는 피고인이 수인하여야 할 기본권의 제한에 해당한다고 보아야 할 것이다.

따라서 원심이 이 사건 전자우편과 그 내용에 터 잡아 수사기관이 참고인으로 소환하여 작성한 각 참고인 진술조서들의 증거능력을 인정한 조치는 정당하다고 할 것이고, 거기에 상고이유에서 주장하는 바와 같이 이 사건 전자우편 내지 위 진술조서들의 증거능력에 관한 법리를 오해한 위법이 없다.

## [해설]

### 1. 증거수집의 주체와 위법수집증거배제법칙

본 대상판결에서 증거수집의 주체는 수사기관이 아닌 일반 공무원이었다. 위법수집증거배제법칙의 적용과 관련하여 증거수집의 주체가 수사기관인 경우, 일반 공무원인 경우, 사인(私人)인 경우로 나누어 볼 수 있다. 위법수집증거배제법칙의 적용범위를 좁게 보면 수사기관이 증거수집의 주체인 경우에만 적용된다고 볼 수도 있다. 원래 위법수집증거배제법칙은 수사기관에 의한 위법한 수사 활동으로 인하여 개인의 권리가 침해되는 것을 막기 위한 것이었다. 미국의 위법수집증거배제법칙도 장래 수사기관의 위법행위를 억지하는 데 본래의 목적이 있는 것이었다. 따라서 사인이 증거수집의 주체인 경우 사인은 반복적으로 범죄수사를 통한 증거 수집활동을 하는 것이 아니기 때문에, 사인이 수집한 위법증거의 증거능력은 부정될 필요가 없다고 보게 된다. 이러한 논의의 연장선상에서 보면, 수사기관이 아닌 일반 공무원이 증거수집의 주체인 경우도 위법수집증거배제법칙의 적용대상이 아니라 할 수 있다. 그런데, 적법절차 위반이 있으면 자동적으로 증거사용이 배제되는 미국과 달리 우리의 경우 이익형량에 따른 재량적 위법수집증거배제법칙을 취하고 있으므로 증거수집의 주체의 문제가 증거능력 인정 여부를 좌우하지는 않는다. 우리 대법원은 수사기관이 증거수집의 주체인 경우뿐 아니라, 사인이 적법절차에 위반하여 수집한 증거의 경우에도 이익형량에 따라 증거능력 여부를 판단한다(대법원 2010. 9. 9. 선고 2008도3990 판결 참조). 본 대상 판결도 동일한 관점에서 수사기관이 아닌 일반 공무원이 증거수집의 주체인 경우에도 적법절차에 위반하여 수집한 증거에 대하여 비교형량에 따라 증거능력을 판단해야 하는 것으로 보고 있다. 이와 같이 본다면, 우리 대법원의 입장은 증거수집의 주체가 수사기관이든, 사인이든 또는 본 판례에서와 같이 일반 공무원이든 관계없이 적법절차에 위반하여 수집한 증거에는 형사소송법 제308조의2의 위법수집증거배제법칙이 적용되며, 이 경우 증거능력 유무는 공익과 사익의 비교형량을 통하여 판단하는 것이라 할 수 있다.

### 2. 재량적 위법수집증거배제법칙과 비교형량의 기준

형사소송법 제308조의2의 위법수집증거배제 조항은 재량적 위법수집증거배제법칙을 채택한 것이며, 증거수집절차에 위법이 있더라도 비교형량을 통해 증거능력 여부를 판단한다는 것이 대법원의 입장이다(대법원 2008. 6. 26. 선고 2008도1584 판결 참조). 즉, 증거수집과정에 적법절차 위반이 있었다 하더라도 자동적으로 증거배제를 하는 것이 아니라 절차위반의 정도나 기본권 침해의 정도와 실체진실의 발견이라는 형사절차상의 공익을 비교형량하여 증거능력 여부를 판단한다. 본 대상판결은 이러한 비교형량에 있어 고려해야 할 사항을 구체적으로 제시하고 있다는 점에서 의미를 갖는다. 본 판결은 증거수집 절차와 관련된 모든 사정 즉, 사생활 내지 인격적 이익을 보호하여야 할 필요성 여부 및 그 정도, 증거수집 과정에서 사생활 기타 인격적 이익을 침해하게 된 경위와 그 침해의 내용 및 정도, 형사소추의 대상이 되는 범죄의 경중 및 성격, 피고인의 증거동의 여부 등을 전체적·종합적으로 고려하여 비교형량해야 한다고 본다. 그리고 이 사건 전자우편은 시청의 업무상 필요에 의하여 설치된 전자관리시스템에 의하여 전송·보관되는 것으로서 그 공공적 성격을 완전히 배제할 수는 없고, 피고인의 범죄가 중대하며, 피고인이 이 사건 전자우편을 증거로 함에 동의한 사정을 들어 공익의 측면이 피고인의 프라이버시와 같은 사익에 비하여 큰 것으로 보아 증거능력을 인정하고 있는 것이다.

[참고문헌] 김종구, 사인이 수집한 형사사건의 증거와 증거배제법칙, 형사법연구 제20권 제2호(2008); 천진호, 위법수집증거배제법칙의 사인효, 비교형사법연구, 제4권 제2호(2002); 하태훈, 사인에 의한 증거수집과 그 증거능력, 형사법연구 제12권.

**[필자: 김종구 교수(조선대)]**

# 82. 임의성 없는 자백의 증거능력

[대법원 1998. 4. 10. 선고 97도3234 판결]

**[사안]** D는 강화군 군청의 계장으로 근무하면서 부하직원인 원심 공동피고인으로부터 도로포장공사의 감독관의 직무를 수행함에 있어서 시공업체들로부터 '준공검사를 잘 처리하여 달라'는 부탁을 받고 금원을 교부받았고 근무감독의 편의를 제공하는 대가로 직무에 관하여 뇌물을 수수하였다. D2는 군청의 계장으로 근무하면서 위 원심의 공동피고인에게서 '공사감독관 감독조서를 잘 작성하여 준공검사를 잘 처리해 달라'는 부탁을 받고 금원을 교부받고, 직무에 관하여 뇌물을 수수하였다. 항소심은 유죄를 선고하였으나, D 등은 "자백은 임의로 진술한 것이 아니"라고 주장하며 상고하였다.

## ★[판지]★
### [자백의 임의성과 거증책임]

"임의성 없는 자백의 증거능력을 부정하는 취지가 허위진술을 유발 또는 강요할 위험성이 있는 상태하에서 행하여진 자백은 그 자체로 실체적 진실에 부합하지 아니하여 오판의 소지가 있을 뿐만 아니라 그 진위여부를 떠나서 자백을 얻기 위하여 피의자의 기본적 인권을 침해하는 위법부당한 압박이 가하여지는 것을 사전에 막기 위한 것이므로 그 임의성에 다툼이 있을 때에는 그 임의성을 의심할 만한 합리적이고, 구체적인 사실을 피고인이 입증할 것이 아니고 검사가 그 임의성의 의문성을 해소하는 입증을 하여야 할 것이다. ① 이 사건에 있어서 피고인들은 체포 후 줄곧 범행을 부인하다가 금품수수의 상대방과 대질신문을 벌였다거나 특별한 증거가 제시되지 아니하였음에도 갑자기 그동안 지켜온 명예감정을 포기하고 순순히 범행 일체를 자백하였다는 것은 지극히 이례적인 것으로서 선뜻 납득하기 어려운 데다가, ② 그 진술내용도 범행사실은 물론 굳이 허위진술의 필요가 없는 기본적인 사항마저도 부정확한 내용이 포함되어 있고 ③ D의 경우 (중략)

준공검사의 결재과정에 관여할 여지가 없는데도 준공검사와 관련하여 부정한 금품이 수수된다는 것은 경험칙상 뇌물을 수수한 동기로 인정하기 미흡한 점, ④ 피고인들은 모두 제1회 공판정에서부터 그 채우지 아니한 채 심문을 계속한 것이 사실이라면 강요와 회유를 거듭한 끝에 받아낸 것일 뿐 임의로 진술한 것이 아니라고 의심할 만한 상당한 이유가 있어, 피고인들이 검찰에서 행한 위 각 자백은 이 사건에서 문제되는 철야조사가 있어 그 때문인지 여부를 심리 판단하지 아니하고는 결국 유죄의 증거로 삼을 수 없다고 할 것이고, 이와 달리 위 판시 이유만으로 그 임의성을 인정하여 이를 유죄의 증거로 인정한 원심판단은 잘못이라고 할 것이다."

## [해설]
### [자백의 임의성과 거증책임]

형사소송의 목적은 사안의 실체적 진실을 밝혀 국가형벌권을 실현하는 것이지만, 그렇다고 해서 진실 발견을 위해 어떠한 수단도 용납된다는 의미는 결코 아니다. 자백배제법칙은 수사기관이 고문, 폭행, 협박, 신체구속의 부당한 장기화, 기망 등 부당한 수단을 사용하여 얻어낸 자백, 즉 임의성이 의심되는 자백에 대해 증거능력을 배제하는 것이다. 자백의 임의성은 피고인의 범죄혐의를 입증하는 중요한 증거인 자백에 증거능력 부여를 위한 핵심 요건으로, 형사소송법 제309조는 "피고인의 자백이 고문, 폭행, 협박, 신체구속의 부당한 장기화 또는 기망 기타의 방법으로 임의로 진술한 것이 아니라고 의심할 만한 이유가 있는 때에는 이를 증거로 하지 못한다"라는 규정을 두어, 자백배제법칙을 명문화하고 있다. 자백에 임의성이 인정되면 법원은 "피고인의 자백이 임의성이 있어 그 증거능력이 부여된다 하여 자백의 진실성과 신빙성까지도 당연히 인정되어야 하는 것은 아닌 것이고 자백이 증명력을 갖추기 위하여는 그 진술내용이 객관적인 합리성을 띠고 있는가, 자백의 동기나 이유 및 자백에 이르게 된 경위가 어떠한가, 정황증거 중 자백과 저촉되거나 모순되는 것이 없는가 등을 고려하여" 임의성 있는 자백의 증명력을 판단하게 된다(대법원 1990. 2. 13. 선고 89도2205 판결).

본 판례에서는 자백의 임의성에 대한 다툼이 있을 때 이에 대한 거증책임을 다룬다. 증거능력의 기초 사실의 거증책임은 증거의 제출자에게 있다. 그렇다면 피고인의 자백의 임의성에 대해 의심을 가지게 되는 사유, 다시 말해서 위법사유의 존재를 주장하는 경우, 이를 누가 입증할 것인가가 문제된다. 형사소송법상 거증책임이 검사에게 있고, 제309조의 조문을 볼 때 임의성의 거증책임도 검사에게 있다고 해석하는 것이 논리적으로 타당해 보인다.

과거에 판례는 수사기관에서 수집된 증거의 진술의 임의성을 추정하는 이른바 "임의성 추정론"의 태도를 보였다. 진술의 임의성을 "고문, 폭행, 협박, 신체구속의 부당한 장기화 또는 기망 기타 진술의 임의성을 잃게 하는 사정이 있다는 것, 즉 증거의 수집과정에 위법성이 없다는 것"으로 보고, "진술의 임의성을 잃게 하는 그와 같은 사정은 헌법이나 형사소송법의 규정에 비추어 볼 때 이례에 속한다고 할 것이므로 진술의 임의성은 추정된다"라는 태도를 취했다. 임의성을 잃게 하는 사정은 정상적인 예에서 벗어난 특이한 경우로 본 것이다. 또한 진술의 임의성에 대한 판단은 "당해 조서의 형식, 내용, 진술자의 신분, 사회적 지위, 학력, 지능정도, 진술자가 피고인이 아닌 경우에는 그 관계 기타 여러 가지 사정을 참작하여 법원이 자유롭게 판정하면 되고 피고인 또는 검사에게 진술의 임의성에 관한 주장, 입증책임이 분배되는 것은 아니라고 할 것"이라고 보았다(대법원 1983. 3. 8. 선고 82도3248 판결).

이처럼 과거의 판례는 임의성이 추정되는 것으로 보고, "형사소송법 제309조의 임의로 진술한 것이 아니라고 의심할 만한 이유라는 것은 단지 임의성이 없다는 주장만으로는 불충분하고 법관이 자백의 임의성 존부에 관하여 상당한 이유가 있다고 의심할 만한 고문, 폭행, 협박, 신체구속의 부당한 장기화, 기망 기타의 방법 등 구체적 사실을 들어야" 한다고 보았으며, 피고인은 임의성에 의심이 든다는 주장을 제기하는 것만으로는 부족하고, 구체적인 사실을 들어 임의성을 공격해야 하는 것이라고 판단하였다. 또한 검사에게 거증책

임이 돌아가는 경우는 "자백의 임의성에 대해 합리적이고 상당한 정도의 의심이 있을 때"로 보았다(대법원 1984. 8. 14. 선고 84도1139 판결).

이러한 기존의 판례의 태도는 본문의 판례에 이르러 변화되어, "임의성 없는 자백의 증거능력을 부정하는 취지가 허위진술을 유발 또는 강요할 위험성이 있는 상태하에서 행하여진 자백은 그 자체로 실체적 진실에 부합하지 아니하여 오판의 소지가 있을 뿐만 아니라 그 진위 여부를 떠나서 자백을 얻기 위하여 피의자의 기본적 인권을 침해하는 위법부당한 압박이 가하여지는 것을 사전에 막기 위한 것이므로 그 임의성에 다툼이 있을 때에는 그 임의성을 의심할 만한 합리적이고, 구체적인 사실을 피고인이 입증할 것이 아니고 검사가 그 임의성의 의문점을 해소하는 입증을 하여야 한다" (대법원 1998. 4. 10. 선고 97도3234 판결)라고 하여, 판례는 임의성의 의문점을 검사가 해소하도록 태도를 바꾸었다. 피고인이 자백의 임의성을 다투면 임의성에 영향을 미치는 사유의 부존재를 검사가 입증하도록 하는 것이다. 이와 같은 태도는 "의심스러울 때 피고인의 이익으로"에 부합하는 것이고, 피고인이 임의성에 관한 기초 사실을 증명하는 것이 어렵기 때문에 타당한 변화라고 볼 수 있다.

[참고문헌] 이용식, 자백배제법칙의 근거와 임의성의 판단, 외법논집 제35권 제3호(한국외국어대학교 법학연구소, 2011); 이은모, 자백배제법칙의 근거와 임의성의 입증, 법학논총 제24권 제2호(한양대학교 법학연구소, 2007); 조국, '자백배제법칙'의 근거와 효과 그리고 '임의성' 입증, 서울대학교 법학 제43권 제1호(서울대학교 법학연구소, 2002).

[필자: 정도희 교수(경상대)]

# 83. 전문증거의 개념

[대법원 2008. 11. 13. 선고 2006도2556 판결]

**[사안]** D는 1999년 봄부터 2000년 가을까지 동안 V와 내연관계를 유지하였으나 그 이후 V로부터 기피당하고 있던 중 2003. 12. 18.부터 2004. 1. 18.까지 사이에 7회에 걸쳐 V의 휴대전화에 공포감이나 불안감을 유발하는 문자메시지를 보냄으로써 정보통신망을 통하여 공포감이나 불안감을 유발하는 글을 반복적으로 상대방에게 도달하게 하였고, 이에 따라 검사는 D를 벌금 200만원에 약식기소하였다. 이에 대하여 D는 정식재판을 청구하였고 1심 제3회 공판기일에서 "문자메시지를 보낸 적은 있으나 내용이 다르다"라고 주장하였다. 제4회 공판기일에서 검사는 '메시지 내용'이라는 제목의 피해자가 문자메시지 내용을 표로 정리하여 작성한 서면 및 휴대전화기에 문자메시지가 띄워져 있는 상태를 촬영한 사진을 증거로 신청하였고, D는 이에 대하여 모두 부동의를 하였다. 1심은 피해자의 진술과 휴대전화기에 보관된 위 문자정보를 휴대전화기 화면에 띄워 촬영한 사진들을 증거로 채택하여 공소사실을 모두 유죄로 인정하였다. 이에 대하여 D는 항소하였고, 항소심은 "검사가 제출한 증거는 원래 증거로 제출되어야 할 증거물의 대체물로 위와 같은 사진들이 사용되는 경우, 증거물의 원본이 존재하거나 존재하였을 것, 원본을 정확하게 전사하였을 것 등의 요건이 갖추어져야 그 증거능력을 인정할 수 있다"면서 "이와 같이 휴대전화를 통하여 보내어진 문자메시지에 담긴 글내용 자체가 원물로서 증거로 사용되는 경우 형사소송법 제313조 제1항에 의하여 그 작성자의 진술에 의하여 그 성립과 진정함이 증명되는 때에 한하여 그 증거능력이 있다"고 밝힌 후, "D가 위 사진들에 대해 증거로 하는 데 부동의하였고, 문자메시지 글의 성립과 내용의 진정함을 부인하고 있어 위 사진들은 증거능력이 없다"고 판시하여 D에게 무죄를 선고하였다.

**★[판지(파기환송)]★**

1. 구 정보통신망 이용촉진 및 정보보호 등에 관한 법률(2005. 12. 30. 법률 제7812호로 개정되기 전의 것) 제65조 제1항 제3호는 정보통신망을 통하여 공포심이나 불안감을 유발하는 글을 반복적으로 상대방에게 도달하게 하는 행위를 처벌하고 있는바, 검사가 위 죄에 대한 유죄의 증거로 문자정보가 저장되어 있는 휴대전화기를 법정에 제출하는 경우 휴대전화기에 저장된 문자정보는 그 자체가 범행의 직접적인 수단으로서 이를 증거로 사용할 수 있다고 할 것이다. 또한, 검사는 휴대전화기 이용자가 그 문자정보를 읽을 수 있도록 한 휴대전화기의 화면을 촬영한 사진을 증거로 제출할 수도 있을 것인바, 이를 증거로 사용하기 위해서는 문자정보가 저장된 휴대전화기를 법정에 제출할 수 없거나 그 제출이 곤란한 사정이 있고, 그 사진의 영상이 휴대전화기의 화면에 표시된 문자정보와 정확하게 같다는 사실이 증명되어야 할 것이다.

2. 형사소송법 제310조의2는 "제311조 내지 제316조에 규정한 것 이외에는 공판준비 또는 공판기일에서의 진술에 대신하여 진술을 기재한 서류나 공판준비 또는 공판기일 외에서의 타인의 진술을 내용으로 하는 진술은 이를 증거로 할 수 없다"고 규정하고 있는바, 이는 사실을 직접 경험한 사람의 진술이 법정에 직접 제출되어야 하고 이에 갈음하는 대체물인 진술 또는 서류가 제출되어서는 안 된다는 이른바 전문법칙을 선언한 것이다. 따라서 정보통신망을 통하여 공포심이나 불안감을 유발하는 글을 반복적으로 상대방에게 도달하게 하는 행위를 하였다는 공소사실에 대하여 휴대전화기에 저장된 문자정보가 그 증거가 되는 경우와 같이, 그 문자정보가 범행의 직접적인 수단이 될 뿐 경험자의 진술에 갈음하는 대체물에 해당하지 않는 경우에는 형사소송법 제310조의2에서 정한 전문법칙이 적용될 여지가 없다. 이와 달리, 문자메시지의 형태로 전송된 문자정보를 휴대전화기의 화면에 표시하여 이를 촬영한 이 사건 사진들에 대하여 피고인이 그 성립 및 내용의

진정을 부인한다는 이유로 이를 증거로 사용할 수 없다고 한 원심판결에는, 위 문자정보의 증거로서의 성격 및 위 사진들의 증거능력에 관한 법리를 오해하여 판결 결과에 영향을 미친 위법이 있다.

### [해설]

#### 1. 전문법칙의 의의

전문증거란 사실인정의 기초가 되는 경험적 사실을 경험자 스스로 직접 법원에 진술하지 않고 서면이나 타인의 진술에 의하여 간접적으로 보고하는 것을 말한다. 이러한 전문증거는 증인에 대한 반대신문권이 보장되지 않는다는 문제점이 있고, 이에 영국에서는 17세기 말부터 "전문증거는 증거가 아니고(hearsay is no evidence), 따라서 증거능력이 인정될 수 없다"는 전문법칙이 확립되었다. 우리 형사소송법 제310조의2도 "제311조 내지 제316조에 규정한 것 이외에 공판준비 또는 공판기일에서의 진술에 대신하여 진술을 기재한 서류나 공판준비 또는 공판기일 외에서 타인의 진술을 내용으로 하는 진술은 이를 증거로 할 수 없다"고 하여 전문법칙의 원칙과 예외에 관한 규정을 두고 있다.

#### 2. 전문법칙의 적용범위

전문증거는 요증사실을 직접 지각한 자의 진술을 내용으로 하는 진술증거를 의미하므로 전문법칙은 진술증거에 대하여만 적용된다. 왜냐하면 진술에 대하여만 당사자의 반대신문권이 가능하기 때문이다. 따라서 증거물과 같은 비진술증거에는 전문법칙의 적용이 없고 다만 요증사실과의 관련성만이 문제된다. 문제는 사안과 같이 휴대전화기에 저장된 문자메시지를 촬영한 사진이 원진술자의 진술을 기재한 서류에 준하는 것인지, 즉 위와 같은 사진이 진술증거에 해당하는지 여부이다. 원심은 이를 피고인의 진술을 기재한 서류에 준하는 것으로 보고 형사소송법 제313조 제1항에 따라 '그 작성자 또는 진술자의 진술에 의하여 그 성립의 진정함이 증명된 때'에 증거로 할 수 있는데, 피고인이 그 진정성립을 부인하고 있으니 증거능력이 없다고 판단하였다. 그러나 위 사진은 휴대전화기에 저장된 문자정보를 화면에 출력하여 촬영된 것으로 그러한 문자정보(문자메시지 글)는 협박죄에서의 협박편지와 같이 증거물인 서면에 준하는 것이므로 비진술증거로서 전문법칙이 적용되지 않는다고 할 것이다. 왜냐하면 이러한

전자증거에 수록된 내용에 대하여 반대신문권을 보장할 필요도 없고 직접주의의 요청을 구현함에 아무런 지장도 없기 때문이다.

#### 3. 대상판결의 의의

대상판결에서 문제된 사진은 휴대전화기에 문자정보(문자메시지 글)를 띄운 상태를 촬영한 것으로서 협박죄에서의 협박편지와 같이 범죄의 수단에 해당하고, 그 유형은 증거물인 서면으로 볼 수 있다. 대상판결의 판시를 요약하면, 위 사진은 휴대전화기에 저장된 문자정보와 별도로 제출된 독립증거로서 전문법칙의 적용을 받지 않고, 위 사진이 증거능력을 갖기 위해서는 그 원본이 존재하였고, 정확하게 전사되었다는 점, 그 원본의 제출이 불능이거나 곤란하다는 점이 인정되어야 한다. 반면에 문자정보(문자메시지 글)의 조작이나 발췌·편집의 가능성은 위 사진의 증거능력과는 차원을 달리하는 것으로 문자메시지 글을 신빙할 수 있는지 등은 증명력의 문제로서, 이는 유무죄를 인정하는 법관이나 배심원들의 자유로운 심증으로 판단할 문제인 것이다. 대상판결은 정보통신망을 통하여 공포심이나 불안감을 유발하는 글을 반복적으로 상대방에게 도달하게 하는 범죄에서 그러한 글이 저장된 휴대전화기의 화면을 촬영한 사진이 증거로 제출되었을 경우 그 사진의 증거로서의 유형 및 이를 증거로 사용하기 위한 요건을 명확히 한 것이다.

[참고문헌] 김태업, 휴대전화기에 보관된 문자정보 및 이를 휴대전화기 화면에 띄워 촬영한 사진의 증거능력, 대법원 판례해설 78호(2008 하반기); 오기두, 전자증거의 증거능력, 법률신문(2012. 8. 27.); 차동언, 형사증거법1, 법문사, 2008.

[필자: 차동언 변호사]

# 84. 재전문증거의 의의와 증거능력

[대법원 2000. 3. 10. 선고 2000도159 판결]

**[사안]** 피고인 D는 1997년 8월 일자불상경 D의 집에서 피해자 V(당시 생후 30개월 가량)의 하의를 벗기고 D 성기를 V의 음부 등에 비벼대는 등 강제로 추행하였다는 사실로 공소가 제기되었다. 이 사건은 V의 법정대리인 모 O1이 1998. 4. 24. D에 대한 고소를 제기하여 수사가 개시된 사건으로서 D는 경찰, 검찰, 제1심 및 원심에 이르기까지 일관하여 이 사건 공소사실을 부인하고 있는데, 원심이 유죄의 증거로 채용한 증거들은 원심 증인 피해자 V, 공소외 O1의 진술, 제1심 제3회 공판조서 중 증인 공소외 O1의 진술기재, 압수된 녹음테이프(증 제1호)에 대한 제1심의 검증결과 중 D의 진술 부분, 수사기관 작성의 공소외 O2, W에 대한 각 진술조서의 진술기재가 있을 뿐이다.

**★[판지]★**

1. 먼저 원심이 들고 있는 유죄의 증거들 중 공소외 O1의 수사기관에서부터 원심법정에 이르기까지의 진술은 모두 1998. 4. 12. V로부터, V가 D로부터 공소사실 기재와 같은 내용의 추행을 당하였다는 이야기를 들었다는 것인바, 이러한 공소외 O1의 공판기일에서의 진술은 형사소송법 제310조의2 소정의 공판준비 또는 공판기일 외에서의 타인의 진술을 내용으로 하는 이른바 전문진술이라고 할 것이고, 공소외 O1의 수사기관에서의 진술을 기재한 조서는 그와 같은 전문진술이 기재된 조서로서 이른바 재전문증거라고 할 것이다. 이와 같은 전문진술이나 재전문진술을 기재한 조서는 형사소송법 제310조의2의 규정에 의하여 원칙적으로 증거능력이 없는 것인데, 다만 ① 전문진술은 형사소송법 제316조 제2항의 규정에 따라 원진술자가 사망, 질병, 외국거주 기타 사유로 인하여 진술할 수 없고 그 진술이 특히 신빙할 수 있는 상태하에서 행하여진 때에 한하여 예외적으로 증거능력이 있다고 할 것이고, ② 전문진술이 기재된 조서는 형사소송법 제312조 또

는 제314조의 규정에 의하여 각 그 증거능력이 인정될 수 있는 경우에 해당하여야 함은 물론 나아가 형사소송법 제316조 제2항의 규정에 따른 위와 같은 요건을 갖추어야 예외적으로 증거능력이 있다고 할 것인바, ③ 여기서 그 진술이 특히 신빙할 수 있는 상태하에서 행하여진 때라 함은 그 진술을 하였다는 것에 허위개입의 여지가 거의 없고, 그 진술내용의 신빙성이나 임의성을 담보할 구체적이고 외부적인 정황이 있는 경우를 가리킨다 할 것이다.

2. 다음으로 V의 아버지인 공소외 O2의 원심법정에서의 진술과 인천 성폭력상담소 상담원인 W의 검찰에서의 진술을 기재한 조서는, 공소외 O2나 W가, 공소외 O1이 V로부터 들었다는 V의 피해사실을, 공소외 O1로부터 다시 전해 들어서 알게 되었다는 것을 그 내용으로 하고 있는바, 이러한 공소외 O2의 원심법정에서의 진술은 요증사실을 체험한 자의 진술을 들은 자의 공판준비 또는 공판기일 외에서의 진술을 그 내용으로 하는 이른바 재전문진술이라고 할 것이고, W의 검찰에서의 진술조서는 그와 같은 재전문진술을 기재한 조서라고 할 것이다.

**[해설]**

### 1. 전문진술을 기재한 조서의 증거능력

판례는 "전문진술이 기재된 조서는 형사소송법 제312조 또는 제314조의 규정에 의하여 각 그 증거능력이 인정될 수 있는 경우에 해당하여야 함을 물론 나아가 형사소송법 제316조 제2항의 규정에 따른 위와 같은 요건을 갖추어야 예외적으로 증거능력이 있다고 할 것인바, 여기서 '그 진술이 특히 신빙할 수 있는 상태하에서 행하여진 때'라 함은 그 진술을 하였다는 것에 허위개입의 여지가 거의 없고, 그 진술내용의 신빙성이나 임의성을 담보할 구체적이고 외부적인 정황이 있는 경우를 가리킨다"고 판시하여 각각의 요건을 구비하는 한, 증거능력이 인정된다는 입장이다. 그런데 기록에 의하면, 피해자 V는 원심법정에 증인으로 출석하

여 이름과 나이 등을 묻는 재판장의 질문에만 대답하였을 뿐, D나 D의 가족을 알고 있느냐는 질문에 대하여는 모른다고 하거나 대답하기 싫다고 하였음을 알 수 있다. 이와 같은 경우 원진술자인 V는 원심법정에서의 진술 당시 자신이 과거에 경험한 사실을 그 기억에 따라 진술할 수 있는 증언능력을 결여하였다고 볼 수 있거나 적어도 원진술자가 요증사실에 관하여 실질적으로 증언을 거부한 것과 마찬가지로 볼 수 있으므로, 원진술자가 진술할 수 없는 사유가 있는 경우에 해당한다고 볼 수 있다고 할 것이다. 한편, 공소외 O1은 V가 이 사건이 발생한 후 7개월 가량이 지난 후에 성행위를 연상케 하는 이상한 행동을 하다가 공소외 O1로부터 질문을 받고서야 D로부터 추행을 당한 사실을 이야기하였다고 진술하고 있고, 공소외 O1 이외에 V로부터 그와 같은 내용의 이야기를 들었다는 사람은 아무도 없으며, 더욱이 공소외 O1은 V로부터 그와 같은 이야기를 들었다는 1998. 4. 12. 남편인 공소외 O2와 상의하거나 D에게 추궁이나 항의도 하지 아니한 채 바로 D의 처인 공소외 O3에게 연락하여 V의 피해사실을 알리고 각자 남편에게는 알리지 말고 해결하자고 하면서 액수를 말하지는 아니하였으나 교외에서 살 수 있도록 도와달라고 하여 금전적인 보상을 요구하였으나 이를 거절당하자, 같은 달 14일 인천 여성의 전화 부설 성폭력상담소를 찾아가 상담을 하고 형사고소에 관한 안내를 받은 다음, 같은 달 24일에 이르러서야 형사고소를 제기한 것이다. 이에 대하여 판례는 이와 같은 사정에 비추어 보면 V가 공소외 O1에게 그와 같은 내용의 이야기를 하였다는 데에 허위개입의 여지가 전혀 없다고 할 수 없을 뿐만 아니라, 그 밖에 기록상 그 진술내용의 신빙성이나 임의성을 담보할 구체적이고 외부적인 정황이 있다고 볼 자료도 없어, 그 진술이 특히 신빙할 수 있는 상태하에서 행하여졌다고 단정할 수도 없다는 입장이다. 결국 공소외 O1의 제1심 및 원심법정에서의 진술과 수사기관에서의 진술을 기재한 조서는 모두 형사소송법 제316조 제2항의 요건을 갖추지 못하여 형사소송법 제310조의2의 규정에 의하여 증거로 할 수 없다고 할 것이다.

## 2. 재전문진술이나 재전문진술을 기재한 조서의 증거능력

판례는 "형사소송법은 전문진술에 대하여 제316조에서 실질상 단순한 전문의 형태를 취하는 경우에 한하여 예외적으로 그 증거능력을 인정하는 규정을 두고 있을 뿐, 재전문진술이나 재전문진술을 기재한 조서에 대하여는 달리 그 증거능력을 인정하는 규정을 두고 있지 아니하고 있으므로, 피고인이 증거로 하는 데 동의하지 아니하는 한 형사소송법 제310조의2의 규정에 의하여 이를 증거로 할 수 없다"는 입장이다. 즉 사안에서 O2(O1의 말을 듣고 진술한 피해자 V의 아버지)의 진술은 재전문진술이고, W(O1의 말을 들은 인천 여성의 전화 부설 성폭력상담소 직원)에 대한 진술조서는 재전문진술을 기재한 조서이므로 증거능력이 부정된다는 것이다.

## 3. 결론

재전문진술이나 재전문진술을 기재한 조서에 대해서는 증거능력을 부정하면서, 전문진술을 기재한 조서(재전문서류)에 대하여 증거능력을 인정하는 판례의 태도는 '조서'와 '진술'을 동일한 증거가치로 파악하는 종전의 판례의 입장과도 상치될 뿐만 아니라 조서보다는 진술이 공판중심주의에 더 적합한 증거라는 점에서도 타당하지 않다. 따라서 재전문서류의 증거능력을 인정한다면, 재전문진술의 경우에도 동일하게 증거능력을 인정하는 것이 타당할 것이다.

[참고문헌] 성충용, 재전문증거를 중심으로 한 형사소송법상 전문증거 규정의 이해, 청연논총(제8집), 손용근 사법연수원장 퇴임기념, 사법연수원, 2011.

[필자: 정웅석 교수(서경대)]

# 85. 수첩의 증거능력

[대법원 2019. 8. 29. 선고 2018도14303 전원합의체 판결]

## [사안]

전직 대통령인 피고인(D)이 대기업 부회장(O2) 등을 독대하여 공무원 아닌 자의 요구 사항을 전달한 후, 그에 관한 사항을 지시하자 당시 청와대 정책조정수석(O1)이 그 지시 등을 듣고, 자신의 업무에 활용하고자 업무수첩을 작성하였는데, 그 내용에는 대통령이 O1에게 직접 지시한 내용과 O2 등과의 면담 대화 내용이 혼재되어 있었다.

## [판지]

[1] 형사소송법은 제310조의2에서 원칙적으로 전문증거의 증거능력을 인정하지 않고, 제311조부터 제316조까지에서 정한 요건을 충족하는 경우에만 예외적으로 증거능력을 인정한다. 다른 사람의 진술을 내용으로 하는 진술이 전문증거인지는 요증사실이 무엇인지에 따라 정해진다. 다른 사람의 진술, 즉 원진술의 내용인 사실이 요증사실인 경우에는 전문증거이지만, 원진술의 존재 자체가 요증사실인 경우에는 본래증거이지 전문증거가 아니다.

어떤 진술이 기재된 서류가 그 내용의 진실성이 범죄사실에 대한 직접증거로 사용될 때는 전문증거가 되지만, 그와 같은 진술을 하였다는 것 자체 또는 진술의 진실성과 관계없는 간접사실에 대한 정황증거로 사용될 때는 반드시 전문증거가 되는 것이 아니다. 그러나 어떠한 내용의 진술을 하였다는 사실 자체에 대한 정황증거로 사용될 것이라는 이유로 서류의 증거능력을 인정한 다음 그 사실을 다시 진술 내용이나 그 진실성을 증명하는 간접사실로 사용하는 경우에 그 서류는 전문증거에 해당한다. 서류가 그곳에 기재된 원진술의 내용인 사실을 증명하는 데 사용되어 원진술의 내용인 사실이 요증사실이 되기 때문이다. 이러한 경우 형사소송법 제311조부터 제316조까지 정한 요건을 충족하지 못한다면 증거능력이 없다.

[2] 형사소송법 제364조의2는 "피고인을 위하여 원심판결을 파기하는 경우에 파기의 이유가 항소한 공동피고인에게 공통되는 때에는 그 공동피고인에게 대하여도 원심판결을 파기하여야 한다."라고 정하고 있고, 이는 공동피고인 상호 간의 재판의 공평을 도모하려는 취지이다. 위와 같은 형사소송법 제364조의2의 규정 내용과 입법 목적을 고려하면, 위 규정은 공동피고인 사이에서 파기의 이유가 공통되는 해당 범죄사실이 동일한 소송절차에서 병합심리된 경우에만 적용된다고 보는 것이 타당하다.

[3] 전직 대통령인 피고인이 재임 중의 직무와 관련하여 뇌물을 수수하고 직권을 남용하여 강요행위를 하였다는 등의 특정범죄 가중처벌 등에 관한 법률 위반(뇌물) 및 직권남용권리행사방해, 강요 등의 공소사실로 기소된 사안에서, 공직선거법 제18조 제1항 제3호, 제3항에 따르면 형법 제38조에도 불구하고 피고인이 재임 중의 직무와 관련하여 형법 제129조 내지 제132조(특정범죄가중법 제2조에 의하여 가중처벌되는 경우를 포함한다)에 규정된 죄를 범한 경우에는 그에 속하는 죄와 다른 죄에 대하여 이를 분리 선고하여야 하므로, 이와 달리 원심이 피고인에게 유죄로 판단한 특정범죄가중법 위반(뇌물)죄와 나머지 다른 죄에 대하여 형법 제38조를 적용하여 하나의 형을 선고한 조치에 공직선거법 제18조 제3항의 법리를 오해한 잘못이 있다고 한 사례.

## [해설]

[판결요지] [1]은 대통령의 뇌물 등의 사건에서 당시 청와대 정책조정수석이었던 O1의 진술과 업무수첩의 증거능력 인정 여부에 대한 것이다. D가 O1의 업무수첩에는 'D가 O1에게 지시한 내용'(이하 '지시 사항 부분'이라 한다)과 'D과 O2등 개별 면담자가 나눈 대화 내용을 D이 단독 면담 후 O1에게 불러주었다는 내용'(이하 '대화 내용 부분'이라 한다)이 함께 있다. 이 업무수첩 등

에 대한 전문증거 여부가 다투어진데 대하여 대법원은 첫째, O1의 진술 중 지시 사항 부분은 D가 O1에게 지시를 한 사실을 증명하기 위한 것이라면 원진술의 존재 자체가 요증사실인 경우에 해당하여 본래증거이고 전문증거가 아니다. 즉 O1은 해당 진술을 직접 청취한 본래적 증인이라는 것이다. 그리고 O1의 업무수첩 중 지시 사항 부분은 전문증거이지만, 형사소송법 제313조 제1항에 따라 공판준비나 공판기일에서 그 작성자인 O1의 진술로 성립의 진정함이 증명된 경우에는 진술증거로 사용할 수 있다.

둘째, O1의 업무수첩 등의 대화 내용 부분이 D와 O2 등 개별 면담자 사이에서 대화한 내용을 증명하기 위한 진술증거인 경우에는 이를 청취한 O1나 그가 작성한 업무수첩은 원진술자인 D와 O2 등의 진술을 전문한 전문진술로서 형사소송법 제316조 제1항에 따라 그 진술이 특히 신빙할 수 있는 상태에서 한 것임이 증명된 때에 한하여 증거로 사용할 수 있는데, O1의 업무수첩 등은 이 요건을 충족하지 못한다. 따라서 O1의 업무수첩 등은 D와 개별 면담자가 나눈 대화 내용을 추단할 수 있는 간접사실의 증거로 사용하는 것도 허용되지 않는다. 이를 허용하면 대화 내용을 증명하기 위한 직접증거로 사용할 수 없는 것을 결국 대화 내용을 증명하는 증거로 사용하는 결과가 되기 때문이다.

또한 업무수첩 등이 형사소송법 제315조 제3호에서 정한 문서로서 당연히 증거능력이 있다는 검사의 주장에 대하여 대법원은 형사소송법 제315조 제3호에서 정한 '기타 특히 신용할 만한 정황에 의하여 작성된 문서'는 제1호와 제2호에서 열거된 공권적 증명문서와 업무상 통상문서에 준하여 '굳이 반대신문의 기회 부여가 문제 되지 않을 정도로 고도의 신용성에 관한 정황적 보장이 있는 문서'를 뜻한다고 하면서, O1의 업무수첩은 O1이 사무처리의 편의를 위하여 자신이 경험한 사실 등을 기재해 놓은 것에 지나지 않으므로, 이를 굳이 '반대신문의 기회 부여가 문제 되지 않을 정도로 고도의 신용성에 관한 정황적 보장이 있는 문서'라고 보기 어렵다고 보았다.

당시 특별검사는 '업무수첩'을 대통령의 지시 내용과 재벌 총수 등과의 단독면담 내용 등을 뒷받침할 증거로 제시했고, 다수 관련자 사건의 담당재판부는 이 수첩을 주요 증거로 인정했지만, O2의 제2심을 맡은 재판부만 이 수첩의 증거능력을 일체 부정해 논란이 되었던 것을 대법원이 요증사실과의 관련성에 따라 쟁점을 정리한 판결이다.

[판결요지] [2]는 원심이 제1심판결을 파기하는 이유로 해당 조항을 제시한 것에 대한 것인데 대법원은 판시와 같이 공동피고인에 대해서만 적용되므로, 분리 심리되고 있는 당해 피고인에게는 적용될 수 없는 규정을 적용한 것은 적절하지 않다고 하면서도 원심의 직권파기 자체는 형사소송법 제364조 제2항에 의해서도 가능하므로 잘못이 없다고 보았다.

[판결요지] [3]은 원심이 공직선거법 규정을 오해하고 인정된 범죄 사실 모두를 동시적 경합범으로 보아 하나의 형을 선고한 점을 지적한 것이다. 즉 전직 대통령인 D가 재임 중의 직무와 관련하여 뇌물을 수수하고 직권을 남용하여 강요행위를 하였다는 등의 특정범죄 가중처벌 등에 관한 법률 위반(뇌물) 및 직권남용권리행사방해, 강요 등의 다수의 공소사실로 기소되었다면, 형법 제38조에도 불구하고 공직선거법 제18조 제1항 제3호, 제3항의 취지에 따라 특정범죄 가중처벌 등에 관한 법률 위반(뇌물)의 공소사실과 직권남용권리행사방해, 강요 등의 공소사실에 대하여 형을 분리하여 선고하였어야 하는 것이다.

[참고문헌] 이창섭, 타인의 진술을 기재한 업무수첩의 법적 성격과 증거능력, 충남대학교 법학연구소, 법학연구 제30권 제1호(2019.02), 305-333면

[필자: 이근우 교수(가천대)]

# 86. 검사 작성 피의자신문조서의 '성립의 진정'의 의미

[대법원 2004. 12. 16. 선고 2002도537 전원합의체 판결]

[사안] D는 '이미 허리디스크 질환을 가지고 있었음에도 마치 그것이 교통사고로 인해 생긴 장애인 것처럼 병원장인 D2로부터 허위의 후유장애진단서를 발급받은 후 보험회사를 기망하여 보험금을 편취한 혐의'로 D2와 함께 사기, 허위진단서작성 및 동행사 등 죄로 기소되었다. D는 공소사실을 부인하였으나 검사는 범행을 자백하는 내용의 D2의 진술조서와 D2의 피의자신문조서, 공소사실에 부합하는 보험회사 직원 W의 자필 진술서와 W의 진술조서를 1심 법원에 증거로 제출하였다. 그런데 법정에서 D2는 검사작성의 위 진술조서와 피의자신문조서의 형식적 진정성립은 인정하면서도 실질적 진정성립을 모두 부인하였고, W도 검사작성 위 진술조서의 형식적 진정성립은 인정하면서도 실질적 진정성립을 부인하였다. 그러나 1심 법원은 '이들이 검사작성 각 조서의 형식적 진정성립을 인정하는 이상 그 부인에도 불구하고 실질적 진정성립이 추정된다'(대법원 2003. 10. 23. 선고 2003도4411판결 등)며 D와 D2에 대해 유죄를 선고하였고, 항소심 역시 같은 취지로 판시하였다. 그러자 D와 D2가 상고하였다.

**[판지(파기환송)]**

형사소송법 제312조 제1항 본문의 (중략) '성립의 진정'이라 함은 간인·서명·날인 등 조서의 형식적인 진정성립과 그 조서의 내용이 원진술자가 진술한 대로 기재된 것이라는 실질적인 진정성립을 모두 의미하는 것이고, 위 법문의 문언상 성립의 진정은 '원진술자의 진술에 의하여' 인정되는 방법 외에 다른 방법을 규정하고 있지 아니하므로 이는 검사 작성의 피고인이 된 피의자신문조서의 경우에도 다르지 않다. 검사가 피의자나 피의자 아닌 자의 진술을 기재한 조서는 공판준비 또는 공판기일에서 원진술자의 진술에 의하여 형식적 진정성립뿐만 아니라 실질적 진정성립까지 인정된 때에 한하여 비로소 그 성립의 진정함이 인정되어 증거로 사용할 수 있다.

[해설]

## 1. 대상 판결의 의미

대상 판결 이전 대법원의 종래 입장은 '피고인이 검사작성 피의자신문조서의 형식적 진정성립을 인정하면 실질적 진정성립이 추정된다'는 것이었고, 이와 같은 입장은 참고인에 대한 검사작성 진술조서의 경우에도 마찬가지였다. 이는 동 판결 당시 구 형사소송법(법률 제7225호) 제244조 제2항, 제3항이 피의자신문조서에 대한 피의자의 조서열람권, 증감변경청구권 등을 보장하고 있으므로 형식적 진정성립이 인정되면 실질적 진정성립이 추정된다고 보는 것이 도리어 경험칙에 부합한다는 인식에서 나온 것이었다. 형식적 진정성립 인정으로 실질적 진정성립이 추정되고 사실상 피의자나 그 변호인이 실질적 진정성립의 추정을 깨뜨리기란 여간해 쉬운 일이 아니었으므로 진정성립의 무게중심은 실질적 진정성립이 아니라 '조서에 이름을 기재하고 날인하는 형식적 진정성립'에 있었다. 대상 판결은 적지 않은 논란 속에서도 소위 공판중심주의의 서막을 알리면서 조서중심의 실무 관행에 일대 변혁을 초래하였다는 점에서 나름의 의미를 인정받기도 하였으나, 당시 구 형사소송법상 원진술자의 진술 외에는 달리 진정성립을 인정할 수 있는 수단이 법률상 존재하지 않은 나머지 원진술자가 법정에서 실질적 진정성립을 부인하기만 하면 그 조서를 증거로 사용할 수 없는 증거공백의 문제점을 초래하기도 하였다. 조서는 '진술내용의 정리와 보존' 기능을 가지고 있는 중요한 증거수단인데 조서를 효과적으로 대체할 수 있는 마땅한 증거방법이 아직까지 개발되지 못한 상태에서 원진술자의 진술 한마디로 조서의 증거능력이 부인될 경우 적정한 국가형벌권행사가 지장을 받을 수 있음은 굳이 부연설명이 필요하지 않을 것이다.

## 2. 개정 형사소송법 규정과 실질적 진정성립의 입증방법

2007년 전면개정되어 시행 중인 현행 형사소송법(법률 제11572호) 제312조 제2항은 "피고인이 된 피의자가 검사작성 피의자신문조서의 성립의 진정을 부인하는 경우에는 그 조서에 기재된 진술이 피고인이 진술한 내용과 동일하게 기재되어 있음이 영상녹화물이나 그 밖의 객관적인 방법에 의하여 증명되고, 그 조서에 기재된 진술이 특히 신빙할 수 있는 상태하에서 행하여졌음이 증명된 때에는 증거로 할 수 있다"고 규정하고 있다. 또한 동조 제4항도 비슷한 내용의 조항이다.

여기서, '조서에 기재된 진술이 특히 신빙할 수 있는 상태하에서 행하여진 때'라 함은 '그 진술을 하였다는 것에 허위 개입의 여지가 거의 없고, 진술내용의 신빙성이나 임의성을 담보할 구체적이고 외부적인 정황이 있는 경우'를 말한다(대법원 2013. 5. 24. 선고 2010도5948 판결 등). 실무상으로는 원진술자가 특별히 진술의 임의성을 의심하게 할 사정을 주장하지 않는 한 진술은 신빙할 수 있는 상태에서 이루어진 것으로 보며, 특신상태가 배척되지 않는다. 한편 위와 같은 실질적 진정성립의 증명 등은 피고인 또는 피고인이 아닌 자가 수사과정에서 작성한 진술서에 준용된다(형사소송법 제312조 제5항).

## 3. 영상녹화물 그 밖의 객관적인 방법과 조사자 증언

현행 형사소송법상 원진술자의 진술 외에 객관적인 방법으로도 실질적 진정성립의 증명이 가능하므로 원진술자의 진술을 대체할 영상녹화물 기타 객관적인 방법에 대해 검토할 필요가 있다. 우선 진정성립 인정을 위한 방법으로 실무에서 흔히 사용되는 것은 영상녹화물이다. 영상녹화물은 변호인의 참여(형사소송법 제243조의2), 피의자에 대한 진술거부권 고지(동법 제244조의3) 등 형사소송법 제221조, 제241조 내지 제245조 등에 규정된 절차와 방식에 따른 것이어야 한다. 특히 참고인에 대해서는 영상녹화에 앞서 동의를 받아야 한다.(동법 제221조) 피의자에 대해서는 참고인과 달리 영상녹화에 대한 사전 동의는 필요하지 않으나 미리 영상녹화사실을 알려주고 조사의 개시부터 종료까지 전 과정을 녹화하여야 하며, 녹화가 완료된 때에는 지체없이 원본을 봉인하고 피의자로 하여금 기명날인 또는 서명하게 하여야 한다(동법 제244조의2 제1항, 제2항). 실무상으로는 참고인에 대해서도 피의자에 대한 형사소송법 제244조의2 규정과 같은 방법으로 영상녹화조사를 하고 있다.

영상녹화물 외에 객관적인 방법으로는 피고인이 된 피의자, 피고인 아닌 자의 변호인이 조사의 전 과정에 입회를 하고 피고인이 된 피의자, 피고인 아닌 자의 진술내용이 조서기재내용과 같다는 점을 공판준비 또는 공판기일에서 진술하는 것을 들 수 있다. 변호인이나 신뢰관계에 있는 자가 조사에 동석한 사건에서 원진술자가 진정성립을 부인하는 사례는 실무상 희박하다. 쟁점이 되는 것은 피고인이 된 피의자나 피고인 아닌 자를 조사한 조사자의 법정 증언이 '실질적 진정성립 인정을 위한 객관적인 방법에 해당할 수 있는지' 여부이다. 이에 대해서는 긍정설과 부정설(다수설)이 대립하고 있다. 하급심 판례 중에는 공소제기 전 피고인이 된 피의자를 조사한 조사자의 증언과 관련하여, '그 밖의 객관적인 방법에 해당하려면 형사소송법상 영상녹화물에 준하는 정도의 엄격한 객관성을 갖추고 있어야 하는바, 조사자의 증언은 그와 같은 장치가 마련되어 있지 않아 이에 해당한다고 볼 수 없다'며 부정설 입장에서 판시(부산지방법원 2008. 4. 15. 선고 2008노131 판결)한 사례가 있다. 그러나 조사자의 증언이 객관성을 결여하였다고 획일적으로 판단할 근거는 없으므로 원진술자 진술의 임의성이 의심되는 등 특별한 사정이 없는 한, 조사자의 증언도 실질적 진정성립 인정을 위한 객관적 방법에 해당한다고 봄이 타당하다.

[참고문헌] 정웅석, 공판중심주의에 따른 증거능력의 개념 및 증거판단의 우선순위, 저스티스 통권 제130호(2013. 6.); 심재무, 피의자 진술의 법정현출방식과 조사자증언의 증거능력, 비교형사법연구 제12권 제1호 통권 제22호(2010. 7.).

**[필자: 김영기 검사]**

# 87. 공범에 대한 피의자신문조서의 증거능력 (1) — 사법경찰관 작성 조서

## [대법원 2010. 1. 28. 선고 2009도10139 판결]

**[사안]** D와 D2는 사문서(부동산임대차계약서) 위조와 위조사문서행사, 사기 혐의로 병합기소 되었다. 검사가 유죄증거로 제출한 유력한 증거는 사법경찰관이 D2를 상대로 작성한 피의자신문조서(D와 D2의 공모를 인정하는 내용의 진술이 담겨 있다)였다. 공판기일에 D2는 그 조서의 성립의 진정을 인정하였지만 D는 그 내용을 부인하였다. 제1심과 항소심은 "D가 D2(제1심 공동피고인)와 공모하여 부동산임대차계약서를 위조한 증거로 제출된, D2에 대한 경찰피의자신문조서는 D가 공판기일에서 내용을 부인하여 증거능력이 없고 달리 이를 인정할 증거가 없다"며 D에게 무죄를 선고하였다. 검사가 상고하였다.

### *[판지(위 논점에 대하여는 상고를 기각하였지만 다른 이유로 파기환송)]*

[D가 D2와 공모하여 사문서를 위조하였는지에 관하여]

형사소송법 제312조 제3항은 검사 이외의 수사기관이 작성한 당해 피고인(D)에 대한 피의자신문조서를 유죄의 증거로 하는 경우뿐만 아니라, 검사 이외의 수사기관이 작성한 당해 피고인(D)과 공범관계에 있는 다른 피고인(D2)이나 피의자에 대한 피의자신문조서를 당해 피고인(D)에 대한 유죄의 증거로 채택할 경우에도 적용된다. 따라서 당해 피고인(D)과 공범관계에 있는 공동피고인(D2)에 대하여 검사 이외의 수사기관이 작성한 피의자신문조서는 그 공동피고인의 법정진술에 의하여 성립의 진정이 인정되더라도 당해 피고인(D)이 공판기일에서 그 조서의 내용을 부인하면 증거능력이 부정된다(대법원 2009. 10. 15. 선고 2009도1889 판결 참조).

위 법리와 기록에 비추어 검토하여 보면, 원심이, D가 D2(제1심 공동피고인2)와 공모하여 부동산임대차계약서를 위조하였는지에 관하여 제1심판결이 제1심 공동피고인2(D2)에 대한 경찰피의자신문조서는 D가 공판기일에서 내용을 부인하여 증거능력이 없고 달리 이를 인정할 증거가 없다는 이유로 D에 대하여 무죄를 선고한 것을 그 판시와 같이 그대로 유지한 것은 정당한 것으로 수긍이 간다.

## [해설]

'검사 이외의 수사기관'이 작성한 공동피고인(D2)이나 공동피의자에 대한 피의자신문조서의 피고인(D2)사건에서의 증거능력이 쟁점이다.

1. 사법경찰관이 작성한 피의자신문조서는 적법한 절차와 방식에 따라 작성된 것으로서 공판준비 또는 공판기일에 그 피의자였던 피고인 또는 변호인이 그 내용을 인정할 때에 한하여 증거로 할 수 있다(형소법 제312조 제3항).

제312조 제3항은, 동조 제1항처럼 피고인이 된 피의자의 진술을 기재한 조서만으로 규정되지 않고, '사법경찰관이 작성한 피의자신문조서'로 규정하고 있으므로, 다른 공범자에 대한 피의자신문조서에 대해서도 적용되게 된다. 따라서 다수설 및 판례의 일관된 태도는, 제312조 제3항은 피의자였던 피고인뿐만 아니라, 공범 관계에 있는 다른 피의자 또는 피고인에 대해서도 적용된다(대법원 1986. 11. 11. 선고 86도1783 판결, 대법원 1996. 7. 12. 선고 96도667 판결 등 참조)는 것이다.

2. 사법경찰관이 작성한 공동피고인 또는 공동피의자에 대한 피의자신문조서는, 사법경찰관 작성의 피의자신문조서의 증거능력과 마찬가지로 ① 적법한 절차와 방식에 따라 작성된 것이어야 하며, ② 조서의 진정 성립뿐만 아니라, 조서의 기재내용이 객관적으로 실제 사실과 부합한다는 조서내용이 인정되어야 한다. 그런데 이때, ②의 조서내용 인정의 주체가 누구인가가 문제된다.

'사법경찰관 작성의 피의자 신문조서'에서는 피의자였던 피고인(D)이나 그 변호인이 내용 인정의 주체라는 점에는 이론이 없다. 그런데 '사법경찰관 작성의 공동피고인(D2) 또는 공동피의자 신문조서'에서는 D와

D2 중 누가 조서내용 인정의 주체인가?

이에 대하여 '원진술자(D2) 내용인정설', '피고인(D) 내용인정설', '가중된 내용인정설(절충설, D2+반대신문)' 등이 있다.

ⓐ '원진술자 내용인정설'은 원진술자인 공동피고인 또는 공동피의자가 당해 피고인의 공판정에서 자신에 대한 피의자신문조서에 대해 내용을 인정하면 증거능력이 인정될 수 있다고 한다.

ⓑ '피고인 내용인정설'은 원진술자가 아닌 당해 피고인이 공판정에서 당해 피고인과 공범관계에 있는 다른 피고인 또는 피의자에 대한 피의자신문조서에 대해 그 내용을 인정해야 증거능력이 인정될 수 있다고 한다. 학계의 통설이다.

ⓒ '가중된 내용인정설'은 원진술자인 공동피고인 또는 공동피의자가 자신에 대한 피의자신문조서에 대해 내용을 인정함과 함께 당해 피고인이 공범자에 대해 충분히 반대신문을 하였거나 또는 당해 피고인에게 반대신문의 기회가 주어졌던 경우에 한해 증거능력이 인정된다는 견해이다.

대법원은 "당해 피고인이 공판기일에서 그 조서의 내용을 부인하면 증거능력이 부정된다"고 판시하고 있으므로 ⓑ '피고인 내용인정설'이다(대법원 1986. 11. 11. 선고 86도1783 판결, 대법원 1996. 7. 12. 선고 96도667 판결, 대법원 2009. 7. 9. 선고 1009도2865 판결 등).

### 3. '피고인 내용인정설'의 논거

'피고인 내용인정설'은 공범관계에 있는 다른 피고인 또는 피의자에 대한 피의자신문조서는 당해 피고인에 대한 피의자신문조서의 내용과 다름없다는 점에서 주장되는데, 공범자에 대한 사법경찰관 작성의 피의자신문조서는 당해 피고인에 대한 피의자신문조서와 마찬가지로 엄격한 요건(제312조 제2항)에 의해 증거능력을 제한하는 것이, 책임을 공범에게 전가하려는 공범의 속성상 타당하다고 보인다.

[참고문헌] 문영식, 공범에 대한 사법경찰관 작성 피의자신문조서의 증거능력, 서울법학 제21권 제1호(2013. 5.); 김봉수, 피고인의 공소사실과 관련한 공동피고인에 대한 경찰작성 신문조서의 증거능력, 형사법연구 제22권 제1호(2010. 3.); 민유숙, 공범에 대한 경찰 피의자신문조서의 증거능력 부여—형사소송법 제314조에 의하여 증거능력을 인정할 수 있는지 여부, 대법원판례해설 통권 제53호(2004 하반기)(2005. 6.).

[필자: 홍승희 교수(원광대)]

# 88. 공범에 대한 피의자신문조서의 증거능력 (2)
## ― 검사작성조서

[대법원 1990. 12. 26. 선고 90도2362 판결]

**[사안]** D와 D2는 강도강간, 특수강도상해 및 치상 등의 공범 혐의로 함께 기소되었다. 1심에서 D는 공소사실을 자백하며 D 자신에 대한 검사작성 피의자신문조서의 진정성립과 임의성을 인정하였다. 반면 D2는 공소사실을 일부 부인하며 D에 대한 검사작성 피의자신문조서를 부동의하였다. 1심 법원은 'D가 D 자신에 대한 검사작성 피의자신문조서의 진정성립과 임의성을 인정하는 이상 D2가 이를 부동의하더라도 D에 대한 검사작성 피의자신문조서는 공범인 D2에 대해서도 증거능력이 있다'며 D와 D2 모두를 유죄로 판결하였다. D2는 이에 불복하여 항소하였으나 항소심 역시 같은 취지로 판시하자 다시 상고하였다.

**★[판지(상고기각)]★**

검사 작성의 공동피고인 D에 대한 피의자신문조서는 D가 제1심에서 성립 및 임의성을 인정한 경우에는 공동피고인 D2가 이를 증거로 함에 부동의하였다고 하더라도 피고인 D2의 범죄사실에 대한 유죄의 증거로 삼을 수 있다.

**[해설]**
## 1. 구 형사소송법 규정상 공범자에 대한 검사작성 피의자신문조서의 증거사용 요건

대상 판결 당시 구 형사소송법(법률 제3955호) 제312조 제1항은 '검사가 피의자나 피의자 아닌 자의 진술을 기재한 조서와 검사 또는 사법경찰관이 검증의 결과를 기재한 조서는 공판준비 또는 공판기일에서의 원진술자의 진술에 의하여 그 성립의 진정함이 인정된 때에는 증거로 할 수 있다. 단, 피고인이 된 피의자의 진술을 기재한 조서는 그 진술이 특히 신빙할 수 있는 상태하에서 행하여진 때에 한하여 피의자였던 피고인의 공판준비 또는 공판기일에서의 진술에 불구하고 증거로 할 수 있다'고 규정하고 있었다. 따라서 일부 공동피고

인에 대한 검사작성의 피의자신문조서는 그들이 공범관계에 있는지 여부와 논리필연적 상관없이 당해 피고인이 된 피의자가 공판준비 또는 공판기일에서 성립의 진정함을 인정하면 증거사용이 가능하다고 볼 수 있었다. 아울러 그 당시에는 '피고인의 검사작성 피의자신문조서에 대한 형식적 진정성립으로 실질적 진정성립이 추정(대법원 2003. 10. 23. 선고 2003도4411 판결 등 다수)된다'고 보았으므로 공동피고인 중 일부 피고인이 공판준비 또는 공판기일에서 자신에 대한 검사작성 피의자신문조서의 형식적 진정성립을 인정하면 설사 그 내용을 부인하거나 실질적 진정성립을 다투더라도 조서에 기재된 진술이 특히 신빙할 수 있는 상태하에서 행하여진 것으로 보기 어려운 사정이 없는 이상 실질적 진정성립까지 추정되어 증거사용이 가능하였다. 하지만 현행법하에서는 공범자에 대한 검사작성 피의자신문조서의 증거사용 요건에 대해 견해가 나뉘고 있다.

## 2. 개정 형사소송법상 공범자에 대한 검사작성 피의자신문조서의 증거사용 요건

2007년 전면개정되어 시행 중인 현행 형사소송법(법률 제11572호) 제312조 제1항은 "검사가 피고인이 된 피의자의 진술을 기재한 조서는 적법한 절차와 방식에 따라 작성된 것으로서 피고인이 진술한 내용과 동일하게 기재되어 있음이 공판준비 또는 공판기일에서의 피고인의 진술에 의해 인정되고, 그 조서에 기재된 진술이 특히 신빙할 수 있는 상태 하에서 행하여졌음이 증명된 때에 한하여 증거로 할 수 있다"고 규정하고 있고 참고인진술의 채용요건을 강화시킨 제4항도 신설하고 있다. 이와 같은 법률 규정 변화로 인해, 현행 법 아래에서 공범자에 대한 검사작성 피의자신문조서의 증거능력 부여 요건에 대해서는 '제312조 제1항 적용설'과 '제312조 제4항 적용설'이 대립하고 있다.

'제312조 제1항 적용설'은 '피고인이 된 피의자에는 공동피고인이 포함된다고 보아야 한다'는 것을 근거로 하는 반면 '제312조 제4항 적용설'은 '동조 제1항의 피고인이 된 피의자는 당해 피고인만을 의미하고 공동피

고인은 동조 제4항의 피고인이 아닌 자에 해당하는 것으로 보는 것이 타당하다'는 것을 근거로 한다. 두 견해의 주된 차이점은 '제312조 제1항 적용설'에 의할 때에는 '공동피고인 중 1인이 공판준비 또는 공판기일에서 자신에 대한 검사작성 피의자신문조서의 진정성립을 인정하고, 그 조서에 기재된 진술이 특히 신빙할 수 있는 상태하에서 행하여졌음이 증명된다'면 증거능력이 부여되어 이를 부동의하는 상피고인에 대해서도 증거사용이 가능하다고 볼 수 있으나 '제312조 제4항 적용설'에 의할 때에는 그것만으로는 부족하고 더 나아가 '이를 부동의하는 상피고인이나 그 변호인이 공판준비 또는 공판기일에서 원진술자에 해당하는 공동피고인을 신문할 수 있어야 증거사용이 가능하다'는 것이다. 학설상으로는 '제312조 제1항 적용설'이 소수설이고 '제312조 제4항 적용설'이 다수설이며, 실무에서는 공동피고인의 반대신문권을 충분히 보장하기 위해 공범인 공동피고인, 공범 아닌 공동피고인 여부에 차이를 두지 않고 '제312조 제4항'을 따르고 있다.

요컨대 현재는 제312조 제4항 규정과 같이, 공동피고인에 대한 검사작성 피의자신문조서는 적법한 절차와 방식에 따라 작성된 것으로서 그 공동피고인이 실질적 진정성립을 인정하거나 실질적 진정성립을 인정하지 않더라도 영상녹화물 그 밖의 객관적인 방법에 의해 실질적 진정성립이 인정되고 상피고인이 그 공동피고인을 공판준비 또는 공판기일에서 신문할 수 있었을 때에 비로소 상피고인에 대해서도 증거사용이 가능하다고 할 수 있다.

### 3. 상피고인이나 변호인의 공동피고인에 대한 신문절차

어떤 절차에 의해 상피고인이나 변호인이 공동피고인을 신문할 것인지를 검토할 필요가 있다. 이는 공동피고인의 증인적격과 관련된 문제로서 학설은 '공동피고인의 증인적격을 긍정하는 견해'(긍정설)와 '부정하는 견해'(부정설), '공동피고인을 공범자인 공동피고인과 공범 아닌 공동피고인으로 나누고 실질적 관련성이 없는 공범 아닌 공동피고인의 경우에는 증인적격을 인정하는 반면 공범자인 공동피고인에 대해서는 증인적격을 부정하는 견해'(절충설, 다수설)로 구별된다.

판례 중에는 '공범자인 공동피고인은 변론을 분리하여야 증인으로 신문이 가능하다'고 판시한 사례(대법원 1988. 11. 8. 선고 86도1646 판결)가 있으나 공범이 아닌 공동피고인에 대해서는 그 입장이 명확하지 아니하다. 한편 실무에서는 공범자인 공동피고인이건 공범자 아닌 공동피고인이건 구별없이 변론을 분리하여 증인으로 신문하고 있다. 때로는 피고인신문을 이용하기도 하나 피고인신문은 증거조사가 완료된 이후의 절차로서 증거능력 부여를 위한 것이 아니고 증언내용의 진실성을 담보하기 곤란하므로 지양하는 것이 바람직하다. 증인으로 신문하므로 공동피고인은 위증죄의 부담을 진다.

### 4. 소결

공범자에 대한 검사작성 피의자신문조서의 증거능력 요건에 대한 대상 판결은 구법 시대의 것이다. 현행법 아래에서는 ① 형사소송법 제312조 제4항에 따라 검사작성 피의자신문조서의 진술 주체인 공동피고인이 실질적 진정성립을 인정하거나 이를 부인하는 경우 영상녹화물 기타 객관적인 방법으로 실질적 진정성립이 인정되고, ② 조서에 기재된 진술이 특히 신빙할 수 있는 상태하에서 행하여졌음이 증명되며(다만, 특신상태는 그것이 특별히 문제될 때에만 검토되며 피고인이 실질적 진정성립을 인정하면 특신상태까지 인정되는 것이 보통이다), ③ 상피고인이나 그 변호인이 공판준비 또는 공판기일에서 공동피고인을 증인으로 신문할 수 있었던 때에 한하여 상피고인의 동의 여부와 관계없이 공동피고인에 대한 검사작성 피의자신문조서를 상피고인에 대한 공소사실의 유죄증거로 사용할 수 있다고 봄이 타당하다. 실무도 이와 같다.

[참고문헌] 백승민, 개정 형사소송법상 검사작성 피의자신문조서의 증거능력, 법조 통권 제613호(2007. 10.); 정웅석, 개정법상 공범자의 법정외 진술의 증거능력, 저스티스 통권 제107호(2008. 10.).

[필자: 김영기 검사]

# 89. 참고인진술조서의 증거능력 제한 — 법정에서 진술을 번복한 경우

[대법원 2000. 6. 15. 선고 99도1108 전원합의체 판결]

[사안] D는 변호사법위반으로 기소되었다. W는 제1심의 제4회 공판기일에 증인으로 출석하여 D의 변소(辨疏=변명) 내용에 일부 부합하는 취지의 증언을 하였다. 검사는 W를 소환하여 별도의 위증사건 피의자로 입건하여 신문하는 절차 없이 단순히 법정에서의 증언 내용을 다시 추궁하여 W로부터 그 증언 내용 중 D의 변소에 일부 부합하는 부분이 진실이 아니라는 취지로 번복하는 진술조서(이하 '이 사건 진술조서'라 한다)를 받아내었다. 검사가 다음 공판기일에 이 사건 진술조서를 유죄의 증거로 제출하자 D는 이를 증거로 할 수 있음에 동의하지 아니하였다. 그 후 W는 제1심의 제8회 공판기일에 다시 증언을 하면서 이 사건 진술조서의 성립의 진정함을 인정하고, D측의 반대신문에 응하였다. 이에 제1심은 이 사건 진술조서의 증거능력을 인정하여 유죄 증거의 하나로 명시하였고, 항소심도 이를 인용하였다. D는 '이 사건 진술조서를 유죄 증거로 삼은 것은 위법하다'고 주장하며 상고하였다.

★[판지(상고기각)]★

① 공판준비 또는 공판기일에서 이미 증언을 마친 증인을 검사가 소환한 후 피고인에게 유리한 그 증언 내용을 추궁하여 이를 일방적으로 번복시키는 방식으로 작성한 진술조서를 유죄의 증거로 삼는 것은 당사자주의·공판중심주의·직접주의를 지향하는 현행 형사소송법의 소송구조에 어긋나는 것일 뿐만 아니라, 헌법 제27조가 보장하는 기본권, 즉 법관의 면전에서 모든 증거자료가 조사·진술되고 이에 대하여 피고인이 공격·방어할 수 있는 기회가 실질적으로 부여되는 재판을 받을 권리를 침해하는 것이므로, 이러한 진술조서는, 피고인이 증거로 할 수 있음에 동의하지 아니하는 한, 그 증거능력이 없고, ② 그 후 원진술자인 종전 증인이 다시 법정에 출석하여 증언을 하면서 그 진술조서의 성립의 진정함을 인정하고 피고인 측에 반대신문의 기회가 부여되었다고 하더라도 그 증언 자체를 유죄의 증거로 할 수 있음은 별론으로 하고 위와 같은 진술조서의 증거능력이 없다는 결론은 달리할 것이 아니다.

[해설]

1. 문제의 소재: 피고인에게 유리한 증언을 한 증인에 대한 조사

공소제기 후의 임의수사는 "수사에 관하여는 그 목적을 달성하기 위하여 필요한 조사를 할 수 있다"는 형사소송법 제199조 제1항 본문에 따라 원칙적으로 허용된다. 그런데 검사가 피고인에게 유리한 증언을 한 증인을 법정 외에서 조사하여 법정에서의 증언을 번복하게 하는 내용의 조서(참고인진술조서 또는 별도의 위증사건 피의자신문조서)를 받거나 진술서를 작성하게 하여 증거로 제출하는 경우 이러한 조서나 진술서는 공소제기 후의 수사에 기초한 것으로 공판중심주의·직접주의를 지향하는 형사소송의 구조에 어긋나고, 형사피고인의 공정한 재판을 받을 권리를 침해하는 측면이 있으므로 그 증거능력이나 증명력을 어떻게 평가할 것인지가 문제된다.

2. 종래의 판례

피고인에게 유리한 증언을 한 증인을 검사가 법정 외에서 신문하여 공소사실에 부합되게 진술이 번복된 경우 그 진술을 담은 검사작성의 진술조서에 대하여, '위 증거가 수집된 경로에 비추어 그 신빙성이 희박하다'고 판시하여 증거능력이 인정됨을 전제로 증명력의 문제로 본 판례(대법원 1984. 11. 27. 선고 84도1376 판결 참조)와 증인이 법정에서 증언한 후에 검사가 그 증인을 검찰청에 소환하여 일방적인 신문방식으로 그 증언 내용의 진실 여부를 추궁하여 작성한 진술조서에 대하여, '피고인이나 변호인의 반대신문의 기회가 확보된 법정진술을 검사의 일방적 신문으로 번복하는 것이어서 당해 사건의 유죄증거로 삼아서는 안 될 것이나, 그

후의 공판기일에 다시 증인으로 환문하면서 위 진술조서 기재내용에 관하여 피고인측에게 반대신문의 기회를 부여하였다면, 위 진술조서를 유죄의 증거로 쓸 수 있다'고 판시하여 반대신문권의 보장이라는 측면에서 증거능력의 문제로 본 판례(대법원 1992. 8. 18. 선고 92도1555 판결 참조)로 나뉘어 있었다.

### 3. 검사 작성의 증인에 대한 진술조서의 증거능력

이 판결은 공판기일에서 증언을 마친 증인을 검사가 소환한 후 피고인에게 유리한 증언 내용을 추궁하여 이를 일방적으로 번복시키는 방식으로 작성한 진술조서에 대하여, 원진술자에 의한 성립의 진정 및 반대신문권의 보장 여부와 관계없이 증거능력을 부정하였다. 다만 이 판결은 피고인측에 반대신문의 기회가 부여된 경우 증언 자체의 증거능력이 인정된다는 점과 피고인의 증거동의가 있으면 위와 같은 진술조서의 증거능력이 인정된다는 점을 부가적으로 설시하고 있다.

### 4. 검사가 증인을 상대로 위증혐의를 조사한 내용을 담은 피의자신문조서의 증거능력

공판기일에서 증언을 마친 증인을 검사가 소환하여 위증죄의 피의자로 조사하면서 법정에서의 증언 내용을 추궁하여 그 중 일부가 진실이 아니라는 취지의 번복 진술을 받아내어 피의자신문조서를 작성한 다음 피의자신문조서 사본을 유죄의 증거로 제출하자 피고인은 이를 증거로 함에 동의하지 아니하였고, 이에 검사의 신청에 따라 종전 증인이 증인으로 채택되었으나 소환이 되지 아니하여 증인신문이 이루어지지 못하자 원심법원이 증인채택 결정을 취소한 다음 피의자신문조서 사본을 증거로 채택한 사례에서, 대법원은 판지의 ①, ② 부분 법리는 검사가 공판준비 또는 공판기일에서 이미 증언을 마친 증인에게 수사기관에 출석할 것을 요구하여 그 증인을 상대로 위증의 혐의를 조사한 내용을 담은 피의자신문조서의 경우도 마찬가지로 적용된다고 하면서 위 피의자신문조서 사본의 증거능력을 부정하였다(대법원 2013. 8. 14. 선고 2012도13665 판결 참조).

### 5. 검사가 진술조서를 작성하는 대신 증인으로 하여금 작성하게 한 진술서의 증거능력

공판기일에서 증언을 마친 증인이 검사의 소환을 받고 그 증언 내용을 추궁받은 다음 법정에서의 증언 내용 중 일부를 번복하는 취지로 진술서를 작성하여 법원에 제출한 사례에서, 대법원은, '판지의 ① 부분 법리는 검사가 공판준비기일 또는 공판기일에서 이미 증언을 마친 증인을 소환하여 피고인에게 유리한 증언 내용을 추궁한 다음 진술조서를 작성하는 대신 그로 하여금 본인의 증언 내용을 번복하는 내용의 진술서를 작성하도록 하여 법원에 제출한 경우에도 마찬가지로 적용된다'고 하면서, 위 진술서의 내용과 작성경위 등에 비추어 볼 때 이는 공판기일에서 피고인에게 유리한 내용의 증언을 한 증인을 검사가 추궁하여 종전의 증언 내용을 번복하는 내용으로 진술서를 작성하게 한 것과 다를 바 없으므로, 피고인이 이를 증거로 삼는 데 동의하지 아니한 이상 그 증거능력이 없다고 판시하여 위 진술서의 증거능력을 부정하였다(대법원 2012. 6. 14. 선고 2012도534 판결 참조).

### 6. 결어

이 판결은 법정증언을 번복하는 내용의 검사작성의 참고인진술조서에 대하여 증거능력이 인정됨을 전제로 증명력을 의심하거나 반대신문권의 보장을 조건으로 증거능력을 인정하였던 종래의 판결을 변경하여 반대신문권의 보장 여부와 관계없이 증거능력을 부정하였다. 또한 대법원은 검사가 공판기일에서 증언을 마친 증인을 상대로 위증의 혐의를 조사한 내용을 담은 피의자신문조서 및 검사가 진술조서를 작성하는 대신 증인으로 하여 증언 내용을 번복하는 내용으로 작성하도록 한 진술서 모두에 대하여도 증거능력을 부정하였다.

[참고문헌] 심희기, 법정증언을 번복하는 내용의 참고인진술조서의 증거능력, 법률신문 2903호(2000. 7.); 이재홍, 법정증언을 번복하는 진술조서의 증거능력, 형사판례연구 9(2001); 백형구, 증언 후에 작성한 참고인진술조서의 증거능력, 판례연구 15집 상(2001. 8.).

[필자: 문병찬 판사]

# 90. 참고인진술조서의 증명력의 제한

[대법원 2006. 12. 8. 선고 2005도9730 판결]

[사안] 유흥주점 업주인 D는 2002. 7. 하순 내지 8. 초순 그들이 운영하는 유흥주점을 방문한 (상호 생략) 보도방 소속 접객원인 W1으로 하여금 부근 숙박업소에서 각 윤락행위를 하도록 직접 알선하였다는 혐의로 기소되었다. 경찰관 P는 보도방에 대하여 압수수색영장을 집행하던 중에 W1을 발견하고 임의동행 형식으로 경찰서에 출석시킨 상태에서 지난 보름 동안의 행적을 말하게 하였고, 이에 대하여 W1은 D의 업소에 방문했던 일과 윤락행위를 알선받았다는 사실에 대하여 진술하고 진술조서에 서명하였다. D는 재판 과정에서 줄곧 W1이 수사기관에서 한 진술의 모호성을 지적하며 W1의 법정 출석과 그에 대한 반대신문 기회 보장을 강력히 요구하였지만, 소재불명 등으로 인하여 법정 출석 및 반대신문은 성사되지 못하였고, D는 재판의 장기화에 따라 9회 또는 10회 공판기일에 가서야 부득이 수사기관이 작성한 조서를 증거로 함에 동의하기에 이르렀다.

*[판지(파기환송)]*
## 1. 참고인 진술조서의 증거능력

① 수사기관이 원진술자의 진술을 기재한 조서는 원본 증거인 원진술자의 진술에 비하여 본질적으로 낮은 정도의 증명력을 가질 수밖에 없다는 한계를 지니는 것이고, 특히 원진술자의 법정 출석 및 반대신문이 이루어지지 못한 경우에는 그 진술이 기재된 조서는 법관의 올바른 심증 형성의 기초가 될 만한 진정한 증거가치를 가진 것으로 인정받을 수 없는 것이 원칙이다. ② 따라서 피고인이 공소사실 및 이를 뒷받침하는 수사기관이 원진술자의 진술을 기재한 조서 내용을 부인하였음에도 불구하고, 원진술자의 법정 출석과 피고인에 의한 반대신문이 이루어지지 못하였다면, 그 조서에 기재된 진술이 직접 경험한 사실을 구체적인 경위와 정황의 세세한 부분까지 정확하고 상세하게 묘사하

고 있어 구태여 반대신문을 거치지 않더라도 진술의 정확한 취지를 명확히 인식할 수 있고 그 내용이 경험칙에 부합하는 등 신빙성에 의문이 없어 조서의 형식과 내용에 비추어 강한 증명력을 인정할 만한 특별한 사정이 있거나, 그 조서에 기재된 진술의 신빙성과 증명력을 뒷받침할 만한 다른 유력한 증거가 따로 존재하는 등의 예외적인 경우가 아닌 이상, 그 조서는 진정한 증거가치를 가진 것으로 인정받을 수 없는 것이어서 이를 주된 증거로 하여 공소사실을 인정하는 것은 원칙적으로 허용될 수 없다. ③ 이는 원진술자의 사망이나 질병 등으로 인하여 원진술자의 법정 출석 및 반대신문이 이루어지지 못한 경우는 물론 수사기관의 조서를 증거로 함에 피고인이 동의한 경우에도 마찬가지이다.

## 2. 참고인진술조서의 증명력 제한

ⓐ 수사기관에서 W1이 지적한 유흥주점, 윤락행위 알선자 및 윤락행위가 이루어진 숙박업소를 확인하는 등의 방법으로 진술의 신빙성이나 증명력을 보강할 만한 증거자료를 수집한 바는 없다. ⓑ 수사기관이 W1의 진술을 기재한 조서를 사실상 유일한 증거로 삼아, 그 증명력을 배척한 제1심을 뒤집고, 공소사실을 인정한 원심에는 수사기관이 작성한 조서의 증명력에 관한 판단을 그르친 채증법칙 위반의 위법이 있어, 그대로 유지될 수 없다.

[해설]
## 1. 참고인진술조서의 증거능력

우리 형사소송법이 채택하고 있는 공판중심주의는 형사사건의 실체에 대한 유죄·무죄의 심증 형성은 법정에서의 심리에 의하여야 한다는 원칙으로, 법관의 면전에서 직접 조사한 증거만을 재판의 기초로 삼을 수 있고 증명 대상이 되는 사실과 가장 가까운 원본 증거를 재판의 기초로 삼아야 하며 원본 증거의 대체물 사용은 원칙적으로 허용되어서는 안 된다는 실질적 직접심리주의를 주요 원리로 삼고 있다. 다만 실질적 직

접심리주의의 예외로 일정한 요건을 갖춘 수사기관의 조서에 대해서는 증인에 대한 직접 심리 없이도 증거능력을 부여하고 있다. 그 이유는 "조서에 기재된 진술이 직접 경험한 사실을 구체적인 경위와 정황의 세세한 부분까지 정확하고 상세하게 묘사하고 있어 구태여 반대신문을 거치지 않더라도 진술의 정확한 취지를 명확히 인식할 수 있고 그 내용이 경험칙에 부합하는 등 신빙성에 의문이 없어 조서의 형식과 내용에 비추어 강한 증명력을 인정할 만한 특별한 사정이 있거나, 그 조서에 기재된 진술의 신빙성과 증명력을 뒷받침할 만한 다른 유력한 증거가 따로 존재하"기 때문이다.(②) 이 사건의 경우 조서의 내용으로 판단해 볼 때 윤락행위를 알선한 업체 및 그 정황에 대한 자세한 묘사가 없어 "진술의 정확한 취지는 명확히 인식할 수 없"을 뿐만 아니라 "신빙성에도 의문이 드"는 점, 그리고 ⓐ 수사기관에서 W1이 지적한 유흥주점, 윤락행위 알선자 및 윤락행위가 이루어진 숙박업소를 확인하는 등의 방법으로 진술의 신빙성이나 증명력을 보강할 만한 증거자료를 수집하지도 않은 점 등으로 볼 때 실질적 심리주의 예외로 인정할 수 없다.

### 2. 참고인진술조서와 반대신문, 증거 동의

개정 형사소송법에서는 종전의 '성립의 진정' 요건과는 달리 원진술자에 대한 반대신문을 요건으로 참고인진술조서의 증거능력을 인정하고 있다. 이와 같은 명문상 요건에도 불구하고, 피고인의 증거 동의를 받아 증거로 채택하는 것은 실질적 심리주의의 기본이 되는 제312조 제4항의 취지를 잠탈하는 것으로 이렇게 할 경우에는 증인의 법정 출석과 그를 통한 진실 발견이라는 형사소송의 원칙적인 모습에서 멀어질 위험이 있으므로, 피고인의 동의에도 불구하고 증거능력을 인정해서는 안 될 것이다.(③)

### 3. 참고인진술조서의 증명력 제한

참고인진술조서의 진술자에 대한 반대신문을 거치지 않은 경우, 그 참고인진술조서의 증거능력 자체를 부정할 수도 있고, 아니면 참고인진술조서의 증거능력은 부분적으로 인정하되 그 증명력을 제한할 수도 있다. 이 사건의 경우 법원은 두 번째 태도를 취하고 있는 것으로 보이는데, 이는 법문상 반대신문 요건의 의미를 반감시키는 것으로 동의하기 어렵다. 증명력을 제한하는 데 그칠 것이 아니라 아예 증거능력을 부정

하는 식으로 해석해야 할 것으로 본다.

[참고문헌] 최병천, 미국의 전문법칙과 대면권에 비춰 본 참고인진술조서의 증거능력, 저스티스 제131권(2012); 양동철, 개정 형사소송법상의 참고인진술조서의 증거능력, 법조 제58권 제2호(2009).

[필자: 김희균 교수(서울시립대)]

# 91. 감정서의 증거능력

## [대법원 2011. 5. 26. 선고 2011도1902 판결]

**[사안]** D는 처인 V를 조수석에 태우고 운전하다가 도로 옆에 설치된 대전차 방호벽의 안쪽 벽면을 운전하던 차량 우측 부분으로 들이받는 1차 사고를 야기하였고 이어 다시 방호벽 부근으로 되돌아 온 다음 위 차량의 앞범퍼 부분으로 위 방호벽 입구 돌출된 부분의 모서리를 들이받는 2차 사고를 야기하여 V가 사망하였는데 1차 사고가 살인의 고의에 의한 것인지는 분명하지 않지만 2차 사고는 살인의 고의에 의한 것이라고 하여 살인죄로 기소되었다. D는 1차 사고는 야기한 바조차 없고 2차 사고는 과실에 의한 것일 뿐 살인의 고의가 없었다고 주장하였다.

제1심은 1차 사고도 있었고 2차 사고시에는 미필적 고의가 있었다고 하여 공소사실을 유죄로 인정하였다. 항소심에서 위 공소사실을 예비적으로 유지하면서 1차 사고시에 이미 살인의 고의가 있어 1, 2차 사고 모두 고의에 의한 살인행위라는 취지의 주위적 공소사실을 추가하는 내용의 공소장변경이 이루어졌고 항소심은 이를 유죄로 인정하였다. 그러나 상고심(2011도1902)은 고의에 의한 1차 사고가 존재하였음이 증명되지 않았다고 하여 파기환송하였다. 환송 후 항소심에서 다시 과실에 의하여 2차 사고를 야기하였다는 교통사고처리특례법위반의 제2예비적 공소사실(종래의 예비적 공소사실은 제1예비적 공소사실이 되었다)을 추가하는 내용의 공소장변경이 이루어져 이에 대하여 유죄가 인정되었고, 주위적 공소사실 및 제1예비적 공소사실은 무죄로 판단되었다. 이에 대한 상고가 기각되어 판결은 확정되었다.

사고로 사람이 다쳤음에도 신고나 구호조치 없이 동일한 장소로 되돌아가 또다시 사고를 냈다는 것은 적어도 두 번째 사고는 고의에 의한 것임을 추인할 유력한 사실이 되므로 1차 사고의 존재 여부가 중요 쟁점의 하나였다. 환송 전 항소심이 1차 사고의 존재를 인정하는 증거가 된 감정서 a는 사고 후 방호벽 안쪽 벽면에 부착된 철제구조물에 끼어 있다가 발견되었다는 강판조각과 사고 후 공업사에 보관 중이던 사고차량 우측 앞 펜더에서 탈거한 강판을 비교하고, 위 철제구조물에서 채취된 페인트가루와 위 차량에 묻은 것을 채취한 페인트가루를 비교한 결과, 위 강판조각이 위 강판의 일부이고 위 페인트들이 동일한 것이라는 취지이고, 같은 감정서 b는 사고 직후 촬영된 현장사진을 확대하여 분석한 결과 위 철제구조물에 위 강판조각과 같은 회색계통의 물체가 식별된다는 취지이다.

### *[판지(파기환송)]*

① 강판조각은 유류물에, 차량에서 수거한 강판과 페인트는 차량의 보관자가 임의로 제출한 물건에 해당하여 형사소송법 제218조에 의하여 영장 없이 압수할 수 있으므로 증거의 수집 과정에 영장주의를 위반한 잘못이 있다 할 수 없다.

② 강판조각이 강판에서 분리된 것인지 여부를 감정하는 과정에서 이를 두드려 펴 그 형상에 변형을 가한 행위는 형사소송법 제173조 제1항에 따라 법원의 허가를 얻어야 하는 물건의 파괴로는 볼 수 없고 임의수사인 감정에 수반되는 행위이며, 페인트의 성분을 비교분석한 행위 역시 법원의 허가를 얻어야 하는 물건의 파괴로는 볼 수 없고 임의수사인 감정에 해당한다.

③ 형사소송법 제313조 제2항, 제1항에 의하면 감정서는 감정인의 자필이거나 그 서명 또는 날인이 있고 공판준비나 공판기일에서 감정인의 진술에 의하여 그 성립의 진정함이 증명된 때에 증거능력이 부여된다.

④ 공소사실을 뒷받침하는 과학적 증거방법은 그 전제로 하는 사실이 모두 진실임이 입증되고 그 추론의 방법이 과학적으로 정당하여 오류의 가능성이 전혀 없거나 무시할 정도로 극소한 것으로 인정되는 경우라야 법관이 사실인정을 함에 있어 상당한 정도로 구속력을 가진다 할 것인바(대법원 2007. 5. 10. 선고 2007도1950 판결, 대법원 2009. 3. 12. 선고 2008도8486 판결 등), 이를 위해서는 그 증거방법이 전문적인 지식·기술·경험을 가

진 감정인에 의하여 공인된 표준 검사기법으로 분석을 거쳐 법원에 제출된 것이어야 할 뿐만 아니라 그 채취·보관·분석 등 모든 과정에서 자료의 동일성이 인정되고 인위적인 조작·훼손·첨가가 없었음이 담보되어야 한다(대법원 2010. 2. 25. 선고 2009도14772 판결).

## [해 설]

감정은 전문 지식이나 경험을 갖춘 제3자가 그 지식이나 경험을 통하여 알 수 있는 법칙 또는 이를 적용하여 얻은 판단을 수사기관이나 법원에 보고하는 것을 말한다. 감정에는 법원의 명에 의하여 감정인으로 선서하고 하는 경우(형사소송법 제169조 이하), 법원의 감정촉탁에 의하여 하는 경우(같은 법 제179조의2), 수사기관의 감정위촉에 이하여 하는 경우(같은 법 제221조 제2항)가 있다. 감정인이 감정의 경과와 결과를 기재한 서면을 감정서라고 한다. 감정서가 유죄의 증거로 되기 위해서는 몇 가지 요건을 갖추어야 한다.

첫째, 감정을 하는 과정이 적법하여야 한다. 감정 자체는 강제처분이 아니라 임의조사에 속한다. 그러나 그 과정에서 강제처분이 수반되는 경우 이에 대하여는 영장주의가 적용된다. ①은 감정에 필요한 강판, 강판 조각, 페인트를 영장 없이 압수한 것이 영장주의에 위배되지 않는다는 취지인데, 영장주의가 적용됨을 전제로 그 예외에 해당한다고 판단한 것이다. ②는 감정과정에서 필요한 강제처분을 할 때 법원의 감정처분허가장을 요함을 전제로 당해 사안에서는 강제처분이 아니라는 판단을 한 것이다. 위법한 체포 상태하의 채뇨, 채모, 채혈 등은 위법과 2차적 증거 수집 사이에 인과관계가 희석될 여지가 있다(대법원 2013. 3. 14. 선고 2012도13611 판결과 대법원 2013. 3. 14. 선고 2010도2094 판결의 비교). 그러나 감정물의 수집이 위법한 경우 이에 기한 감정서가 적법하게 되기는 어렵다(대법원 2011. 4. 28. 선고 2009도2109 판결, 대법원 2011. 5. 13. 선고 2009도10871 판결 등 참조).

둘째, 감정서는 감정인의 진술을 기재한 서면으로 평가할 수 있다. 이에 형사소송법 제312조 제2항은 감정서의 증거능력을 진술서면에 관한 규정인 제313조 제1항(피고인의 진술이 아니므로 그 본문)이 정한 요건에 의하도록 하고 있다. ③은 이를 명시한 것이다. 국립과학수사연구원 소속 감정인이 작성한 감정서도 같다.

이와 달리 세관공무원이 작성한 범칙물자에 대한 시가 감정서는 공무원이 직무상 작성한 문서로서 제315조 제1호에 의하여 당연히 증거능력이 있다(대법원 1985. 4. 9. 선고 85도225 판결). 사인이 의뢰하여 의사가 작성한 진단서는 법원이나 수사기관과 관련 없이 작성된 것으로서 제313조 제2항의 감정서는 아니다. 그러나 제3자의 진술서면으로 제313조 제1항에 의하여 규율되므로 결과적으로는 같다.

셋째, 감정은 당해 사건을 직접 경험하지 않은 감정인이 일반법칙 또는 이를 구체적 사안에 적용한 결과를 보고하는 것이므로 그 정확성이 담보되어야 한다. ④는 이에 대한 구체적인 기준을 제시한 것이다. 감정은 사법기관이 부족한 지식과 경험을 보충할 목적으로 전문가의 도움을 받는 것이다. 이에 사법기관은 관련 전문가가 누구인가만 정하고 감정내용의 타당성은 그 전문가 사회에서 일반적으로 받아들여지는가 여부에 따라 판단하여야 한다는 기준을 설정할 수도 있고(미국법의 'Frye 기준'이 이에 해당), 사건에 대한 판단자인 사법기관이 감정내용이 신뢰할 만한가를 함께 검토하는 기준(미국법의 'Daubert 기준'이 이에 해당)을 설정할 수도 있다. 우리 판례는 감정내용에 기속되지 아니하고(대법원 1983. 7. 12. 선고 83도1262 판결 참조) 감정내용의 타당성을 상세히 검토하는 입장을 취하고 있다(대상판결 외에도 대법원 2012. 6. 28. 선고 2012도231 판결 등). 그리하여 감정서 a는 육안으로만 비교하여 과학적 분석과정을 거치지 아니하였고 실험결과를 첨부하지 않았다는 등을 들어, 감정서 b는 객관적 자료가 없다는 등을 들어, 1차 사고의 증거로 인정하지 아니하였다.

우리 판례는 첫째와 둘째의 요건을 증거능력의 요건으로, 셋째의 요건은 법관의 사실인정에 대한 구속력, 즉 증명력의 요건으로 파악하고 있다.

[필자: 이상원 교수(서울대)]

# 92. 외국에서 수집된 수사기관 작성 조서의 증거능력

## [대법원 2011. 7. 14. 선고 2011도3809 판결]

**[사안]** 피고인 A는 공병중대장으로 근무하면서 여단 관내에서 이루어지는 신영, 보수 공사의 현장 감독 등의 업무를 담당하는 사람으로, 건설업체 대표인 뇌물공여자 甲으로부터 여단에서 실시될 시설공사의 설계 등에 편의를 봐 줄 것을 부탁하는 명목으로 현금을 차명계좌로 송금받은 후 다시 뇌물공여자 甲에게 일부를 계좌이체하는 방식으로 그 차액을 뇌물로 수수하여 특정범죄가중처벌등에관한법률위반(뇌물수수)으로 기소되었고, 고등군사법원은 피고인에 대한 고발장, 검찰수사관 작성 수사보고서, 甲에 대한 군검찰관 작성의 진술조서를 증거로 하여 유죄판결을 선고하였고, 이에 피고인은 뇌물공여자 甲에 대한 진술조서의 증거능력 등을 다투면서 상고하였다.

## ★[판지(파기환송)]★

군검찰관이 피고인 A를 뇌물수수 혐의로 기소한 후, 형사사법공조절차를 거치지 아니한 채 과테말라공화국에 현지출장하여 그곳 호텔에서 뇌물공여자 甲을 상대로 참고인 진술조서를 작성한 사안에서, 甲이 자유스러운 분위기에서 임의수사 형태로 조사에 응하였고 조서에 직접 서명·무인하였다는 사정만으로 특신상태를 인정하기에 부족할 뿐만 아니라, 검찰관이 군사법원의 증거조사절차 외에서, 그것도 형사사법공조절차나 과테말라공화국 주재 우리나라 영사를 통한 조사 등의 방법을 택하지 않고 직접 현지에 가서 조사를 실시한 것은 수사의 정형적 형태를 벗어난 것이라고 볼 수 있는 점 등 제반 사정에 비추어 볼 때, 진술이 특별히 신빙할 수 있는 상태에서 이루어졌다는 점에 관한 증명이 있다고 보기 어려워 甲의 진술조서는 증거능력이 인정되지 아니하므로 이를 유죄의 증거로 삼을 수 없다.

## [해설]

### 1. 형사사법의 국제화

국가 간의 인적 교류가 활발해지면서 국내에서 범죄를 저지르고 외국으로 도피하는 경우뿐만 아니라 외국에서 범죄를 저지르고 국내로 도주하거나 또는 범죄피해자 또는 중요 참고인이 외국에 거주하여 국내 법원이 소환하기 어려운 경우가 빈번하게 발생하고 있다. 이러한 경우 외국에 체류했던 피고인이나 외국에 거주하고 있는 참고인을 상대로 수사기관 등이 수집한 증거의 증거능력을 어떻게 판단할 것인지가 문제된다.

### 2. 외국에서 수집된 증거의 증거능력

외국수사기관 등이 작성한 서류의 증거능력에 대해서 형사소송법에 특별한 규정이 없으므로 작성주체, 서류의 성격을 먼저 파악하고 우리나라 수사기관이 작성한 서류에 준하여 증거능력을 판단할 수밖에 없다. 또한 본건과 같이 외국에 있는 중요 참고인을 우리나라 수사기관이 조사하면서 작성한 진술조서의 증거능력을 어떻게 판단할지도 문제된다.

### 3. 피고인에 대한 피의자신문조서

### (1) 외국 검사 또는 외국 사법경찰관이 작성한 피의자신문조서

형사소송법상 사법경찰관 작성의 피의자신문조서는 피고인이 공판정에서 그 내용을 부인하면 증거능력이 부여되지 않으므로(형사소송법 제312조 제3항), 외국의 경찰이 작성한 피의자신문조서에 대해서 피고인이 동의하지 않는 한 증거능력을 인정할 수 없고, 피고인에 대해서 공범에 대한 피의자신문조서 역시 공범이 진정성립을 인정하더라도 피고인이 내용을 부인하면 증거로 사용할 수 없으므로(대법원 2010. 1. 28. 선고 2009도10139 판결), 공범에 대한 외국 경찰의 피의자신문조서도 피고인이 부동의하는 한 증거능력이 없다. 이와 관련하여 Jamie Penich의 살해 용의자로 지목된 Kenzi Snider가 미국으로 도주하였다가 체포된 다음 범죄인인도조약에 따라 우리나라로 인도되어 상해치사로 기소된 사건에서, 대법원은 외국의 권한 있는 수사기관이 작성한 조서 역시 형사소송법 제312조 또는 제313조에 해당하는 조서로서, 대한민국의 검사 지위에 부합하는 미국의 수사기관(미국 검사)이 작성한 피의자신문조서일 경우에만 같은 법 제312조 제1항의 적용을 받는다고 판시하였다(대법원 2006. 1. 13. 선고 2003도6548 판결). 따라서 외국의 검사가 피의자를 조사하여 작성한 피의자신문조서는 우리나라 형사소송법에서 정하고 있는 절차를 준수하여 작성되었다면 피고인이 부동의하더라도 증거능력이 인정될 것으로 보인다.

### (2) 외국법원의 공판조서 등

형사소송법 제311조는 법원 또는 법관의 조서에 증거능력을 부여하고 있다. 위 Snider 사건에서 대법원은 미국의 치안판사 앞에서 사람을 살해하였다고 Snider가 자백한 내용이 기재된 미국 법원의 조서에 대해서 증거능력을 명시적으로 판단하지 않고, 다만 피고인이 법관 앞에서 한 자백은 관련 증거에 비추어 신빙성이 의심된다는 이유로 배척한 원심의 판단은 정당하다고 설시하여 외국 법원이 작성한 공판조서의 증거능력을 인정하였다(대법원 2006. 1. 13. 선고 2003도6548 판결).

### 4. 참고인 진술조서

#### (1) 외국수사기관의 진술조서

범죄지가 외국이고 피해자 또한 외국에 거주하고 있어 대한민국에서 진행되는 재판에 출석하지 못하는 경우 외국 수사기관이 작성한 진술조서의 증거능력이 문제된다. 이와 관련하여 피고인이 미국에서 공범과 강도강간 범행을 저지르고 우리나라로 도주하였다가 체포되어 기소된 사건에서, 대법원은 국제형사사법공조법에 따라 법원이 미국 법무부에 증인신문촉탁을 요청하여 그에 따라 미합중국 검사가 작성한 피해자와 공범에 대한 증인신문조서의 증거능력을 인정하여 피고인에게 유죄를 선고한 것은 적법하다고 판단하였다(대법원 1997. 7. 25. 선고 97도1351 판결).

#### (2) 진술조서 외의 서류

대법원은 우리나라 수사기관이 아닌 대한민국 대사관의 영사가 참고인을 상대로 공조요청서에 기재된 내용대로 질문하고 그에 대한 답변을 기재한 진술서에 대해서, 작성자가 외국에 거주하게 된 경위, 진술서 등이 작성된 전후의 사정과 그 작성 경위, 그 작성의 장소·방법이 정상적이라고 볼 수 없고, 진술서 등의 작성 동기나 목적이 석연치 아니한 점, 진술서 등의 진술

내용을 확인하거나 탄핵할 방법이 없는 점 등의 사정에 비추어 볼 때 진술서 등의 작성에 특신상태를 인정할 수 없어 증거능력이 없다고 판단하였다(대법원 2006. 9. 28. 선고 2006도3922 판결).

#### (3) 우리나라 수사기관의 진술조서

본건은 뇌물공여자인 甲이 과테말라로 도주하여 법원에서 증인으로 소환하지 못하게 되자 군검찰관이 과테말라에서 甲을 조사하고 그 진술조서를 증거로 제출한 사안으로, 대법원은 ① 군검찰관이 공소제기 후에 군사법원의 증거조사절차를 거치지 아니하고 형사사법공조절차나 과테말라 공화국 주재 우리나라 영사를 통한 조사 등의 방법을 택하지 않은 채 직접 현지 호텔에 가서 조사를 실시한 것은 수사의 정형적 형태를 벗어난 점, ② 甲은 뇌물공여자로서 스스로 처벌대상이 됨에도 국외 도피를 통해 그에 대한 책임을 회피하고 조사 과정의 허위 진술에 따른 불이익도 염려할 필요 없는 상태에서 일방적으로 진술한 점, ③ 甲이 고발에 이르게 된 데는 자신의 도피자금 제공 요구를 피고인이 거절한 것에 대한 나쁜 감정이 배경이 되어 있는 점, ④ 甲은 귀국 후 법정 증언 등을 통해 자신의 진술에 대한 진실성을 담보할 뜻이 없음을 분명히 하고 있는 점, ⑤ 甲은 이후 진술조서의 내용이 사실과 다르다는 취지의 서류를 보내는 등 진술이 특신상태에서 이루어졌다고 보기 어렵다는 이유로 증거능력을 부정하였다. 형사소송법 제314조는 원진술자가 사망 또는 외국에 거주할 경우 등 예외적인 경우에 진술 또는 작성이 특신상태에서 이루어졌을 때 원진술자가 진정성립을 인정할 수 없더라도 증거능력을 부여하는바, 대법원은 참고인 조사가 형사사법공조절차 등의 공식적이고 엄격한 절차를 거쳐 이뤄진 경우에만 진술조서 등에 특신상태를 인정하고 있다.

[참고문헌] 백진현·조균석, 국제형사사법공조에 관한 연구, 한국형사정책연구원, 1992; 전국진, 외국에서 수집된 증거의 증거능력, 법무연수원 해외연수검사연구논문집 제22집(Ⅱ), 2006; 이완규, 개정형사소송법의 쟁점, 탐구사, 2007.

[필자: 정광일 검사]

# 93. 검증조서의 증거능력 — 피고인의 진술 기재부분과 범행재연사진의 증거능력

**[대법원 1998. 3. 13. 선고 98도159 판결]**

**[사안]** D는 평소부터 자신의 아버지의 술주정에 반감을 품어 오던 중 때마침 실직한 상태에서 계속 술을 마시고 있던 상태에서 아버지로부터 심한 욕설을 듣고 격분한 나머지 극히 우발적으로 주먹으로 아버지의 얼굴을 1회 때려 사망케 하였다. D는 피해자인 아버지가 사망한 당일부터 폭행사실을 시인하기 시작하여 검찰단계에까지 동일한 내용의 자백을 계속하였다. D는 존속폭행치사의 혐의로 기소되었다. 사법경찰관이 작성한 검증조서가 법원에 제출되었고, 여기에는 공소사실에 부합하는 피의자이었던 피고인의 '진술기재 부분'이 포함되어 있고 또한 '범행을 재연하는 사진'이 첨부되어 있었다. 그러나 D는 공판정에서 위 검증조서에 대하여 증거로 함에 동의만 하였을 뿐 검증조서에 기재된 진술내용 및 범행을 재연한 부분에 대하여 그 성립의 진정 및 내용을 인정한 흔적을 찾아 볼 수 없고 오히려 이를 부인하였다. 제1심과 항소심은 위 검증조서 중 이 사건 범행에 부합되는 D의 진술을 기재한 부분과 범행을 재연한 부분을 유죄의 증거로 인용하였다. D의 공소사실은 1심과 항소심이 들고 있는 여러 증거들 중 위 검증조서 부분을 제외한 나머지 증거들에 의하여도 이를 인정하기에 충분하였다. 항소심의 유죄판결에 대하여 D가 상고하였다. 상고심에서는 사법경찰관 작성의 검증조서에 포함되어 있는 피고인 진술의 기재부분과 범행재연사진의 증거능력 여부가 쟁점이 되었다.

**★[판지(상고기각)]★**

사법경찰관 작성의 검증조서에 대하여 피고인이 증거로 함에 동의만 하였을 뿐 공판정에서 검증조서에 기재된 진술내용 및 범행을 재연한 부분에 대하여 그 성립의 진정 및 내용을 인정한 흔적을 찾아볼 수 없고 오히려 이를 부인하고 있는 경우에는 그 증거능력을 인정할 수 없으므로, 위 검증조서 중 범행에 부합되는 피고인의 진술을 기재한 부분과 범행을 재연한 부분을 제외한 나머지 부분만을 증거로 채용하여야 함에도 이를 구분하지 아니한 채 그 전부를 유죄의 증거로 인용한 항소심의 조치는 위법하다. 그러나, 기록에 의하면 피고인에 대한 이 사건 폭행치사의 범죄사실은 원심이 들고 있는 여러 증거들 중 위 검증조서 부분을 제외한 나머지 증거들에 의하여도 이를 인정하기에 충분하므로 원심의 위와 같은 위법은 결국 판결의 결과에 영향이 없다고 할 것이어서, 원심판결에 소론과 같은 채증법칙 위배로 인한 사실오인의 위법이 있다고 할 수 없다.

**[해설]**

### 1. 검증조서상의 피의자 진술 기재와 범행재연 사진 첨부의 문제점

사법경찰관이 작성한 검증조서에는 검증의 결과가 기재되는 것이 원칙이지만 그 밖에 피의자 등 검증 참여자의 진술이 기재되거나 피의자의 범행재연 사진이 첨부되는 경우가 있다. 이처럼 검증조서에 피의자 등의 진술이 기재되거나 범행재연 사진을 첨부하는 것은 수사상 편의를 위한 것이다. 사법경찰관이 작성한 검증조서가 증거능력을 인정받기 위하여는 형사소송법 제312조 제6항에 의하여 작성자가 성립의 진정을 인정하는 것이 요구되지만, 사법경찰관이 작성한 피의자신문조서는 형사소송법 제312조 제3항에 따라 피의자였던 피고인 또는 변호인이 내용을 인정하여야 한다. 이처럼 피의자신문조서의 경우 검증조서보다 더 엄격한 증거능력의 요건을 요구하는 것이 사법경찰관으로 하여금 검증조서에 피의자의 진술 등을 기재하는 원인이 된다. 본 판결에서도 검증조서에 기재된 피의자 진술과 첨부된 범행재연 사진의 증거능력이 문제되었다.

### 2. 검증조서상의 피의자 진술과 범행재연사진의 증거능력 여부와 그 요건

검증조서에 기재된 피의자 진술과 첨부된 범행재연 사진의 증거능력은 두 가지 측면에서 검토되어야 한다. 우선 검증조서에 피의자 진술을 기재하거나 범행재연

사진을 첨부하는 것이 적법한 것인지가 문제된다. 이에 대하여 검증조서에 피의자의 진술을 기재하는 것은 위법한 것으로서 증거능력이 부정된다는 입장이 있다. 즉 검증은 수사기관이 직접 경험하여 정보를 얻어내는 것이지만, 피의자신문은 피의자를 통하여 필요한 정보를 얻어내는 과정으로서, 후자는 전자에 비하여 인권침해의 위험성이 크고 진술거부권의 고지와 제3자의 참여 등 지켜야 할 절차도 복잡한데 이러한 절차를 지키지 않고 피의자의 진술을 얻어 내 이를 검증조서에 기재하는 것은 위법수집증거로서 증거능력이 부정되어야 한다고 한다. 그러나 다수의 견해는 검증조서에 피의자의 진술을 기재하는 것을 위법한 것으로 보지는 않고 있다. 본 판결에서도 이에 대한 별도의 언급이 없다는 점에서 위법한 것으로 판단하지는 않는 것으로 보인다.

검증조서에 피의자진술을 기재하는 것이 적법한 것이라면 다음으로는 이러한 진술이 검증조서와 일체를 이루는 것으로서 그 증거능력을 검증조서와 동일하게 볼 것이냐 아니면 검증조서와 별도로 증거능력을 판단할 것이냐가 문제된다(범행재연사진도 진술증거의 일종이기 때문에 이하에서는 피의자 진술로 통합하여 다룬다). 이에 대하여 우선 현장지시와 현장진술을 구분하여 현장지시는 검증조서와 일체를 이루는 것이므로 형사소송법 제312조 제6항에 따라 증거능력을 판단하여야 하지만, 현장진술은 진술증거로서 검증조서와 별도로 증거능력을 판단하여야 하고 따라서 그 기재부분은 피의자신문조서로 취급하여 형사소송법 제312조 제1항 내지 제3항의 요건을 구비하여야 증거능력이 인정될 수 있다는 입장이 있다(구분설). 이러한 구분설을 수정하여 현장지시를 세분화하여 현장지시가 검증활동의 동기나 단서를 제공하는 비진술증거일 때에는 검증조서와 일체를 이루는 것으로서 검증조서와 동일하게 형사소송법 제312조 제6항에 의하여 증거능력을 판단하지만, 현장지시가 범죄사실을 인정하기 위한 진술증거로 이용되는 때에는 현장진술로 취급하여 피의자신문조서의 증거능력 규정인 형사소송법 제312조 제1항 내지 제3항에 따라 그 증거능력을 판단하여야 한다는 입장도 있다(수정 구분설). 한편 현장지시든 현장진술이든 불문하고 검증조서에 기재된 진술 부분은 검증조서와 별개의 것으로서 피의자신문조서로 보아야 하며 따라서 증

거능력은 형사소송법 제312조 제1항 내지 제3항에 따라 판단하여야 한다는 입장도 제시된다(비구분설).

본 판결에서는 검증조서에 기재된 진술내용 및 범행재연 부분에 대하여 피고인이 "성립의 진정 및 내용을 인정"하지 않았기 때문에 증거능력을 인정할 수 없다고 하여 검증조서에 기재된 피고인의 진술에 대한 증거능력을 검증조서와 별개로 취급하여야 한다는 입장을 취하고 있으나, 더 나아가 현장지시와 현장진술을 구분하거나 현장지시를 세분하여 판단하여야 하는지에 대하여는 언급하고 있지 않다. 그리고 이처럼 별개로 취급할 경우 피고인의 진술부분은 사법경찰관이 작성한 피의자신문조서에 해당하는 것으로 볼 수 있기 때문에 형사소송법 제312조 제3항에 따라 성립의 진정뿐만 아니라 내용까지 인정하여야 증거능력이 있는 것으로 판단하고 있다. 이로부터 대법원은 형식 여하를 불문하고 피의자로부터 진술을 얻어내는 것에 대하여 매우 엄격한 입장을 취하고 있음을 알 수 있다. 자술서의 형식으로 피의자로부터 진술을 얻어내는 경우(대법원 1882. 9. 14. 선고 82도1479 판결), 피의자 신문을 제3자에게 참관시킨 후 참고인 조서를 받는 경우(대법원 1995. 5. 9. 선고 95도535 판결) 등에 대하여 형식과는 상관 없이 형사소송법 제312조 제2항(현행 제312조 제3항)에 의하여 증거능력을 판단하는 것과 같은 맥락이다.

[참고문헌] 이승호, 사법경찰관 작성 검증조서에 기재된 피의자진술의 증거능력, 형사판례연구 9(2001).

[필자: 김재봉 교수(한양대)]

# 94. 녹음테이프의 증거능력

[대법원 2012. 9. 13. 선고 2012도7461 판결]

[사안] D는 광역시 구청장의 지위에서 V조합의 토지구획정리사업 완료에 필수적인 공사 등에 관한 협의 권한이 있음을 기화로 승소가능성이 거의 없는 소송을 제기한 뒤 D의 요구대로 조정에 응하지 않으면 위 사업 완료를 위한 관련 협의가 진행되지 않을 것이라고 V의 대표자인 O를 협박하고, 위 사업이 제대로 마무리되지 않을 경우 V가 피해를 볼 것을 우려하여 조정합의하도록 함으로써 공갈을 하였다는 혐의로 기소되었다.

제1심과 항소심은 유죄를 선고하면서 D와 O의 대화 내용을 녹음한 음성파일 사본과 녹취록을 증거로 사용하였다. 이에 대하여 D는 녹음 원본이 존재하지 않는 사본이고 복사과정에서 편집되는 등의 인위적인 개작 없이 원본 내용 그대로 복사되었는지 알 수 없으며, 일부 대화를 삭제한 후 파일을 복사했을 가능성 등을 제기하면서 그 증거능력이 없다고 주장하였다.

제1심과 항소심은 O가 디지털 녹음기로 D와의 대화를 몰래 녹음한 후 자신의 사무실로 돌아와 디지털 녹음기에 저장된 녹음파일 원본을 컴퓨터에 복사하고 디지털 녹음기의 파일 원본을 삭제한 뒤 D와의 다음 대화를 다시 녹음하는 과정을 반복한 사실, O는 검찰과 제1심 법정에서 이 사건 녹음파일 사본은 D와 나눈 대화를 자신이 직접 녹음한 파일 원본을 컴퓨터에 그대로 복사한 것으로서 위 녹음파일 사본과 해당 녹취록 사이에 동일성이 있다고 진술한 사실, D도 검찰과 제1심 법정에서 이 사건 녹음파일 사본을 모두 들어본 뒤 일부 파일에 인사말 등이 녹음되지 않은 것 같다는 등의 지적을 한 외에는 녹음된 음성이 자신의 것이 맞을 뿐만 아니라 그 내용도 자신이 진술한 대로 녹음되어 있으며 이 사건 녹음파일 사본의 내용대로 해당 녹취록에 기재되어 있다는 취지로 진술한 사실, 대검찰청 과학수사담당관실에서 이 사건 녹음파일 사본과 그 녹음에 사용된 디지털 녹음기에 대하여 국제적으로 널리 사용되는 다양한 분석방법을 통해 정밀감정한 결과 이 사건 녹음파일 사본에 편집의 흔적을 발견할 수 없고, 이 사건 녹음파일 사본의 파일정보와 녹음 주파수 대역이 위 디지털녹음기로 생성한 파일의 그것들과 같다고 판정한 사실 등을 인정하고 위 녹음파일 사본과 녹취록은 인위적인 개작 없이 원본 내용 그대로 복사되어 모두 증거능력이 인정된다고 판단하였다.

**\*[판지(상고기각)]\***

## 1. 전문법칙의 적용 및 근거

"피고인과 상대방 사이의 대화 내용에 관한 녹취서가 공소사실의 증거로 제출되어 그 녹취서의 기재 내용과 녹음테이프의 녹음 내용이 동일한지 여부에 대하여 법원이 검증을 실시한 경우에, 증거자료가 되는 것은 녹음테이프에 녹음된 대화 내용 그 자체이고, 그 중 피고인의 진술 내용은 실질적으로 형사소송법 제311조, 제312조의 규정 이외에 피고인의 진술을 기재한 서류와 다름없어, 피고인이 그 녹음테이프를 증거로 할 수 있음에 동의하지 않은 이상 그 녹음테이프에 녹음된 피고인의 진술 내용을 증거로 사용하기 위해서는 형사소송법 제313조 제1항 단서에 따라 공판준비 또는 공판기일에서 그 작성자인 상대방의 진술에 의하여 녹음테이프에 녹음된 피고인의 진술 내용이 피고인이 진술한 대로 녹음된 것임이 증명되고 나아가 그 진술이 특히 신빙할 수 있는 상태하에서 행하여진 것임이 인정되어야 한다(대법원 2001. 10. 9. 선고 2001도3106 판결, 대법원 2004. 5. 27. 선고 2004도1449 판결, 대법원 2008. 12. 24. 선고 2008도9414 판결 등 참조)."

## 2. 서명·날인의 요부 및 원본성

"대화 내용을 녹음한 파일 등의 전자매체는 그 성질상 작성자나 진술자의 서명 또는 날인이 없을 뿐만 아니라, 녹음자의 의도나 특정한 기술에 의하여 그 내용이 편집, 조작될 위험성이 있음을 고려하여, 그 대화 내용을 녹음한 원본이거나 원본으로부터 복사한 사본일 경우에는 복사과정에서 편집되는 등의 인위적 개작

없이 원본의 내용 그대로 복사된 사본임이 입증되어야
한다(대법원 2005. 12. 23. 선고 2005도2945 판결, 대법원
2007. 3. 15. 선고 2006도8869 판결 등 참조)."

### 3. 통신비밀보호법 제14조의 적용 여부

"이 사건 녹음파일 사본은 타인 간의 대화를 녹음한
것이 아니므로 타인의 대화비밀 침해금지를 규정한 통
신비밀보호법 제14조의 적용 대상이 아니다(대법원
2001. 10. 9. 선고 2001도3106 판결 참조)."

### [해설]

#### 1. 녹음테이프와 전문법칙의 적용

녹음테이프는 사람의 음성 기타 음향을 기계적 장치
를 통해 녹음하여 재생할 수 있는 매체의 하나로서 그
기록과 재생능력의 정확성이 인간의 지각과 기억능력
을 초월하고 진술의 구체적 과정과 진술자의 심리상태
변화 등을 그대로 전달할 수 있는 점에서 과학적 증거
방법의 하나이다. 그러나 녹음테이프도 녹음자나 편집
자의 주관적 의도에 따라 편집 등의 조작 위험성이 있
으므로 그 증거능력의 인정에 일정한 제한을 가할 것
인지가 문제된다.

녹음테이프는 증거능력과 관련하여 진술녹음과 현
장녹음으로 구별된다. 진술녹음은 사람의 진술이 녹음
되어 있고 그 진술내용의 진실성이 증명의 대상이 되
는 것으로서 진술서면에 준하여 그 작성주체와 원진술
의 성격에 따라 형사소송법 제311조 내지 제313조를
적용하여 그 증거능력의 요건을 결정한다. 판례도 동
일한 견해를 취하고 있다. 이 판결에서도 형사소송법
제313조 제1항 단서에 따라 원진술자에 의하여 진정성
립이 인정되었고 녹음경위, 대화장소, 내용 및 대화자
사이의 관계 등에 비추어 그 진술이 특히 신빙할 수 있
는 상태하에서 행하여진 것을 근거로 증거능력을 인정
하였다.

이에 반하여 현장녹음은 범행에 수반한 현장의 소음
이나 음성을 녹음한 것을 말하는데, 비진술증거로 보
아 단순한 증거물로 취급하여야 한다는 견해, 진술증
거로 보아 진술서면에 준하여 증거능력을 결정하여야
한다는 견해, 검증조서에 유사한 것으로 보아 검증조
서에 준하여 증거능력을 결정하여야 한다는 견해로 나
뉘어 있다.

### 2. 녹음테이프의 진정성과 서명·날인의 요부

진술서면의 증거능력을 인정하기 위해서 진술자의
서명·날인을 전제로 하고 있어 녹음테이프의 경우에
도 그 증거능력의 요건으로 서명·날인을 요할 것인지
가 문제된다. 학설은 서명·날인이 필요하다는 견해도
있으나 녹음테이프는 원래 서명·날인이 적합하지 않
아 서명·날인을 요하지 않는다는 불요설이 통설이다.
다만 조작의 위험성이 있으므로 진술자의 음성이라는
점과 녹음내용의 정확성을 확인할 필요가 있다. 이 판
결에서도 녹음매체는 그 성질상 서명 또는 날인이 없
음을 인정하고 편집 내지 조작의 위험성을 고려하여
대화내용을 녹음한 원본이거나 편집 등의 인위적 개작
없이 원본의 내용 그대로 복사된 사본임이 입증될 것
을 그 증거능력의 요건으로 하고 있다.

### 3. 비밀녹음한 녹음테이프의 증거능력

대화의 일방 당사자가 상대방 몰래 대화내용을 녹음
하는 경우에 사인의 비밀녹음에 대하여 증거능력을 인
정할 것인지가 문제된다. 다수설은 프라이버시 보호의
필요성이 없거나 약화되고 통신비밀보호법이 타인 간
의 대화비밀만을 보호하고 있다는 점을 근거로 그 증
거능력을 인정하는 견해이고, 이에 대하여 대화상대방
이 보유하는 정보의 자기결정권을 정당한 절차에 따르
지 않고 침해한 것이라는 점을 근거로 증거능력을 부
정하는 견해가 있다. 이 판결은 타인 간의 대화비밀 침
해금지를 규정한 통신비밀보호법 제14조의 적용대상이
아니라는 이유로 증거능력을 부정하지 않고 있다.

[참고문헌] 강동범, 녹음테이프의 증거능력, 형사판례연구 6(1998);
하태훈, 사인이 비밀리에 녹음한 녹음테이프의 증거능력, 형사판
례연구 8(2000).

**[필자: 전승수 검사]**

# 95. 전자적 증거의 증거능력 — 가칭 '일심회 사건'

**[대법원 2007. 12. 13. 선고 2007도7257 판결]**

**[사안]** 피고인들은, 각 국가보안법위반으로 기소되었다. 피고인들로부터 압수한 전자적 매체로부터 검찰은, "피고인들이 '일심회'라는 이적단체를 구성하거나 가입하여 활동한 사실, 북경 등 제3국에서 북한공작원을 접선하고 지령을 수수하고 입국한 사실, 국가기밀을 탐지, 수집하여 북한에 전달한 사실, 대북보고문을 작성하여 북한공작원에게 이메일을 통해 발송 보고한 사실, 이적표현물을 소지한 사실 등을 확인하고 이를 출력하여 증거로 제출하였다. 변호인들은, "검찰이 위 저장매체의 데이터가 본래 존재하였던 상태와 전혀 다름이 없이 수집, 제출되었다는 사실과 위 전자적 정보의 분석처리과정에 대한 신뢰성에 대하여 그 입증책임을 다하지 못하였고, 법원의 검증절차에 참여하여 이를 주도적으로 진행한 증인 포렌식 조사관의 전자적 정보 분석능력과 그 증언을 신뢰할 수 없으므로, 위 문건들은 독립적인 증거로 사용할 수 없다"고 주장하였다. 1심법원(서울중앙지방법원 2007. 4. 16. 선고 2006고합1365 판결 등)은 "① 이 법원의 검증조서, 포렌식 조사관의 증언 및 기타 이 사건 변론에 나타난 제반 사정을 종합하면, 이미지 파일은 전 세계적으로 많이 사용되고 있는 EnCase 프로그램을 이용하여 작성되었는데, 디지털 저장매체 원본의 해쉬값과 이미징 작업을 통해 생성된 이미지 파일의 해쉬값은 동일한 점이 인정된다"며 이를 배척하였다. 피고인 측은, 항소심에서 "최초 이미징 작업 시 해쉬값을 작성하지 않았고, 1차로 진행된 디지털 증거에 대한 포렌식 복구 수사과정에서 디지털 원본 매체의 변경 가능성이 존재하므로 원래의 데이터 내용과 다름없이 수집, 제출되었다고 보기 어려우므로, 위 문건은 증거능력이 없다"고 주장하였다. 항소심(서울고등법원 2007. 8. 16. 선고 2007노929 판결) 또한, "② '위 디지털 저장매체를 압수, 봉인, 봉인 해제 및 복제를 할 때 항상 해당 피고인 측에서 입회하여 그 과정을 확인한 이상, 위 디지털 저장매체를 복제할 때

해쉬값을 작성하지 않았다고 하더라도, 위 디지털 저장매체에 담긴 파일의 내용이 수사과정에서 변경되었을 가능성은 거의 없다고 봄이 타당하다"고 하면서 1심의 판단을 수긍하였다. 피고인 측에서 상고하였다. 한편 검찰 또한 원심(항소심) 판단 중 제313조에 의해 증거능력이 부정된 디지털 증거에 대해서는 형사소송법 제314조와 315조에 의해 증거능력이 인정되어야 한다는 취지로 상고하였다.

**★[판지(상고기각)]★**

출력된 문건은 압수된 디지털 저장매체 원본에 저장되었던 내용과 동일한 것으로 인정할 수 있어 증거로 사용할 수 있고, 같은 취지의 원심의 판단은 정당하다. ③ 법원 감정을 통해 디지털 저장매체 원본 혹은 '하드카피' · '이미징'한 매체에 저장된 내용과 출력된 문건의 동일성을 확인하는 과정에서 이용된 컴퓨터의 기계적 정확성, 프로그램의 신뢰성, 입력 · 처리 · 출력의 각 단계에서 조작자의 전문적인 기술능력과 정확성이 담보되어야 한다. ④ 그리고 압수된 디지털 저장매체로부터 출력된 문건이 진술증거로 사용되는 경우에는 그 기재 내용의 진실성에 관하여 전문법칙이 적용되므로, ⑤ 형사소송법 제313조 제1항에 의하여 그 작성자 또는 진술자의 진술에 의하여 그 성립의 진정함이 증명된 때에 한하여 이를 증거로 사용할 수 있다. 나아가 ⑥ 이 사건 디지털 저장매체로부터 출력된 문건의 경우 논지와 같은 정황자료만으로 진정 성립을 인정할 수 있다거나 형사소송법 제314조, 제315조에 의하여 증거능력이 부여되어야 한다는 검사의 상고이유 주장은, 위에서 본 법리에 배치되거나 형사소송법 제314조, 제315조의 요건을 오해한 주장으로 받아들일 수 없다.

**[해설]**

**1. 문제의 제기**

컴퓨터 등 특수기록매체로부터 출력한 문건에 대해 증거능력을 직접 다룬 판례는 많지 않다. 공안사건으

로 가칭 '영남위원회' 사건(대법원 1999. 9. 3. 선고 99도 2317 판결), '왕재산' 사건(대법원 2013. 7. 26. 선고 2013도 2511 판결)과 본 대상판결이 그 중심을 이루고 있다. 여기서는 지면관계상 본 '일심회' 사건을 중심으로 향후 판결의 흐름을 가늠해 보기로 한다.

컴퓨터 관련 증거의 증거능력을 논함에 있어서는 1) 증거능력을 인정하는 전제조건으로서 진정성은 확보되었는가, 2) 그것이 진술증거라면 전문법칙을 적용할 수 있는가, 3) 전문법칙이 적용된다면 어떤 예외조항을 근거로 증거능력을 부여할 것인가에 대해서 검토되어야 한다. 본 대상판결은 이에 대해 종래의 입장을 재확인하고 있다.

## 2. 본 대상 문건은 진정성이 인정되는가?

### (1) 판결의 취지

조서이든 증거물이든 모든 증거는 기본적으로 진정성이 확보되어야 한다(법 제318조 제1항). 디지털 증거는 변조가 용이하고, 일단 변조하면 원본과 사본의 구분이 어려운 특징이 있어서 특히 문제된다. 따라서 특수기록매체로부터 출력한 문건의 증거능력에 관해서는 증거제출자가 원본매체와의 동일성, 이동과정에서의 무결성을 입증하여야 한다. 본 판결은 이러한 진정성을 입증하는 방법으로서 해쉬값을 통하거나 조사관의 증언, 법원의 감정 등 다양한 방법으로 입증할 수 있음을 언급하였다는 점에서 그 의의를 찾을 수 있다. 나아가 분석에 사용된 프로그램의 신뢰성과 포렌식 조사관이 기술능력을 갖추어야 한다는 점에서도 종래 판례의 입장을 재확인하고 있다.

### (2) 진정성의 입증방법

진술의 임의성에 관한 증명과 같이 소송법적 사실에 관한 증명은 법관의 자유로운 증명으로 족하다. 따라서 법관은 1) 당해 하드디스켓이 피고인으로부터 압수된 것인지 여부, 2) 모든 하드디스크들의 해쉬(Hash)값을 검증할 것인지, 비교적 용량이 작은 USB 메모리나 몇 개의 하드디스크를 샘플링하고 나머지는 조사관이나 입회인의 증언에 의할 것인지, 3) 원본을 가지고 쓰기방지장치를 하여 검증할 것인지, 이미징을 작성하여 사본으로 검증할 것인지 여부 등은 자유롭게 선택할 수 있다. 나아가 진정성을 입증하는 구체적인 방법으로는 1) 원본과 이미징한 사본간의 해쉬값이 동일하다는 취지의 피처분자의 확인서면으로 증명하는 방식이

있겠지만, 2) 수사관이나 전문가 등의 증언에 의해 양자 간의 해쉬값이 동일하다거나 정보저장매체 원본이 최초 압수 시부터 밀봉되어 증거 제출 시까지 전혀 변경되지 않았다는 등의 사정을 증명하는 방법, 3) 법원이 검증과정을 통해 그 원본에 저장된 자료와 증거로 제출된 출력 문건을 대조하거나, 4) 검찰의 국가디지털포렌식센터 또는 한국포렌식학회 등 신뢰할 수 있는 기관으로부터 인증등본을 제출받아 서류열람의 방식으로 하는 등 다양한 방법이 가능하다.

변호인 측 주장과 같이 반드시 압수·수색 전과정을 촬영한 영상녹화물이나 모든 절차에서 해쉬값을 대조하여야 할 것은 아니다. 포렌식 조사관이나 입회인의 증언 및 기타 변론의 전 취지 등을 종합하여 이를 자유롭게 인정할 수 있다는 점에서 1심과 2심의 ①, ②와 같은 판단을 수긍한 대상판결은 정당하다.

### (3) EnCase 프로그램의 신뢰성

새로운 과학기술이나 프로그램을 이용한 증거에 대해서는 법원의 확지 또는 입법에 의한 승인, 당사자 간의 동의나 합의, 조사관이나 전문가의 증언에 의해 당해 기술의 타당성이나 프로그램의 신뢰성을 입증할 수 있다. 전문가 증언에 의할 경우 과연 어느 정도의 판단 기준을 요구할 것인가?

종래 Frye기준(Frye v. United States, 293 F. 1013(D. C. Cir. 1923)이라고 하여 '그것이 속하는 특정분야에 있어서 일반적인 승인을 얻은 충분히 확증된 것이어야 한다'는 기준이 제시되었다. 그러나 이러한 일반적 승인 기준에 대해서는 그 기준이 명확하지 않고, 너무 엄격하다는 지적이 있어 왔다. 그래서 미국 법원에서는 최근 Daubert v. Merrell Dow Pharmaceuticals, Inc. 사건을 통해 Frye기준보다 완화된 기준을 제시하고 있다. 즉, 1) 이론이나 기법이 검증될 수 있고, 검증되었는지 여부, 2) 동료의 검증(peer review)이나 간행물(publication)에 발표되었는지, 3) 특정기법에 대한 오류가 높다거나 잠정적인 오류비율은 높은지, 4) 이론이나 기법이 "관련 과학계(Relevant Scientific Community)" 내에서 "일반적으로 인정"받았는지 등이 그것이다. 분석도구로 사용된 EnCase 소프트웨어는 세계 각지에서 포렌식 조사를 위해 널리 사용되고 있다. 이와 같이 상업적으로 통용되는 도구로써 광범위하게 인정받고 있다는 것은 Frye 기준, Daubert 기준 모두에 의해 적합한 것으로 판단할

수 있다.

본 대상 판결이 ①, ③에서 "위 이미지 파일은 '전세계적으로 많이 사용되고 있는' EnCase 프로그램을 이용하여 작성되었는데"라는 표현을 사용한 것도 이를 염두에 둔 것이다. Encase프로그램이 아닌 새로운 프로그램을 이용하는 경우에는 이러한 요구조건에 대해 제시자 측에서 입증해야 할 부담이 있다.

### (4) 포렌식 조사관의 전문능력

조사관의 전문능력은, 일반적으로 시스템의 운영과 시스템 사용에 대한 정확한 기술과 충분한 지식을 가지고 그 결과 출력된 자료를 설명할 수 있는 정도라면 충분하다는 것이 미국의 일관된 판례의 입장이다.

미국 연방증거법 제702조에서 전문가는, 관련된 주제에 대한 "지식, 기술, 경험, 훈련, 아니면 교육"을 갖추고 있음을 보여주면 된다고 규정하고 있다. 그래서 정교한 소프트웨어 프로그램을 개발할 수 있는 전문적 지식을 요하지 않고, 하드 드라이브나 집(zip) 드라이브에 무엇이 들어있는지를 알아낼 수 있는 기술이 있으면 족하다고 한다.

위 대상 판결이 검증절차과정에서 대검찰청 포렌식 조사관의 실행과 증언을 토대로 '검사, 피고인 변호인 등이 모두 참여한 가운데 검증을 실시하여 이미징 작업을 통해 생성된 파일의 내용과 출력된 문건에 기재된 내용이 동일함을 확인'함으로써 포렌식 조사관의 증언능력을 인정하였다는 점에서 매우 진전된 판결이다.

### (5) 본 판결의 평가

본 판결은 디지털 증거의 진정성을 인정할 수 있는 다양한 방법을 제시하면서, EnCase 프로그램의 신뢰성이나 포렌식 조사관의 전문능력을 부정하는 변호인 측의 주장에도 불구하고 이를 모두 인정한 원심의 판단을 수긍하였다는 점에서 그 의의가 매우 크다. 다만, 과학적인 사용도구나 프로그램의 신용성 판단기준, 포렌식 조사관의 전문가적인 조작기술이나 능력 등에 관한 구체적인 기준을 제시하지 못하였다는 점에 대해서는 아쉬움이 남는다.

## 3. 출력문건도 전문법칙이 적용되는가?

### (1) 문제제기

현행 형사소송법 제310조의2는, "제311조 내지 제316조에 규정한 것 이외에는 공판준비 또는 공판기일에서의 진술에 대신하여 진술을 기재한 '서류'나 공판준비 또는 공판기일 외에서의 타인의 진술을 내용으로 하는 '진술'은 이를 증거로 할 수 없다"고 하고 있다. 그렇다면 디지털 증거가 여기에서 말하는 서류나 진술에 포함될 수 있는가?

### (2) 전문법칙 적용 여부

이에 대해서는 학설상 전문법칙을 적용할 수 없다는 부적용설과 서류에 준해서 전문법칙을 적용하여야 한다는 적용설이 대립하고 있다.

생각건대, 전문법칙은 법정외 '진술' 그 자체를 증거로 사용할 수 있는지가 문제이며 그 진술을 전달하여 법정에서 확인할 수 있게 해주는 '매체'의 형식은 중요한 것이 아니다. 제310조의2 문구를 엄격히 해석하여 '서류'에 기록한 것은 전문법칙이 적용되지만 '다른 매체'에 기록한 것은 전문법칙이 적용되지 않는다고 하는 해석은 합리적이라고 할 수 없다. 따라서 컴퓨터 파일의 경우에도 '서류'에 준하여 증거능력을 판단하는 전문법칙 적용설이 타당하다.

### (3) 본 판결의 의미

위 판례도 ④와 같이 종래 영남위원회 사건 판결이후 컴퓨터 출력에 의한 문건에 대해서도 진술증거인 경우 '서류'에 준하여 전문법칙을 적용하여야 한다는 점을 당연한 전제로 삼고 있다.

## 4. 전문법칙 예외조항 적용근거

### (1) 사적인 상황에서 작성된 문서의 증거능력

그렇다면 이러한 문서에 대해 어느 조항을 근거로 증거능력을 인정할 것인가?

먼저, 1) 특수기록매체들은 제311조나 제312조에 말하는 조서가 아니므로 제313조를 적용해야 한다는 제313조설이 있을 수 있으나, 2) 현행법은 이미 작성자를 기준으로 하여 제311조부터 제313조로 나누어 적용하고 있다는 점에서 작성자에 따라 구분하여야 한다는 작성자기준설이 제시되고 있다.

개정 형소법이 법정외 진술이 행해진 상황 즉, 사적인 상황에서인가, 검찰, 경찰 등 수사과정에서 작성된 것인가 라는 진술이 이루어진 상황에 중점을 두고 있고 기록의 형식이 조서인지 진술서인지를 문제 삼고 있지 않다는 이유에서 후자인 작성자 기준설이 타당하다.

이런 견지에서 사적인 상황하에서 작성되어 컴퓨터 내 파일형태로 보관된 증거에 대해서 대상판결이 ⑤와 같이 형사소송법 제313조를 적용한 것은 타당하다.

**(2) 성립의 진정을 작성자 본인의 구두진술에만 의존할 것인가?**

한편 법 제313조는 진술서의 경우 작성자의 법정진술에 의해서만 성립의 진정을 인정하고 있고, 다른 객관적이고 과학적인 방법은 모두 부정하고 있다. 그럼에도 동 규정을 ⑤와 같이 엄격히 해석하는 판례의 태도 또한 합리적인 해석방법이라고 할 수 없다.

본건 파일과 같이 사적인 상황 하에서 통상적인 업무의 일환으로 작성된 것이라면 형사소송법 제315조 제2호의 '업무상 필요로 작성한 통상서류'이거나, 제3호의 '기타 특히 신용할만한 정황에 의하여 작성된 문서' 개념에 포섭하여 당연히 증거능력이 인정되는 것으로 볼 여지가 충분이 있다.

미국 연방 형사증거규칙 제803조(6)은 업무기록에 관하여 '정기적으로 행해진 업무활동의 과정에서 저장되었고 메모·보고·기록 또는 데이터 자료모음을 만드는 것이 그 업무활동의 정기적인 관례였다면 메모·보고·기록 또는 데이터 편집물에 대하여 그 형식을 불문하고 그에 관한 지식을 가지고 있는 자가 그 당시 또는 그에 근접한 시점에서 작성하고 또는 그 사람의 전달에 근거하여 작성된 것이며 … 기타 자격을 허용하는 법률에 따른 증인의 증언에 의해 입증된 모든 것은 전문법칙의 예외로서 증거로 허용될 수 있다'라고 규정하고 있다. 이러한 업무기록의 정의규정에 의한다면, 본 사건의 문서들을 업무상 작성된 기록이라고 보아 당연히 증거능력이 인정되는 문건으로 볼 수 있다.

**(3) 본 판결의 평가**

본 판결은 현행 형사소송법 제313조를 엄격히 해석하여 작성자의 구두 진술에 의해서만 진술서의 증거능력을 인정해 오던 종래의 입장을 재확인하고 있다. 그러면서도 본 사건 파일에 대해 ⑥과 같이 합리적인 이유를 제시함이 없이 제315조의 적용가능성을 배척한 점에서는 아쉬움이 남는다. 결국 사적인 상황에서의 진술서나 진술서면의 경우에도, 형사소송법 제312조 제2항, 제4항과 같은 예외조항을 두어, 포렌식 절차 등 객관적인 방법에 의하여 성립의 진정을 인정할 수 있도록 하거나 전문가 자격증을 소지한 포렌식 조사관의 증언에 의해서도 이를 인정할 수 있도록 하는 법률의 개정을 기대할 수밖에 없을 것 같다.

[참고문헌] 양근원, 형사절차상 디지털 증거의 수집과 증거능력에 관한 연구, 경희대학교 박사학위논문(2006); 오길영, 디지털 검증의 현재와 그 부당성, 민주법학(2013).

[필자: 노명선 교수(성균관대)]

# 96. 개정된 형사소송법 313조의 내용과 향후 전망

[대법원 2015. 7. 16. 선고 2015도2625 전원합의체 판결]

**[사안]** 전직 국가정보원장인 D는 재임 중 공직선거법을 위반한 혐의로 기소되었다. 사인(私人)이 작성한 것으로 보이는 디지털 저장매체로부터 출력된 문서가 유죄증거로 제출되었다. D는 법정에서 디지털 저장매체로부터 출력된 문서의 성립의 진정을 부인하였다. 제1심은 무죄를 선고하였지만, 항소심은 유죄를 선고하였고, 이에 D가 상고한 사안이다.

**＊[판지(원심판결 파기환송)]＊**

압수된 디지털 저장매체로부터 출력한 문서를 진술증거로 사용하는 경우, 그 기재 내용의 진실성에 관하여는 전문법칙이 적용되므로 <u>형사소송법 제313조 제1항에 따라 그 작성자 또는 진술자의 공판준비나 공판기일에서의 진술에 의하여 그 성립의 진정함이 증명된 때에 한하여 이를 증거로 사용할 수 있다는 것이 대법원의 확립된 판례이다</u>(대법원 2013. 6. 13. 선고 2012도16001 판결 등 참조). 이에 관하여는 1954. 9. 23. 제정되고 1961. 9. 1. 개정된 형사소송법 제313조 제1항의 규정은 21세기 정보화시대를 맞이하여 그에 걸맞게 해석하여야 하므로, 디지털 저장매체로부터 출력된 문서에 관하여는 저장매체의 사용자 및 소유자, 로그기록 등 저장매체에 남은 흔적, 초안 문서의 존재, 작성자만의 암호 사용 여부, 전자서명의 유무 등 여러 사정에 의하여 동일인이 작성하였다고 볼 수 있고 그 진정성을 탄핵할 다른 증거가 없는 한 <u>그 작성자의 공판준비나 공판기일에서의 진술과 상관없이 성립의 진정을 인정하여야 한다는 견해가 유력하게 주장되고 있는바, 그 나름 경청할 만한 가치가 있는 것은 사실이나, 입법을 통하여 해결하는 것은 몰라도 해석을 통하여 위와 같은 실정법의 명문조항을 달리 확장 적용할 수는 없다.</u> 이는 '의심스러울 때는 피고인의 이익으로'라는 형사법의 대원칙에 비추어 보아도 그러하다. 이 사건에서 원심

은, 위 두 파일은 그 작성자로 추정되는 공소외 4의 공판준비 또는 공판기일에서의 진술에 의하여 성립의 진정함이 증명되지 않았다는 이유로 위 두 파일의 증거능력을 인정하지 않았다. 원심판결 이유를 위 법리와 적법하게 채택된 증거들에 비추어 살펴보면, 원심의 위와 같은 판단은 정당하고, 거기에 디지털 저장매체로부터 출력한 문서의 증거능력에 관한 법리를 오해한 잘못이 없다.

**[해설]**

## 1. 전자증거의 증거능력

가칭 '일심회 사건'의 판례(대법원 2007. 12. 13. 선고 2007도7257 판결)에 따르면, 출력문서가 증거능력을 갖기 위해서는 '원본과 사본 혹은 출력문건 사이'에 '동일성(identity)＋무결성(無缺性, integrity)＋신뢰성(reliability)'이 인정되어야 하며, 전문법칙의 예외를 규정한 형사소송법 제313조 이하의 요건을 갖추어야만 한다. 이에 따라 위의 대법원 판례도 '작성자로 추정되는 공소외 4의 공판준비 또는 공판기일에서의 진술에 의하여 성립의 진정함이 증명되지 않았다는 이유'로 두 파일의 증거능력을 인정하지 않았다.

## 2. 2016년 개정 형사소송법의 태도

### (1) 입법취지

한국 형사소송법의 특이한 입법으로 위에서 언급한 동일성, 무결성, 신뢰성 등의 요건이 구비되더라도, 형사소송법 제313조 제1항은 '피고인 또는 피고인이 아닌 자가 작성한 진술서나 진술을 기재한 서류로서 자필이거나 서명 또는 날인이 있는 것은 작성자 또는 진술자의 진술에 의하여 성립의 진정이 증명'되어야 증거로 할 수 있는데, 종래 판례는 '작성자의 진술에 의한 성립의 진정함을 증명'에 대하여 '작성자의 성립의 진정을 인정하는 진술'에 의해서만 증명이 가능한 것으로 해석하였다. 따라서 판례에 따르면 압수·수색영장 등을 통하여 적법한 절차에 따라 압수한 증거도 피고인의 자필이 아닌 이상 피고인이나 작성자가 성립의

진정을 부인하기만 하면 증거로 할 수 없는 문제점이 지적되어 입법이 추진되었다.

### (2) 개정법의 태도

2016년 개정 형사소송법에 따르면, 진술서의 작성자가 공판준비 또는 공판기일에서 그 성립의 진정을 부인하는 경우에 과학적 분석결과에 기초한 디지털포렌식 자료, 감정 등 객관적 방법으로 성립의 진정함을 증명하면 증거능력이 인정된다. 다만, 피고인 아닌 자가 작성한 정보저장매체 기록(출력문서)의 경우에는 피고인 또는 변호인이 공판준비 또는 공판기일에 그 기재 내용에 관하여 작성자를 신문할 수 있었을 것을 요한다.

### (3) 개정법상 증거능력의 요건

첫째, 개정된 형사소송법 제313조 제2항은 '진술서(피고인 또는 피고인 아닌 자가 작성하였거나 진술한 내용이 포함된 문자·사진·영상 등의 정보로서 컴퓨터용디스크, 그 밖에 이와 비슷한 정보저장매체에 저장된 것을 포함한다)의 작성자가 공판준비나 공판기일에서 그 성립의 진정을 부인하는 경우'로 한정하고 있으므로 '피고인의 진술서 및 피고인 아닌 자가 작성한 진술서'의 경우만을 규정하고 있다고 보아야 한다.

둘째, 디지털 포렌식은 '법 문제에 대한 과학의 적용'으로 정의되는데, 이는 증거를 수집, 보전, 처리하는 과정에서 법정에서 증거로 사용하기 위해 과학적, 기술적 기법을 사용하여 증거가치가 상실되지 않도록 하는 일련의 절차 내지 과정을 일컫는 말이다. 따라서 진술서의 작성자가 부당하게 그 성립의 진정을 부인하는 경우에 과학적 분석결과에 기초한 디지털 포렌식 자료를 제출할 수 있다는 의미로 해석해야 할 것이다.

셋째, 감정이라 함은 특별한 지식과 경험을 가지고 있는 자로부터 사실의 법칙 또는 그 법칙을 구체적 사실에 적용하여 얻은 판단을 보고하도록 하는 것을 말한다. 통상, 해당 파일이 편집되었는지 또는 수집 당시의 해쉬(hash) 값과 현재의 해쉬(hash) 값이 일치하는지에 관하여 감정하는 방법이 여기에 해당할 것이다.

넷째, '객관적 방법'에는 대법원 판결에 열거된 '저장매체의 사용자 및 소유자, 로그기록 등 저장매체에 남은 흔적, 초안 문서의 존재, 작성자만의 암호 사용 여부, 전자서명의 유무' 등의 사정들을 과학적 분석결과에 의해 밝힌 디지털포렌식 자료 등이 해당될 것이다.

다섯째, 피고인 아닌 자(乙)가 작성한 진술서는 피고인(甲) 또는 변호인이 공판준비 또는 공판기일에 그 기재 내용에 관하여 작성자(乙)를 신문할 수 있었을 것을 요한다. 이는 진정성립이 증명되더라도 피고인(甲) 측에서 피고인 아닌 자(乙)의 진술내용에 대하여 다툴 수 있는 대면권(對面權)을 부여하는 것이 타당하므로, 반대신문의 기회부여를 별도요건으로 규정한 것이다.

### 3. 본 판결 및 개정법의 평가

본 판례의 입장을 반영하여, 개정 형사소송법은 '성립의 진정'을 부인하는 경우에도 '과학적 분석결과에 기초한 디지털포렌식 자료, 감정 등 객관적 방법'을 통하여 성립의 진정을 증명하면 증거능력을 인정한 진일보한 입법이다. 다만 구체적으로 '객관적 방법'이 무엇인지에 대하여는 향후 대법원 판례의 입장이 나올 것으로 기대된다.

[필자: 정웅석 교수(서경대)]

# 97. 영상녹화물의 증거능력

[서울남부지방법원 2007. 6. 20. 선고 2006고단 3255 판결]

**[사안]** D는 약속어음을 결제할 의사나 능력이 없음에도 처 O와 공모하여 O로 하여금 V를 기망하게 한 후 V로부터 약속어음을 교부받아 사용하였음에도 불구하고 V에게 교부한 약속어음을 결제하지 아니하여 동액 상당의 재산상 이득을 취하였다는 혐의로 기소되었다. 제1심은 검사제출 영상녹화물에 대한 증거능력을 부정한 후 부도나게 된 사정을 감안하면 D에 대한 편취범의를 인정하기 어렵다는 이유로 무죄판결을 선고하였다. 이에 검사가 항소하였으나 항소심은 검사제출 영상녹화물 등에 대한 제1심의 판단은 정당하지만 그 이외의 증거 등을 종합하면 D의 편취범의를 인정할 수 있다고 판단하고 유죄판결을 선고하였다.

**＊[판지(무죄선고)]＊**

1. 검사는 피고인에 대한 피의자신문조서나 참고인들에 대한 진술조서를 작성하지 아니한 채 피고인과 참고인들의 검찰에서의 진술을 녹화한 영상녹화물만을 제출하였는데, 피고인에 대한 영상녹화 부분은 형사소송법 제244조에서 피의자의 진술을 반드시 조서에 기재하도록 하여 수사절차를 엄격히 규제하고 있는 형사소송법의 취지를 잠탈하는 부적법한 증거로서 증거능력이 없고(개정 형사소송법 제312조 제2항에서도 피의자의 진술에 대한 녹화영상물을 검사작성 피의자신문조서의 성립의 진정을 증명하기 위한 증거로서만 쓸 수 있다는 취지로 규정하고 있다), 참고인들에 대한 영상녹화 부분은 위 진술자들이 이 법정에서 출석하여 증언함에도 위 영상녹화물에 대한 검증을 실시하여 검증조서를 작성하는 것은 절차의 중복에 해당하므로 증거로 채택하지 아니한다.

2. 검찰주사가 영상녹화물의 내용을 그대로 녹취 기재한 것에 불과한 수사보고서의 기재는 형사소송법상의 전문법칙의 예외가 적용되는 증거가 아닌 데다 피고인이 부동의하므로 증거능력이 없다.

3. 기계를 납품한 회사에 부탁하여 어음을 교환하여 사용하였으나 갑작스런 원료가격의 폭등 등으로 인해 부도가 나게 된 사정을 감안하면 나머지 증거들만으로는 편취범의가 있다고 보기 어렵다.

**[해설]**

## 1. 대상판결의 의미

대상판결은 검사가 영상녹화의 방법으로 피의자의 진술을 청취한 후 조서를 작성하지 아니한 채 유죄증거로 제출한 영상녹화물에 대하여 이는 조서를 반드시 작성하도록 규정하고 있는 형사소송법의 규정을 잠탈한 부적법한 증거라는 이유로 증거능력을 부정하였다. 그러나, 대상판결은 기존의 대법원판례와도 배치될 뿐만 아니라 대상판결 이후 피의자의 진술을 영상녹화할 수 있도록 형사소송법(제244조의2 제1항)이 개정 시행되었으므로 재검토되어야 할 것이다.

## 2. 피의자 또는 피의자 아닌 자의 진술청취와 조서의 작성

### (1) 피의자의 진술청취와 조서의 작성

형사소송법은 피의자의 진술은 조서에 기재하여야 한다고 규정(제244조 제1항)하고 있는바, 동 규정의 성격에 대하여 효력규정이라는 견해와 훈시규정이라는 견해가 있다. 효력규정이라는 견해는 동 규정이 의무조항이라는 점을 주요 근거로 제시하고 있으며, 훈시규정이라는 견해는 비록 명문으로 의무조항으로 규정되어 있다고 하여도 동 조항의 연혁, 우리 형사소송의 구조 등을 주요 근거로 제시하고 있다.

이와 관련된 명백한 판례는 있지 아니하지만, 수사기관에서 피의자를 조사하는 과정을 녹화한 비디오테이프, CD 또는 이에 준하는 것들은 실질적으로 피의자의 진술을 기재한 수사기관 작성의 피의자신문조서와 다를 바 없으므로 피의자신문조서에 준하여 그 증거능력을 가려야 한다는 기존의 판례(대법원 1992. 6. 23. 선고 92도682 판결, 대법원 2007. 10. 25. 선고 2007도6129 판결) 및 피의자의 진술을 영상녹화할 수 있도록 규정한 현행 형사소송법 규정(제244조의2 제1항) 등을 종합하면 조서작성 규정은 훈시규정으로 해석하거나, 조서작성의 원칙을 선언하였다고 해석함이 상당하다 할 것이다. 가사, 효력규정설을 따른다고 하여도 위법수집증거배제규칙은 위법수집한 모든 증거에 대하여 증거를 배제하는 것이 아니라 수사기관의 증거수집과정에서 이루어진 절차 위반행위와 관련된 모든 사정 즉, 절차 조항의 취지와 그 위반의 내용 및 정도, 구체적인 위반 경위와 회피가능성, 절차조항이 보호하고자 하는 권리 또는 법익의 성질과 침해 정도 및 피고인과의 관련성 등을 전체적·종합적으로 살펴보아야 한다는 것이므로(대법원 2007. 11. 15. 선고 2007도3061 전원합의체 판결) 조서를 작성하지 않았다는 이유로 영상녹화물의 증거능력을 부인하는 것은 적절하지 않다.

(2) 피의자 아닌 자의 진술청취와 조서의 작성

피의자 아닌 자의 진술청취와 조서의 작성에 관하여 형사소송법은 아무런 규정을 하고 있지 아니하므로 수사기관의 수사상황 및 피조사자의 상황에 맞추어 조서작성, 영상녹화 또는 진술서 등의 형식으로 그 진술을 청취할 수 있을 것이다.

다만, 성폭력범죄의처벌등에관한법률(제30조 제1항)은 성폭력범죄의 피해자가 19세 미만이거나 신체적인 또는 정신적인 장애로 사물을 변별하거나 의사를 결정할 능력이 미약한 경우에, 아동청소년의성보호에관한법률(제26조 제1항)은 19세 미만의 아동청소년대상 성범죄 피해자의 경우에 각 피해자의 진술내용과 조사과정을 비디오녹화기 등 영상물 녹화장치로 촬영·보존하여야 한다고 규정하고 있는바, 이는 성폭력범죄 및 아동청소년대상 성범죄 피해자의 2차 피해를 예방하기 위하여 피해사실의 진술횟수를 줄이기 위함이다.

3. 영상녹화물을 독자적인 증거로 인정할 수 있는지 여부

피의자 또는 피의자 아닌 자의 진술을 영상녹화할 수 있다고 하여 영상녹화물을 독자적인 유죄의 증거로 인정할 수 있는지 여부에 대하여는 견해의 대립이 있는바, 부정론은 공판중심주의, 직접심리주의의 원칙상 법원이 직접 조사한 증거를 심증 형성의 기초로 삼아야 하는데, 수사기관 작성 영상녹화물로 공판정에서의 진술을 대신하는 것은 이에 반하고, 공판정을 영상녹화물의 상영장소로 전락시켜 공판절차를 과도하게 지

연시킨다는 점 등을 근거로 영상녹화물을 독자적인 증거로 인정할 수 없다고 주장하고 있으며, 긍정론은 영상녹화물의 증거능력 인정이 공판중심주의 원칙과 반하는 것이 아니며 모든 영상녹화물이 상영되는 것이 아니므로 공판정이 영상녹화물의 상영장소로 될 우려가 없다는 점 등을 근거로 영상녹화물을 독자적인 증거로 인정하여야 한다고 주장하고 있다.

위 2. (1)항에서 살펴본 판례 및 현행 형사소송법상 영상녹화의 근거규정이 마련되었을 뿐만 아니라 조사자 증언제도가 도입되었는데, 영상녹화물은 조사자 증언보다 더욱 객관적으로 투명하게 피의자의 진술내용을 법원에 현출할 수 있어 피의자의 인권보장에 기여할 수 있는 점 등을 감안하면 영상녹화물의 독자적인 증거능력을 인정함이 상당하다.

4. 영상녹화물의 성립의 인정 주체

피의자 또는 피의자 아닌 자의 진술을 영상녹화한 영상녹화물의 성립의 인정 주체는 원진술자인 피의자 또는 피의자 아닌 자이다. 그런데, 성폭력범죄의처벌등에관한법률(제30조 제6항)은 피해자 이외에 조사과정에 동석하였던 신뢰관계에 있는 사람 또는 진술조력인, 아동청소년성보호에관한법률(제26조 제6항)은 피해자 이외에 조사과정에 동석하였던 신뢰관계에 있던 사람도 성립의 인정 주체로 각 규정하고 있는데, 위 규정이 피고인의 반대신문권 등을 침해하는 것이 아니다(헌법재판소 2013. 12. 26. 자 2011헌바108 결정).

[참고문헌] 심희기, 아동전문 인터뷰어와 성추행피해아동의 인터뷰진술녹화 비디오테이프의 증거능력과 증명력, 형사판례연구 15; 오기두, 수사과정 영상녹화물의 증거조사(상, 하), 저스티스(138, 139); 이완규, 개정 형사소송법상 조서와 영상녹화물, 비교형사법연구(9권 2호).

[필자: 김영태 검사]

# 98. 특신상태의 의미와 증명방법

[대법원 2011. 11. 10. 선고 2010도12 판결]

**[사안]** D는 W로부터 필로폰을 매수하고 W와 W2 사이의 필로폰 매매를 알선하였다는 혐의로 기소되었고, 그에 대한 증거로는 W와 W2의 수사과정에서의 진술이 제출되었다.

1심에서 D가 일체의 혐의를 부인하고 W와 W2는 소재불명으로 증언할 수 없는 상황이었으나, 재판부는 형사소송법 제314조를 적용하여 W와 W2의 수사과정에서의 진술에 대해 증거능력을 인정하여 유죄판결을 선고하였다.

항소심에서는 W가 증인으로 출석하여 종전 수사과정에서의 진술을 번복하며 D에게 유리한 취지로 증언하였으나, 재판부는 그 번복진술이 신빙성 없다며 배척하고 1심과 마찬가지로 W와 W2의 수사과정에서의 진술을 증거로 유죄판결을 선고하였다. 이에 D는 계속하여 혐의를 부인하며 상고하였다.

## *[판지(파기환송)]*

### 1. 특신상태의 지위

"전문법칙의 예외를 규정한 형사소송법 제314조는 공판준비 또는 공판기일 외에서의 진술은 그것이 비록 적법절차에 따라 이루어진 것으로 그 임의성이 의심스러운 때에 해당하지 않더라도 사망·질병·외국거주·소재불명 또는 이에 준하는 부득이한 사유로 원진술자나 작성자가 공판준비 또는 공판기일에 진술할 수 없는 경우로서, '특히 신빙할 수 있는 상태하에서 행하여졌음이 증명된 때'에 한하여 증거로 할 수 있다고 명시함으로써 그 증거능력의 인정 범위를 필요한 최소한도로 엄격히 제한하고 있다.

그러므로 검사가 공판준비 또는 공판기일 외에서의 진술을 유죄의 증거로 제출하는 경우 법원은 먼저 검사로 하여금 그 진술이 '특히 신빙할 수 있는 상태하에서 행하여진' 사정을 증명하도록 하여야 하고, 이를 엄격히 심사하여 그 요건을 충족한 것으로 인정될 때에

비로소 증거조사의 대상으로 삼을 수 있는 것이다."

### 2. 특신상태의 증명 정도

"이때 요구되는 증명의 정도는, 그 진술이 이루어진 구체적인 경위와 상황에 비추어 보아 단순히 적법하고 진술의 임의성이 담보되는 정도를 넘어, 법정에서의 반대신문 등을 통한 검증을 굳이 거치지 않더라도 진술의 신빙성을 충분히 담보할 수 있어 실질적 직접심리주의와 전문법칙에 대한 예외로 평가할 수 있는 정도에 이르러야 할 것이다."

### 3. 사안의 판단

"앞서 본 법리에 의하면, W와 W2가 수사기관에서 한 각 진술의 증거능력을 인정하기 위해서는 그 진술이 '특히 신빙할 수 있는 상태하에서' 행하여진 것임이 증명되어야 할 것인바, D의 다툼에도 불구하고 이 점에 관한 검사의 증명이 없을 뿐만 아니라 기록상 달리 위와 같은 상태로 평가할 만한 정황도 보이지 않는다. 오히려 기록에 나타나는 다음과 같은 사정 (중략) 등에 비추어 볼 때, W와 W2가 수사기관에서 한 각 진술은 법정에서의 반대신문을 통하여 그 신빙성을 엄격하게 검증하여야 할 필요가 있는 것으로 보인다. 따라서 W와 W2의 수사기관에서의 각 진술은 형사소송법 제314조에 의한 증거능력을 인정할 수 없다."

## [해설]

### 1. 특신상태의 의의

형사소송법은 제310조의2에서 원칙적으로 전문증거를 증거로 사용할 수 없음을 정하고 있는 한편으로, 제311조부터 제316조까지 예외적으로 전문증거를 증거로 사용할 수 있는 경우를 열거하면서 그 중 일부는 증거능력 인정의 요건으로서 원진술이 '특히 신빙할 수 있는 상태'에서 행하여졌음을 요구하고 있는데, 통상 이를 '특신상태'라고 부른다.

전문증거는 그 원진술자에 대한 반대신문의 기회가 부여되어 있지 않고 그 전달과정에서의 오류 가능성 등으로 신용성이 결여되어 있기 때문에 원칙적으로 증

거능력이 부정되나, 실체진실 발견을 위해 전문증거를 증거로 사용해야 할 필요가 있고(필요성) 원진술이 그 진술 당시의 정황에 비추어 일응 믿을 만한 여지가 있는 것인 경우(신용성의 정황적 보장)에는 증거능력이 인정되며, 특신상태는 바로 전문증거에 증거능력을 부여하기 위한 요건으로 요구되는 '필요성'과 '신용성의 정황적 보장' 중 후자를 의미한다.

판례는 특신상태를 그 진술내용이나 조서 또는 서류의 작성에 허위개입의 여지가 거의 없고 그 진술내용의 신빙성이나 임의성을 담보할 구체적이고 외부적인 정황이 있는 경우를 말한다고 한다(대법원 2006. 5. 25. 선고 2004도3619 판결 등).

## 2. 특신상태의 판단기준

일반적으로 특신상태는 진술자가 진술하게 된 경위, 진술자와 사건과의 관계, 진술할 때의 상황, 진술자의 기억력의 정도, 지적 수준, 진술내용이 전체적으로 보아 그 사건을 경험한 사람의 진술로 평가할 수 있는지 등의 제반정황을 종합적으로 고려하여 판단하여야 한다고 설명된다. 한편으로는, 특신상태란 전문증거에 대한 증거능력 인정의 기준일 뿐 그것을 믿어서 공소사실을 인정하는 증거로 삼는 것과는 구별되어야 하므로, 여기서 말하는 신용성의 정황적 보장은 낮은 단계의 기준으로서 이러한 정도의 신용성이 있다면 일단 다른 증거들과 함께 증거판단의 자료로 고려하도록 하는 정도라고 설명되기도 한다.

판례는 특신상태를 판단할 때 구체적인 사건에 따라 당해 조서의 형식과 내용, 피고인의 학력, 경력, 직업, 사회적 지위, 지능 정도 등 제반 사정을 참작하여 자유로운 심증으로 판단하면 된다고 한다(대법원 1995. 5. 12. 선고 95도484 판결 등).

그런데 대상판결의 사안과 같이 원진술자가 사망, 질병, 외국거주, 소재불명, 그 밖에 그에 준하는 사유로 공판에서 직접 진술할 수 없어 제314조나 제316조 제2항에 따라 특신상태의 존재만으로 전문증거에 곧바로 증거능력을 부여할 수 있는 경우는, 원진술자가 공판에 출석하여 직접 진술할 수 있는 경우와는 구별하여 살펴볼 필요가 있다. 왜냐하면 법관이나 배심원이 공판에 출석한 원진술자를 상대로 반대신문 등을 통하여 원진술의 신빙성 여부를 직접 따져볼 수 있는 기회가 있는 경우에는, 원진술자에 대한 아무런 신문도 없

이 단지 특신상태의 존재만으로 곧바로 증거능력이 인정될 수 있는 경우에 비하여 특신상태를 엄격하게 인정함으로써 증거능력을 제한되게 인정할 실익이 상대적으로 덜하다고 보아야 할 것이기 때문이다.

이러한 관점에서 대상판결 역시, 형사소송법 제314조가 적용되는 사안과 같이 공판과정에서 원진술자의 진술을 들을 수 없는 경우에는, 전문증거만으로 실체적 진실을 속단하지 않도록 특신상태의 요건을 엄격히 심사하여야 한다는 입장에 있는 것으로 해석된다.

## 3. 특신상태의 증명

특신상태는 증거능력의 요건에 해당하므로 검사가 그 존재에 대하여 구체적으로 주장·증명하여야 하는 것이지만, 이는 공소사실에 대한 것이 아니라 소송법상의 사실에 관한 것이므로 엄격한 증명을 요하지 아니하고 자유로운 증명으로 족하다(대법원 2001. 9. 4. 선고 2000도1743 판결 등).

즉, 조사과정에 참여한 사람에 대한 증인신문이나 조사과정에서 작성된 영상녹화물을 검증하는 등의 방법을 활용하여 원진술 당시의 상황을 확인하여 특신상태의 존재를 증명할 수 있을 것이다.

[참고문헌] 한제희, 특신상태의 의의와 판단기준, 형사판례연구 제21권(2013).

[필자: 한제희 검사]

# 99. 특신상태의 증명 정도 (합리적 의심의 여지가 없는 증명)

[대법원 2014. 2. 21. 선고 2013도12652 판결]

**[사안]** 피고인 D는 2012. 2. 14. 14:00경 모텔방에서 인터넷채팅사이트를 통하여 알게 된 공소외 W에게 성매매 대금 명목으로 4만원을 주기로 약속하고, W로 하여금 피고인의 성기를 (중략) 하게 하는 등 유사성교행위의 상대방이 되어 성매매를 하였다는 공소사실로, 성매매알선 등 행위의 처벌에 관한 법률위반(성매매) 혐의로 기소되었다. D는 'W를 인터넷채팅으로 만나 상호 합의 하에 위 행위를 하였으나 뜻밖에 대가를 요구하기에 경찰에 신고하였다'고 진술하는 반면, W는 '인터넷채팅으로 미리 행위의 내용과 대가를 정하였다'고 진술하여 이 사건의 쟁점은 대가약속 여부의 존부였다. W의 진술서와 검사작성의 W의 피의자신문조서에 대하여 피고인이 부동의하여 W가 공판기일에 출석하여야 하나 W는 제1심진행 당시 소재불명으로 진술불능상태였다. 검사는 '위 진술서와 피의자신문조서가 제314조에 의하여 증거능력이 인정된다'고 주장하였다. 제1심법원은 유죄를 선고하였다. 항소심에서 피고인이 동영상 CD를 제출하였는데 거기에는 W가 "수사기관에서 내가 한 말은 허위"라는 취지의 진술이 있었다. W는 항소심에서도 여전히 소재불명 상태였다. 항소심법원은 '위 진술서와 피의자신문조서의 특신상태가 증명되지 않았다'는 이유로 증거능력을 부정하고 무죄를 선고하였다. 검사가 상고하였다.

**★[판지(상고기각)]★**

1. 형사소송법은 (중략) 그 참고인이 사망·질병·외국거주·소재불명 등의 사유로 공판준비 또는 공판기일에 출석하여 진술할 수 없고, 수사기관에서 한 진술 등이 '특히 신빙할 수 있는 상태하에서 행하여졌음이 증명된 때'에는 법관의 면전에 출석하여 직접 진술하지 아니하였더라도 그 진술조서 등을 증거로 할 수 있도록 하고 있다(제314조). 결국 참고인의 소재불명 등의 경우에 그 참고인이 진술하거나 작성한 진술조서나 진술서에 대하여 증거능력을 인정하는 것은, 형사소송법이 제312조 또는 제313조에서 (중략) 직접심리주의 등 기본원칙에 대한 예외를 인정한 데 대하여 다시 중대한 예외를 인정하여 원진술자 등에 대한 반대신문의 기회조차 없이 증거능력을 부여할 수 있도록 한 것이므로, 그 경우 참고인의 진술 또는 작성이 '특히 신빙할 수 있는 상태 하에서 행하여졌음에 대한 증명'은 단지 그러할 개연성이 있다는 정도로는 부족하고 합리적인 의심의 여지를 배제할 정도에 이르러야 한다.

2. ⓐ 함께 들어간 모텔방에서 서로 다툼이 있어 피고인이 먼저 직접 112 신고를 하고 곧바로 W와 함께 경찰에 가서 최초 조사를 받았고, ⓑ 각 진술 내용을 보더라도 피고인의 진술은 인터넷 채팅으로 만난 W가 합의 하에 모텔방에 온 후에야 대가를 요구하길래 이를 신고하였다는 취지인 반면 W의 진술은 인터넷 채팅으로 미리 행위의 내용과 대가를 정하였는데 피고인이 다른 행위를 요구하여 서로 다투었다는 취지로서, 대질을 포함한 각 진술 과정에서 공소사실과 같이 사전에 유사성교행위의 대가를 지급하기로 한 바가 있는지 등 공소사실의 핵심적인 사항에 관하여 두 사람의 진술이 시종일관 일치하지 않았던 사정을 알 수 있다. ⓒ 더구나 원심에 이르러 피고인이 제출한 CD(을 제1호)에 수록된 동영상에서는 W가 수사기관에서 한 자신의 진술이 허위라는 취지로 진술하고 있는 점도 기록상 드러나 있다. 이와 같은 여러 정황을 종합하여 보면 W의 진술이 형사소송법 제314조가 의미하는 '특히 신빙할 수 있는 상태하에서' 이루어진 것이라는 점, 즉 진술 내용에 허위개입의 여지가 거의 없고 진술 내용의 신빙성을 담보할 구체적이고 외부적인 정황이 있다는 점이 합리적 의심을 배제할 수 있을 만큼 확실히 증명되어 법정에서 반대신문을 통한 확인과 검증을 거치지 않아도 될 정도에 이르렀다고 보기는 어렵다(위 ⓐ, ⓑ, ⓒ는 필자의 표기).

## [해설]

### 1. 특신상태의 의의와 증명의 정도

형사소송법상 특신상태를 규정한 조문은 다음 세 가지다. 즉, ① 수사기관이 작성한 조서에 관한 제312조 제1항, 제2항(검사작성의 피의자신문조서), 제4항(피고인 아닌 자의 진술을 기재한 조서), ② 수사기관 이외의 자가 작성한 진술기재서류(제313조 제1항 단서)와 전문진술(제316조 제1항), ③ 원진술자가 공판에 출석할 수 없는 경우(진술불능)인 제314조와 제316조 제2항의 경우이다.

특신상태는 어떤 경우이든지 원진술의 진술정황에 관한 것이다. 위의 조문들도 모두 "그 (조서에 기재된) 진술(또는 작성)이 특히 신빙할 수 있는 상태하에서 행하여졌음이 증명된 때에 한하여"라고 하고 있다. 특신상태는 원진술의 진술정황이 "진술 내용에 허위 개입의 여지가 거의 없고, 진술의 신빙성이나 임의성을 담보할 구체적이고 외부적인 정황이 있는 것"을 의미하며, 짧게 표현한다면 "신용성(신빙성과 같은 의미)의 정황적 보장"이다(다수설, 판례).

다만 위 각각의 경우에 특신상태의 판단의 중점과 증명의 정도에는 차이가 있다. 위 ①의 경우에 특신상태는 조사과정의 적법절차가 준수되는지 여부가 핵심적 요소가 되며, ③의 경우에는 원진술자에 대한 반대신문이 원천적으로 불가능하므로 반대신문이 가능한 ①과 ②의 경우에 비하여 더욱 확실한 증명을 요구한다. 이 판례는 ③의 경우에 관한 것으로서 특신상태에 대하여 높은 수준의 증명을 요구한 점에서는 일단 타당하다.

### 2. 특신상태는 증거능력의 요소

특신상태는 전문증거의 예외인정 요건이므로 증거능력의 요소이다. 특신상태가 그 개념상 신빙성과 관련이 있지만(위 다수설, 판례) 신빙성 그 자체는 증명력의 요소이고 신빙성이 보장되는 진술정황은 증거능력의 요소이다. 그럼에도 불구하고 위 판례를 보면 특신상태의 판단에서 전체적·종합적인 신빙성 판단을 하고 있는데(판시이유 ⓐ, ⓑ, ⓒ) 이 점은 증거능력 판단과 증명력 판단을 혼동한 것이 아닌가 생각된다. 특신상태의 증명을 엄격하게 요구하는 것은 타당하나 그것은 진술정황에 대한 것에 그쳐야 한다.

### 3. '증거능력 → 증명력' 판단 순서는 증거법의 취지에 부합한다

증거법의 증거조사절차 규정은 증거능력을 판단하는 증거결정과 증명력을 판단하는 협의의 증거조사로 구분된다. 특신상태가 증거능력의 요건으로 규정되어 있는 경우에는 원진술의 진술정황이 신빙성을 담보할 수 있는지 여부(특신상태)를 증거결정 단계에서 판단한 다음, 협의의 증거조사 단계에서 그 진술정황을 포함하여 전체적·종합적 관점에서 신빙성을 판단해야 한다. 필자의 이 견해(증거능력, 증명력의 개념을 준별하고 판단 순서를 중시하는 견해)에 대하여는, 원진술의 특신상태를 진술정황 차원에서만 판단하여 증거능력을 인정하면 피고인에게 불리하지 않느냐는 의문을 제기할 수 있다. 그러나 판단 순서를 지키지 않고 증거결정 단계에서 전형적인 증명력의 요소인 '진술정황 이외의' 신빙성 요소까지 판단하면, 법관으로서는 '특신상태가 인정되어 증거능력을 인정받은 진술증거는 그 신빙성에 문제가 없는 것'으로 치부해버릴 위험성이 있다. 개념과 판단순서를 명확하게 하면, 법관으로서도 '진술증거의 특신상태가 인정되었다고 하더라도 그것은 진술정황 차원의 것일 뿐이며, 그 진술이 객관적으로 진실인지는 협의의 증거조사절차에서 종합적으로 따져봐야 하는 것'으로 바르게 인식하게 될 것이다.

[참고문헌] 신동운, 판례분석 신형사소송법Ⅲ, 법문사(2015); 차정인, 형사소송실무(제3판), 신조사(2015).

[필자: 차정인 교수(부산대)]

# 100. 형사소송법 제314조의 적용요건 (1) — 외국거주자

**[대법원 2008. 2. 28. 선고 2007도10004 판결]**

**[사안]** D2는 다수의 경찰간부들과 친분관계를 맺고 있고, D는 현대건설 주식회사(이하 '현대건설'이라 한다) 상무와 사이에 과거 금전거래가 있었고 군 발주 건설공사를 주로 해오던 관계로 군 건설공사의 비리구조를 비교적 잘 알고 있음을 이용하여, 2003. 5. 7.경 서울 종로구 종로 2가 소재 D2의 사무실에서, D는 D2가 지켜보고 있는 상태에서 위 경찰청 특수수사팀 소속 경위 등에게 현대건설 상무가 공사하청을 준다는 명목으로 4억 5천만원을 편취해 갔다는 허위의 내용을 제보 진술한 결과 위 특수수사팀에서 같은 해 6. 5.경 현대건설 상무 등을 사기 및 뇌물공여 등의 혐의로 긴급체포하여 구속하는 한편 현대건설이 회사의 회생을 위해 전력을 기울여 수주를 하려고 하던 청계천복원공사 등 현대건설 공사수주 비리 전반에 대해 수사를 확대할 듯한 상황에서, 사건의 발생 경위와 해결책 등에 대한 설명을 듣고 싶다며 현대건설로부터 들어와 달라는 연락을 받게 된 D는 같은 날 경찰청 밖에서 D2를 만나 현대건설 임원들을 협박할 내용과 제시할 금액에 대해 상의를 한 후 현대건설로 찾아가 W 등 임원 10여명이 있는 가운데 "턴키공사에 대해서도 수사가 확대될 것 같다. 이 사건을 제보하여 사건화한 사람으로 ○○회장(D2)이라는 사람이 있는데 질이 안 좋은 사람이다. 턴키공사에까지 수사가 확대 하도록 ○○회장을 그대로 놔두어서는 안 된다"고 하면서 돈을 달라고 요구하고, 현대건설에서 돈을 주면 공사수주 관련 비리에 관하여 더 이상의 제보를 하지 않을 뿐만 아니라 이미 제보한 내용에 대해서도 수사팀 경찰관들을 잘 알고 있으니 이들에게 말해 수사를 축소하게 해 주고, 만약 돈을 주지 아니하면 계속해서 현대건설의 각종 공사수주관련 비리에 대해 추가제보를 하여 수사를 확대시킬 듯한 태도를 보여, 이에 겁을 먹은 사장의 지시를 받은 W로부터 2003. 6. 10. 서울 용산구 이태원동 소재 캐피탈호텔 앞 주차장에서 제보진술 축소 및 수사무마의 계약금조로 1억원을 교부받아 이를 갈취하였다.

**\*[판지(상고기각)]\***

**[형사소송법 제314조에 따라 전문법칙의 예외 규정이 적용되기 위한 요건]**

① 제314조에 따라, 같은 법 제312조의 조서나 같은 법 제313조의 진술서, 서류 등을 증거로 하기 위하여는 '진술을 요할 자가 사망·질병·외국거주 기타 사유로 인하여 공판정에 출석하여 진술을 할 수 없는 경우'이어야 하고, ② '그 진술 또는 서류의 작성이 특히 신빙할 수 있는 상태하에서 행하여진 것'이라야 한다는 두 가지 요건이 갖추어져야 할 것인바, ⓐ 첫째 요건과 관련하여 '외국거주'라 함은 진술을 요할 자가 외국에 있다는 것만으로는 부족하고, ⓑ 수사 과정에서 수사기관이 그 진술을 청취하면서 그 진술자의 외국거주 여부와 장래 출국 가능성을 확인하고, 만일 그 진술자의 거주지가 외국이거나 그가 가까운 장래에 출국하여 장기간 외국에 체류하는 등의 사정으로 향후 공판정에 출석하여 진술을 할 수 없는 경우가 발생할 개연성이 있다면 그 진술자의 외국 연락처를, ⓒ 일시 귀국할 예정이 있다면 그 귀국 시기와 귀국시 체류 장소와 연락 방법 등을 사전에 미리 확인하고, ⓓ 그 진술자에게 공판정 진술을 하기 전에는 출국을 미루거나, 출국한 후라도 공판 진행 상황에 따라 일시 귀국하여 공판정에 출석하여 진술하게끔 하는 방안을 확보하여 그 진술자로 하여금 공판정에 출석하여 진술할 기회를 충분히 제공하며, ⓔ 그 밖에 그를 공판정에 출석시켜 진술하게 할 모든 수단을 강구하는 등 가능하고 상당한 수단을 다하더라도 그 진술을 요할 자를 법정에 출석하게 할 수 없는 사정이 있어야 예외적으로 그 적용이 있다(대법원 2002. 3. 26. 선고 2001도5666 판결 참조). 위와 같은 법리에 터잡아 원심판결 이유를 기록에 비추어 살펴보면, 원심이 W의 출입국 현황과 협의이혼 후 국내외 연락처 탐지 불능 상황 등 여러 사정을 종합하여 W에 대한 검찰 진술조서의 증거능력이 있다고 판단한

것은 정당하고, 거기에 외국거주자에 대한 검사 작성 진술조서의 증거능력 부여에 관한 법리오해 등의 잘못이 없다.

**[해설]**

### 1. 제314조의 진술불능 적용 요건

제314조는 제312조 내지 제313조에 따라 작성된 서류 등이 증거능력을 부여 받기 위해서는 진술을 요할 자가 법정에 출석하여야 하나, 부득이하게 출석하지 못하는 경우에도 실체 진실의 발견을 위하여 증거능력을 부여하기 위하여 만들어진 조항이다. 따라서 그 요건을 까다롭게 설정해 놓고 있는데 판시와 같이 ①과 ② 두 가지 요건이 필요하며, 둘 중 하나라도 흠결된 경우에는 서류 등에 대하여 증거능력을 인정하지 않는다. 이 사건의 경우 W가 법정에 출석할 수 없는 상태에서 W에 대하여 검찰이 작성한 참고인 진술조서의 증거능력을 인정할 것인지 여부가 문제되는바, 이에 대하여 법원은 몇 가지 상황을 가정하면서 검찰 측에서 입증해야 할 점들을 명시하고 있다. 그 가운데 원칙은 "진술을 요할 자가 외국에 있다는 것만으로는 부족하"(ⓐ)고, 그것 외에도 "수사 과정에서 수사기관이 W의 진술을 청취하면서 출국 가능성을 확인해서" 연락처를 받아 두었어야 하며(ⓑ), 일시 귀국밖에 못할 사정이면 그 귀국 시기와 귀국 시 체류 장소를 사전에 확인하였어야 한다(ⓓ). 여기에서 한 걸음 더 나아가 아예 출국 자체를 미루게 하거나, 급히 귀국할 수 있는 방안 등을 강구하는 등(ⓔ) 모든 수단을 동원하였다는 점이 입증되어야 한다. 그래야 W가 피고인이 보는 앞에서가 아니라 검찰 앞에서 진술한 내용을 증거로 할 수 있다고 선언하고 있는 것이다.

### 2. 그 외 제314조가 적용되기 위한 요건

이 사건에서는 자세히 다루지 않았지만, 참고인의 진술 불능 요건과 더불어 참고인이 진술하는 상황에서의 특신성도 엄격히 판단해 볼 문제이다.

### 3. 제314조와 관련된 법원의 판단

제314조가 적용되는 경우에는 제312조 내지 제313조와는 달리 증인 등 진술을 요할 자가 나오지 못하는 상황이다. 따라서 피고인 입장에서는 서류에 적힌 내용을 다툴 기회가 없어진다. 게다가 여기서 말하는 서류란 피고인도 입회한 대심 구조에서 만들어진 서류가 아니라 검찰 등 수사기관이 피고인의 변호인의 입회도 없이 W를 상대로 확보한 서류이다. 따라서 이런 서류를 증거로 받아들이기 위해서는 법원이 판단한 바와 같이 수사기관이 다른 수단을 충분히 강구한 후에도 어쩔 수 없이 서류를 증거로 내게 되었는지를 자세히 확인하지 않을 수 없는 것이다.

[참고문헌] 최병천, 미국의 전문법칙과 대면권에 비춰 본 참고인 진술조서의 증거능력, 저스티스 제131권(2012); 양동철, 개정 형사소송법상의 참고인진술조서의 증거능력, 법조 제58권 제2호(2009).

**[필자: 김희균 교수(서울시립대)]**

# 101. 형사소송법 제314조의 적용요건 (2) — 증인에 대한 구인장 집행불능

[대법원 2007. 1. 11. 선고 2006도7228 판결]

[사안] D는 강도강간미수 등으로 기소되었다. 법원이 V 자필 진술서에 기재된 주거로 증인 소환장을 보내자, V의 부모가 수령한 다음 출석을 원하지 않는다는 서면을 제출하였다. 법원이 구인장을 발부하자, 경찰은 구인장 집행불능 보고를 하면서 그 사유를 '① V 가족 주민등록지(진술서에 기재된 곳과 다른 곳임)에는 V 가족이 거주하지 않고, ② V의 모와 통화한바 V는 기숙사에서 입시 준비 중이며 법정 출석케 할 의사가 없다고 진술하기 때문'이라고 하였다. 검사의 신청에 따라 V 가족 주민등록지로 다시 소환장 및 구인장을 보냈다. 경찰은 구인장 집행불능 보고를 하면서 그 사유를 'V는 기숙사에서 입시 준비 중이라 주민등록상 거주지에 거주치 않는다'고 하면서, 연락처로 집 전화번호를 기재하였다. 그 후 V는 법원에 수사기관에서 사실대로 진술하였다는 취지의 진술서를 제출하면서 원래 자필 진술서에 기재한 곳과 같은 곳을 주거로 표시하고, 자신의 휴대전화번호까지 기재해 두었다. 검사는 더 이상 V의 출석을 확보하기 위한 조치를 취하지 않았다.

\*[판지(상고기각)]\*

직접주의와 전문법칙의 예외를 정한 형사소송법 제314조의 요건 충족 여부는 엄격히 심사하여야 하고 전문증거의 증거능력을 갖추기 위한 요건에 관한 입증책임은 검사에게 있는 것이므로, 법원이 증인에 대한 구인장 집행불능 상황을 형사소송법 제314조의 '기타 사유로 인하여 진술할 수 없는 때'에 해당한다고 인정할 수 있으려면, 형식적으로 구인장 집행이 불가능하다는 취지의 서면이 제출되었다는 것만으로는 부족하고, 증인에 대한 구인장의 강제력에 기하여 증인의 법정 출석을 위한 가능하고도 충분한 노력을 다하였음에도 불구하고, 부득이 증인의 법정 출석이 불가능하게 되었다는 사정을 검사가 입증한 경우여야 한다.

[해설]

1. 형사소송법 제314조가 정한 '기타 사유'는 어떤 기능을 하는가?

전문증거는 유죄 인정의 증거가 될 수 없으므로, 원진술자가 직접 법정에 출석하여 자신이 경험한 사실을 법관 앞에서 진술하여야 한다(전문법칙).

그러나, 사안에 따라서는 원진술자가 직접 법정에 출석하여 진술할 수 없는 경우도 있을 수 있다. 그 경우 전문법칙의 예외를 설정하여 전문증거에 증거능력을 인정할 수 있도록 한 것이 형사소송법 제314조이다. 2007. 6. 1. 법률 제8496호로 개정되기 전 그 조항은 예외 사유를 '사망, 질병, 외국거주 기타 사유로 인하여 진술할 수 없는 때'라고 정하고 있었다

사망, 질병, 외국거주는 원진술자가 법정에 출석할 수 없는 전형적인 예를 나열한 것이라면 '기타 사유'는 그에 필적할 만한 사유들을 포괄적으로 언급한 셈이다. 결국, '기타 사유'라는 영역을 통하여 전문증거는 증거능력을 부여받을 수 있는 기회를 좀 더 확보할 수 있게 되는 것이다.

2. 어떤 때 '기타 사유'로 인정할 것인가?

'기타 사유'라는 영역을 인정한 이상 그에 해당하는 일정한 공간은 당연히 확보되어야 한다. 그런데, 이 공간이 넓어지게 되면 전문법칙이 허물어지는 문제가 발생한다.

원진술자가 법정에 출석하여 진술할 수 없는 이유는 실제 사안에서는 무척 다양하게 나타난다. 원진술자가 사건과 이해관계가 있는 경우와 없는 경우, 소송관계인이나 원진술자에게 불출석에 관하여 귀책사유가 있는 경우와 없는 경우 등이 상호 복합적으로 교차되어 다양한 형태로 나타나게 된다.

획일적인 기준을 제시할 수는 없지만 '기타 사유'의 영역은 가능한 좁게 인정하여야 한다. 자칫 '기타 사유'라는 틈으로 전문증거들이 하나 둘 증거의 세계로 들어와 형사소송법이 전문법칙을 선언한 취지가 훼손되어서는 곤란하기 때문이다.

### 3. '구인장 집행불능'도 '기타 사유'에 해당하는가?

법원이 증인을 소환하였으나 증인이 이에 응하지 않아 구인장을 발부하였는데, 경찰이 이를 집행할 수 없는 경우(구인장 집행불능)를 어떻게 처리할 것인지는 어려운 문제이다. 이는 증인의 소재를 알 수 없는 경우(소재불명)와는 다르다. 소재불명은 증인에게 소환장조차 송달할 수 없는 경우인데, 구인장 집행불능은 증인에게 소환장은 송달할 수 있는데 구인장의 강제력으로도 법정 출석을 강제할 수 없는 경우이다.

종래 실무상 구인장 집행불능도 '기타 사유'로 인정해 왔다. 그런데 문제는 구인장 집행불능도 그 실제적인 이유는 무척 다양하다는 것이다. 즉, 결과적으로 구인장을 집행할 수 없게 되었다고 하더라도 그렇게 된 이유는 복잡하여 원진술자가 사건과 이해관계가 있는 경우와 없는 경우, 소송관계인이나 원진술자에게 불출석에 관하여 귀책사유가 있는 경우와 없는 경우 등이 상호 복합적으로 교차되어 다양한 사안이 있다는 것이다. 특히 경찰이 구인장을 집행하기 위한 가능하고도 충분한 노력 없이 가볍게 구인장 집행불능 보고를 한다는 지적은 계속적으로 제기되어 왔다. 이 사건에서도 경찰은 원진술자의 실제 주거를 한 번도 방문하지 않고 전화로 출석불응 의사만을 확인한 채 구인장 집행불능 보고를 하고 있어 불성실한 구인장 집행 관행이 잘 드러나 있다.

'구인장 집행불능'도 사안에 따라 '기타 사유'로 인정할 수 있을 것이다. 그러나, 전문법칙의 정신에 비추어 볼 때 그러한 경우는 공소유지 책임이 있는 검찰 쪽에서 원진술자를 법정에 출석시키기 위하여 가능하고도 충분한 노력을 다하였음이 인정될 때에만 제한적으로 긍정하여야 할 것이다. 이 판결에서 '기록상 증인의 휴대전화번호가 분명히 확인되고 있음에도 불구하고, 검사가 직접 또는 경찰을 통하여 증인에게 연락하여 법정 출석의사가 있는지를 확인하고, 증인의 법정 출석의무와 각종 증인 보호조치 등에 대하여 설명하는 등의 방법으로 출석을 적극적으로 권유·독려하는 등 증인의 법정 출석을 위하여 상당한 노력을 기울인 자료는 보이지 않는다'고 언급한 부분은 그러한 취지에서 눈 여겨 볼 부분이다.

### 4. '기타 사유'와 '이에 준하는 사유'

현행 형사소송법 제314조는 예외 사유를 '사망, 질병, 외국거주, 소재불명 그 밖에 이에 준하는 사유로 인하여 진술할 수 없는 때'라고 정하고 있다.

그 부분은 원래 '사망, 질병 기타 사유로 인하여 진술할 수 없는 때'(1995. 12. 29. 법률 제5054호로 개정되기 전)였던 것을, '사망, 질병, 외국거주 기타 사유로 인하여 진술할 수 없는 때'(2007. 6. 1. 법률 제8496호로 개정되기 전)를 거쳐 지금과 같이 바꾼 것이다. 이러한 변천에 관하여 대법원은, 현행 형사소송법은 예외사유의 범위를 더욱 엄격하게 제한한 것으로 이는 직접심리주의와 공판중심주의의 요소를 강화하려는 취지가 반영된 것이라고 한다(대법원 2012. 5. 17. 선고 2009도6788 전원합의체 판결).

결국 현행 형사소송법 아래에서 '구인장 집행불능'을 '이에 준하는 사유' 중 하나로 받아들인다고 하더라도 더욱 엄격하고 예외적으로만 인정하여야 할 것이다.

[참고문헌] 박이규, 증인에 대한 구인장 집행불능 상황을 형사소송법 제314조의 '기타 사유로 인하여 진술할 수 없는 때'에 해당한다고 인정할 수 있는 요건, 대법원판례해설 70호(2007 상반기).

[필자: 박이규 판사]

# 102. 형사소송법 제314조의 적용요건 (3) — 증거거부권의 행사

**[대법원 2019. 11. 21. 선고 2018도13945 판결]**

**[사안]** 피고인 D는 "W로부터 640만원을 지급받기로 하고 W에게 필로폰을 교부하여 필로폰을 매매하였다"는 혐의로 기소되었고 그에 대한 증거로 W에 대한 수사과정에서의 진술이 제출되었으나, D는 이에 대하여 증거 부동의 하였다.

한편 W 역시 총 11회에 걸쳐 필로폰 매매 등을 하였다는 공소사실로 D와 분리기소되어 1심에서 징역 4년을 선고받았다. W의 공소사실 중 D의 공소사실과 관련된 범죄사실은 "W가 D에게 640만원을 지급하기로 하고 필로폰을 교부받아 이를 매입한 후 판매를 위하여 소지하였다(매매 및 소지)"라는 부분이다. W는 1심판결에 대하여 항소하였고, W의 항소심 진행 과정에서 W에 대한 공소장 기재 중 D의 공소사실과 관련된 범죄사실은 "W가 O에게 매매할 필로폰을 소지한 채 O를 기다리던 중 경찰관에게 체포되어 미수에 그쳤다(매매 미수)"로 변경되었다.

검사는 W의 항소심 사건 계속 중에 D의 제1심 5회 공판기일에 W를 증인으로 소환하였으나, W는 자신의 형사 사건 항소심이 계속 중이라는 이유로 선서 및 증언을 거부하였다. W는 D의 제1심 제7회 공판기일에도 증인으로 소환되었으나 같은 이유로 선서와 증언을 거부하였다. 그 후 W는 D의 항소심 제2회 공판기일에 증인으로 소환되었지만, "선서를 거부하기로 판단하였기 때문에 선서를 거부한다"고 진술하여 선서 및 증언을 거부하였다.

D의 항소심 재판부는 W의 제1심 각 증언 거부는 형사소송법 제148조에 따른 정당한 증언거부권 행사라서 형사소송법 제314조의 '그밖에 이에 준하는 사유로 인하여 진술할 수 없는 때'에 해당하지 않는다고 판단하였고, 항소심 증언거부는 W 본인의 관련 형사사건 판결 확정 이후라서 증언거부권이 인정되지 않고, 증언거부사유 소명 없이 단순히 증언거부의사만 밝힌 것으로서 정당한 증언거부권 행사가 아니나, 이 역시 형사소송법 제314조의 전문법칙 예외에 해당하지 않는바,

검사 작성 W에 대한 진술조서와 피의자 신문조서의 증거능력을 인정하지 않았다.

이에 검사는 D의 제1심 7회 공판기일 당시 W의 공소장에서 D와 관련된 범죄사실이 제외되어 증언거부권 행사사유가 없다는 점을 지적하면서 제1심 7회 공판기일의 증언거부와 항소심에서의 증언거부는 정당한 이유 없는 증언거부라서 형사소송법 제314조의 '그밖에 이에 준하는 사유로 인하여 진술할 수 없는 때'에 해당한다고 주장하며 상고하였다.

**[판지(상고기각)]**

**(다수의견)** 수사기관에서 진술한 참고인이 법정에서 증언을 거부하여 피고인이 반대신문을 하지 못한 경우에는 정당하게 증언거부권을 행사한 것이 아니라도, 피고인이 증인의 증언거부 상황을 초래하였다는 등의 특별한 사정이 없는 한 형사소송법 제314조의 '그 밖에 이에 준하는 사유로 인하여 진술할 수 없는 때'에 해당하지 않는다고 보아야 한다. 따라서 증인이 정당하게 증언거부권을 행사하여 증언을 거부한 경우와 마찬가지로 수사기관에서 그 증인의 진술을 기재한 서류는 증거능력이 없다.

다만 피고인이 증인의 증언거부 상황을 초래하였다는 등의 특별한 사정이 있는 경우에는 형사소송법 제314조의 적용을 배제할 이유가 없다. 이러한 경우까지 형사소송법 제314조의 '그 밖에 이에 준하는 사유로 인하여 진술할 수 없는 때'에 해당하지 않는다고 보면 사건의 실체에 대한 심증 형성은 법관의 면전에서 본래 증거에 대한 반대신문이 보장된 증거조사를 통하여 이루어져야 한다는 실질적 직접심리주의와 전문법칙에 대하여 예외를 정한 형사소송법 제314조의 취지에 반하고 정의의 관념에도 맞지 않기 때문이다.

**(별개의견)** 증인이 정당하게 증언거부권을 행사한 것으로 볼 수 없는 경우에는 형사소송법 제314조의 '그 밖에 이에 준하는 사유로 인하여 진술할 수 없는 때'에 해당한다고 보아야 한다. 증인이 정당하게 증언거부권

을 행사하여 증언을 거부하는 경우에는 형사소송법 제314조의 '그 밖에 이에 준하는 사유로 인하여 진술할 수 없는 때'에 해당하지 않아 그에 대한 수사기관 작성 참고인 진술조서는 증거능력이 없고, 그 후 증언거부의 사유가 소멸된 시점에 증인이 재차 법정에 출석하여 또다시 증언을 거부하더라도 더 이상 형사소송법 제314조에 의하여 그의 참고인 진술조서의 증거능력이 인정될 수는 없다고 보아야 한다.

### [해설]

#### 1. 대상 판결의 의의

종래 대법원은 증인이 증언을 거부한 경우 형사소송법 제314조의 전문법칙 예외사유인 '그 밖에 이에 준하는 사유로 인하여 진술할 수 없는 때'에 해당한다는 입장이었으나(대법원 2006. 5. 25. 선고 2004도3619판결 등 참조), 2012. 5. 17. 선고 2009도6788 전원합의체 판결에서 직접심리주의와 공판중심주의를 강화하고자 하는 현행 형사소송법 제314조의 문언과 개정취지, 증언거부권 관련 규정의 내용 등을 논거로 하여 법정에 출석한 증인이 정당하게 증언거부권을 행사하여 증언을 거부한 경우는 형사소송법 제314조의 '그 밖에 이에 준하는 사유로 인하여 진술할 수 없는 때'에 해당하지 않는다고 판시하여 입장을 선회하였다. 다만, 위 2009도6788 판결은 증인의 정당한 증언거부권행사의 경우에 대한 판단에 한정된 것이었는바, 증인이 정당한 사유없이 증언거부권을 행사하는 경우, 형사소송법 제314조의 전문법칙 예외사유에 해당한다고 보아야 하는지 여부에 관하여 견해가 나뉘어 있었다(대상판결의 다수의견과 별개의견은 이와 같은 견해대립의 양상을 잘 보여준다). 따라서 대상판결은 증언거부권 행사는 정당한 사유의 유무를 불문하고 형사소송법 제314조에 따른 전문법칙의 예외에 해당하지 아니함을 천명한 최초의 판결로서의 의의가 크다 할 것인바, 이하에서 대상판결의 다수의견이 제시한 구체적 논거를 요약 제시한다.

#### 2. 대상판결의 구체적 내용

대상판결의 다수의견의 논거는 다음과 같다: ① 헌법상 적법 절차원칙의 구현을 위해 형사소송법은 사건의 실체에 대한 심증형성은 법관의 면전에서 본래증거에 대한 반대신문이 보장된 증거조사를 통해 이루어져야 한다는 실질적 직접심리주의와 전문법칙을 채택하

였는바, 전문법칙의 예외는 필요한 최소한도에 그쳐야 한다. 특히 형사소송법 제314조는 예외적으로 전문증거의 증거능력을 인정하기 위한 요건마저도 구비하지 않아도 되는 예외규정인바, 그 적용 범위를 더욱 제한적으로 해석해야 한다. ② 현행 형사소송법 제312조 제4항은 구 형사소송법이 정한 원진술자의 진정성립 인정 요건 외에 피고인의 반대신문권 보장을 증거능력 인정 요건으로 추가하여 반대신문권 보장을 강화하고 전문법칙의 예외사유를 더욱 엄격하게 제한하였는바, 그 취지는 정당한 사유 없는 증언거부권 행사에 대한 형사소송법 제314조 적용여부 판단 시 중요하게 고려되어야 한다. ③ 정당한 증언거부권의 행사와 정당한 사유 없는 증언거부권의 행사는 모두 피고인의 반대신문권이 보장되지 않는다는 점에서 아무런 차이가 없고, 이는 모두 피고인과는 상관없는 증인의 영역에서 일어나는 문제인바, 피고인은 증언거부 사유의 정당성과 관계없이 반대신문권을 보장받아야 한다. ④ 증인의 증언거부권 존부라는 우연한 사정에 따라 형사소송법 제314조의 전문법칙의 예외사유 해당 여부가 달라지는 것은 피고인의 형사소송절차상 지위에 심각한 불안정을 초래하고, 사안에 따라서는 증인의 증언거부에 정당한 이유가 있는지를 명확히 판별하기 쉽지 않은바, 증인이 정당하게 증언거부권을 행사했는지 여부에 따라 증인의 수사기관 조서의 증거능력에 관한 판단을 달리하는 것은 형사소송절차의 안정을 저해할 우려가 있다. ⑤ 정당한 이유 없는 증언거부는 전문법칙 예외규정의 적용 범위를 넓히는 해석이 아닌, 실효적 제재 수단 도입, 증인보호제도 정비 등 관련 법령의 제·개정을 통하여 증언 유도 방안을 통해 해결하여야 한다. (참고로 W가 제1심 7회 공판기일에서 한 증언거부에 대하여, 관련사건에서 공소장변경이 이루어졌다는 사정만으로는 유죄판결을 받을 사실이 발로될 염려가 있는 때의 증언거부권이 없었다고 보기 어렵다고 판시, 이를 정당한 증언거부권 행사로 보았다)

[참고문헌] 최진안, 증언거부권과 형사소송법 제314조,법조,통권732호(2018), 대법원공보연구관실, 대법원 보도자료(2019. 11. 21.자)

[필자: 나황영 변호사(법무법인(유한) 바른)]

# 103. 형사소송법 제315조 '당연히 증거능력 있는 서류'의 의미

[대법원 2007. 7. 26. 선고 2007도3219 판결]

[사안] D는 "2005. 7. 중순 20:00경 서울 강남구 역삼동 소재 역삼역 부근 상호불상의 여관에서, O(포주)가 운영하는 인터넷 채팅사이트(사이트명 생략)를 통하여 알게 된 불상의 여성에게 성매수 대가로 23만원을 지불하고 1회 성교하여 성매수"(성매매알선 등 행위의 처벌에 관한 법률위반)한 혐의로 기소되었다. 검사는 성매매 여성들이 작성한 메모리카드와 그 출력물을 유죄증거로 제출하였다. 메모리카드 출력물의 D관련 기재사항은 "23-1, 보통"이라는 기재이다. 검사는 이 기재의 의미를 '1회 성교하고 23만원을 받았다'는 취지라고 주장하였다. 이에 대하여 D는 ① "메모리카드 출력물을 증거로 함에 부동의"하였고, ② 메모리카드 출력물의 성립의 진정함이 작성자에 의하여 증명되지 아니하였고, ③ 그 외 "W 등 38명에 관한 메모리카드 출력물 역시 증거능력이 없고", ④ "성매매 여성들이 남성들과 채팅으로 성매매조건만 흥정한 채 실제 성매매까지 나아가지 않은 경우에도 그 남성의 인상 및 성매매조건 등을 입력하였다"고 주장하였다. 제1심은 무죄를 선고하였지만 항소심은 유죄(벌금 1백만원)를 선고하였다. D가 상고하였다.

★[판지(상고기각)]★

원심은 우선 D에 관한 메모리카드의 출력물을 유죄의 증거로 삼고 있는 것이 아니라 단지 위 메모리카드의 출처와 그 기록의 주체, 경위, 위 메모리카드에 저장된 내용 및 그 진위 등에 관한 O(포주), O3의 각 증언을 유죄의 증거로 삼고 있음이 명백한데, 위 메모리카드에 기재된 내용은, O가 고용한 성매매 여성들이 성매매를 업으로 하면서 영업에 참고하기 위하여 성매매를 전후하여 상대 남성의 아이디와 전화번호 및 성매매방법 등을 메모지에 적어두었다가 직접 또는 O가 고용한 또 다른 여직원이 입력하여 작성된 것이다. 이는 실질적으로 형사소송법 제315조 제2호 소정의 영업

상 필요로 작성된 통상문서로서 그 자체가 당연히 증거능력 있는 문서에 해당하고 그 내용에 관한 O, O3의 각 증언 및 피의자신문조서상의 진술기재 역시 증거능력이 없다고 할 수 없다. 또한, O2 등 38명에 관한 메모리카드 출력물의 경우 D가 이를 증거로 함에 동의하였음이 기록상 명백하여 증거능력이 있다.

[해설]

이 사안에서는 성매매 여성들이 성매매를 업으로 하면서 영업에 참고하기 위하여 성매매를 전후하여 상대 남성의 아이디와 전화번호 및 성매매방법 등을 메모지에 적어두었다가 직접 또는 O(포주)가 고용한 또 다른 여직원이 입력하여 작성된 메모리카드의 출력물의 증거능력이 문제되었다(경험적 사실에 대한 진술인데 법정 밖에서의 진술이므로 전문증거이다).

1. 당연히 증거능력 있는 서류(형사소송법 제315조)

법은 ① 가족관계기록사항에 관한 증명서, 공정증서등본 기타 공무원 또는 외국공무원의 직무상 증명할 수 있는 사항에 관하여 작성한 문서, ② 상업장부, 항해일지 기타 업무상 필요로 작성한 통상문서, ③ 기타 신용할 만한 정황에 의하여 작성된 문서는 신용성의 객관적 보장이 높기 때문에 작성자의 출석 불능 여부와 관계없이, 또 작성자가 누구인가를 묻지 않고 무조건 증거능력을 인정하고 있다. 구체적으로 내용을 살펴보면, 다음과 같다.

2. 제1호(공권적 증명문서)

제1호는 공권적 증명문서로서 신용성 보장이 담보되고 공무원 등을 증인으로 출석시킨다고 하더라도 서면보다 높은 가치의 증언을 기대할 수 없는 경우를 염두에 둔 것이다. 이에 해당하기 위해서는 ⓐ 공무원이 공무수행 과정에서 작성할 것, ⓑ 그 내용이 직무상 증명할 수 있는 직무범위 내의 것일 것, ⓒ 그것이 공권적으로 증명하기 위하여 작성된 것일 것을 요한다. 예컨대 등기부등·초본, 인감증명, 치안본부전과조회서, 신원증명서(시, 군) 등이 여기에 해당한다.

### 3. 제2호(업무상 통상문서)

제2호는 **업무상 통상문서**로서 업무상 기계적으로 작성된 서류를 염두에 둔 것이다. 일반경험상 오류나 작위적인 허위개입의 염려가 없으므로 특신상황의 담보가 인정되는 경우이다. 예컨대 금전출납부, 전표 등이 여기에 해당한다.

### 4. 제3호

다른 피고사건의 공판조서, 각종 통계연감, 정기간행물, 달력, 스포츠기사, 학술서 등이 이에 해당한다. 법원은 일찍이 1964년경부터 '다른 사건에서 공범의 피고인으로서의 진술을 기재한 공판조서'를 제3호의 서류의 하나로 해석해 오고 있다. 제3호를 이런 식으로 운용하는 한 이 제3호는 '피고인의 반대신문권을 침해하는 위헌적 조문이 아닌가'하는 위헌심판청구가 제기되었는데 헌법재판소는 합헌결정을 내렸다. 4에서 중요 내용을 소개한다.

### 5. [헌법재판소 2013. 10. 24. 선고 2011헌바79 결정]의 주요 내용

"1. 헌법은 피고인의 반대신문권을 미국이나 일본과 같이 헌법상의 기본권으로까지 규정하지는 않았으나, 형사소송법은 제161조의2에서 상대 당사자의 반대신문을 전제로 한 교호신문제도를 규정하고 있고, 제312조 제4항, 제5항에서 '공판준비 및 공판기일에서 원진술자를 신문할 수 있는 때에 한하여' 피고인 아닌 자의 진술을 기재한 조서나 진술서의 증거능력을 인정하도록 규정함으로써 피고인에게 불리한 증거에 대하여 반대신문할 수 있는 권리를 명문으로 인정하고 있다. 이는 위와 같은 공정한 재판을 받을 권리를 형사소송절차에서 구현하고자 한 것이다.

2. 이 사건 법률조항은 형사소송법 제315조 제1호, 제2호에 준할 정도의 신용성의 정황적 보장이 있는 문서에 한하여 전문법칙의 예외를 인정하고 있고, 그 의미가 앞서 본 바와 같이 피고인에게 굳이 반대신문의 기회를 부여할 필요가 없을 정도로 신용성의 정황이 있는 문서로 해석되는 이상, 이미 피고인의 방어권 제한이 최소한의 범위로 축소되어 있다. 그리고 이 사건 법률조항에 따라 문제된 문서의 증거능력이 인정되는 경우라도, 피고인은 그 문서의 작성자 또는 원진술자를 증인으로 신청하여 반대신문권을 행사할 수 있으므로 위 조항이 피고인의 반대신문의 기회를 완전히 박탈하고 있다고 볼 수도 없다. 나아가 문서 작성자 또는 원진술자가 증인으로 출석하여 문서의 내용과 상반되는 진술을 하는 경우 그 법정 진술과 문서상의 진술 중 어느 하나가 반드시 우월한 증명력을 갖는다고 볼 수 없으므로, 이 사건 법률조항에 의해 우선 그 문서의 증거능력을 인정하되 법관으로 하여금 제반사정을 고려하여 어느 증거가 보다 신빙성이 있는지 판단하도록 하는 것이 실체적 진실발견과 피고인의 방어권 보장 사이의 균형과 조화를 위한 합리적인 방법이다. …

6. [재판관 이정미, 재판관 안창호, 재판관 서기석의 보충의견] 공범의 진술이 기재된 공판조서는 어디까지나 타인의 진술을 문자의 형태로 기록한 전문증거의 하나로서 일반 진술증거가 갖는 오류 가능성을 그대로 가지고 있을 뿐 아니라, 그 진술이 공개된 법정에서 법관의 면전 하에 이루어진 것이어서 고도의 '임의성'과 '절차적 적법성'이 담보되는 것에 해당할지는 몰라도, 그 내용에 관하여는 원진술자인 공범이 당해사건의 피고인에게 책임을 전가하는 허위의 진술을 할 가능성이 얼마든지 있고, (중략) 법원에서 수십 년간 형사재판에 적용하여 온 이 사건 법률조항에 관한 해석이, 위헌의 선언을 요구할 정도에 이를 만큼 명백하게 피고인의 공정한 재판을 받을 권리를 침해하고 있다고 보기 어렵다는 점에서는 다수의견의 결론에 따르기로 한다. (중략) 다른 사건에서 공범이 피고인으로서 한 진술을 기재한 공판조서에 대하여, 공범이 증인으로 출석할 수 없거나 증인으로 출석하여 다른 진술을 한 때 한하여 증거능력을 부여하는 등 공정한 재판을 받을 권리 침해의 소지를 없앨 수 있는 명확한 입법을 하는 것이 국민의 기본권 보장과 법치국가원리에 입각한 형사소송제도의 형성을 위해서 더욱 바람직하다고 할 것이므로, 그러한 내용으로 입법을 개선할 필요가 있다."

[참고문헌] 정한중, 다른 사건 공판조서의 증거능력, 외법논집 33집 제1호(한국외국어대학교 법학연구소, 2009. 2.).

[필자: 오경식 교수(강릉원주대)]

# 104. 탄핵증거와 탄핵의 대상

[대법원 2005. 8. 19. 선고 2005도2617 판결]

**[사안]** 검사가 P 작성의 D에 대한 피의자신문조서를 유죄의 증거로 제출하였다. D가 그 내용을 부인하여 위 피의자신문조서는 증거능력이 없게 되었다. 검사는 위 피의자신문조서를 증거로 제출할 당시 또는 그 이후 제1심법정에서 위 피의자신문조서가 탄핵증거라는 입증취지를 밝히지 않았으나 원심법정에서 진술한 항소이유서에서 그와 같은 취지를 밝혔으며, 다만 법정에서 탄핵증거로서 증거조사가 이루어진 바는 없다.

원심은 위 피의자신문조서를 D의 법정 진술에 대한 탄핵증거로 사용하기 위해서는 원칙적으로 D의 법정 진술을 탄핵하기 위한 것이라는 입증취지가 명시되고, 법정에서 탄핵증거로서 증거조사가 이루어져야 할 것인데, 검사는 제1심 제1회 공판기일에서 위 피의자신문조서를 증거로 제출하였으나 그 입증취지로 D의 법정 진술을 탄핵하기 위한 것이라는 점을 명시한 바 없고 이에 관하여 법정에서 탄핵증거로서 증거조사가 이루어진 바도 없으므로 위 피의자신문조서는 D의 법정 진술에 대한 탄핵증거가 될 수 없다고 판단하였다.

**★[판지(상고기각)]★**

검사가 유죄의 자료로 제출한 사법경찰리 작성의 D에 대한 피의자신문조서는 D가 그 내용을 부인하는 이상 증거능력이 없으나, 그것이 임의로 작성된 것이 아니라고 의심할 만한 사정이 없는 한 D의 법정진술을 탄핵하기 위한 반대증거로 사용할 수 있으며, 또한 탄핵증거는 범죄사실을 인정하는 증거가 아니므로 엄격한 증거조사를 거쳐야 할 필요가 없음은 형사소송법 제318조의2의 규정에 따라 명백하나 법정에서 이에 대한 탄핵증거로서의 증거조사는 필요한 것이고, 한편 증거신청의 방식에 관하여 규정한 형사소송규칙 제132조 제1항의 취지에 비추어 보면 탄핵증거의 제출에 있어서도 상대방에게 이에 대한 공격방어의 수단을 강구할 기회를 사전에 부여하여야 한다는 점에서 그 증거

와 증명하고자 하는 사실과의 관계 및 입증취지 등을 미리 구체적으로 명시하여야 할 것이므로, 증명력을 다투고자 하는 증거의 어느 부분에 의하여 진술의 어느 부분을 다투려고 한다는 것을 사전에 상대방에게 알려야 한다.

탄핵증거는 범죄사실을 인정하는 증거가 아니므로 엄격한 증거조사를 거쳐야 할 필요가 없는 점, 위 피의자신문조서에 대하여 탄핵증거로서의 증거조사가 이루어진 바는 없지만 어쨌든 법정에 제출되어 증거조사가 이루어진 점, 위 피의자신문조서에 대한 탄핵증거로서의 증거조사절차는 결국 검사가 입증취지 등을 진술하고 D 측에 열람의 기회를 준 후 그 의견을 듣는 방법에 의할 것인데, 원심에 이르기까지 이와 같은 절차가 대부분 이루어졌다고 볼 수 있는 점 등의 사정에 비추어 보면, 위 피의자신문조서는 D의 법정진술에 대한 탄핵증거로 사용할 수 있다고 보아야 한다. … 원심의 조치에는 탄핵증거의 증거능력 내지 그 조사방법에 관한 법리오해의 위법이 있다 할 것이다. 그러나 … 위와 같은 잘못은 판결 결과에 영향이 없어 판결의 파기사유가 되는 위법이라고 볼 수 없다.

**[해설]**

### 1. 판례의 취지

판지는 ① 공소사실에 부합하는 사법경찰리 작성의 D에 대한 피의자신문조서가 D의 내용부인으로 증거능력이 없더라도, 공소사실에 부합하지 않는 D의 법정진술을 탄핵하기 위한 반대증거로는 사용될 수 있다는 것, ② 탄핵증거는 엄격한 증거조사를 거칠 필요가 없기는 하지만, 검사가 입증취지 등을 진술하고 D 측에 열람의 기회를 준 후 그 의견을 듣는 등으로 상대방에게 이에 대한 공격방어의 수단을 강구할 기회를 사전에 부여하는 탄핵증거로서의 증거조사는 필요하다는 것이다.

### 2. 탄핵증거의 정의

대법원은 탄핵증거에 관하여, 범죄사실을 인정하는

증거가 아니며 진술의 증명력을 다투는 증거라고 정의하고 있다(대법원 1985. 5. 14. 선고 85도441 판결, 대법원 1996. 1. 26. 선고 95도1333 판결, 대법원 1998. 2. 27. 선고 97도1770 판결, 대법원 2005. 8. 19. 선고 2005도2617 판결, 대법원 2006. 5. 26. 선고 2005도6271 판결).

### 3. 문제의 제기

판례에 나타나는 탄핵의 형태는 ⓐ '공소사실에 부합하는 사법경찰관 작성의 피고인에 대한 피의자신문조서'에 의해 '공소사실과 배치되는 피고인이나 증인의 법정 진술'을 탄핵하는 것(대법원 1998. 2. 27. 선고 97도1770 판결, 대법원 2005. 8. 19. 선고 2005도2617 판결), ⓑ '공소사실에 부합하지 않는 현금서비스 취급내역서 사본'에 의해 '공소사실에 부합하는 피해자의 진술'을 탄핵하는 것(대법원 2006. 5. 26. 선고 2005도6271 판결)으로 나누어 볼 수 있다. 위 판례들에 의하면 공소사실에 부합하는 진술의 탄핵은 공소사실의 부존재를 증명하고, 공소사실에 부합하지 않는 진술의 탄핵은 공소사실의 존재를 증명하는 결과가 되는 것이 아닌가 하는 의문이 제기된다. 그렇다면 이는 범죄될 사실은 증거능력이 있고 적법한 증거조사를 거친 증거에 의한 증명, 즉 엄격한 증명에 의하여야 한다는 형사소송법 제307조에 반한다고 볼 수 있다.

대법원 2012. 10. 25. 선고 2011도5459 판결이 "원심은 검사가 탄핵증거로 신청한 체포·구속인접견부 사본은 피고인의 부인진술을 탄핵한다는 것이므로 결국 검사에게 입증책임이 있는 공소사실 자체를 입증하기 위한 것에 불과하므로 형사소송법 제318조의2 제1항 소정의 피고인의 진술의 증명력을 다투기 위한 탄핵증거로 볼 수 없다는 이유로 그 증거신청을 기각하였다. … 원심의 이 부분 판단은 정당하다"라고 판시한 것은 위와 같은 문제의식과 무관하지 않은 것으로 생각된다.

### 4. 미국의 탄핵증거이론

탄핵증거에 관하여 '진술의 증명력'을 탄핵하는 것이라고 이해하는 우리와 달리, 미국에서 탄핵증거는 '증인의 신용성'을 공격하는 증거를 의미한다. 증인이 의식적으로 거짓말을 하고 있다는 것을 나타내려는 것뿐만 아니라 증인이 진실한지 아닌지 또는 틀렸다거나 착오에 빠져 있다는 것을 입증하는 것도 탄핵이다. 이러한 탄핵증거는 증인의 신용성(credibility)을 공격하는 데만 사용되며 실질증거(substantive evidence)로 사용되어서는 아니 된다. 가령 법정에서 증인이 피고인은 피해자를 구타하지 않았다고 증언(이를 법정 증언이라 함)할 때, 증인이 종전에 피고인이 피해자를 구타하였다고 한 진술(이를 법정외 진술이라 함)을 탄핵증거로 사용하는 경우, 법정외 진술은 법정 증언과 다른 진술을 한 사실이 있음을 밝혀 (즉 법정외 진술과 법정 증언 중 어느 하나는 의도적인 거짓말이거나 적어도 착오에 빠져 있음을 밝혀) 증인의 신용성을 탄핵함으로써 간접적으로 법정 증언의 증명력을 감쇄시키는 것이며, 법정외 진술에 의해 피고인이 피해자를 구타하였음을 입증하는 것은 허용되지 않는다. 그렇기 때문에 판사는 배심원에게 탄핵증거를 실질증거로 사용할 수 없다는 설명(instruction)을 해줄 필요가 있다.

우리의 탄핵증거이론을 전개함에 있어서도 탄핵증거에 의한 탄핵의 대상이 '진술의 증명력'이 아니라 '증인의 신용성'이라고 보는 것이 보다 합리적일 것으로 생각된다.

[참고문헌] 류전철, 범죄피해자의 관점에서 탄핵증거의 허용범위에 관한 소고, 피해자학연구 제20권 제2호(2012. 10.); 최병각, 탄핵증거로서의 증거능력과 증거조사, 형사법연구 제22권 제1호(2010).

[필자: 최병천 교수(전남대)]

# 105. 수첩기재 진술내용과 자백보강법칙

[대법원 1996. 10. 17. 선고 94도2865 전원합의체 판결]

[사안] 이 판결의 사실관계와 법적 쟁점은 여러 가지가 있지만, 자백의 보강법칙과 관계된 사실관계만을 정리하면 다음과 같다.

피고인 D1은 부정한 부탁과 함께 공무원 D2에게 8회에 걸쳐 합계 금 305만원을 제공하여 가중뇌물공여죄를 범하였다는 혐의로 기소되었다. 제1심 법원인 부산지방법원 합의부는 8회의 뇌물공여사실 중 6회분 33만원의 뇌물공여 부분은 유죄로 인정하였다. 그러나 나머지 뇌물공여 부분에 대한 증거는 검사작성의 피고인진술조서, 검사작성의 피의자진술조서 및 뇌물공여 사실을 기재한 피고인의 수첩뿐인데, 이는 피고인의 자백만이 있고 보강증거가 없는 경우에 해당된다는 이유로 피고인에게 무죄를 선고하였다(부산지방법원 1993. 8. 20. 선고 93고합352 판결). 항소심인 부산고등법원도 제1심 판결을 그대로 유지하였다(부산고등법원 1994. 10. 5. 선고 93노1330 판결).

검사와 피고인 모두 상고하였다. 대법원 전원합의체는 항소심판결을 파기하고 사건을 부산고등법원에 환송하였다.

★[판지]★

## 1. (1) 다수의견

상업장부나 항해일지, 진료일지 또는 이와 유사한 금전출납부 등과 같이 범죄사실의 인정 여부와는 관계없이 자기에게 맡겨진 사무를 처리한 사무 내역을 그때그때 계속적, 기계적으로 기재한 문서 등의 경우는 사무처리 내역을 증명하기 위하여 존재하는 문서로서 그 존재 자체 및 기재가 그러한 내용의 사무가 처리되었음의 여부를 판단할 수 있는 별개의 독립된 증거자료이고, 설사 그 문서가 우연히 피고인이 작성하였고 그 문서의 내용 중 피고인의 범죄사실의 존재를 추론해 낼 수 있는, 즉 공소사실에 일부 부합되는 사실의

기재가 있다고 하더라도, 이를 일컬어 피고인이 범죄사실을 자백하는 문서라고 볼 수는 없다.

### (2) 반대의견

자백은 범죄사실의 전부 또는 일부를 인정하는 진술을 말하는 것이고 그러한 진술이라면 피고인의 지위에서 행한 것이건, 기소 전에 피의자의 지위에서 행한 것이건, 또 범행 혐의를 받기 전에 행한 것이건, 범행 발각 후에 행한 것이건 모두 자백임에는 다름이 없다. 그리고 그러한 진술은 구술의 형식으로 이루어질 수도 있고 서면에 기재하는 방식으로 이루어질 수도 있다. 또, 그 진술이 어디에서 누구에 대하여 행하여졌는지도 자백인지 아닌지의 문제와는 관계없는 것이고, 상대방이 없이 행하여진 경우에도 자백인 점에는 마찬가지라 할 것이다. 따라서 피고인이 범죄의 혐의를 받기 전에, 그와는 관계없이 타인에게 보이는 것을 예상하지 아니하고 자기의 범죄사실을 기재하여 둔 것이라 하더라도, 그 기재 내용을 증거로 하는 경우에는 이 또한 자백이라고 할 것이다.

## 2. (1) 다수의견

피고인이 뇌물공여 혐의를 받기 전에 이와는 관계없이 준설공사에 필요한 각종 인·허가 등의 업무를 위임받아 이를 추진하는 과정에서 그 업무수행에 필요한 자금을 지출하면서, 스스로 그 지출한 자금내역을 자료로 남겨두기 위하여 뇌물자금과 기타 자금을 구별하지 아니하고 그 지출 일시, 금액, 상대방 등 내역을 그때그때 계속적, 기계적으로 기입한 수첩의 기재 내용은, 피고인이 자신의 범죄사실을 시인하는 자백이라고 볼 수 없으므로, 증거능력이 있는 한 피고인의 금전출납을 증명할 수 있는 별개의 증거라고 할 것인즉, 피고인의 검찰에서의 자백에 대한 보강증거가 될 수 있다.

### (2) 반대의견

수첩의 기재는 피고인이 경험한 사물에 대한 인식을 외부에 글로 표현한 내용이 증거방법으로 사용된다는 점에서 이를 자백으로 봄이 합당하고, 이를 피고인의 자백과는 성질이 다른 독립된 증거라고 볼 수 없고, 따

라서 물증 등 다른 증거에 비하면 거짓이나 조작이 개재될 여지가 많은 피고인의 자백만으로 유죄판단을 하지 못하도록 제한하려는 형사소송법 제310조의 입법취지에 비추어 이러한 수첩의 기재 내용만으로는 유죄의 판단을 할 수 없음은 물론 이는 자백에 대한 보강증거도 될 수 없다고 보아야 한다. 피고인이 작성한 수첩의 기재 내용이 형사소송법 제315조에 의하여 증거능력을 가지게 된다는 것과 자백만으로는 유죄판결을 할 수 없다는 형사소송법의 원칙과는 서로 차원을 달리하는 것이다.

### [해설 <1>]

#### 1. 대상판결의 입장

대상판결의 사건에서 피고인이 뇌물공여 사실을 자백한 것으로 인정되었는데, 피고인이 뇌물공여 사실을 기재해 놓은 수첩이 증거로 제출되었다. 그 수첩에 기재된 내용이 자백과 독립된 증거라고 한다면 피고인에게 유죄를 인정할 수 있고, 그 수첩에 기재된 내용도 자백이라고 한다면 자백과 독립된 증거여야 하는 보강증거가 없으므로 피고인에게 무죄를 인정해야 하였다. 대법원은 관여 대법관 10 : 2의 의견으로 피고인이 업무수행에 필요한 자금을 지출하면서 그 내역을 자료로 남기기 위해 계속적·기계적으로 기입한 수첩의 기재 내용은 자백이라고 할 수 없고 따라서 독립된 증거로서 자백의 보강증거가 될 수 있다고 한다. 그리고 이러한 입장은 이후의 판결에서도 유지되고 있다(대법원 1998. 12. 22 선고 98도2890 판결, 대법원 2007. 7. 26 선고 2007도3219 판결 등).

#### 2. 자백의 보강법칙

자백의 보강법칙(제310조)이란 증거능력이 있고 신빙성이 있는 자백에 의해 법관이 피고인의 유죄를 확신하였더라도 보강증거가 없으면 피고인에게 유죄를 인정할 수 없다는 원칙이다. 이를 인정하는 이유는 허위자백에 의한 오판의 위험을 방지하고, 자백편중의 재판과 수사관행에 의한 인권침해를 방지하기 위함이다. 그러나 오늘날에는 이러한 위험이 없는 자백에서도 보강법칙은 인정된다.

통설은 자백의 보강증거는 자백과 실질적으로 독립된 증거여야 하므로, 범죄혐의와 관계없이 작성된 문서라고 하더라도 피고인의 진술이 기재된 일기장, 수첩, 상업장부 등도 독립된 증거라고 할 수 없어 보강증거가 될 수 없다고 한다.

그러나 대상판결은 피고인이 작성한 수첩기재 내용이 독립된 증거이므로 보강증거가 될 수 있다고 한다. 이는 수첩의 기재내용뿐만 아니라 존재 자체가 증거가 된다는 입장이라고 할 수 있다.

그러나 만약 수첩의 존재 자체가 독립된 증거라고 한다면 피고인의 자백이 없어도 이 수첩만으로도 피고인에게 유죄를 인정할 수 있다. 다시 말해, 대상판결은 수첩의 기재내용이 증거로 사용된다는 것을 인정하면서도 이를 정당화하기 위해 수첩의 존재를 언급한 것이라고 할 수 있다. 이러한 의미에서 다수의견보다는 반대의견과 통설의 입장이 타당하다.

[참고문헌] 김태계, 피고인이 작성한 수첩·메모류의 보강증거능력, 한양법학 제25집(2009. 2.).

[필자: 오영근 교수(한양대)]

### [해설 <2>]

#### 1. 자백의 보강법칙과 대상 판결의 의미

현행 형사소송법 제310조는 '피고인의 자백이 그 피고인에게 불이익한 유일의 증거인 때에는 이를 유죄의 증거로 하지 못한다'며 자백과 보강법칙을 선언하고 있다. '자백보강법칙'은 헌법 제12조 제7항 후단에 근거해 구 형사소송법 시대부터 일관되게 인정되어 온 것으로 허위의 자백을 강요함으로써 발생할지 모를 오판의 위험과 인권침해를 방지하고자 함에 그 목적이 있다.

대상 판결은 '피고인이 범죄혐의를 받기 전부터 작성한 장부가 피고인의 진술을 내용으로 하는 것일 경우에도 자백과 독립된 증거로서 보강증거가 될 수 있는지 여부'에 대한 것이다. 이는 곧 보강증거의 자격으로서 '독립증거'의 인정과 관련된 문제이기도 하다. 학설은 '장부 등이 업무의 통상과정에서 기계적·연속적으로 작성된 이상 비록 그 내용 중에 범죄사실을 인정하는 기초자료가 포함되어 있다고 하더라도 범죄사실을 추론하는 하나의 자료일 뿐이지 자백으로 볼 수 없어 보강증거가 될 수 있다'는 긍정설과 '그 경우에도 피고인의 진술을 내용으로 하는 이상 자백에 해당하여 보강증거가 될 수 없다'는 부정설이 맞서고 있는데 부정설이 다소 우세한 것으로 보인다. 대상판결의 다수의견은 이 중 긍정설의 입장과 같고, 반대의견은 부정설의 입장과 같다. 대법원이 동 사건을 전원합의체에 회부한 점에 비춰보면 다수의견과 반대의견이 첨예하게 대립하였음을 알 수 있을 것이다.

판단컨대, 대상 판결의 반대의견은 '업무상 필요로 작성한 통상문서 내지 기타 특히 신용할 만한 정황에 의하여 작성된 문서'의 증거능력을 당연히 인정하고 있는 형사소송법 제315조 규정과 모순되고, 자백의 형식범위를 지나치게 넓게 보아 범행과 무관하게 피의자 스스로 작성한 문서까지 증거로 사용할 수 없게 함으로써 처벌받아야 할 범죄자를 부당하게 면책하는 결과를 초래할 수 있을 뿐만 아니라 보강증거없이 자백만으로 형사처벌을 할 수 없도록 제한한 본래 취지(즉, 자백강요에서 비롯될 오판 및 인권침해방지)와도 맞지 않아 지지하기 어렵다. 대상 판결의 다수의견이 타당하며 현재의 실무도 이와 같다.

## 2. 영업장부, 수첩 등의 보강증거 적격요건

대상 판결의 다수의견이 제시한 보강증거로서의 적격요건에 의하면 ① 상업장부나 항해일지, 진료일지 또는 이와 유사한 금전출납부 등과 같이 범죄사실의 인정 여부와는 관계없이(즉, 범죄의 혐의를 받기 전부터), ② 자신이 맡은 사무처리내역을, ③ 그때그때 계속적·기계적으로 기입해 온 문서라야 자백과 독립된 증거로 인정받을 수 있다. 문서의 명칭과 형식은 중요하지 아니하다. 그리고 이와 같은 요건을 갖춘 문서는 형사소송법 제315조 제2호 또는 제3호에 의해 당연히 증거사용도 가능하다.

[참고문헌] 정웅석, 수첩의 증거능력 및 공범자의 자백과 보강법칙, 고시계 제49권 제6호 통권 제568호(2004. 6.); 김태계, 피고인이 작성한 수첩·메모류의 보강증거능력, 한양법학 제25집(2009. 2.).

[필자: 김영기 검사]

# 106. 증거동의와 취소·철회의 시기

[대법원 1988. 11. 8. 선고 88도1628 판결]

[사안] D는 주점 여주인을 주점 홀 바닥에 넘어뜨리고 강간하려다 상해를 입히고 강간은 미수에 그쳤다. D는 여주인의 고소로 경찰조사를 받게 되자 V의 주선으로 일단 여주인과 합의를 보았다. D는 사건 당일 자정을 지나서까지 합의 주선자 V와 술을 마시고 귀가하다가 시비가 붙어 V의 멱살을 잡아 흔들어 V를 사망하게 하였다. D는 V를 상해하여 사망에 이르게 하였다는 공소사실로 상해치사죄 등으로 기소되었다. 제1심 공판절차에서 D는 공소사실의 중요부분을 포함한 대부분에 대해 범행을 부인하였다. 검사는 관련 수사기록을 증거로 제출하였는데 여기에는 W1, W2, W3, W4 등에 대한 진술조서가 포함되어 있었으며 증거조사를 실행한 결과는 제1심 공판조서에 기재되었다. 제1심 공판조서에는 참고인 W1, W2, W3, W4 등에 대한 각 진술조서에 대해 '증거동의'한 것으로 각 기재되어 있었다. 또한, 법원이 증거조사결과에 대한 의견을 물음에 D와 변호인 모두 "별의견이 없다"고 진술한 것으로 제1심 공판조서에 기재되어 있었다. 제1심 공판 결심 시 변호인은 D에 대해 무죄변론을 하였다.

제1심법원은 참고인 W1, W2, W3, W4 등에 대한 각 진술조서를 증거의 하나로 채택하여 D에게 징역 3년의 실형을 선고하였다. D는 이에 불복하여 항소하였다. 항소심 공판절차에서 D는 계속 범행사실을 부인하며 "제1심에서 참고인 W1, W2, W3, W4등에 대한 각 진술조서에 대하여 증거동의를 한 것은 D의 의사와는 관계없이 변호인의 일방적인 의사에 의하여 이루어진 것이어서 변호인의 증거동의에 관한 의사표시는 D에게 효력을 미칠 수 없다"고 하였다. 그러나 항소심법원은 D의 항소를 기각하였고, D는 이에 불복하여 상고하였다.

**★[판지(상고기각)]★**

### 1. 증거동의와 그 취소·철회의 주체

증거로 함에 대한 동의의 주체는 소송주체인 당사자라 할 것이지만 ① 변호인은 피고인의 명시한 의사에 반하지 아니하는 한 피고인을 대리하여 이를 할 수 있음은 물론이므로 피고인이 증거로 함에 동의하지 아니한다고 명시적인 의사표시를 한 경우 이외에는 변호인은 서류나 물건에 대하여 증거로 함에 동의할 수 있고 이 경우 변호인의 동의에 대하여 피고인이 즉시 이의하지 아니하는 경우에는 변호인의 동의로 증거능력이 인정되고 증거조사 완료 전까지 앞서의 동의가 취소 또는 철회하지 아니한 이상 일단 부여된 증거능력은 그대로 존속한다.

② 검사 및 사법경찰리 작성의 일부 참고인들의 진술조서에 관하여 증거목록에 기재되어 있고, 법원이 증거조사결과에 대하여 의견을 묻는 데 대하여 피고인 및 변호인이 모두 "별의견이 없다"고 진술한 것으로 기재되어 있으며, ③ 증거조사 완료 전까지 그러한 증거에 대한 의사표시가 취소 또는 철회되었다고 볼 흔적을 찾아볼 수는 없고, 다만 피고인이 제1심공판정에서 공소사실의 중요부분을 포함한 대부분에 대해 이를 부인하고 있고 변호인도 피고인에 대한 무죄변론을 하였으며 그 후 원심 제3차 공판기일에 이르러 피고인이 공판조서상의 증거로 함에 대한 동의의 기재는 피고인의 의사와는 관계없이 변호인의 일방적인 동의의 의사에 의한 것이라고 진술하고 있다하여 그 동의의 의사표시가 피고인에게 미치지 아니한다고 할 수 없다.

### 2. 증거동의와 그 취소·철회의 시기

④ 형사소송법 제318조에 규정된 증거동의의 의사표시는 증거조사가 완료되기 전까지 취소 또는 철회할 수 있으나 일단 증거조사가 완료된 뒤에는 취소 또는 철회가 인정되지 아니하므로 취소 또는 철회 이전에 이미 취득한 증거능력이 상실되지 않는다(대법원 1983. 4. 26. 선고 83도267 판결).

## [해설]

### 1. 증거동의의 개념과 행사주체

형사소송법 제318조는 "검사와 피고인이 증거로 할 수 있음을 동의한 서류 또는 물건은 진정한 것으로 인정한 때에는 증거로 할 수 있다"고 규정하고 있다. 형사소송법 제310조의2에서 전문법칙을 규정하고 있고 제311조부터 제316조까지 전문법칙의 예외에 대해서 규정하고 있다. 전문법칙의 예외에 해당하지 않는 한 전문증거는 증거로 쓸 수 없다. 전문법칙에 의하여 증거능력이 없는 증거라도 검사 또는 피고인이 증거로 쓰는 데 동의한 경우에는 증거능력을 인정하여 불필요한 증인신문 없이 재판의 신속과 소송경제를 도모하려는 것이 형사소송법 제318조의 입법취지다.

증거동의의 주체는 검사와 피고인 쌍방이다. 당사자 일방이 신청한 전문증거는 타방 당사자의 동의만 있으면 된다. 형사소송법 제318조는 증거동의의 주체로 변호인을 명시하고 있지 않은데 검사가 신청한 전문증거에 대하여 변호인도 동의를 할 수 있는가 문제된다. 형사소송법 제318조에 증거동의의 주체로 변호인을 명시하고 있지 않지만 변호인은 피고인의 명시한 의사에 반하지 아니하는 한 포괄적 대리권을 가지므로 피고인의 명시적 의사에 반하지 아니하는 한 피고인을 대리하여 증거동의 할 수 있다(판지 ① 부분). 판례는 변호인의 증거동의를 독립대리권으로 보고 있다. 하지만 다수설은 변호인의 증거동의에 대해 종속대리권으로 보고 있다.

### 2. "별의견이 없다"는 진술을 증거동의로 간주할 수 있는가

검사가 신청한 전문증거에 대하여 피고인의 동의가 있었는가에 대해서 전문증거에 대해 피고인이나 변호인이 "동의한다"고 명확하게 한 경우에는 문제가 없다. 하지만, 이 사안에서처럼 법원이 증거조사결과에 대하여 의견을 묻는데 피고인과 변호인 모두 "별의견이 없다"고 진술한 것으로 기재되어 있다면 이를 동의로 간주할 수 있는가 문제된다. 피고인이 공소사실에 대하여 부인하고 있더라도 참고인들의 진술조서에 대하여 "별의견이 없다"는 의사표시가 진의에 의한 것이라면 증거에 동의한 것으로 볼 수 있다(판지 ②, ③ 부분). 또한 "피고인이 사법경찰관작성의 피해자진술조서를 증거로 동의함에 있어서 그 동의가 법률적으로 어떠한 효과가 있는지를 모르고 한 것이었다고 주장하더라도

변호인이 그 동의시 공판정에 재정하고 있으면서 피고인이 하는 동의에 대하여 아무런 이의나 취소를 한 사실이 없다면 그 동의에 무슨 하자가 있다고 할 수 없다"(대법원 1983. 6. 28. 선고 83도1019 판결).

### 3. 증거동의의 취소·철회의 시기

증거동의는 원칙적으로 증거조사 전에 하여야 한다(형사소송규칙 제134조 제2항). 형사소송에서 소송행위는 선행행위와 후행행위가 서로 연쇄를 이루며 발전하여 가므로 이미 행하여진 절차형성행위를 그 뒤에 함부로 철회나 취소가 가능하도록 하는 것은 바람직하지 않다는 원칙을 절차유지의 원칙이라 한다. 절차유지의 원칙에 따라 재판에서 증거동의한 경우 동의의 취소나 철회는 무한정 허용되지는 않는다. 증거동의의 취소나 철회의 시기는 '증거조사 완료되기 전'까지 가능하다(판지 ④ 부분). 증거동의의 취소나 철회의 시기로 말하는 '증거조사 완료되기 전'은 언제를 말하는가.

검사가 제출한 전문서류에 대하여 피고인이나 변호인이 증거로 하는 것에 대해 동의하면 법원은 증거동의한 서류나 물건에 대하여 증거조사를 실시하고 증거조사 결과에 대한 의견을 묻는다. 이때 피고인이나 변호인이 의견을 진술하게 되고 그 의견진술을 마친 때가 바로 '증거조사가 완료된' 시기이다. 이 시기 전에 피고인이나 변호인이 증거동의의 취소나 철회의 진술을 하여야 한다. 이 판결에서는 법원이 증거조사결과에 대하여 의견을 묻는데 증거조사 완료 전까지 증거동의에 대한 의사표시가 취소 또는 철회되었다고 볼 흔적을 찾아볼 수 없으므로 증거동의는 취소나 철회되지 않았고 유효하다(판지 ③ 부분).

[참고문헌] 박찬주, 증거로 함에 대한 당사자의 동의, 대법원판례해설 10호(1989. 12.); 심희기·양동철, 형사소송법 판례백선, 홍문사.

### [필자: 정병곤 교수(남부대)]

# 107. 공판조서에 대한 이의와 그 증명력

대상판결 1
[대법원 1988. 11. 8. 선고 86도1646 판결]
대상판결 2
[대법원 1995. 4. 14. 선고 95도110 판결]

**[사안 1 - 86도1646]** 경찰관 D는 1986. 6. 26. 19:00경 치안본부 수사2대 구내식당에서 공동피고인 D2로부터 진정사건을 불구속처리해줘서 고맙다는 인사와 함께 현금 450만원을 교부받았다는 혐의(특가법위반)로 기소되었다. 검사가 제1심 제9회 공판기일에서, 제1회 공판조서 중 D의 진술이 기재된 부분에 관하여 변경을 청구하면서 공판조서의 기재의 정확성에 대한 이의를 진술하자, 변호인은 그 공판조서의 기재가 정확한 것이라는 취지의 의견을 진술하였으나, 제1심 재판장은 검사의 청구가 이유있다고 판단하여 참여한 법원사무관에게 검사의 청구대로 제1회 공판조서의 기재를 변경하도록 명하여 참여한 법원사무관이 피고인의 진술내용을 변경된 대로 제9회 공판조서에 다시 기재하였다. 그러나 D는 계속된 신문에서 제1회 공판조서에 기재된 바와 같은 취지로 진술하였다. 제1심과 항소심은 D에게 유죄를 선고하였으며 D는 상고하였다. 상고이유는 "D가 제1심 제1회 공판기일에서 그 공소사실을 확실하게 부인하였고, 그 공판조서에도 그 취지로 기재되었음에도 불구하고 제1심 제9회 공판기일에 이르러 검사가 제1회 공판조서 중에 'D가 그 공소사실을 부인하였다'고 기재되어 있으나 사실은 '뇌물수수의 약속을 하였다'는 취지로 진술한 바 있으나 그 취지로 변경하여 줄 것을 청구하면서 공판조서기재의 정확성에 대한 이의를 진술하자 제1심 재판장이 검사의 청구를 받아들여 참여사무관으로 하여금 검사의 청구 내용대로 D의 진술내용을 변경된 것으로 제9회 공판조서에 다시 기재하도록 한 후 제1심이나 원심이 변경된 제1심의 제9회 공판조서의 기재를 유죄의 증거로 삼은 것은 잘못"이라는 것이었다.

**[사안 2 - 95도110]** D는 부정수표단속법위반 혐의로 기소되었는데, 제1심은 제3회 공판기일에 D가 발행한 부도수표의 일부가 회수되었음을 확인하고 다음과 같은 공판조서를 작성하였다. "판사, '공소장 별지기재 8 내지 12 부도수표가 회수되었음'을 고지. 검사, '위 수표에 대한 공소를 취소한다' 진술. 판사, '위 수표에 대한 공소를 기각한다' 결정 고지"

그러나 실제 회수된 수표는 공소장 별지기재 수표 중 8, 9, 12 세 장이었으며 10, 11 수표는 아직 미회수 상태였다. 제1심은 제4회 기일에 미회수수표 부분에 대하여 판단하면서 10, 11 수표들에 대한 범죄사실도 포함하여 D에게 유죄판결을 선고하였다. D가 항소하였고 항소심은 "D는 공소제기 후 제1심 판결 선고 전에 공소장 별지기재 8 내지 12 부도수표를 회수하였으므로 위 수표들에 대한 각 공소사실에 대하여는 D에 대하여 공소기각의 판결을 선고하여야 한다"는 이유로 항소이유에 관한 판단에 앞서 직권으로 제1심 판결을 전부 파기하고 10, 11의 부도수표에 대하여는 공소기각결정을, 나머지 부분에 대하여는 유죄판결을 선고하였다. 검사가 공판조서의 증명력에 관한 법리오해의 위법을 이유로 상고하였다.

## *[판지 1 - 86도1646 (상고기각)]*
### [공판조서의 증명력과 이의신청]

결국 동일한 사항에 관하여 두 개의 서로 다른 내용이 기재된 공판조서가 병존하는 결과가 되지만, 이와 같은 경우 두 개의 공판조서는 동일한 증명력을 가지는 것으로서 그 증명력에 우열이 있을 수 없다고 보아야 할 것이므로, 두 개의 공판조서의 기재내용이 모순될 때 그 중 어느 쪽 공판조서의 기재를 진실한 것으로 볼 것인지는 공판조서의 증명력을 판단하는 문제로서 법관의 자유로운 심증에 따를 수밖에 없는 것이니, 제1심 판결이나 원심판결이 변경된 제1심의 제9회 공판조서의 기재를 유죄의 증거로 삼았다하여 반드시 위법한 것이라고 볼 수는 없다.

## [공판조서의 증명력제한]

형사소송법 제56조는 "공판기일의 소송절차로서 공판조서에 기재된 것은 그 조서만으로써 증명한다"고 규정하고 있으므로 ① 소송절차에 관한 사실은 공판조서에 기재된 대로 공판절차가 진행된 것으로 증명되고 다른 자료에 의한 반증은 허용되지 않는다고 할 것이나(당원 1993. 11. 26. 선고 93도2505 판결 참조), ② 공판조서의 기재가 소송기록상 명백한 오기인 경우에는 공판조서는 그 올바른 내용에 따라 증명력을 가진다고 할 것이다.

(중략) 위 공판조서상의 "판사, 공소장 별지 기재 8 내지 12 부도수표가 회수되었음을 고지"는 "판사, 공소장 별지 기재 8, 9, 12 부도수표가 회수되었음을 고지"의 명백한 오기라고 할 것이고, 따라서 그 올바른 내용에 따라 검사의 공소취소 및 제1심 판사의 공소기각결정 대상으로 순차 기재된 "위 수표"는 모두 '공소장 별지기재 8, 9, 12 부도수표'를 가리키는 것이어서 위 공판기일에 이 사건 수표들에 대한 부정수표단속법위반의 점에 대한 공소기각결정 고지절차가 이루어진 것은 아니라고 보아야 할 것이다.

## [해설]

### 1. 공판조서의 증명력과 이의신청

형사소송법 제56조에서 공판기일의 소송절차에 관하여 공판조서의 배타적 증명력을 인정하여 자유심증주의에 대한 예외를 둔 이유는, 소송관계인들이 공판기일의 소송절차 진행의 적법성 여부를 쉽게 입증할 수 있도록 하는 동시에 상소심법원의 심사의 편의를 위해서라고 설명한다. 비슷한 외국의 입법례로는 일본형사소송법 제52조, 독일형사소송법 제274조 등이 있다.

이를 위한 전제로 공판조서의 유효성과 정확성이 확보되어야 한다. 공판조서는 공판에 참여한 법원사무관 등이 작성하여야 하며, 법원사무관 등의 기명날인 또는 서명 이외에 공판절차에 열석한 재판장의 기명날인 또는 서명이 필요하다(82도2940 판결). 변호인과 피고인은 공판조서를 열람할 수 있으며, 열람 또는 등사청구권이 침해된 경우에는 그 공판조서를 유죄의 증거로 할 수 없을 뿐만 아니라, 공판조서에 기재된 당해 피고인이나 증인의 진술도 증거로 할 수 없다(대법원 2003.

10. 10. 선고 2003도3282 판결). 공판기일에는 전회의 공판심리에 관한 주요사항의 요지를 조서에 의해 고지하며 검사, 피고인, 변호인은 공판조서에 대하여 이의를 제기할 수 있다(법 제54조). 이의제기가 있는 때에는 그에 대한 재판장의 의견을 기재한 조서를 작성하여 당해 공판조서 뒤에 첨부하여야 한다(규칙 제29조의2).

### 2. 공판조서의 증명력제한

필요적 변호사건에서 변호인의 출석 여부, 진술거부권의 고지 여부, 검사의 공소장낭독 여부, 피고인의 모두진술 여부, 증거조사결과에 대한 피고인의 의견조회 및 피고인에 대한 증거조사신청권의 고지 여부, 증거동의 여부, 변호인 및 피고인에 대한 최종의견 진술기회의 부여 여부, 판결 선고의 유무 및 일자 등 당해사건의 공판기일에서의 소송절차에 관한 사실은 공판조서에 기재된 대로 공판절차가 진행된 것으로 증명되고 다른 자료에 의한 반증이 허용되지 않는다([사안 2]의 ①).

하지만 공판조서의 기재사항이 불명확하거나 모순이 있는 경우에는 배타적 증명력이 인정되지 않으며, 제54조의 이의신청이 있거나([사안 1]) 신청이 방해된 경우에도 그러하다. '특단의 사정'(대법원 1988. 8. 9. 선고 88도1018 판결)이 있는 때에도 배타적 증명력의 예외를 인정할 수 있는데, 그 예는 공판조서의 기재가 소송기록상 명백한 오기(誤記)인 때이다([사안 2]의 ②). 오기인지 여부를 확인하기 위해 공판조서 이외의 다른 자료도 참고할 수 있는지에 대해서는 학설의 다툼이 있다.

공판조서에 기재되어 있지 않은 소송절차라고 하여 그 존재가 부인되는 것은 아니며, 공판조서에 기재되지 않은 소송절차에 대해서는 공판조서 이외의 자료에 의한 증명이 허용된다.

[참고문헌] 김영기, 공판조서기재에 대한 이의신청이 있을 경우 조서의 증명력, 대법원판례해설 10호(1989. 12.); 신동운, 공판조서의 증명력과 그 제한가능성, 판례월보 303호(1995. 12.).

[필자: 최준혁 교수(인하대)]

제5장 재판

刑事訴訟法核心判例130選

# 108. 확정판결의 구속력 개념을 인정할 것인가?

[대법원 2010. 2. 25. 선고 2009도14263 판결]

**[사안]** D는 대출알선업을 하다가 사업에 실패하여 신용불량자로 등재되는 등 경제적으로 매우 어려워지자 교통사고가 발생할 경우 가해차량의 운전자에게 형사합의지원금, 면허정지위로금 등의 책임보험금이 지급되는 '운전자보험'에 가입한 다음 시골 노인들을 상대로 고의로 교통사고를 낸 후 보험사에 마치 과실이나 우연한 사고로 교통사고가 발생한 것처럼 허위로 교통사고 신고를 하여 보험금을 수령하기로 마음먹었다. D는 그 계획을 실천에 옮겨 시골 노인 2명 V, V2를 고의로 살해하였지만 모두 과실치사로 위장행세하여 V에 대한 살인행위(1행위)는 2007. 10. 2. 대전지방법원 홍성지원에서 교통사고처리특례법위반죄(업무상과실치사)의 혐의로 '금고 10월에 집행유예 2년'을 선고(이하 '전소1')받아 같은 달 10. 위 판결이 확정되고 D는 보험금 1억원을 지급받았고(2행위), V2에 대한 살인행위(3행위)는 2008. 12. 4. 대전지방법원 홍성지원에서 교통사고처리특례법위반죄 등으로 '금고 4월 및 벌금 400,000원'을 선고(이하 '전소2')받아 2009. 2. 2. 위 판결이 확정되고 D는 또 보험금 1억원을 지급받았다(4행위). 그 후 선행하는 두 개의 교통사고처리특례법위반죄(업무상과실치사)의 사실은 고의살인사실(1행위와 3행위)이고 D가 보험사로부터 보험금을 수령한 것(2행위, 4행위)이 모두 보험사기죄임이 드러났다. 이 사실을 파악한 검사는 D를 살인혐의로는 기소하지 않고 D가 2회에 걸쳐 보험금을 지급받은 행위(2행위, 4행위)를 사기죄로 이론구성 하여 기소(이하 후소)하였다. 제1심은 유죄를 선고하였다. D의 국선변호인은 "1행위와 3행위는 이미 교통사고처리특례법위반죄(업무상과실치사)로 기소되어 유죄판결이 확정되었는데 그 '1행위·3행위가, D가 고의로 낸 사고임을 전제로 하여 2행위·4행위를 사기죄로 인정하여 처벌하는 것'은 일사부재리의 원칙에 반한다"고 주장하며 항소하였으나 기각되었다. D가 같은 이유를 주장하며 상고하였다(실제의 사안에서

는 업무상과실치사를 가장한 5행위와 그 보험사기행위인 6행위가 추가적으로 시도되어 미수에 그쳤는데 보험사와 검찰은 5행위와 6행위를 정밀조사한 후에 1,2,3,4 행위가 과실치사를 위장한 고의살인과 보험사기로 확신하고 후소의 제1,2,3심도 모두 그런 사실관계를 인정하였다. 그러나 여기서는 문제를 단순화하기 위하여 5행위, 6행위를 거론하지 않았다. 그러나 핵심논지에는 변함이 없다).

**＊[판지(상고기각)]＊**

형사재판이 실체적으로 확정되면 동일한 범죄에 대하여 거듭 처벌할 수 없고(헌법 제13조 제1항), 확정판결이 있는 사건과 동일사건에 대하여 공소의 제기가 있는 경우에는 판결로써 면소의 선고를 하여야 한다(형사소송법 제326조 제1호). D에 대한 각 교통사고처리 특례법 위반죄의 확정판결의 기판력이 이 사건 사기죄에 미치는 것인지의 여부는 그 기본적 사실관계가 동일한 것인가의 여부에 따라 판단하여야 할 것이다. 또한 기본적 사실관계가 동일한가의 여부는 규범적 요소를 전적으로 배제한 채 순수하게 사회적·전법률적인 관점에서만 파악할 수는 없고, 그 자연적·사회적 사실관계나 D의 행위가 동일한 것인가 외에 그 규범적 요소도 기본적 사실관계 동일성의 실질적 내용의 일부를 이루는 것이라고 보는 것이 상당하다(대법원 1994. 3. 22. 선고 93도2080 전원합의체 판결 참조).

살피건대, 위 각 교통사고처리 특례법 위반죄의 행위 태양은 과실로 교통사고를 발생시켰다는 점인데 반하여, 이 사건 사기죄는 고의로 교통사고를 낸 뒤 보험금을 청구하여 수령하거나 미수에 그쳤다는 것으로서 서로 행위 태양이 전혀 다르고, 각 교통사고처리 특례법 위반죄의 피해자는 교통사고로 사망한 사람들이나, 이 사건 사기죄의 피해자는 D와 운전자보험계약을 체결한 보험회사들로서 역시 서로 다르다. 따라서 위 각 교통사고처리 특례법 위반죄와 이 사건 사기 및 사기미수죄는 그 기본적 사실관계가 동일하다고 볼 수 없으므로, 위 전자에 관한 확정판결의 기판력이 후자에

미친다고 할 수 없다.

## [해설]

### 1. 기판력

사안에서 검사는 D의 1행위와 3행위를 살인혐의로 기소하지 않았다. 왜 그랬을까? 검사에게 1행위와 3행위가 실제로는 교특법 위반(업무상과실치사) 행위가 아니라 고의살인행위임을 입증하는 데 별 지장이 없다고 가정하자. 그렇다 하더라도 D의 1행위와 3행위는 이미 다른 검사에 의하여 교특법 위반(업무상실치사) 행위로 기소되어 유죄판결이 선고되고 확정되어 이른바 기판력(혹은 일사부재리의 효력)이 발생하였다. 사안에서 검사는 다음과 같이 예측하였을 것이다. 검사가 D의 1행위와 3행위를 고의살인행위로 이론구성하여 재차 기소(이하 이를 '후소'로 약칭함)하면 후소를 제소받은 법원은, 그 행위들은 이미 확정된 교특법 위반(업무상과실치사) 행위와 동일하다고 판단하여 면소판결(326조 1호)을 선고할 것이다.

### 2. 구속력의 개념

그리하여 사안에서 검사는 고의살인의 점에 대하여는 문제제기를 포기하고 오로지 2개의 보험사기죄 혐의(2행위, 4행위)로만 기소하였다. 제1심과 항소심은 유죄를 선고하였다. 언뜻 보면 제1심과 항소심의 유죄 취지의 재판은 문제가 없어 보인다. 그런데 D의 국선변호인이 "1행위와 3행위는 이미 교통사고처리특례법위반죄(업무상과실치사)로 기소되어 유죄로 확정되었으므로 후소에서는 이와 다른 판단을 할 수 없다. 그런데 법원이 후소에 대하여 유죄를 선고하면 일사부재리의 원칙에 반한다"고 주장하며 상고하였다. D의 국선변호인의 이 주장은 일면 수긍할 만하기도 하고 일면 그대로 수긍하기 어려운 측면이 있다.

먼저 수긍하기 어려운 측면이란, 전소에서는 아직 사기죄가 처벌되지 않았으므로 후소에서 사기죄를 문제 삼는 것에 문제가 없지 않느냐 하는 생각을 할 수 있을 것 같기 때문이다. 다른 한편 수긍할 만한 측면이란, 이미 확정된 판결은 1행위와 3행위를 교통사고처리특례법위반죄(업무상과실치사)로 판단하였는데 사기죄를 기소한 후소에서 검사는 '1행위와 3행위가 D의 고의살인행위임을 전제하므로 기판력 제도의 취지(확정판결의 의사표시적 내용의 규준성)에 반하는 측면'이 있

기 때문이다.

그런데 D의 국선변호인의 발상을 뒷받침하는 이론이 있다. 기판력이 발생하면, 동일사건을 다시 재판할 수 없다는 일사부재리효(물론 실체재판의 경우)와 함께 확정재판에 모순되는 판단이 금지된다는 (내용적) 구속력 개념을 인정(혹은 구속력도 기판력의 일내용인 것으로 포섭하는 이론)하는 것이다. 검사의 후행 사기죄 기소는 의도적인 교통사고유발(살인)을 전제하는데 이런 전제는 '과실에 의한 교통사고를 인정'한 전소의 확정판결과 모순된다.

### 3. 구속력 개념의 부정

사안에서 제1심과 항소심은 사기죄 혐의에 대하여 유죄를 선고하였다. D의 국선변호인이 구속력 개념을 염두에 두고 면소판결을 구하는 상고를 하였는데 대법원은 '수정된 기본적 사실관계동일설'을 근거로 상고를 기각하였다. 수정된 기본적 사실관계동일설이 구속력 개념 불인정의 (또는 '구속력을 인정하지만 일사부재리효와 같이 동일사건에만 구속력이 미친다'는 논거로 사용된 것이다.

그런데 1986년에 대법원은 "감호요건인 범죄사실, 즉 이 사건 상습절도행위에 대하여 이미 유죄판결이 확정되었다면 보호감호사건에서 그 절도범행이나 상습성은 다툴 수 없다 할 것이니, 이 사건 특정범죄가중처벌등에 관한 법률위반죄로 징역 2년을 선고한 판결에 대하여 피고인이 상소권을 포기하여 원심형이 확정한 이상 채증법칙을 위반하였다거나 상습성의 법리를 오해했다는 논지는 적법한 상고이유가 되지 못한다"(대법원 1986. 9. 23. 선고 86감도152 판결)고 판시한 적이 있고 이를 지지하는 학설(이재상, 형사소송법 제9판, 706면)도 있다. 이 판결에는 희미하나마 구속력 개념을 인정하는 듯한 모습도 엿보인다. 따라서 '후속재판은 확정된 선행 재판과 내용적으로 모순된 판단을 할 수 없는 것이 아니냐'는 D의 국선변호인의 주장에 경청할 만한 점이 있음을 부인하기 어렵다. 물론 사안에서 후소를 제기한 검사, 사기죄의 유죄를 선고한 제1심과 항소심, 대법원의 입장이 납득할 수 없는 것도 아니다.

[참고문헌] 권창국, 기본강의 형사소송법, 청목출판사, 2012.

[필자: 권창국 교수(전주대)]

# 109. 기판력의 객관적 범위 (1) — 판단기준

[대법원 1994. 3. 22. 선고 93도2080 전원합의체 판결]

[사안] 경찰은 V가 강취당한 국민카드 1매를 사용하던 D(O1, O2)를 검거하여 강도상해죄로 검찰에 구속송치하였으나, D는 강도상해사실을 부인하며 1992. 9. 24. 02:00경 서울 서초구 방배동의 한 공중전화박스에서 O3으로부터 국민카드 1매를 넘겨받았다고 진술하였다. 이에 검사는 D(와 O1, O2)를 장물취득죄로 기소하였고, 1992. 11. 30. 서울형사지방법원에서 장물취득(신용카드업법위반, 사기)죄로 징역 장기 1년, 단기 10월의 형을 선고받고(O1, O2도 같은 죄로 같은 형을 선고받았다) 항소하였다. 제1심 선고 후 검거된 O4의 진술에 의해 D가 강도상해죄의 공동정범인 것이 확인되어 1993. 2. 3. D에 대한 이 사건 공소가 제기되고 같은 해 3. 11. 제1회 공판을 한 후 3. 18. D는 항소를 취하하여 장물취득 유죄판결이 확정되었다. 강도상해죄의 제1심과 원심이 유죄로 인정한 D에 대한 이 사건 강도상해죄의 공소사실은 D가 O1, O2, O3, O4와 합동하여 1992. 9. 23. 23:40경 서울 구로구 구로동 번지불상 앞길에서 D와 D2, D3은 망을 보고 D1, O4는 술에 취하여 졸고 있던 V에게 다가가 주먹과 발로 V의 얼굴 및 몸통부위를 수회 때리고 차 V의 반항을 억압한 후 V의 상·하의 호주머니에서 V 소유의 국민카드 2매, 비씨카드 2매, 현금 60,000원, 주민등록증이 들어 있는 지갑 2개를 꺼내어 가 이를 강취하고, 그로 인하여 V에게 치료일수 미상의 안면부 타박상 등을 입혔다는 것이다. D는 제1심의 유죄판결에 대해 강도상해의 공소사실은 유죄로 확정된 장물취득의 공소사실과 사실의 동일성이 인정되므로 면소판결이 선고되어야 한다고 항소했으나 배척되고 유죄판결(서울고등법원 1993. 6. 30. 선고 93노1011 판결)이 선고되자, 다시 상고를 제기하면서, 유죄로 확정된 장물취득의 기판력은 본 건 강도상해죄의 공소사실에 미치므로 면소판결이 이루어져야 한다고 주장했다. 대법원은 대법관 7인(반대의견 6인)의 다수 의견으로 피고인의 상고를 기각했다.

**★[판지(상고기각)]★**

## 1. 공소사실·범죄사실의 동일성 판단기준

### (1) 다수의견

(확정판결이 있는 사건·범죄와 공소의 제기가 있는 사건·범죄가) 동일한 사건·범죄인지, 확정판결의 기판력이 공소제기 된 사건에 미치는 것인지 여부는 "① 그 기본적 사실관계가 동일한 것인가의 여부에 따라 판단하여야 할 것이다. 그러나 ⓐ 공소사실이나 범죄사실의 동일성은 형사소송법상의 개념이므로 이것이 형사소송절차에서 가지는 의의나 소송법적 기능을 고려하여야 할 것이고, 따라서 ⓑ 두 죄의 기본적 사실관계가 동일한가의 여부는 그 규범적 요소를 전적으로 배제한 채 순수하게 사회적, 전법률적인 관점에서만 파악할 수는 없고, 그 자연적, 사회적 사실관계나 피고인의 행위가 동일한 것인가 외에 ⓒ 그 규범적 요소도 기본적 사실관계 동일성의 실질적 내용의 일부를 이루는 것이라고 보는 것이 상당하다."

### (2) 반대의견

"기본적 사실관계의 동일성 여부를 판단함에 있어서는 일체의 법률적 관점을 배제하고 순수하게 자연적, 전법률적(前法律的) 관점에서 범죄사실의 동일성을 판단하고자 하는 것이고 규범적 요소는 고려되지 아니함이 원칙인 것이다. … 기판력의 문제는 단순히 소송법상의 개념에 그치는 것이 아니라 모든 국민은 동일한 범죄에 대하여 거듭 처벌받지 아니한다고 천명한 헌법규정(제13조 제1항 후단)을 구체화한 개념으로 받아들여지고 있음에 유념해 볼 때, 기판력의 한계를 설정하는 공소사실의 동일성 여부는 자연적·전법률적 관점에서 사회 일반인의 생활경험을 기준으로 판단해야 한다는 것이 보다 제도의 근본취지에 가까운 개념설정이라고 할 수 있을 것(이다). … 금품을 강취한 후 그 장물을 분배하는 일련의 범죄행위는 이를 생활의 한 단면으로 보아야 할 것이고, 한편 공소사실의 동일성이 인정되는 한 공소장의 변경을 허용할 수 있어 기판력이 미치는 범위와 공소장변경이 허용되는 범위는 일치한다고 보아야 하는바, … 피고인이 그 동일성이 있는 범위 내의 어느 사실에 대하여 일단 소추를 당한 경우에는 그 동일성이 있는 범위 내의 모든 사실에 대하여 소추 재판의 위험이 따른다고 보아야 할 것이다. … 피해법익에 있어서 완전히 겹쳐지지 않는 부분이 있다는 이유만으로 그 다른 행위에 대해 다시 논할 수 있다는 것은 방대한 조직과 법률지식을 갖춘 국가기관이 형사소추를 거듭 행함으로써 무용의 절차를 되풀이 하면서 국민에 대해 정신적·물질적 고통을 주게 하는 것이며, 한편으로는 수사기관으로 하여금 사건을 1회에 완전히 해결하려 하지 않게 함과 아울러 이를 악용하게 할 소지마저 있다고 할 것이다."

## 2. 장물취득죄와 강도상해죄 사이의 공소사실의 동일성

### (1) 다수의견

"① 범행일시가 근접하고 위 장물취득죄의 장물이 이 사건 강도상해죄의 목적물 중 일부이기는 하나, ② 그 범행의 일시, 장소가 서로 다르고, ③ 강도상해죄는 피해자를 폭행하여 상해를 입히고 재물을 강취하였다는 것인 데 반하여 위 장물취득죄는 위와 같은 강도상해의 범행이 완료된 이후에 강도상해죄의 범인이 아닌 피고인이 다른 장소에서 그 장물을 교부받았음을 내용으로 하는 것으로서 그 수단, 방법, 상대방 등 범죄사실의 내용이나 행위가 별개이고, ④ 행위의 태양(態樣)이나 피해법익도 다르고 죄질에도 현저한 차이가 있어, 위 장물취득죄와 이 사건 강도상해죄 사이에는 동일성이 있다고 보기 어렵(다)."

### (2) 반대의견

"피고인이 공범들과 함께 금품을 강취한 후 그 도품을 분배받는 일련의 범죄행위는 생활의 한 단면인 하나의 자연적, 사회적인 사실관계를 이루는 것이고 … 그 도취(盜取)행위가 절도인지 아니면 여기에 강취수단이 합쳐진 강도인지는 그것이 잠시 후 이루어진 그 이익분배행위와 합쳐져서 하나의 자연적·사회적 사실관계를 이루는 데 아무런 차이가 없(다)."

**[해 설]**

공소사실의 동일성은 공소제기의 효력범위, 공소장변경가부, 법원의 심판범위, 기판력(이중기소·처벌)의 효력범위의 판단기준으로 형사절차 전반에 영향을 미치는 중요한 의미를 가진다. 다수와 소수의견의 논거는 물론 학설(기본적 사실관계동일설, 구성요건공통설, 소인공통설, 형벌관심동일설, 범죄행위동일설, 생활세계의 사건개념기준설 등)에서도 다양한 논거들이 제시되고 있으나, 특히 행위태양·피해법익과 죄질을 기준으로 한 대법관 다수의 규범적 요소(고려)설은 처벌받은 죄가 상대적으로 경한 경우라면, 언급한 제도의 취지를 존중하자는 소수의견의 주장에 깔려 있는 형사절차 1회성의 원칙, 피고인의 신뢰보호, 법적 평화·안정성, 실패한 증명의 국가책임이라는 제도 본래의 기능을 쉽게 무시해버릴 가능성이 있다. 동 판결 이후 대법원은 시간·장소·목적물(대법원 2002. 1. 22. 선고 2001도5920 판결), 행위객체·행위의 밀접성·범죄성립의 택일성·비양립관계(대법원 1998. 6. 26. 선고 97도3297 판결), 죄수관계(대법원 2011. 6. 30. 선고 2011도1651 판결), 피해자(대법원 2010. 2. 25. 선고 2009도14263 판결), 인과관계(대법원 2009. 11. 12. 선고 2009도9189 판결), 양자가 형사범인지 여부(대법원 2012. 9. 13. 선고 2011도6911 판결) 등 다양한 판단기준을 제시하고 있다.

[참고문헌] 김상희, 강도상해죄와 장물취득죄 사이의 공소사실의 동일성 여부, 지송 이재상교수 화갑기념논문집, 형사판례의 연구 II(2004); 김성룡, 강도상해죄와 장물취득죄 사이의 공소사실의 동일성이 있는지 여부, 지송 이재상교수 화갑기념논문집, 형사판례의 연구 II(2004); 윤진수, 장물취득죄의 기판력이 강도상해죄에 미치는지 여부, 형사재판의 제문제 제1권(1997).

**[필자: 김성룡 교수(경북대)]**

# 110. 기판력의 객관적 범위 ⑵ — 상습범의 일부 확정판결의 기판력

**[대법원 2004. 9. 16. 선고 2001도3026 전원합의체 판결]**

**[사안]** 1. D는 V로부터 신공항구조물공사 동업자금 등 명목으로 850만원 상당을 편취하였다는 단순사기죄의 공소사실(A 사건, 전소)로 기소되어 유죄판결을 받고 이 유죄판결은 확정되었다.

2. 검사는 D가 위 사기죄의 사실심 판결 선고 전인 1996. 12. 30.부터 1998. 1. 17.까지 사이에 V1, V2, V3, V4 등으로부터 신공항구조물공사 동업자금, 토지분양대금, 공사현장 식당경비와 운영권 명목 등으로 합계 1억원 상당의 금원을 상습적으로 편취하였다는 상습사기죄의 공소사실(B 사건, 후소)로 D를 기소하였다.

3. B 사건(후소)의 제1심과 항소심은 "이미 확정된 유죄판결의 범죄사실(전소에서 유죄선고된 단순사기죄의 범죄사실)과 후소의 범죄사실(상습사기죄의 범죄사실)은 범행동기, 수단 및 방법이 유사하고 2년여 기간 동안에 반복하여 행하여진 점 등에 비추어 각 사기 범행은 모두 피고인의 사기습벽의 발현에 의하여 저질러진 범행이어서 포괄일죄의 관계에 있다. 따라서 단순사기죄의 유죄판결(확정판결)로 인한 일사부재리의 효력은 그 범죄사실과 포괄일죄의 관계에 있는 후소의 상습사기죄의 공소사실에 미친다"고 판단하여 D에게 면소판결을 선고하였다. 검사가 상고하였다.

**★[판지(파기환송)]★**

**1. 상습으로 저지른 수개 범죄의 죄수관계**

"상습성을 갖춘 자가 여러 개의 죄를 반복하여 저지른 경우에는 각 죄를 별죄로 보아 경합범으로 처단할 것이 아니라 그 모두를 포괄하여 상습범이라고 하는 하나의 죄로 처단하는 것이 상습범의 본질 또는 상습범 가중처벌규정의 입법취지에 부합한다."(다수의견)

**2. 상습범의 여러 범죄사실 중 일부에 대해 유죄판결이 확정된 경우, 기판력이 미치는 범위**

"상습범으로서 포괄적 일죄의 관계에 있는 여러 개의 범죄사실(C1, C2, C3, C4, C5 등) 중 일부(C1~C2 또는 C1~C3 등)(A 사건, 전소)에 대하여 유죄판결이 확정된 경우, 그 확정판결의 사실심판결 선고 전에 저질러진 나머지 범죄(C3~C5 또는 C4~C5 등)에 대하여 새로이 공소가 제기(B 사건, 후소)되었다면 그 새로운 공소는 확정판결이 있었던 사건과 동일한 사건에 대하여 다시 제기된 데 해당하므로 이에 대하여는 판결로써 면소의 선고를 하여야 하는 것인바(형사소송법 제326조 제1호), 다만 이러한 법리가 적용되기 위해서는 ⓐ 전의 확정판결에서 당해 피고인이 상습범으로 기소되어 처단되었을 것을 필요로 하는 것이고, ⓑ 상습범 아닌 기본 구성요건의 범죄로 처단되는 데 그친 경우에는, ⓒ 가사 뒤에 기소된 사건에서 비로소 드러났거나 ⓓ 새로 저질러진 범죄사실과 전의 판결에서 이미 유죄로 확정된 범죄사실 등을 종합하여 비로소 그 모두가 상습범으로서의 포괄적 일죄에 해당하는 것으로 판단된다 하더라도, 뒤늦게 앞서의 확정판결을 상습범의 일부에 대한 확정판결이라고 보아 그 기판력이 그 사실심판결 선고 전의 나머지 범죄에 미친다고 보아서는 아니 된다."(다수의견)

**[해설]**

**1. 상습범과 포괄일죄**

포괄일죄란 수개의 행위가 포괄적으로 한 개의 구성요건에 해당하는 경우, 행위 수에 상관없이 일죄(一罪)로 구성되는 범죄를 말한다. 포괄일죄는 실체법적으로 하나의 죄이므로 한 개의 형벌법규만 적용되고, 구성요건을 달리하는 수개의 행위가 포괄일죄인 경우에는 가장 중한 죄 하나만 성립한다. 나아가 절차법적으로도 포괄일죄는 하나의 죄이므로 공소시효와 기판력은 내용이 된 행위 전부에 미치게 되므로, 이미 기판력이 발생한 포괄일죄의 일부분에 대해 공소가 제기되면 법원은 면소판결(제326조 제1호)을 선고하여야 한다.

상습범이 이러한 포괄일죄인지 아니면 수죄인지에 대해서 학계에서는 견해대립이 있으나 본 판례에서 대법원은 상습범과 기판력이 미치는 범위에 대하여 종래와는 다른 새로운 입장을 천명하였다.

## 2. 상습범과 기판력

포괄일죄의 관계에 있는 여러 범죄사실(C1~C5 등) 중 일부(C1이든, C1~C2이든 또는 C1~C3, C4이든)에 대해 유죄판결이 확정되면, 그 나머지 범죄사실(C2이든, 또는 C2, C3, C4~C5이든), 예를 들어 확정판결의 사실심 선고 이전에 저질러진 나머지 범행이 나중에 기소된 경우, 이미 확정 판결을 받은 전소의 일부 범죄사실과 새로 기소된 후소의 나머지 범죄사실이 상습범인 관계가 인정되기만 하면, 일부 범죄사실에 대한 전소의 확정판결의 기판력은 새로 기소된 범죄사실에 미친다는 것이 종래의 판례(대법원 1978. 2. 14. 선고 77도3564 전원합의체 판결, 대법원 2002. 10. 25. 선고 2002도1736 판결 등)였다.

그러나 본 사안에서 대법원은 새로운 기준을 제시하였다. 그 기준이란 확정판결 받은 전소의 범죄사실이 이미 상습범으로 기소되어 처단된 것이어야 종래의 논지가 관철되고 전소의 범죄사실이 단순범죄인 때에는 그 범죄가 아닌 다른 범죄에 대하여는 전소의 기판력이 후소에 미치지 않는다는 것이다. 예를 들어 이미 확정판결 받은 전소의 범죄사실(ⓑ)이 최소 C1~C2이나 또는 C1~C3, C4이어서 포괄관계가 인정된다면 모르되, 전소의 범죄사실(ⓑ)이 상습범이 아닌 기본 구성요건의 범죄(예를 들어 C1)로 기소되어 확정되었는데, 새로 기소되는 후소의 범죄사실(C2 또는 C2~C3, C4, C5)을 통해 전소의 범죄사실(C1)이 비로소 상습범으로서의 포괄일죄적 성격이 드러나는 경우에는 C1에 대한 전소의 확정판결의 기판력은 후소의 범죄사실(C2 또는 C2~C3, C4 ,C5)에 미치지 않는다. 따라서 새로 기소된 후소의 범죄사실에 대하여 후소의 수소법원은 면소판결(과거의 판례에 따르면 이렇게 해야 한다)을 해서는 아니 되고 실체심리를 경유하여 실체재판을 하여야 한다. 대법원 전원합의체의 새 판결은 기판력이 지나치게 확대되는 것을 방지하기 위하여 불가피한 판례변경인 것으로 평가받고 있다.

대하여 단순사기죄의 확정판결이 있는 경우에 그 확정판결의 기판력의 표준시 전에 저질러진 상습사기범죄에 대하여 위 확정판결의 기판력이 미치는지 여부, 재판실무연구 2003~2004, 광주지방법원, (2005. 1.); 이우재, 상습사기죄 중 일부에 대하여 확정재판이 있는 경우 그 재판의 기판력의 기준시 전에 범해진 상습범행에 확정재판의 기판력이 미치는지 여부, 형사재판의 제문제 제5권(2005).

[필자: 홍승희 교수(원광대)]

[참고문헌] 박동률, 상습범행의 일부에 대한 단순범죄의 확정판결과 절차법상의 문제점―기판력과 상습범의 분리여부를 중심으로―, 법학논고 제36집(경북대 법학연구원, 2011. 6.); 이병주, 상습범행 중간의 확정판결과 기판력의 범위―상습사기의 범행 중 일부에

# 111. 기판력의 기준시점

[대법원 1983. 4. 26. 선고 82도2829 판결]

**[사안]** 피고인 D는 단순절도죄로 기소된 별건으로서 부산지방법원 마산지원에서 1981. 12. 15 벌금 200,000원을 선고받고 항소하여 항소심 계속중인 1982. 2. 9 2차례에 걸쳐 이 사건 범행에 이르렀던바, 위 항소된 별건은 1982. 4. 22 부산지방법원에서 항소가 기각되어 그 판결이 동년 4. 30 확정되었다. 이에 항소심은 '위 벌금형선고를 받아 확정된 별건의 단순절도죄와 이 사건 상습절도죄는 다 같이 절도의 습벽에서 이루어진 것으로서 실체법상 포괄일죄의 관계에 있는 상습절도죄의 일부가 별개로 기소된 것이기 때문에 위 벌금형을 선고받아 확정된 별건 단순절도의 판결의 기판력은 포괄일죄의 관계에 있는 이 사건 공소사실에 대하여도 미치는 것'이라고 판단하여 이 사건 피고인의 형사피고사건에 대하여 면소의 판결을 선고함과 동시에 피고인에 대한 보호감호청구를 기각하였다. 검사가 상고하였다.

**\*[판지(상고기각)]\***

1. 현행 형사소송법상 항소심은 기본적으로 실체적 진실을 추구하는 면에서 속심적 기능이 강조되고 있고, 다만 사후심적 요소를 도입한 형사소송법의 조문들이 남상소의 폐단을 억제하고 항소법원의 부담을 감소시킨다는 소송경제상의 필요에서 항소심의 속심적 성격에 제한을 가하고 있음에 불과하다.

2. 공소의 효력과 판결의 기판력의 기준시점은 사실심리의 가능성이 있는 최후의 시점인 판결 선고시라고 할 것이나, 항소된 경우 그 시점은 현행 항소심의 구조에 비추어 항소심 판결 선고시라고 함이 타당하고, 그것은 파기자판한 경우이든 항소기각된 경우든 다를 바가 없다.

3. 포괄일죄인 상습절도 사실의 일부에 대한 공소(단순절도)의 효력은 그 공소제기된 사건의 항소심 판결 선고시까지 범해진, 그와 포괄일죄의 관계에 있는 다른 범죄사실에도 미치므로 그 다른 범죄사실(상습절도)

에 대하여 별개의 공소가 제기된 경우에는 면소판결을 하여야 한다.

**[해설]**

## 1. 현행법상 항소심의 구조에 관한 학설

항소란 제1심의 종국판결에 대하여 다시 유리한 판결을 구하기 위하여 그 직근의 상급법원에 하는 불복신청을 말한다. 이러한 항소심의 구조에 관한 입법주의로는 복심제와 속심제, 그리고 사후심제 등이 있는데, 현행법상 항소심의 구조에 관해서는 사후심설과 원칙적 속심설이 대립하고 있다. 전자는 그 근거로 ① 항소이유가 원판결의 법령위반(제361조의5 제1, 3, 4호)과 이유불비 모순(동조 제11호), 사실오인(동조 제14호) 및 양형부당(동조 제15호)으로 제한되어 있으며, ② 제1심에서 증거로 할 수 있었던 증거는 항소심에서도 증거로 할 수 있고(제364조 제3항), ③ 항소심의 심판범위를 원칙적으로 항소이유서에 기재된 항소이유로 제한하고 있으며(제364조 제1항), ④ 명백히 항소이유가 없으면 변론없이 항소를 기각할 수 있을 뿐만 아니라(제364조 제4항) 항소이유가 인정되는 경우에도 원심판결을 파기하도록 규정하고 있는(동조 제6항) 점 등을 들고 있다. 반면에 후자는 그 근거로 ① 형사소송법이 인정하고 있는 가장 중요한 항소이유인 사실오인(제361조의5 제14호) 및 양형부당(동조 제15호)은 순수한 사후심에서는 찾아보기 어려운 항소이유이며, ② 제1심에서 증거로 할 수 있었던 증거는 항소법원에서도 증거로 할 수 있다고 규정(제364조 제3항)하여 항소심에서 원심의 심리를 인수할 수 있도록 하였을 뿐이며, 원심법원에 제출하였거나 제출할 수 있었던 자료에 대하여만 심리를 제한하는 규정이 없을 뿐만 아니라 항소심은 제1심 판결 선고 후에 나타난 자료에 대하여도 자유롭게 사실심리와 증거조사를 할 수 있으며, ③ 항소심은 판결에 영향을 미친 사유에 관하여 항소이유에 포함되지 아니한 경우에도 직권으로 심판할 수 있고(제364조 제2항), ④ 제1심공판에 관한 규정을 항소심의 심리에 준용하는 규정(제370조)을 두고 있으며, 항소이유가 없을 때에는 항소를 기각해야 하며(제364조 제4항), 항소이유가 있다고 인정한 때에는 원심판결을 파기하고 파기자판을 하여야 한다(동조 제6항)는 점 등을 들고 있다.

이에 대하여 판례는 일관하여 현행법상 항소심은 속심적 구조를 가지고 있으며, 사후심적 요소는 남상소의 폐단을 억제하고 항소법원의 부담을 감소시킨다는 소송경제상의 필요에서 항소심의 속심적 성격에 제한을 가한 것에 불과하다는 입장이다. 즉 현재의 형사소송실무의 현장에서 보더라도 사무량의 폭주와 구속기간의 제약 때문에 제1심의 공판중심주의나 직접주의에 의한 심리가 충분히 이루어지지 못하여 실체적 진실발견에 부족함이 있고, 양형에 영향을 줄 사유(예컨대 피해배상이나 합의 등)가 제1심 판결 이후에 발생하는 경우가 허다하여 피고인의 이익을 위한다는 점에서도 항소심의 속심으로서의 역할은 등한시될 수 없다고 할 것인바, 앞서 본 사후심적 요소를 도입한 형사소송법의 관계조문들은 다만 남상소의 폐단을 억제하고 항소법원의 업무부담을 줄여 준다는 소송경제적인 필요에서 항소심의 속심적 성격에 제한을 가하고 있음에 불과하다는 것이다. 이에 따라 항소심에서도 공소장의 변경이 가능하며(대법원 1995. 2. 17. 선고 94도3297 판결), 상고심에서 원심판결을 파기하고 사건을 항소심에 환송한 경우에도 공소사실의 동일성이 인정되면 공소장변경을 허용하여 심판대상으로 삼을 수 있다(대법원 2004. 7. 22. 선고 2003도8153 판결)는 입장을 취하고 있다.

## 2. 기판력의 기준시점

기판력의 기준시점에 관하여, 학설은 변론종결시설, 판결확정시설, 판결 선고시설 등이 있으나, 대상판결은 항소심판결 선고시설을 따르고 있으며, 다만 "항소이유서를 제출하지 아니하여 결정으로 항소가 기각된 경우에도 형사소송법 제361조의4 제1항에 의하면 피고인이 항소한 때에는 법정기간 내에 항소이유서를 제출하지 아니하였다 하더라도 판결에 영향을 미친 사실오인이 있는 등 직권조사사유가 있으면 항소법원이 직권으로 심판하여 제1심 판결을 파기하고 다시 판결할 수도 있으므로 사실심리의 가능성이 있는 최후시점은 항소기각결정시이다"(대법원 1993. 5. 25. 선고 93도836 판결)라고 판시하고 있다. 생각건대 판결확정시설은 사실심리가 마쳐진 후의 사실에까지 기판력을 미치게 한다는

점에서 의문이 있고, 변론종결시설은 현행법하에서 종결한 변론은 법원이 언제든지 재개할 수 있고 당사자도 변론의 재개를 신청할 수 있으므로(법 제305조), 결국 기판력의 표준시는 사실심리의 가능성이 있는 최후의 시점인 '사실심판결 선고시설'이 타당하다.

약식명령의 경우에는 고지시설과 발령시설이 대립하나, 이 역시 사실심리가 가능한 시점을 기준으로 결정하여야 하므로 발령시설이 타당하다(대법원 1994. 8. 9. 선고 94도1318 판결).

## 3. 상습범과 기판력의 시적 범위

판지3은 대법원 2004. 9. 16. 선고 2001도3026 전원합의체 판결에 의하여 변경되었음에 유의하여야 한다. 즉 위 전원합의체 판결에 의하면 포괄일죄인 상습절도 사실의 일부에 대하여 단순절도죄로만 기소되어 판결이 선고·확정된 경우에 확정판결의 기판력은 그 이전에 범하여진 확정판결 범죄와 포괄일죄의 관계에 있는 상습절도의 범죄사실에는 미치지 아니한다. 따라서 본 사안의 경우에 변경된 전원합의체 판결에 의하면 면소판결을 선고하여서는 아니 되고 유죄판결을 선고하여야 한다(상세한 설명은 94번 판례 해설 참조).

## 4. 주의사항

상습범과 관련하여 다음 사항을 주의하여야 한다. 피고인의 상습절도 범죄에 대한 확정판결 전과의 사실심 판결 선고 전에 저지른 상습절도 범행(A), 사실심 판결 선고 후 그 판결확정 전의 사이에 저지른 상습절도 범행(B), 판결확정 이후에 저지른 상습절도 범행(C)이 함께 기소된 경우에, A범행과 B, C행은 상습절도의 확정판결에 의하여 분단되어 A범행과 판결이 확정된 상습절도의 범죄사실이 포괄하여 하나의 상습범을 구성하고, B, C범행은 그것과 경합범 관계에 있는 별개의 상습범을 구성한다. 그리하여 A범행은 확정판결이 있는 때에 해당하여 면소판결을, B, C범행은 확정판결 이후의 포괄일죄로 다루어 하나의 주문을 각각 선고하여야 한다. 만일 A범행만 기소되었다면 검사는 공소장변경절차에 의하여 B, C범행을 공소사실로 추가할 수 없다(대법원 2000. 3. 10. 선고 99도2744 판결).

[참고문헌] 박용상, 형사항소심의 구조와 형사판결의 기판력의 시적 범위, 대법원판례해설 2호(83/84년 상반기)(1988).

[필자: 노수환 교수(성균관대)]

# 112. 면소판결의 법적 성질

[대법원 1964. 3. 31. 선고 64도64 판결; 대법원 1986. 12. 9. 선고 86도1976 판결]

**[사안]** 피고인은 "원심은 1심에서 무죄의 판결이 선고된 사건에 대하여 사면령을 적용 면소판결을 선고하였으나 공소권이 없었던 자(무죄)에게는 면소될 수 없으며 상급심은 하급심의 판결에 대하여 그 정당 여부를 심판할 것인바 결심당시를 기준으로 하여 판결할 것이고 면소판결은 소급적용의 원칙에 위배되고 사면권도 포기할 수 있다고 보아야 한다"고 상고하였다.

**★[판지(상고기각)]★**

"사면법 제5조 제1항 제1호 규정에 의하면, 일반사면은 형의 선고를 받지 않은 자에 대하여 공소권이 상실되는 것이므로 본 법 제326조 제2호에 의하여 면소판결을 하여야 하며 무죄판결은 실체적 공소권이 없다는 이유로서 하는 실체적 재판임에 반하여 면소판결은 공소권의 소멸을 이유로 하여 소송을 종국시키는 형식적 재판으로서 공소사실의 무죄에 관하여 실체적 심리를 하여 그 사실이 인정되는 경우에 한하여 면소판결을 하는 것이 아니고 공소장에 기재되어 있는 범죄사실에 관하여 동법 제326조 각호 사유가 있으면 실체적 심리를 할 필요 없이 면소판결을 하여야 된다고 해석되므로 원심이 피고인에 대한 제1심의 무죄판결에 대하여 사면되었음을 이유로 면소판결하였음은 정당하다."

**[해설]**

이 사안은 면소판결의 본질, 즉 면소판결의 법적 성질에 관한 문제로서 학설이 대립되어 있다.

## 1. 학설

### (1) 실체재판설

실체재판설은 면소의 판결을 실체적 재판으로 보아 일단 발생한 형벌권이 후에 소멸한 경우에 형벌권의 소멸을 확인하는 실체재판이라고 하는 견해이다. 이 설에 의하면 면소의 판결은 범죄의 성립은 있으나 형벌권이 소멸한 경우에 실체법적인 형벌권의 부존재를 선고하는 재판이라고 한다. 이 설은 공소사실에 대하여 심리하여 그것이 부존재한 경우에 무죄를 선고할 것이나, 그 존재가 인정되어 형벌권의 발생이 확인된 경우 면소사유의 존재에 의하여 형벌권이 사후적으로 소멸되는 것으로 해석한다.

이 설은 면소판결에 기판력을 인정하는 이유는 설명할 수 있으나 무죄판결과 구별할 실질적 근거를 설명할 수 없고, 확정판결이 있는 것을 이유로 하는 면소의 판결을 설명함에 무리가 있고, 특히 무죄의 확정판결이 있는 사건에 대하여도 면소의 판결이 선고되는 이유를 설명할 수 없다는 등의 비판이 있다.

### (2) 실체관계적 형식재판설

실체관계적 형식재판설은 면소의 판결을 실체적 소송조건이 결여된 경우에 선고되는 실체관계적 형식재판이라고 하는 견해이다. 이 설에 의하면 실체적 소송조건은 실체면에 관한 사유를 소송조건으로 하는 것이므로 어느 정도 실체적 심리에 들어갈 필요가 있고, 면소의 판결은 실체관계의 심리를 끝까지 진행시키지 않고 중간에서 종결시키는 점에서는 형식재판이나, 그 심리를 중간에서 종결시키는 이유가 실체면을 근거로 하기 때문에 형식재판이면서도 그 실체에 관계시켜 재판한다는 점에서 기판력이 발생한다.

그러나 이 설은 실체재판설과 같은 소송구조를 전제로 한다는 비난을 피할 수 없고, 실체적 소송조건의 존부라고 하는 것도 반드시 어느 정도 실체에 들어가서 심리할 것을 요하지 않고, 동시에 형식적 소송조건의 존부도 어느 정도 실체에 들어가서 심리를 요하는 경우도 있기 때문에 실체에 들어가거나 실체에 관계된 것이라는 점은 실체적 소송조건의 고유의 문제가 아니라고 하는 등의 비판이 있다.

### (3) 실체재판·형식재판이분설

실체재판·형식재판이분설은 확정판결을 이유로 하는 면소의 판결은 형식재판이고, 기타의 경우는 실체재판이라고 하는 견해이다. 이 설에 의하면 확정판결이 있음을 이유로 하는 면소의 판결은 실체재판이 확정되었으므로, 그 기판력의 불가쟁적 효력에 위반하여 공소를 제기하였기 때문에 그 부적법을 이유로 하는 형식재판이고, 사면·공소시효의 완성·형의 폐지를 이유로 하는 면소의 판결은 실체재판이다.

그러나 이 설은 면소의 판결의 통일적 이해를 포기하고 있다는 비판이 있다.

#### (4) 신이분설

신이분설은 확정판결을 이유로 하는 면소의 판결은 일반적으로 형식재판이나, 제326조 제2호 이하의 경우 실체심리를 하여 공소사실이 인정된 경우의 면소는 실체재판이라고 하는 견해이다. 이 설에 의하면 실체적 심리를 하여 공소사실이 인정되지 않는 경우에는 무죄를 선고하여야 한다.

그러나 이 설은 면소의 판결을 원칙적으로 형식재판으로 파악하고 있다는 점에서는 실체재판·형식재판이분설과 다르나 실체재판·형식재판이분설과 동일한 비판을 받고 있다.

#### (5) 형식재판설

형식재판설은 면소의 판결을 형식적 재판으로 보아 실체적 심리를 하지 않는 형식재판이라고 하는 견해이다. 이 설에 의하면 면소의 판결은 법원이 사건의 실체에 관하여 심리를 하여 형벌권의 존부와 범위를 확정할 수 있는 것은 구체적인 공소권의 존재를 전제로 하므로 확정판결의 존재, 사면, 공소시효의 완성, 형의 폐지에 의하여 공소권이 소멸되었을 때에는 공소사실의 존부에 대하여 판단하지 않고 바로 면소의 판결을 선고하여야 한다.

그러나 이 설은 면소의 판결에 기판력이 발생하는가를 설명할 수 없다는 비판이 있다.

#### (6) 소결

생각건대 실체관계적 형식재판설이 면소판결의 본질을 근본적으로 형식재판으로 파악하고 있다는 점에서 타당하고, 형식적 소송조건과 실체적 소송조건의 차이를 고려할 때 면소의 판결을 실체적 소송조건을 결여한 경우에 선고하는 실체관계적 형식재판이라고 해석하는 것이 타당하다.

### 2. 대법원 판례

대법원은 면소판결의 사유가 있는 경우에 법원이 할 조치에 대하여, "무죄의 판결은 실체적 공소권이 없다는 이유로서 하는 실체적 재판인 데 반하여 면소의 판결은 공소권의 소멸을 이유로 하여 소송을 종결시키는 형식적 재판으로서 공소사실의 유무에 관하여 실체적 심리를 하여 그 사실이 인정되는 경우에 한하여 면소판결을 하는 것이 아니고 공소장에 기재되어 있는 범죄사실에 관하여 형사소송법 제326조 각 호의 사유가 있으면 실체적 심리를 할 필요 없이 면소판결을 하여야 한다고 해석된다"라고 판시하여, 형식재판설의 입장이다(대법원 1964. 3. 31. 선고 64도64 판결; 대법원 1986. 12. 9. 선고 86도1976 판결).

한편 피고인이 면소판결에 대하여 무죄를 주장하는 상소를 제기할 수 있는지가 문제된다.

학설은 피고인에게 무죄판결을 받는 편이 객관적으로 이익이 된다고 보는 긍정설, 피고인에게 실체판결청구권이 없기 때문에 부정하는 실체재판청구권결여설, 피고인이 형식재판에 대하여 무죄판결을 주장하는 것은 상소의 이익이 없다는 상소이익결여설 등이 있다. 생각건대 면소판결과 같은 형식재판에 대하여서도 무죄를 주장하는 상소를 제기할 수 있는 것이 타당하다. 그러나 대법원은 면소판결에 대하여 무죄의 실체판결을 구하는 상소의 가부에 대하여, "피고인에게는 실체판결청구권이 없는 것이므로 면소판결에 대하여 무죄의 실체판결을 구하여 상소를 할 수는 없는 것이다"라고 판시하고 있다(대법원 1964. 4. 17. 선고 64도57 판결; 대법원 1984. 11. 27. 선고 84도2106 판결; 대법원 2005. 9. 29. 선고 2005도4738 판결).

[필자: 송광섭 교수(원광대)]

# 113. 범칙금 통고처분에 의한 범칙금 납부와 기판력

**[대법원 2012. 9. 13. 선고 2012도6612 판결]**

**[사안]** D의 처 O와 처남 V는 남매 사이로서 광주 남구 모처에서 미용실을 동업하고 있었다. D·O와 V는 가게 수익금 배분 문제로 인하여 갈등관계에 있었고, O는 2010. 8. 말경 V를 횡령죄로 고소하였다. 고소사건의 해결을 위해 2010. 9. 26. D와 V가 서로 만나게 되었는데, 이 자리에서 V는 O로부터 고소당한 것에 화가 나 D에게 폭언을 하며 뺨을 때리고 발로 걷어차는 등 폭력을 행사하였다(이 부분은 처벌불원의사표시에 의해 공소가 기각됨). D는 이에 대항하여 V를 밀어 바닥에 넘어뜨렸는데, V가 바닥에 넘어져 "사람 살려라"라고 고함을 치자 이에 격분하여 미용실에서 과도(칼날길이 10cm, 너비 2cm)를 들고 나와 V를 쫓아가며 "죽여 버린다"라고 소리쳐 V의 신체에 위해를 가할 듯한 태도를 보여 협박하였다.

D는 같은 날 관할경찰서장으로부터 '음주소란등'의 범칙행위를 하였음을 이유로 경범죄처벌법 제1조 제25호 위반으로 범칙금 5만원을 납부할 것을 통고받고 다음 날 이를 납부하였다.

제1심은 공소사실과 경범죄처벌법위반 범죄사실은 기초가 되는 사실관계가 기본적인 점에서 동일하고, 따라서 이 사건 공소사실은 확정판결이 있은 때에 해당한다고 보아 형사소송법 제326조 제1호에 따라 면소를 선고하였다. 항소심은 경범죄처벌법상의 범칙행위와 폭력행위등처벌에관한법률위반 공소사실인 흉기휴대협박행위는 피해법익, 죄질, 범칙행위의 내용이나 수단 및 태양 등에 현저한 차이가 있어 공소사실의 동일성이 인정되지 않는다고 판단하면서 검사의 항소를 인용하였다. 피고인이 상고하였으나 대법원은 상고를 기각하고 원심을 확정하였다.

## *[판지(상고기각)]*

1. 경범죄처벌법상 범칙금제도는 형사절차에 앞서 경찰서장 등의 통고처분에 의하여 일정액의 범칙금을 납부하는 기회를 부여하여 범칙금을 납부하는 사람에 대하여는 기소를 하지 아니하고 사건을 간이하고 신속·적정하게 처리하기 위하여 처벌의 특례를 마련해 둔 것이라는 점에서 법원의 재판절차와는 제도적 취지 및 법적 성질에서 차이가 있다. 그리고 범칙금의 납부에 따라 확정판결에 준하는 효력이 인정되는 범위는 범칙금 통고의 이유에 기재된 당해 범칙행위 자체 및 범칙행위와 동일성이 인정되는 범칙행위에 한정된다. 따라서 범칙행위와 같은 시간과 장소에서 이루어진 행위라 하더라도 범칙행위의 동일성을 벗어난 형사범죄행위에 대하여는 범칙금의 납부에 따라 확정판결에 준하는 일사부재리의 효력이 미치지 아니한다.

2. D가 경범죄처벌법상 '음주소란' 범칙행위로 범칙금 통고처분을 받아 이를 납부하였는데, 이와 근접한 일시·장소에서 위험한 물건인 과도를 들고 V를 쫓아가며 "죽여 버린다"고 소리쳐 협박하였다는 내용의 폭력행위 등 처벌에 관한 법률 위반으로 기소된 사안에서, D에게 적용된 경범죄처벌법 제1조 제25호(음주소란 등)의 범칙행위와 폭력행위 등 처벌에 관한 법률 위반 공소사실인 흉기휴대협박행위는, 범행 장소와 일시가 근접하고 모두 D와 V의 시비에서 발단이 된 것으로 보이는 점에서 일부 중복되는 면이 있으나, 범죄사실의 내용이나 행위의 수단 및 태양, 각 행위에 따른 피해법익이 다르고, 죄질에도 현저한 차이가 있으며, 범칙행위의 내용이나 수단 및 태양 등에 비추어 그 행위과정에서나 이로 인한 결과에 통상적으로 흉기휴대협박행위까지 포함된다거나 이를 예상할 수 있다고 볼 수 없으므로 기본적 사실관계가 동일한 것으로 평가할 수 없다는 이유로, 범칙행위에 대한 범칙금 납부의 효력이 공소사실에 미치지 않는다고 한 사례.

## [해설]

### 1. 문제의 소재

경범죄처벌법 제8조 제3항은 "범칙금을 납부한 사람은 그 범칙행위에 대하여 다시 처벌받지 아니한다"라고 규정하고 있다. 처음에는 경미한 질서위반행위로 판단되어 범칙금 통고처분을 받고 이를 납부하였는데 이후 사안이 정식기소가 필요한 형사범죄로 밝혀진 경우 이를 어떻게 해결할 것인가가 문제된다. 문제의 해결을 위하여 '다시 처벌받지 아니한다'는 것의 법적 성격과, 다시 처벌받지 않게 되는 '그 범칙행위'의 범위에 대한 두 갈래의 접근이 필요하다.

## 2. "다시 처벌받지 아니한다"의 법적 성격

대법원은 일찍부터 이에 대하여 '범칙금의 납부에 확정재판의 효력에 준하는 효력을 인정하는 취지'라는 점을 명확히 하여 왔다(대법원 1986. 2. 25. 선고 85도2664 판결). 그러나 이 판결은 '확정재판의 효력에 준하는 효력'이 정확히 무엇인지에 대한 언급 없이 바로 이에 위반한 공소제기에 대하여 면소판결을 해야 한다고 함으로써, 그 법적 성격에 대한 논란을 야기하였다. 확정판결과 '동일한' 효력이 아니라 이에 '준하는' 효력을 인정하는 판례의 태도는 기본적으로 확정판결의 기판력을 합리적인 범위로 축소하고자 하는 시도로 이해된다. 영미법상의 이중위험금지의 법리와 헌법 제13조의 정신을 바탕으로 절차의 '확정력'은 인정하되, '일사부재리의 효력범위'는 범칙행위로 제한함으로써 구체적 타당성을 도모하겠다는 것이다. 확정판결의 기판력이 공소사실의 동일성이 인정되는 범죄사실에까지 미치는 것은 공소장 변경의 가능성과 이로 인한 유죄판결의 위험부담을 근거로 한 것인데, 공판절차와 무관한 범칙금 납부의 경우 일사부재리의 효력범위를 기판력이 미치는 범위와 같이 보아야 할 근거가 없다는 2012년 판결(대법원 2012. 6. 14. 선고 2011도6858 판결)은 대법원의 이러한 시각을 잘 보여준다.

## 3. "그 범칙행위"의 범위

그렇다면 결국 범칙금 납부의 법적 효력과 이에 대한 공소제기 가부는 처벌받지 아니하는 범죄사실의 범위, 즉 공소사실의 동일성 문제로 귀결된다. 위의 85도2664 판결은 명시적으로 밝히고 있지는 않으나 이른바 기본적 사실동일설의 입장에 서 있는 것으로 평가되었다. 그러나 공소사실의 동일성 판단에 있어 사실적 요소 외에 규범적 요소도 함께 고려하여야 한다는 대법원 1994. 3. 22. 선고 93도2080 전원합의체 판결을 기점으로 이후의 판례들은 동 판결의 기본입장을 따르고 있다. 규범적 요소의 고려에 대한 격렬한 찬반론만

큰이나 이로 인한 기준의 불명확성도 문제가 되어, 명백한 논거의 제시 없이 사실관계의 동일성을 인정하거나(예컨대 대법원 2003. 7. 11. 선고 2002도2642 판결) 인정하지 않는 등(예컨대 대법원 2011. 4. 28. 선고 2009도12249 판결) 형평성의 논란은 계속되었다. 이와 관련하여 2012년 대법원은 "범칙금의 납부에 확정판결에 준하는 효력이 인정됨에 따라 다시 벌받지 않게 되는 행위사실은 '통고처분 시까지의 행위 중 범칙금 통고의 이유에 기재된 당해 범칙행위 자체 및 그 범칙행위와 동일성이 인정되는 범칙행위'에 한정된다."라고 판시하여(대법원 2012. 6. 14. 선고 2011도6858 판결) 모호했던 기준을 다소간 구체화하고 있다.

## 4. 유사 범칙금 납부사안과의 관계

대법원은 경범죄처벌법과 유사한 범칙금 통고처분 관련규정을 두고 있는 도로교통법(제164조 제3항)과 관련하여서는 일찍부터 절차의 확정력과 일사부재리의 효력범위 제한이라는 법리를 수차례 걸쳐 확인하였다(대법원 1983. 7. 12. 선고 83도1296 판결, 대법원 2007. 4. 12. 선고 2006도4322 판결, 대법원 2002. 11. 22. 선고 2001도849 판결 등). 대법원의 유사한 사안에 대한 상이한 태도가 한때 문제되었으나, 이러한 모순은 범칙행위와 공소사실의 동일성을 부정한 2009도12249, 2012도6612 판결을 기점으로 일응 해소된 것으로 보인다.

[참고문헌] 박길성, 신호준수의무를 불이행한 사실로 범칙금을 납부한 자에 대하여 신호위반으로 인한 업무상과실치상을 범칙사실로 공소를 제기한 경우(=유죄), 대법원판례해설 제70호(2007 상)(2007. 12.); 심희기, 범칙금 통고처분을 받고 범칙금 납부한 자와 기판력, 법률신문 제4091호(2012. 12. 27.); 임동규, 범칙행위와 일사부재리의 효력, 형사판례연구 12(박영사, 2004).

[필자: 황태정 교수(경기대)]

# 114. 파기환송판결의 기속력

[대법원 1984. 9. 11. 선고 84도1379 판결]

[사안] D는 국가보안법을 위반한 공소사실로 기소되어 제1심에서 유죄판결을 선고받았다. D는 자백이외에 아무런 보강증거도 없이 공소사실 전부에 대하여 유죄를 인정하였으므로 제1심 판결에는 사실을 그릇 인정하고 국가보안법 소정법조의 구성요건에 대한 법리를 오해하여 판결에 영향을 미친 위법이 있다는 이유로 항소하였다. 항소심(제1항소심)은 D의 항소를 기각하였고 D는 이에 상고하였다. 대법원은 D의 검찰에서의 자백내용과 W1, W2 작성의 각 신원보증서나 W3 작성의 진술서의 각 기재내용이 서로 상치하고 있으므로 신원보증서나 진술서 기재 내용의 진실 여부를 확인하는 과정에서 D의 검찰에서의 자백내용이 보강되는가 여부를 심리해야 함에도 불구하고 이에 이르지 아니한 것은 심리를 다하지 못한 잘못이 있다는 이유로 파기환송하였다(제1상고심). 이 사건 환송판결을 받은 환송 후 원심(제2항소심)은 환송판결의 파기이유에 따라 환송 후 새로운 증거에 대하여 적법한 증거조사를 한 후 제1심 판결 거시의 증거에 이를 보태어 D에게 다시 유죄판결을 선고하였다. D는 파기환송을 받은 항소심이 다시 유죄판결을 선고한 것은 파기판결의 하급심에 대한 기속력을 규정한 법원조직법 제7조의2(현재 제8조)를 위반한 것이라는 이유로 상고하였다.

★[판지(상고기각)]★
① 상고법원으로부터 사건을 환송 받은 법원은 그 사건처리에 있어 상고법원이 파기이유로 한 사실상 및 법률상의 판단에 기속을 받는다 함은 소론과 같으나, ② 환송판결의 하급심에 대한 구속력은 파기의 이유가 된 원심판결의 사실상 및 법률상의 판단이 정당하지 않다는 소극적인 면에서만 발생하는 것이므로 ③ 환송 후의 심리과정에서 새로운 증거가 제시되어 기속적 판단의 기초가 된 증거관계에 변동이 있었다면 그 구속력은 이에 미치지 아니하고 따라서 파기이유가 된 잘못된 판단을 피하면 새로운 증거에 따라 다른 가능한 견해에 의하여 환송전의 판결과 동일한 결론을 낸다고 하여도 환송판결의 하급심 기속에 관한 법원조직법 제7조의2(현재 제8조)에 위반한 위법이 있다고 할 수 없다.

[해설]
## 1. 기속력의 근거 및 법적 성격
파기판결의 기속력이라 함은 상소심이 원판결을 파기하여 환송 또는 이송한 경우에 그 상소심의 판단은 당해 사건을 환송 또는 이송받은 하급심을 기속하는 효력을 말한다. 법원조직법 제8조는 상급법원의 재판에 있어서의 판단은 당해 사건에 관하여 하급심을 기속한다고 규정함으로써 파기판결의 기속력을 명시하고 있다. 파기판결의 기속력에 대하여 일종의 중간판결로서의 기속력으로 이해하는 견해(중간판결설), 확정판결의 기판력으로 이해하는 견해(기판력설), 심급제도를 유지하기 위하여 인정된 특수한 효력이라고 이해하는 견해(특수효력설)가 대립한다. 중간판결설은 파기판결의 본질은 원심판결의 오류를 지적하고 새로운 심리를 요구하는 종국판결이라는 점을 간과하고 있으며, 기판력설은 파기판결의 구속력은 소송계속상태에 있는 동일사건에 대한 심급간의 기속력에 불과하다는 점에서 타당하지 않다. 파기판결의 기속력은 심급제도의 합리적 운영을 도모하기 위한 장치라는 점에서 특수효력설이 통설이며 타당하다.

## 2. 기속력이 미치는 범위
상급법원이 내린 법률판단과 사실판단은 모두 하급심을 기속한다. 여기에서 상고심은 법률심이므로 상고심의 사실판단이 하급심을 기속하는가가 문제된다. 대법원은 법원조직법 제8조는 기속력의 적용범위를 법률판단으로 제한하고 있지 않은 점, 상고심도 형사소송법 제383조 또는 제384조에 의하여 사실인정에 관한 원심판결의 당부에 관하여 제한적으로 개입할 수 있다는 점을 근거로 상고심의 사실판단도 하급심을 기속한다는 태도를 취해오고 있다(대법원 2009. 4. 9. 선고 2008

도10572 판결). 본 사안에서도 대법원은 상고법원으로부터 사건을 환송받은 법원은 상고법원이 파기이유로 한 사실상 및 법률상의 판단에 기속을 받는다고 함으로써 이 점을 분명히 하고 있다(판지 ① 부분 참조).

그리고 파기판결의 기속력은 파기의 직접 이유가 된 원심판결에 대한 소극적·부정적 판단부분에 대하여 미친다. 파기판결에서 나타난 적극적·긍정적 판단부분에 대해서도 기속력이 미치는가에 대해서는 견해가 엇갈린다. 사실판단에 있어서 긍정적 판단이 부정적 판단과 일체불가분의 관계에 있거나 필연적인 논리적 전제하에 있는 때에는 긍정적 판단부분에도 기속력이 미친다는 견해도 있다. 대법원은 앞의 판지 ② 부분에서와 같이 파기판결의 기속력은 원심판결의 사실상 및 법률상의 판단이 정당하지 않다는 소극적인 면에서만 발생한다는 태도를 취하고 있다.

상급법원이 내린 파기판결의 기속력이 당해 사건에 대하여 하급심에 미친다는 점은 분명하다. 여기에서 더 나아가 파기판결의 기속력은 파기판결을 행한 상급심에 대해서도 미친다. 하급심이 상급심의 판단에 따라 재판을 했음에도 불구하고 상급심이 원판결을 다시 변경한다면 불필요한 절차가 반복될 우려가 있으므로 파기판결의 기속력을 인정한 취지에 반하기 때문이다. 그러나 대법원 전원합의체가 종전에 내린 환송판결의 법률판단을 변경할 필요가 있는 경우에는 그에 기속되지 않고 이를 변경할 수 있다(대법원 2001. 3. 15. 선고 98두15597 전원합의체 판결). 대법원은 법령의 정당한 해석적용과 그 통일을 주된 임무로 하는 최고법원이고, 대법원 전원합의체는 종전에 대법원에서 판시한 법령의 해석적용에 관한 의견을 스스로 변경할 수 있으며(법원조직법 제7조 제1항 제3호), 환송판결이 파기이유로 한 법률상 판단도 여기에서 말하는 '대법원에서 판시한 법령의 해석적용에 관한 의견'에 포함된다는 점을 그 근거로 하고 있다.

### 3. 기속력의 배제

상급법원이 내린 파기판결의 기속력은 당해 사건의 사실관계가 동일하다는 것을 전제로 한다. 원판결을 파기하여 환송 또는 이송한 후에 새로운 증거 등에 의해 사실관계가 변경되면 파기판결의 기속력은 배제된다. 사안에서 항소심(제1항소심)은 D에게 유죄판결을 선고하였으나 대법원은 심리미진을 이유로 파기환송

하였다. 그런데 파기 후 원심(제2항소심)은 파기환송 받은 사안에 대하여 심리를 하여 다시 D에게 유죄판결을 선고하였다. 본 사안에서 대법원(제2상고심)은 항소심이 다시 유죄를 선고한 것은 파기판결의 기속력을 위반한 것이라는 D의 상고를 기각하고 있다. 대법원은 판지 ③에서와 같이 파기환송심에서 새로운 증거가 제시되어 기속적 판단의 기초가 된 증거관계에 변동이 있었다면 새로운 증거에 따라 환송 전의 판결과 동일한 결론을 내리더라도 파기판결의 기속력에 반하는 것은 아니라는 태도를 취하고 있다. 이러한 논리에 터잡아 대법원은 항소심이 환송판결의 파기이유에 따라 환송 후 원심판결 기재의 증거(새로운 증거)에 대하여 적법한 증거조사를 한 후 제1심 판결 거시의 증거에 이를 보태어 D에 대한 범죄사실을 인정한 것은 환송 후의 새로운 증거를 채택하여 환송 전의 증거와 종합하여 그 판시 사실을 인정한 것으로서 환송 후 항소심판결에는 환송판결의 기속력을 무시한 위법이 없다고 판시하였다.

그리고 파기판결의 기속력은 상급심과 하급심 사이에 적용할 법령이 동일하다는 것을 전제로 한다. 그러므로 파기판결을 한 후에 법령이 변경된 때에는 파기판결의 기속력이 미치지 않는다고 보아야 한다. 파기판결후의 판례변경도 법령변경은 아니지만 그에 준하는 효과를 나타낸다는 점에서 기속력을 배제하는 사유로 인정될 수 있다.

[참고문헌] 이균용, 파기판결의 기속력의 근거와 그 범위, 대법원판례해설 제50호.(2004. 12.)

[필자: 최상욱 교수(강원대)]

# 115. 항소심에서 1심 증언의 신빙성 판단방법

[대법원 2006. 11. 24. 선고 2006도4994 판결]

[사안] D는 '권한 없이 V의 인감도장을 찍어 약속어음 및 위임장을 위조·행사'한 혐의로 기소되었다. D는 수사초기부터 일관하여 'V가 D의 사무실을 방문하여 V의 남편인 W의 채무를 연대보증하는 취지로 약속어음 및 위임장에 인감도장을 날인하였다'고 변명하였다. 이에 반하여 V와 W는, 'V가 D의 사무실을 방문하거나 W에게 인감도장을 맡길 사실도 없다'고 주장하였고 1심에 증인으로 출석해서도 같은 취지로 진술하였다. V와 W에 대한 증인신문을 마친 제1심은 '이 사건 약속어음 및 위임장에 V의 인감도장이 날인되어 있는 사실 등에 비추어 V와 W의 진술은 믿기 어렵다'고 보아 그 신빙성을 배척하고 D에게 무죄를 선고하였고 검사가 항소하였다. 항소심은 V의 연대보증 여부와 관련된 정황에 대하여 D에게 석명하여 D가 제1심에서 제출한 일부 서류들에 대하여 추가로 증거조사를 하기는 하였으나, 그 제출한 서류들이 대부분 수사기록에 첨부되어 있는 서류들일 뿐만 아니라, 주로 제1심에서 증거조사를 마친 수사기록에 첨부된 대출 관련 서류들이었다. 이들 서류들에 기초하고, 나아가 수사 및 제1심 과정에서 이미 지적되었던 사정들 즉, 이 사건 대출 관련 서류들의 연대보증인 난에 V의 서명날인이 없고, D가 V의 인감증명서를 받아두지 않았다는 사실 등으로 미루어 볼 때 V와 W의 제1심법정 진술('V가 연대보증을 하지 않았다')에 신빙성이 인정된다고 판단하여 제1심을 파기하고, 피고인에게 유죄를 선고하였다. 이에 D가 상고하였다.

## *[판지(파기환송)]*

### 1. 공판중심주의와 실질적 직접주의

우리 형사소송법은 '형사사건의 실체에 대한 유죄·무죄의 심증 형성은 법정에서의 심리에 의하여야 한다'는 **공판중심주의**의 한 요소로서, '법관의 면전에서 직접 조사한 증거만을 재판의 기초로 삼을 수 있고 증명

대상이 되는 사실과 가장 가까운 원본 증거를 재판의 기초로 삼아야 하며 원본 증거의 대체물의 사용은 원칙적으로 허용되어서는 안 된다'는 **실질적 직접주의**를 채택하고 있는바, 이는 법관이 법정에서 직접 원본 증거를 조사하는 방법을 통하여 사건에 대한 신선하고 정확한 심증을 형성할 수 있고, 피고인에게 원본 증거에 관한 직접적인 의견진술의 기회를 부여함으로써 실체적 진실을 발견하고 공정한 재판을 실현할 수 있기 때문이다. 형사소송절차를 주재하는 법원으로서는 형사소송절차의 진행과 심리 과정에서 법정을 중심으로 특히, 당사자의 주장과 증거조사가 이루어지는 원칙적인 절차인 제1심 법정에서 위와 같은 실질적 직접주의의 정신이 충분하고도 완벽하게 구현될 수 있도록 해야 한다.

### 2. 항소심의 제1심 심리 내용 판단방법

제1심이 증인신문 절차를 진행한 뒤 그 진술의 신빙성 유무를 판단함에 있어서는, 진술 내용 자체의 합리성·논리성·모순 또는 경험칙 부합 여부나 물증 또는 제3자의 진술과의 부합 여부 등은 물론, 법관의 면전에서 선서한 후 공개된 법정에서 진술에 임하고 있는 증인의 모습이나 태도, 진술의 뉘앙스 등 증인신문조서에는 기록하기 어려운 여러 사정을 직접 관찰함으로써 얻게 된 심증까지 모두 고려하여 신빙성 유무를 평가하게 된다. 이에 비하여 현행 형사소송법상 제1심 증인이 한 진술에 대한 항소심의 신빙성 유무 판단은 원칙적으로 증인신문조서를 포함한 기록만을 그 자료로 삼게 되므로, 진술의 신빙성 유무에 대한 판단에 있어 가장 중요한 요소 중의 하나라 할 수 있는 진술 당시 증인의 모습이나 태도, 진술의 뉘앙스 등을 신빙성 유무 평가에 반영할 수 없다는 본질적인 한계를 지니게 된다. 앞서 본 실질적 직접심리주의 정신에 비추어 위와 같은 제1심과 항소심의 신빙성 평가 방법의 차이를 고려해 보면, 제1심 판결 내용과 제1심에서 적법하게 증거조사를 거친 증거들에 비추어 제1심 증인이 한 진술의 신빙성 유무에 대한 제1심 판단이 명백하게 잘못되

었다고 볼 특별한 사정이 있거나, 제1심의 증거조사 결과와 항소심 변론종결시까지 추가로 이루어진 증거조사 결과를 종합하면 제1심 증인이 한 진술의 신빙성 유무에 대한 제1심 판단을 그대로 유지하는 것이 현저히 부당하다고 인정되는 예외적인 경우가 아니라면, 항소심으로서는 제1심 증인이 한 진술의 신빙성 유무에 대한 제1심 판단이 항소심의 판단과 다르다는 이유만으로 이에 대한 제1심의 판단을 함부로 뒤집어서는 아니 된다(대법원 1991. 10. 22. 선고 91도1672 판결, 대법원 1994. 11. 25. 선고 94도1545 판결, 대법원 1996. 12. 6. 선고 96도2461 판결, 대법원 2005. 5. 26. 선고 2005도130 판결 등 참조). 원심이 공소사실을 뒷받침하는 V와 W의 제1심 법정 진술의 신빙성을 배척한 제1심의 판단을 뒤집기 위해서는 그러한 제1심의 판단을 수긍할 수 없는 충분하고도 납득할 만한 현저한 사정이 나타나는 경우이어야 할 것인데, 원심이 지적한 사정들은 제1심에서 증거조사를 마친 수사기록에 첨부된 대출 관련 서류들에 기초하여 수사 및 제1심 과정에서 이미 지적되었던 사정들로서 제1심이 V와 W의 제1심 법정 진술의 신빙성을 배척함에 있어 이미 고려했던 여러 정황들 중 일부에 불과한 것으로 보이고 제1심의 판단을 뒤집을 만한 특별한 사정으로 내세울 만한 것은 아니라 할 것이니, 원심이 V와 W가 제1심에서 한 진술의 신빙성에 대한 제1심의 판단을 뒤집은 조치는 수긍하기 어렵다.

[해 설]
## 1. 공판중심주의와 실질적 직접심리주의
### (1) 본 판례의 중요성
'제1심에서 증인이 한 진술의 신빙성 유무에 대한 판단을 항소심에서 함부로 뒤집어서는 안 된다'는 취지의 판례는 본 판례 이전에도 여러 건이 있었다. 그런데 본 판례는 그 근거로 실질적 직접주의라는 용어를 사용하고 나아가 이는 공판중심주의의 한 요소라고 설명하고 있는 점에 중요성이 있다.
### (2) 공판중심주의
**1) 대륙법계 근대 형사소송의 원리로서의 공개주의, 구두주의, 직접주의**　공판중심주의라는 용어는 일본에서 조어된 용어로서 "법원이 유죄, 무죄의 심증형성을 공판심리, 즉 공개된 법정에서의 심리에 의하여야 한다는 원칙"이라고 말해진다. 그런데 이런 취지는 대륙

법계에서는 프랑스 혁명 이후에 공개주의, 구두주의의 이념하에 근대적 형사소송절차가 형성되면서 구현되었으며 이와 별도로 공판중심주의라는 용어는 사용하지 않는다. 프랑스 혁명 이전의 규문절차에서는 법원의 사실조사절차가 규문판사의 규문절차와 사실심 법원의 공판절차로 이원화되었다. 규문판사가 공판 전에 피고인과 증인들을 사전에 조사하여 그 내용을 조서로 작성하였고 조서가 사실심 법원에 제출되었다. 특히 사실심 법원은 피고인이 다투는 경우에도 증인을 공판정에 소환하지 않고 규문판사의 조서만으로도 사실인정을 할 수 있었다. 따라서 공판은 규문판사의 조서내용을 승인하는 절차에 불과하게 되었고 이에 따라 사실인정의 중심이 규문절차에 있었다. 그런데 규문절차는 고문허용 등에 의해 그 폐해가 극심하게 되었다.

프랑스 혁명 이후 대륙법계에서 고문은 폐지되었으나 공판 전에 행하던 법원의 사전조사절차는 예심이라는 형태로 유지되었다. 그러나 예심이 사실인정의 중심이 되지 않도록 하기 위해서 구두주의에 따라 구두변론이 원칙화 되었고, 독일에서는 증거법적으로 직접주의가 도입되었다.

직접주의는 어떤 사실을 경험한 자의 경험내용을 사실인정의 근거로 하려면 법원은 원칙적으로 그 경험자를 직접 법정에 소환하여 조사하여야 한다는 원칙이다(독일 형사소송법 제250조). 그러나 증인이 공판정에서 예심판사의 조사내용과 다른 진술을 하면 그 자체로 예심판사의 조사내용이 아무 것도 아닌 상황이 되는 것은 아니다. 공판정 진술과 예심조사시의 진술의 신빙성을 판단하여 사실인정을 한다. 이 원리는 예심판사의 조서뿐만 아니라 수사기관의 조서에도 그대로 통용되는데(조서에 기재된 진술과 다른 진술을 하는 경우 법원이 직접 그러한 진술을 한 일이 있는지를 묻거나 조사자를 증인으로 출석하게 하여 그의 증언을 통해 조서상 진술이 증거로 현출되어 사용된다), 직접주의에 따라 사실심 법원의 사실인정의 중심이 공판으로 이전되게 되었다.

**2) 영미법계 형사소송에서의 구현**　영미법계에서는 다수의 시민들이 사실인정을 하는 배심재판으로 인해 일찍이 공개주의와 구두주의 심리원칙이 확립되었다. 나아가 어떤 사실을 경험한 사람의 경험내용을 사실인정의 근거로 삼고자 할 때 공판정 이외에서 행한 경험자의 진술은 원칙적으로 증거로 할 수 없다는 전문법

칙을 통해 경험자가 공판정에 나와 증언하는 것이 원칙화 되었고 이에 따라 공판이 자연스럽게 사실인정의 중심이 되었다.

3) 일본의 공판중심주의론  패전(1945) 이전의 일본에서는 대륙법계를 계수하여 법원의 심리절차가 예심과 공판으로 이원화되어 있었다. 그런데 일본에서 공판중심주의라는 용어가 조어되었던 것은 서구에서 공개주의, 구두주의, 직접주의에 의해 구현되어 있는 공판심리의 모습이 일본에서는 구현되지 않았기 때문이다. 당시 일본 형사소송법은 예심판사 조서의 증거능력을 인정하였는데 특히 사실심 법원이 경험자를 직접 신문하지 않고 조서만으로 사실인정을 할 수 있도록 하였다. 이에 따라 공판정은 공개되었으나 예심판사의 조서를 토대로 한 서면재판으로 전락하였고 결국 법원의 사실인정의 중심이 예심에 있게 되었다.

바로 이런 상황에 대한 반성으로 공판이 사실인정의 중심이 되어야 한다고 주장된 것이 '일본의 공판중심주의론'이다. 일본의 공판중심주의론은 특히 예심을 폐지하고 공판으로 법원의 심리절차를 일원화하고자 한 주장으로 전개되었다(이완규, 2006, 314~319면).

(3) 실질적 직접주의론

일본에서 실질적 직접주의라는 용어를 조어한 것도 일본의 독특한 상황을 반영한 것이다. 예컨대 패전 전의 일본에서 예심판사의 조서를 공판정에서 증거조사하여 이를 토대로 사실인정을 하였던 방식처럼 공판정에서 증거조사를 하였는가에만 중점을 두고 어떤 증거를 어떻게 증거조사 하였는가를 묻지 않는 것을 형식적 직접주의라고 비판한 것이다.

반면에 실질적 직접주의는 독일에서 형성된 것과 같이 사실심 법원이 경험자를 직접 신문하면서 유무죄 심증을 형성하고자 하는 직접주의의 본래의 내용을 실현하자는 주장이다(青柳文雄은 형식적 공판중심주의와 실질적 공판중심주의라는 용어를 사용하는데 유사한 취지이다. 青柳文雄, 1960, 40면).

(4) 한국에서의 공판중심주의론과 실질적 직접주의론

1) 공판중심주의론의 계기  우리나라는 해방 후 예심제도를 폐지하여 법원의 심리절차가 공판으로 일원화되었다. 그럼에도 불구하고 2000년을 전후하여 법원을 중심으로 공판중심주의론이 대두되었다. 법원이 공판중심주의론을 주장하게 된 것은 그간에 형사절차에서 사실인정의 중심이 공판에 있지 않고 검사의 조사절차에 있다는 문제의식을 가지게 된 때문이었다. 원래 형사소송법은 검사의 조서의 증거능력을 인정하면서도 특히 원진술자가 공판정에서 진정성립을 인정하는 것을 조건으로 하고 있으므로 경험자의 공판정 출석이 원칙으로 확보되어 조서내용을 공판정에서 재음미할 수 있는 토대는 마련되어 있었다. 그러나 종래에는 법원이 과중한 업무부담으로 인해 피고인이 다투는 경우에도 공판정에서 충실한 신문을 하지 못하고 간략한 신문을 거쳐 검사의 조서로 사실인정을 하여왔다. 그러다보니 '검사의 수사단계에 사실인정의 중심이 있는 상황이 아닌가' 하는 문제의식을 갖게 된 것이다. 이에 따라 검사 조서의 영향력을 줄이기 위한 변화의 이념으로 공판중심주의론이 주장되기에 이르렀다.

2) 전개과정  이후 2007년의 형사소송법 개정까지의 논의과정에서 공판중심주의론은 검사의 조서에 대한 증거능력 부정에 중점이 있었다. 그러나 검사의 수사결과를 아예 부정하는 극단적인 논리는 공개주의와 구두주의에 따라, 공판 전 조사결과를 재음미하여 적정한 사실인정을 하고자 하였던 공판중심주의의 본래 취지와는 다른 것이었다. 결국 찬반 논의를 거쳐 2007년 국회에서 의결된 증거규정에서는, 검사 조서의 증거능력은 유지되었고 대신에 구두주의, 집중심리주의 등 공판중심주의적 심리방식의 원칙들이 형소법에 명문화되었다.

3) 현재의 실무상황  위와 같이 공판중심주의의 내용에 대한 견해 대립이 있었으나 그 논의를 통해 '사실심 법원이 공판정에서 경험자에 대해 충실한 신문이 이루어지도록 심리하고, 검사의 조사결과에만 의존하는 방식을 탈피하여야 한다'는 점에 대하여는 공감대가 형성되었다. 이와 같이 경험자에 대해 공판정에서 사실심 법원이 충실한 신문을 하려는 것은 직접주의가 구현하고자 하는 취지였고 일본에서 주장되었던 실질적 직접주의론도 마찬가지이다. 본 판례가 언급하는 실질적 직접주의론도 같은 취지라 볼 수 있다.

이에 따라 조서에 기재된 진술내용의 신빙성이 부정되는 사례도 자주 발생하게 되어 결과적으로 검사의 조서가 사실심 법원의 사실인정에 미치는 영향력이 감소되게 되었다. 이는 '시민의 감시가 가능한 공판이 사실심리의 중심이 되어야 한다'는 근대적 형사소송의 원리상 적절한 방향이다.

## 2. 제1심 증인의 신빙성 판단과 항소심의 판단 방법

### (1) 실질적 직접주의와 심급구조

직접주의의 이념은 공판 전 조사절차와 공판심리의 관계에 관한 이념으로서, 공판 전 조사절차의 결과인 조서나 진술서면에 기재된 진술내용에 대해 공판정에서 경험자를 직접 신문함으로써 재음미하고자 하는 것이다. 그런데 대법원은 직접주의를 공판 이후의 심급구조에도 적용하고 있는데 이는 본래적 용도와는 차원이 다르므로 유의할 필요가 있다.

대법원은 먼저 제1심 심리방식과 항소심 심리방식의 차이에 대해 설명한다. 즉 제1심이 증인신문 절차를 진행한 뒤 그 진술의 신빙성 유무를 판단할 때, 진술 내용 자체의 합리성·논리성·모순 또는 경험칙 부합 여부나 물증 또는 제3자의 진술과의 부합 여부 등은 물론, 법관의 면전에서 선서한 후 공개된 법정에서 진술에 임하고 있는 증인의 모습이나 태도, 진술의 뉘앙스 등 증인신문조서에는 기록하기 어려운 여러 사정을 직접 관찰함으로써 얻게 된 심증까지 모두 고려하여 신빙성 유무를 평가하게 된다. 증인신문조서에는 기록하기 어려운 여러 사정을 직접 관찰함으로써 얻게 된 심증까지 모두 고려할 수 있는 것이 직접주의에 따른 심리의 장점이다.

이에 비하여 현행 형사소송법상 제1심 증인이 한 진술에 대한 항소심의 신빙성 유무 판단은, 진술 당시 증인의 모습이나 태도, 진술의 뉘앙스 등을 신빙성 유무 평가에 반영할 수 없다는 본질적인 한계를 지니게 된다. 그렇기 때문에 제1심 법원보다 부족한 자료로 판단하는 항소심이 제1심 판단을 함부로 뒤집어서는 아니 된다는 논리가 나오는 것이다.

### (2) 제1심 판단을 뒤집을 수 있는 경우

그러나 항소심에서 제1심 판단을 절대로 뒤집을 수 없는 것은 아니다. 제1심 증인이 한 진술의 신빙성 유무에 대한 제1심 판단이 명백하게 잘못되었다고 볼 특별한 사정이 있거나, 제1심의 증거조사 결과와 항소심 변론종결시까지 추가로 이루어진 증거조사 결과를 종합하면 제1심 증인이 한 진술의 신빙성 유무에 대한 제1심 판단을 그대로 유지하는 것이 현저히 부당하다고 인정되는 예외적인 경우에는 항소심 판단을 뒤집을 수 있다.

특히 항소심에서 문제가 된 그 증인을 다시 소환하여 직접 신문하여 본 결과 제1심 판단이 잘못되었다고 판단한다면 항소심도 직접주의에 따른 심리를 한 것이므로 이를 뒤집을 수 있다.

[참고문헌] 이완규, 형사소송법 특강, 법문사, 2006; 青柳文雄, 公判中心主義の課題, 法曹時報 第12卷 4号(1960).

[필자: 이완규 변호사]

# 116. 경합범의 일부상소와 상소심의 심판범위

[대법원 1992. 1. 21. 선고 91도1402 전원합의체 판결]

**[사안]** D는 "추업에 사용할 목적으로 부녀를 매매한 자"를 구성요건으로 하는 구 형법(2012. 12. 18. 법률 제11574호로 개정되기 전의 것) 제288조 제2항의 부녀매매죄와 구 윤락행위등방지법(이 법은 2004. 3. 22. 법률 제7196호로 성매매알선 등 행위의 처벌에 관한 법률이 제정되면서 폐지되었다)을 위반한 윤락행위등방지법위반죄로 기소되었는데, 양 죄는 형법 제37조 전단의 경합범 관계에 있다. 제1심은 양 죄의 공소사실 모두를 유죄로 인정하여 징역 1년을 선고하였다.

제2심(원심)은 매매의 대상인 부녀가 정신적 자각이 있고 법질서에 보호를 호소할 능력을 가진 경우에는 국외이송목적의 매매를 제외하고는 부녀매매죄의 객체가 되지 않는다는 이해에서 당해 피해부녀자가 18세가 달하여 자각이 있으므로 부녀매매죄의 객체가 될 수 없다고 하여 부녀매매죄 부분에 대하여 무죄를 선고하고, 윤락행위등방지법위반죄에 대해서만 유죄를 인정하여 징역 1년에 집행유예 3년을 선고하였다. 이에 대하여 피고인은 상고하지 않았고 검사가 무죄부분에 대하여만 상고를 하였다.

대법원은 부녀매매죄의 객체는 부녀이면 족하고 나이나 성년 여부, 기혼 여부 등을 불문한다고 하면서 무죄부분에 대한 제2심의 판단에는 법리 오해의 위법이 있다고 판단하였다. 이 점에 관하여는 대법관 전원의 의견이 일치하여 원심판결은 파기를 면치 못하게 되었다.

그런데, 원심판결의 윤락행위등방지법위반죄 부분도 함께 파기의 대상이 되는 것인지, 아니면 이 부분은 원심에서 이미 확정되어 상고심에서 파기의 대상이 될 수 없는 것인지에 관하여는 대법관들 사이에 견해가 나뉘었다.

**\*[판지(파기환송)]\***

## 1. 다수의견

형법 제37조 전단의 경합범으로 동법 제38조 제1항 제2호에 해당하는 경우 하나의 형으로 처벌하여야 함은 물론이지만 위 규정은 위 제37조 전단의 경합범을 동시에 심판하게 되는 경우에 관한 규정인 것이고 경합범으로 동시에 기소된 사건이라 하더라도 일부 유죄 일부 무죄의 선고를 하거나 일부의 죄에 대하여 징역형을 다른 죄에 대하여 벌금형을 선고하는 등 판결주문이 수개일 때에는 그 1개의 주문에 포함된 부분을 다른 부분과 분리하여 일부상소를 할 수 있는 것이고 그러한 경우 당사자 쌍방이 상소하지 아니한 부분은 분리 확정된다고 볼 수밖에 없는 것이어서, 제2심이 위 제37조 전단의 경합범에 대하여 일부 유죄 일부 무죄의 선고를 하였는데 검사만 무죄부분에 대하여 상고한 경우 유죄부분은 파기의 대상이 아니며 무죄부분만 파기의 대상이 된다.

## 2. 반대의견(대법관 2인)

형법 제37조 전단의 경합범으로 동시에 판결하여 1개의 형을 선고할 수 있었던 수개의 죄는 서로 과형상 불가분의 관계에 있었다고 볼 수 있으므로, 경합범 중 일부에 대하여는 유죄, 다른 일부에 대하여는 무죄를 선고하였다고 하더라도 무죄부분에 대하여 상소가 제기됨으로써 그 부분이 유죄로 변경될 가능성이 있게 되는 경우에는 유죄부분에 대하여 따로 상소가 되지 않았더라도 상소불가분의 원칙이 적용되어 유죄부분도 함께 상소심에 이심되는 것이고, 따라서 상소심법원이 무죄부분을 파기하여야 할 경우에는 직권으로 유죄부분까지도 함께 파기하여 다시 1개의 형을 선고할 수 있도록 하여야 한다.

## 3. 반대의견에 대한 보충의견(대법관 1인)

형사소송법을 해석·적용할 때에는 특별한 사정이 없는 한 실체법인 형벌법 규정의 취지에 충실하게 따라야 한다. 형법 제37조 전단의 경합범에 대하여 형법은 그 제38조 제1항 제2호에서 단일한 형으로 처벌한다는 원칙을 규정하고 있으므로, 두 죄가 모두 유죄라면 법원으로서는 형법규정에 따라 단일한 형으로 처벌하여야 하고 경합범관계에 있는 수개의 죄 중 일부에 대하여 무죄가 선고된 경우 그 무죄부분이 파기되는 때에는 유죄부분과 합하여 단일한 형으로 처단하게 함이 위 원칙에 부합한다.

**[해설]**

형사소송법 제342조는 제1항에서 "상소는 재판의 일부에 대하여 할 수 있다."고 규정하여 일부 상소를 원칙적으로 허용하면서, 제2항에서 "일부에 대한 상소는 그 일부와 불가분의 관계에 있는 부분에 대하여도 효력이 미친다."고 규정하여 이른바 상소불가분의 원칙을 선언하고 있다. 따라서 불가분의 관계에 있는 재판의 일부만을 불복대상으로 삼은 경우 그 상소의 효력은 상소불가분의 원칙상 피고사건 전부에 미쳐 그 전부가 상소심에 이심된다. 그리하여 일부 상소가 피고사건의 주위적 주문과 불가분적 관계에 있는 주문에 대한 것(예컨대, 본형과 부가형), 일죄의 일부에 대한 것(예컨대, 단순일죄, 포괄일죄, 과형상 일죄), 경합범에 대하여 1개의 형이 선고된 경우 경합범의 일부 죄에 대한 것 등에 해당하는 경우는 그 전부에 상소의 효력이 미친다(대법원 2008. 11. 20 선고 2008도5596 전원합의체 판결 등 참조). 주위적·예비적 공소사실의 일부에 대한 상소제기의 효력이 나머지 공소사실 부분에 대하여 미치는 것도 같다(대법원 2006. 5. 25. 선고 2006도1146 판결). 이에 반해, 각 공소사실에 대하여 별도의 주문을 선고한 경우(예컨대, 유죄와 무죄, 유죄와 면소·공소기각, 형선고와 형 면제, 형선고와 선고유예, 징역형과 벌금형, 모두 무죄)는 그 중 한 부분에 대한 상소는 다른 부분에 영향을 미치지 않는다.

그런데 경합범인 수 개의 범죄사실 중 그 일부에 대하여 유죄, 일부에 대하여 무죄를 각 선고하고 무죄부분에 대하여는 검사가 상고하였으나 유죄부분에 대하여는 피고인과 검사 모두 상고하지 아니한 경우에도 상소불가분의 원칙이 적용되는가가 문제된다(이에 상소의 효력범위, 원심판결의 확정범위, 상소심의 심판범위, 상소심의 파기범위가 유기적으로 연관된다). 판례는 이를 긍정한 사례(대법원 1989. 9. 12. 선고 87도506 전원합의체 판결, 대법원 1991. 5. 28. 선고 91도739 판결 등)와 부정한 사례(대법원 1980. 8. 26. 선고 80도814 판결, 대법원 1984. 11. 27. 선고 84도862 판결 등)가 병존하였었는데, 대상판결은 상소불가분의 원칙이 적용되지 않아 유죄부분은 상소기간의 도과로 확정되므로 무죄부분의 상고가 이유

있는 경우 그 무죄부분만을 파기한다는 취지로 결론지었다. 이에는 판지에서 보는 바와 같은 반대의견이 있었다. 다수의견을 일부이심설(일부파기설), 반대의견을 전부이심설(전부파기설)이라고 할 수 있는데, 학설도 판례와 같이 일부이심설이 다수이다.

이러한 법리는 대상판결 이후 상고의 경우(대법원 2007. 6. 28. 선고 2005도7473 판결, 대법원 2005. 12. 23. 선고 2005도4478 판결, 대법원 2005. 1. 28. 선고 2004도4663 판결, 대법원 2001. 6. 1. 선고 2001도70 판결)는 물론 항소의 경우(대법원 2010. 11. 25. 선고 2010도10985 판결, 대법원 2006. 6. 29. 선고 2006도3005 판결, 대법원 2000. 2. 11. 선고 99도4840 판결)에도 수차례 확인되어 이제는 확립된 법리가 되었다. 검사가 무죄부분에 대하여 상고하고 유죄부분에 대하여 피고인이 상고를 하였다가 취하한 경우(대법원 2006. 5. 25. 선고 2006도641 판결)나 하나의 공소사실에 대하여는 징역형이, 다른 공소사실에 대하여는 벌금형이 선고된 경우(대법원 2000. 2. 11. 선고 99도4840 판결)도 같다. 다만, 후자와 관련하여 징역형과 벌금형이 하나의 공소사실에 대하여 병과된 경우이거나 수개 죄의 형종을 선택하지 않아 특정할 수 없는 경우에는 일부 상소로 전부에 효력이 미친다(대법원 2004. 9. 23. 선고 2004도4727 판결).

한편, 유죄부분에 대하여는 피고인이 상고하고 무죄부분에 대하여는 검사가 상고한 경우는 원심판결 전부의 확정이 차단되어 상고심에 이심되는 것이고 유죄부분에 대한 피고인의 상고가 이유 없더라도 무죄부분에 대한 검사의 상고가 이유 있는 때에는 피고인에게 하나의 형이 선고되어야 하는 관계로 무죄부분뿐 아니라 유죄부분도 함께 파기되며(대법원 1997. 6. 13. 선고 96도2606 판결, 대법원 2000. 6. 13. 선고 2000도778 판결, 대법원 2002. 6. 20. 선고 2002도807 전원합의체 판결), 이 경우 불이익변경금지의 원칙은 적용되지 아니한다(대법원 2007. 6. 28. 선고 2005도7473 판결).

사안에서 대법원은 일부이심설에 따라 윤락행위등방지법위반죄 부분은 이미 확정되었다고 하여 부녀매매죄 부분만 파기하였다.

**[필자: 이상원 교수(서울대)]**

# 117. 일부상소와 공방대상론의 유추

**[대법원 2008. 9. 25. 선고 2008도4740 판결]**

**[사안]** D는 '정보통신망을 통하여 공연히 허위사실을 적시하여 타인의 명예를 훼손한 혐의'(행위당시 정보통신망법 제61조 제2항, 현재는 정보통신망법 제70조 제2항, 7년 이하의 징역)로 기소되었다. 제1심은 정보통신망을 통하여 공연히 사실을 적시하여 타인의 명예를 훼손한 사실(행위당시 정보통신망법 제61조 제1항, 현재는 정보통신망법 제70조 제1항, 3년 이하의 징역)을 인정하여 벌금형(250만원)을 선고하면서, 허위사실 적시에 의한 명예훼손의 점(법 제61조 제2항 위반죄) 부분에 대하여는 판결에 아무 이유를 기재하지 아니하였다. 이것은 제1심이 허위사실 적시에 의한 명예훼손 부분을 무죄로 판단하면서도 판결 이유에서 그 부분의 설시를 누락한 것이다. 피고인만이 유죄 부분(사실 적시 부분)에 대하여 항소하였고 검사는 무죄 부분(허위사실 적시 부분)에 대하여 항소하지 아니하였다. 항소심은 제1심이 '무죄 부분에 대하여 판결 이유에서 무죄 사유를 기재하지 아니한 잘못이 있다.'는 이유만으로 위 무죄 부분을 포함한 제1심 판결 전체를 직권 파기한 다음, 위 무죄 부분에 대하여도 유죄로 인정하면서 법 제61조 제2항을 적용하였다.

**＊[판지(직권에 의한 파기환송)]＊**

"비록 그 죄 전부가 피고인의 항소와 상소불가분의 원칙으로 인하여 항소심에 이심되었다고 하더라도 무죄 부분(허위사실 적시 부분: 필자)은 심판대상이 되지 아니하여, 그 부분에 관한 제1심 판결의 위법은 형사소송법 제361조의4 제1항 단서의 '직권조사사유' 또는 같은 법 제364조 제2항에 정한 '항소법원은 판결에 영향을 미친 사유에 관하여는 항소이유서에 포함되지 아니한 경우에도 직권으로 심판할 수 있다'는 경우에 해당되지 아니하므로, 항소심법원이 직권으로 심판대상이 아닌 무죄 부분까지 심리한 후 이를 유죄로 인정하여 법정형이 보다 무거운 법조를 적용하여 처벌하는 것은

피고인의 방어권 행사에 불이익을 초래하는 것으로서 허용되지 않고(대법원 2006. 6. 15. 선고 2004도7260 판결 참조), 이는 제1심 판결에 무죄로 판단된 부분에 대한 이유를 누락한 잘못이 있다고 하여 달라지는 것이 아니다. (중략) 피고인만이 유죄 부분에 대하여 항소하고 검사는 위 무죄 부분에 대하여 항소하지 아니하였으므로 결국, 무죄로 판단된 법 제61조 제2항 위반죄 부분은 항소심의 심판대상에서 벗어났다. 원심(항소심)의 위와 같은 판단은 직권조사사항 또는 직권심판대상에 관한 법리를 오해하여 판결 결과에 영향을 미친 위법이 있다."

**[해설]**

### 1. 포괄일죄·상상적 경합범에 대한 일부상소와 이심의 효력이 미치는 범위

수개의 범죄행위를 검사가 포괄일죄·상상적 경합범으로 판단하여 기소하고 하급심이 그 중 일부에 대하여는 유죄, 일부에 대하여는 무죄판결(이유 부분에서 명시함)을 선고하자 피고인만이 유죄 부분을 다투어 상소한 경우 ① 이심(移審)의 효력이 미치는 범위와 ② 상급심의 공방대상(사실상 심판의 대상)의 범위는 당사자가 다툰 부분에 한정되는가 아니면 포괄일죄·상상적 경합범 전체인가가 문제된다. 포괄일죄·상상적 경합범의 일부에 대하여만 상소(검사 또는 피고인의 상소를 불문)가 있다 하더라도 포괄일죄·상상적 경합범 전체에 대하여 이심(移審)의 효력이 발생한다(이 입장에 서면 포괄일죄·상상적 경합범의 일부만을 다투는 상소는 허용되지 아니하고 설사 당사자가 포괄일죄·상상적 경합범의 일부만을 다툰다 하더라도 상소의 효력은 전부에 미친다)는 점에 대하여는 별 이견이 없다. 그러나 여기서 한걸음 더 나아가 상급심의 심판범위가 당사자가 다투고 있는 유죄부분에 한정되는지 여부에 관하여는 견해가 갈릴 수 있다. 피고인만이 유죄로 판단된 부분을 다투어 상소한 사안에서 대법원은 본 판례의 판지와 동일하게 판시(대법원 1991. 3. 12. 선고 90도2820 판결)한 바 있지만 과거에 포괄일죄의 일부에 대하여는 유죄, 일부에 대하

여는 무죄가 선고된 후 검사만이 무죄 부분을 다투어 상소한 사안에서 대법원은 '상급심이 그 전체에 대하여 (따라서 당사자가 다투지 아니한 부분에 대하여 상급심은 직권으로) 심판할 수 있다.'고 판시하여 이 문제에 관하여 대법원판결이 모순되는 것이 아니냐 하는 의문이 제기되었다.

## 2. 검사만이 무죄 부분을 다투어 상소한 사안에 관한 종전의 판례(대법원 1989. 4. 11. 선고 86도1629 판결)(전부 이심되고 전부 심판의 대상이 된다)

1989년 판결의 사안은 '하급심에서 포괄일죄의 일부에 대하여 무죄, 일부에 대하여 유죄를 선고하자 검사만이 무죄부분에 대하여 상소한 사안'인데 대법원은 "㉮ 상소불가분의 원칙상 위 상고는 포괄일죄의 관계에 있는 원심판결의 유죄부분과 무죄부분 전부에 미치는 것이므로 ㉯ 같은 피고인에 대하여 유죄로 인정된 부분도 상고심에 이심되어 ㉰ 당원의 심판대상이 된다"고 판시하였다.

## 3. 1991년 판결의 공방대상론(전부 이심되지만 무죄·공소기각 부분은 공방대상에서 제외된다)

1991년 판결의 사안은 1989년 판결의 사안(검사만이 상소한 사안)과 달리 피고인만이 상소한 사안인데 "제1차 항소심판결에서 무죄로 된 부분은 제1차 상고심(제1차 환송판결)에서 심판의 대상이 될 수 없으며, 또한 무죄로 된 부분이 제1차 상고심의 심판대상이 될 수 없었다면 환송받은 항소심(제2차 항소심)에서도 무죄로 된 부분을 심판할 수 없다."고 판시하였다. 그렇게 보아야 하는 근거로, 1991년 판결은, 무죄로 된 부분은 이미 '당사자 간의 공격방어의 대상'으로부터 벗어났다는 이른바 공방대상론(攻防對象論)을 논거로 삼고 있다. 대법원은 1991년 판결에서 '상고(상소)불가분의 원칙에 의하여 무죄부분도 상고심에 이심'된다(이 입장의 원조는 일본최고재판소 판결이다)고 하면서도 1989년 판결과는 달리 '무죄부분은 당사자 간의 공격방어의 대상으로부터 벗어나 사실상 심판대상에서부터도 벗어났다'고 하는 편면적인 이론구성을 하고 있다.

이렇게 보면 1991년에 선고된 판결의 논지는 1989년 판결의 논지와 일견 모순된 것처럼 보인다. 그러나 내용적으로는 '피고인의 방어권·이익보호'의 측면에서 동일한 방향성을 보이고 있음이 주목된다. 검사만이 상소한 사안에서는 공방대상론을 부정하여야 피고인에

게 유리하다.

## 4. 사실적시 범죄와 허위사실적시 범죄의 특이한 관계

사실적시 명예훼손죄(형법 제307조 제1항)와 허위사실적시 명예훼손죄(형법 제307조 제2항), 정보통신망법의 사실적시 명예훼손죄(같은 법 제70조 제1항)와 허위사실적시 명예훼손죄(같은 법 제70조 제2항)의 관계는 매우 특이하다. 양자는 양립불가능한 관계에 있음에도 법정형의 차이 때문에 법원실무는 허위사실적시 범죄가 사실적시 범죄보다 큰 범죄로 보고, 허위사실적시 범죄로 기소되었지만 허위사실적시 범죄는 인정되지 아니하고 사실적시 범죄만 인정되는 경우 법원은 검사의 공소장변경이 없어도 인정되는 '사실적시 범죄'의 유죄판결을 선고하여야 한다고 보고 있다. 법원실무는 '사실적시 범죄를 허위사실적시 범죄의 축소범죄'로 보고 동시에 양자의 관계를 '불가분적 일죄'의 관계에 있는 것으로 보아 일부상소가 있을 때의 처리법리로서 '포괄일죄·상상적 경합범에 대한 일부상소와 이심의 효력이 미치는 범위'에 관한 공방대상론을 유추적용하는 것으로 보인다. 이 법리는 사실적시 범죄와 허위사실적시 범죄를 제1항과 제2항으로 나누어 법정형에 경중을 설정한 한국의 특이한 입법형식 때문에 생성된 특이한 법리임에 주의하여야 한다.

[참고문헌] 김정만, 포괄일죄의 일부에 대한 상소와 심판범위-이른바 공방대상론을 중심으로, 형사재판의 제문제 제4권(2003).

[필자: 심희기 교수(연세대)]

# 118. 불이익변경금지의 원칙 (1) — 판단기준

[대법원 1998. 3. 26. 선고 97도1716 전원합의체 판결]

**[사안]** D가 1988. 3. 28.경부터 1994. 3. 10.경 사이에 101회에 걸쳐 미화(US$)를 미국에 있는 D와 그의 처 O 명의의 예금구좌에 송금하였는데, 이 중에 세 번(제1, 3, 4회)의 송금액이 당시의 「외국환관리규정」상의 대외송금한도액을 초과한 것이 문제가 되어 기소되었다.

'제1심'은 「특정경제범죄 가중처벌 등에 관한 법률」(이하 「특경법」이라 한다) 제4조(재산국외도피의 죄) 제1항 위반으로 징역형(1년 6월) '집행유예' 3년을 선고하였다. D만이 항소한 '제2심'(환송전 항소심)은 제1심 판결을 파기하고 징역형(1년)을 '선고유예'하였다(서울고등법원 1995. 12. 14. 선고 94노2246 판결). 이에 대해 D만이 상고한 '제3심'(대법원 합의부)은 대외송금한도액 초과의 경위에 대한 심리미진을 이유로 '파기환송'하였다(대법원 1996. 4. 9. 선고 96도173 판결).

'제2심'(환송후 항소심)은 문제된 세 차례의 송금에서 외국환은행이 당시의 「외국환관리규정」상의 대외송금한도액을 초과한 금액의 대외송금을 허가하여 D가 송금하게 된 경위에 대한 석명권을 행사했다. 그런데 한국외환은행 태평로지점장으로부터 관련서류가 보존기간의 경과로 폐기되어 제출할 수 없다는 확인서를 받았다. 그러자, 검사의 피고인신문과 환송판결 이전과 이후의 증거를 종합하여 '피고인 명의로 또는 타인명의를 차용하여 그 용도를 은닉한 채 그 지급허가를 받은 사실을 인정'한 후, 제1심 판결을 파기하고 벌금형(40,000,000원)과 추징금(16,485,250원) 모두를 '선고유예'하였다(서울고등법원 1997. 6. 13. 선고 96노799 판결).

D는 「특경법」 제4조(재산국외도피의 죄) 제1항 위반 여부에 대한 사실오인과 법리해석의 위법, 그리고 「형사소송법」 제368조(불이익변경의 금지) 위반을 이유로 또다시 상고하였다.

**★[판지(상고기각)]★**

1. 「특경법」 제4조(재산국외도피의 죄) 제1항 위반 여부

D가 "한국은행총재로부터 해외투자금액 미화 165,000$의 해외투자허가를 받고 미국 내에서 인삼농장 경영을 위한 토지구입비조로 미화 90,000$을 송금하였으나 이로써는 현지법인설립 및 토지구입비로 부족하게 되자," D 또는 "타인 명의를 차용하여 그 용도를 은닉한 채 그 지급허가를 받은 사실"을 검사의 피고인신문과 환송판결 이전과 이후에 제출된 증거들을 종합적으로 판단하여 인정하고, 이를 "법령을 위반하여 그 재산을 국외로 이동하여 도피시킨" 행위로 본 '제2심'(환송후 항소심)의 판시는 정당하고, 채증법칙이나 「특경법」 등 관계 법령을 잘못 해석한 위법도 없다.

2. 불이익변경 여부의 판단 기준

D에 대하여 '제1심'이 징역 1년 6월에 집행유예 3년의 형을 선고하고, 이에 대하여 D만이 '항소'하였는데, '제2심'(환송전 항소심)은 제1심 판결을 파기하고 징역 1년 형의 선고를 유예하였으며, 이에 대하여 D만이 '상고'하여 '제3심'(대법원 합의부)이 제2심판결을 파기하고 사건을 환송하자, '제2심'(환송후 항소심)은 제1심 판결을 파기하고 벌금 40,000,000원 형과 금 16,485,250원 추징의 선고를 모두 유예하였다.

나중의 '제2심'(환송후 항소심)이 '제1심'의 '징역' 1년 형의 선고유예나 이전의 '제2심'(환송전 항소심)의 '징역' 1년 6월 형의 집행유예보다 가볍게 그 '주형(主刑)'을 '벌금' 40,000,000원 형의 선고유예로 감경한 점에 비추어, 그 선고를 유예한 금 16,485,250원의 '추징'을 새로이 추가하였다고 하더라도, 주문(主文)의 형을 개별적·형식적이 아니라 '전체적·실질적'으로 보면 D에 대한 형이 '제1심'이나 이전의 '제2심'(환송전 항소심) 판결보다 불이익하게 변경되었다고 볼 수는 없다(대법원 1998. 3. 26. 선고 97도1716 전원합의체 판결).

## [해설]

### 1. 「특경법」 제4조(재산국외도피의 죄) 제1항 위반 여부

'제3심'(대법원 합의부)은 D가 「외환관리규정」상의 대외송금한도액 범위 내에서 수차례 송금한 행위는 「외국환관리법」에 위반되지 않는다고 보았고, 세 차례(제1, 3, 4회)에 걸쳐 대외송금한도액을 초과하여 송금한 경위에 대한 사실심리가 미진하다는 이유로 '제2심'(환송전 항소심)을 파기환송하였다. '제2심'(환송후 항소심)은 D 또는 타인 명의를 빌려 그 용도를 은닉한 채 지급허가를 받은 행위를 법령을 위반하여 재산을 국외로 도피시킨 범죄행위로 보았고, '제3심'(대법원 전원합의체)은 사실인정과 법령해석에 잘못이 없다고 판시했다.

### 2. 불이익변경 여부의 판단 기준

「형사소송법」에서 '불이익변경 금지의 원칙'은 D가 상소한 사건이나 D를 위하여 상소한 사건에 관하여 상소심이 원심판결의 형보다 중한 '형(刑)'을 선고하지 못하는 원칙을 말한다(「형사소송법」 제368조). 이 원칙은 '약식명령'에서 정식재판을 청구한 경우(제457조의2)나 '재심'(제439조)에도 적용되지만, 불이익한 '보안처분'에는 적용되지 않는다.

'제3심'(대법원 전원합의체)은 "불이익변경금지의 원칙을 적용함에 있어서는 주문을 개별적·형식적으로 고찰할 것이 아니라 전체적·실질적으로 고찰하여 그 형의 경중을 판단하여야 한다."고 판시하면서, 기존의 대법원 판례의 입장을 변경하였다(대법원 1998. 3. 26. 선고 97도1716 전원합의체 판결).

즉, "주문을 개별적·형식적으로 고찰하여 그 형의 경중을 판단하여야 하므로 새로운 형이나 부가적 처분이 추가된 경우"는 D에게 불이익하게 변경되었다고 본 이전의 대법원 판례는 폐기되었다. 예컨대, 대법원 1967. 11. 21. 선고 67도1185 판결(불이익변경: 징역8월 → 징역6월+추징금1만원), 대법원 1993. 12. 10. 선고 93도2711 판결(불이익변경: 징역5년 → 징역4년+벌금15억원)이 그것이다.

한편 형의 경중을 전체적·실질적으로 판단하여 불이익변경 여부를 판시한 대법원 판례는 다음과 같다. 예컨대, 대법원 1977. 3. 22. 선고 77도67 판결(불이익변경 아님: 징역3년+몰수 → 징역2년+추가몰수), 대법원 1990. 4. 10. 선고 90도16 판결(불이익변경 아님: 유기징역 → 유기징역감경+압수물피해자환부), 대법원 1994. 1. 11. 선고 93도2894 판결(불이익변경 아님: 징역1년+벌금500만원+노역장환형유치1일2만원 → 징역10월+벌금500만원+노역장환형유치1일1만원), 대법원 1998. 5. 12. 선고 96도2850 판결(불이익변경 아님: 징역2년+집행유예3년+추징금5억여원 → 징역1년+집행유예2년+추징금6억여원), 대법원 1999. 11. 26. 선고 99도3776 판결(불이익변경: 징역6월+선고유예 → 벌금200만원), 대법원 2004. 11. 11. 선고 2004도6784 판결(불이익변경: 벌금350만원약식명령 → 징역6월), 대법원 2013. 12. 12. 선고 2012도7198 판결(불이익변경: 징역1년6월+추징금2,615만원 → 징역1년6월+집행유예3년+추징금2,615만원+벌금5천만원) 등이다.

[참고문헌] 김병운, 불이익변경금지원칙에 있어서 불이익변경의 판단기준: 주형과 부가형을 중심으로, 형사재판의 제문제 제2권(박영사, 1999); 이존걸, 불이익변경 여부의 객관적·구체적 판단기준, 형사법연구, 제23호(한국형사법학회, 2005); 한영수, 주형을 감경하면서 새로운 형이나 부가처분을 추가하는 경우 불이익변경 여부의 판단 기준, 법조, 제48권 제12호(통권 제519호)(1999. 12.) 등.

[필자: 최병문 교수(상지대)]

# 119. 불이익변경금지의 원칙 (2) — 약식명령에 대한 정식재판청구에의 적용 여부

[대법원 2013. 2. 23. 선고 2011도14986 판결]

**[사안]** 피고인 D는 2008. 7. 25. 인천 남구 (이하 주소 생략)에서 주식회사 LG파워콤에 전화를 걸어 성명불상의 담당자에게 행사할 목적으로 권한 없이 마치 자신이 공소외 O인 것처럼 행세하면서 공소외 O의 주민등록번호 등을 불러주는 방법으로 위 담당자로 하여금 공소외 O명의의 LG파워콤 서비스 신청서 1부를 작성하게 함으로써 권리의무에 관한 사문서인 위 공소외 O명의의 서비스 신청서 1부를 위조하였다. 또한 피고인 D는 위 일시, 장소에서 위와 같은 방법으로 위 담당자로 하여금 공소외 O명의의 서비스 신청서 1매를 작성케하고, 그 정을 모르는 위 담당자로 하여금 그 시경 비치케 하여 이를 행사하였다. 그 후 같은 해 11.경까지 피해자가 제공하는 인터넷 서비스를 제공받은 다음 그 사용료 53만원을 지급하지 아니하고 공소외 O에게 청구되게 하는 방법으로 그 채무를 면하여 피해자 LG파워콤으로부터 동액 상당의 재산상 이익을 취득하였다. 이에 검사는 피고인 D를 사문서위조, 위조사문서행사, 사기죄로 기소한 후, 공소사실 중 사문서위조, 위조사문서행사 부분에 대하여 예비적으로 사서명위조, 위조사서명행사죄를 추가하는 공소장변경을 신청하였다. 그러나 제1심법원은 "예비적 공소사실은 형법 제239조 제1항, 제2항에 해당하고, 이 범죄는 법정형이 징역형만 규정되어 있고, 이와 같은 경우에는 불이익하게 변경되거나 피고인의 방어권을 침해할 소지가 있기 때문에 약식명령에 대한 정식재판청구사건에서는 심판대상으로 삼을 수 없다"는 이유로 공소장변경을 불허한 다음, 사기의 점을 유죄로 인정하여 벌금 70만원을 선고하였고, 사문서위조 및 위조사문서행사의 점에 대하여는 무죄를 선고하였으며, 항소심법원도 동일한 입장을 취하였다. 검사가 상고하였다.

**★[판지 (파기환송)]★**

1. 형사소송법 제457조의2에서 규정한 불이익변경금지의 원칙은 피고인이 약식명령에 불복하여 정식재판을 청구한 사건에서 약식명령의 주문에서 정한 형보다 중한 형을 선고할 수 없다는 것이므로, 그 죄명이나 적용법조가 약식명령의 경우보다 불이익하게 변경되었다고 하더라도 선고한 형이 약식명령과 같거나 약식명령보다 가벼운 경우에는 불이익변경금지의 원칙에 위배된 조치라고 할 수 없다.

2. (약식명령에 대하여 피고인만이 정식재판을 청구하였는데, 검사가 당초 사문서위조 및 위조사문서행사의 공소사실로 공소제기하였다가 제1심에서 사서명위조 및 위조사서명행사의 공소사실을 예비적으로 추가하는 내용의 공소장변경을 신청한 사안에서) 두 공소사실은 기초가 되는 사회적 사실관계가 범행의 일시와 장소, 상대방, 행위 태양, 수단과 방법 등 기본적인 점에서 동일할 뿐만 아니라, 주위적 공소사실이 유죄로 되면 예비적 공소사실은 주위적 공소사실에 흡수되고 주위적 공소사실이 무죄로 될 경우에만 예비적 공소사실의 범죄가 성립할 수 있는 관계에 있어 규범적으로 보아 공소사실의 동일성이 있다고 보이고, 나아가 피고인에 대하여 사서명위조와 위조사서명행사의 범죄사실이 인정되는 경우에는 비록 사서명위조죄와 위조사서명행사죄의 법정형에 유기징역형만 있다 하더라도 형사소송법 제457조의2에서 규정한 불이익변경금지 원칙이 적용되어 벌금형을 선고할 수 있으므로, 위와 같은 불이익변경금지 원칙 등을 이유로 공소장변경을 불허할 것은 아닌데도, 이를 불허한 채 원래의 공소사실에 대하여 무죄를 선고한 제1심 판결을 그대로 유지한 원심의 조치에 공소사실의 동일성이나 공소장변경에 관한 법리오해의 위법이 있다.

**[해설]**

## 1. 공소장변경의 허가

형사소송법 제298조 제1항의 규정에 의하면, '검사는 법원의 허가를 얻어 공소장에 기재한 공소사실 또는 적용법조의 추가·철회 또는 변경을 할 수 있고, 법원은 공소사실의 동일성을 해하지 아니하는 한도에서 이를 허가하여야 한다'고 되어 있으므로, 위 규정의 취지는 검사의 공소장 변경신청이 공소사실의 동일성을 해하지 아니하는 한 법원은 이를 허가하여야 한다는 뜻으로 해석하여야 할 것이고, 공소사실의 동일성은 그 사실의 기초가 되는 사회적 사실관계가 기본적인 점에서 동일하면 그대로 유지되는 것이나, 이러한 기본적 사실관계의 동일성을 판단함에 있어서는 그 사실의 동일성이 갖는 기능을 염두에 두고 피고인의 행위와 그 사회적인 사실관계를 기본으로 하되 규범적 요소도 아울러 고려하여야 한다(대법원 1999. 5. 14. 선고 98도1438 판결 등 참조).

## 2. 공소사실의 동일성의 판단

항소심법원은 제1심법원이 공소장변경을 허가하지 않은 것에 대하여, ① 비록 검사가 공소장변경신청을 하면서 추가한 위 예비적 공소사실에는 피고인 D가 이 부분 공소사실과 같은 일시인 2008. 7. 25.경 공소외 O 명의의 서명을 위조·행사한 것으로 기재되어 있으나, 실제로 피고인 D가 인터넷 설치 담당직원의 PDA에 '공소외 O' 명의의 서명을 기재한 것은 2008. 7. 28.경 이므로 주위적 공소사실과 예비적 공소사실의 범행일시가 동일하거나 근접하다고 볼 수 없고, 각 공소사실의 내용도 주위적 공소사실의 경우 피고인 D가 전화로 LG파워콤에 인터넷 가입신청을 하면서 담당직원으로 하여금 이 사건 가입신청서를 위조·행사하게 하였다는 내용인 반면, 예비적 공소사실의 경우 피고인 D가 LG파워콤의 인터넷 설치 담당직원의 PDA에 공소외 O 명의로 서명을 하여 공소외 O명의의 서명을 위조·행사하였다는 내용으로 범행방법이나 그로 인하여 침해되는 법익이 같다고 볼 수 없어 기본적인 사실관계가 동일하다고 보기 어려운 점, ② 더군다나 검사가 예비적 공소사실로 추가한 형법 제239조 제1항, 제2항의 사서명위조 및 동행사죄는 법정형이 징역형만 규정되어 있어 이 사건과 같이 피고인 D가 벌금형의 약식명령을 받고 정식재판청구를 한 사건에서는 원칙적으로 심판대상으로 삼을 수 없는 죄이므로 위와 같은 공소장변경을 허용하는 것은 피고인의 방어권을 침해할 소지가 있고, 법원으로서도 설령 피고인에게 사서명위조 및 동행사죄가 인정된다고 하더라도 형사소송법 제457조의2 규정에 따라 피고인에게 징역형이 아닌 벌금형을 선고할 수밖에 없으나 이는 사인위조 및 동행사죄에 대하여 징역형만 법정형으로 규정하고 있는 형법 규정에 위반하는 것으로 어느 규정을 우선하더라도 스스로 위법을 저지르게 되는 모순되는 상태에 빠지게 되는 점 등을 종합하면, 제1심이 검사의 공소장변경허가신청을 불허한 조치는 정당하다고 판단하였다. 이에 대하여 대상판결은 항소심판결과 달리 검사가 공소장변경을 통해 사문서위조, 위조사문서행사의 공소사실에 대하여 예비적으로 추가하려고 한 사서명위조, 위조사서명행사의 공소사실이 기본적 사실관계에서 동일하다고 판단하였으며, 나아가 약식명령에 대하여 피고인 D만이 정식재판을 청구하였더라도 법정형에 징역형만 규정되어 있는 범죄로의 공소장변경이 가능하고, 이는 불이익변경금지의 원칙을 위반하는 것이 아니라고 판단하였다.

## 3. 사문서위조죄와 사서명위조죄의 관계

인장위조죄와 문서위조죄가 동일인에 의하여 순차적으로 행하여졌을 때에는 인장위조죄는 문서위조죄에 흡수되지만(흡수관계), 인장위조자와 문서위조자가 서로 다를 때에는 인장위조죄는 독립하여 성립한다(대법원 1978. 9. 26. 선고 78도1787 판결).

## 4. 평석

불이익변경금지의 원칙에서 원심판결보다 중하게 변경하는 것을 금지하는 것은 원칙적으로 중한 '형'의 선고에 관한 것이지 범죄사실과 적용법조 등의 모든 불이익한 변경을 금지하는 것은 아니라 할 것이고, 심리 결과 비록 피고인에게 사문서위조의 고의가 인정되지 않지만, 그 수단인 사서명위조의 고의가 인정되는 이 사건에서 검사가 처음부터 사서명위조로 구공판하지 않아 결과적으로 피고인에게 더 유리하게 된 경우에 사서명위조로 공소장변경도 하지 못하게 하는 것은 국가형벌권의 적정한 행사 확보라는 공소장변경제도의 취지에 어긋난다고 할 것이다(대법원 2009. 5. 14. 선고 2008도10771 판결).

결국 대상판결은 공소장변경이 가능한지에 관하여, 불이익변경금지의 원칙이 적용되는 단계 이전임을 전제로 공소사실의 동일성이 인정되면 공소장변경신청을 허가하여야 한다는 기존의 판례입장을 이 사건에 구체적으로 적용한 것으로 보아야 한다.

[참고문헌] 헌법재판소 2005. 3. 31. 2004헌가27, 2005헌바8(병합) 결정.

[필자: 정웅석 교수(서경대)]

# 120. 새로 선임된 사선변호인에 대한 소송기록접수통지 요부

[대법원 2018. 11. 22. 자 2015도10651 전원합의체 결정]

**[사안]**

D는 제1심에서 유죄판결을 선고받고 항소하였으나 항소장에 항소이유를 기재하지 않았다. 원심은 2015. 3. 10. 형사소송법(이하 '법'이라 한다) 제33조 제1항 제6호에 따른 필요적 변호사건인 이 사건에서 D에게 국선변호인을 선정하고, 같은 달 12일 국선변호인에게, 같은 달 13일 D에게 국선변호인 선정결정과 소송기록접수 사실을 통지하였다. D와 국선변호인이 항소이유서를 제출하지 않고 있던 중 D는 2015. 3. 23. 사선변호인을 선임하였다. 항소심은 같은 달 24일 국선변호인 선정결정을 취소하였고 사선변호인에게 소송기록접수통지를 하지 않았다. 사선변호인은 2015. 5. 21. 항소심법원에 항소이유서를 제출하였다.

항소심은 2015. 7. 3. 법 제361조의4 제1항에 따라 결정으로 D의 항소를 기각하였다. 위 항소이유서가 D 또는 종전 국선변호인에게 소송기록접수통지를 한 날부터 기산하여 항소이유서 제출기간이 1개월 이상 지난 다음 제출되었고, 제1심판결에 직권조사사유도 없다는 점이 근거가 되었다.

D는 항소심이 사선변호인에게 소송기록접수통지서를 다시 송달하고 그 통지서 송달일자를 기준으로 항소이유서 제출기간을 산정하였어야 한다고 주장하며 재항고를 하였다.

**★[판지(재항고기각)]★**

1. 다수의견

형사소송법은 항소법원이 항소인인 피고인에게 소송기록접수통지를 하기 전에 변호인의 선임이 있는 때에는 변호인에게도 소송기록접수통지를 하도록 정하고 있으므로(제361조의2 제2항), 피고인에게 소송기록접수통지를 한 다음에 변호인이 선임된 경우에는 변호인에게 다시 같은 통지를 할 필요가 없다. 이는 필요적 변호사건에서 항소법원이 국선변호인을 선정하고 피고인과 그 변호인에게 소송기록접수통지를 한 다음 피고인이 사선변호인을 선임함에 따라 항소법원이 국선변호인의 선정을 취소한 경우에도 마찬가지이다. 이러한 경우 항소이유서 제출기간은 국선변호인 또는 피고인이 소송기록접수통지를 받은 날부터 계산하여야 한다.

한편 형사소송규칙(이하 '규칙'이라 한다) 제156조의2 제3항은 항소이유서 제출기간 내에 피고인이 책임질 수 없는 사유로 국선변호인이 변경되면 그 국선변호인에게도 소송기록접수통지를 하여야 한다고 정하고 있는데, 이 규정을 새로 선임된 사선변호인의 경우까지 확대해서 적용하거나 유추적용할 수는 없다.

2. 대법관 조희대, 조재연, 박정화, 김선수, 이동원의 반대의견

헌법상 변호인의 조력을 받을 권리의 의의, 형사소송법상 국선변호인 제도의 취지, 필요적 변호사건의 성격, 형사 항소심 소송절차에서 항소이유서의 제출이 지니는 중요성 등을 고려할 때, 법 제33조 제1항의 필요적 변호사건에서 항소법원이 피고인과 국선변호인에게 소송기록접수통지를 하였으나 피고인과 국선변호인이 항소이유서를 제출하지 않고 있는 사이에 항소이유서 제출기간 내에 피고인이 사선변호인을 선임함에 따라 항소법원이 직권으로 기존 국선변호인 선정결정을 취소하였다면, 항소법원은 피고인이 소송지연 등을 위하여 새로 변호인을 선임하였다는 등의 특별한 사정이 없는 한 새로 선임된 사선변호인에게 소송기록접수통지를 하여 그 변호인에게 항소이유서 작성·제출을 위한 기간을 보장해 주어야 한다고 봄이 타당하다.

필요적 변호사건에서 피고인이 책임질 수 없는 사유로 국선변호인이 변경된 경우와 이 사건의 유사성이 인정되므로, 그에 관한 규칙 제156조의2 제3항을 유추적용할 수 있다. 이는 헌법과 형사소송법이 필요적 변호사건에서 피고인을 위한 변호인의 조력권을 충분히 보장하는 취지에 부합한다.

## [해설]

### 1. 소송기록접수통지와 항소이유서 제출기간의 기산점

#### (1) 항소이유서 제출 제도 및 소송기록접수통지의 의의

항소법원이 1심법원으로부터 기록의 송부를 받은 때에는 즉시 항소인과 상대방에게 그 사유를 통지하여야 하고(법 제361조의2 제1항), 소송기록접수통지를 받은 날부터 20일 내에 항소이유서가 제출되지 않으면(법 제361조의3 제1항) 직권조사사유가 있거나 항소장에 항소이유의 기재가 있는 경우(법 제361조의4 제1항), 판결에 영향을 미친 사유에 관하여 직권으로 심판하는 경우(법 제364조 제2항)가 아닌 한 항소기각 결정을 해야 한다. 이처럼 항소이유서의 제출을 의무화하고 소송기록접수통지를 받은 날을 항소이유서 제출 기간의 기산점으로 삼아 그로부터 20일 내에 제출 의무를 다 하지 않은 경우 항소기각의 제재를 가하는 것은, 항소심 심판대상을 조기에 확정함으로써 신속·원활한 항소심재판을 구현하기 위한 것이다. 한편, 피고인이 항소이유서의 작성과 제출 과정에서 변호인으로부터 충분한 조력을 받지 못하고, 그로 인하여 항소이유서를 적법하게 제출하지 못하게 된다면 항소심에서 본안판단을 받을 수 있는 기회를 상실하는 막대한 불이익을 입을 수 있다. 법 제361조의2 제2항에서는 피고인이 항소인인 경우 피고인에게 소송기록접수통지가 되기 전에 변호인의 선임이 있는 때에는 변호인에게도 소송기록접수통지를 하도록 정하고 있고, 변호인은 자신이 소송기록접수통지를 받은 날부터 20일 이내에 항소이유서를 항소법원에 제출할 수 있으므로(법 제361조의3 제1항), 조기에 사선변호인을 선임한 피고인은 항소이유서의 작성·제출에 변호인의 조력을 받을 수 있다. 반면 피고인에게 소송기록접수통지가 이루어진 후에 비로소 사선변호인이 선임된 경우 그 변호인에 대하여도 별도의 소송기록접수통지를 할 필요는 없다. 이점에 대하여 법에 직접적으로 규율되어 있지는 않지만, 위 제361조의2 제2항을 반대해석하면 피고인에 대한 소송기록접수통지 후에 선임된 변호인에 대하여 다시 소송기록접수를 할 필요는 없고, 변호인의 항소이유서의 제출기간도 피고인이 소송기록접수통지를 받은 날부터 계산하여야 한다는 결론에 이르게 되기 때문이다. 대법원도 그와 같은 입장을 취하여 왔다(대법원 1994. 3. 10. 자 93모82 결정, 대

법원 1996. 9. 6. 선고 96도166 판결 등). 이 경우 피고인이 결과적으로 항소이유서의 작성에 있어서 변호인의 충분한 조력을 받지 못하더라도 이는 변호인을 뒤늦게 선임한 피고인의 자기책임 영역에서 일어난 문제일 뿐이라는 생각이 위와 같은 대법원의 입장에 반영되어 있는 것으로 볼 수 있다. 한편, 피고인에 대하여 소송기록접수통지가 이루어진 후에 비로소 국선변호인이 선임된 경우에도 위와 동일하게 별도의 소송기록접수통지가 필요하지 않다고 볼 수는 없는데, 그 이유는 다음과 같다. 우선, 위 규정은 '선임'이라는 표현을 사용하고 있으므로 '선임'이 아니라 '선정'의 대상인 국선변호인에 대하여도 위 규정의 반대해석을 관철할 수 있다고 단정하기 어렵다. 또한 스스로 변호인을 선임할 능력이 부족하여 조기에 사선변호인을 선임하지 못하고 나중에서야 국선변호인 선정을 받게 된 피고인에 대하여 명문의 규정이 없다는 이유로 국선변호인이 항소이유서를 작성, 제출할 기회를 충분히 보장하여 주지 않는다면 법의 보호가 더 필요한 피고인을 오히려 덜 보호하는 결과를 초래한다. 이에 대법원은 아래에서 보는 바와 같이 형사피고인이 국선변호인의 조력을 받을 권리에 관한 헌법 제12조 제4항에 직접 기초하여 국선변호인에 대한 소송기록접수통지에 관한 형사소송법 규정상의 공백을 적극적으로 채워나가는 한편, 그와 같은 법리를 전개한 판결·결정의 내용을 규칙 제156조의2의 신설·개정을 통하여 조문화해 왔다.

### 2. 국선변호인 선정이 필요한 사건에서의 소송기록접수통지와 항소이유서 제출

#### (1) 규칙 제156조의2의 내용

기록의 송부를 받은 항소법원은 법 제33조 제1항의 필요적 변호사건 및 제3항의 권리보호의 필요를 위한 국선사건에서 변호인이 없는 경우에는 지체 없이 변호인을 선정한 후 그 변호인에게 소송기록접수통지를 하여야 한다(규칙 제156조의2 제1항, 대법원 1996. 11. 28. 자 96모100 결정의 명문화). 따라서 이 경우에는 피고인의 항소이유서 제출기간이 도과하였다 하더라도 국선변호인에게 소송기록접수통지가 된 후 20일 내라면 국선변호인의 항소이유서 제출기간은 도과하지 않았으므로 항소이유서 제출이 가능하다.

피고인이 법 제33조 제2항에 따라 국선변호인 선정청구를 한 경우에는 선정청구의 시기에 따라 달리 보

아야 한다. 피고인이 항소이유서 제출기간이 도과하기 전에 국선변호인 선정청구를 한 경우에는 항소법원이 지체 없이 그에 관한 결정을 해야 하고, 변호인을 선정한 경우에는 그 변호인에게 소송기록접수통지를 하여야 한다(같은 조 제2항, 대법원 2000. 11. 28. 자 2000모66 결정의 명문화). 법원이 국선변호인의 선정을 지체한 데에 피고인의 귀책사유가 없음에도 불구하고 피고인에게 항소이유서 제출에 변호인의 조력을 받지 못한 불이익을 전가할 수는 없기 때문이다. 반면 피고인이 항소이유서 제출기간이 도과한 후에 국선변호인 선정청구를 하여 국선변호인이 선정된 경우에는 그 국선변호인에게 소송기록접수통지를 할 필요가 없고, 설령 국선변호인에게 같은 통지를 하였더라도 국선변호인의 항소이유서 제출기간은 피고인이 그 통지를 받은 날로부터 계산된다(대법원 2013. 6. 27. 선고 2013도4114 판결).

항소법원이 국선변호인 선정결정을 하였으나 항소이유서 제출기간 내에 피고인이 책임질 수 없는 사유로 그 선정결정을 취소하고 새로운 국선변호인을 선정한 경우에도 그 변호인에게 소송기록접수통지를 하여야 한다(같은 조 제3항, 대법원 2006. 3. 9. 자 2005모304 결정의 명문화).

### (2) 규칙 제156조의2 유추적용

대법원은 법 제33조 제1항의 필요적 변호사건에서 항소법원이 정당한 이유 없이 국선변호인을 선정하지 않고 있는 사이에 또는 법 제33조 제2항에 따라 피고인이 항소이유서 제출기간이 도과되기 전에 국선변호인 선정청구를 하였음에도 항소법원이 그에 관한 결정을 하고 있지 않은 사이에 피고인 스스로 사선변호인을 선임하였으나 이미 피고인에 대한 항소이유서 제출기간이 도과해버린 경우, 항소법원은 사선변호인에게도 규칙 제156조의2를 유추적용하여 소송기록접수통지를 함으로써 그 변호인이 통지를 받은 날부터 20일 동안 피고인을 위하여 항소이유서를 작성·제출할 기회를 주어야 한다고 판시하였다(대법원 2000. 12. 22. 선고 2000도4694 판결, 대법원 2009. 2. 12. 선고 2008도11486 판결). 법원이 국선변호인을 제때 선정하였다면 그 국선변호인에게 새로이 소송기록접수통지를 하여 항소이유서 작성·제출의 기회가 충분히 보장되었을 것인데, 법원이 국선변호인을 적시에 선정하지 않는 사이에 피고인이 사선변호인을 선임하였다는 이유로 소송기록접수

통지를 해 주지 않는다면 법원의 잘못을 피고인에게 전가하는 결과를 낳기 때문이다.

국선변호인이 선정된 사건에서 피고인과 국선변호인이 모두 항소이유서를 제출하지 아니하였는데, 국선변호인이 법정기간 내에 항소이유서를 제출하지 아니한 데 대하여 피고인의 귀책사유가 밝혀지지 않은 경우 항소심이 취해야 할 조치가 문제된다. 대법원은 2012년에 항소기각 결정을 하여야 한다는 종전의 입장을 변경하여, 항소법원은 종전 국선변호인의 선정을 취소하고 새로운 국선변호인을 선정하여 다시 소송기록접수통지를 함으로써 새로운 국선변호인으로 하여금 그 통지를 받은 때로부터 20일 내에 피고인을 위하여 항소이유서를 제출하도록 하여야 한다고 판시하였다(2012. 2. 16. 자 2009모1044 전원합의체 결정). 헌법상 보장되는 변호인의 조력을 받을 권리는 변호인의 '충분한 조력'을 받을 권리를 의미하는데, 국선변호인이 법정기간 내에 항소이유서를 제출하지 아니하면 피고인에게 충분한 조력을 제공하지 아니한 것으로 보아야 하고, 이런 경우에 피고인에게 책임을 돌릴 만한 아무런 사유가 없는데도 항소를 기각한다면 피고인에게 국선변호인으로부터 충분한 조력을 받을 권리를 보장하고 이를 위해 필요한 업무 감독과 절차적 조치를 취할 국가의 책무를 해태하는 것이라는 점이 그 근거가 되었다.

### 3. 대상판결의 경우

대상판결의 사안에서와 같이 필요적 변호 사건에서 피고인에게 국선변호인이 선정되었으나 피고인이 사선변호인을 선임하여 국선변호인 선정결정이 취소된 경우, 피고인이 소송기록접수통지를 받은 후에 사선변호인을 선임한 경우와 마찬가지로 항소법원이 사선변호인에게 소송기록접수통지를 새로 해 줄 필요는 없고, 이러한 경우의 항소이유서의 제출기간은 국선변호인 또는 피고인이 소송기록접수통지를 받은 날부터 계산하여야 한다는 것이 대법원의 일관된 입장이었다(대법원 2006. 12. 7. 자 2006모623 결정, 대법원 2007. 3. 29. 선고 2006도5547 판결 등). 대상판결의 다수의견은 대법원의 기존 입장을 그대로 유지하고 있다. 앞서 규칙 제156조의2를 유추적용한 사안들은 법원이 정당한 이유 없이 국선변호인의 선정을 지체한 잘못이 있거나, 국선변호인의 피고인에 대한 충분한 조력을 위해 업무 감독과 절차적 조치를 취해야 할 법원의 의무가 인정되는 사

안이었던 반면, 본 사안의 경우에는 피고인이 국선변호인의 조력을 포기하고 자신의 책임으로 사선변호인을 선임함으로써 변호인이 사선변호인으로 변경된 경우로서 법원의 잘못이나 사선변호인 선임에 관한 법원의 관리·감독 의무가 있다고 할 수는 없으므로, 규칙 제156조의2 제3항을 확대·유추적용할 수는 없다는 것이다. 다수의견은 오히려 그와 같은 확대 또는 유추적용을 허용한다면 형사소송절차의 명확성과 안정성을 해치고, 신속하고 원활한 항소심 재판을 구현하려는 항소이유서 제출제도의 취지에 반하게 된다고 보았다. 반면, 반대의견에서는 필요적 변호 사건에서 변호인의 충분한 조력을 받을 권리의 보장은 변호인이 국선변호인인지 사선변호인인지에 따라 달리 취급할 것이 아니고, 피고인이 스스로의 방어권을 행사하기 위하여 사선변호인을 선임한 것을 두고 피고인에게 책임을 돌릴 사유라고 보는 것은 부당하므로, 새롭게 선임된 사선변호인에게 20일의 항소이유서 제출기간이 실질적으로 보장되어야 방어력 보충이 필요한 피고인에게 변호인의 조력권을 충분히 보장한다는 헌법 정신이 제대로 구현될 수 있다고 보았다.

다수의견과 반대의견의 차이는 형사소송 절차의 근거규범으로서 헌법이 갖는 역할에 대한 근본적인 관점의 차이에서 비롯된다. 다수의견이 항소이유서 제출에 관하여 국선변호인의 조력을 받을 기회를 확대하여 온 기존의 해석론에 반대하는 것은 아니지만, 입법자의 구체적인 법형성권의 존중 필요성을 고려하면 피고인이 사선변호인을 선임한 경우까지 헌법을 직접적인 근거규범으로 삼는 데에는 신중하여야 한다는 것이다. 반면, 반대의견은 '헌법적 형사소송'의 정신에 입각하여 사법부가 헌법 자체로부터 사선·국선변호인을 불문하고 항소심 절차에서 변호인의 충분한 조력을 받을 권리의 구체적인 내용을 적극적으로 도출할 필요를 강조하고 있다.

[참고문헌] 김일연, 국선변호인이 항소이유서를 제출하지 아니한 경우 항소법원이 취하여야 할 조치, 양승태 대법원장 재임 3년 주요 판례 평석(2015); 조영철, 빈곤 등을 이유로 한 피고인의 국선변호인 청구에 대하여 법원이 항소이유서 제출기간 도과 후에 뒤늦게 국선변호인 선정결정을 할 경우에 취할 조치, 대법원판례해설 통권 제35호(2000).

[필자: 홍진영 교수(서울대)]

# 121. 사선변호인에 대한 소송기록접수통지 의무 및 항소이유서 제출기간

[대법원 2019. 7. 10. 선고 2019도4221 판결]

**[사안]** D는 미성년자로서 공범과 함께 V에게 O1이 합의금이 필요하다는 거짓말을 하여 성매매를 할 것을 강요하거나 알선하여 아동·청소년의성보호에관한법률위반(강요행위등)·아동·청소년의성보호에관한법률위반(알선영업행위등)에 해당하는 행위를 하여 기소되었다. D는 O2로부터 폭행이나 성매매를 강요당한 정황이 있으며, 공범이 수익금 대부분을 가져간 점을 감안하여 형이 결정되었다. D는 2018. 11. 30.에 서울남부지방법원 2018고합411 사건(제1심)에서 장기 3년, 단기 2년의 징역형과 이수명령 120시간을 병과하는 판결을 받았다.

형사소송법 제361조는 원심법원이 항소장을 받으면 14일 이내에 소송기록과 증거물을 항소법원으로 송부하게 되어 있으며, 제361조의2는 항소법원이 기록의 송부를 받은 때에는 즉시 항소인과 상대방에게 그 사유를 통지하게 되어 있다. D는 2018. 12. 4. 제1심 판결에 대하여 항소를 제기하였고(항소심 판결문에 항소장 제출일이 2017. 12. 4.로 기재되어 있으나 이는 오기로 보인다), 2018. 12. 27. 소송기록접수통지를 받았다.

한편 D는 2019. 1. 2. 항소취하서를 제출하였으나, 이는 친권자 중 일부인 어머니의 동의만 받은 것이었다. 형사소송법 제350조 및 형사소송규칙 제153조 제1항에 의하면 D가 모든 친권자의 동의를 받지 않았기 때문에 항소취하서는 효력이 없어 항소심 절차가 진행되었다.

항소심에서 선정된 국선변호인은 2019. 1. 18.에 소송기록접수통지를 받았으나, 20일 이내의 기간에 항소이유서를 제출하지 않았다. 사선변호인이 2019. 2. 8.에 선임되었으나, D와 국선변호인의 항소이유서 제출기간이 모두 도과한 2019. 2. 25.에서야 양형부당을 이유로 한 항소이유서를 제출하였다.

**★[판지]★**

[1] 피고인을 위하여 선정된 국선변호인이 항소이유서 제출기간 내에 항소이유서를 제출하지 아니하면 이는 피고인을 위하여 요구되는 충분한 조력을 제공하지 아니한 것으로 보아야 하고, 이런 경우에 피고인에게 책임을 돌릴 만한 아무런 사유가 없음에도 항소법원이 형사소송법 제361조의4 제1항 본문에 따라 피고인의 항소를 기각한다면, 이는 피고인에게 국선변호인으로부터 충분한 조력을 받을 권리를 보장하고 이를 위한 국가의 의무를 규정하고 있는 헌법의 취지에 반하는 조치이다. 따라서 피고인과 국선변호인이 모두 법정기간 내에 항소이유서를 제출하지 아니하였더라도, 국선변호인이 항소이유서를 제출하지 아니한 데 대하여 피고인에게 귀책사유가 있음이 특별히 밝혀지지 않는 한, 항소법원은 종전 국선변호인의 선정을 취소하고 새로운 국선변호인을 선정하여 다시 소송기록접수통지를 함으로써 새로운 변호인으로 하여금 그 통지를 받은 때로부터 형사소송법 제361조의3 제1항의 기간 내에 피고인을 위하여 항소이유서를 제출하도록 하여야 한다. 그리고 이러한 법리는 항소법원이 종전 국선변호인의 선정을 취소하고 새로운 국선변호인을 선정하여 소송기록접수통지를 하기 이전에 피고인 스스로 변호인을 선임한 경우 그 사선변호인에 대하여도 마찬가지로 적용되어야 한다.

[2] 미성년자인 피고인이 제1심판결에 불복하여 항소하였다가 항소취하서를 제출하며 항소이유서를 제출하지 아니하였고, 피고인의 법정대리인 중 어머니가 항소취하에 동의하는 취지의 서면을 제출하였으나 아버지는 항소취하 동의서를 제출하지 아니하였는데, 원심이 국선변호인을 선정하여 소송기록접수통지를 하였음에도 국선변호인이 항소이유서 제출기간 만료일까지 항소이유서를 제출하지 아니하자 피고인의 어머니가 사선변호인을 선임한 사안에서, 피고인이 항소취하서를 제출하였으나 법정대리인인 피고인 아버지의 동의가 없었으므로 항소취하는 효력이 없고, 따라서 국선

변호인은 항소이유서 제출기간 내에 항소이유서를 제출하여야 함에도 법정기간 내에 항소이유서를 제출하지 아니하였으므로, 미성년자로서 필요적으로 변호인의 조력을 받아야 하는 피고인이 위와 같이 법정대리인의 동의 없이 항소취하서를 제출하였다는 사정만으로 국선변호인이 항소이유서 제출기간 내에 항소이유서를 제출하지 않은 것에 대하여 피고인에게 귀책사유가 있다고 볼 수 없는데도, 이와 달리 보아 국선변호인의 선정을 취소하고 사선변호인에게 다시 소송기록접수통지를 하여 사선변호인으로 하여금 그 통지를 받은 때로부터 형사소송법 제361조의3 제1항의 기간 내에 피고인을 위하여 항소이유서를 제출할 수 있도록 기회를 주지 아니한 채 곧바로 피고인의 항소를 기각한 원심판결에 국선변호인의 조력을 받을 권리에 관한 헌법 및 형사소송법의 법리를 오해한 잘못이 있다고 한 사례.

## [해설]

항소인 또는 변호인은 전조의 통지를 받은 날로부터 20일 이내에 항소이유서를 항소법원에 제출하여야 한다고 규정하고 있다(법 제361조의3 제1항). 항소인이나 변호인이 전조제1항의 기간 내에 항소이유서를 제출하지 아니한 때에는 결정으로 항소를 기각하여야 한다. 단, 직권조사사유가 있거나 항소장에 항소이유의 기재가 있는 때에는 예외로 한다고 규정하고 있다(법 제361조의4 제1항). 20일 이내에 항소이유서를 제출하지 못하면 항소를 각하하는 것이 원칙이고, 직권조사사유가 있는 경우에는 예외로 본다. 필요적 변론사건에서 국선변호인과 피고인이 모두 항소이유서를 제출하지 아니하고 법정기간 이후에 항소이유서를 제출한 데 항소심이 취해야하는 조치가 문제되는 것이다.

대법원은 2012년에 항소기각 결정을 하여야 한다는 종전의 입장을 변경하여, 항소법원이 종전 국선변호인의 선정을 취소하고 새로운 국선변호인을 선정하여 다시 항소이유서를 제출할 기회를 부여하여야 한다고 판시하였다(대법원 2012. 2. 16. 자 2009모1044 전원합의체 결정).

위 전원합의체 판결에서 다수의견은 헌법상 보장되는 '변호인의 조력을 받을 권리'는 변호인의 '충분한 조력'을 받을 권리이므로, 형사소송절차에서 단순히 국선변호인을 선정하여 주는 데 그치지 않고 한 걸음 더 나아가 피고인이 국선변호인의 실질적인 조력을 받을

수 있도록 필요한 업무 감독과 절차적 조치를 취할 책무까지 포함한다고 보았다. 따라서 피고인에게 책임을 돌릴 만한 아무런 사유가 없는데도 항소법원이 형사소송법 제361조의4 제1항 본문에 따라 피고인의 항소를 기각하는 것은 헌법의 취지에 반하는 조치라고 판시하였다.

한편 반대의견은 형사소송법 제361조의4 제1항 등의 문언과 취지에 비추어 보면, 국선변호인이 선정되었는지 여부, 필요적 변호사건에 해당하는지 여부 등과 상관이 없다고 전제하고 있다고 보았다. 게다가 변호인의 구체적 변호활동에 관한 결과의 실현까지 국가 또는 법원이 책임지도록 하고 있지는 않고, 중립적 지위에서 형사재판을 담당하여야 하는 법원이 전면적인 후견적 조치를 요구하거나 그에 기하여 국선변호인에 대하여 구체적으로 특정한 변호활동을 하게 할 것까지 요구할 수는 없다고 보았다.

대법원 2012. 2. 16. 자 2009모1044 전원합의체 결정의 반대의견이 다수의 의견으로 보인다. 다수설은 전원합의체 결정의 취지가 법 제361조의4 제1항의 문언상의 해석의 한계를 일탈한 것으로 보고 있다. 「항소인이나 변호인이 전조 제1항의 기간 내에 항소이유서를 제출하지 아니한 때에는 결정으로 항소를 기각하여야 한다. 단, 직권조사사유가 있거나 항소장에 항소이유의 기재가 있는 때에는 예외로 한다.」라고 규정하고 있고, 변호인은 사선변호인이냐, 국선변호인이냐를 불문한다고 해석하는 것이 반대설 없는 통설이므로, 문언적 해석을 넘어선 것으로 입법적으로 해결되어야 할 문제라고 보고 있다.

헌법재판소와 대법원은 헌법이 보장하는 변호인의 조력을 받을 권리에서 변호인의 조력은 '충분한 조력(헌법재판소 2003. 3. 27. 2000헌마474등과 대법원 2012. 2. 16. 자 2009모1044 전원합의체 결정 등)'을 의미하고 이 권리는 '실질적으로(대법원 2013. 3. 8. 선고 2010도3359 판결 등)'보장되어야 한다고 판시해 오고 있다. 즉 변호인의 조력을 받을 권리의 이념형적 전개과정을 소극적 권리 → 적극적 권리 → 실질적 권리라는 단계로 볼 수 있다.

헌법 제12조 제4항이 정한 피고인의 변호인의 조력을 받을 권리를 최대한 존중하는 방향으로 형사소송법의 해석이 이루어져야 하므로, 소수설의 의견이 타당한 것으로 보인다. 본 사건에서도 대법원은 피고인의

변호인의 조력을 받을 권리의 소극적·적극적 측면을
넘어서 변호인의 변호활동의 방식까지 그 통제 범위로
포함시키는 의미를 지닌 결정을 한 것으로 보인다.

　국선변호인은 항소이유서 제출기간 만료일까지 항
소이유서를 제출하지 아니한 사건에서, 국선변호인의
선정을 취소하고 항소이유서 제출기간 이후에 선임된
사선변호인에게 다시 소송기록접수통지를 하여 사선변
호인으로 하여금 법정기간 내에 항소이유서를 제출할
수 있도록 기회를 주지 않은 원심을 위법하다고 본 바,
충분한 조력을 실질적으로 받을 권리를 보장하는 판결
의 연장이라고 볼 수 있을 것이다. 다만 본 판례로서
사선변호인이 항소이유서를 제출하지 아니한 경우에
적용할 수는 없을 것으로 보인다.

[참고문헌] 강우예, 항소이유서 미제출시 변호인의 충분한 조력을
받을 권리, 홍익법학 제14권 4호, 2013 / 조기영, 변호인의 효과적
인 조력을 받을 권리, 전북대학교 동북아법연구 제10권 1호, 2016
참조

[필자: 김운용 변호사]

# 122. 상고이유 제한에 관한 법리

[대법원 2019. 3. 21. 선고 2017도16593-1 전원합의체 판결]

[**사안**] 한약사인 D들은 한약사 자격이 없는 O가 다이어트 한약을 판매할 수 있게 하였고, D1은 한의사 처방전 없이 한약을 조제하여 전화 상담만으로 고객에게 택배 판매하였다는 사실에 대해 각각 약사법 위반죄로 기소되었다.

제1심은 D들에게 유죄를 인정하면서 각 벌금 1,000만원 형을 선고하였다. 이에 대해 D2는 양형부당만을 이유로 항소하였으나 D1은 항소하지 않았고 검사는 D들에 대해 양형부당 이유로 항소하였다.

항소심은 검사 항소이유를 받아들여 제1심판결을 파기하고 D1에 대해 징역 6월 및 집행유예 1년, D2에 대해 벌금 2,000만원 형을 선고하였다. D들은 원심판결에 대하여 논리와 경험칙에 반하여 사실을 잘못 인정하고 필요한 심리를 다하지 아니하였거나 법리를 오해하였다는 점을, D2는 이에 더해 양형 부당을 이유로 상고하였다.

**\*[판지(상고기각)]\***

## 1. 다수의견 (대법관 8인)

① 상고심은 항소심판결에 대한 사후심으로서 항소심 심판대상 사항에 한하여 상고이유 범위 내에서 그 당부만을 심사하여야 한다. 즉 항소인이 항소이유로 주장하거나 항소심이 직권 심판대상으로 삼아 판단한 사항 이외 사유는 상고이유로 삼을 수 없다. 이러한 '상고이유 제한에 관한 법리'는 D의 구제 또는 방어권 보장과 조화되는 범위 내에서 재판의 신속 및 소송경제를 도모하고 심급제도의 효율적인 운영을 실현하기 위한 실정법상 제약으로서 합리성이 인정된다.

② 물론 상고심은 직권심판사항에 해당한다고 판단되는 위법사유에 대해서는 D가 항소하지 않거나 항소이유로 주장하지 아니하여 항소심 심판대상에 속하지 않았던 사항이라도 D에게 이익이 되는 방향으로 잘못

을 최대한 바로잡을 수 있다. 이를 통해 상고심의 사후심 및 법률심으로서 기능과 D의 구제는 강화된다.

③ 제1심 및 항소심과 상고심에 있어 심리절차상 차이를 공판중심주의 및 실질적 직접심리주의 정신에 비추어 살펴보면, 제1심법원이 사실을 검토하고 법령을 적용 판결한 사유에 대해 D가 항소하지 않거나 양형부당만을 항소이유로 주장하여 항소함으로써 죄의 성부 판단 내용을 인정하는 태도를 보였다면 다시 판단 내용이 잘못되었다고 주장하는 상고는 허용될 수 없다.

④ 양형은 원칙적으로 재량 판단이다. 따라서 제1심과 항소심 사이 양형 판단이 D에게 불리한 내용으로 달라졌다는 사정변경이 사후심 구조에 따른 상고이유 제한 법리 타당성에 영향을 미칠 만하다고 보기는 어렵다.

## 2. 별개의견(1)

① 유죄판결을 받은 D가 항소하지 않거나 양형부당만을 이유로 항소한 후 항소심이 검사의 양형부당 항소를 받아들여 제1심판결을 파기하고 형을 높인 때에는 항소심 심판대상사유가 아니라도 적법한 상고이유로 인정되어야 한다. 항소 여부 결정 당시에는 예견하기 어려운 중대한 사정변경이 있기 때문이다. 즉 상소 가능성과 그 의사는 판결에 따라 결정되는데 항소심에서 D에게 불리하게 변경되었다.

② 상고이유 제한 법리자체의 타당성은 인정된다. 그러나 명문 규정 없이 관련 규정의 체계적 해석을 통해 인정되는 것이며, D에게는 상고권 행사 기회가 크게 제한된다. 따라서 해당 법리를 구체적 사안에 적용하였을 때 D의 상고를 통한 방어권 행사 기회를 사실상 박탈함으로써 예상치 못한 불이익을 주는 불합리한 결과가 초래된다면 그 적용 배제가 균형 있는 해석이다.

## 3. 별개의견 (2)

다수의견이 주장하는 상고이유 제한 법리는 형사소송법 등 법령상 근거가 없다. 상고심의 사후심 구조나 상고심의 적정한 기능 확보를 위한 정책적 필요성을 이유로 그 타당성을 인정하기도 어렵다. 최종 법률심

으로서 상고심 기능이나 역할과도 배치된다. 그러므로 법 제383조에 따라 판결에 영향을 미친 법령위반 등 사유를 상고이유로 삼아 상고한 경우에는 항소심에서 심판대상이 된 사항인지 여부와 관계없이 언제나 적법한 상고이유가 된다.

## [해 설]

### 1. 본 사안의 쟁점

① 상고심은 항소심 심판대상 사항에 한하여 상고이유 범위 내에서 그 당부만을 심사하여야 하는지 여부. ② 항소인이 항소이유로 주장하거나 항소심이 직권 심판대상으로 삼아 판단한 사항 이외 사유를 상고이유로 심판범위에 포함할 경우 상고심의 사후심 구조에 반하는지 여부. ③ D가 유죄 인정된 제1심판결에 대하여 항소하지 않거나 양형부당만을 이유로 항소하고 검사는 양형부당만을 이유로 항소하였는데, 항소심이 검사 항소를 받아들여 제1심판결 보다 더 높은 형을 선고한 경우, D가 항소심 심판대상이 되지 않았던 법령위반 등 새로운 사항을 상고이유로 삼아 상고하는 것이 적법한지 여부.

### 2. 상고이유 제한의 법리

상고심은 원칙적으로 제1심과 항소심이 인정한 사실관계에 적용된 실체 또는 절차법령 위반여부를 심판하는 법률심이다. (대법원 2002. 12. 3.자 2002모265 결정) 또한 상고심 구조는 원칙적으로 사후심이다. 상고심은 원심까지 소송자료만을 기초로 원심판결 당부를 판단할 뿐이다. (대법원 2010.10.14. 선고 2009도4894) 따라서 항소심 심판대상이 되지 않은 사항은 상고심 심판범위에 들지 아니한다. D가 항소이유로 주장하지 아니하거나 항소심이 직권으로 심판대상으로 삼은 사항 이외 사유에 대해 상고이유로 삼을 수 없다. (대법원 2018.4.26. 선고 2018도2624) 상고이유를 제한하는 법리는 상고심의 사후심 구조에서 유래한 상고심 기능 유지의 필수 요소로서, 법원 실무와 학계에서 받아들여져 온 대표적인 법리다.

### 3. 법령 해석·적용의 통일

상고심이 사후심이라는 이유로 사실심 판결에 잘못이 있다고 하여 무조건 상고를 허용한다면 상고가 남발됨으로써 사건처리 부담이 과중하게 되어 사후심 및 법률심으로서 기능 수행과 이를 통한 D의 권리구제에도 충실하지 못하게 될 수 있다. 법률심으로서 상고심 판결이 선례로서 하급심에 법령 해석·적용 기준 제시와 형벌 기준 확립을 통해 법질서 유지 임무를 수행하게 하기 위해서는 상고심 기능을 보장해 줄 필요가 있다.

### 4. D의 절차적 권리 보장과의 관계

상고심은 상고장, 상고이유서 기타의 소송기록에 의하여 변론 없이 판결할 수 있고(제390조 제1항), 공판절차를 진행하더라도 D의 소환을 요하지 않는 등(제389조의2) 공판중심주의 및 실질적 직접심리주의에 비추어 심리절차상 제1심 및 항소심과 큰 차이가 있다. 따라서 제1심법원이 사실을 검토하고 법령을 적용하여 판결한 사유에 대해 D가 항소하지 않거나 양형부당만을 이유로 항소함으로써 유무죄 판단 내용을 인정하는 태도였다면 다시 그 판단 내용 잘못을 주장하는 상고는 허용될 수 없다.

### 5. 판례의 주요 의미

본 전원합의체 판결은 기존 대법원 판례의 '상고이유 제한에 관한 법리'를 일관되게 유지한 판례다. ①상고심은 항소심에서 심판대상 되었던 사항에 한하여 상고이유 범위 안에서 그 당부만을 심사해야 한다. ②항소인이 항소이유로 주장하거나 항소심이 직권으로 심판대상으로 삼아 판단한 사항 이외 사유를 상고이유로 삼아 다시 상고심 심판범위에 포함시키는 것은 상고심의 사후심 구조에 반한다. ③D가 유죄가 인정된 제1심판결에 대하여 항소하지 않거나 양형부당만을 이유로 항소하고 검사는 양형부당만을 이유로 항소하였는데 항소심이 검사 항소를 받아들여 제1심 판결을 파기하고 그보다 높은 형을 선고한 경우 D가 항소심 심판대상이 되지 않았던 법령위반 등 새로운 사항을 상고이유로 삼아 상고하는 것은 위법하다.

**[필자: 김한균 선임연구위원(한국형사정책연구원)]**

# 123. 상고이유서 제출과 재소자 특칙의 준용

[대법원 2006. 3. 16. 선고 2005도9729 전원합의체 판결]

**[사안]** 수원구치소에 미결수용 중이던 D는 2005. 12. 28. 대법원의 소송기록접수통지서를 송달받은 뒤 그 상고이유서를 2006. 1. 16. 수원구치소 교도관에게 제출하였으나, 우편으로 발송된 그 상고이유서는 적법한 상고이유서 제출기간 만료일인 같은 달 17.이 지난 후인 같은 달 20. 15:00경 대법원에 도착하였다.

**＊[판지(상고기각)]＊**

## 1. 다수의견

원래 형사소송법이 재소자에 대한 특칙을 두어 상소장 법원 도달주의의 예외를 인정한 취지는, 재소자로서 교도소나 구치소에 구금되어 행동의 자유가 박탈되어 있는 자가 상소심 재판을 받기 위한 상소장 제출을 위하여 할 수 있는 행위는 구금당하고 있는 교도소 등의 책임자나 그 직무대리자에게 상소장을 제출하여 그들로 하여금 직무상 해당 법원에 전달케 하는 것이 통상적인 방법이라는 점을 고려하여 재소자에게 상소 제기에 관한 편의를 제공하자는 데 있다. 그런데 피고인으로서는 적법한 상소이유서 제출에 의하여 비로소 자신이 주장하는 상소이유에 대하여 심판 받을 수 있으므로 상소이유서는 상소장과 함께 상소심 심판을 받기 위하여 반드시 제출이 요구되는 것이고, 그 기간의 장단에 차이가 있을 뿐 상소이유서 제출의 방법에 있어서는 상소장과 그 사정이 전혀 다를 바 없다. 한편, 제출기간 내에 교도소장 등에게 상소이유서를 제출하였음에도 불구하고 기간 도과 후에 법원에 전달되었다는 이유만으로 상소가 기각된다면 이는 실체적 진실발견을 위하여 자기가 할 수 있는 최선을 다한 자에게조차 상소심의 심판을 받을 기회를 박탈하는 것이고, 결과적으로 실체적 진실발견을 통하여 형벌권을 행사한다는 형사소송의 이념을 훼손하며 인권유린의 결과를 초래할 수도 있는 것이다. 형사소송법이 자기 또는 대리

인이 책임질 수 없는 사유로 인하여 상소의 제기기간 내에 상소를 하지 못한 자에게 상소권회복의 청구를 인정하며(형사소송법 제345조), 그 상소권회복청구의 제기기간에 대하여 재소자에 대한 특칙 규정을 준용하는 것도 피고인이 책임질 수 없는 사유로 상소권이 박탈되어서는 안 된다는 형사소송의 이념을 표현한 것이라 볼 것이다. 그렇다면, 형사소송법 제355조에서 재소자에 대한 특칙 규정이 준용되는 경우 중에 상소이유서 제출의 경우를 빠뜨리고 있다고 하더라도 위에서 본 바와 같은 제344조 제1항의 재소자에 대한 특칙 규정의 취지와 그 준용을 규정한 제355조의 법리에 비추어 상소이유서 제출에 관하여도 위 재소자에 대한 특칙 규정이 준용되는 것으로 해석함이 상당하다.

## 2. 반대의견

형사소송절차에 있어 법원에 제출하는 서류는 법원에 도달하여야 제출의 효과가 발생하는 것이 기본원칙이므로 문서의 제출에 관하여 형사소송법이 정한 각종 법정기간의 준수 여부를 가림에 있어서도 당연히 당해 문서가 법원에 도달한 시점을 기준으로 하여야 하는 것이고, 다만 형사소송법 제344조 제1항이 예외적으로 재소자인 피고인이 상소장을 제출하는 경우에 대하여 특칙을 두는 한편, 이 특칙 규정을 같은 법 제355조가 상소권회복의 청구와 상소의 취하, 포기의 경우에, 같은 법 제430조가 재심의 청구와 그 취하의 경우에, 같은 법 제490조 제2항이 소송비용 집행면제의 신청과 그 취하 등의 경우에 각 준용하고 있을 뿐이므로, 그 준용 규정이 없는 상소이유서는 원칙에 따라 상소법원에 도달하여야 제출의 효과가 발생하는 것은 명문의 해석상 의문의 여지가 없다. 나아가 상소이유서 제출의 경우에도 위 특칙 규정을 준용할 필요가 있고 그것이 형사소송법의 이념에 부합한다 하여, 그런 이유로 위 특칙 규정이 상소이유서 제출의 경우까지 준용되는 것으로 해석한다면, 이는 결국 형사소송법 제355조의 법문에 '상소이유서의 제출'이라는 내용을 추가하거나 상소이유서 제출에 관하여 위 특칙 규정을 준용하는

규정을 하나 신설하는 것으로 법률을 개정함에 다름없으니, 이러한 해석은 법률 해석이라기보다는 입법행위에 해당하는 것임이 분명하다. 따라서 가사 현행 법률의 내용에 다수의견이 지적하는 바와 같은 입법 불비 또는 허점이 있다손 치더라도 이를 시정하는 것은 어디까지나 국회의 몫이지 법원이 그 역할을 대신할 수 없고, 대신 하여서도 아니 되는 것이 우리의 헌법 질서라 할 것이다.

### [해 설]

**1. 상소장 제출에 관한 재소자 특칙은 상고이유서 제출에 준용되는가?**

다수의견은 준용된다고 한다. 따라서, 이 사건은 적법한 상고이유서 제출이 이루어진 것으로 보고 상고이유에 대하여 판단하였다. 반대의견을 따르면 적법한 상고이유서 제출이 이루어지지 않은 것이므로 상고이유에 대한 판단 없이 상고기각 결정을 하였을 것이다.

이 문제를 다룰 때 가장 고민스러운 부분은 교도소나 구치소 직원의 잘못으로 상고이유서 제출기간이 지났을 때 어떻게 할 것인지이다. 즉, 재소자가 충분한 여유를 두고 교도소나 구치소 직원에게 상고이유서를 제출하였는데 그 직원의 잘못으로 상고이유서가 뒤늦게 대법원에 전달된 경우 이를 어떻게 처리할 것인지는 몹시 난처한 문제이다.

대법원은 종전의 주류적인 판례를 뒤집어 상소장 제출에 관한 재소자 특칙이 상고이유서 제출에도 준용된다는 입장을 취하였다. 이는 다수의견이 지적하고 있는 바와 같은 논거 외에도 위와 같은 사안에서 재소자에게 불이익을 줄 수는 없다는 생각이 중요한 원인이 되었다고 본다.

**2. 다수의견과 반대의견의 시각 차이는?**

다수의견과 반대의견 모두 상소장 제출에 관한 재소자 특칙을 상고이유서 제출에 준용하는 것이 바람직하다는 데는 별다른 의견 차이가 없다. 두 의견의 차이는 입법적 흠결을 어떻게 바로 잡을 것인지에 있다.

다수의견은 해석을 통하여 바로 잡을 수 있고 바로 잡아야 한다고 한다. 반대의견은 해석의 범위를 넘어선 것이므로 입법으로 바로 잡아야 한다고 한다. 반대의견의 생각은 "이는 결국 형사소송법 제355조의 법문에 '상소이유서의 제출'이라는 내용을 추가하거나 상소

이유서 제출에 관하여 위 특칙 규정을 준용하는 규정을 하나 신설하는 것으로 법률을 개정함에 다름없으니, 이러한 해석은 법률 해석이라기보다는 입법행위에 해당하는 것임이 분명하다. 따라서 가사 현행 법률의 내용에 다수의견이 지적하는 바와 같은 입법 불비 또는 허점이 있다손 치더라도 이를 시정하는 것은 어디까지나 국회의 몫이지 법원이 그 역할을 대신할 수 없고, 대신 하여서도 아니 되는 것이 우리의 헌법 질서라 할 것이다. 이 사건에 있어 다수의견의 취지에 공감할 바가 전혀 없는 것은 아니라 하여도, 이 문제는 법률 해석의 원칙 및 권력분립이라는 우리 헌법의 기본 이념과도 연결되는 원칙의 문제로서, 작은 사건 하나에서 원칙의 일각이 무너짐으로써 장차 커다란 혼란의 단초를 제공할 위험을 간과할 수 없다"라는 표현에 잘 담겨져 있다.

**3. 상소장 제출에 관한 재소자 특칙은 어떤 경우에 또 준용될 수 있나?**

대법원은 약식명령에 대한 정식재판청구서 제출에도 준용된다고 한다(대법원 2006. 10. 13. 자 2005모552 결정). 형사소송법이 정한 여러 법정기간 중 장차 어느 범위까지 재소자 특칙의 준용을 허용할 것인지는 구체적인 법정기간의 취지 등을 개별적으로 심사하여 판단할 문제이다. 그 범위는 결국 판례를 통해 확정될 것이다.

[참고문헌] 박이규, 상소장 제출에 관한 재소자 특칙이 상고이유서 제출에 준용될 수 있는지, 대법원판례해설 62호(2006 상반기).

**[필자: 박이규 판사]**

# 124. 부적법한 상고이유서 제출과 상고기각결정 ─ 상고 이유서의 방식 위반

**[대법원 2010. 4. 20. 자 2010도759 전원합의체 결정]**

**[사안]** 화물자동차운전면허가 없는 D는 "2009. 3. 30. 15:30경 서울 동대문구 장안3동 (지번1 생략)에 있는 장안소방서 앞부터 같은 동 (지번2 생략) 앞 노상에 이르기까지 약 1km 구간에서 (차량번호 생략) 타우너 화물자동차를 운전"한 도로교통법위반(무면허운전) 혐의와 "2009. 3. 30. 15:30경 서울 동대문구 장안동 소재 희망퀵서비스 사무실 앞 노상에서 위 운송업체로부터 운송료를 받고 D 소유의 자가용 화물자동차인 (차량번호 생략) 타우너 승용차를 이용하여 의뢰받은 화물을 배달함으로써 자가용 화물자동차를 유상으로 화물운송용으로 제공하여 화물자동차운수사업법(자가용 화물자동차의 소유자는 자가용 화물자동차를 유상으로 화물운송용으로 제공하거나 임대하여서는 아니 된다)을 위반"한 혐의로 기소되었다. 제1심은 두 개의 범죄를 실체적 경합범으로 인정하였지만 "2급 요양보호대상자인 고령의 노모를 부양하고 있고, 무면허운전을 하지 않을 것을 다짐하면서 자동차를 폐차하였으며, 그 잘못을 뉘우치고 있는 점 등을 고려하여 각 벌금형을 선택(형법 제37조 전단, 제38조 제1항 제2호, 제50조)"하여 벌금 300만원의 유죄판결을 선고하였다. D는 '양형부당'을 주장하면서 항소하였다. 항소심은 "D가 동종의 범행으로 여러 차례에 걸쳐 처벌받은 전력이 있을 뿐만 아니라 2008. 12. 24. 도로교통법위반(무면허운전)죄로 징역 4월 집행유예 1년을 선고받아 그 유예기간 중에 있으면서도 이 사건 범행을 저지른 점, 그 밖에 D의 연령, 성행, 환경 등 이 사건에 나타난 여러 양형조건들을 고려하여 보면 원심의 형(벌금 300만원)이 무거워서 부당하다고 인정되지 아니 한다"며 항소를 기각하였다. D가 상고하였는데 D가 제출한 상고장에는 상고이유의 기재가 없고, 상고이유서에는 항소심이 유지한 제1심판결에서 'D에게 선고한 벌금 300만원을 감액하여 달라'는 뜻이 기재되어 있을 뿐인데 이는 법 제383조(상고이유) 각 호에 규정된 사유의 어느 것에도 해당하지 아니 하고, 달리 항소심 판결에 직권으로 심판할 수 있는 사유가 있다고도 인정되지 아니한다.

**★[판지(직권판단)]★**

직권으로 판단한다.

상고인이나 변호인이 상고법원의 기록접수통지를 받은 날부터 20일 이내에 상고이유서를 제출하지 아니하고, 상고장에도 상고이유의 기재가 없는 때에는 결정으로 상고를 기각하여야 한다[형사소송법(이하 '법'이라고만 한다) 제380조]. 한편, 상고법원은 상고이유서에 포함된 사유에 관하여 심판하여야 하는데(법 제384조 본문), 법 제383조는 원심판결에 대한 상고이유로 할 수 있는 사유를 '1. 판결에 영향을 미친 헌법·법률·명령 또는 규칙의 위반이 있을 때, 2. 판결 후 형의 폐지나 변경 또는 사면이 있는 때, 3. 재심청구의 사유가 있는 때, 4. 사형, 무기 또는 10년 이상의 징역이나 금고가 선고된 사건에 있어서 중대한 사실의 오인이 있어 판결에 영향을 미친 때 또는 형의 양정이 심히 부당하다고 인정할 현저한 사유가 있는 때'의 네 가지로 제한하고 있다. 이들 규정을 종합하면, 법 제380조에서 말하는 상고이유서라 함은 법 제383조 각 호에 규정한 상고이유를 포함하고 있는 서면을 의미하는 것으로 보아야 할 것이다. 따라서 상고인이나 변호인이 상고이유서라는 제목의 서면을 제출하였다고 하더라도 위 법조에서 상고이유로 들고 있는 어느 하나에라도 해당하는 사유를 포함하고 있지 않은 때에는 적법한 상고이유서를 제출한 것이라고 할 수 없고, 이 경우 상고법원은 법 제380조에 의하여 결정으로 상고를 기각할 수 있다. 다만, 상고법원은 법 제383조 제1호 내지 제3호의 사유에 관하여는 상고이유서에 포함되지 아니한 때에도 직권으로 이를 심판할 수 있으므로(법 제384조 단서), 원심판결에 이에 해당하는 사유가 있는 때에는 상고법원은 판결로 그 사유에 관하여 심판할 수 있다. 기록에 의하면, 위에서 본 법리에 따라 이 사건 상고는 법 제380조에 의하여 결정으로 상고를 기각할 수 있는 경우에 해당한다.

**[해설]**

### 1. 상소이유서의 부적법 또는 불비에 대한 처리 방법

우리 형사소송법은 제·개정 과정에서 상소이유서 제도를 두면서 상소이유서를 제출하지 않은 경우 결정으로 상소를 기각하도록 하고 있으나, 일본 형사소송법과 달리 상소이유서가 제출된 경우에는 상소이유서의 형식이나 내용이 부적법하거나 불비하더라도 이를 이유로 결정으로 상소기각의 결정을 하는 제도를 두지 않았다. 그 이유를 설명하거나 언급하는 문헌은 찾아볼 수 없다. 다만, 항소심과 상고심을 모두 사후심으로 정하고 있는 일본 형사소송법에 비하여 우리 형사소송법은 제정 당시부터 상소심의 사후심적 요소가 상대적으로 완화되었던 것과 관련이 있을 것으로 추측해 볼 수 있다.

### 2. 상고이유서의 방식 위반과 처리 방법

대상결정 이전의 실무는 상고이유서가 부적법하거나 불비한 경우 그 점을 지적하면서 적법한 상고이유가 제출된 것으로 볼 수 없다고 하면서도 '결정'이 아닌 '판결'의 형식으로 상고를 기각하였다. 상고이유서에는 소송기록과 원심법원의 증거조사에 표현된 사실을 인용하여 그 이유를 명시하도록 하고(형사소송법 제379조 제2항), 상고이유는 구체적으로 간결하게 명시하여야 한다(형사소송규칙 제164조, 제155조). 상고이유는 4개 항목으로 법정되어 있으므로(형사소송법 제383조), 상고이유서에는 거기에 해당하는 상고이유 주장이 포함되어야 한다. 상고이유서 제출 없이 상고장만 제출되었는데 상고장에 아무런 기재가 없는 경우는 법정기간 내에 상고이유서 제출이 없다고 할 것이므로 형사소송법 제380조에 의하여 결정으로 상고를 기각할 수 있다. 또한, 상고장에 단순히 "채증법칙 위배 및 법리오해로 판결에 영향을 미친 위법이 있음"이라고 간단히 기재하고, 상고이유서도 제출되지 않은 경우라면 그동안 판례 해석론에 비추어 적법한 상고이유가 제출된 것이라고 보기 어렵다. 상고이유서가 제출되었으나 상고이유서의 형식과 내용이 법률상 방식에 위반되는 경우로는, ① 10년 미만의 징역형 또는 벌금형이 선고된 사건에 대하여 양형부당만을 상고이유로 주장하는 경우, ② 상고이유가 집행유예 기간의 도과, 다른 사건과의 병합심리 등 그 문언 자체로서 형사소송법 제383조 각

호의 상고이유에 해당하지 않는 경우, ③ 상고이유서에 단순히 사실오인, 법리오해라고 적었을 뿐 구체적인 기재가 없는 경우, ④ 상고이유서에서 항소이유서, 항소심 변론요지서 등을 원용한다고 할 뿐 이를 구체적으로 기재하지 않고 첨부하지도 않은 경우, ⑤ 상고이유서의 상고이유 주장이 법리오해로 구성되어 있으나 살펴본 결과 사실오인 주장에 불과하여 형사소송법 제383조 각 호의 상고이유에 해당하지 않는 경우 등을 들 수 있다. 이러한 유형에 대해 대상결정 이전의 실무는 판결로 상고를 기각하였는데, 이때 상고기각의 이유로 그러한 상고이유는 부적법하다거나 상고이유가 제출된 것으로 볼 수 없다는 등의 예문 형태의 표현이 사용되었다.

대상결정 이전의 처리방식의 문제점으로는, 먼저 상고이유가 부적법하다고 형식적으로 판단하면서도 대법원이 판결할 만큼 사건에 대한 검토를 하고 있다는 인상을 주어 남상고를 유도·방치한다는 지적을 피할 수 없다. 또한, 최종심으로서의 대법원이 단지 형식적인 문구에 의하여 기일을 지정하고, 상고기각의 판결을 선고하는 데에 대부분의 시간을 할애하게 됨에 따라 적시처리 및 주요사건에 대한 선택과 집중이 어렵게 되고, 결과적으로 사법자원이 적시에 효율적으로 배분되지 못한다. 대상결정은 상고이유서가 제출되었다고 하더라도 형사소송법 제383조 각 호에 해당하는 상고이유라고 볼 수 없는 경우 형사소송법에 정한 상고이유서의 제출이 없는 것으로 보아 결정으로 상고를 기각하는 방법에 대한 법해석론적·정책적 검토의 결과이다.

### 3. 2014. 5. 14.자의 형사소송법 개정

2014. 5. 14.자로 형사소송법 제380조 제2항(상고장 및 상고이유서에 기재된 상고이유의 주장이 제383조 각 호의 어느 하나의 사유에 해당하지 아니함이 명백한 때에는 결정으로 상고를 기각하여야 한다)이 신설되어 이제 2010년 전원합의체 결정의 취지가 형사소송법의 내용으로 조문화되었다.

[참고문헌] 주석 형사소송법[제4판](IV), 한국사법행정학회, 2009; 김태업, 상고이유서의 제출과 '결정'의 형식에 의한 상고기각, 사법 14호(사법연구지원재단, 2010. 12).

**[필자: 김태업 판사]**

# 125. 양형부당에 대한 항소기각 이후 사실오인·법령위반을 이유로 한 상고의 가부

**[대법원 1987. 12. 8. 선고 87도1561 판결]**

**[사안]** 피고인은 관할관청의 허가 없이 그가 경영하던 공장건물을 헐고 새 건물을 지어 건축법위반죄로 300만원의 벌금형을 선고받았다(제1심 대구지방법원 1986. 12. 30. 선고 86고단2114 판결).

피고인은 제1심 판결에 불복하면서, 피고인이 경영하던 공장건물이 낡아서 붕괴될 위험마저 있었으므로 이를 헐고 새 건물을 지은 것이고 철공업계의 불경기로 피고인 가족의 생계는 물론 공원들의 노임조차 지급하기 어려운 실정에 있음에 비추어 원심의 양형이 너무 무거워서 부당하다는 이유로 항소하였다. 항소심은 원심의 양형이 적당하다는 이유로 피고인의 항소를 기각하였다(항소심 대구지방법원 1987. 6. 18. 선고 87노199 판결).

피고인은 항소심 판결에도 불복하여, 공장건물이 일제강점기에 건축된 낡은 목조스레트 건물인데 당국에서는 건물이 소재한 일대의 지역을 재개발사업 예정지구로 묶어놓고 그 지역 내의 건물에 대한 증개축을 일체 불허하였던 관계로 피고인으로서는 불의의 붕괴사고를 예방하기 위한 응급조치로서 부득이 당국의 허가 없이 철주보를 사용하여 건물의 지붕을 개축하였던 것이므로, 피고인의 이 사건 개축행위가 위와 같은 급박한 붕괴의 위험을 제거하기 위한 부득이한 조치인 이상 비록 그 개축에 당국의 허가가 없었다 하더라도 이를 탓하여 피고인을 벌할 수는 없다고 할 것인데도 원심이 이를 간과하여 피고인에 대한 제1심 유죄판결을 그대로 유지하였으므로, 결국 항소심 판결이 위법하다는 이유로 상고하였다.

**★[판지(상고기각)]★**

피고인이 제1심 판결에 대하여 양형부당만을 항소이유로 내세워 항소하였으나 이 주장이 이유 없다 하여 피고인의 항소를 기각한 원심판결에 대하여서는 사실오인 내지 법령위반사유를 들어 상고이유로 삼을 수는 없다.

**[해설]**

### 1. 항소이유와 상고이유

형사소송법 제361조의5는 11가지의 항소이유를 열거하면서, 같은 조 제15호에 '형의 양정이 부당하다고 인정할 사유가 있는 때'를 항소이유로 삼고 있다. 이처럼 제1심 판결에 대한 양형부당은 독립한 항소이유에 해당한다. 학계와 실무에서는 11가지의 항소이유 가운데 판결에 대한 영향을 묻지 않고 바로 항소이유가 되는 사유와 판결에 영향을 미친 때에 한하여 항소이유가 되는 사유를 나누어, 전자를 절대적 항소이유, 후자를 상대적 항소이유라고 부른다. 법령위반사유(제1호)와 사실오인(제14호)은 판결에 영향을 미친 때에 한하여 항소이유가 되는 것으로 법이 명시하고 있어 이 두 가지 사유는 상대적 항소이유에 해당한다.

한편 형사소송법 제383조는 상고이유를 다음의 네 가지로 한정하고 있다(제383조).

1. 판결에 영향을 미친 헌법·법률·명령 또는 규칙의 위반이 있을 때
2. 판결후 형의 폐지나 변경 또는 사면이 있는 때
3. 재심청구의 사유가 있는 때
4. 사형, 무기 또는 10년 이상의 징역이나 금고가 선고된 사건에 있어서 중대한 사실의 오인이 있어 판결에 영향을 미친 때 또는 형의 양정이 심히 부당하다고 인정할 현저한 사유가 있는 때

형사소송법 제정 당시에는 항소이유에 제한이 없었고, 상고이유에 대하여는 16개의 사유를 인정하고 있었다. 이 가운데 양형에 관해서는 현재와 달리 선고형에 대한 제한 없이 '형의 양정이 심히 부당하다고 인정할 현저한 사유가 있는 때'를 독립한 상고이유로 정하고 있었다. 그 후 1961. 6. 1. 제1차 개정 때에 단독사건의 상고심을 고등법원으로 정하고 항소이유를 15개로 제한하여 항소심을 사후심처럼 개편하면서 상고이유 역시 대폭 축소하였다. 하지만 지나친 상고 제한, 특히

단독사건에 대한 권리구제 기회의 상실을 우려하는 비판의 목소리가 높아지면서 1963. 12. 12. 제2차 개정 때에 현재와 같은 항소이유와 상고이유에 관한 규정을 두게 되었다. 이와 같은 개정 경과를 보면 지나치게 넓은 상소이유와 지나치게 좁은 상소이유 사이에서 적정한 타협점을 찾아 현재에 이르고 있다고 할 수 있다.

## 2. 제1심 판결에 대하여 양형부당만을 항소이유로 내세웠던 경우

양형부당의 상소이유는 상소의 수와 민감하게 연관되어 있다. 그 폭을 넓히면 상소의 수가 늘고, 그 폭을 좁히면 상소의 수가 줄어든다. 상소에 관한 법률을 정비하거나 제도를 운영하면서 정책적인 판단이 필요한 부분이다.

형사소송법은 제1심 판결에 대하여 양형부당만을 항소이유로 내세웠다가 이것이 받아들여지지 않자 이번에는 사실오인 또는 법령위반사유를 상고이유로 내세우는 것에 대해 따로 규정하고 있지는 않다. 이 문제는 해석에 맡겨져 있다.

이에 대해 대법원은 "피고인이 제1심 판결에 대하여 양형부당만을 항소이유로 내세워 항소하였으나 이 주장이 이유 없다 하여 피고인의 항소를 기각한 원심판결에 대하여서는 사실오인 내지 법령위반사유를 들어 상고이유로 삼을 수 없다"고 명백하게 선언하였다(같은 취지는 대법원 1990. 10. 10. 선고 90도1688 판결, 대법원 1994. 8. 12. 선고 94도1239 판결, 대법원 2006. 10. 26. 선고 2005도9825 판결 등 참조).

제1심 판결에 대하여 양형부당만을 항소이유로 내세운 경우 항소심은 사실오인이나 법령위반사유에 대해서는 따로 판단하지 않는다. 그런데 항소가 기각된 후 애초 항소이유로 삼지 않았던 사실오인이나 법령위반사유를 상고이유로 삼게 되면 대법원은 상대적 항소이유에 대해 항소심 법원의 판단을 거치지 않고 바로 판단하는 결과를 낳게 된다. 절대적 상고이유는 재판의 단계를 묻지 않고 모두 받아들여야 하는 사유이지만, 상대적 상고이유는 그 사유가 판결에 영향을 미친 때에 한정되므로 제1심 판결에 대해 문제를 삼지 않았던 상대적 항소이유를 상고 단계에서 문제 삼는 것은 적절하지 않다.

대법원 판결이 선례로서 기준을 제시하여 올바른 거래질서와 형벌기준을 확립하기 위해서는 적정한 판단

이 가능하도록 그 기능을 보장해 줄 필요가 있다. 물론 모든 사건에서 억울함을 호소하게 해주고 끝까지 다투도록 해주어야 한다는 목소리도 있을 수 있다. 하지만 3심제를 택하고 있는 우리 사법제도에서 항소심에서 충분히 다툴 수 있었던 사유를 누락하고서 나중에 상고심에 와서 새롭게 주장해서 판단 받고자 하는 것은 상고심의 기능을 심히 저해하는 결과를 낳을 수 있다. 상고이유서라는 제목의 문서가 접수되었으나 그 안에 형사소송법 제383조가 정하는 상고이유가 담겨 있지 않은 때에는 상고이유서를 제출하지 아니한 때에 해당하는 것으로 보아 형사소송법 제380조에 따라 결정으로 상고를 기각할 수 있다고 한 대법원 전원합의체 결정도 이 사건과 같은 맥락에서 파악할 수 있다(대법원 2010. 4. 20. 자 2010도759 전원합의체 결정 참조).

이 판결은 양형요소를 직접 심리하는 제1심 및 항소심 법원의 판단을 존중함과 동시에, 대법원의 과중한 부담을 경감하여 대법원으로 하여금 최고법원으로 기능할 수 있도록 하려는 정책적인 배려가 포함되어 있다는 점에서 그 의의를 찾아볼 수 있다.

[참고문헌] 심희기·양동철, 제1심판결에 대하여 양형부당만을 항소이유로 내세운 피고인이 사실오인·법령위반사유를 들어 상고이유로 삼을 수 있는가, 형사소송법판례 150선, 홍문사, 2014.

**[필자: 함석천 판사]**

# 126. 영장재판에 대한 불복의 가부

[대법원 2006. 12. 18. 자 2006모646 결정]

[사안] 검사는 체포영장에 의하여 피의자를 체포한 후 특정경제범죄가중처벌등에 관한 법률위반(배임)죄 혐의로 구속영장을 청구하였으나 영장전담판사는 '구속사유가 인정되지 않는다'며 영장청구를 기각하였다(1차 기각). 이후 검사는 증권거래법위반죄의 피의사실로 구속영장을 재청구하였으나 영장전담판사는 1차와 같은 이유로 영장청구를 기각하였다(2차 기각). 검사는 2차 구속영장청구서에 기재된 피의사실로 다시 구속영장을 청구하였으나 영장전담판사는 1, 2차와 유사한 이유로 영장청구를 기각하였다(3차 기각). 검사는 2차 구속영장청구서에 기재된 피의사실에 1차 구속영장청구서 피의사실을 변경하고 국회에서의 증언·감정등에 관한법률위반죄의 피의사실을 추가하여 다시 구속영장을 청구하였으나 영장전담판사는 피의자심문 절차 없이 1차 청구의 기각에서와 같은 이유로 영장청구를 기각하였다(4차 기각). 이에 검사는 "피의자를 심문하지 않고 검사에게도 의견진술의 기회를 주지 않은 상태에서 영장청구를 기각하였다"고 주장하며 서울중앙지방법원에 준항고 하였으나, 법원은 구속영장청구를 기각하는 재판은 '판사의 명령'으로서 '법원의 결정'에 해당하지 않고 '재판장·수명법관의 명령'도 아니므로 항고·준항고의 대상이 아니라며 이를 기각하였다. 이에 검사가 대법원에 재항고하였다.

*[판지(재항고기각)]*

검사의 체포영장 또는 구속영장 청구에 대한 지방법원판사의 재판은 형사소송법 제402조의 규정에 의하여 항고의 대상이 되는 '법원의 결정'에 해당하지 않고, 제416조 제1항의 규정에 의하여 준항고의 대상이 되는 '재판장 또는 수명법관의 구금 등에 관한 재판'에도 해당하지 않는다.

[해설]

## 1. 판지의 쟁점

판지는 재판의 주체와 그 형식에 따라 불복의 가부가 결정된다는 것이 요지이다. 구체적으로 보면 재판주체에는 어떠한 것들이 있는가, 이들의 재판은 어떤 형식으로 나타나는가, 이들 재판에 대하여 불복의 방법은 어떠한가 등에 관한 것인데 핵심적인 쟁점은 지방법원판사(혹은 판사)가 법원에 해당하는가의 문제로 좁혀볼 수 있다. 따라서 여기서는 형사소송법상의 법원 등 재판의 주체에 대하여 살펴보고, 다음으로 재판주체에 따른 재판형식 및 그 불복방법을 차례로 살펴본 후 영장재판의 불복 가능성 여부를 검토하기로 한다.

## 2. 재판의 주체 및 형태

### (1) 재판주체의 표현 형태

형사소송법에서 재판의 주체는 법원 외에 여러 형태로 나타나고 있다. 즉 현행법은 재판의 종류와 성질에 따라 그 주체를 법원, 법원합의부, 단독판사, 재판장, 수명법관, 수탁판사, 판사 또는 지방법원판사, 법관 등으로 구분하여 규정하고 있다. 이 재판주체에 대한 세분화된 규정이야말로 법원의 개념 및 소송의 체계에 혼란을 초래하는 이유이기도 하다. 다수설은 전통적으로 여러 재판주체의 개념을 전제로 그 불복방법을 논하여 왔다. 판례 또한 법원을 비롯한 여러 재판주체를 엄격히 구분하는 태도를 취하고 있는데, 이에 의하면 영장재판을 담당하는 지방법원판사는 법원이 아닌 재판기관으로 분류된다.

### (2) 재판의 형식과 불복의 방법

재판은 그 주체에 따라 판결, 결정 및 명령으로 나누어지고 있다. 판결은 수소법원에 의한 종국재판의 원칙적 형식이며, 결정은 법원에 의한 종국 전의 재판의 원칙적 형식이며, 명령은 재판장, 수명법관 및 수탁판사 등의 법관에 의한 재판형식이다. 한편 이들 재판은 그 형식에 따라 불복의 방법이 다르다. 판결에 대한 불복의 방법은 항소 및 상고이며, 결정에 대한 불복의 방법은 항고 및 재항고이며, 명령에 대한 불복의 방법은 원칙적인 명문의 규정은 없으나 일정한 경우 이의신청(제304조 등)이나 준항고(제416조 등)가 허용되고 있다.

### 3. 영장재판과 그 불복의 가부

#### (1) 학설 및 판례의 입장

영장재판에 대한 불복이 가능하다는 입장은 대체로 영장재판의 성격이 '법원의 재판'이라는 점에 근거하고 있다. 즉 형사소송법이 "지방법원판사는 신속히 구속영장의 발부 여부를 '결정'하여야 한다"(제201조 제3항)고 규정하여 이를 '결정'에 의하도록 하고 있으며, 헌법재판소가 "수사단계에서 '법원'으로부터 발부받는 구속영장"이라고 표현하고 있는 점(헌재 2004. 3. 25. 2002헌바104 전원재판부) 등을 그 근거로 들고 있다. 이에 의하면 지방법원판사는 수소법원 아닌 법원으로 그 재판은 결정에 의하므로 불복방법으로 항고가 가능하게 된다. 다음에 영장재판에 대한 불복이 불가능하다는 입장은 '영장재판이 법원에 의한 결정이 아니라'는 데 근거하고 있다. 즉 영장재판은 지방법원판사가 행한 것으로 명령에 해당하나 준항고의 대상이 되는 재판장이나 수명법관이 아니므로 불복이 인정되지 않는다는 것이다. 전통적인 다수설의 입장이며 그동안 판례의 일관된 입장이기도 하다.

#### (2) 영장재판의 성격에 대한 불분명한 태도

이 판결은 이전의 판례와 마찬가지로 재판주체를 엄격히 구분하고 이어서 영장재판은 지방법원판사에 의한 것이어서 결정도, 명령도 아니므로 항고 또는 준항고가 허용되지 않는다고 한다. 영장재판에 대한 불복 가능성 문제가 제기되는 근본적인 이유는 법원의 의미가 다의적으로 사용되고 있고, 재판주체를 지나치게 구분하고 있는 현행법의 태도에 있다. 나아가 법원과 지방법원판사의 관계 개념을 명확히 하지 않은 다수설 및 판례의 태도에도 그 원인이 있어 보인다. 다수설은 영장재판을 법원의 재판이 아니라고 하면서도 지방법원판사를 수임판사라고 하여 수소법원과는 독립된 소송법상 의미의 법원에 위치시키고 있다. 이 입장에 서면 지방법원판사를 법원으로 보는 데 큰 무리가 없게 된다. 판례는 '영장재판에 불복할 수 없다'는 입장을 견지해 오면서도 "이 사건 항고의 대상은 서울중앙지방법원 영장담당판사의 2004. 9. 3. 자 2004영장17764호 구속영장청구기각 '결정'"(대법원 2005. 3. 31. 자 2004모

517 결정)이라고 판시하여 혼란을 부추기는 측면이 없지 않다.

#### (3) 영장재판에 대한 불복 가능성

이상의 논의를 종합해 보면 판지와 달리 지방법원판사는 공판절차의 수소법원에 대응하는 수사절차의 재판주체인 법원으로 볼 수 있지 않을까 생각된다. 향후 법원의 개념에 대한 판례의 전향적 태도가 요구되는 부분이다. 체포·구속적부심사(제214조의2) 및 재정신청(제262조)의 주체를 법원으로 하고 있는 점, 2007년 개정법에서 증거보전청구기각결정에 대하여 즉시항고가 인정된 점(제184조 제4항), 재정신청기각결정에 불복할 수 없음이 위헌이며(헌재 2011. 11. 24. 2008헌마578), '판사의 압수·수색영장 발부 등 중간재판이 법원의 재판임이 분명하다'는(헌재 2015. 3. 24. 2014헌마1177 등) 헌법재판소의 각 결정 등에 비추어 지방법원판사 역시 법원의 개념에 포함될 수 있고, 그 결과 영장재판에 대하여도 항고가 가능할 수 있다고 해석할 여지가 없지 않다. 다만 해석론과 현실론은 구별되어야 한다.

피의자에게는 체포·구속적부심사청구가 보장되고 있으며 영장기각결정에 대한 불복주체가 수사기관임을 감안하면 불복을 인정할 것인가는 불구속수사원칙과 같은 피의자인권에 초점을 맞추어 형사정책적으로 결정되어야 할 문제이기도 하다.

[참고문헌] 박병규, 영장재판에 대한 항고, 법조 제615호(2007. 12); 이인석, 영장항고제도에 관한 연구, 법조 제619호(2008. 4); 최영승, 형사소송법상 소송의 개념과 이에 따른 체계의 한 이해, 서강법률논총 제2권 제1호(2013. 2).

[필자: 최영승 교수(한양대)]

# 127. '이유 무죄'시 비용보상 청구와 재량 기각의 가부

[대법원 2019. 7. 5. 자 2018모906 결정]

## [사안]

D는 전처인 V에 대한 폭력행위로 징역형의 집행유예 등을 선고받자 그 보복의 목적으로 V를 폭행하였다는 공소사실에 대하여, 특정범죄 가중처벌 등에 관한 법률 위반(보복폭행등)죄로 기소되었다.

법원은 D에게 보복의 목적이 있었다고 인정할 증거가 부족하다는 이유로 특정범죄 가중처벌 등에 관한 법률 위반(보복폭행등)죄에 대하여 판결 이유에서 무죄 판단을 하였다. 그러면서 공소사실에 포함되어 있는 폭행죄에 대하여는 V의 처벌불원 의사가 담긴 합의서가 공소제기 전에 수사기관에 제출되었다는 이유로 주문에서 공소기각 판결을 선고하였다. 위 판결은 확정되었다.

그러자 D는 기소된 범죄사실인 특정범죄 가중처벌 등에 관한 법률 위반(보복폭행등)의 점은 판결 이유에서 무죄가 선고되어 확정되었으므로 형사소송법 제194조의2 제1항의 무죄판결이 확정된 경우에 해당한다며 형사비용 보상청구를 하였다.

이에 판결 주문에서 무죄가 선고된 경우뿐만 아니라 판결 이유에서 무죄로 판단된 경우에도 형사비용보상을 청구할 수 있는지 문제가 되었다.

원심인 부산고등법원은 D의 형사비용보상청구를 기각한 제1심과 결론을 같이 하였고, 이에 대해 D가 재항고를 제기하였다.

## [판지]

1. 대법원은 사안과 같이 판결 주문뿐만 아니라 판결 이유에서 무죄로 판단된 경우에도 비용보상을 청구할 수 있다고 하였다. 형사소송법 제194조의2 제1항은 "국가는 무죄판결이 확정된 경우에는 당해 사건의 피고인이었던 자에 대하여 그 재판에 소요된 비용을 보상하여야 한다."라고 규정하고 있다. 그런데 이러한 비용보상제도는 국가의 형사사법작용에 내재한 위험성 때문에 불가피하게 비용을 지출한 비용보상청구권자의 방어권 및 재산권을 보장하려는 데 목적이 있기 때문이다. 즉, 국가의 잘못된 형사사법권 행사로 인하여 피고인이 무죄를 선고받기 위하여 부득이 비용을 지출한 경우 국가로 하여금 피고인에게 그 재판에 소요된 비용을 보상하도록 한 것이 그 입법취지라는 것이다.

2. 다만, 이때 법원은 형사소송법 제194조의2 제2항 제2호를 유추적용하여 재량으로 비용보상청구의 전부 또는 일부를 기각할 수 있다고 한다. 형사소송법 제194조의2 제2항 제2호는 '1개의 재판으로서 경합범의 일부에 대하여 무죄판결이 확정되고 다른 부분에 대하여 유죄판결이 확정된 경우에는 … 비용의 전부 또는 일부를 보상하지 아니할 수 있다'고 규정하고 있는데, 이규정을 판결이유에서 무죄로 판단하는 경우에도 유추적용할 수 있다는 것이다.

## [해설]

### 1. 대상 결정의 의의

대상결정은 판결 주문에서 무죄를 선고받은 경우뿐만 아니라 판결 이유에서 무죄로 판단된 경우에도 비용보상청구권이 인정된다는 법리를 선언한 선례로서 의의가 있다.

단순일죄, 포괄일죄, 상상적 경합관계에 있는 범죄사실 중 일부 범죄사실이 무죄인 경우나 사안과 같이 가중사실과 축소사실 중 가중사실이 무죄인 경우에 주문에 무죄를 판시하지 않고 판결의 이유 부분에서 무죄로 판단하는 경우가 있는데, 이를 실무상 '이유무죄'라고 부른다. 대상결정은 이러한 이유무죄의 경우에도 비용보상청구권을 인정한 것이다.

형사보상의 경우에는 판결 주문에서 무죄가 선고된 경우뿐만 아니라 판결이유에서 무죄로 판단된 경우에도 형사보상을 청구할 수 있다는 선례가 있다. 즉 대법원은 「형사보상 및 명예회복에 관한 법률」(이하 '형사보상법'으로 약칭한다)에 따라 피고인으로서 무죄판결을 받은 자에게 미결구금 및 형의 집행으로 인한 피해를 보상하는 피고인 보상의 경우에 판결 주문에서 무죄가 선고된 경우뿐만 아니라 판결 이유에서 무죄로 판단된 경우도 형사보상법이 정한 무죄판결을 받은 경우에 포함된다고 판단한 바 있다(대법원 2016. 3. 11. 자 2014모 2521 결정). 그러나 이와 달리 비용보상 청구에 대하여는 그동안 선례가 없었다.

형사소송법 제194조의2 제1항은 "국가는 무죄판결이 확정된 경우에는 당해 사건의 피고인이었던 자에 대하여 그 재판에 소요된 비용을 보상하여야 한다."라고 규정하고 있다. 따라서 사안과 같이 판결 주문에서 무죄가 선고된 경우가 아니라 판결 이유에서 무죄로 판단되는 경우, 즉 '이유무죄'의 경우도 비용을 보상하여야 하는 '무죄판결이 확정된 경우'에 해당하는지 해석상 논란이 있을 수 있다.

이에 대해 대상결정의 원심인 부산고등법원은 앞서 본 형사보상의 경우와 달리 소극적인 입장을 취하였다. 즉, 형사보상법에 따른 구금보상과는 달리 사안과 같은 비용보상의 경우에는 사유를 막론하고 무죄 이외의 판결 즉 형의 면제, 면소, 공소기각의 재판을 받은 경우에는 비용보상을 청구할 수 없다는 이유로 D의 비용보상청구를 기각하였던 것이다.

그러나 대법원은 대상결정을 통해 형사보상의 경우와 마찬가지로 주문에서 무죄를 선고받은 경우뿐만 아니라 판결 이유에서 무죄로 판단된 경우도 형사비용보상청구가 인정된다고 하였다. 그 논거로 비용보상제도가 국가의 형사사법작용에 내재한 위험성 때문에 불가피하게 비용을 지출한 비용보상청구권자의 방어권 및 재산권을 보장하려는 데 목적이 있다는 점을 들고 있다.

'이유무죄'의 경우에도 국가의 잘못된 형사사법권 행사로 인하여 피고인이 무죄를 선고받기 위하여 부득이 변호사 보수 등 비용을 지출한 경우 국가로 하여금 피고인에게 그 재판에 소요된 비용을 보상하도록 하는 비용보상제도의 입법취지가 주문에서 무죄가 선고된 경우와 마찬가지로 존중되어야 하므로 대상결정은 타당하다고 생각된다. 한편, 그와 같은 결론으로 인해 발생할 수 있는 불합리에 대해서는 아래에서 보는 재량기각 조항의 유추적용을 통해 해결될 수 있을 것이다.

## 2. 재량 기각의 유추적용

대상결정은 계속해서 이유무죄로 판단되어 비용보상을 청구받은 법원은 형사소송법 제194조의2 제2항 제2호를 유추적용하여 재량으로 보상청구의 전부 또는 일부를 기각할 수 있다고 한다.

형사소송법 제194조의2 제2항 제2호는 "1개의 재판으로써 경합범의 일부에 대하여 무죄판결이 확정되고 다른 부분에 대하여 유죄판결이 확정된 경우에 비용보상청구의 전부 또는 일부를 기각할 수 있다."는 규정이다. 경합범의 일부에 대하여 무죄가 선고되는 경우와 사안과 같이 이유무죄가 선고되는 경우를 비교해 볼 때 형평의 관점에서 그 유추적용을 인정하는 것은 역시 타당하다고 생각된다.

다만, 실무상 사안과 같은 이유무죄의 경우 사실상 보상청구를 원칙적으로 기각하는 방향으로 제도가 운영되어 보상청구 제도가 유명무실화되지 않도록 법원의 신중한 재량 판단이 요구된다고 할 것이다.

[필자: 한상규 교수(강원대)]

제6장  특별절차

刑事訴訟法判例130選

# 128. 위법한 위치추적장치 부착명령에 대한 비상상고 가부

[대법원 2011. 2. 24. 선고 2010오1, 2010전오1(병합) 판결]

[사안] 13세 미만인 V를 강제추행한 D는 성폭력 범죄의 습벽이 인정되고, 재범의 위험성이 있다는 혐의(성폭력범죄의 처벌 및 피해자보호 등에 관한 법률 제8조의2 제3항 등 위반·부착명령)로 기소되었다. 제1심은 이 사건 성폭력범죄의 처벌 및 피해자보호 등에 관한 법률위반(13세미만미성년자강간등)의 피고사건과 부착명령사건에 대하여, 피고사건을 유죄로 인정하여 징역 3년에 집행유예 4년을 선고하고 피부착명령청구자에 대하여 3년간 위치추적 전자장치의 부착을 명하고 피부착명령청구자에 대하여 준수사항을 부과하였다. 검찰은 1심이 D에게 선고한 형과 부착명령이 너무 가벼워서 부당하다는 이유로 항소하였다. 항소심은 1심판결 중 피고사건 부분에 대하여 여러 양형조건을 종합하면 1심의 형은 적정한 것으로 판단된다며 기각하고, 다만, 부착명령사건 부분에 대하여 직권으로 특정 범죄자에 대한 위치추적 전자장치 부착 등에 관한 법률 개정을 이유로 신법을 적용하여 부착명령사건 부분을 파기, 피부착명령청구자에 대하여 1심보다 장기인 6년간 위치추적 전자장치의 부착을 명하고, 피부착명령청구자에 대하여 1심과 같이 준수사항을 부과하였다. 검찰총장이 비상상고하였다.

## ★[판지(파기자판)]★
### [판결의 법령위반으로 인한 비상상고]

특정 범죄자에 대한 위치추적 전자장치 부착 등에 관한 법률(이하 '위치추적법률') 제28조 제1항에 "법원은 특정범죄를 범한 자에 대하여 형의 집행을 유예하면서 보호관찰을 받을 것을 명할 때에는 보호관찰기간의 범위 내에서 기간을 정하여 준수사항의 이행 여부 확인 등을 위하여 전자장치를 부착할 것을 명할 수 있다"고 규정하고, 제9조 제4항 제4호에 "법원은 특정범죄사건에 대하여 선고유예 또는 집행유예를 선고하는 때(제28

조 제1항에 따라 전자장치 부착을 명하는 때를 제외한다)에는 판결로 부착명령 청구를 기각하여야 한다"고 규정하고 있으므로, 법원은 특정범죄를 범한 자에 대하여 형의 집행을 유예하면서 보호관찰을 받을 것을 명하는 때에만 전자장치를 부착할 것을 명할 수 있다. 그런데도 원심판결 및 제1심 판결이 피고인에 대하여 형의 집행을 유예하면서 보호관찰을 받을 것을 명하지 않은 채 전자장치를 부착할 것을 명한 것은 법령에 위반한 것으로서 피부착명령청구자에게 불이익한 때에 해당하므로, 형사소송법 제446조 제1호 단서에 의하여 원판결 및 제1심 판결 중 부착명령사건 부분을 파기하고, 이 사건 부착명령 청구를 기각한다.

## [해설]
### 1. 대상판결 내용과 비상상고 제도

특정 범죄자에 대해 집행유예 판결을 선고하면서 위치추적 장치 부착명령을 하기 위해서는 위치추적법률 제28조 제1항에 따라 보호관찰 받을 것을 명할 때에 한해 가능하다. 하지만 원심은 이러한 법률 규정을 간과하고 보호관찰 명령 없이 위치추적 장치 부착명령을 하였다. 이에, 검찰총장은 이러한 원심의 위법한 판결을 시정하고자 비상상고 신청을 하였고 대법원은 비상상고 신청을 인용, 원심 판결을 취소하고, 형사소송법(이하 '법') 제446조 제1항 단서에 따라 검사의 부착명령 청구를 기각하는 방법으로 自判하였다.

비상상고 제도는 판결이 확정된 후 그 사건의 심판이 법령에 위반된 것을 발견한 때에 검찰총장이 대법원에 그 시정을 구하는 비상구제절차이다(법 제441조). 따라서 단순히 확정판결이 피고인에게 불리하다는 이유만으로는 부족하고 그 사건의 심판이 법령에 위반한 때로 엄격히 제한된다. 이는 법령의 해석·적용의 통일을 주된 목적으로 하면서, 부수적으로 피고인의 불이익을 구제하는 기능을 가지고 있는 비상상고 제도의 특성에 기인한다.

## 2. 기존 판례의 사례

대법원은 ① 판결 내용에 실체법 위반이 있는 경우에는 대체로 파기하여 자판한 사례가 많다. 즉 피해자와 친족관계로 인해 형 면제판결을 하여야 함에도 유죄판결을 선고한 원 판결을 파기하고 자판하여 형면제 판결을 선고한 판례(대법원 2000. 10. 13. 선고 99오1 판결), 단순일죄를 경합범으로 처단하여 벌금형을 병과한 원심판결을 파기 후 집행유예 판결을 선고한 판례(대법원 1952. 4. 22. 4285형비상1) 등이다. ② 또 대법원은 공소시효가 완성된 사실을 간과하고 약식명령을 발령한 원판결을 파기하고 자판하여 면소판결을 선고한 판례(대법원 2006. 10. 13. 선고 2006오2 판결)나, 친고죄로서 고소가 없는 사건에 대해 유죄판결을 선고한 원판결을 파기하고 공소기각 판결을 선고한 판례(대법원 2000. 10. 13. 선고 99오1 판결) 등 소송조건 위반의 경우에도 파기하여 자판하는 경향을 찾아볼 수 있다. ③ 다만, 군법회의 재판권에 대해 대법원에 관할 재정신청이 있으면 군법회의의 재판권에 관한 법률에 따라 소송절차를 정지하였어야 함에도 그대로 사건을 진행하여 판결한 경우에 그 소송절차가 위법하다고 하여 소송절차만을 파기한 판례(대법원 1963. 1. 24. 선고 62오6 판결)나 필요적 변호사건임에도 변호인 없이 개정하여 유죄판결을 선고한 사건에서 변호인을 붙이지 아니한 소송절차만을 파기한 판례(대법원 1953. 10. 5. 선고 4286비상13) 등을 볼 때, 순수한 소송절차만에 관한 법령위반의 경우에는 해당 소송절차만을 파기하는 경향을 보이는 것으로 판단된다. ④ 하지만 피고인 사망 사실을 간과한 유죄판결에 대해서는 전제사실의 오인에 불과하다는 이유로 비상상고를 기각하여(대법원 2005. 3. 11. 선고 2004오2 판결), 피고인 사망이라는 공소기각 결정 사유는 비상상고를 인정하지 않았다.

## 3. 대상판결의 경우

대상판결은 위치추적법률에 따른 '위치추적장치 부착명령'이 법률의 규정에 위반된 경우, 해당 부착명령을 비상상고로 취소할 수 있을지가 쟁점이다. '위치추적장치 부착'은 범죄의 성부(成否)나 법정형 산정의 오류 등 형(刑)에 대한 법령위반 문제가 아니고, 소송조건이나 사실인정에 관한 오류도 아니기 때문이다.

위치추적장치의 부착명령은 성폭력범죄자에 대해 집행유예를 선고하면서 보호관찰을 명할 때 선고할 수 있으므로 그 법적성격은 보호관찰의 일종이다. 즉, 형벌이 아닌 보안처분의 성격을 갖는 것으로서, 형사정책적 견지에서 대상자의 교화·개선을 통해 범죄를 예방하고 재범을 방지하려는 데 그 목적이 있다. 그러나 비록 보안처분의 성격을 갖는다고 하더라도 위치추적장치가 부착될 경우 대상자의 사생활은 제한될 수밖에 없으므로 피고인에게 불리한 처분이 분명하다.

만약, 이러한 위치추적장치 부착명령이 위치추적법에 규정된 절차와 요건을 위배하여 내려졌다면, 그 부착명령은 판결 내용이 법령에 위반되었뿐만 아니라 피고인에게도 매우 불리함이 명백하므로 비상상고로써 구제하는 것이 법령의 해석·적용의 통일을 위해서나 피고인의 이익을 위해서 바람직할 것이다. 대상판결은 이러한 점을 다시 한 번 확인시켜 준 판결이다. 특히, 보안처분에 관한 재판부의 명령에 대해서도 비상상고를 통해 구제할 수 있음을 확인한 최초의 판결로서 의의가 있다.

다만, 비상상고는 신청자가 검찰총장으로 엄격히 제한되어 있다. 대상판결과 같이 피고인에게 위법한 위치추적장치 부착명령이 내려졌다고 하더라도 피고인에게는 이를 구제할 수 있는 방법이 없다. 피고인이 검찰총장에게 비상상고 신청을 독촉하더라도 사실상의 제안에 불과할 뿐 검찰총장이 이에 따를 법적인 의무는 없는 것이다. 따라서 향후 입법과정에서 비상상고의 신청자를 검찰총장뿐만 아니라 대상판결의 피고인과 같이 명백하게 불리한 판결로 고통을 받고 있는 자도 포함시킬 필요가 있다. 그렇지 않더라도 피고인에게 최소한의 신청권을 보장하는 방안만이라도 법률에 규정될 필요가 있다.

[참고문헌] 서태경, 비상상고의 사유인 법령위반에 대한 소고: 판결의 법령위반과 소송절차의 법령위반의 구별을 중심으로, 한양대학교 법학논총 제26권 제2호(2009. 6.).

**[필자: 이제영 검사]**

# 129. 재심의 특수성과 재심심판절차의 본질

**[대법원 2019. 6. 20. 선고 2018도20698 전원합의체 판결]**

### [사안]

1) 피고인은 2001. 8. 31. 부산지방법원에서 "특정범죄 가중처벌 등에 관한 법률"(이하 '특정범죄가중법'이라 한다) 위반(절도)죄 등으로 징역 1년 6개월을 선고받았고 2001. 12. 5. 그 판결이 확정되었다.

2) 피고인은 상습으로 2003. 2. 9.부터 2003. 8. 16.까지 신용카드를 절취하고 절취한 신용카드를 이용하여 현금을 인출하여 절취하였다는 범죄사실로 2003. 10. 13. 부산지방법원에서 특정범죄가중법 위반(절도)죄 등으로 징역 2년을 선고받았고 2003. 12. 13. 그 판결이 확정되었다.

3) 헌법재판소는 위의 판결에 적용되었던 법률조항인 구 특정범죄가중법(2010. 3. 31. 법률 제10210호로 개정된 것, 이하 같다) 제5조의4 제1항 중 형법 제329조에 관한 부분 등이 헌법에 위반된다고 판단하였다(헌법재판소 2015. 2. 26. 선고 2014헌가16 등 전원재판부 결정).

4) 피고인은 위 2)의 확정판결에 대한 재심을 청구하여 같은 법원에서 상습절도로 공소장이 변경된 다음 징역 2년을 선고받고 항소하였으나 2016. 12. 22. 항소기각판결을 선고받았고, 2016. 12. 30. 위 재심판결이 확정되었다(이하 '이 사건 제1재심판결'이라 한다).

5) 피고인은 2017. 2. 17. 19:00경 혼자 있는 피해자에게 접근하여 호감을 표시한 후 함께 시간을 보내다가 같은 날 21:20경 피해자로부터 건네받은 지갑에서 피해자 몰래 그 지갑 안에 있던 피해자 명의의 신용카드를 절취한 것을 비롯하여 상습으로 2016. 10. 3.경부터 2017. 10. 28.경까지 20회에 걸쳐 피해자들의 신용카드 또는 체크카드 합계 21장을 절취하였다(이하 '이 사건 카드 절도'라 한다).

피고인은 2017. 2. 17. 21:45경 같은 날 피해자로부터 절취한 위의 신용카드를 현금인출기에 투입하고, 카드 뒷면에 적혀 있던 비밀번호를 입력하여 300만 원

을 카드대출을 받는 방법으로 피해은행 소유의 현금 300만 원을 절취한 것을 비롯하여 같은 기간 동안 위와 같이 절취한 카드를 이용하여 현금인출기에서 46회에 걸쳐 피해자들 소유의 현금 합계 111,360,900원을 절취하였다(이하 '현금 절도'라 한다). 이로써 피고인은 두 번 이상 실형을 선고받고 그 집행이 끝나거나 면제된 후 3년 이내에 다시 상습적으로 절도죄를 범하였다.

또한 피고인은 위의 기간 동안에 26회에 걸쳐 절취한 타인의 신용카드를 사용하였다[이하 '여신전문금융업법 위반(도난된 신용카드 이용)'이라 한다].

위 5)의 범죄사실이 '이 사건 공소사실'의 요지에 해당한다.

6) 피고인은 위 1)에서의 확정판결에 대한 재심절차를 거쳐 2018. 4. 27. 같은 법원에서 변경된 공소사실인 상습절도에 대해 면소를, 나머지 공소사실인 여신전문금융업법 위반죄에 대해 징역 1년 6개월을 선고받았고 2018. 8. 10. 이 재심판결이 확정되었다(이하 '이 사건 제2재심판결'이라 한다).

7) 이 사건 공소사실에 대해 제1심은 유죄판결을 선고하여 피고인을 징역 5년에 처하였다[부산지방법원 2018. 6. 15. 선고 2017고합565, 661(병합), 2018고합10(병합), 29(병합), 53(병합), 177(병합) 판결]. 이에 피고인은 재심판결의 기판력과 포괄일죄의 법리오해 및 양형부당의 항소이유로 항소하였다.

8) 항소심은 위 각 재심판결 확정 후인 2018. 12. 6. 이 사건 공소사실 전부에 대해 유죄판결을 선고하였다(부산고등법원 2018. 12. 6. 선고 2018노424 판결). 항소심은 피고인의 2016. 10. 3.자 각 절도 범행 이후에 비로소 제1재심판결이 확정되었다고 하더라도 형사소송법 제326조 제1항에서 정한 '확정판결이 있은 때'에 해당한다고 볼 수 없다고 판단하여 피고인의 주장을 배척하였기 때문이다. 또 항소심은 확정된 이 사건 제2재심판결 범죄와 이 사건 공소사실 범죄가 형법 제37조 후단에서 정한 경합범 관계(이하 '후단 경합범'이라 한다)가 아니라는 전제에서 형법 제39조 제1항에 따른 감경 또

는 면제를 하지도 않았다.

9) 이에 피고인만이 재심판결의 기판력 등에 관한 법리와 형법 제37조 후단 경합범 등에 관한 법리오해 및 양형부당의 상고이유로 상고하였다.

[판지]

1) [다수의견]

① 재심 개시 여부를 심리하는 절차의 성질과 판단 범위, 재심개시결정의 효력 등에 비추어 보면, 유죄의 확정판결 등에 대해 재심개시결정이 확정된 후 재심심 판절차가 진행 중이라는 것만으로는 확정판결의 존재 내지 효력을 부정할 수 없고, 재심개시결정이 확정되어 법원이 그 사건에 대해 다시 심리를 한 후 재심의 판결을 선고하고 그 재심판결이 확정된 때에 종전의 확정판결이 효력을 상실한다.

재심의 취지와 특성, 형사소송법의 이익재심 원칙과 재심심판절차에 관한 특칙 등에 비추어 보면, 재심심 판절차에서는 특별한 사정이 없는 한 검사가 재심대상 사건과 별개의 공소사실을 추가하는 내용으로 공소장 을 변경하는 것은 허용되지 않고, 재심대상사건에 일 반 절차로 진행 중인 별개의 형사사건을 병합하여 심 리하는 것도 허용되지 않는다.

② 상습범으로 유죄의 확정판결(이하 앞서 저질러 재 심의 대상이 된 범죄를 '선행범죄'라 한다)을 받은 사람이 그 후 동일한 습벽에 의해 범행을 저질렀는데(이하 뒤에 저지른 범죄를 '후행범죄'라 한다) 유죄의 확정판결에 대 하여 재심이 개시된 경우, 동일한 습벽에 의한 후행범 죄가 재심대상판결에 대한 재심판결 선고 전에 저질러 진 범죄라 하더라도 재심판결의 기판력이 후행범죄에 미치지 않는다.

재심심판절차에서 선행범죄, 즉 재심대상판결의 공 소사실에 후행범죄를 추가하는 내용으로 공소장을 변 경하거나 추가로 공소를 제기한 후 이를 재심대상사건 에 병합하여 심리하는 것이 허용되지 않으므로 재심심 판절차에서는 후행범죄에 대하여 사실심리를 할 가능 성이 없다. 또한 재심심판절차에서 재심개시결정의 확 정만으로는 재심대상판결의 효력이 상실되지 않으므로 재심대상판결은 확정판결로서 유효하게 존재하고 있 고, 따라서 재심대상판결을 전후하여 범한 선행범죄와 후행범죄의 일죄성은 재심대상판결에 의하여 분단되어

동일성이 없는 별개의 상습범이 된다. 그러므로 선행 범죄에 대한 공소제기의 효력은 후행범죄에 미치지 않 고 선행범죄에 대한 재심판결의 기판력은 후행범죄에 미치지 않는다.

만약 재심판결의 기판력이 재심판결의 선고 전에 선 행범죄와 동일한 습벽에 의해 저질러진 모든 범죄에 미친다고 하면, 선행범죄에 대한 재심대상판결의 선고 이후 재심판결 선고 시까지 저지른 범죄는 동시에 심 리할 가능성이 없었음에도 모두 처벌할 수 없다는 결 론에 이르게 되는데, 이는 처벌의 공백을 초래하고 형 평에 반한다.

③ 유죄의 확정판결을 받은 사람이 그 후 별개의 후 행범죄를 저질렀는데 유죄의 확정판결에 대하여 재심 이 개시된 경우, 후행범죄가 재심대상판결에 대한 재 심판결 확정 전에 범하여졌다 하더라도 아직 판결을 받지 아니한 후행범죄와 재심판결이 확정된 선행범죄 사이에는 형법 제37조 후단에서 정한 경합범 관계(이하 '후단 경합범'이라 한다)가 성립하지 않는다.

재심판결이 후행범죄 사건에 대한 판결보다 먼저 확 정된 경우에 후행범죄에 대해 재심판결을 근거로 후단 경합범이 성립한다고 하려면 재심심판법원이 후행범죄 를 동시에 판결할 수 있었어야 한다. 그러나 아직 판결 을 받지 아니한 후행범죄는 재심심판절차에서 재심대 상이 된 선행범죄와 함께 심리하여 동시에 판결할 수 없었으므로 후행범죄와 재심판결이 확정된 선행범죄 사이에는 후단 경합범이 성립하지 않고, 동시에 판결 할 경우와 형평을 고려하여 그 형을 감경 또는 면제할 수 없다.

재심판결이 후행범죄에 대한 판결보다 먼저 확정되 는 경우에는 재심판결을 근거로 형식적으로 후행범죄 를 판결확정 전에 범한 범죄로 보아 후단 경합범이 성 립한다고 하면, 선행범죄에 대한 재심판결과 후행범죄 에 대한 판결 중 어떤 판결이 먼저 확정되느냐는 우연 한 사정에 따라 후단 경합범 성립이 좌우되는 형평에 반하는 결과가 발생한다.

2) [대법관 김재형, 대법관 이동원의 **반대의견**]

① 재심절차는 특별소송절차이기는 하지만, 특별소 송으로서의 성격은 재심개시결정이 확정되기 전까지 뚜렷하게 드러나는 반면 재심개시결정이 확정되어 다 시 심판하는 단계와 재심판결의 효력에서는 일반 절차

와 다르지 않다.

재심개시결정이 확정된 후 재심심판절차에서도 일반 절차의 해당 심급에서 허용되는 소송행위를 할 수 있다고 보는 이상, 재심사건에 다른 사건의 공소사실을 추가하는 공소장변경이나 다른 일반 사건을 병합하여 함께 심판하는 것도 허용된다. 형사소송법은 재심의 청구는 원판결의 법원이 관할한다고 규정하고 있을 뿐(제423조) 공소장변경이나 병합심리를 금지하는 명문의 규정을 두고 있지 않기 때문이다.

② 선행하는 상습범죄에 대하여 재심대상판결을 받은 사람이 그 후 동일한 상습성에 기하여 후행범죄를 저질렀는데, 재심대상판결에 대하여 재심개시결정이 확정되고 양 사건이 병합심리되지 아니한 채 재심판결이 먼저 선고되어 확정되었다면 그 기판력은 후행범죄 사건에 미친다고 보아야 한다.

③ 재심대상판결을 받은 사람이 그 후 별개의 후행범죄를 저질렀는데 재심대상판결에 대하여 재심개시결정이 확정되고 재심판결이 먼저 선고되어 확정된 경우 재심심판절차에서 후행범죄 사건을 함께 심리하여 판결할 수 있었다면, 아직 판결을 받지 아니한 후행범죄와 이미 확정된 재심판결의 선행범죄 사이에는 후단 경합범이 성립한다.

## [ 해설 ]

### 1. 대상판결의 의의

위와 같이 대법원 2018도20698 전원합의체 판결에서는 확정된 재심판결의 기판력 효력범위와 후단 경합범의 성립 범위에 관하여 대법관 사이에 의견을 달리하고 있다. 하지만 이러한 견해의 차이는 대상판결의 핵심적 내용이라기보다는 방계 쟁점에 지나지 않는다. 오히려 재심재판의 본질과 성격을 어떻게 파악할 것인가가 핵심 쟁점이며, 재심판결의 기판력이나 후단 경합범의 성립 등은 그 결과 나타나는 현상적 쟁점으로 보인다.

종래에는 '재심재판의 특수성'을 인정하여 확정된 재심판결의 기판력을 어느 정도 인정할 것인가에 대해서는 명시적으로 판시한 적이 없었다. 다만, 확정된 재심판결 또한 형법 제37조 후단의 확정판결에 포함된다는 이유로, 금고 이상의 형에 처하는 재심판결이 확정되었다면 "그 확정판결전에 범한" 후행범죄에 대해서는 후단 경합범으로 '그 후행범죄의 죄를 재심판결의 죄와 동시에 판결할 경우와 형평을 고려하여 그 죄에 대하여 형을 선고하였어야 할 것'이라고 명시한 판례(대법원 2016. 2. 18 선고 2015도17440 판결)가 있었을 뿐이다. 이에 위의 대법원 전원합의체 판결은 앞의 대법원 2015도17440 판결과 달리 재심제도의 취지와 특수성, 형사소송법상 이익재심의 원칙과 재심심판절차에 관한 특칙 등을 근거로 제시하면서 재심재판의 특수성을 명시적으로 판단한 최초의 판결로 자리 잡을 것이다.

### 2. 재심의 특수성과 재심심판절차의 본질

재심은 유죄의 확정판결에 '중대한 사실인정의 오류'가 있는 경우에 판결을 받은 자의 이익을 위하여 이를 시정하는 비상구제의 "특별소송절차"를 말한다. 현행법상으로는 유죄의 확정판결을 받은 사람의 이익을 위한 재심만이 인정되고(법 제420조, 제421조) 형의 불이익한 변경은 재심에서 허용되지 않는다(법 제439조). 재심제도는 재심개시절차(결정)와 재심심판절차(판결)의 "2단계 구조"로 구성되어 있는데, 전자는 재심사유의 여부를 심사하여 다시 심판할 것인가를 '결정'하는 사전절차이고, 후자는 그 재심개시결정에 따라 피고사건을 심급에 따라 다시 심판하는 통상의 재판절차이다. 이에 따르면 재심절차의 중핵은 결국 재심'개시'결정에 있다고 본다. 법원은 재심'개시'절차에서 '재심사유의 유무'만을 판단하고, 재심사유가 재심대상'판결에 영향을 미칠 가능성이 있었는지'의 실체적 사유를 고려하지 않는다(대법원 2008. 4. 24.자 2008모77 결정).

여기서 유의해야 할 점은, 대상판결에서의 재심사유가 통상의 형사소송법 제420조 및 제421조에서 한정하고 있는 것이 아니라 헌법재판소법 제47조 "위헌결정의 효력"으로 인정되는 사유라는 것이다(같은 조 제4항 참조). 재심사유의 근거가 다르다 하더라도 형사사건의 재심에는 형사소송법이 준용된다(동법 제47조 제5항). 따라서 재심재판의 특수성과 재심심판절차의 본질에는 재심사유의 다름에도 불구하고 별다른 차이가 없다.

문제는 재심심판절차가 사건 자체를 다시 심판하는 통상의 공판절차라는 점이다. 그래서 대법원은, "여기서 '다시' 심판한다는 것은 재심대상판결의 당부를 심사하는 것이 아니라 피고 사건 자체를 처음부터 새로 심판하는 것을 의미하므로, … 재심사건에서는 재심대상판결의 기초가 된 증거와 재심사건의 심리과정에서 제출된 증거를 모두 종합하여 공소사실이 인정되는지를 새로이 판단하여야 한다. 그리고 재심사건의 공소사실에 관한 증거취사와 이에 근거한 사실인정도 … 사실심으로서 재심사건을 심리하는 법원의 전권에 속한다."고 하였다(대법원 2015. 5. 14. 선고 2014도2946 판결). 나아가 "경합범 관계에 있는 수개의 범죄사실을 유죄로 인정하여 한 개의 형을 선고한 불가분의 확정판결에서 그 중 일부의 범죄사실에 대하여만 재심청구의 이유가 있는 것으로 인정된 경우 … 그 판결 전부에 대하여 재심개시의 결정을 할 수밖에 없지만, 재심법원은 그 부분(재심사유가 없는 범죄사실: 필자 보충)에 대하여는 이를 다시 심리하여 유죄인정을 파기할 수 없고 다만 … 양형을 위하여 필요한 범위에 한하여만 심리를 할 수 있을 뿐"이고, 또 "재심사유가 없는 범죄사실에 관한 법령이 재심대상판결 후 개정·폐지된 경우에는 그 범죄사실에 관하여도 재심판결 당시의 법률을 적용하여야 하고 양형조건에 관하여도 재심대상판결 후 재심판결시까지의 새로운 정상도 참작하여야 … 한다."고 일관되게 판시하여 왔다(대법원 1996. 6. 14. 선고 96도477 판결; 대법원 2014. 11. 13. 선고 2014도10193 판결).

위와 같이 기존에 대법원은 재심개시결정에 따라 다시 진행되는 재심심판절차를 통상의 공판절차와 다르지 않는 것으로 파악하고, 재심대상판결이후 재심판결 선고시까지의 새로운 법령개폐상황 및 양형상의 정상도 재심심판절차에서 고려하여야 하는 재심법원의 전권을 인정하여 왔다. 하지만 대법원 전원합의체는 대상판결에서 그와 같은 기존의 견해와는 달리 재심판결의 성격에 대해 재심재판의 특수성을 이유로 재심심판절차에서 재심대상판결이후 재심판결시까지의 사후적인 새로운 사정을 고려하지 아니하고 있다. 바로 이점에서 대상판결이 재심재판의 특수성을 명시적으로 판단한 최초의 판례라고 의미를 부여한 것이다.

### 3. 공소사실의 추가와 동시심판의 가능성 여하

이에 따라 확정된 재심판결의 기판력이나 새로운 사실심인 재심법원에서의 재심대상판결이후의 정상을 참작할 가능성에 관한 문제에 대해서도 [다수의견]은 재심재판의 본질과 특수성에 상응하여 종전의 입장을 변경하였다.

먼저 기존의 대법원 태도를 견지하는 [반대의견]의

핵심은 다음과 같다. 즉, "재심심판절차에서 공소사실을 추가하거나 사건의 병합을 금지하는 형사소송법의 규정이 없는 이상 피고인에게 이익이 되는 해석이 바람직하다. 피고인이 저지른 후행범죄가 선행범죄와 동일한 상습성에 기한 것이라면 원칙적으로 실체법상 포괄일죄가 되므로 피고인은 한 번의 절차에서 심판받을 수 있어야 한다. 피고인이 저지른 후행범죄가 선행범죄와 실체법상 별개의 범죄이더라도 피고인은 경합범으로 동시에 판결받을 이익이 있다. 검사는 재심절차에서 후행범죄를 공소사실에 추가할 수 있으므로 피고인이 저지른 후행범죄에 대하여 처벌의 공백이 생기는 것도 아니다. 재심심판절차에서 후행범죄를 심판하지 못하도록 해석하는 것은 검사가 후행범죄에 대한 소추의무를 게을리 한 것을 피고인에게 책임을 전가하는 해석이다."

이에 반하여 재심심판절차에서도 재심제도의 특수성을 고려하는 [다수의견]은 재심심판절차에서 재심대상사건 이외의 새로운 공소사실을 추가·병합하여 심리하는 것은 재심제도의 본질이나 이익재심의 원칙에 반한다. 그 뿐만 아니라 재심개시결정의 확정만으로는 재심대상판결의 효력이 상실되지 않으며, 재심심판절차에서 재심법원이 재심대상판결의 존재 그 자체와 효력을 부정할 수 없기 때문에 확정판결인 재심대상판결의 존재로 인하여 재심대상 사건의 범죄와 후행범죄의 일죄성은 분리되고 재심판결의 기판력은 후행범죄에 미치지 않는다고 한다. 나아가 재심심판절차에서는 공소사실의 추가나 다른 사건의 병합이 불가능하므로 후행범죄에 대해서는 별도의 심판절차에서 심리할 수밖에 없다고 한다.

요컨대, 재심절차의 특수성을 고려하면 법원은 재심대상사건과 일반사건을 병합하여 심리하거나 공소장변경 등을 통하여 함께 심판할 수 없다.

[참고문헌] 홍은표, 재심심판절차의 본질과 규범력, 후단경합범 성립, 사법 제50호(사법발전재단, 2019. 12.).

[필자: 이경렬 교수(성균관대)]

# 130. 재심심판절차의 성격 및 재심확정판결의 효력

**[대법원 2019. 2. 28. 선고 2018도13382 판결]**

## [사안]

피고인 D는 음주상태에서 운전면허 없이 운전하던 중 피해자 V와 운전 차량의 진행 문제로 다툼이 되어, 자신이 운전하던 차량으로 피해자에게 약 2주간의 치료를 요하는 상해를 가하고, 피해자 차량에 약 2백만원의 수리비가 들도록 손괴하였다. 이에 원판결(재심대상판결)이 특수상해, 음주, 무면허운전 등의 범죄를 이유로 D에게 징역 1년 6월에 집행유예 3년의 형을 선고하였다. 그러나 그 유예기간 중에 특정범죄 가중처벌 등에 관한 법률 위반(보복협박등)죄로 징역 6월의 형을 선고받아 그 판결이 확정되었고, 따라서 위 집행유예가 실효되어 D에 대하여 유예된 형이 집행되었다. 한편 재심대상판결에 대한 재심절차에서 제1심 법원은 징역 1년 6월에 재심판결 확정일을 기산일로 하는 집행유예 2년의 형을 선고하였다. 이에 검사는 재심대상판결에서 정한 집행유예 기간 중 D가 재범하여 집행유예가 실효되어 징역형을 복역하고 있었는데, 제1심 재심판결이 집행유예의 기산일을 재심판결 확정일로 한 결과 위 집행유예 실효가 취소되어 D에 대한 형 집행 근거가 사라지게 되므로 형벌 집행의 안정성을 침해하여 위법하며, 집행유예의 기산일을 재심판결 확정일로 하는 것은 재심대상판결보다 피고인에게 불리하여 불이익변경금지원칙에 반한다는 등의 이유로 항소하였다. 그러나 제2심이 기각하였고, 재차 상고하였으나 이하의 판지와 같은 이유로 대상판결에 의해 기각되었다.

## [판지]

① 재심심판절차는 원판결의 당부를 심사하는 종전 소송절차의 후속 절차가 아니라 사건 자체를 처음부터 다시 심판하는 완전히 새로운 소송절차로서 재심판결이 확정되면 원판결은 당연히 효력을 잃는다. 이는 확정된 판결에 중대한 하자가 있는 경우 구체적 정의를 실현하기 위하여 그 판결의 확정력으로 유지되는 법적 안정성을 후퇴시키고 사건 자체를 다시 심판하는 재심의 본질에서 비롯된 것이다. 그러므로 재심판결이 확정됨에 따라 원판결이나 그 부수처분의 법률적 효과가 상실되고 형 선고가 있었다는 기왕의 사실 자체의 효과가 소멸하는 것은 재심의 본질상 당연한 것이다. 따라서 원판결의 효력 상실 그 자체로 인하여 피고인이 어떠한 불이익을 입는다 하더라도 이를 두고 재심에서 보호되어야 할 피고인의 법적 지위를 해치는 것이라고 볼 것은 아니다.

② 우리 형법이 집행유예 기간의 시기에 관하여 명문의 규정을 두고 있지는 않지만, 형사소송법 제459조가 "재판은 이 법률에 특별한 규정이 없으면 확정한 후에 집행한다."라고 규정한 취지나 집행유예 제도의 본질 등에 비추어 보면 집행유예를 함에 있어 그 집행유예 기간의 시기는 집행유예를 선고한 판결 확정일로 하여야 한다.

## [해설]

### 1. 재심심판절차의 성격 및 재심판결이 확정되면 원판결은 당연히 효력을 잃는지 여부(적극)

대상판결은 "재심심판절차는 원판결의 당부를 심사하는 종전 소송절차의 후속 절차가 아니라 사건 자체를 처음부터 다시 심판하는 완전히 새로운 소송절차로서 재심판결이 확정되면 원판결은 당연히 효력을 잃는다"고 판시함으로써, 종래의 입장(대법원 2018. 2. 28. 선고 2015도15782 판결)을 그대로 유지하고 있다. 이는 재심의 본질을 "확정된 판결에 중대한 하자가 있는 경우 구체적 정의를 실현하기 위하여 그 판결의 확정력으로 유지되는 법적 안정성을 후퇴시키고 사건 자체를 다시 심판"하는 것으로 보기 때문이다. 따라서 재심판결이 확정됨에 따라 원판결이나 그 부수처분의 법률적 효과가 상실되고 형 선고가 있었다는 기왕의 사실 자체의 효과가 소멸하는 것은 재심의 본질상 당연하다는 입장이다(대법원 2018. 2. 28. 선고 2015도15782 판결 등 참조). 이에 대한 학계의 이견은 없다.

## 2. 재심판결 확정의 효력 범위 및 원판결의 효력 상실 자체로 인하여 피고인이 입는 불이익이 재심에서 보호되어야 할 피고인의 법적 지위를 해치는 것인지 여부(소극)

상술한 재심의 본질상 재심판결이 확정되면 원판결이나 그 부수처분의 법률적 효과가 상실되고, 당연히 형 선고가 있었다는 기왕의 사실 자체의 효과도 소멸하게 된다는 것이 대상판결의 입장이다. 따라서 원판결의 효력 상실 그 자체로 인하여 피고인이 어떠한 불이익을 입는다 하더라도 이것이 재심에서 보호되어야 할 피고인의 법적 지위를 해치는 것은 아니다(대법원 2018. 2. 28. 선고 2015도15782 판결 등 참조). 또한 사안과 같이 재심판결에서 D에게 또다시 집행유예를 선고할 경우, 그 집행유예 기간의 시기는 원판결(재심대상판결)의 확정일이 아니라 재심판결의 확정일이며, 그로 인해 원판결이 선고한 집행유예의 실효 효과까지 없어지더라도 이는 재심판결이 확정되면 재심대상판결은 효력을 잃게 되는 재심의 본질상 당연한 결과이며, 재심판결에서 정한 형이 재심대상판결의 형보다 중하지 않은 이상 불이익변경금지의 원칙(법 제439조)이나 이익재심의 원칙(법 제420조)에 반하지 않는다는 것이다.

대상 사안에서 D가 재심판결에서 집행유예 2년을 선고받으므로 재심대상판결보다 집행유예기간이 줄어들었지만, 그 기간이 재심대상판결의 확정일이 아닌 재심판결의 확정일로부터 시작되게 되어 집행유예의 실효나 취소에 대한 우려의 기간이 늘어났다는 점에서는 검사의 주장과 같이 D에게 불리한 것으로 볼 여지가 전혀 없지는 않다. 그러나 집행유예를 선고한 재심판결의 확정으로 재심대상판결과 그 부수처분의 법적 효과(집행유예의 실효 및 형집행)까지 소멸됨으로써 결과적으로 D가 다시금 자유의 몸이 되었다는 점에서는 실질적으로 불이익하다고 보기는 어렵다.

참고로 대상판결이 참조하고 있는 판결(대법원 2018. 2. 28. 선고 2015도15782 판결)은 상술한 논거를 이유로 간통죄와 상해죄로 징역 1년에 집행유예 2년이 확정되어 그 유예기간이 경과되어 선고된 형의 효력이 소멸된 피고인이 간통죄의 위헌결정에 따라 재심청구를 하였다가 간통죄에 대해서는 무죄, 상해죄에 대해 벌금 400만 원의 선고를 받은 것에 대해서 일사부재리원칙이나 불이익변경금지원칙에 위배되지 않는다고 판시한

바 있다. 동 판례에 대해서는 재심판결의 벌금형이 재심대상판결의 징역형에 비해서 경하므로 불이익변경금지의 원칙에 반하지는 않지만, 이미 집행유예기간이 경과된 후에 재심청구를 하여 간통죄에 대해 무죄를 선고받았지만 상해죄로 벌금 400만원을 추가로 선고받았기에 피고인 입장에서는 억울할 수밖에 없고, 또한 집행유예의 기간 경과가 자유형의 집행과는 큰 차이가 있기는 하지만, 집행유예가 확정된 피고인의 입장에서는 그 집행유예기간 중에 실효 또는 취소의 우려가 계속되었을 뿐만 아니라 여러 가지 법적 불이익이 있었던 것이어서 사실상 형의 집행기간으로 볼 수도 있었음을 고려할 필요가 있다는 지적이 있다(이창현, 2018년 형사소송법 중요판례평석, 인권과 정의, Vol. 481, 54쪽).

## 3. 집행유예를 할 때 집행유예 기간의 시기(=집행유예를 선고한 판결 확정일)

대상판결은 집행유예 기간의 시기에 관하여, 우리 형법이 집행유예 기간의 시기에 관하여 명문의 규정을 두고 있지는 않지만, 형사소송법 제459조가 "재판은 이 법률에 특별한 규정이 없으면 확정한 후에 집행한다."라고 규정한 취지나 집행유예 제도의 본질 등에 비추어 볼 때, 집행유예를 함에 있어 그 집행유예 기간의 시기는 집행유예를 선고한 판결 확정일로 보는 종래 입장(대법원 2002. 2. 26. 선고 2000도4637 판결)을 그대로 따르고 있다. 이에 대한 학계의 이견은 없다.

[참고문헌] 이창현, 2018년 형사소송법 중요판례평석, 인권과 정의, Vol. 481, 27쪽 이하.

[필자: 주승희 교수(덕성여대)]

# 131. 재심사유의 증거의 '신규성과 명백성'의 의미

[대법원 2009. 7. 16. 자 2005모472 결정]

**[사안]** ① **재심대상사건의 경과:** D는 V1(남, 21세)의 집에 침입하여 방안에서 자고 있던 V2(여, 21세)의 음부를 만지고, 이에 잠에서 깨어 반항하는 V2의 옆구리와 가슴을 위험한 물건인 부엌칼로 찌르고, V1의 머리를 부엌칼 손잡이 부분으로 때린 후 플라스틱 밴드로 V1의 손과 발을 묶는 등 피해자들의 반항을 억압하였다. 그런 다음 D는 V2를 강간하고, 그녀에게 약 30일간의 치료를 요하는 좌측흉벽혈융 등의 상해를 가하고, V1을 폭행하였다. D는 성폭력범죄의처벌및피해자보호등에관한법률위반(강간등상해)죄 등으로 기소되었는데 제1심법원은 범행을 자백하는 D에게 징역 10년을 선고하였다. D와 검사 모두 항소하였는데, 항소심법원은 특정강력범죄의 처벌에 관한 특례법상의 누범 적용 누락을 이유로 제1심 판결을 직권 파기하였고, 쌍방 상고 없이 확정되었다.

② **재심청구이유의 요지:** 제출된 증거 중 감정의뢰회보, 수사보고의 내용은, 사건 직후 채취된 V2의 질 내용물에 정액 양성반응이 나타났으나, V2의 유전자형 외에 남성의 것은 검출되지 않았고 또 정자가 발견되지 않았다는 것으로, 범인은 무정자증인 것 같다는 취지이다. 재심대상판결 확정 이후 실시된 정액검사결과 D는 무정자증이 아니라는 사실이 새로 밝혀졌다. 따라서 형사소송법 제420조 제5호의 재심사유가 있다.

③ **원심결정의 요지:** 형사소송법 제420조 제5호 소정의 "무죄를 인정할 명백한 증거가 새로 발견된 때"라 함은 재심대상이 되는 확정판결의 소송절차에서 발견되지 못하였거나 또는 발견되었다 하더라도 제출 또는 신문할 수 없었던 증거로서 그 증거가치에 있어 다른 증거들에 비하여 객관적인 우위성이 인정되는 것을 새로 발견하거나 이를 제출할 수 있게 된 때를 의미한다. D가 정액검사에서 정상소견을 보인다는 사실은 재심대상판결의 소송절차에서 제출할 수 없었던 증거라고 볼 수 없고(신규성 부인), 다른 유죄의 증거들에 비하

여 객관적인 우위성이 인정된다고 보기도 어렵다(명백성 부인).

④ **재항고 이유의 요지:** 새로운 증거를 바탕으로 확정판결의 사실인정을 다시 평가할 때 전체적으로 보아 D가 무죄일 가능성이 있다고 판단되는 경우 형사소송법 제420조 제5호의 재심사유가 있다고 보아야 한다. 재심대상판결의 소송절차에서 D는 범인이 무정자증일 수 있다는 수사보고를 보지 못하였으므로 유리한 증거를 제출할 가능성이 없었을 뿐만 아니라, D가 무정자증이 아니라는 사실도 새로 밝혀졌다. 또한, 이러한 새로운 사실을 재심대상판결의 증거들과 종합하여 평가할 때 V의 진술 등은 전혀 신빙성이 없으므로 D는 무죄일 가능성이 있다.

**★[판지(재항고기각)]★**

## 1. 형사소송법 제420조 제5호에서의 '증거의 신규성'
### (1) 다수의견

형사소송법 제420조 제5호에 정한 무죄 등을 인정할 '증거가 새로 발견된 때'란 재심대상이 되는 확정판결의 소송절차에서 발견되지 못하였거나 또는 발견되었다 하더라도 제출할 수 없었던 증거를 새로 발견하였거나 비로소 제출할 수 있게 된 때를 말한다. 증거의 신규성을 누구를 기준으로 판단할 것인지에 대하여 위 조항이 그 범위를 제한하고 있지 않으므로 그 대상을 법원으로 한정할 것은 아니다. 그러나 재심은 당해 심급에서 또는 상소를 통한 신중한 사실심리를 거쳐 확정된 사실관계를 재심사하는 예외적인 비상구제절차이므로, 피고인이 판결확정 전 소송절차에서 제출할 수 있었던 증거까지 거기에 포함된다고 보게 되면, 판결의 확정력이 피고인이 선택한 증거제출시기에 따라 손쉽게 부인될 수 있게 되어 형사재판의 법적 안정성을 해치고, 헌법이 대법원을 최종심으로 규정한 취지에 반하여 제4심으로서의 재심을 허용하는 결과를 초래할 수 있다. 따라서 피고인이 재심을 청구한 경우 재심대상이 되는 확정판결의 소송절차 중에 그러한 증거를

제출하지 못한 데 과실이 있는 경우에는 그 증거는 위 조항에서의 '증거가 새로 발견된 때'에서 제외된다고 해석함이 상당하다.

### (2) 별개의견

형사소송법 제420조 제5호는 그 문언상 '누구에 의하여' 새로 발견된 것이어야 하는지 그 범위를 제한하지 않고 있는데, 다수의견과 같이 그 증거가 법원이 새로 발견하여 알게 된 것임과 동시에 재심을 청구한 피고인에 의하여도 새로 발견된 것이어야 한다고 보는 것은 피고인에게 명백히 불리한 해석에 해당하며, 법적 안정성의 측면만을 강조하여 위 조항에 정한 새로운 증거의 의미를 제한 해석하는 것은 위 조항의 규정 취지를 제대로 반영한 것이 아니다. 또한, 다수의견이 예정하는 피고인의 귀책사유 때문에 신규성이 부정된다는 이유로 재심사유로 인정받지 못하게 되면 정의의 관념에 현저히 반하는 결과를 초래할 수 있으며, 법원이 종전 소송절차에서 인식하였는지 여부만을 기준으로 하여 새로운 증거인지 여부를 판단하고 그에 의하여 판결 확정 후에도 사실인정의 문제에 한하여 이를 재론할 수 있다는 것 자체가 대법원을 최종심으로 규정한 헌법의 취지에 반한다고 할 수는 없다. 따라서 형사소송법 제420조 제5호에서 무죄 등을 인정할 증거가 '새로 발견된 때'에 해당하는지는, 재심을 청구하는 피고인이 아니라 어디까지나 재심 개시 여부를 심사하는 법원이 새로이 발견하여 알게 된 것인지 여부에 따라 결정되어야 한다.

### 2. 형사소송법 제420조 제5호에서의 '증거의 명백성'

### (1) 다수의견

형사소송법 제420조 제5호에 정한 '무죄 등을 인정할 명백한 증거'에 해당하는지 여부를 판단할 때에는 법원으로서는 새로 발견된 증거만을 독립적·고립적으로 고찰하여 그 증거가치만으로 재심의 개시 여부를 판단할 것이 아니라, 재심대상이 되는 확정판결을 선고한 법원이 사실인정의 기초로 삼은 증거들 가운데 새로 발견된 증거와 유기적으로 밀접하게 관련되고 모순되는 것들은 함께 고려하여 평가하여야 하고, 그 결과 단순히 재심대상이 되는 유죄의 확정판결에 대하여 그 정당성이 의심되는 수준을 넘어 그 판결을 그대로 유지할 수 없을 정도로 고도의 개연성이 인정되는 경우라면 그 새로운 증거는 위 조항의 '명백한 증거'에

해당한다.

### (2) 별개의견

형사소송법 제420조 제5호에 정한 '무죄 등을 인정할 명백한 증거'에 해당하는지 여부를 판단할 때 고려하여야 할 구 증거의 평가 범위를 다수의견과 같이 제한할 것이 아니라 새로 발견된 증거와 재심대상인 확정판결이 그 사실인정에 채용한 모든 구 증거를 함께 고려하여 종합적으로 평가·판단하여야 한다.

3. 원판결 확정 후에 이루어진 D에 대한 정액검사 결과 D는 무정자증이 아니라는 사실이 밝혀졌으므로 범인이 무정자증임을 전제로 한 원판결에는 형사소송법 제420조 제5호의 재심사유가 있다는 주장에 대하여, 정액검사 결과가 원판결의 소송절차에서 제출될 수 없었다거나 무죄를 인정할 명백한 증거라고 볼 수 없다고 판단한 원심결정에는, 정액검사 결과가 새로 발견된 것인지 등을 제대로 심리하지 않았고 정액검사 결과만의 증거가치를 기준으로 무죄를 인정할 명백한 증거인지를 판단한 잘못이 있으나, 원판결 사실인정의 기초가 된 증거들 중 정액검사 결과와 유기적으로 밀접하게 관련된 증거들을 함께 살펴보더라도 범인이 반드시 무정자증이라고 단정할 수 없어, 정액검사 결과가 무죄를 인정할 명백한 증거에 해당하지 않는다고 하여 원심결정을 수긍한 사례.

### [ 해 설 ]

1. 형사소송법 제420조 제5호에는 "유죄의 선고를 받은 자에 대하여 무죄 또는 면소를, 형의 선고를 받은 자에 대하여 형의 면제 또는 원판결이 인정한 죄보다 경한 죄(罪)를 인정할 명백한 증거가 새로 발견된 때"라는 가장 기본적인 이른바 Nova형 재심사유가 규정되어 있다.

### 2. 형사소송법 제420조 제5호의 재심사유에 관한 해석론 ─ ① 증거의 신규성

증거의 신규성은 원판결 당시 존재하였으나 후에 발견된 증거뿐만 아니라 원판결 후에 생긴 증거 및 원판결 당시 존재하였으나 조사 불가능했던 증거에 대하여도 인정된다는 점에는 이론이 없다. 문제는 "누구에 대하여 새로운 증거여야 하는가?"로서 신규성이 누구를 기준으로 판단되어야 하는지에 있다. 먼저 법원에 대하여 신규성이 있어야 함은 당연하고, 검사에게 알려

졌었는지도 신규성에 아무런 영향이 없다. 국가 측의 지(知)·부지(不知)라는 사정이 국민에게 불이익으로 작용해서는 안 되기 때문이다. 나아가 청구인에게도 신규성이 있어야 하는지에 대하여는 견해가 갈린다. 신규성 기준에 관한 견해는, 청구인이 그 존재를 알고 있었던 경우에는 증거의 신규성을 부정하는 견해[법원 및 재심청구인 기준설(제1설), 형사소송법 제420조 제5호가 재심청구인의 입장에서 요건을 정한 규정이라고 보고, "새로 발견된"이라는 문구를 "재심청구인이 새롭게 발견한"이라고 해석한다. 이러한 법원 및 재심청구인 기준설(제1설)은 다시, 증거를 제출하지 못한 데에 청구인에게 고의·과실 등 귀책사유가 없는 경우에 한하여 신규성을 인정하는 견해(고의·과실이 있는 경우 '신규성' 부정), 증거를 고의로 은닉·불제출한 증거에 한하여 신규성을 부인하는 견해(고의가 있는 경우만 '신규성' 부정)로 나뉜다], 신규성은 법원에 대하여 구비된 것으로 족하다는 견해[법원기준설(제2설)], 이른바 '몸받이(身代)'의 경우에만 예외적으로, 그것도 피고인 자신이 재심을 청구하는 경우에 한하여 금반언(estopel)을 이유로 신규성을 부정하는 견해[절충적 견해(제3설)]로 구분된다. 법원기준설(제2설)은 결과적으로 신규성 단계에서는 되도록 그 증거의 범위를 넓게 인정하고 주로 명백성 단계에서 재심사유에 해당하는지를 살펴보자는 것임에 반하여, 법원 및 재심청구인 기준설(제1설)은 명백성 요건과 관련된 불분명한 논의에 앞서 신규성 인정에 관한 기준을 정립하여 그 나름의 역할을 하게 하여야 한다는 입론이다. 판례는 일찍이 형사소송법 제420조 제5호의 "명백한 증거가 새로 발견된 때"라 함은 "확정판결을 뒤집을 만한 증거가치가 있는 증거가 있음을 피고인이 알았으나 과실 없이 확정판결 전에 제출할 수 없었거나, 또는 그 증거가 있음을 알지 못하고 있다가 판결 이후에 새로 발견한 경우를 말한다"고 판시하여(대법원 1966. 6. 11. 자 66모24 결정) 법원 및 재심청구인 기준설(제1설) 가운데 고의·과실이 있는 경우 신규성을 부정하는 견해에 가까웠다.

대상결정에서 별개의견으로 법원기준설이 제기되었으나, 다수의견은 재심사유가 되는 증거를 제출하지 못한 데에 고의·과실이 있는 경우에는 신규성을 부정하는 법원 및 재심청구인 기준설을 취함으로써 기존의 판례 견해를 유지하였다.

### 3. 형사소송법 제420조 제5호의 재심사유에 관한 해석론 — ② 증거의 명백성

형사소송법 제420조 제5호는, "유죄의 선고를 받은 자에 대하여 무죄 또는 면소를 … 인정할 명백한 증거"라고 규정하고 있을 뿐 명백성이 어떠한 정도의 심증을 요구하는 것인지(심증의 정도), 어떤 방법으로 평가하여야 할 것인지(구 증거에 대한 평가의 범위와 방법)는 규정하지 않았다. 따라서 심증의 정도, 재심개시여부에 관한 심리절차에 In dubio pro reo가 적용되는가, 구증거에 대한 평가의 범위와 방법 등이 문제된다.

ⓐ '심증의 정도'에 관하여는 확정판결을 파기할 고도의 가능성 내지 개연성이 인정되어야 한다는 엄격설과 단순한 심증의 우위, 나아가 유죄 인정의 동요나 의심의 여지만으로 충분하다는 완화설로 나뉜다. 엄격설은 우리나라의 대표적 학설로서 재심제도의 이념적 기초에서 법적 안정성을 중시하는 사상을 그 배경으로 한다. 일본의 경우 이른바 白鳥 결정[최고재판소 1975(昭50.). 5. 20. 자 제1소법정 결정]과 財田川 결정[최고재판소 1976(昭51.). 10. 12. 자 제1소법정 결정] 이후 완화설이라 평가되고, 현재 독일의 통설·판례 역시 완화설이라고 한다. 프랑스는 수십 년간 판례에 의하여 완화되었다가 1989년 형사소송법 개정으로 완화설을 입법화하였다고 평가된다. 대법원은 "적어도 그 증거의 가치판단에 있어서 다른 증거에 비교하여 객관적으로 우위성이 인정될 만한 근거가 있는 증거(대법원 1987. 2. 11. 자 86모22 결정)", "모든 증거 중에 있어서도 어떠한 특정 증거가 특별히 그 신빙성이 객관적으로 두드러지게 뛰어날 정도(대법원 1990. 2. 19. 자 88모38 결정, 대법원 1991. 9. 10. 자 91모45 결정)"라고 판시하여 엄격설에 가깝고, 대상결정 또한 이를 유지하였다.

ⓑ 한편, '의심스러울 때는 피고인의 이익으로(In dubio pro reo)' 원칙이 재심개시 여부의 심리절차에도 적용되는지에 관하여 우리나라의 경우 적용부정설, 적용긍정설, 확정판결의 사실인정에 진지한 의문(ernstliche Zweifel)이 제기된다면 명백성을 인정할 수 있다는 취지의 절충설 등으로 나뉜다. 대상결정의 다수의견에 대한 보충의견에서, "단지 확정판결의 정당성이 의심스러운 정도에 불과하다면, 이는 재심을 청구받은 법원에 따라 그 평가·판단의 결과가 달라질 수 있음을 의미하므로 무죄 등을 인정하기에 명백하다고 볼 수

없다"고 하여 적용되지 않음을 밝히고 있다.

ⓒ '판단 대상이 되는 증거의 범위'에 관하여는, ㉮ 새로운 증거만으로 명백성을 판단하여야 한다는 견해[고립평가설, 재심은 살인사건에서 피해자의 생존, 다른 진범인의 존재, 범행시 알리바이 등 그 자체로 무죄임을 직접 증명할 수 있는 새로운 증거가 발견된 경우와 같이 극히 한정적인 경우에만 인정된다는 것으로 판례의 입장이다], ㉯ 새로운 증거와 유기적 관련성이 있는 한 구 증거도 판단의 대상이 된다는 견해[제한적(한정적) 평가설, 재심개시 여부를 심사하는 법원은 구 증거 가운데 새로운 증거와 무관한 부분에 대해 원판결 법원의 증거평가 및 심증에 구속되고, 또한 새로운 증거 자체에 구 증거 중 특정증거 또는 인정사실과 직접 관련성 및 모순을 요구한다], ㉰ 재심청구를 받은 법원은 새로운 증거와 구 증거를 함께 평가하여야 한다는 견해[종합평가설, 새로운 증거는 보조사실에 관한 증거라도 원판결의 기초가 된 증거들과 종합적·유기적으로 평가할 때 그 사실인정과 다른 결론을 이끌어 내면 충분하고, 새로운 증거가 여러 개 제출된 경우 이들을 종합하여 명백성을 인정할 수 있다. 우리나라 통설이고, 독일 형사소송법이 채택하고 있으며, 일본의 통설·판례이다]로 나뉜다. 대상결정은 판단 대상이 되는 증거의 범위에 대한 기존 판례 견해를 변경하였다.

기존 판례는 심증의 정도에 대하여 엄격설을, 판단 대상이 되는 증거의 범위는 고립평가설을 취한 것으로 평가된다. 이렇듯 엄격설과 고립평가설을 적용하면, 새로운 증거로만 판단했을 때 원판결의 사실인정에 제공된 다른 증거에 비하여 증거가치 측면에서 객관적 우위성을 갖는 증거만이 형사소송법 제420조 제5호의 재심사유에 해당한다는 논리적 결과에 이르고, 새로운 증거와 구 증거를 함께 종합하여 평가할 여지가 없으며, 구 증거의 증거가치 평가나 그에 따른 사실인정 당부는 처음부터 고려할 여지가 없게 된다. 기존 판례가 "본조 제5호에서 말하는 명백한 증거라고 함은 어떠한 증거의 증거가치가 객관적으로 확실하게 보장되는 증거를 말하는 것이고 법관의 자유심증에 의하여 그 증거가치의 존부가 결정되는 따위의 증거를 말하는 것은 아니다(대법원 1962. 7. 16. 자 62소4 결정)", "이미 확정된 판결에서 사실인정자료로 적시된 증거의 증명력보다 경험법칙이나 논리법칙에 따라 객관적으로 우월한 증거가치가 있는 정도(대법원 1965. 10. 26. 자 65도710 결정)"라고 판시한 것은 엄격설을 전제로 한 고립평가설의 입장이라고 할 수 있다.

대상결정은 심증의 정도에 대하여 엄격설을 유지하였으나, 판단의 대상이 되는 증거의 범위에 대하여는 이전 판례 견해인 고립평가설에서 제한적(한정적) 평가설로 변경함으로써 새로운 증거에 대한 고립·단독평가에서 생기는 불합리한 점을 개선하였다. 한편 별개의견은 통설과 같은 종합평가설의 입장이다.

[참고문헌] 김태업, 형사소송법 제420조 제5호의 재심사유에서 증거의 신규성과 명백성, 사법 11호(2010).

[필자: 김태업 판사]

# 132. 국민참여재판 (1) — 항소심에서 제1심 증언의 신빙성 판단방법

[대법원 2010. 3. 25. 선고 2009도14065 판결 등]

**[사안]** D는 O1과 합동하여, 2008. 8. 16. 00:00경 서울 금천구 ○○동(이하지번 1 생략)○○모텔 203호에서 피해자 O5(33세)가 청소년인 O2와 성관계를 하기로 한 사실을 알고 일행인 O3, O1, O4와 함께 찾아 가, V에게 "얘가 내 동생인데 미성년자다, 미성년자와 성관계를 하느냐"며 그의 얼굴을 주먹으로 1회 때리고, 그에게 지갑을 달라고 요구하여 건네받은 후 그 안에 들어 있는 신용카드를 하나씩 꺼내 보이며 "여기에 얼마 있느냐, 비밀번호가 무엇이냐, 돈이 얼마 있는지 확인해 보겠다, 1주일 시간을 줄 테니 300만원을 보내라"고 하고, 계속하여 운전면허증을 꺼내면서 "입금을 하지 않으면 주소로 찾아가겠다"라고 위협하고, O1은 그 옆에서 "생까냐, 죽여 버리겠다, 가위를 가져다 달라, 성기를 잘라버리겠다"라고 욕설을 하며 이를 거들어, 이에 겁을 먹은 V로부터 목에 걸고 있던 시가 290만원 상당의 금목걸이를 달라고 하여 건네받아 이를 강취하고, V에게 약 4주일간의 치료를 요하는 비골골절상 등을 가하였다. 검사는 강도상해 등으로 공소제기하였다.

국민참여재판으로 진행된 제1심에서는 D가 위 범행 당시 V의 금목걸이를 V로부터 넘겨받게 된 경위에 관하여 D의 주장과 V의 진술이 상반되고 그에 따라 위 금목걸이의 강취 사실 및 범의 여부가 공판의 쟁점이 되자, V, D와 함께 모텔에 들어간 일행들과 모텔 주인 등 다수의 관련자들에 대한 증인신문을 마친 다음, 배심원 9명이 만장일치로 한 평결 결과를 재판부가 받아들여, D이 위 범행 당시 재물 강취의 고의는 물론, 불법영득의 의사로 금목걸이를 강취하였다고 볼 증거가 부족하다는 이유로 위 강도상해의 공소사실에 관하여 무죄로 판단하였다.

항소심은 V에 대하여만 증인신문을 추가로 실시한 다음, 그 진술의 신빙성이 인정된다는 이유 등을 들어, 제1심이 증거의 증명력을 판단함에 있어 경험칙과 논리법칙에 어긋나는 판단을 함으로써 자유심증주의에 관한 법리를 오해하거나 사실을 오인한 위법이 있다고 보아 제1심 판결을 파기하고 위 강도상해의 공소사실에 관하여 유죄로 판단하였다. D가 대법원에 상고하였다.

**＊[판지(파기환송)]＊**

**1. 제1심 증인이 한 진술의 신빙성에 관한 제1심의 판단**

제1심 증인의 진술에 대한 제1심과 항소심의 신빙성 평가 방법의 차이에, 우리 형사소송법이 채택하고 있는 실질적 직접심리주의의 취지 및 정신을 함께 고려해 보면, 제1심 판결 내용과 제1심에서 적법하게 증거조사를 거친 증거들에 비추어 ① 제1심 증인이 한 진술의 신빙성 유무에 대한 제1심의 판단이 명백히 잘못되었다고 볼 특별한 사정이 있거나, ② 제1심의 증거조사 결과와 항소심 변론종결시까지 추가로 이루어진 증거조사 결과를 종합하면 제1심 증인이 한 진술의 신빙성 유무에 대한 제1심의 판단을 그대로 유지하는 것이 현저히 부당하다고 인정되는 등의 예외적인 경우가 아니라면, 항소심으로서는 제1심 증인이 한 진술의 신빙성 유무에 대한 제1심의 판단이 항소심의 판단과 다르다는 이유를 들어 제1심의 판단을 함부로 뒤집어서는 아니된다. 특히 공소사실을 뒷받침하는 증인의 진술의 신빙성을 배척한 제1심의 판단을 뒤집는 경우에는, 무죄추정의 원칙 및 형사증명책임의 원칙에 비추어 이를 수긍할 수 없는 충분하고도 납득할 만한 현저한 사정이 나타나는 경우라야 한다.

**2. 국민참여재판에서 배심원의 무죄평결**

사법의 민주적 정당성과 신뢰를 높이기 위해 도입된 국민참여재판의 형식으로 진행된 형사공판절차에서, ① 엄격한 선정절차를 거쳐 양식 있는 시민으로 구성된 배심원이 사실의 인정에 관하여 재판부에 제시하는 집단적 의견은 실질적 직접심리주의 및 공판중심주의 하에서 증거의 취사와 사실의 인정에 관한 전권을 가지는 사실심 법관의 판단을 돕기 위한 권고적 효력을 가지는 것인바, ② 배심원이 증인신문 등 사실심리의 전 과정에 함께 참여한 후 증인이 한 진술의 신빙성 등 증거의 취사와 사실의 인정에 관하여 만장일치의 의견으로 내린 무죄의 평결이 재판부의 심증에 부합하여 그대로 채택된 경우라면, ③ 이러한 절차를 거쳐 이루어진 증거의 취사 및 사실의 인정에 관한 제1심의 판단은 실질적 직접심리주의 및 공판중심주의의 취지와 정신에 비추어 항소심에서의 새로운 증거조사를 통해 그에 명백히 반대되는 충분하고도 납득할 만한 현저한 사정이 나타나지 않는 한 한층 더 존중될 필요가 있다.

**[해 설]**

우리나라는 2008년 사법의 민주적 정당성과 국민의 신뢰를 제고하기 위하여 국민참여재판제도를 도입하였다. 동년 1월 1일 시행된 「국민의 형사재판 참여에 관한 법률」(이하 재판참여법)과 관련 대법원규칙에 따라 일반국민은 배심원으로서 공판절차에서 심리에 참여하고 피고인의 유무죄와 양형에 대하여 의견을 제시한다. 재판참여법 제46조 제5항은 배심원의 평결과 의견은 "법원을 기속하지 아니한다"고 규정하고 있어 그 의미가 명확하지 않으나, 입법취지와 학설에 의하면, 현단계에서 배심원의 평결은 권고적 효력을 가진다고 보고 있다. 본 판결도 이에 따라 배심원의 평결은 권고적 효력을 가진다고 명시하였다는 점에서 의미가 있다(2. ①). 실제로 2013년 9월까지 진행된 1000여 건의 국민참여재판 중에서 92% 가량의 사건에 있어서 배심원의 유무죄평결과 법관의 선고가 일치하였다고 한다. 상당히 높은 수준이라고 할 수 있다. 참여재판의 초기임에도 배심원이 진지하고 책임 있으며 공정하고 정확하게 판단하고 있음을 방증하는 자료라고 할 것이다.

공판중심주의, 실질적 직접심리주의 등과 관련하여 1심법원이 인정한 사실관계를 항소심은 쉽게 뒤집어서는 안된다고 하는 법리(1. ①②)는 이미 대법원 2006. 11. 24. 선고 2006도4994 판결에서도 설시된 바 있다. 본 판결은 이러한 법리에서 더 나아가 배심원이 증인신문 등 사실심리의 전 과정에 함께 참여한 후 증인이 한 진술의 신빙성 등 증거의 취사와 사실의 인정에 관하여 배심원의 만장일치 의견으로 무죄평결에 도달하였고, 이것이 재판부의 심증에 부합하여 그대로 채택

되어 무죄를 선고한 경우에는 한층 더 존중되어야 한다고 판시하였다(2. ③). 배심원의 무죄평결은 증거법적으로 의미가 크다. 배심원은 증거능력에 대한 결정에는 참여하지 않으므로(재판참여법 제44조 참조), 증거능력이 없는 전문증거나 위법수집증거의 경우, 배심원은 법관과 달리 그 내용을 전혀 알지 못하고 따라서 증거법에 따른 정확한 판단이 가능하기 때문이다. 법관이 아무리 훈련되었다고 하나, 위법한 증거의 내용을 이미 알고 있는 한 공정한 판단을 할 것인지에 대한 의구심을 피할 수 없는 것이다.

또한 본 판결은 피고인과 증인들의 심리에 직접 참여하여 배심원과 법관의 의견이 일치한 다른 경우에도 적용될 수 있을 것이다. 배심원의 평결과 의견은 법관에게 권고적 효력을 가질 뿐 아니라, 항소심은 참여재판의 결론을 존중해야 한다. 국민참여재판의 결론을 법관만으로 구성된 항소심이 쉽게 뒤집으면 일반국민인 배심원이 재판에 참여함으로서 재판의 민주성과 신뢰, 그리고 투명성을 제고하려는 국민참여재판의 취지에 역행하기 때문이다.

본 사안에서는 D가 모텔방에서 나가면서 V의 금목걸이를 가지고 갔는지가 강도상해죄의 인정과 관련하여 쟁점이 되었다. 항소심은 명확한 물증이나 증거 없이 V만을 다시 신문하여 피고인의 강도상해죄를 유죄로 인정하였는바, 이는 무죄추정원칙과 실질적 직접심리주의, 국민참여재판의 취지의 관점에서 문제가 있다고 할 것이다. 이를 명확하게 판시한 본 판결은 지극히 당연하고 타당하다고 할 것이다.

[참고문헌] 한상훈, 국민참여재판에서 배심원평결의 기속적 효력에 관한 검토, 형사정책 24권 3호(2012. 12.); 안경환·한인섭, 배심제와 시민의 사법참여, 집문당, 2005.

[필자: 한상훈 교수(연세대)]

# 133. 국민참여재판 (2) — 신청의사확인절차의 누락

[대법원 2012. 4. 28. 선고 2012도1225 판결]

[사안] 피고인 D는 특정범죄가중처벌등에관한법률위반(절도 및 강도), 특수공무집행방해치상, 폭력행위등처벌에관한법률위반 및 특수공무집행방해, 그리고 폭행 등의 혐의로 기소되었다.

제1심법원은 이 사건 공소사실 중 특정범죄가중처벌 등에 관한 법률위반의 점이 국민참여재판법률(이하 '참여재판', '참여법'으로 약칭함) 제5조 제1항 제3호, 규칙 제2조 제3호에 의하여 국민참여재판의 대상사건에 해당함에도 불구하고 피고인에 대하여 법 제8조 제1항, 규칙 제3조 제1항에서 정한 절차에 따라 참여재판을 원하는지를 확인하지 아니한 채 통상의 공판절차에 따라 재판을 진행한 후 유죄판결(징역 8년과 벌금 500,000원)을 선고하였다. 항소심 제1회 공판기일에 피고인과 변호인이 "1심에서 참여재판에 관하여 고지되지 않고 일반 형사재판을 받은 것에 대하여 이의 없다"고 진술하자 항소심은 제1심 공판절차의 위법이 더 이상 문제되지 않는다고 보고 변론을 종결하고 제2회 공판기일에 D의 항소를 기각하였다. D가 상고하였다.

## *[판지(파기환송)]*

### 1. 참여재판을 받을 권리와 피고인의 신청주의의 의의

① 참여재판 실시 여부는 1차적으로 피고인의 의사에 따라 결정되므로 참여재판 대상사건의 공소제기가 있으면 법원은 피고인에 대하여 참여재판을 원하는지에 관한 의사를 서면 등의 방법으로 반드시 확인하여야 하고(참여법 제8조 제1항), 만일 이러한 규정에도 불구하고 ② 법원에서 피고인이 참여재판을 원하는지에 관한 의사 확인절차를 거치지 아니한 채 통상의 공판절차로 재판을 진행하였다면, 이는 피고인의 참여재판을 받을 권리에 대한 중대한 침해로서 그 절차는 위법하고 이러한 위법한 공판절차에서 이루어진 소송행위도 무효라고 보아야 한다.

### 2. 참여재판 희망의사 확인 없이 이루어진 통상공판절차의 효력

③ 제1심법원이 참여재판 대상이 되는 사건임을 간과하여 이에 관한 피고인의 의사를 확인하지 아니한 채 통상의 공판절차로 재판을 진행하였더라도, 피고인이 항소심에서 참여재판을 원하지 아니한다고 하면서 위와 같은 제1심의 절차적 위법을 문제 삼지 아니할 의사를 명백히 표시하는 경우에는 하자가 치유되어 제1심 공판절차는 전체로서 적법하게 된다고 보아야 하고, ④ 다만 참여재판제도의 취지와 피고인의 참여재판을 받을 권리를 실질적으로 보장하고자 하는 관련 규정의 내용에 비추어 위 권리를 침해한 제1심 공판절차의 하자가 치유된다고 보기 위해서는 같은 법 제8조 제1항, 국민의 형사재판 참여에 관한 규칙 제3조 제1항에 준하여 피고인에게 참여재판절차 등에 관한 충분한 안내와 그 희망 여부에 관하여 숙고할 수 있는 상당한 시간이 사전에 부여되어야 한다.

### 3. 항소심 공판절차 하자의 치유요건

피고인에게 참여법 제8조 제1항, 참여 규칙 제3조 제1항에 준하여 사전에 참여재판절차 등에 관한 충분한 안내와 그 희망 여부에 관하여 숙고할 수 있는 상당한 시간을 부여함이 없이 단지 피고인과 변호인이 제1심에서 통상의 공판절차에 따라 재판을 받은 것에 대하여 이의가 없다고 진술한 사실만으로 제1심의 공판절차상 하자가 모두 치유되어 그에 따른 판결이 적법하게 된다고 볼 수 없다.

## [해설]

본 판결은 참여재판의 절차적 보장장치를 확보함으로써 참여재판의 제도적 취지를 실현하고 동시에 참여재판의 활성화에 기여할 것으로 기대된다.

### 1. 피고인 신청주의의 의의와 절차 및 기간

현행 국민의 형사재판참여에 관한 법률(이하 '참여법')은 누구든지 참여재판을 받을 권리를 갖는다고 규정하고 있을 뿐만 아니라 대상사건의 피고인에게 참여재판

신청권을 인정하고 있다. 이러한 참여재판의 규정 및 참여재판의 취지 등에 비추어 볼 때 피고인의 의사를 확인하지 않은 채 통상의 공판절차로 재판을 진행하는 것은 피고인의 참여재판을 받을 권리를 침해하는 것이다. 따라서 법원은 대상사건의 피고인에 대하여 참여재판을 원하는지 여부에 관한 의사를 서면 등의 방법으로 **반드시 확인**하여야 한다. 현재 대상사건의 피고인의 신청율은 상당히 저조하다. 입법론상으로 참여재판 대상사건의 전면확대 논의가 있으나, 이러한 입법적 논의와는 별도로 피고인의 인식전환과 피고인이 참여재판을 선택할 수 있도록 하는 환경의 조성이 더욱 중요하다.

## 2. 피고인의 신청의사를 확인하지 아니하고 진행된 공판절차의 효력

대상사건의 피고인이 참여재판을 원하는지의 의사 여부는 그에 관한 의사가 기재된 서면을 제출함으로써 확인된다. 참여법상 법원은 대상사건의 피고인에 대하여 참여재판을 원하는지 여부에 관한 의사를 공소장 부본을 송달받은 날로부터 7일 이내에 서면 등의 방법으로 반드시 확인하여야 한다(참여법 제8조).

문제는 법원이 피고인의 의사확인 절차를 거치지 아니하고 일반공판절차를 진행한 경우에 그 절차진행의 효력을 어떻게 평가할 것인가 하는 점이다. 피고인의 신청의사는 공소장 부본을 송달받은 날로부터 7일 이내에 서면으로 하여야 하고 제1회 공판기일 전까지 변경할 수 있지만(제8조 제4항), 대법원은 "참여법의 취지상 7일의 신청기간이 지나면 피고인이 참여재판 신청을 할 수 없도록 하려는 것으로 보기 보다는 제1회 공판기일이 열리기 전까지는 참여재판을 신청할 수 있다고 봄이 상당하다"고 판시(대법원 2009. 10. 23. 선고 2009모1032 결정)하여 참여재판의 도입취지에 비추어보아 대상사건의 피고인에게 참여재판을 받을 권리를 가급적 보장하려는 방향으로 운영하고 있다. 따라서 참여재판에서 피고인의 의사확인절차를 거치지 아니한 채 통상의 공판절차로 재판을 진행하였다면 이는 피고인의 참여재판을 받을 권리에 대한 중대한 침해로 보인다.

대법원은 이 판례에서 대상사건의 피고인의 신청의사확인 절차를 거치지 아니하고 공판절차를 진행한 경우에 사실심판결의 하자의 치유를 전면적으로 부정하는 것은 아니지만 하자의 치유를 인정하려면 사실심의

상당한 배려가 있어야 한다고 판시한다. 그 배려란 '피고인에게 참여재판에 관한 충분한 안내'가 있어야 하고 또 '신청여부에 관하여 숙고할 수 있는 상당한 기회가 사전에 부여되어야 한다'는 점이다. 어떤 경우에 사실심판결의 하자의 치유가 긍정되고 어떤 경우에 하자의 치유가 부정될 것인가?

## 3. 긍정례와 부정례

피고인의 참여재판을 받을 권리를 실질적으로 보장하고자 하는 참여법의 취지에 비추어 피고인에게 사전에 참여재판에 관한 충분한 안내가 제공되어야 하고 신청 여부에 대하여 숙고할 수 있는 시간이 주어지는 것이 바람직하다. 피고인에게 충분한 안내가 제공되고 상당한 숙고기간이 주어진 이상 '피고인이 항소심에서 참여재판을 원하지 않는다고 하면서 제1심의 절차적 위법을 문제 삼지 아니할 의사를 명백히 표시하는 경우에'(제1심이 국민참여재판을 원하는지 묻고 안내서를 교부한 후 선고기일을 연기한 다음 피고인이 답변서와 국민참여재판 의사 확인서를 통해 '국민참여재판으로 진행하기를 원하지 않는다'는 의사를 밝힌 사안)는 하자가 치유된다(대법원 2012. 6. 14. 선고 2011도15484 판결). 그러나 본 사안에서처럼 단지 피고인과 변호인이 항소심 제1회 공판기일에서, '제1심에서 통상의 공판절차에 따라 재판을 받은 것에 대하여 이의가 없다'고 진술하였을 뿐이고 신청 여부에 관한 충분한 숙고의 기회를 부여받은 사실이 없었던 경우에 대법원은 다른 결론(파기환송)을 내렸다.

[참고문헌] 김재중, 2012년 형사소송법 중요판례, 인권과 정의 432호(2013. 3.); 김래니, 참여재판신청에 대하여 배제 결정 없이 일반공판절차로 진행한 재판의 효력, 대법원판례해설 제90호(2011 하반기).

**[필자: 박미숙 선임연구위원(한국형사정책연구원)]**

제7장 형사변호인의
직업윤리등

刑事訴訟法判例１３０選

# 134. 형사사건에서 변호사 성공보수약정의 효력(무효)

[대법원 2015. 7. 23. 선고 2015다200111 전원합의체 판결]

**[사안]** ① X(원고)는 아버지 O가 특정범죄 가중처벌 등에 관한 법률위반(절도) 사건으로 구속되자, 2009. 10. 12. 변호사 Y(피고)를 O의 변호인으로 선임하면서 착수금 1,000만원을 지급하고, 추후 O가 석방되면 사례금을 지급하기로 약정하였다. ② Y는 2009. 12. 8. O에 대한 보석허가신청을 하였고, 같은 달 11. X는 Y에게 1억원을 지급하였으며, 같은 달 17. O에 대하여 보석허가결정이 내려졌다. ③ O는 징역 3년에 집행유예 5년을 선고받고 확정되었다. ④ X는 Y를 상대로 위 1억원을 포함해 지급한 변호사보수의 반환을 구하는 이 사건 부당이득금 반환청구의 소를 제기하였다. X는 위 1억원은 담당 판사 등에 대한 청탁 활동비 명목으로 지급한 것으로 수익자인 Y의 불법성이 X의 불법성보다 훨씬 큰 경우에 해당하고, 설령 성공보수금으로 지급한 것이라고 하여도 지나치게 과다하여 신의성실의 원칙에 반하여 무효라고 주장하였다. 이에 대해 Y는 위 1억원이 석방에 대한 사례금을 먼저 받은 것이고, 부당하게 과다한 것도 아니어서 반환할 의무가 없다고 주장하였다. 제1심은 원고 패소판결을 선고했으나, 항소심은 원고 일부승소판결을 선고하였다. 즉, 위 1억원을 변호사 성공보수로 인정하면서, 그중 6,000만원을 초과하는 4,000만원 부분은 신의성실의 원칙이나 형평의 원칙에 반하여 부당하게 과다하여 무효이므로, Y는 X에게 위 4,000만원을 반환하라고 판단하였다. Y는 이에 불복하여 대법원에 상고하였다.

**★[판지(상고기각)]★**

**1. 형사사건에서 변호사 성공보수약정의 효력(무효)**
형사사건에 관하여 체결된 성공보수약정이 가져오는 여러 가지 사회적 폐단과 부작용 등을 고려하면, 비록 구속영장청구 기각, 보석 석방, 집행유예나 무죄 판결 등과 같이 의뢰인에게 유리한 결과를 얻어내기 위한 변호사의 변론활동이나 직무수행 그 자체는 정당하다 하더라도, 형사사건에서의 성공보수약정은 수사·재판의 결과를 금전적인 대가와 결부시킴으로써, 기본적 인권의 옹호와 사회정의의 실현을 그 사명으로 하는 변호사 직무의 공공성을 저해하고, 의뢰인과 일반 국민의 사법제도에 대한 신뢰를 현저히 떨어뜨릴 위험이 있으므로, 선량한 풍속 기타 사회질서에 위반되는 것으로 평가할 수 있다.

**2. 형사사건에서 종래 이루어진 성공보수약정의 효력(유효)**
다만 선량한 풍속 기타 사회질서는 부단히 변천하는 가치관념으로서 어느 법률행위가 이에 위반되어 민법 제103조에 의하여 무효인지 여부는 그 법률행위가 이루어진 때를 기준으로 판단하여야 한다. 그런데 그동안 대법원은 수임한 사건의 종류나 그 특성에 관한 구별 없이 성공보수약정이 원칙적으로 유효하다는 입장을 취해 왔고, 대한변호사협회도 권고양식으로 만들어 제공한 형사사건의 수임약정서에 성과보수에 관한 규정을 마련하여 놓고 있었다. 그 결과 당사자 사이에 당연히 지급되어야 할 정상적인 보수까지도 성공보수의 방식으로 약정하는 경우가 많았던 것으로 보인다. 이러한 사정들을 종합하여 보면, 종래 이루어진 보수약정의 경우에는 보수약정이 성공보수라는 명목으로 되어 있다는 이유만으로 민법 제103조에 의하여 무효라고 단정하기는 어렵다. 그러나 대법원이 이 판결을 통하여 형사사건에 관한 성공보수약정이 선량한 풍속 기타 사회질서에 위반되는 것으로 평가할 수 있음을 명확히 밝혔음에도 불구하고 향후에도 성공보수약정이 체결된다면 이는 민법 제103조에 의하여 무효로 보아야 한다.

**[해설]**

**1. 성공보수약정의 효력: 종래 대법원의 입장**
이른바 성공보수약정은 의뢰인이 위임사무의 처리 결과에 따라 또는 사건해결의 성공 정도에 따라 변호사에게 특별한 보수를 지급하기로 약속하는 약정을 말한다. 종래 대법원은, 변호사보수는 민사사건이나 형사사건을 불문하고 당사자의 사적 자치에 의해 결정할 사안이라는 전제하에, 위임사무를 완료한 변호사는 특별한 사정이 없는 한 성공보수를 포함한 약정된 보수액을 전부 청구할 수 있는 것이 원칙이고, 다만 약정된 보수액이 부당하게 과다하여 신의성실의 원칙이나 형평의 원칙에 반한다고 볼 만한 특별한 사정이 있는 경우에는 예외적으로 상당하다고 인정되는 범위 내의 보수액만을 청구할 수 있다고 판시하여 왔다. 그러나 학계에서는 기본적 인권의 옹호와 사회정의의 실현을 사명으로 하는 변호사가 변호사로서의 독립성과 공공성·객관성을 유지하기 위해서는 원칙적으로 성공보수약정을 허용하여서는 아니 되며, 다만 민사소송에 한하여 변호사가 그 소송에 의하여 얻은 경제적 이익 중에서 그 비용과 보수를 돌려받는 성공보수는 예외적으로 인정할 필요가 있다고 주장되었다. 한편 1999년 대통령자문기구로 출범한 사법개혁추진위원회는, 성공보수에 대하여 제도 자체의 비난보다는 그 금액의 과다에 중점을 두고 성공보수 자체를 금지하지는 않았으나, 다만 형사사건에 대한 성공보수는 형사사건의 윤리적 문제를 고려하여 이를 금지하는 내용으로 개혁안을 마련한 바 있다.

## 2. 형사사건에서 성공보수약정의 효력(무효)

대상판결에서 대법원은, 형사사건에 관한 한 성공보수약정은 선량한 풍속 기타 사회질서에 위반되어 민법 제103조에 의하여 무효라고 판시함으로써 종래의 입장을 변경하고, 민사사건의 성공보수약정과는 그 효력을 명백히 달리하는 입장을 취하였다.

민법 제103조는 선량한 풍속 기타 사회질서에 위반한 사항을 내용으로 하는 법률행위는 무효로 한다고 규정하고 있다. 이때 민법 제103조에 의하여 무효로 되는 반사회질서 행위는 ① 법률행위의 목적인 권리의무의 내용이 선량한 풍속 기타 사회질서에 위반되는 경우, ② 그 내용 자체는 반사회질서적인 것이 아니지만 "ⓐ 법률적으로 강제됨으로써, 또는 ⓑ 반사회질서적인 조건이 결부됨으로써, 또는 ⓒ 금전적인 대가가 결부됨으로써" 반사회질서적 성질을 띠게 되는 경우, ③ 표시되거나 상대방에게 알려진 법률행위의 동기가 반

사회질서적인 경우 등을 포함한다(대법원 2000. 2. 11. 선고 99다56833 판결 등).

민사사건은 형사사건과 달리, 대립하는 당사자 사이의 사법상 권리 또는 법률관계에 관한 쟁송으로서 그 결과가 승소와 패소 등으로 나누어지고, 의뢰인이 승소하면 변호사보수를 지급할 수 있는 경제적 이익을 얻을 수 있으므로, 사적 자치의 원칙이나 계약자유의 원칙에 비추어 보더라도 그 성공보수약정이 허용될 수 있다는 것이다.

그러나 형사사건에서의 성공보수약정은, 수사·재판의 결과를 금전적인 대가와 결부시킴으로써, 기본적 인권의 옹호와 사회정의의 실현을 그 사명으로 하는 변호사 직무의 공공성을 저해하고, 의뢰인과 일반 국민의 사법제도에 대한 신뢰를 현저히 떨어뜨릴 위험이 있으므로, 선량한 풍속 기타 사회질서에 위반된다는 것이다. 형사사건에 관한 판례의 이러한 태도 변화는 일찍부터 형사사건에서의 성공보수약정을 금지하고 있는 미국, 영국, 독일, 프랑스 등의 태도와도 그 맥을 같이한다. 형사사건은 민사사건과 달리, 그 소송을 통해 변호사보수를 지급할 재산을 창출하지 않을 뿐만 아니라, 석방 등의 목적달성을 위해 비윤리적이거나 불법적인 수단을 끌어들일 우려가 있기 때문이다. 이러한 대상판결로 인하여 향후 형사사건에 관한 사건 수임 및 변호사보수의 관행과 질서는 그 개편이 불가피해졌다.

## 3. 사안의 경우: 무효의 불소급(판례변경의 순수한 장래효)

다만 사안에서 대법원은, 대상판결의 형사사건 성공보수약정은 대법원의 위와 같은 견해 표명 전에 체결된 것이라고 하여, 법적 안정성의 관점에서 그 유효성을 인정하고 있다. 즉, 대상판결의 소급효를 부정하고 향후의 성공보수약정이 무효라고 함으로써 판례변경의 장래효만을 인정하고 있다. 대상판결은 극히 이례적으로 당해 사건에서조차도 판례변경의 소급효를 부정함으로써 '순수한' 장래효를 인정하고 있는 것이다.

[참고문헌] 강일원, 사법개혁추진위원회의 형사사법개선방안─형사사건에 있어 변호사 성공보수문제를 중심으로─, 형사재판의 제문제 제3권(2001).

**[필자: 이주원 교수(고려대)]**

# 실무례

刑事訴訟法核心判例130選

# [1] 형사조정의 의의와 성공사례

## 1. 형사조정의 의의

형사조정 제도는 전문성과 덕망을 갖춘 민간인으로 구성된 형사조정위원회가 가해자와 범죄피해자 사이의 형사 분쟁을 공정하고 원만하게 해결하도록 조정해 주어 범죄피해자가 입은 피해를 실질적으로 회복할 수 있도록 지원해 주는 제도로서, 범죄피해자의 피해의 실질적 회복과 아울러 지역사회의 동참을 통한 형사 분쟁의 자율적 해결을 촉진하는 데 그 의의가 있다.

특히 감정악화로 인한 분쟁, 소액 재산분쟁 등의 경우에는 벌금 등 가벼운 처벌만으로는 오히려 분쟁을 악화시킬 뿐 종국적 분쟁 해결에 도움이 되지 못하고 범죄피해자에게도 전혀 실익이 없는 실정인바, 형사조정 제도는 위와 같은 분쟁의 종국적 해결에 크게 기여하고 실질적으로 범죄피해자에게도 도움이 되는 제도라고 하겠다.

## 2. 형사조정의 현황 및 절차

### (1) 형사조정의 도입 과정 및 법적 근거

형사조정은 2006년 대검찰청에서 '고소사건 형사조정 실무운용 지침'을 제정, 서울남부지검, 부천지청, 대전지검의 범죄피해자지원센터에서 시범실시한 후 2007년 8월부터 전국청에서 시행하였고, 2009년 11월부터는 형사조정의 공정성과 객관성을 담보하기 위하여 형사조정 업무를 검찰로 이관하여 전국 검찰청에 형사조정위원회를 설치하고 개인간 재산범죄 등에 관한 고소사건에 한정되었던 대상사건을 형사조정에 회부하는 것이 분쟁해결에 적합하다고 판단되는 일반 형사사건으로 그 범위를 확대하였으며(대검 예규 '형사조정 실무운용지침' 제정), 2010년 8월 15일 범죄피해자보호법이 전면 개정되면서 형사조정 규정이 신설됨으로써 그 법적 근거가 마련되었다.

### (2) 형사조정의 현황

형사조정은 아래 표에서 보는 바와 같이 의뢰건수가 전체 형사사건의 3%인 54,691건으로 전년대비 65.4%가 증가하였고, 성립률도 56.1%로 계속 증가하고 있어 사건 처리의 새로운 패러다임으로 정착되어 가는 상황이다.

〈최근 5년간 형사조정 증가현황〉

| 구분 | 의뢰건수 | 처리건수 | 성립건수 | 성립률(%) |
|---|---|---|---|---|
| 2010 | 16,671 | 15,395 | 7,713 | 50.1 |
| 2011 | 17,517 | 16,897 | 8,398 | 49.7 |
| 2012 | 21,413 | 18,020 | 10,280 | 57.0 |
| 2013 | 33,064 | 28,441 | 14,772 | 51.9 |
| 2014 | 54,691 | 45,527 | 25,523 | 56.1 |

### (3) 형사조정 절차

① 검사가 당사자의 신청 또는 범죄피해자가 입은 피해를 실질적으로 회복하고 분쟁을 원만하게 해결하기 위하여 필요하다고 판단되는 사건에 대하여 당사자의 동의를 얻어 직권으로 수사 중인 형사사건을 형사조정에 회부하면(형사조정에 회부할 때에는 형사조정 회부와 동시에 당해 형사사건에 대하여 시한부 기소중지 처분을 함) ② 형사조정위원회는 당사자 모두의 동의가 있음을 전제로 3개월 이내에 형사조정을 진행하여 성립·불성립 여부를 결정한 다음 그 결과를 검사에게 송부하고, ③ 검사는 그 조정 결과를 고려하여 처분을 하게 된다(조정 결과가 송부되면 그 형사사건에 대하여 재기를 하여 처분함).

검사는 처분시 조정이 성립된 경우에는 고소·고발 사건은 범죄혐의가 명백한 경우 외에는 원칙적으로 각하 처분하고, 범죄혐의가 있는 경우에도 감경이 가능하며, 불성립된 경우에는 통상의 수사절차에 따라 수사를 진행한다.

형사조정위원회는 2명 이상의 형사조정위원으로 구성되는데, 통상 위원장을 포함하여 3인 1조로 운영된다. 조정위원들은 지역사회에서 법적 지식 등의 전문성과 학식·덕망을 갖춘 사람으로 검찰청의 장이 위촉하고, 변호사, 법무사, 노무사, 회계사, 건축사, 의사,

교육자, 언론직, 상담사 등 다양한 분야의 전문가들로 구성되어 있으며, 2015년 1월 현재 전국적으로 2,493명이 위촉되어 활동하고 있다.

한편, 검찰은 사건 당사자들의 편의를 위하여 ① **즉일조정**(검사실 조사를 받다가 즉일 즉시 조정이 가능하도록 상근위원 배치), ② **야간·휴일 조정**(직장이나 농사일 등으로 일과 중 조정이 어려운 당사자들의 편의 고려), ③ **찾아가는 조정**(생업이나 지리적 여건 등으로 검찰청에 출석하지 못하는 경우 지자체에 마련된 공간에서 조정), ④ **화상조정**(검찰청 간 화상시스템을 통해 원거리 조정) 등 맞춤형조정을 시행하고 있다.

### 3. 형사조정 대상사건

#### (1) '형사조정 실무운용지침'상의 대상사건(제3조)

형사조정 대상사건은 ① 차용금, 공사대금, 투자금 등 개인간 금전거래로 인하여 발생한 분쟁으로서 사기, 횡령, 배임 등으로 고소된 재산범죄 사건, ② 개인간의 명예훼손·모욕, 경계침범, 지식재산권 침해, 의료분쟁, 임금체불 등 사적 분쟁에 대한 고소사건, ③ 기타 형사조정에 회부하는 것이 분쟁해결에 적합하다고 판단되는 고소사건, ④ 고소사건 이외의 일반 형사사건으로서 제1호 내지 제3호에 준하는 사건이다.

다만 대상사건이라 하더라도 피의자가 도주나 증거인멸의 염려가 있는 경우, 공소시효 완성이 임박한 경우, 고소장 및 증거관계 등에 의하여 각하, 혐의없음, 공소권없음, 죄안됨 사유에 해당함이 명백한 경우에는 형사조정에 회부하여서는 아니 된다.

#### (2) 형사조정 적합사건

형사조정에 적합한 사건으로는 피해액 약 3,000만원 이하의 재산범죄 사건, 피해액 약 300만원 이하의 근로기준법위반 사건, 피해주수 3주 이하의 상해사건, 이웃·지인간 폭력 또는 명예훼손 등 감정 악화로 인한 분쟁사건, 민·형사 사건인지 불명확하여 불기소하는 사건 등 처벌보다는 상호간 화해를 통한 피해회복이 더 필요한 사건 등을 들 수 있다. 다만 피의자에게 변제자력이 없음이 명확하거나 증거가 명백히 인정됨에도 피의자가 강력하게 부인하는 사건 등은 적합하지 않다.

### 4. 형사조정 성공 사례들

#### (1) 형사조정으로 사이좋은 이웃이 되다

[**사안**] 주차 문제가 시비가 되어 피의자가 피해자를 폭행한 사안이다.

※ 피의자와 피해자는 상가에 거주하는 주민들로서 이전부터 주차 문제로 사이가 좋지 않아 이웃 간 감정의 골이 깊어진 상황이었다.

[**조정내용**] 조정위원들은 피의자에게 진정한 사과와 더불어 병원비 합의를 중재하였으나 피의자가 이를 거부하였고, 이에 조정위원들은 그동안 경험 및 역지사지의 정신 등을 피의자에게 설명함으로써 피의자는 책임을 인정하면서 피해자에게 머리 숙여 사과하고, 피해자도 주차 문제에 대하여 서로 배려하자고 제의함에 따라 아무런 조건 없이 합의하여 조정이 성립되었다.

[**의의**] 차량 2,000만 시대로 어느 때보다 이웃 간의 주차 문제로 크고 작은 사건이 빈발하고 있는 상황에서 조정위원들의 친절하고 배려심 깊은 조정으로 이웃 간의 갈등을 해소하고 분쟁을 종국적으로 해결한 점에 의의가 있다고 할 것이다.

#### (2) 아내의 죽음과 끝없는 싸움, 그 고통의 시간을 끝내다

[**사안**] 피해자는 임신 상태에서 자궁 길이를 늘이는 시술을 받던 중 융모양막염 등이 의심되어 의사로부터 태아를 유도분만 후 낙태하기 위한 수술을 받았는데 회복 과정에서 심한 복통과 하혈을 호소하다 패혈증으로 사망한 사건이다.

※ 피해자의 사망 후 유족 측과 해당 병원과의 민사소송이 진행되어 형사조정에 회부된 때에도 소송 계속 중인 상태였다.

[**조정내용**] 조정위원들은 피해자 유족의 아픔을 달래주기 위해 진심 어린 노력을 하였고, 민사소송 소가의 70%에 해당하는 금액을 피해자에게 지급하도록 하는 권고안을 내면서 형사조정을 통해 분쟁을 종국적으로 해결하도록 설득한바, 피의자 측은 피해자에게 소정의 합의금을 지급하고 피해자는 관련 민사소송을 취하하는 조건으로 조정이 성립되었다.

[**의의**] 형사조정을 통해 민·형사적 법률 분쟁을 한 번에 정리함으로써 분쟁의 장기화에 따른 당사자들의 고통을 덜어주고, 조정 당사자가 모두 만족할 만한 합리적

결과를 이끌어 낸 점에 의의가 있다고 할 것이다.

### (3) 한국말을 못해도 손해 볼 일은 없어요(외국인 피해자의 피해 회복)

**[사안]** 피해자는 우즈베키스탄에서 온 외국인 근로자로, 오토바이를 타고 가던 중 중앙선을 침범하면서 좌회전을 한 피의자 차량에 사고를 당해 8주간의 치료가 필요한 골절상을 입은 사안이다.

**[조정내용]** 사건 초기 피의자는 피해자가 외국인이고 한국말에 미숙한 점을 이용하여 피해 배상을 제대로 해주지 않았으나 형사조정에 회부된 이후 조정위원들이 피해자를 대신해 피해 정도 및 향후 치료 예정 기간 등을 피의자에게 정확히 주장하여 주고, 피의자에게 형사조정을 통한 합의가 합리적이라는 점을 설득함으로써 피의자가 피해자에게 진심어린 사과를 하면서 합의금을 지급하는 내용으로 형사조정이 성립되었다.

**[의의]** 가해자의 합의 노력이 없었을 뿐 아니라 피해자가 한국어에 능숙하지 않아 억울한 일을 당할 뻔 했으나, 조정위원들의 노력으로 가해자 본인의 반성을 이끌어내고 피해자의 피해의 실질적 회복도 이룰 수 있었던 사안으로 특히 외국인 피해자의 피해를 회복시켜 준 점에서 의미가 있다고 하겠다.

### (4) 권리금 분쟁도 깔끔하게

**[사안]** 피의자가 운영하던 주점을 피해자들에게 양도하는 과정에서 매출을 과다 계산하는 방법으로 1억원 상당의 권리금을 편취한 사건이다.

**[조정내용]** 형사조정 초기에는, 피의자는 일부 매출 조작을 시인하면서도 현금거래 등으로 숨겨진 매출이 있다는 등의 주장을 하며 권리금 반환을 거부하였고, 피해자들은 큰돈을 사기 당했다는 사실에 감정이 격양되어 반환 금액을 조정할 의사가 없어 조정 성립이 곤란한 상태였으나, 조정위원들은 2회에 걸친 조정 결렬에도 불구하고 포기하지 않고 서로의 입장을 이해시키기 위해 노력하였고 결국 피의자가 5,000만원의 합의금을 지급하고, 진정성 있는 사과를 하는 내용으로 조정이 성립되었다.

**[의의]** 조정위원들의 인간적이고 합리적인 설득과 노력으로 조정이 성립된 사안으로 조정 당사자가 검사장 앞으로 "**조정위원님들의 수고 덕분에 최선책을**

찾았습니다. 형사조정이란 제도가 선량한 시민들에게 가뭄의 단비처럼 마음의 안식과 실질적인 도움을 주고 널리 쓰였으면 좋겠습니다"라는 내용의 감사 편지를 쓰는 등 조정 결과에 대한 만족도가 매우 높았던 사건이다.

### (5) 지역사회 내 경미한 상해 사건을 해결하다

**[사안]** 택시 운전자인 피의자와 횡단보도를 건너던 피해자 사이에 사소한 문제로 시비가 되어 서로 멱살을 잡고 밀치던 중 피해자를 넘어뜨려 치료 일수 미상의 상해를 가한 사건이다.

**[조정내용]** 조정 초기에 상호간 감정 대립이 심하였으나 조정위원들이 일방의 편에 서지 않고 양 당사자의 의견을 적극 청취하고 세심한 배려를 통해 의견을 절충해 감으로써 피의자는 피해자에게 진심 어린 사과를 하고 피해자는 아들 같은 피의자에게 덕담을 하면서 아무런 조건 없이 합의를 하여 조정이 성립되었다.

**[의의]** 피의자와 피해자 모두 같은 지역사회에 살고 있고, 피해자가 아들 같은 피의자에게 더 밝은 사회를 나아갈 수 있도록 아무런 조건 없이 합의를 해 줌으로써 피의자의 사과와 피해자의 용서를 통한 지역사회 통합의 기회를 가질 수 있는 계기를 마련하였다.

### (6) 어려움을 함께 나누는 밝은 사회

**[사안]** 피의자는 화물차를 운전하고 가던 중 업무상 과실로 도로를 횡단하는 피해자를 충격하여 피해자에게 4주간의 치료를 요하는 상해를 입게 한 사안이다.

**[조정내용]** 피의자는 사고 후 범행을 인정하고 있었으나 합의금이 없어 피해자를 찾아가지 못하고 있었던 상황이었고, 피해자는 사고 이후 피의자가 사과한마디 없이 한 번도 찾아오지 않는다는 이유로 감정이 많이 상해 있는 상태였는바, 조정 과정에서 피의자는 피해자에게 진심어린 사과를 하면서 용서를 구하였고, 피해자는 피의자의 어려운 형편(피의자의 자녀가 병원에 입원하였으나 수술비가 없어 수술도 못하고 있던 형편이었음)에 대해 더 슬픔을 느끼며 원만히 합의에 이르게 되었다.

**[의의]** 피해자는 피의자의 딱한 사정과 경제 형편을 듣고 피의자에 대한 나쁜 감정을 다 씻고 원만한 합

의에 이른 사건으로 피해자가 피의자를 배려하는 모습, 슬픔을 함께 나누는 모습을 보면서 따뜻한 밝은 이웃 사회의 면을 볼 수 있었던 사건이었다.

### (7) 법률전문가의 조력을 받아 분쟁해결

**[사안]** 같은 공사 현장의 오랜 동료 간 폭력사건으로 고소인이 70대 고령의 현장 근로자에게 막말을 하는 것을 참다못한 피의자가 고소인의 얼굴을 1회 때려 2주간의 치료를 요하는 상해를 가한 사안이다.

※ 고소인은 분이 풀리지 않아 수개월 후 고소에 이르렀고 피의자는 본건은 고소인의 잘못된 행동에서 비롯된 것이므로 자신은 잘못이 없다고 하는 등 묵은 감정으로 인해 자율적 화해는 어려운 상황이었다.

**[조정내용]** 법률전문가인 변호사가 당사자를 각각 분리 면담하여 피의자에게는 스스로 정의롭다고 생각한 행동이라 하더라도 위법한 행위이었음을 주지시키고, 고소인에게는 피해를 유발한 측면이 있다는 점과 민사소송 시 과실상계 문제 등을 설명함으로써 합의에 이르게 되어 조정이 성립되었다.

**[의의]** 일반적으로 형사조정위원회는 3인의 조정위원으로 구성되는데, 그중 1명 이상의 변호사를 배치함으로써 법률전문가가 각자의 상이한 입장에 대한 이해를 돕고 법적인 문제에 대하여 객관적인 조언을 함으로써 합리적인 수준의 피해 회복이 이루어지고 궁극적으로 감정 대립을 해소하였다는 점에 의의가 있다고 하겠다.

### (8) 직장 동료간 모욕사건의 원만한 해결

**[사안]** 같은 대학 교수 사이였던 피의자가 '고소인은 대학 내에서 왕따다'라고 발언하여 고소인을 모욕한 사건이다.

**[조정내용]** 고소인은 직장 동료지간인 피의자가 다른 동료들에게 위와 같은 발언을 한 것에 정신적인 피해가 중하여 진정성 있는 사과를 받아야 한다고 주장하고 있었던 상황에서 조정위원들의 노력으로 피의자로 하여금 진정성 있는 사과를 하도록 함으로써 조정이 성립되었다.

**[의의]** 진정한 사과와 용서로 직장 동료 사이에 원만한 관계 회복에 이르게 한 사건으로 처벌보다는 화해와 형사 분쟁의 자율적 해결이라는 형사조정의 목적에 맞는 사건이었다.

### 5. 형사조정 발전 방향

형사조정은 처벌보다는 당사자간의 원만한 화해를 이끌어 냄으로써 분쟁을 종국적으로 해결하게 하고 가해자의 형사처벌 만으로는 얻기 어려운 피해자의 실질적인 피해 회복을 도모하는 제도이므로 지속적으로 활성화할 필요가 있다고 할 것이다.

그동안 형사조정의 경우 그 합의문에 대한 집행력이 없어 피의자 측에서 합의 조건을 이행하지 않을 경우 피해자가 별도의 민사소송 등을 통해 집행문을 부여받아야 하는 어려움이 있었던 것이 사실인바, 이러한 어려움을 개선하고자 금전채무의 이행을 조건으로 하는 형사조정의 경우 집행력 확보를 위하여 적극적으로 공증을 연계하고, 2015년 1월 15일부터 그 공증수수료를 검찰에서 지원함으로써 민·형사의 통합적인 해결로 범죄피해자의 피해를 실질적으로 회복할 수 있도록 하고 있다.

또한 형사조정의 활성화를 위하여는 그 대상 범위를 확대할 필요도 있는바, 검찰에서 수사 중인 사건뿐 아니라 검찰 송치 전 경찰에서 수사 중인 사건 역시 형사조정의 실익이 존재하고 오히려 사건 초기에 형사조정을 적극 활용함으로써 분쟁을 조기에 해결할 수 있을 것이다. 이뿐 아니라 공소제기 후 재판계속 중인 사건의 경우도 재판 절차에서 형사조정을 실시, 그 조정 결과를 공판조서에 기재함으로써 집행력을 부여하는 등의 방안을 마련한다면 실질적인 피해 회복을 도모하는 데 큰 역할을 할 수 있을 것이다.

**[필자: 전윤경 검사]**

# [2] 기소유예, 약식기소, 정식기소, 구속취소, 검찰시민위원회

## 1. 문제의 제기

검사에게는 수사종결권이 있는 점에서 그것이 없는 사법경찰관과 구별된다. 기소하면 유죄판결의 가능성이 높을 정도로 범죄의 객관적 혐의가 있고 소송조건이 구비되었더라도 검사는 형사정책적 관점에서 굳이 처벌의 필요가 없거나 처벌함이 도리어 상당하지 아니한 경우에 형사처벌 이외의 다른 수단(예를 들어 각종의 조건부 기소유예)으로의 전환을 강구할 수 있다. 검사는 때로 아무 조건을 붙이지 않고 기소유예처분을 하기도 한다. 그뿐만이 아니다. 어떤 사건에 대하여 기소방침이 선다 하더라도 검사는 그 사건을 약식기소(求略式)할 것인가 정식기소(求公判)할 것인가, 구속기소할 것인가, 불구속기소할 것인가, 어떤 혐의를 기소하고 어떤 혐의를 기소하지 않을 것인가도 결정하여야 한다. 이렇듯 검사에게는 광범한 재량권(a discretionary power, 특히 a discretion to dismiss, a discretion to select charges)이 인정되는데 이 재량을 어떤 기준으로 행사하여야 하는지에 대하여는 정설이 없는 듯하다. 그러므로 현재 한국 검찰은 이 재량권을 어떻게 행사하는지를 법률신문의 기사를 토대로 대강의 모습이라도 추적해 보기로 한다.

## 2. 기소유예의 실천사례들

### (1) 선도조건부/보호관찰부/특별교육조건부 기소유예 사례

19세 미만의 소년범에게 처분을 내리기 전에 담당교사의 의견을 듣고 이를 토대로 기소유예 처분을 하는 수가 있다. 검사는 가해 학생에게 처분을 내리기 전 교사의 의견을 반드시 들은 뒤 이 의견을 참작해 보호관찰소나 청소년 비행 예방센터에서 교육·선도프로그램을 이수하게 하거나 법사랑위원에게 선도교육을 받는 조건으로 기소유예 처분을 내릴 수 있다. 처벌이 아니라 재범을 예방하는 데 무게를 두는 발상이다. 대검찰청이 학교폭력에 효과적으로 대응하기 위해 2013년 도입한 '조건부 기소유예제도'가 학교폭력을 크게 줄이는 성과를 거둔 것으로 나타났다. 대검 형사부가 교육부와 공동으로 개최한 '학교폭력 대응 합동 워크숍'에서 조건부 기소유예 제도 실시 전후 교육부가 실시한 '2014년 2차 학교폭력 실태조사' 결과가 발표되었다. 교육부 발표에 따르면 학교폭력 피해자는 2012년 상반기 17만 2000명, 하반기 32만 1000명에 달했다가 이 제도 시행 이후인 2013년 상반기 9만 4000명, 하반기 7만 7000명, 2014년 상반기에는 6만 2000명, 하반기에는 4만 8000명으로 크게 줄었다.

### (2) 성인에 대한 치료조건부 기소유예

제주지검은 2014년 광주고검 검찰시민위원회의 결정에 따라 공연음란 혐의를 받고 있는 K 전 제주지검장에 대하여 계속적인 병원치료를 전제로 기소유예 처분을 내렸다. 검찰 관계자는 "전 지검장이 타인을 대상으로 (음란행위를) 하지 않았고 심야시간 인적이 드문 공터와 거리 등 타인의 눈에 잘 띄지 않는 시간과 장소를 택해 성기 노출 상태로 배회했다"며 "신고자가 자신을 보고 있다는 사실을 알아채지 못한 상태에서 신고를 받고 출동한 경찰관에게 체포된 상황이 목격자 진술 및 CCTV 분석을 통해 확인됐다"고 말했다. 또 "정신과 의사가 K 전 지검장을 진찰·감정 후 제출한 의견에 따르면 피의자(K)는 범행 당시 오랫동안 성장과정에서 억압됐던 분노감이 비정상적인 본능적 충동과 함께 폭발해 잘못된 방식으로 표출된 정신 병리현상인 '성선호성 장애' 상태였다"며 "목격자나 특정인을 향해 범행한 것이 아니며, 노출증에 의한 전형적인 공연음란죄에 해당하는 바바리 맨 범행과도 차이가 있는 행동"이라고 설명했다. 이어 "이 사건으로 면직된 전 지검장은 병원에 입원해 6개월 이상의 정신과 치료가 필요하고 재범 위험성이 없다"며 "목격자와 가족이 피의자의 선처를 바라고 있어 기소유예 처분했다"고 밝혔다. 전 지검장은 지난 8월 12일 오후 11시 32분께 제주시 중앙로 한 음식점 근처에서 5차례에 걸쳐 음란행위를 한 혐의를 받고 있다. 시민위원회 13명 중 회의에 참석한 11명은 경찰 수사기록과 검찰 수사자료, 각종 공연음란죄 처리 사례 등을 검토한 뒤 '치료조건부 기소유예'하는 것으로 의견을 모은 것으로 전해졌다.

### 3. 약식기소의 실천사례들
#### (1) 사회공헌도가 높은 가수의 기내흡연(2015년)

2015년 1월 20일 인천지검 형사2부는 비행기 안에서 담배를 피운 혐의(항공보안법 위반)로 가수 K(51)씨를 벌금 100만원에 약식기소했다. 검찰 관계자는 "K씨가 초범이고 승무원이 제지할 당시 곧바로 '죄송하다'며 사과한 점을 감안해 정식재판에 회부하지 않고 약식기소했다"고 말했다. 인천지법 약식66단독 H 판사는 비행기 내에서 담배를 피운 혐의(항공보안법 위반)로 약식기소된 가수 K(51)씨에게 벌금 100만원을 선고했다(2015고약924).

#### (2) 변호사법 위반 혐의의 전 대법관을 약식기소

서울고검은 대법관 시절 자신이 심리한 행정사건과 관련 있는 민사사건을 수임한 혐의로 K 변호사를 벌금 300만원에 약식기소했다. K 변호사는 대법관으로 재직하던 2004년 LG전자의 사내 비리를 감찰팀에 신고했다가 해고당한 정모 씨가 중앙노동위원회를 상대로 낸 부당해고 구제 행정소송의 상고심 재판부에 참여했고, 퇴직 이후인 2010년 2월 모 법무법인에서 정씨가 LG전자를 상대로 낸 해고 등 무효확인 소송의 회사 측 변호를 맡은 혐의를 받고 있다. 참여연대는 지난 2012년 4월 공직퇴임변호사의 수임제한 사건에는 재임시절 관여한 사건과 관계된 사건도 포함된다며 수임제한 규정 위반 혐의로 K 변호사를 고발했지만, 서울중앙지검은 '변호사가 공무원으로 재직시 직무상 취급한 당해 사건만을 행할 수 없고 그 사건의 사안과 동일한 내용의 다른 사안은 (수임제한에) 포함되지 않는다'는 1974년 대구고법 판결을 근거로 무혐의 결정을 내렸다. 이에 대해 참여연대는 항고했다. 서울고검은 "관련 판례를 분석한 결과 혐의가 인정된다는 결론을 내렸다"며 기소 이유를 밝혔다.

### 4. 정식기소된 사례들
#### (1) 불구속 기소가 결정된 사례(2015년)

'성완종 리스트'를 수사하고 있는 특별수사팀은 정치자금법 위반 혐의를 받고 있는 H 경남도지사와 L(65) 전 국무총리를 불구속기소하기로 했다고 21일 밝혔다. 그러나 언제 기소할지는 결정되지 않았다고 밝혔다. 특별수사팀 관계자는 이날 "아직 성완종 리스트 의혹 수사가 모두 마무리되지 않은 상황에서 미리 증거기록 등이 공개될 경우 나머지 수사에 걸림돌이 예상될 수 있을 뿐 아니라 수사 보안에도 여러 문제가 있을 수 있으므로 향후 공판 계획, 일정 등 실무적 문제까지 여러 사정을 종합적으로 감안해 기소 시기는 추후 결정할 예정이다"라고 말했다. 두 사람은 각각 고(故) 성완종 전 경남기업 회장으로부터 1억원과 3000만원의 불법 정치자금을 받은 혐의로 검찰 소환 조사를 받았다.

#### (2) 출퇴근을 조작한 공익법무관 구속기소 사례(2015년)

출퇴근 시간을 조작해 무단으로 근무지를 이탈하고, 허위로 출장비를 타낸 혐의를 받고 있는 로스쿨 출신 공익법무관이 결국 구속기소됐다. 의정부지검 형사1부는 공익법무관 복무 중 34일간 근무지를 무단 이탈하고 허위로 출장비 72만여원을 타낸 혐의로 공익법무관 C모(29)씨를 구속기소했다. 서울의 모 로스쿨을 졸업하고 제2회 변호사시험에 합격해 의정부지검에서 공익법무관으로 근무하던 최씨는 2014년 6월부터 지난 3월까지 무단 결근 등 34일간 근무지를 이탈하고, 사무실 컴퓨터로 국외여행허가추천서를 위조해 5차례에 걸쳐 30일간 국외로 여행을 다녀 온 혐의를 받고 있다. C씨는 또 검찰청 전산시스템에 접속해 출장신청서를 11차례 위조하고, 출장복명서를 허위로 작성해 출장비 72만여원을 챙긴 것으로 조사됐다. 의정부지검은 지난달 26일 최씨의 불성실 복무 제보를 받고 감찰·수사에 착수, 지난 8일 구속영장을 청구해 최씨를 구속했다. 김 부장검사는 "현행 병역법이 '거짓 그밖에 부정한 방법으로 국외여행을 허가받은 경우' 형사처벌 규정을 두고 있지 않아 병역법 개정을 건의할 계획"이라며 "또 공익법무관에 대한 감독을 강화하겠다"고 말했다.

#### (3) 기소는 마땅한데 구속기소 여부의 적절성이 애매한 사례

경찰이 술에 취해 정신을 잃은 연예인 지망생 A(22·여)씨를 성폭행해 다치게 한 혐의(준강간 및 강간치상)를 적용하여 탤런트 P(36)씨에 대한 조사를 마무리하고

2013년 '불구속 기소 의견'으로 사건을 검찰에 송치했다. 사건 당시 함께 있었던 후배 연예인 K모(24)씨는 강제추행 혐의만 적용해 함께 송치했다. 서울서부경찰서는 "당사자의 진술과 폐쇄회로(CC) TV 영상, 카카오톡 내용, 국립과학수사연구원 감정 결과 등을 종합해 P씨에 대해 준강간 및 강간치상 혐의를 적용했다"며 "증거 인멸이나 도주의 우려가 없고 P씨의 방어권을 보장할 필요가 있어 불구속 기소 의견을 냈다"고 밝혔다. 경찰은 두 차례의 성관계 중 첫 번째는 준강간, 두 번째는 강간치상 혐의를 적용했다. P씨의 변호인은 경찰이 사건을 검찰에 송치한 직후 보도자료를 내고 "A씨가 대질 신문에서도 자신에게 유리하게 매순간 말을 바꿨고 사건 후의 정황도 의심스럽다"면서 "경찰의 기소 의견은 수긍할 수 없다. 검찰에서 이 사건의 진실을 밝힐 수 있도록 노력할 것"이라고 했다. 그런데 사건을 송치받은 검찰은 경찰의 불구속 기소 의견이 생뚱맞다는 반응이다. 성폭력범죄의 처벌 등에 관한 특례법에 따르면 준강간의 법정형은 무기징역 또는 5년 이상의 징역이다. 강간치상은 이보다 더 높은 무기징역 또는 10년 이상의 징역이다. 이런 경우 혐의가 인정되면 통상 구속영장을 신청하는 게 맞는데 경찰이 '피의자의 방어권 보장' 운운하며 불구속 기소 의견으로 송치하고 공을 검찰에 떠넘긴 셈이라는 것이다. 성폭력 사건 수사 경험이 많은 한 검사는 "경찰이 혐의 입증에 자신이 없다는 소리"라며 "사건 당사자의 주장이 엇갈리는 상황에서 부담을 털기 위해 대충 마무리해 검찰에 떠넘긴 것 같다. 재수사 지휘가 내려갈 수도 있는 일"이라고 말했다.

### 5. 관련사건 중 어떤 사건은 약식기소, 어떤 사건은 기소유예된 사례(2014년)

'국정원 여직원 감금사건'을 수사해 온 서울중앙지검 특별수사팀은 지난 2012년 12월 인터넷 댓글로 대선에 개입했다는 의혹을 받고 있던 국정원 여직원의 오피스텔로 찾아가 집 밖으로 나올 수 없도록 감금한 혐의(폭력행위등처벌에관한법률상 공동감금)로 새정치민주연합의 강기정, 문병호, 이종걸, 김현 의원을 200만원~500만원의 벌금형으로 약식기소했다. 검찰 관계자는 "강 의원이 국정원 여직원은 물론 그 가족들의 출입을 봉쇄했고, 문 의원 등 나머지 의원 3명도 이에 가담한

사실이 입증돼 전원 기소했다"고 말했다. 하지만 검찰은 강 의원 등이 해당 여직원의 오피스텔 안으로 들어가려고 했던 것이 아니라 여직원이 쓰고 있던 컴퓨터를 제출하기 전까지 누구도 들어가거나 나오지 못하게 하려는 의사만 가졌던 것으로 판단해 주거침입 혐의에 대해서는 모두 무혐의 처분했다. 검찰은 또 가담 정도가 경미했던 우원식 의원은 기소유예에 처분하는 한편, 유인태, 조정식, 진선미 의원에 대해서는 수사결과 감금 등에 가담했다는 사실을 인정할 증거가 부족하다며 무혐의 처분했다.

### 6. 검찰이 약식기소한 사건을 법원이 정식 재판에 회부하고 실형선고 후 법정구속한 사안(2001년)

회사 공금을 횡령한 혐의로 약식기소됐다가 법원에 의해 정식 재판에 회부된 벤처기업 대표가 이례적으로 실형을 선고받고 법정구속됐다. 특히 이번 사건과 같이 검찰에서 벌금형이 선고될 사안이라고 판단, 약식기소한 사건에 대해 법원이 직권으로 정식재판에 회부하는 경우가 줄을 잇고 있어 주목된다. 서울지법 형사 15단독 오재성 판사는 11일 회사를 설립하며 초과 모집된 주식대금을 자신의 것으로 회계처리하고 회사공금을 유용한 혐의로 약식기소됐던 P사 대표 김모씨(44)에 대해 징역 6월을 선고, 법정구속했다. 재판부는 "정부가 벤처기업 육성을 위해, 주식 공모 요건을 완화하고 있는 점을 악용, 투자자들로부터 모은 주식대금의 초과부분을 자신의 것으로 조작하고, 회사공금으로 자신의 채무변제에 사용한 사실이 인정된다"며 실형 선고 이유를 밝혔다. 김씨는 지난해 3월 회사 설립과정에서 액면가 5백원짜리 주식을 1천원에 공매, 초과 모집된 8천여만원을 자기 지분으로 회계처리하고 같은해 5월부터 8월까지 모두 4차례에 걸쳐 회사 공금 4천 1백여만원을 개인 채무변제 등으로 사용한 혐의로 벌금 3백만원에 약식기소됐지만 법원이 정식재판에 회부했다. 한편, 법원은 지난 11일 음주운전 혐의로 벌금 3백만원에 약식기소되었던 경찰간부를 정식재판에 회부, 벌금 7백만원을 선고한 바 있다.

### 7. 검사의 구속취소사례(2003년)

광주지검 목포지청은 자진 출두했다 구속됐던 한총련 수배해제 모임 대표 Y(28·목포대 94학번)씨를 불구

속 기소키로 하고, 5일 오전 석방했다. 검찰은 "구속이후 본인이 많이 뉘우치고 있고 최근 한총련 수배자들이 잇달아 수사기관에 자진 출두하는 상황 등을 감안, 유씨의 구속을 취소하고 석방키로 결정했다"고 밝혔다. 지난 1997년 한총련 5기 의장 권한대행을 하면서 이적서적을 발간한 혐의 등으로 사전구속영장이 청구돼 있던 Y씨는 지난달 20일 목포대에서 한총련 완전 수배 해제 등을 요구하며 자진 출두했으나 구속됐었다.

## 8. 검찰시민위원회 : 공소제기 · 구속취소 등 주요 결정에 시민의견 반영(2010년)

정치인과 경제인 등 사회적 관심을 모으는 중요사건이 많은 서울중앙지검에 일반 시민들로 구성된 '검찰시민위원회'가 설치됐다. 서울중앙지검은 앞으로 위원회를 통해 공소제기와 구속취소 등 중요사건의 수사와 결정에 시민들의 의견을 직접 반영할 방침이다. 이에 따라 검찰을 둘러싼 '편파수사', '정치검찰' 논란이 해소될 수 있을지 주목된다.

서울중앙지검은 23일 서초동 청사 6층 소회의실에서 법학교수와 자영업자, 택시기사, 주부, 회계사, 전직 교장 등 각계각층의 시민들로 구성된 검찰시민위원회를 발족하고 위촉식을 개최했다. 위원회는 위원 9명과 예비위원 8명 등 총 17명으로 구성됐다. 위원 중 3명과 예비위원 중 2명은 여성이다. 변호사 등 현직 법조인은 위원회 구성에서 제외됐다. 위원회는 앞으로 검찰의 공소제기와 불기소처분, 구속취소, 구속영장 재청구 등의 적정성에 대한 의견을 제시하는 등 중요사건의 수사와 결정에 직접 참여하게 된다.

구체적으로 보면 고위공직자 금품·향응 수수, 불법 정치자금 수수, 권력형 비리, 지역토착 비리 등 부정부패사건, 피해자가 불특정 다수인 사기·횡령·배임 등 금융·경제범죄사건, 살인·조직폭력·마약·성폭력 등 중요 강력사건, 기타 지역 사회의 이목이 집중된 사건에 대한 검사의 공소제기 및 불기소처분의 적정성을 심의하게 된다. 또 검사가 구속된 피의자를 석방하고자 하는 사건과 판사의 구속영장 기각결정에도 불구하고 구속영장을 재청구하려는 사건에 대해서는 구속취소 및 구속영장 재청구의 적정성 여부도 심의한다. 심의의결은 만장일치를 원칙으로 하되 위원간 의견이 조율되지 않을 경우에는 출석위원의 과반수 이상 찬성으로 의결한다. 위원회의 의견은 현재 시행되고 있는 국민참여재판과 같이 권고적 효력을 가질 뿐이지만 검찰은 위원회의 의견을 최대한 존중해 업무를 처리한다는 방침이다. 검찰 관계자는 "중요사건의 결정에 시민들의 의견을 직접 수용함으로써 수사의 공정성과 투명성을 제고하고 국민의 인권보장에 앞장서는 '바른 검찰, 참된 검찰인'의 모습을 구현해 나가겠다"고 강조했다. 한편, 서울중앙지검은 위원위촉과정의 공정성을 높이기 위해 서울시교육청과 한국공인회계사회, 전국모범운전자연합회, 서울시청 등으로부터 후보자 추천을 받았으며 직업, 연령, 성별, 거주지 등을 고려해 위원을 선발했다고 밝혔다.

[필자: 심희기 교수(연세대)]

# [3] 구속영장 발부·기각 기준의 객관화추세

## 1. 문제의 소재

2007년 91.5%에 달했던 압수수색영장 발부율은 2008년 90.9%, 2009년 90%로 매년 감소추세를 보이고 있다. 2007년 78.3%에 이르던 구속영장 발부율도 2008년 75.5%, 2009년 74.9%로 꾸준한 감소세를 나타냈다. 압수수색영장 발부율은 90% 내외로 안정성을 보이고 있어 그 기준의 예측가능성 논란은 드물다. 그러나 구속영장 발부율은 계속 떨어지고 있어 구속영장의 발부·기각 기준의 객관성에 대하여는 검찰 측에서 강한 의문을 제기하고 있다.

2006년에 검찰이 론스타 경영진에 대하여 재청구한 영장을 법원이 다시 기각하였다. 2007년에 검찰은 '20여 건에 달하는 법원의 구속영장 기각 사례'를 분석하면서 '증거인멸과 도주우려'(법 201조 1항, 70조 1항 2호·3호)를 이유로 하는 법원의 구속 영장 청구기각 기준이 '너무 자의적'이라는 문제를 제기하였다.

이하 '법률신문'의 기사를 발췌하여 요약하는 방식으로 대강의 모습을 살펴본다.

## 2. 각급 지방법원의 영장발부기준

2006년 초 서울중앙지법은 형사부 '인신구속위원회' 판사들이 모여 구체적인 구속영장 사무처리기준에 대한 세미나를 열고 다음과 같은 5개 조항의 구속영장 발부기준을 공표하였다. 그 내용은 대략 다음과 같다.

### (1) 실형 기준 원칙의 강화

구속영장 심사단계에서의 양형자료를 기초로 판단할 때 본안에서 실형 선고가 예상되는 경우에는 구속하고 집행유예 또는 벌금형 선고가 예상되는 경우에는 불구속한다는 원칙을 더욱 강화한다.

### (2) 형사정책적 고려에 의한 구속 지양

반드시 실형선고가 예상되지 않더라도 특정 유형 사건의 경우, 처벌효과와 단속 효과 등 형사정책적 관점에서 구속영장을 발부하는 것이 원칙이지만 이는 형사

소송법이 구속사유를 한정하고 불구속재판의 원칙을 규정하고 있음에 비추어 볼 때 예외적으로 적용되어야 하며 이 원칙을 적용할 사건유형에 대해서는 계속적인 고민이 필요하다.

### (3) 방어권 보장을 위한 불구속 확대

피의자가 단순히 혐의를 부인하는 것이 아니라 합리적 근거 내지 이유를 들어 이를 다투는 경우, 그런 주장을 뒷받침할 자료가 수사기록상 나타나 있지 않더라도 방어권 보장 차원에서 원칙적으로 불구속 수사를 유지한다.

### (4) 비례의 원칙에 의한 불구속 확대

형사소송법상 규정에 없지만 피의자의 구속으로 얻을 수 있는 '공익'이 구속으로 인한 '개인의 불이익'을 능가해야 한다는 원칙을 적용한다. 이에 따라 구속사유에 관한 요소, 수사절차에 관한 요소, 피의자 또는 그 관계인에게 미칠 불이익에 관한 요소 등을 참작한다.

### (5) 소년범에 대한 특별 배려

소년범에 대한 사회적 보호를 위해 소년범에 대한 영장 발부시 영장전담재판부에서 보호자와 직접 통화해 수사경찰관에 대한 보완명령 등으로 심리를 강화하여야 한다.

### (6) 기타

위의 5개항 외에도 법원은 피의자의 개인적 불이익을 고려한 불구속의 확대, 소년·노인·여성에 대한 배려, 형사정책적 고려에 의한 구속영장 발부의 감소, 생계형 범죄에 대한 배려 등을 구속영장 처리기준으로 추가하였다.

## 3. 검찰의 구속영장 청구 사례
### (1) '땅콩 리턴' 사건(2014년 12월)

'땅콩 리턴' 사건을 수사 중인 서울서부지검 형사5

부는 2014년 12월 24일 대한항공 조 전 부사장과 대한항공 객실승무본부 여모 상무에 대해 구속영장을 청구했다. 검찰은 조 전 부사장에 대해 항공보안법상 항공기항로변경과 항공기안전운항저해폭행, 형법상 강요와 위력에 의한 업무방해 혐의를 적용했다. 조 전 부사장과 함께 구속영장이 청구된 여 상무는 사건 발생 직후 직원들에게 최초 상황 보고를 삭제하라고 지시하는 등 사건 은폐·축소를 주도하고, 사무장에게 '회사를 오래 다니지 못할 것'이라는 취지로 협박한 혐의(증거인멸·강요)가 적용됐다. 검찰은 "관제탑 허가를 받고 예정된 경로로 이동 중인 항공기가 무리하게 항로를 변경함으로써 항공기 운항의 안전이 위협받은 중대한 사안"이라며 "사건 발생 이후 대한항공 임직원들이 동원돼 허위 진술이나 서류 작성을 강요하는 등 증거를 조작하고 관련 증거를 인멸해 진상을 은폐한 행위도 확인됐다"고 구속영장 청구 이유를 밝혔다.

### (2) 가수 K씨, 마약 투약 혐의로 구속영장청구(2015년 6월)

일본 한류의 원조이자 '엔카의 여왕'으로 불린 가수 K(53) 씨가 마약을 투약한 것으로 알려졌다. 수원지검 안양지청은 24일 필로폰을 투약한 혐의(마약류 관리에 관한 법률 위반)로 가수 K씨에 대해 구속영장을 청구했다. 검찰에 따르면 K씨는 최근까지 자신의 주거지 등에서 음료수에 필로폰을 타서 마시는 등 세 차례에 걸쳐 필로폰을 투약했다. K씨는 2007년 일본에서도 필로폰 복용 등의 혐의로 도쿄지방법원으로부터 징역 1년 6개월, 집행유예 3년형을 받고 추방당했다. 검찰은 K씨를 상대로 마약 구입 경로와 판매자를 파악하는 데 주력하고 있다. K씨는 1977년 '럭키' 광고모델로 연예계에 발을 들인 후 1979년 '노래하며 춤추며'를 발표했으며 이듬해 10대 가수상에서 신인상을 받았다. 1985년 '오사카의 황혼'으로 일본 데뷔 후 40여 차례에 걸쳐 상을 받았으며 특히 현지 가수들의 꿈인 NHK TV '홍백가합전'에 1989년부터 1994년까지 7번이나 출연했다.

### 4. 구속영장 발부 사례
### (1) '땅콩 리턴' 사건

서울서부지법 김병찬 영장전담판사는 항공보안법상 항공기항로변경과 항공기안전운항저해폭행, 형법상 강요와 위력에 의한 업무방해 등의 혐의를 받고 있던 조 전 부사장의 구속영장을 발부했다. 또 이번 사건의 은폐·축소를 주도한 혐의(증거인멸·강요)를 받고 있는 여모 대한항공 객실승무본부 상무의 구속영장도 발부했다. 김 판사는 "두 사람의 혐의 내용에 대한 소명이 이뤄졌다"며 "사안이 중대하고 사건 초기부터 혐의 사실을 조직적으로 은폐하려는 시도가 있었던 점에 비춰볼 때 **구속의 필요성**이 인정된다"고 밝혔다.

### (2) 남편 감금치상·강간 혐의 여성 구속영장 발부

남편을 감금한 뒤 상처를 입히고, 성폭행한 혐의 등을 받는 40대 여성이 구속됐다. 부부 성폭행 혐의가 아내에게 적용된 건 이번이 처음이라고 경향신문이 보도했다. 서울중앙지법 조윤희 영장전담 부장판사는 22일 감금치상·강간 등 혐의를 받는 여성 ㄱ씨에 대한 구속영장을 발부했다. 조 부장판사는 "감금치상 및 강요 범행의 동기와 내용 등에 비추어 보면 **구속의 사유와 필요성**이 인정된다"고 밝혔다. 이에 앞서 검찰은 남편 ㄴ씨를 아파트에 감금한 뒤, 손과 발을 묶은 채 강제로 성관계를 맺은 혐의로 ㄱ씨에 대해 사전구속영장을 청구했다. ㄱ씨는 "남편도 동의했던 성관계였다"고 주장한 것으로 알려졌다. 그러나 검찰 조사 결과, 부부관계가 소원해진 ㄱ씨는 '이혼 책임이 ㄴ씨한테 있다'는 취지의 진술을 받기 위해 이 같은 일을 저지른 것으로 드러났다. ㄱ씨와 ㄴ씨는 10년 넘게 영국에서 함께 살다 ㄱ씨의 범죄로 인해 관계가 멀어지게 된 것으로 전해졌다.

### (3) '서초동 세모녀 살해 가장' 강모씨 구속영장 발부(2015년 1월)

자신의 아내와 두 딸을 살해한 혐의를 받고 있는 '서초 세모녀 살인사건'의 피의자 강모(48)씨가 구속됐다. 서울중앙지법 윤강열 영장전담 부장판사는 8일 "**소명된 범죄 혐의가 매우 중대**하고 피의자가 도주할 우려가 있다"면서 강씨에 대해 구속영장을 발부했다. 강씨는 6일 새벽 3시~4시 30분께 서울 서초동 소재 자택에서 아내(44)와 큰 딸(14), 작은 딸(8) 등 3명을 목졸라 살해한 뒤 도망친 혐의를 받고 있다. 강씨는 같은 날 낮 12시 10분께 경북 문경시 농암면 인근 도로에서 경찰에 붙잡혔다. 강씨는 컴퓨터 관련 업체에 근무하며 경제적으로 풍요한 생활을 해왔으나 2012년 실직한 후 재취업에 실패하면서 경제적 어려움을 겪어온 것으로 알려졌다. 최근에는 자신의 아파트를 담보로 5억원을 대출받아 매달 400만원가량을 가족의 생활비로 써왔고, 대출금 일부를 주식에 투자했다가 2억7000만원을 잃은 것으로 알려졌다.

### (4) '청와대 폭파 협박' 국회의장 前 보좌관 아들 구속영장 발부(2015년 1월)

수원지법 김희철 영장전담판사는 29일 사회관계망서비스(SNS)에 '박근혜 대통령 사저를 폭파하겠다'는 협박글을 올리고 청와대에 폭파 협박전화를 건 혐의(협박 및 위계에 의한 공무집행방해)를 받고 있는 강씨에 대해 "현주건조물방화 미수죄로 집행유예를 선고받고 보호관찰 중에 있음에도 무단 출국해 계획적·순차적으로 범행을 도모하고 지속적으로 강한 반사회적 성향을 보이고 있다"며 구속영장을 발부했다. 강씨는 지난 17~23일까지 프랑스에서 6차례에 걸쳐 SNS에 박근혜 대통령 사저를 폭파하겠다는 글을 올리고 25일 청와대로 5차례 폭파 협박 전화를 건 혐의를 받고 있다. 강씨는 2012년 12월 경기도 의정부 306보충대에 입대해 부산 소재 육군부대에서 군생활을 했으나 이듬해 3월부터 정신질환으로 병원 치료를 받았고 같은 해 8월 정신건강 이상으로 의병제대했다. 이후 병역변경 처분돼 부산 모 구청에서 공익근무를 하던 중 지난해 3월 인근 빌라 출입구에 있던 파지에 불을 붙인 혐의(현주건조물 방화미수)로 징역 1년 6월에 집행유예 2년을 선고받았다.

### (5) '재판 불출석' B씨 구속영장 발부(2014년 8월)

서울남부지법 형사3단독 서형주 판사는 지난 11일 김광진 새정치민주연합 의원의 명예를 훼손한 혐의(정보통신망이용촉진 및 정보보호등에 관한 법률 위반)로 기소된 B 대표가 선고기일 변경신청을 하지 않고 지난 7월 17일에 이어 이날 판결선고기일에도 출석하지 않자, 피고인 소환장을 발송하면서 구속영장도 발부했다. 형사재판에서 피고인이 불출석할 경우 판결을 선고할 수 없다. 선고 기일은 9월 4일로 연기됐다. 남부지법 관계자는 "형사소송법 제70조에 따라 피고인이 죄를 범했다고 의심할 만한 상당한 이유가 있고 도망하거나 도망할 염려가 있는 때 등에 해당한다고 봐, 구속영장을 발부하고 구속영장 원본을 검사에게 송부했다"고 밝혔다. B 대표는 지난해 3월 '김 의원이 기업을 운영하면서 국회의원 신분을 이용해 순천만 국제정원박람회 로고와 마스코트 제조권 등을 따냈다'는 내용의 미디어워치 기사를 트위터에 언급하면서 '김 의원이 권력을 이용해 국민 세금을 빼앗고 지자체를 압박했다'는 내용의 비방 글을 다섯 건 올렸다. 김 의원은 B 대표와 기사를 쓴 기자를 상대로 손해배상 청구소송을 내 승소했다. 이후 검찰은 B씨와 기자를 명예훼손 혐의로 기소했다. 검찰은 B씨를 약식기소했지만, 법원은 B씨 등을 정식재판 절차에 회부했다.

### 5. 구속영장 청구기각 사례

### (1) 원정도박자금 쪼개기 세탁 J 동국제강회장 구속영장 기각 논란

300억원대 횡령·배임 혐의로 구속영장이 청구됐던 J(62) 동국제강 회장이 수년 간 회사 직원들을 동원해 해외여행경비 보유 한도(1만 달러) 이내의 여행자 수표를 구입하는 방식으로 '쪼개기' 해서 미국으로 보낸 뒤 이를 다시 모아 미국 원정 도박(바카라) 자금으로 사용한 혐의가 검찰 수사 결과 드러났다. J 회장이 원정도박에 사용한 돈은 모두 86억원(800만 달러)에 이르는 것으로 나타났으며 이 가운데 40억원 가량을 직원들을 이용해 자금세탁한 뒤 해외로 빼돌린 것으로 나타났다. 나머지 도박자금은 동국제강 미국 법인인 동국인터내셔널(DKI) 자금을 빼돌린 것으로 전해졌다. J 회장은 수년 간 신입사원들까지 동원해 이 같은 방식으로 도박 자금을 마련해 왔고 금융정보분석원(FIU)의 추적을 피하기 위해 직원들이 여행자 수표를 구입하는 은행과 시간을 매번 달리하는 등 지능적인 수법을 쓴 것으로 알려졌다. 서울중앙지검 공정거래조세조사부(부장검사 한동훈)는 이 같은 혐의 등에 대해 J 회장이 부인하지 못하는 관련자 진술 등으로 뒷받침한 뒤 사전구속영장을 청구했지만 28일 구속영장은 기각돼 논란이 일고 있다. 이날 새벽 3시 서울중앙지법 김도형 영장전담부장판사는 "일부 범죄 혐의에 관한 소명 정도, 현재까지의 수사 경과 등에 비춰 현단계에서 구속의 사유와 필요성이 인정되지 않는다"며 구속영장을 기각했다. J 회장의 횡령 혐의에는 동국제강의 철강 제조 과정에서 생긴 파철(철강 제조 과정에서 생긴 자투리 철)을 직접 판매한 뒤 판매자금 80억원 가량을 빼돌린 혐의도 포함돼 있다고 한다. 한편 J 회장은 28일 오전 10시 국내 횡령 금액에 해당하는 105억원을 갑자기 무통장 입금 방식으로 변제한 뒤 구속전피의자심문에서 "횡령 금액을 갚았다"고 주장하고 구속을 면한 것이어서 J 회장이 구속을 피하기 위한 '꼼수'에 법원이 영향을 받은 것 아니냐는 논란이 일고 있다. J 회장에 대한 영장심사서류에 영장 발부를 의미하는 영장전담부장판사의 도장이 찍혔다가 수정액으로 지워진 흔적이 남아 있는 점도 논란거리가 되고 있다. J 회장의 변호인 측은 구속영장 기각에 대해 "동국제강이 브라질에서 진행 중인 제철소 건설 사업과 현재 진행 중인 페럼타워 매각 건 등을 마무리 하기 위해 불구속 상태로 재판을 받길 원한다는 피의자의 호소가 받아들여진 것으로 생각한다"고 주장했다. 또 "횡령 금액을 영장실질심사 전에 변제한 것은 이전까지 정확하게 모르고 있던 횡령 금액의 규모를 비로소 알게 됐기 때문"이라고 덧붙였다.

## (2) '범죄 소명 부족'을 이유로 한 L 전 KT회장 구속영장 기각(2014년 1월)

100억원대의 횡령·혐의를 받고 있는 L(69) 전 KT 회장에 대해 청구한 구속영장이 기각됐다. 김우수 서울중앙지법 영장전담 부장판사는 15일 "주요 범죄혐의에 대한 소명이 부족한 현 단계에서 **구속의 사유와 상당성**을 인정하기 어렵다"며 검찰의 구속영장청구를 받아들이지 않았다. L 전 회장은 재직 당시 KT 사옥 39곳을 헐값에 매각하고 계열사 편입 과정에서 주식을 비싸게 사거나 과다 투자해 회사에 손해를 끼치고 임직원들에게 상여금을 과다 지급한 뒤 돌려받는 방식으로 비자금을 조성한 혐의(특정경제범죄 가중처벌 등에 관한 법률상 횡령·배임) 등을 받고 있었다. 배임과 횡령을 합한 전체 범죄 혐의 액수는 100억원대 후반으로 알려졌다. L 전 회장은 당초 14일로 예정된 법원 영장실질심사에 출석하지 않아 검찰이 강제구인에 나섰지만 자진 출석 의사를 밝혀 이 날 영장실질심사가 진행됐다. L 전 회장은 변호인을 교체하고 변론전략을 세우며 대비한 끝에 구속을 면하게 됐다.

## (3) '외제차 절도' 혐의 前 부장검사 구속영장 기각(2015년 2월)

법원이 강남의 한 호텔 주차장에서 고급 외제차를 훔쳐 달아난 혐의를 받고 있는 전직 부장검사 김모(48)씨에 대한 구속영장을 24일 기각했다. 김씨는 서울 강서 60대 재력가 송모씨를 살인교사한 혐의로 기소돼 1심에서 무기징역을 선고받은 김형식(45) 서울시의회 의원의 친형이다. 서울중앙지법 김도형 영장전담 부장판사는 "수집된 증거자료의 내용과 정도 등에 비춰볼 때 현 단계에서 구속할 사유와 필요성이 인정되지 않는다"고 기각 사유를 밝혔다. 김씨는 지난달 27일 오전 2시께 서울 강남구 논현동의 한 고급호텔에서 아우디 SUV승용차를 훔쳐 타고 달아난 혐의를 받고 있다. 그는 같은 날 새벽 올림픽대교 인근 한 공영주차장에 차를 버리고 트렁크에 실려 있던 시가 500만원 상당의 골프채만 챙겨간 것으로 알려졌다. 2006년 변호사로 개업한 김씨는 2007년 2월 골프장 사장을 납치·감금한 혐의로 기소돼 항소심에서 징역 4년을 선고받고 복역했다. 김씨는 변호사 자격이 정지된 상태다.

## (4) 공갈·배임수재혐의로 긴급체포한 피의자 구속영장 기각(2007년 7월)

긴급체포요건을 갖추지 못한 구속영장청구가 기각됐다. 의정부지법 정헌명 영장담당판사는 11일 공갈 및 배임수재 등의 혐의로 경찰에 긴급체포돼 조사를 받던 김모(55)씨에 대한 구속영장을 기각했다. 2006년 10월 H대학교 의료원 사무부장이던 김씨는 H대 모 병원 장례식장에서 식당, 화원, 영정사진 등에 대한 운영권을 임대받아 운영하던 한양식품 대표 김모씨에게 자신에게 상납하지 않을 경우 월 임대료 조정 재계약을 하지 않을 것처럼 협박해 올해 3월말까지 총 8회에 걸쳐 3,000여만원을 갈취한 혐의로 긴급체포돼 경찰에서 조사를 받았다. 정 판사는 "긴급체포한 장소가 김씨가 근무하는 사무실인 데다 피의자의 직업이나 주거관계, 사회적인 지위 등을 고려하면 도주의 우려가 없어 법원으로부터 체포영장을 받을 시간적 여유가 충분히 있었는데도 체포영장 청구가 없었다"며 "검사의 구속영장 청구는 부적법한 긴급체포를 근거로 이뤄진 것이므로 기각한다"고 밝혔다. 의정부지법 공보담당 박재우 판사는 "긴급체포의 중요한 요건 가운데 하나인 '긴급을 요한다'는 것은 피의자를 우연히 발견한 경우 등과 같이 체포영장을 받을 시간적 여유가 없는 때를 말한다"라며 "이 사건의 경우 긴급체포의 긴급성을 갖추지 않았음에도 경찰의 긴급체포 남용에 의한 것이므로 기각이 정당하다"고 말했다.

### (5) '현행범체포요건 미비'를 이유로 한 기각(2007년 3월)

의정부지법이 현행범 체포요건을 갖추지 못한 구속영장청구에 대해 잇따라 영장을 기각하며 잘못된 수사 관행에 제동을 걸었다. 의정부지법 정헌명 영장 담당 판사는 지난달 6일 교통사고처리특례법 위반 혐의로 경찰에 현행범으로 체포돼 조사를 받던 A씨에 대한 구속영장을 기각했다. A씨는 지난달 5일 양주시 은현초등학교 앞에서 학원차를 운전하던 중 어린이의 옷자락이 출입문에 낀 것을 확인하지 못하고 출발하다 사망사고를 냈으며 어린이를 병원으로 옮긴 뒤 병원에서 현행범으로 체포돼 경찰조사를 받았다. 정 판사는 'A씨를 현행범으로 체포한 시점이 교통사고 발생시간에서 20분이 경과한데다 장소도 사고 지점이 아닌 병원'이라며 '이 경우 현행범 체포요건을 갖추지 못했고 검사의 구속영장 청구가 부적법한 현행범 체포를 근거로 이뤄진 것으로 이를 기각한다'고 밝혔다. 지난해 12월에도 정 판사는 경찰서 지구대에 임의동행된 뒤 피해자의 진술에 의해 강제추행 혐의로 체포된 B씨의 구속영장도 '부적법한 현행범 체포에 근거한 위법한 행위'라며 기각했다. 정 판사는 '경찰이 피의자를 임의동행할 당시에는 피의자가 강제추행을 한 범인이라는 증거가 명백히 존재하지 않았다'며 '임의동행한 피의자가 추후 죄증이 명백하다면 절차에 따라 긴급체포를 하거나 구속영장을 발부받아 구속하는 것이 마땅하다'고 밝혔다. 의정부지법 공보담당 박재우 판사는 '현행범 체포는 피의자의 인권과 직결되는 만큼 법이 규정한 절차에 따라 엄격히 이뤄져야 한다'며 '현행범 체포요건을 갖추지 못한 구속영장 기각은 법원이 인권을 최대한 보호하겠다는 의지'라고 말했다.

### 6. 기타의 쟁점들

### (1) '영장실질심사에 피해자를 참여 시키라'는 요청 (2015년 5월)

검찰이 최근 피의자에 대한 영장실질심사(구속전피의자심문) 때 범죄 피해자를 출석시키는 일이 잦아지고 있어 논란이 되고 있다. 대검찰청이 관련 지침을 전국 검찰청에 내려보낸 것이 계기가 됐다. 검찰은 피해자 지원은 물론 구속영장을 발부받는 데도 도움이 된다며 점차 확대할 입장인 반면, 법원은 영장재판부에 부담을 줘 결정에 영향을 미치는 만큼 피해자의 영장재판 출석 확대에 우려를 표시하고 있다. 법조계 일각에서는 '영장재판의 본안재판화'를 우려하는 목소리도 나오고 있다. 범죄 피해자의 법정 출석은 지난달 16일 대검이 개정 '범죄피해자 보호 및 지원에 관한 지침'을 시행하면서 크게 늘었다. 대검은 지침에 '가해자에 대한 구속전피의자심문 때 범죄피해자가 심문절차에 참여해 그 의견을 진술할 수 있도록 적극 지원한다'는 내용을 포함했다. 영장심사는 원칙적으로 비공개지만 형사소송규칙에 따라 피해자는 판사의 허가를 받고 방청할 수 있다. 또 판사가 구속 여부 판단을 위해 필요할 경우 심문장소에 출석한 피해자를 '심문'할 수 있도록 하고 있다. 그동안 검찰은 '체포·구속 업무처리지침'을 통해 검사가 구속영장 발부를 위해 필요하다고 판단하면 피해자가 의견진술을 하는 데 필요한 조치를 취하도록 했지만, 실제 활용되는 경우는 드물었다. 대검 관계자는 "이번에 범죄피해자 권리고지제도를 의무화하면서 피해자 보호·지원 지침을 전면 개정했는데, 이 제도를 잘 활용한 사건들이 상당수 접수되고 있다"고 말했다. 서울중앙지법에 따르면 새 지침 시행 이후 서울중앙지법에 10건 가량의 영장실질심사에 피해자가 참여한 것으로 파악되고 있다. 검찰은 새 지침을 적극적으로 활용하고 있어 피해자의 영장재판 참여는 더 늘어날 전망이다. 일선의 한 부장검사는 "사기 사건은 피의자가 계속 변명을 하는 경우가 많은데, 피해자가 심문에 참석해 어려움을 호소하면 영장발부에 더 효과적이었다"고 전했다. 또 "증인의 진술은 피의자 측 변호인이 탄핵할 수 있지만, 피해자 진술은 탄핵 없이 판사에게 직접 호소할 수 있다"고 말했다. 또 다른 부장검사는 "중요사건이 아니면 검사도 영장 청구만 하고 심문은 잘 안들어가는데, 피해자가 명백하게 있는 상황에서 피의자 변호인의 주장만으로 영장심사가 이뤄지는 것보다는 피해자가 참석해 진술하는 것이 더 효과적"이라고 말했다. 그는 "성폭력사건의 경우 피해자가 있으면 상대편 변호인도 말을 좀더 조심하게 된다"고 전했다.

그러나 판사들은 우려를 나타내고 있다. 수도권의 한 판사는 "공판 절차에는 피해자 진술권이 있지만, 영장심사 절차에는 '판사가 필요한 경우 피해자를 심문할 수 있다'는 것이지 피해자가 의견을 적극적으로 밝힐 권리가 보장돼 있는 것은 아니다"고 지적했다. 그는 "피해자의 방청을 무조건 허가하거나 의견진술 기회를 적극적으로 부여하는 것이 과연 적절한지 의문이다. 조심스럽게 운영할 부분이 있다"고 말했다. 일선 법원의 한 영장전담판사는 "아동·장애인·성폭력사건 등 인권차원에서 절차적으로 더 보호해야 할 피해자들은 본인 의사에 따라 진술을 할 수 있도록 보장해야 하겠지만 이를 제외한 범죄는 원칙적으로 공익의 대변인인 검사가 피해자를 대변해 의견진술 하는 것이 더 바람직하다"고 주장했다. 법조계 일각에선 "영장 심사가 본안 재판으로 변질될 우려도 있다"는 지적도 나온다. 법원 관계자는 "영장심사는 본질적으로 피의자의 법관 대면권을 보장해 피의자에게 변명의 기회를 부여하고 의견 진술 기회를 부여하는 절차라는 점에서 본안 재판과는 다르다"면서 "피해자의 절차 참여도 이런 제도의 취지에 반하지 않는 범위에서 이뤄지는 것이 바람직하다"고 말했다.

## (2) 변호인, 구속영장 청구서 제한없이 열람(2011년 12월 형사소송규칙 개정)

대법원은 지난 8일 변호인이 영장실질심사를 앞둔 피의자의 구속영장청구서를 제한없이 열람할 수 있도록 하는 것을 골자로 한 형사소송규칙 일부 개정안을 입법예고(이미 입법예고대로 개정되었다)했다. 현 형사소송규칙 제96조의21은 변호인이 구속영장청구서와 고소·고발장·피의자 진술서 등을 열람할 수 있도록 규정하고 있지만, 증거인멸이나 공범의 도망 등 수사에 방해가 될 염려가 있을 때에는 검사의 의견에 따라 판사가 서류 전체 또는 일부의 열람을 제한할 수 있게 하고 있다. 대법원 관계자는 "구속영장이 청구된 피의자의 방어권과 변호인의 조력권을 충실하게 보장하기 위해 변

호인의 구속영장청구서 열람권을 제한없이 인정하려는 것"이라고 개정 취지를 설명했다. 규칙 개정안은 또 압수수색 요건 강화 등을 내용으로 하는 개정 형사소송법이 내년 1월부터 시행됨에 따라 (1) 압수·수색의 대상이 전기통신인 경우에는 압수·수색을 위한 영장 청구서에 그 작성기간을 명시하도록 하고(107조 1항 7호 신설) (2) 형사소송법 제215조에 따라 압수·수색·검증영장을 청구할 때에는 해당사건과의 관련성을 인정할 수 있는 자료를 제출(108조 1항 개정)하도록 하는 내용도 포함하고 있다. 대법원의 이번 형사소송규칙 개정은 '왕재산' 사건이 계기가 된 것으로 전해졌다. 민주사회를 위한 변호사 모임(민변)은 지난 7월 '왕재산' 사건 피의자에 대한 영장실질심사를 앞두고 구속영장청구서 열람 및 등사 신청을 했으나, 서울중앙지법은 검사의 의견을 받아들여 "수사의 핵심적인 비밀을 많이 포함하고 있다"며 불허 결정을 내렸다. 이날 영장심문에 참여한 변호인은 '영장청구서를 열람하지 못했다'며 변론을 거부했고, 민변 측은 바로 헌법소원을 냈다. 그러자 영장전담 판사는 영장청구서 열람 허가를 내려 검사가 제공한 3쪽 분량의 영장청구서를 변호인에게 보냈으나 검사가 당초 영장 판사에게 제출한 영장청구서는 100쪽 분량으로 확인됐다. 서초동의 한 변호사는 "영장 자체를 비공개할 경우 피의자나 변호인은 피의사실조차 알 수 없어 방어 대상이 무엇인지 정확히 알 수 없게 되고 피의자의 방어권 및 변호인의 조력권은 형해화될 수밖에 없다"며 "대법원의 형사소송규칙 개정은 늦었지만 바람직하다"고 평가했다. 민변의 한 변호사는 "구속적부심 때 (수사기관이) 고소장 등 서류를 보여주지 않아 제기된 헌법소원에서도 위헌결정이 났던 것을 보면 헌재에서는 열람권을 방어권 및 변호인 조력권의 기본으로서 그 제한 사유는 엄격하게 심사를 해야 한다는 입장"이라며 "(대법원이) 헌재에서 위헌 판단을 받을 가능성이 높다고 판단했을 수도 있다"고 지적했다. 헌재는 지난 2003년 4월 구속적부심사청구를 앞둔 구속피의자 변호인에게 수사기관이 고소장·피의자신문조서 등 수사기록을 기소 전에 공개하지 않는 것은 위헌이라는 결정(2000헌마474)을 내린 바 있다.

[필자: 심희기 교수(연세대)]

최신판례

刑事訴訟法核心判例130選

# [1] 2015년 1월~8월 사이에 선고된 기타 중요판결들의 요약

* 이곳에서는 앞에서 제시한 판결들([1], [2])을 제외한 기타의 중요판결들의 사안과 재판요지를 최소한으로 요약하여 정리한다. 상세한 분석과 해설은 차후의 과제이다. 이하에서 D, D2…는 피고인, 공소외 혹은 공소외인은 O, O2…, 피해자는 V, V2…의 방식으로 지칭한다.

[1] ㈎ 영장의 사전제시가 현실적으로 불가능한 경우와 선제시(先提示)를 요구하는 제219조(제118조)
㈏ 우편물의 검열 또는 통신제한조치·대화의 녹음·청취는 집행주체가 제3자에게 집행·협조를 위탁할 수 있는가(긍정)
㈐ 통신제한조치허가의 유효범위
㈑ 영장집행절차의 사소한 흠은 그 후 압수된 압수물의 증거능력에 영향이 없는가(긍정)

[대법원 2015. 1. 22. 선고 2014도10978 전원합의체 판결(내란음모등 사건)]

★[판지]★
1. 압수·수색절차에서 수사기관이 사전에 영장을 제시하지 않은 것이 위법하므로 압수물의 증거능력이 없다는 피고인 D의 주장에 대한 응답
형사소송법 제219조가 준용하는 제118조는 '압수·수색영장은 처분을 받는 자에게 반드시 제시하여야 한다'고 규정하고 있으나, 이는 영장제시가 현실적으로 가능한 상황을 전제로 한 규정으로 보아야 하고, 피처분자가 현장에 없거나 현장에서 그를 발견할 수 없는 경우 등 영장제시가 현실적으로 불가능한 경우에는 영장을 제시하지 아니한 채 압수·수색을 하더라도 위법하다고 볼 수 없다.
원심은, 그 채택 증거를 종합하여 D4의 주소지와 거소지에 대한 압수·수색 당시 D4가 현장에 없었던 사실, D7과 관련한 A평생교육원에 대한 압수·수색 당시 A평생교육원 원장 O3은 현장에 없었고 이사장 O4도

수사관들에게 자신의 신분을 밝히지 않은 채 건물 밖에서 지켜보기만 한 사실 등을 인정한 다음, 수사관들이 위 각 압수·수색 당시 D4와 A평생교육원 원장 또는 이사장 등에게 영장을 제시하지 않았다고 하여 이를 위법하다고 볼 수 없다고 판단하였다. 원심판결 이유를 위 법리와 적법하게 채택된 증거들에 비추어 살펴보면, 원심의 위와 같은 사실인정과 판단은 정당한 것으로 수긍할 수 있[다].

2. 대화의 녹음·청취에 대한 집행위탁이 위법하다는 등의 피고인의 주장에 대한 응답
우편물의 검열 또는 전기통신의 감청(이하 '통신제한조치'라 한다)과 관련하여, 통신비밀보호법 제9조 제1항은 '통신제한조치는 이를 청구 또는 신청한 검사·사법경찰관 또는 정보수사기관의 장이 집행한다. 이 경우 체신관서 기타 관련기관 등(이하 '통신기관 등'이라 한다)에 그 집행을 위탁하거나 집행에 관한 협조를 요청할 수 있다'고 규정하고, 나아가 같은 법 제9조 제3항은 '통신제한조치를 집행하는 자와 이를 위탁받거나 이에 관한 협조요청을 받은 자는 당해 통신제한조치를 청구한 목적과 그 집행 또는 협조일시 및 대상을 기재한 대장을 대통령령이 정하는 기간 동안 비치하여야 한다'고 규정하면서, 같은 법 제17조 제1항 제2호는 위 대장을 비치하지 아니한 자를 처벌하도록 규정하고 있다. 이처럼 통신비밀보호법 제9조 제1항 후문 등에서 통신기관 등에 대한 집행위탁이나 협조요청 및 대장 비치 의무 등을 규정하고 있는 것은 통신제한조치의 경우 해당 우편이나 전기통신의 역무를 담당하는 통신기관 등의 협조가 없이는 사실상 그 집행이 불가능하다는 점 등을 고려하여 검사·사법경찰관 또는 정보수사기관의 장(이하 '집행주체'라 한다)이 통신기관 등에 집행을 위탁하거나 집행에 관한 협조를 요청할 수 있음을 명확히 하는 한편 통신기관 등으로 하여금 대장을 작성하여 비치하도록 함으로써 사후 통제를 할 수 있도록 한 취지이다. 한편 '대화의 녹음·청취'에 관하여 통신

비밀보호법 제14조 제2항은 통신비밀보호법 제9조 제1항 전문을 적용하여 집행주체가 집행한다고 규정하면서도, 통신기관 등에 대한 집행위탁이나 협조요청에 관한 같은 법 제9조 제1항 후문을 적용하지 않고 있으나, 이는 '대화의 녹음·청취'의 경우 통신제한조치와 달리 통신기관의 업무와 관련이 적다는 점을 고려한 것일 뿐이므로, 반드시 집행주체가 '대화의 녹음·청취'를 직접 수행하여야 하는 것은 아니다. 따라서 집행주체가 제3자의 도움을 받지 않고서는 '대화의 녹음·청취'가 사실상 불가능하거나 곤란한 사정이 있는 경우에는 비례의 원칙에 위배되지 않는 한 제3자에게 집행을 위탁하거나 그로부터 협조를 받아 '대화의 녹음·청취'를 할 수 있다고 봄이 타당하고, 그 경우 통신기관 등이 아닌 일반 사인에게 대장을 작성하여 비치할 의무가 있다고 볼 것은 아니다.

원심은, 그 채택 증거를 종합하여, 이 사건에서 증거로 채택된 녹음파일들은 모두 통신제한조치 허가서에 의해 취득된 것들로서, 국가정보원 수사관이 O5에게 허가서가 발부된 사실을 알려주고 이를 보여주면서 기간과 범위를 설명한 다음 각 대상자의 대화를 녹음해 달라고 요청하여 O5가 그 대상자의 대화를 녹음한 후 수사관에게 제출한 사실, 위 각 허가서에는 통신제한조치의 집행방법으로 '전자·기계장치를 사용한 지득 또는 채록'이라고 기재되어 있을 뿐 집행과 관련하여 다른 특별한 제한을 두고 있지 않은 사실 등을 인정한 다음, 위 각 허가서의 혐의사실은 이적단체 내지 반국가단체 활동 등 국가보안법위반 범죄로서 은밀히 행해지는 조직범죄의 성격을 띠고 있고, O5도 지하혁명조직 RO가 보안수칙을 정하여 조직원에게 엄수시키고 있다고 진술하고 있어 당시 수사기관으로서는 해당 대화를 직접 녹음·청취하는 것이 쉽지 않았을 것으로 보이는 점, 그리고 대화 당사자인 O5로 하여금 해당 대화를 녹음하도록 하는 것이 수사기관이 직접 해당 대화를 녹음하는 것보다 대화 당사자들의 법익을 더 침해할 것으로 보이지 않는 점 등의 사정을 종합하여 볼 때, 수사기관이 O5의 협조를 얻어 그로 하여금 허가서에 따라 해당 대화를 녹음하도록 한 것은 집행방법의 하나로 적법하고, 나아가 O5가 집행위탁이나 협조요청과 관련한 대장을 작성하지 아니하였다고 하더라도 이를 위법하다고 볼 수 없다고 판단하였다. 원심판결 이

유를 위 법리와 적법하게 채택된 증거들에 비추어 살펴보면, 원심의 위와 같은 사실인정과 판단은 정당한 것으로 수긍할 수 있고, 거기에 상고이유 주장과 같이 대화의 녹음·청취에 대한 집행위탁의 허용요건에 관한 법리를 오해하는 등의 위법이 없다.

### 3. 대화의 녹음·청취가 허가 대상이 된 발언자의 범위를 벗어났고 사후허가도 받지 아니하여 위법하다는 등의 피고인의 주장에 대한 응답

원심은, 그 채택 증거를 종합하여 2013. 5. 10. 22:00경 광주시에 있는 B청소년수련원에서 D4, D6을 비롯한 130여 명이 참석한 회합(이하 '5. 10. 회합'이라 한다)에 대한 녹음은 수원지방법원 제2013-4114호(대상자: D2)와 제2013-4118호(대상자: D5)의 각 통신제한조치 허가서에 기한 것이고, 2013. 5. 12. 22:00경 서울 마포구 합정동에 있는 C교육수사회에서 D, D2를 비롯하여 위 130여 명 대부분이 참석한 회합(이하 '5. 12. 회합'이라 한다)에 대한 녹음은 위 각 통신제한조치 허가서 및 수원지방법원 제2013-4115호(대상자: D)와 제2013-5119호(대상자: D3)의 각 통신제한조치 허가서에 기한 것인데, 위 각 허가서에는 통신제한조치의 대상과 범위가 "대상자와 상대방 사이의 국가보안법위반 혐의사실을 내용으로 하는 대화에 대한 녹음 및 청취"로 기재되어 있는 사실, O5가 5. 10. 회합 및 5. 12. 회합에서 위 각 허가서에 기재된 대상자가 참석한 가운데 이루어진 강연과 토론·발표 등을 녹음한 사실을 인정한 다음, 통신비밀보호법에서 말하는 '대화'에는 당사자가 마주 대하여 이야기를 주고받는 경우뿐만 아니라 당사자 중 한 명이 일방적으로 말하고 상대방은 듣기만 하는 경우도 포함되므로, 위 강연과 토론·발표 등은 대상자와 상대방 사이의 대화에 해당되고, 따라서 5. 10. 회합 및 5. 12. 회합에 대한 녹음은 위 각 허가서의 대상 및 범위에 포함되는 것으로 적법하며, 별도로 사후허가를 받을 필요가 없다고 판단하였다.

원심판결 이유를 적법하게 채택된 증거들에 비추어 살펴보면, 원심의 위와 같은 사실인정과 판단은 정당한 것으로 수긍할 수 있고, 거기에 상고이유 주장과 같이 통신제한조치 허가서의 효력이 미치는 범위나 사후허가의 필요성에 관한 법리를 오해하는 등의 위법이 없다.

## 4. 전자정보의 복호화 과정에 대한 사전통지의 누락과 압수된 전자정보의 증거능력

(사안 1, 2, 3은 판지만 보아도 사실관계를 짐작할 수 있지만 4번은 사안소개가 없으면 이해하기 어려워 4번의 판지를 이해하는 데 필요한 사안만을 이하에서 제시한다)

**[사안]** D는 국가보안법 위반 혐의로 기소되었다. 압수된 전자정보 A가 유죄증거로 제출되었는데 D는 '수사기관이 그 전자정보 A의 복호화 과정에 대한 사전통지를 누락하였으므로 그것을 증거로 사용할 수 없다'고 주장하였다. 수사관들이 압수한 디지털 저장매체 원본이나 복제본을 국가정보원 사무실 등으로 옮긴 후 범죄혐의와 관련된 전자정보를 수집하거나 확보하기 위하여 삭제된 파일을 복구하고 암호화된 파일을 복호화하는 과정은 전체적으로 압수·수색과정의 일환에 포함되므로 그 과정에서 D들과 변호인에게 압수·수색 일시와 장소를 통지하지 아니한 것은 형사소송법 제219조, 제122조 본문, 제121조에 위배된다. D는 일부 현장 압수·수색과정에는 직접 참여하기도 하였고, 직접 참여하지 아니한 압수·수색절차에도 D와 관련된 참여인들의 참여는 있었다. 현장에서 압수된 디지털 저장매체들은 제3자의 서명 하에 봉인되고 그 해쉬(Hash)값도 보존되어 있었다.

**★[판지]★**

"1. 헌법과 형사소송법이 정한 절차에 따르지 아니하고 수집된 증거는 **기본적 인권 보장을 위해 마련된 적법한 절차**에 따르지 않은 것으로 원칙적으로 유죄 인정의 증거로 삼을 수 없다. 다만 법이 정한 절차에 따르지 아니하고 수집한 압수물의 증거능력 인정 여부를 **최종적으로 판단할 때**는, 수사기관의 증거수집 과정에서 이루어진 절차 위반행위와 관련된 모든 사정, 즉 절차 조항의 취지와 그 위반의 내용 및 정도, 구체적인 위반 경위와 회피 가능성, 절차 조항이 보호하고자 하는 권리 또는 법익의 성질과 침해 정도 및 D와의 관련성, 절차 위반행위와 증거수집 사이의 인과관계 등 관련성의 정도, 수사기관의 인식과 의도 등을 전체적·종합적으로 살펴볼 때, 수사기관의 절차 위반행위가 적법절차의 실질적인 내용을 침해하는 경우에 해당하지 아니하고, 오히려 그 증거의 증거능력을 배제하는 것이 헌법과 형사소송법이 형사소송에 관한 절차 조항을 마련하여 적법절차의 원칙과 실체적 진실 규명의 조화를 도모하고 이를 통하여 형사 사법의 정의를 실현하려 한 취지에 반하는 결과를 초래하는 것으로 평가되는 **예외적인 경우라면**, 법원은 그 증거를 유죄 인정의 증거로 사용할 수 있다(대법원 2007. 11. 15. 선고 2007도3061 전원합의체 판결 등 참조).

위와 같은 사정이라면 압수·수색과정에서 수집된 디지털 관련 증거들은 유죄 인정의 증거로 사용할 수 있는 예외적인 경우에 해당한다."

## [2] 항소이유서 제출기간 내에 변론이 종결되었는데 그 후 위 제출기간 내에 항소이유서가 제출되었다면 항소심법원은 변론을 재개하여야 하는가(원칙적 긍정)

### [대법원 2015. 4. 9. 선고 2015도1466 판결]

**[사안]** D는 사기·특수절도 혐의로 기소되었다. 상세한 사실관계는 다음과 같다. ① D가 인천지방법원 2014. 11. 5. 선고 2014고단3764, 4679(병합), 5987(병합), 6895(병합) 판결에 대하여 위 법원 2014노4099호로 항소를 제기하자 항소심은 위 항소사건(이하 '제2사건'이라 한다)을 D에 대한 기존 사건(위 법원 2014노2031호)에 병합한 뒤 제2사건에 대한 소송기록 접수통지서의 송달을 실시하였고 그 통지서가 2014. 12. 8. D에게 송달되었다. ② D는 2014. 12. 10. 열린 공판기일에서 제2사건에 대한 항소이유를 '양형부당'이라고 진술하면서 사선변호인 선임 및 합의를 위한 시간을 요청하였으나, 항소심은 곧바로 변론을 종결하고 선고기일을 2014. 12. 26.로 지정하였다. ③ 이후 선임된 D의 사선변호인은 2014. 12. 18. 변론재개신청을 하고 2014. 12. 29. 항소이유서를 제출하였는데, 그 항소이유서에는 제2사건의 일부 공소사실에 대해서 제1심판결의 사실오인 및 법리오해를 다투는 새로운 주장이 포함되어 있었다. ④ 항소심은 위 변론재개신청을 불허한 뒤 당초 지정되었던 선고기일을 연기하여 2015. 1. 9. 판결을 선고하였다. D가 상고하였다.

**\*[판지(파기환송)]\***

1. 형사소송법 제361조의3, 제364조 등의 규정에 의하면 항소심의 구조는 피고인 또는 변호인이 법정기간 내에 제출한 항소이유서에 의하여 심판되는 것이고, 이미 항소이유서를 제출하였더라도 항소이유를 추가·변경·철회할 수 있으므로, 항소이유서 제출기간의 경과를 기다리지 않고는 항소사건을 심판할 수 없다(대법원 2004. 6. 25. 선고 2004도2611 판결, 대법원 2007. 1. 25. 선고 2006도8591 판결 참조). 따라서 항소이유서 제출기간 내에 변론이 종결되었는데 그 후 위 제출기간 내에 항소이유서가 제출되었다면, 특별한 사정이 없는 한 항소심법원으로서는 변론을 재개하여 그 항소이유의 주장에 대해서도 심리를 해 보아야 한다.

2. 사실관계를 법리에 비추어 살펴보면, D의 항소이유서 제출기간은 제2사건에 대한 소송기록 접수통지서가 송달된 2014. 12. 8.로부터 20일 이내인 2014. 12. 29.(월요일)까지이고, 2014. 12. 10. 변론이 종결된 이후 위 제출기간 내에 새로운 주장이 포함된 항소이유서가 제출되었으므로 원심으로서는 특별한 사정이 없는 한 변론을 재개하여 위 주장에 대해서도 심리를 해 보았어야 한다. 그런데도 원심은 그러한 심리를 거치지 아니한 채 그대로 판결을 선고함으로써 항소이유서 제출기간 만료 시까지 항소이유서를 제출하거나 수정·추가 등을 한 다음 이에 관하여 변론을 한 후 심판을 받을 수 있는 기회를 피고인으로부터 박탈하고 말았으니, 이러한 원심의 조치에는 항소이유서 제출기간 및 변론 재개에 관한 법리를 오해하여 판결에 영향을 미친 위법이 있다. 이 점을 지적하는 취지의 상고이유 주장은 이유 있다.

**[3] 교특법의 공소불가사유가 있어도 피고인의 이익을 위하여 수소법원이 실체재판인 무죄판결을 할 수 있는가(긍정)**

**[대법원 2015. 5. 14. 선고 2012도11431 판결]**

**[사안]** D는 '교통신호를 위반하여 차량을 운행한 과실로 V로 하여금 2주간의 치료를 요하는 눈꺼풀 및 눈 주위의 열린 상처 등을 입게 하였다'는 교통사고처리특례법 위반의 공소사실로 기소되었다. 제1심은 "검사가 제출한 모든 증거에 의하더라도 D가 신호를 위반한 과실로 이 사건 사고가 발생하였음을 인정하기에 부족하다"고 판단한 다음, "비록 D 차량이 공제조합에 가입하여 교통사고처리 특례법 제4조 제1항 본문의 사유가 있지만, 이 경우에는 무죄의 실체판결을 할 수 있다"는 이유로 D에게 무죄를 선고하였고 항소심도 제1심판결을 그대로 유지하였다. 검사가 상고하였다.

**\*[판지(상고기각)]\***

교통사고처리특례법 제3조 제1항, 제2항 단서, 형법 제268조를 적용하여 공소가 제기된 사건에서, 심리 결과 교통사고처리특례법 제3조 제2항 단서에서 정한 사유가 없고 같은 법 제3조 제2항 본문이나 제4조 제1항 본문의 사유로 공소를 제기할 수 없는 경우에 해당하면 공소기각의 판결을 하는 것이 원칙이다. 그런데 사건의 실체에 관한 심리가 이미 완료되어 교통사고처리특례법 제3조 제2항 단서에서 정한 사유가 없는 것으로 판명되고 달리 D가 같은 법 제3조 제1항의 죄를 범하였다고 인정되지 않는 경우, 설령 같은 법 제3조 제2항 본문이나 제4조 제1항 본문의 사유가 있더라도, 사실심법원이 D의 이익을 위하여 교통사고처리특례법 위반의 공소사실에 대하여 무죄의 실체판결을 선고하였다면, 이를 위법이라고 볼 수는 없다(대법원 2003. 10. 24. 선고 2003도4638 판결 참조).

**[4] 특별사면과 재심청구의 대상 등에 관한 법리**

**[대법원 2015. 5. 21. 선고 2011도1932 전원합의체 판결]**

**[사안]** 육군본부 보통군법회의는 1973. 4. 28. D에 대한 업무상횡령 등 사건에서 공소사실을 모두 유죄로 인정하고 징역 15년 및 벌금 2,000만원을 선고하였다(이하 '제1심 판결'이라 한다). D와 검찰관은 제1심판결에 대하여 육군고등군법회의에 항소를 제기하였고, 육군고등군법회의는 1973. 7. 30. 제1심판결을 파기하고 공

소사실 중 일부인 업무상횡령, 경제의 안정과 성장에 관한 긴급명령 위반, 일부 총포화약류단속법 위반의 점을 유죄로 인정하여 D에게 징역 15년 및 벌금 1,100만원을 선고하고 나머지 공소사실에 대하여는 무죄를 선고하였다. 관할관은 1973. 8. 8. D에 대한 위 징역 15년을 징역 12년으로 감형하여 확인하였고, D와 검찰관이 모두 상고하지 아니하여 그 무렵 위 항소심 판결(이하 '재심대상판결'이라 한다)이 그대로 확정되었다. D는 위 형의 집행정지로 석방되어 있던 중 1980. 2. 29. 형선고의 효력을 상실하게 하는 특별사면을 받았다. D는 2010. 4. 5. 위 재심대상판결에 대하여 고등군사법원에 재심을 청구하였고, 고등군사법원은 'D가 이미 군에서 제적되어 재심심판절차에 관하여는 재판권이 없으나, 재심사유의 존부만을 판단하는 재심개시절차에 관하여는 재판권이 있다'고 전제한 다음, '수사관들이 불법체포와 고문 등 직무상 범죄를 저질렀음이 증명되어 군사법원법 제469조 제7호의 재심사유가 있다'는 이유로, 재심대상판결 중 유죄 부분에 대하여 재심개시결정을 하고, 군사법원법 제2조 제3항에 따라 사건을 서울고등법원으로 이송하였다.

서울고등법원은, 제1심에서 유죄의 증거로 든 'D와 O 등에 대한 군사법경찰관 작성의 피의자신문조서나 진술조서 및 압수된 총기 등은 위법수집증거로서 증거능력이 없고, 재심대상이 된 유죄 부분의 공소사실(이하 '이 사건 공소사실'이라 한다) 중 업무상횡령과 경제의 안정과 성장에 관한 긴급명령 위반의 점은 이를 인정할 증거가 부족하며, 총포화약류단속법 위반의 점은 자백 이외에 달리 이를 보강할 증거가 없다'는 이유로 제1심판결 중 이 사건 공소사실 부분을 파기하고 D에게 무죄를 선고하였다. 검사가 상고하였다. 검사의 상고이유는 다음과 같다.

"이 사건 재심대상판결은 특별사면으로 형 선고의 효력이 상실되어 재심청구의 대상이 될 수 없으므로, 재심개시결정이 확정되었다고 하더라도 재심절차로 진행할 심판의 대상이 없어 아무런 재판을 할 수 없음에도, 원심이 심판의 대상이 있는 것으로 보고 실체 심리로 나아가 무죄판결을 선고한 것은 특별사면과 재심청구의 대상 등에 관한 법리를 오해한 것으로 위법하다."

**★[판지(상고기각)]★**

가. 헌법 제27조 제1항은 '모든 국민은 헌법과 법률이 정한 법관에 의하여 법률에 의한 재판을 받을 권리를 가진다.'고 규정하여, 모든 국민이 헌법과 법률이 정한 자격과 절차에 따라 임명된 법관에 의하여 합헌적인 법률이 정한 내용과 절차에 따라 재판을 받을 수 있는 권리를 보장하고 있다. 또한 헌법 제27조 제2항은 '군인 또는 군무원이 아닌 국민은 대한민국의 영역 안에서는 중대한 군사상 기밀·초병·초소·유독음식물공급·포로·군용물에 관한 죄 중 법률이 정한 경우와 비상계엄이 선포된 경우를 제외하고는 군사법원의 재판을 받지 아니한다.'고 규정하여, 군인 또는 군무원이 아닌 국민(이하 '일반 국민'이라 한다)은 헌법 제27조 제2항이 규정한 경우 이외에는 군사법원의 재판을 받지 아니할 권리가 있음을 선언하고 있다. 따라서 군사법원은 일반 국민에 대하여 헌법 제27조 제2항이 규정한 경우가 아니면 재판권이 없고, 비록 군사법원법 제472조 본문이 '재심청구는 원판결을 한 대법원 또는 군사법원이 관할한다'고 규정하고 있으나 관할은 재판권을 전제로 하는 것이므로, 군사법원의 판결이 확정된 후 군에서 제적되어 군사법원에 재판권이 없는 경우에는 재심사건이라도 그 관할은 원판결을 한 군사법원이 아니라 같은 심급의 일반법원에 있다(대법원 1985. 9. 24. 선고 84도2972 전원합의체 판결 등 참조). 그리고 재심 심판절차는 물론 재심사유의 존부를 심사하여 다시 심판할 것인지를 결정하는 재심 개시절차 역시 재판권 없이는 심리와 재판을 할 수 없는 것이므로, 재심청구를 받은 군사법원으로서는 먼저 재판권 유무를 심사하여 군사법원에 재판권이 없다고 판단되면 재심 개시절차로 나아가지 말고 곧바로 사건을 군사법원법 제2조 제3항에 따라 같은 심급의 일반법원으로 이송하여야 한다. 이와 달리 군사법원이 재판권이 없음에도 재심 개시결정을 한 후에 비로소 사건을 일반법원으로 이송한다면 이는 위법한 재판권의 행사이다. 다만 군사법원법 제2조 제3항 후문이 "이 경우 이송 전에 한 소송행위는 이송 후에도 그 효력에 영향이 없다"고 규정하고 있으므로, 사건을 이송받은 일반법원으로서는 다시 처음부터 재심개시절차를 진행할 필요는 없고 군사법원의 재심개시결정을 유효한 것으로 보아 그 후속 절차를 진행할 수 있다.

나. 이 사건에 관하여 보건대, 고등군사법원이 앞서 본 바와 같이 재심 심판절차에 관하여는 D가 이미 군에서 제적되어 재판권이 없다고 보면서도 그 사전절차인 재심 개시절차에 관하여는 재판권이 있다고 보고 재심개시결정을 한 것은 위법하나, 사건을 이송받은 원심이 위 재심 개시결정을 토대로 재심 심판절차로 나아가 판단한 것은 위에서 본 법리에 따른 것으로 위법하다고 할 수 없다.

3. 상고이유에 관한 판단

가. 이 사건 재심대상판결이 재심청구의 대상이 될 수 있는지에 관하여 본다.

(1) 유죄판결 확정 후에 형 선고의 효력을 상실케 하는 특별사면이 있었다고 하더라도, 형 선고의 법률적 효과만 장래를 향하여 소멸될 뿐이고 확정된 유죄판결에서 이루어진 사실인정과 그에 따른 유죄 판단까지 없어지는 것은 아니므로, 위 유죄판결은 형 선고의 효력만 상실된 채로 여전히 존재하는 것으로 보아야 하고, 한편 형사소송법 제420조 각 호의 재심사유가 있는 피고인으로서는 재심을 통하여 특별사면에도 불구하고 여전히 남아 있는 불이익, 즉 유죄의 선고는 물론 형선고가 있었다는 기왕의 경력 자체 등을 제거할 필요가 있다. 그리고 형사소송법 제420조가 유죄의 확정판결에 대하여 그 선고를 받은 자의 이익을 위하여 재심을 청구할 수 있다고 규정하고 있는 것은 유죄의 확정판결에 중대한 사실인정의 오류가 있는 경우 이를 바로잡아 무고하고 죄 없는 피고인의 인권침해를 구제하기 위한 것인데, 만일 특별사면으로 형 선고의 효력이 상실된 유죄판결이 재심청구의 대상이 될 수 없다고 한다면, 이는 특별사면이 있었다는 사정만으로 재심청구권을 박탈하여 명예를 회복하고 형사보상을 받을 기회 등을 원천적으로 봉쇄하는 것과 다를 바 없어서 재심제도의 취지에 반하게 된다. 따라서 특별사면으로 형 선고의 효력이 상실된 유죄의 확정판결도 형사소송법 제420조의 '유죄의 확정판결'에 해당하여 재심청구의 대상이 될 수 있다고 해석함이 타당하다. 이와 달리 유죄의 확정판결 후 형 선고의 효력을 상실케 하는 특별사면이 있었다면 이미 재심청구의 대상이 존재하지 않아 그러한 판결을 대상으로 하는 재심청구는 부적법하다고 판시한 대법원 1997. 7. 22. 선고 96도2153 판결과 대법원 2010. 2. 26. 자 2010모24 결정 등은 이 판결

과 배치되는 범위에서 이를 변경한다.

한편 면소판결 사유인 형사소송법 제326조 제2호의 '사면이 있는 때'에서 말하는 '사면'이란 일반사면을 의미할 뿐(대법원 2000. 2. 11. 선고 99도2983 판결 참조), 형을 선고받아 확정된 자를 상대로 이루어지는 특별사면은 여기에 해당하지 않으므로, 재심대상판결 확정 후에 형 선고의 효력을 상실케 하는 특별사면이 있었다고 하더라도, 재심개시결정이 확정되어 재심심판절차를 진행하는 법원은 그 심급에 따라 다시 심판하여 실체에 관한 유·무죄 등의 판단을 해야지, 위 특별사면이 있음을 들어 면소판결을 하여서는 아니 된다.

(2) 이 사건에 관하여 보건대, 원심이 특별사면으로 형 선고의 효력이 상실된 이 사건 재심대상판결도 재심청구의 대상이 된다고 보고 이 사건 공소사실에 대하여 실체 심리로 나아가 판단한 것은 위 법리에 따른 것으로 정당하고, 거기에 상고이유 주장과 같이 특별사면과 재심청구의 대상 등에 관한 법리를 오해하는 등의 잘못이 없다.


[5] 공소시효를 정지·연장·배제하는 내용의 특례조항이 신설되면서 소급적용에 관한 명시적인 경과규정이 없을 때 그 조항을 소급적용할 수 있는지 여부

[대법원 2015. 5. 28. 선고 2015도1362, 2015전도19 판결]

[사안] D는 장애인을 준강간(성폭력범죄의처벌등에관한특례법위반)한 혐의로 기소되었다. 적용법조는 구 「성폭력범죄의 처벌 및 피해자보호 등에 관한 법률」(2010. 4. 15. 법률 제10258호 「성폭력범죄의 피해자보호 등에 관한 법률」로 개정되기 전의 것) 제8조, 구 형법(2012. 12. 18. 법률 제11574호로 개정되기 전의 것) 제297조로서 그 법정형이 3년 이상의 유기징역이므로, 구 형사소송법(2007. 12. 21. 법률 제8730호로 개정되기 전의 것) 제249조 제1항 제3호에 의하여 그 공소시효는 7년이다. 그런데 2010. 4. 15. 법률 제10258호로 제정·공포된 「성폭력범죄의 처벌 등에 관한 특례법」(이하 '법률 제10258호 성폭력처벌법'이라 한다)은 미성년자에 대한 성폭력범죄

와 관련한 공소시효 정지·연장조항을 신설하면서(제20조 제1항, 제2항) 그 부칙 제3조에서 "이 법 시행 전 행하여진 성폭력범죄로 아직 공소시효가 완성되지 아니한 것에 대하여도 제20조를 적용한다"고 규정한 반면, 2011. 11. 17. 법률 제11088호로 개정되어 2011. 11. 17. 시행된 「성폭력범죄의 처벌 등에 관한 특례법」(이하 '이 사건 법률'이라 한다)은 제20조 제3항에서 "13세 미만의 여자 및 신체적인 또는 정신적인 장애가 있는 여자에 대하여 형법 제297조(강간) 또는 제299조(준강간, 준강제추행)(준강간에 한정한다)의 죄를 범한 경우에는 제1항과 제2항에도 불구하고 형사소송법 제249조부터 제253조까지 및 군사법원법 제291조부터 제295조까지에 규정된 공소시효를 적용하지 아니한다"고 규정하여 공소시효 배제조항을 신설하면서도 이에 대하여는 법률 제10258호 성폭력처벌법 부칙 제3조와 같은 경과규정을 두지 아니하였다. 제1심은 유죄를 선고하였다. D가 항소하였다. 항소심은 "이 사건 법률을 통하여 피고인에게 불리한 내용의 공소시효 배제조항을 신설하면서 신법을 적용하도록 하는 경과규정을 두지 아니한 경우 그 공소시효 배제조항의 시적 적용 범위에 관하여는 보편타당한 일반원칙이 존재하지 아니하므로 각국의 현실과 사정에 따라 그 적용 범위를 달리 규율할 수 있는데, 2007. 12. 21. 법률 제8730호로 개정된 형사소송법이 종전의 공소시효 기간을 연장하면서도 그 부칙 제3조에서 '이 법 시행 전에 범한 죄에 대하여는 종전의 규정을 적용한다'고 규정함으로써 소급효를 인정하지 아니한다는 원칙을 밝힌 점, 특별법에 소급적용에 관한 명시적인 경과규정이 없는 경우에는 일반법에 규정된 경과규정이 적용되어야 하는 점 등에 비추어 공소시효가 피고인에게 불리하게 변경되는 경우에는 피고인에게 유리한 종전 규정을 적용하여야 하고, 이 사건 법률에는 소급적용에 관한 명시적인 경과규정이 없어 이 사건 장애인 준강간의 점에 대하여는 이 사건 법률 제20조 제3항을 소급하여 적용할 수 없으므로 그 범행에 대한 공소가 범죄행위 종료일부터 7년이 경과한 후에 제기되어 공소시효가 완성되었다"는 이유로 제1심판결을 파기하고 면소를 선고하였다. 검사가 상고하였다.

★[판지(상고기각)]★

법원이 어떠한 법률조항을 해석·적용함에 있어서 한 가지 해석방법에 의하면 헌법에 위배되는 결과가 되고 다른 해석방법에 의하면 헌법에 합치하는 것으로 볼 수 있을 때에는 위헌적인 해석을 피하고 헌법에 합치하는 해석방법을 택하여야 한다(대법원 1992. 5. 8.자 91부8 결정 등 참조). 이는 입법방식에 다소 부족한 점이 있어 어느 법률조항의 적용 범위 등에 관하여 불명확한 부분이 있는 경우에도 마찬가지이다. 이러한 관점에서 보면 공소시효를 정지·연장·배제하는 내용의 특례조항을 신설하면서 소급적용에 관한 명시적인 경과규정을 두지 아니한 경우에 그 조항을 소급하여 적용할 수 있다고 볼 것인지에 관하여는 이를 해결할 보편타당한 일반원칙이 존재할 수 없는 터이므로 적법절차원칙과 소급금지원칙을 천명한 헌법 제12조 제1항과 제13조 제1항의 정신을 바탕으로 하여 법적 안정성과 신뢰보호원칙을 포함한 법치주의 이념을 훼손하지 아니하도록 신중히 판단하여야 한다. 원심판결 이유를 앞서 본 법리에 비추어 살펴보면 원심의 판단은 정당하[다].


[6] 검사, 변호인, 방청인 등에 대하여도 차폐시설 등을 설치하는 방식으로 증인신문을 할 수 있는가(긍정)

[대법원 2015. 5. 28. 선고 2014도18006 판결]

[사안] D는 폭력행위등처벌에 관한 법률위반(단체등의구성·활동) 혐의로 기소되었다. 제1심법원은 '제1심 공판기일에 증인으로 출석한 '가명 진술자들'(특정범죄신고자 등 보호법 제7조에 따른 조치이다)이 변호인과 대면할 경우 신분노출 가능성에 따른 심리적인 부담으로 평온한 상태로 증언하기 어렵다'고 판단하여 가명 진술자들과 변호인 사이에 차폐시설을 설치하는 조치를 취하고 공판을 진행한 후 유죄를 선고하였다. 항소심은 '형사소송법 제165조의2 제3호에 정한 요건이 충족될 경우 증인과 변호인 사이에 차폐시설을 설치하고 증인신문을 하는 것은 소송지휘권의 범위에 속하는 것이므로 제1심법원의 조치는 적법하다'고 판단하였다. D측이 '제1심법원의 조치가 위법하다'고 주장하며 상

고하였다.

**★[판지(상고기각)]★**

형사소송법 제165조의2 제3호에 의하면, 법원은 범죄의 성질, 증인의 연령, 피고인과의 관계, 그 밖의 사정으로 인하여 '피고인 등'과 대면하여 진술하면 심리적인 부담으로 정신의 평온을 현저하게 잃을 우려가 있다고 인정되는 사람을 증인으로 신문하는 경우 상당하다고 인정되는 때에는 검사와 피고인 또는 변호인의 의견을 들어 차폐시설 등을 설치하고 신문할 수 있다. 증인이 대면하여 진술함에 있어 심리적인 부담으로 정신의 평온을 현저하게 잃을 우려가 있는 상대방은 피고인인 경우가 대부분일 것이지만, 증인이나 피고인과의 관계에 따라서는 방청인 등 다른 사람도 그 상대방이 될 수 있다. 이에 따라 형사소송법 제165조의2 제3호도 그 대상을 '피고인 등'이라고 규정하고 있으므로, 법원은 형사소송법 제165조의2 제3호의 요건이 충족될 경우 피고인뿐만 아니라 검사, 변호인, 방청인 등에 대하여도 차폐시설 등을 설치하는 방식으로 증인신문을 할 수 있으며, 이는 형사소송규칙 제84조의9에서 피고인과 증인 사이의 차폐시설 설치만을 규정하고 있다고 하여 달리 볼 것이 아니다. 다만 증인이 변호인을 대면하여 진술함에 있어 심리적인 부담으로 정신의 평온을 현저하게 잃을 우려가 있다고 인정되는 경우는 일반적으로 쉽게 상정할 수 없고, 피고인뿐만 아니라 변호인에 대해서까지 차폐시설을 설치하는 방식으로 증인신문이 이루어지는 경우 피고인과 변호인 모두 증인이 증언하는 모습이나 태도 등을 관찰할 수 없게 되어 그 한도에서 반대신문권이 제한될 수 있으므로, 변호인에 대한 차폐시설의 설치는, 특정범죄신고자 등 보호법 제7조에 따라 범죄신고자 등이나 그 친족 등이 보복을 당할 우려가 있다고 인정되어 조서 등에 인적사항을 기재하지 아니한 범죄신고자 등을 증인으로 신문하는 경우와 같이, 이미 인적사항에 관하여 비밀조치가 취해진 증인이 변호인을 대면하여 진술함으로써 자신의 신분이 노출되는 것에 대하여 심한 심리적인 부담을 느끼는 등의 특별한 사정이 있는 경우에 예외적으로 허용될 수 있을 뿐이다. 원심판결 이유를 위 법리와 기록에 비추어 살펴보면, 원심의 이유설시에 일부 적절하지 못한 부분이 있으나, 이 사건에서 변호인에 대한 차폐시설 설치는 특정범죄신고자 등 보호법 제7조에 따라 가명 조치가 취해진 증인들의 신분노출을 방지하기 위한 목적에서 이루어진 것으로서 변호인에 대한 차폐시설 설치가 허용되는 특별한 사정이 있는 경우에 해당하는 만큼 원심의 판단은 결과적으로 정당하고, 거기에 상고이유 주장과 같이 형사소송법 제165조의2의 해석에 관한 법리나 변호인의 반대신문권 또는 위법수집증거 배제법칙의 적용 범위 등에 관한 법리를 오해하여 판결에 영향을 미친 위법이 있다고 할 수 없다.

**[7] 국외에서 횡령행위를 하고 형사처분을 면할 목적으로 국외에서 체류를 계속하여도 공소시효가 정지되는가(긍정)**

**[대법원 2015. 6. 24. 선고 2015도5916 판결]**

**[사안]** D는 횡령죄 혐의로 기소되었다. D는 국외에서 횡령행위를 저지르고 형사처분을 면할 목적으로 국외에서 체류를 계속한 혐의를 받고 있다. 횡령죄의 공소시효가 만료되었는지 여부가 쟁점이 되었다. 항소심은 D가 '형사처분을 면할 목적'으로 국외에 체류하였다고 판단하고, 이 사건 범행에 관한 공소시효 완성을 주장하는 D의 항소이유 주장을 받아들이지 아니하였다. D가 상고하였다.

**★[판지(상고기각)]★**

형사소송법 제253조 제3항은 '범인이 형사처분을 면할 목적으로 국외에 있는 경우 그 기간 동안 공소시효는 정지된다'라고 규정하고 있다. 위 규정의 입법 취지는 범인이 우리나라의 사법권이 실질적으로 미치지 못하는 국외에 체류한 것이 도피의 수단으로 이용된 경우에 그 체류기간 동안은 공소시효가 진행되는 것을 저지하여 범인을 처벌할 수 있도록 하여 형벌권을 적정하게 실현하고자 하는 데 있다(대법원 2008. 12. 11. 선고 2008도4101 판결 참조). 따라서 위 규정이 정한 '범인이 형사처분을 면할 목적으로 국외에 있는 경우'는 범인이 국내에서 범죄를 저지르고 형사처분을 면할 목적으로 국외로 도피한 경우에 한정되지 아니하고, 범인이 국외에서 범죄를 저지르고 형사처분을 면할 목적으로 국외에서 체류를 계속하는 경우도 포함된다. 한편 여기에서 '형사처분을 면할 목적'은 국외 체류의 유일한 목적으로 되는 것에 한정되지 않고 범인이 가지는 여러 국외 체류 목적 중에 포함되어 있으면 충분하다. 범인이 국외에 있는 것이 형사처분을 면하기 위한 방편이었다면 '형사처분을 면할 목적'이 있었다고 볼 수 있고, '형사처분을 면할 목적'과 양립할 수 없는 범인의 주관적 의사가 명백히 드러나는 객관적 사정이 존재하지 않는 한 국외 체류기간 동안 '형사처분을 면할 목적'은 계속 유지된다(대법원 2005. 12. 9. 선고 2005도7527 판결, 대법원 2012. 7. 26. 선고 2011도8462 판결 등 참조).

[8] 경찰관이 호흡측정이 이루어진 운전자에게 다시 혈액 채취의 방법으로 측정할 수 있는 경우는 운전자가 호흡측정 결과에 불복한 경우에 한정되는가(원칙적 부정)

[대법원 2015. 7. 9. 선고 2014도16051 판결]

[사안] D는 특정범죄가중처벌등에 관한 법률위반(위험운전치사상)·도로교통법위반(음주운전) 혐의로 기소되었다. 공소사실은 다음과 같다.

D는 2013. 6. 2. 00:05경 그랜저XG 승용차량을 운전하고 사고 장소인 편도 4차로 도로의 1차로를 진행하다가 전방에서 신호대기 중이던 레이 승용차량 뒷부분을 세게 들이받았다. 그 차량이 앞으로 밀리면서 다른 차량 2대를 충격하게 하였다. D는 곧바로 그 자리에서 1, 2m 후진한 후 중앙선을 넘어 다시 진행하면서 왼쪽으로 원을 그리듯 회전하여 중앙선을 또다시 넘은 다음 당초 진행방향의 차로 쪽으로 돌진하였고, 그곳 2, 3, 4차로에서 신호대기 중이던 다른 차량 3대를 잇달아 들이받고 나서 보도 경계석에 부딪혀 멈춰섰다. 이 사고로 인하여 피해차량들에 승차하고 있던 복수의 사람들 중 3명(V, V2, V3)은 각 3주간의 치료가 필요한 상해를, 7명은 각 2주간의 치료가 필요한 상해를 입었다. 인천삼산경찰서 교통조사계 소속 경사 O는 사고 직후 현장에 출동하여 사고 경위를 파악한 다음 D와 함께 경찰서로 이동하였고, 그곳에서 호흡측정기로 음주측정을 한 결과 혈중알코올농도 0.024%로 측정되었다. 당시 D는 얼굴색이 붉고 혀가 꼬부라진 발음을 하며 걸음을 제대로 걷지 못한 채 비틀거리는 등 술에 상당히 취한 모습을 보였고, O가 경찰서 내에 대기하던 V, V2에게 호흡측정 결과를 알려주자, V, V2는 '측정 결과를 믿을 수 없다'며 O에게 혈액 채취에 의한 측정을 요구하였다. 이에 O는 D에게 호흡측정 수치를 알려주고 'V, V2가 처벌수치 미달로 나온 것을 납득하지 못하니 정확한 조사를 위하여 채혈에 동의하겠느냐? 채혈 결과가 최종 음주수치가 된다'고 말하며 혈액 채취에 의한 음주측정에 응하도록 설득하였고, 이에 D가 순순히 응하여 '음주량이 어느 정도인지 확인하고자 혈액 채취를 승낙한다'는 내용의 혈액 채취 동의서에 서명·무인한 다음 O와 인근 병원에 동행하여 그곳 의료진의 조치에 따라 혈액을 채취하였다. O는 이와 같이 채취된 혈액을 제출받아 국립과학수사연구원에 송부하여 그에 대한 감정을 의뢰하였는데, 혈중알코올농도가 0.239%로 측정되었다. D는 음주운전죄 혐의로 기소되었다.

항소심은 "구 도로교통법 제44조 제2항, 제3항의 해석상 경찰관이 호흡측정이 이루어진 운전자에 대하여 다시 혈액 채취의 방법으로 측정할 수 있는 경우는 운전자가 호흡측정 결과에 불복한 경우에 한정된다"고 보고, "D가 호흡측정 결과에 불복하지 아니하였음에도 경찰관의 요구로 채혈하여 획득한 혈액과 이를 기초로 한 혈중알코올 감정서, 주취운전자 적발보고서, 수사보고(혈액감정결과 등), 수사결과보고가 모두 적법한 절차에 따르지 아니한 채 수집한 위법수집증거이거나 위법수집증거의 2차적 증거로서 증거능력이 없다"고 판단하였다. 검사가 상고하였다.

★[판지(파기환송)]★

D에 대한 호흡측정 결과 처벌기준치에 미달하는 수치로 측정되기는 하였으나, 당시 D의 태도나 외관 등에서 정상적인 보행이 어려울 정도로 술에 상당히 취한 상태임이 분명히 드러났던 점, D가 1차로 추돌 사고를 낸 후 곧바로 중앙선을 넘어 왼쪽으로 회전하다가 중앙선을 또다시 넘은 다음 다른 피해차량 여러 대를 들이받는 사고를 추가로 내고서야 멈춰서는 등 비

정상적인 운전 행태를 보인 점, 이 사건 사고로 인하여 상해를 입은 피해자가 10명에 이르렀고, 그중 경찰서에 대기하며 D의 모습을 목격한 일부 피해자들이 호흡측정 결과를 믿을 수 없다며 경찰관에게 혈액측정을 요구한 점 등 호흡측정 당시의 여러 구체적 상황으로 보아 처벌기준치에 미달한 호흡측정 결과에 오류가 있다고 인정할 만한 객관적이고 합리적인 사정이 있었다. 나아가 D가 처벌기준치 미달로 나온 호흡측정 결과를 알면서도 경찰관의 설득에 따라 혈액 채취에 순순히 응하여 혈액 채취 동의서에 서명·무인하였고, 그 과정에서 경찰관이나 피해자들의 강요를 받았다는 정황은 없는 점, D가 경찰서에서 병원으로 이동하여 혈액을 채취할 때까지 이를 거부하는 의사를 표시하였다는 사정도 없는 점 등에 비추어 보면 D에 대한 혈액 채취는 D의 자발적인 의사에 따라 이루어졌다. 그렇다면 이 사건 사고 조사를 담당한 경찰관이 D의 음주운전 혐의를 제대로 밝히기 위하여 D의 자발적인 동의를 얻어 혈액 채취에 의한 측정방법으로 다시 음주측정을 한 조치를 위법하다고 할 수 없고, 이를 통하여 획득한 혈액측정 결과 또한 위법한 절차에 따라 수집한 증거라고 할 수 없으므로 그 증거능력을 부정할 수 없다.

## [9] 법정기간의 준수 여부를 판단하는 기준(도달주의)과 재소자 피고인 특칙

### [대법원 2015. 7. 16. 자 2013모2347 전원합의체 결정]

**[사안]** 전주교도소 재소자인 D가 어느 형사사건의 고소인 자격으로 적법하게 재정신청을 하였다. A법원의 재정신청 기각결정이 2013. 9. 30. D(재정신청인＝고소인)에게 송달되었고, D가 그 기각결정에 대한 재항고장을 같은 날 전주교도소장에게 제출하여 일반우편으로 발송하였다. 위 재항고장이 2013. 10. 14. 서울고등법원에 도달하자 서울고등법원은 2013. 10. 15. '재항고권 소멸 후에 위 재항고를 제기하였다'고 인정하여 재항고 기각결정을 하였다. 이에 대하여 재정신청인인 D는 2013. 10. 18. 위 재항고 기각결정을 송달받

은 후 2013. 10. 21. 전주교도소장에게 그 기각결정에 대한 즉시항고장을 제출하여 일반우편으로 발송하였으며, 이 사건 즉시항고장이 2013. 10. 29. 서울고등법원에 도달하였다. 항고인이 즉시항고의 제기기간을 준수하였는지 여부가 쟁점이 되었는데 이 문제에 관한 종전의 판례는, "재정신청인의 재정신청 기각결정에 대한 재항고장 제출에 재소자 피고인 특칙이 준용된다"(대법원 2011. 12. 20.자 2011모1925 결정, 대법원 2012. 3. 15.자 2011모1899 결정 등)는 것이었는데 이 판례에 따르면 항고인의 항고는 적법하게 제기된 것이다. 서울고등법원이 즉시항고를 기각하자 D가 이에 불복하여 대법원에 재항고하였다.

### ★[판지(재항고기각)]★

#### 1. 종전판례를 변경하는 취지의 새 판례의 정립

형사소송절차에서 법원에 제출하는 서류는 법원에 도달하여야 제출의 효과가 발생하며, 각종 서류의 제출에 관하여 법정기간의 준수 여부를 판단할 때에도 당연히 해당 서류가 법원에 도달한 시점을 기준으로 하여야 한다. 한편 형사소송법은 이러한 도달주의 원칙에 대한 예외로서, 교도소 또는 구치소에 있는 피고인(이하 '재소자 피고인'라 한다)이 제출하는 상소장에 대하여 상소의 제기기간 내에 교도소장이나 구치소장 또는 그 직무를 대리하는 사람에게 이를 제출한 때에 상소의 제기기간 내에 상소한 것으로 간주하는 재소자 피고인에 대한 특칙(344조 1항, 이하 '재소자 피고인 특칙'이라 한다)을 두고 있다. 그런데 형사소송법은 상소장 외에 재소자가 제출하는 다른 서류에 대하여는 재소자 피고인 특칙을 일반적으로 적용하거나 준용하지 아니하고, 상소권회복의 청구 또는 상소의 포기나 취하(355조), 항소이유서 및 상고이유서 제출(361조의3 1항, 379조 1항), 재심의 청구와 그 취하(430조), 소송비용의 집행면제의 신청, 재판의 해석에 대한 의의(疑義)신청과 재판의 집행에 대한 이의신청 및 그 취하(490조 2항) 등의 경우에 개별적으로 재소자 피고인 특칙을 준용하는 규정을 두고 있으며, 재정신청절차에 대하여는 재소자 피고인 특칙의 준용 규정을 두고 있지 아니하다. 이와 같이 형사소송법이 법정기간의 준수에 대하여 도달주의 원칙을 정하고 그에 대한 예외로서 재소자 피고인 특칙을 제한적으로 인정하는 취지는 소송절차의 명확

성, 안정성과 신속성을 도모하기 위한 것이며, 재정신청절차에 대하여 재소자 피고인 특칙의 준용 규정을 두지 아니한 것도 마찬가지이다. 그리고 재정신청절차는 고소·고발인이 검찰의 불기소처분에 불복하여 법원에 그 당부에 관한 판단을 구하는 절차로서 검사가 공소를 제기하여 공판절차가 진행되는 형사재판절차와는 다르며, 또한 고소·고발인인 재정신청인은 검사에 의하여 공소가 제기되어 형사재판을 받는 피고인과는 그 지위가 본질적으로 다르다. 재정신청 기각결정에 대하여 재항고가 허용된다고 해석되기는 하지만, 형사소송법 제262조 제4항이 '재정신청에 관한 법원의 결정에 대하여는 불복할 수 없다'는 규정을 별도로 두고 있는 것도 재정신청절차가 위와 같이 형사재판절차와는 다른 제도적 목적에 기반을 두고 있기 때문이다. 따라서 형사소송법이 피고인을 위하여 상소 등에 관하여 재소자 피고인 특칙을 두면서도 재정신청절차에서는 그 준용 규정을 두지 아니한 것은, 재정신청절차와 피고사건에 대한 형사재판절차의 목적이 서로 다르며 재정신청인과 피고인의 지위에 본질적인 차이가 있음을 고려한 것으로 해석된다. 그동안 대법원은 교도소 또는 구치소에 있는 재정신청인이 구 형사소송법(2007. 6. 1. 법률 제8496호로 개정되기 전의 것)에 의한 재정신청을 하는 경우에 그 재정신청서의 제출에 대하여 재소자 피고인 특칙의 준용 규정을 두고 있지 아니하므로 그 신청기간의 준수 여부는 도달주의 원칙에 따라 판단하여야 한다고 판시하였는데(대법원 1998. 12. 14.자 98모127 결정, 대법원 2003. 3. 6.자 2003모13 결정 등 참조), 이 역시 이와 같은 차이를 반영한 것이다. 또한 재정신청인이 교도소 또는 구치소에 있는 경우에도 제3자에게 제출권한을 위임하여 재정신청 기각결정에 대한 재항고장을 제출할 수 있고, 게다가 특급우편제도를 이용할 경우에는 발송 다음 날까지 재항고장이 도달할 수도 있다. 또한 형사소송법 제67조 및 형사소송규칙 제44조에 의하여 재정신청인이 있는 교도소 등의 소재지와 법원과의 거리, 교통통신의 불편 정도에 따라 일정한 기간이 재항고 제기기간에 부가되며 나아가 법원에 의하여 그 기간이 더 연장될 수 있다. 그뿐 아니라 재정신청인이 자기 또는 그 대리인이 책임질 수 없는 사유로 인하여 재정신청 기각결정에 대한 재항고 제기기간을 준수하지 못한 경우에는 형사소송법 제345조에 따라 재항고권 회복을 청구할 수도 있다. 위와 같이 법정기간 준수에 대하여 도달주의 원칙을 정하고 재소자 피고인 특칙의 예외를 개별적으로 인정한 형사소송법의 규정 내용과 입법 취지, 재정신청절차가 형사재판절차와 구별되는 특수성, 법정기간 내의 도달주의를 보완할 수 있는 여러 형사소송법상의 제도 및 신속한 특급우편제도의 이용 가능성 등을 종합하여 보면, 재정신청 기각결정에 대한 재항고나 그 재항고 기각결정에 대한 즉시항고로서의 재항고에 대한 법정기간의 준수 여부는 도달주의 원칙에 따라 재항고장이나 즉시항고장이 법원에 도달한 시점을 기준으로 판단하여야 하고, 거기에 재소자 피고인 특칙은 준용되지 아니한다고 해석함이 타당하다. 이와 달리 재정신청인의 재정신청 기각결정에 대한 재항고장 제출에 대하여 재소자 피고인 특칙이 준용된다는 취지의 대법원 2011. 12. 20.자 2011모1925 결정, 대법원 2012. 3. 15. 자 2011모1899 결정 등은 이 결정에 배치되는 범위 내에서 변경하기로 한다.

## 2. 사안에의 적용

위 재정신청 기각결정에 대하여 2013. 10. 14. 제기된 재항고는 형사소송법 제415조, 제405조에 의한 즉시항고로서의 재항고 법정기간 3일과 형사소송법 제67조 및 형사소송규칙 제44조 제1항 본문에서 정한 부가기간을 포함한 재항고 제기기간이 훨씬 지나 재항고권이 소멸한 후에 제기되었고, 또한 재정신청인이 책임질 수 없는 사유로 인하여 불복기간을 준수하지 못한 경우에 해당된다고 보기도 어려우므로, 그에 대하여 원심법원이 재항고 기각결정을 한 것은 수긍할 수 있고, 또한 그 재항고 기각결정에 대하여 제기된 이 사건 즉시항고장에 의한 이 사건 재항고 역시 위 법정기간과 부가기간을 포함한 재항고 제기기간이 훨씬 지나 재항고권이 소멸한 후에 제기되었으므로 재항고기각 사유에 해당한다. 그러므로 이 사건 재항고를 기각[한다].

[대법관 민일영, 대법관 이인복, 대법관 박보영, 대법관 김소영, 대법관 권순일의 반대의견]

가. 다수의견은 요컨대, 형사소송법에 재정신청 기각결정에 대한 재항고장이나 그 재항고 기각결정에 대한 즉시항고장 제출에 대하여는 재소자에 대한 특칙을 준용하는 규정이 없으므로, 위 재항고장이나 즉시항고

장 제출에 관한 법정기간의 준수 여부는 당연히 형사소송법의 도달주의 원칙에 따라 재항고장이나 즉시항고장이 법원에 도달한 시점을 기준으로 판단하여야 한다는 것이다. 그러나 재정신청인의 재항고장 제출에 있어서도 재소자에 대한 특칙이 준용되어야 하므로, 다수의견에 동의하지 아니한다. 그 이유는 다음과 같다.

나. 원래 형사소송법이 재소자에 대한 특칙을 두어 **상소장 법원 도달주의의 예외를 인정한 취지**는, 재소자로서 교도소나 구치소에 구금되어 행동의 자유가 박탈되어 있는 사람이 상소심 재판을 받기 위한 상소장 제출을 위하여 할 수 있는 행위는 구금당하고 있는 교도소 등의 책임자나 그 직무대리자에게 상소장을 제출하여 그들로 하여금 직무상 해당 법원에 전달케 하는 것이 통상적인 방법이라는 점을 고려하여 **재소자에게 상소 제기에 관한 편의를 제공**하자는 데 있다(대법원 2006. 3. 16. 선고 2005도9729 전원합의체 판결 참조). 이와 같은 재소자에 대한 특칙의 규정 취지에 비추어 보면, 재소자의 문서 제출에 대하여 법원 도달주의 원칙을 고수할 경우 재소자의 상소권을 현저히 침해하는 결과를 초래하게 된다면 명문의 규정이 없더라도 예외적으로 위 특칙이 준용된다고 해석하는 것이 오히려 위 특칙 규정을 둔 형사소송법의 입법 취지에 부합한다. 대법원 역시 이러한 재소자에 대한 특칙의 취지를 고려하여, 명문의 준용 규정이 없는 상소이유서의 제출이나 약식명령에 대한 정식재판청구서의 제출에 대하여도 위 특칙 규정이 준용되는 것으로 해석함이 상당하다고 판시한 바 있다(위 대법원 2005도9729 전원합의체 판결, 대법원 2006. 10. 13. 자 2005모552 결정 등 참조).

다. 재정신청절차가 형사재판절차와 다르다는 이유로 재정신청 기각결정에 대한 재항고장 제출에 대하여 재소자에 대한 특칙을 준용할 수 없는 것은 아니다. 엄격한 의미에서의 형사소송은 법원에서 진행되는 형사재판절차를 의미하지만, 형사소송법은 범죄의 수사, 공소의 제기, 공판절차, 상소의 제기, 재판의 집행 등을 포함하여 피고인의 유·무죄를 확인하여 형벌을 부과함으로써 국가의 형벌권을 실현하는 넓은 의미의 형사절차를 규율하고 있고, 형사소송법 제490조 제2항은 재소자에 대한 특칙을 형사재판이 확정된 후에도 소송비용의 집행면제의 신청, 집행에 관하여 재판의 해석에 대한 의의신청, 집행에 관한 검사의 처분에 대한 이

의신청에 준용하고 있다. 이런 측면에서 볼 때 형사소송법상의 재소자에 대한 특칙은 피고인이라는 법적 지위에서 비롯된 것이라기보다는 교도소나 구치소에 구금되어 있는 재소자라는 처지가 형사소송법상의 권리 행사를 심각하게 제약하는 현실적인 측면을 중시하여 마련된 것이라고 보는 것이 타당하므로 재소자가 피고인의 지위에 있지 않다고 하여 특칙을 준용할 수 없다고 볼 것은 아니다.

수사기관에 범죄사실을 신고하여 범인의 처벌을 희망하는 의사표시인 고소 또는 고발은 국가소추주의와 기소독점주의(형사소송법 제246조), 기소편의주의(같은 법 제247조)를 채택하고 있는 형사소송법 아래에서 범죄의 피해자 등이 국가의 공소권 행사를 촉구하기 위한 유일한 방법이다. 재정신청제도는 범죄 피해자의 이러한 사법구제청구권을 보호함과 아울러 검사에게 부여된 기소독점권과 기소재량권이 잘못 행사되지 않도록 법원의 심사를 통하여 통제하기 위한 중요한 제도로서 재정신청 기각결정에 대하여 헌법 및 법령 위반 등을 사유로 한 재항고를 허용하고 있으므로 재정신청인의 재항고권은 실질적으로 보장되어야 한다.

라. 재정신청 기각결정에 대한 재항고는 즉시항고로서 형사소송법 제415조, 제405조에 의하여 그 불복기간이 3일로 제한되는데 이는 재정신청 기각결정을 받은 재소자가 재항고장을 법원에 도달하도록 하기에는 너무나 짧은 기간이다. 다수의견은 재정신청인이 제3자에게 제출권한을 위임하여 재항고장을 제출할 수 있고, 특급우편제도를 이용할 수도 있으며, 재정신청인이 있는 교도소 등의 소재지와 법원과의 거리 등에 따라 일정한 기간이 재항고 기간에 부가되는 등 법원 도달주의를 보완할 수 있는 여러 제도들이 있는 이상, 재소자에 대한 특칙 규정이 준용되지 않는다고 해석하더라도 3일 내에 충분히 재항고장을 법원에 도달시킬 수 있다고 하고 있다. 우선 위 제도나 방법들은 재정신청인뿐만 아니라 피고인의 경우에도 동일하게 적용되거나 이용 가능한 것이다. 그럼에도 피고인이 상소장을 제출함에 있어서는 재소자에 대한 특칙이 적용되는 것이므로 이러한 제도나 방법들의 이용 가능성이 재정신청인이 재항고장을 제출함에 있어서 재소자에 대한 특칙 규정을 준용할 수 없다는 논거가 될 수는 없다. 나아가 재소자에 대한 송달은 재소자가 구금된 교도소나

구치소의 장이 재판서를 수령한 이상 재소자에게 전달되기 전이라도 바로 그 효력이 생긴다(형사소송법 제65조, 민사소송법 제182조, 대법원 1995. 1. 12. 선고 94도2687 판결 등 참조). 반면에 재소자는 교도소장 등으로부터 재정신청 기각결정을 전달받기 전에는 재판 결과를 알기 어렵다. 다수의견과 같이 재정신청절차가 형사재판절차와는 다르다는 이유로 법원 도달주의를 고수하게 되면, 재소자가 재정신청 기각결정서를 전달받는 단계나 그 후 재항고를 제기할 것인지 여부를 결정하는 과정에서 벌써 재항고장을 특급우편으로 발송시키는 데 필요한 시간이 지나가 버릴 가능성이 매우 높다. 재소자인 재정신청인이 재항고장의 제출을 제3자에게 위임한다 하더라도 제3자에게 연락하여 재항고장을 전달하는 과정 역시 시간이 소요되어 3일의 재항고 기간을 준수하기 어렵기는 마찬가지이다. 또한 재소자인 재정신청인에게 재항고장의 제출을 위임하여 이를 즉시 이행하도록 부탁할 만한 제3자가 존재하는지, 특급우편이 이용 가능한 지역인지, 특급우편 역시 하루 이틀의 지연 가능성이 상존하고 있는 점 등의 문제도 쉽게 간과할 수 없다. 결국 다수의견과 같이 법원 도달주의를 고수하게 되면, 재소자인 재정신청인은 교도소장 등으로부터 기각결정을 전달받은 직후 재항고를 결심하고 곧바로 재항고장을 작성하여 특급우편으로 발송하여야만 재항고 기간을 준수할 수 있게 되고, 어느 한 단계에서 조그마한 지체가 발생하여도 재항고가 사실상 불가능하게 된다. 이러한 점에서 재정신청 기각결정에 대한 재항고에 재소자에 대한 특칙이 준용되지 않는 이상 비록 형식적으로는 재항고권이 부여되어 있다고 하더라도 실질적으로는 재항고권이 침해되고 있다고 봄이 옳을 것이다.

피의자와 피고인의 구속을 예상할 수 있음에도 형사소송법이 소송절차의 신속한 안정을 도모하기 위해 즉시항고의 제기기간을 3일이라는 초단기로 규정할 수 있는 것은 재소자에 대한 특칙이 존재하기 때문이다. 따라서 재소자인 재정신청인이 재항고를 제기하는 경우에도 형사소송법이 규정한 위 기간만큼은 실질적으로 보장되어야만 위와 같이 초단기로 규정한 불복기간이 정당화될 수 있는 것이므로 재소자에 대한 특칙은 재소자인 재정신청인의 재항고장 제출에도 준용되어야 한다. 교도소나 구치소에 구금되어 있는 재정신청인이

재정신청 기각결정에 대한 재항고장을 제출하는 경우에도 그 서류의 우편배달에 소요되는 정도만큼 재항고기간을 연장해 줌으로써 형사소송법이 부여한 재항고권을 실질적으로 보장하자는 것이 소송절차의 명확성의 요청 앞에서는 포기되어야 하는 가치인지는 의문이다. 권력분립의 원리를 비롯한 헌법의 기본이념과 질서는 궁극적으로 국민의 자유와 권리를 보장하기 위한 제도적 장치이기에, 재정신청인의 재항고장 제출에 관하여도 재소자에 대한 특칙을 준용하여 줌으로써 재소자에게 보다 안정적인 법적 지위를 부여하고 그 권리를 실질적으로 보장함이 옳다는 반대의견의 해석을 입법자의 의사에 반하거나 그 의사를 존중하지 않는 것으로 받아들여서는 아니 될 것이다.

마. 앞서 본 사실관계를 위와 같은 법리에 비추어 보면, (1) 원심법원의 재정신청 기각결정에 대한 재항고는, 그 재항고장이 재항고 제기기간 내에 전주교도소장에게 제출된 이상 재항고장이 원심법원에 도달한 시기와 상관없이 재소자에 대한 특칙을 준용하여 적법한 기간 내에 제기된 것으로 보아야 할 것이고, (2) 그 재항고 기각결정에 대한 이 사건 재항고 역시 그 즉시항고장이 재항고 제기기간 내에 전주교도소장에게 제출되었으므로 마찬가지로 적법한 기간 내에 제기되었다고 보아야 할 것이다. 그런데도 원심은 이와 달리, 재정신청 기각결정에 대한 재항고가 재항고권 소멸 후에 제기된 것이 명백하다는 이유로 이를 기각하였는바, 이러한 원심의 조치는 재소자에 대한 특칙에 관한 법리를 오해하여 판단을 그르친 것이라고 할 것이므로, 원심결정을 파기하여야 할 것이다. 이상과 같은 이유로, 다수의견에 반대하는 취지를 밝힌다.

[필자: 심희기 교수(연세대)]

[1] 변호인의 상소취하에 피고인의 동의가 없는 경우 상소취하의 효력의 발생여부

**[대법원 2015. 9. 10. 선고 2015도7821 판결]**

**[사안]** 피고인 D의 변호인(이하 '변호인'이라고만 한다)은 항소심 제1회 공판기일에 구술로써 '항소를 취하한다'고 진술하였으나, D는 이에 대하여 아무런 의견도 진술하지 않았다. 항소심은 이 상태에서 D에게 변호인의 항소취하에 대하여 동의하는지 여부에 관한 명시적인 의사를 확인하지 아니한 채 검사의 항소이유에 대한 변호인의 최종변론과 D의 최후진술을 듣고 변론을 종결한 후, 선고기일에 판결을 선고하면서 'D의 항소가 변호인에 의하여 적법하게 취하된 것'으로 보아 '공동정범의 성립에 관한 법리오해 등의 잘못이 있다'는 취지의 D의 항소이유에 관하여는 판단하지 않고 검사의 항소이유에 관하여만 판단하였다. D가 상고하였다.

**＊[판결요지(파기환송)]＊**

"변호인은 피고인의 동의를 얻어 상소를 취하할 수 있으므로(형사소송법 제351조, 제341조), 변호인의 상소취하에 피고인의 동의가 없다면 그 상소취하의 효력은 발생하지 아니한다. 한편 변호인이 상소취하를 할 때 원칙적으로 피고인은 이에 동의하는 취지의 서면을 제출하여야 하나(형사소송규칙 제153조 제2항), 피고인은 공판정에서 구술로써 상소취하를 할 수 있으므로(형사소송법 제352조 제1항 단서), 변호인의 상소취하에 대한 피고인의 동의도 공판정에서 구술로써 할 수 있다. 다만 상소를 취하하거나 상소의 취하에 동의한 자는 다시 상소를 하지 못하는 제한을 받게 되므로(형사소송법 제354조), 상소취하에 대한 피고인의 구술 동의는 명시적으로 이루어져야만 한다. 원심법정에서의 변호인의 항소취하에 피고인 2가 동의하였다고 인정하기 어려우므로 변호인의 항소취하는 효력이 없다. (중략) 원심판결에 공동정범의 성립에 관한 법리오해 등이 있다는 상고이유 주장 속에는 같은 내용의 항소이유에 관한 판단누락의 잘못이 있다는 주장이 포함되어 있는 것으로 볼 수 있고, 이러한 주장은 정당하다. [파기의 범위] 원심판결 중 D에 관한 부분은 파기하여야 하고, 그 파기사유는 D2의 특정범죄 가중처벌 등에 관한 법률(이하 '특정범죄가중법'이라 한다) 위반(뇌물) 부분에 관하여도 공통되므로 형사소송법 제392조에 따라 D2의 특정범죄가중법 위반(뇌물) 부분도 파기하여야 하며, D2의 특정범죄가중법 위반(뇌물) 부분은 유죄로 인정된 뇌물수수 부분과 형법 제37조 전단의 경합범 관계에 있어 원심이 D2에 대하여 하나의 형을 선고하여야 하므로, 결국 원심판결 전부가 파기의 대상이 된다."

[2] 제1심 형사사건에 관한 지방법원 본원과 지방법원 지원 사이의 관할의 분배가 소송법상 토지관할의 분배에 해당하는지 여부

**[대법원 2015. 10. 15. 선고 2015도1803 판결]**

**[사안]** 검사는 직권남용권리행사방해죄 등의 혐의를 받고 있는 피고인에 대해, 이 사건 범죄지인 전라남도 진도군은 광주지방법원 해남지원의 관할에 속하므로, 광주지방법원 본원에도 범죄지로 인한 제1심 토지관할이 있음을 이유로 제1심법원인 광주지방법원 본원에 공소를 제기한 것이다. 제1심법원은 '지방법원 지원의 관할구역이 당연히 지방법원 본원의 관할구역에 포함된다고 해석할 수는 없다'는 이유를 들어 이 사건에 관하여 관할위반의 선고를 선고하였고, 항소심은 이를 유지하였다. 검사는 상고하였다.

**＊[판결요지(상고기각)]＊**

"형사사건의 관할은 심리의 편의와 사건의 능률적

처리라는 절차적 요구뿐만 아니라 피고인의 출석과 방어권 행사의 편의라는 방어상의 이익도 충분히 고려하여 결정하여야 하고, 특히 자의적 사건처리를 방지하기 위하여 법률에 규정된 추상적 기준에 따라 획일적으로 결정하여야 한다. 이에 따라 각급 법원의 설치와 관할구역에 관한 법률 제4조 제1호 [별표 3]은 지방법원 본원과 지방법원 지원의 관할구역을 대등한 입장에서 서로 겹치지 않게 구분하여 규정하고 있다. 따라서 제1심 형사사건에 관하여 지방법원 본원과 지방법원 지원은 소송법상 별개의 법원이자 각각 일정한 토지관할 구역을 나누어 가지는 대등한 관계에 있으므로, 지방법원 본원과 지방법원 지원 사이의 관할의 분배도 지방법원 내부의 사법행정사무로서 행해진 지방법원 본원과 그 지원 사이의 단순한 사무분배에 그치는 것이 아니라 소송법상 토지관할의 분배에 해당한다. 그러므로 형사소송법 제4조에 의하여 지방법원 본원에 제1심 토지관할이 인정된다고 볼 특별한 사정이 없는 한, 지방법원 지원에 제1심 토지관할이 인정된다는 사정만으로 당연히 지방법원 본원에도 제1심 토지관할이 인정된다고 볼 수는 없다."

[3] 공소장에 기재된 적용법조를 단순한 오기나 누락으로 볼 수 없고 구성요건이 충족되는 경우, 법원이 공소장 변경의 절차를 거치지 않고 임의적으로 다른 법조를 적용하여 처단할 수 있는지 여부

[대법원 2015. 11. 12. 선고 2015도12372 판결]

[사안] 피고인은 상습공갈의 점에 관하여 폭력행위 등 처벌에 관한 법률(이하 '폭력행위처벌법'이라 한다) 제2조 제1항 제3호, 형법 제350조(이하 위 두 조항을 통틀어 '이 사건 조항'이라 한다)를 위반한 것으로 기소되었다. 항소심은 이 사건 조항이 "특별한 가중적 구성요건의 표지를 전혀 추가하지 않은 채 형법 제351조, 제350조의 상습공갈죄와 똑같은 구성요건을 규정하면서 그 법정형만 상향 조정함으로써 형벌체계상의 정당성과 균형을 잃어 인간의 존엄성과 가치를 보장하는 헌법의 기본원리에 위배될 뿐 아니라 법의 내용에 있어서도

평등원칙에 반하는 위헌성을 띤 처벌규정이 될 수 있고, 법원은 공소사실의 동일성이 인정되는 범위 내에서 공소장 기재 적용법조에 구속받지 아니하고 직권으로 법률을 적용할 수 있다."는 이유로, 공소장변경의 절차 없이 상습공갈의 범죄사실에 대하여 공소장에 기재된 폭력행위처벌법위반(상습공갈)죄가 아닌 형법상 상습공갈죄를 적용하여 이를 유죄로 판단하였다. 검사가 상고하였다.

*[판결요지(파기환송)]*

"공소장에는 공소사실의 법률적 평가를 명확히 하여 공소의 범위를 확정하는 데 보조기능을 하기 위하여 적용법조를 기재하여야 하는데(형사소송법 제254조 제3항), 적용법조의 기재에 오기·누락이 있거나 또는 그 적용법조에 해당하는 구성요건이 충족되지 않을 때에는 공소사실의 동일성이 인정되는 범위 내로서 피고인의 방어에 실질적인 불이익을 주지 않는 한도에서 법원이 공소장 변경의 절차를 거침이 없이 직권으로 공소장 기재와 다른 법조를 적용할 수 있지만(대법원 1996. 6. 28. 선고 96도1232 판결, 대법원 2006. 4. 14. 선고 2005도9743 판결 등 참조), 공소장에 기재된 적용법조를 단순한 오기나 누락으로 볼 수 없고 그 구성요건이 충족됨에도 불구하고 법원이 공소장 변경의 절차를 거치지 아니하고 임의적으로 다른 법조를 적용하여 처단할 수는 없다. 원심이 들고 있는 대법원 1976. 11. 23. 선고 75도363 판결은 이 사건과는 사안을 달리하여 원용하기에 적절하지 아니하다. 나아가, 폭력행위처벌법 제2조 제1항에서 말하는 '상습'이란 같은 항 각 호에 열거된 각 범죄행위 상호 간의 상습성만을 의미하는 것이 아니라, 같은 항 각 호에 열거된 모든 범죄행위를 포괄한 폭력행위의 습벽을 의미하는 것이라고 해석하여야 하고(대법원 2008. 8. 21. 선고 2008도3657 판결 등 참조), 반면에 형법 제351조, 제350조에서 규정하는 상습공갈죄에서의 '상습'이란 반복하여 공갈행위를 하는 습벽으로서 행위자의 속성을 말하므로(대법원 2005. 10. 28. 선고 2005도5774 판결 등 참조), 이 사건 조항은 형법 제351조, 제350조의 상습공갈죄와는 서로 다른 구성요건을 가지는 것이어서, 똑같은 구성요건임에도 법정형만 상향 조정한 조항임을 전제로 헌법의 기본원리에 위배되고 평등원칙에 반하는 위헌성을 띤 처벌규정으

로 볼 수 없다. 그렇다면 원심이 위 공소사실에 대하여 그 판시와 같은 이유로 공소장 변경의 절차를 거치지 아니하고 공소장에 기재된 폭력행위처벌법위반(상습공갈)죄가 아닌 형법상 상습공갈죄를 직권으로 적용한 조치에는 판단을 누락하거나 불고불리의 원칙을 위배하거나 위헌법률심판에 관한 법리를 오해하여 판결에 영향을 미친 위법이 있다.”

[4] 소송촉진 등에 관한 특례법 제23조에 따라 피고인의 진술 없이 유죄를 선고하여 확정된 제1심판결에 대하여, 피고인이 재심을 청구하지 아니하고 항소권회복을 청구하여 인용되었는데, 사유 중에 피고인이 책임을 질 수 없는 사유로 공판절차에 출석할 수 없었던 사정이 포함되어 있는 경우, 형사소송법 제361조의5 제13호에서 정한 '재심청구의 사유가 있는 때'에 해당하는 항소이유를 주장한 것인지 여부 및 이 때 항소심법원이 취하여야 할 조치

[대법원 2015. 11. 26. 선고 2015도8243 판결]

[사안] 제1심법원은 이 사건 특례 규정에 따라 공시송달의 방법으로 공소장 부본과 소환장 등을 송달하고 피고인이 불출석한 상태에서 심리를 진행하여 징역 1년을 선고하였고, 피고인은 형식적으로 확정된 위 제1심판결에 의한 형 집행으로 검거되자 곧바로 상소권회복청구를 하면서 자신은 공소장 부본 등을 송달받지 못해 공소가 제기된 사실조차 알지 못하였다고 주장하였다. 당초 제1심법원은 유죄를 선고하였으나 피고인이 책임질 수 없는 사유로 항소기간 내에 항소하지 못한 것으로 인정하여 항소권회복결정을 하였다. 항소심은 피고인의 양형부당 주장을 배척하고 제1심판결을 유지하였다. 피고인이 재심을 청구하였다.

**★[판결요지(파기환송)]★**
“1. 사형, 무기 또는 장기(長期) 10년이 넘는 징역이나 금고에 해당하지 아니하는 사건에 대하여는 소송촉진 등에 관한 특례법(이하 '소송촉진법'이라 한다) 제23조(이하 '이 사건 특례 규정'이라 한다)에 의하여 제1심 공판

절차에 관한 특례가 인정되어, 피고인에 대한 송달불능보고서가 접수된 때부터 6개월이 지나도록 피고인의 소재를 확인할 수 없는 경우에는 대법원규칙으로 정하는 바에 따라 피고인의 진술 없이 재판할 수 있다. 다만 이 사건 특례 규정에 따라 유죄판결을 받고 그 판결이 확정된 피고인이 책임을 질 수 없는 사유로 공판절차에 출석할 수 없었던 경우에는, 피고인 등이 소송촉진법 제23조의2 제1항(이하 '이 사건 재심 규정'이라 한다)에 의하여 그 판결이 있었던 사실을 안 날부터 14일 이내에 제1심법원에 재심을 청구할 수 있으며, 만약 책임을 질 수 없는 사유로 위 기간에 재심청구를 하지 못한 경우에는 그 사유가 없어진 날부터 14일 이내에 제1심법원에 재심을 청구할 수 있다.

이 사건 특례 규정에 따라 피고인의 진술 없이 유죄를 선고하여 확정된 제1심판결에 대하여, 피고인이 이 사건 재심 규정에 의하여 재심을 청구하지 아니하고 피고인 또는 대리인이 책임질 수 없는 사유로 인하여 항소 제기기간 내에 항소를 제기할 수 없었음을 이유로 항소권회복을 청구하여 인용된 경우에, 그 사유 중에 피고인이 책임을 질 수 없는 사유로 인하여 공판절차에 출석할 수 없었던 사정을 포함하고 있다면, 이는 이 사건 재심 규정에 의하여 재심청구의 사유가 있음을 주장한 것으로서 형사소송법 제361조의5 제13호에서 정한 '재심청구의 사유가 있는 때'에 해당하는 항소이유를 주장한 것으로 봄이 타당하다. 따라서 위의 경우에 항소심으로서는 이 사건 재심 규정에 의한 재심청구의 사유가 있는지를 살펴야 하고 그 사유가 있다고 인정된다면 다시 공소장 부본 등을 송달하는 등 새로 소송절차를 진행한 다음 제1심판결을 파기하고 새로운 심리 결과에 따라 다시 판결하여야 할 것이다(대법원 2015. 6. 25. 선고 2014도17252 전원합의체 판결 참조).

2. 위 사실관계로 볼 때, 다른 사정이 없는 한 피고인이 제1심의 공판절차에 출석하지 못한 데 귀책사유가 없어 소송촉진법상 재심청구의 사유가 있다고 인정되므로, 원심으로서는 앞에서 본 법리에 따라 다시 공소장 부본 등을 송달하는 등 소송행위를 새로이 한 후 제1심판결을 파기하고, 원심에서의 진술 및 증거조사 등 심리 결과에 따라 다시 판결을 하여야 한다. 그럼에도 원심은 위와 같은 절차를 거치지 아니한 채 피고인의 양형부당 주장을 배척하고 제1심판결을 유지하였으

므로, 이러한 원심판결에는 형사소송법 제361조의5 제13호의 '재심청구의 사유가 있는 때'의 의미 및 피고인의 귀책사유 없이 불출석한 상태에서 이루어진 소송행위의 효력에 관한 법리를 오해하여 판결에 영향을 미친 위법이 있다. 이를 지적하는 취지의 상고이유 주장은 이유 있다."

[5] 고소권자가 비친고죄로 고소한 사건을 검사가 친고죄로 구성하여 공소를 제기한 경우, 법원이 친고죄에서 소송조건이 되는 고소가 유효하게 존재하는지 직권으로 조사·심리하여야 하는지 여부 및 이 때 공소사실에 대하여 피고인과 공범관계에 있는 사람에 대한 적법한 고소취소의 효력이 피고인에 대하여 미치는지 여부

[대법원 2015. 11. 17. 선고 2013도7987 판결]

[사안] 피해자는 피고인과 공소외인을 비친고죄인 「성폭력범죄의 처벌 등에 관한 특례법」 위반(특수강제추행)으로 고소하였다. 피해자는 공소외인에 대해 고소를 취소하였다. 이에 대해 검사는 피고인을 친고죄인 구 형법(2012. 12. 18. 법률 제11574호로 개정되기 전의 것) 제298조의 강제추행죄로 공소를 제기하였다. 제1심법원은 '공소외인에 대한 고소취소의 효력은 형사소송법 제233조에 따라 피고인에게 미친다'는 이유로 공소를 기각하였고, 항소심은 제1심판결을 그대로 유지하였다. 검사가 상고하였다.

★[판결요지(상고기각)]★

"법원은 검사가 공소를 제기한 범죄사실을 심판하는 것이지 고소권자가 고소한 내용을 심판하는 것이 아니므로, 고소권자가 비친고죄로 고소한 사건이더라도 검사가 사건을 친고죄로 구성하여 공소를 제기하였다면 공소장 변경절차를 거쳐 공소사실이 비친고죄로 변경되지 아니하는 한, 법원으로서는 친고죄에서 소송조건이 되는 고소가 유효하게 존재하는지를 직권으로 조사·심리하여야 한다. 그리고 이 경우 친고죄에서 고소와 고소취소의 불가분 원칙을 규정한 형사소송법 제233조는 당연히 적용되므로, 만일 그 공소사실에 대하여 피고인과 공범관계에 있는 자에 대한 적법한 고소취소가 있다면 그 고소취소의 효력은 피고인에 대하여 미친다. 원심판결 이유를 앞서 본 법리와 기록에 비추어 살펴보면 원심의 조치는 정당하고, 거기에 상고이유의 주장과 같이 형사소송법 제233조의 적용 범위와 적용 요건에 관한 법리를 오해하거나, 이유를 갖추지 못하거나, 논리와 경험의 법칙을 위반하고 자유심증주의의 한계를 벗어나는 등으로 판결 결과에 영향을 미친 위법이 없다."

[6] 항소상의 구술주의의 원칙과 불이익변경금지의 원칙의 위배여부

[대법원 2015. 12. 10. 선고 2015도11696 판결]

★[판결요지]★

"1. [검사의 항소이유가 실질적으로 구두변론을 거쳐 심리되지 않았다고 평가될 경우, 항소심법원이 검사의 항소이유 주장을 받아들여 피고인에게 불리하게 제1심판결을 변경할 수 있는지 여부] 공판중심주의를 실현하고 이를 통하여 피고인의 방어권을 실질적으로 보장하기 위하여 마련된 형사소송법 제37조 제1항, 제275조의3, 제285조, 제286조 제1항, 제287조, 제370조, 형사소송규칙 제156조의3 제1항, 제2항, 제156조의4, 제156조의7에 비추어 볼 때, 검사가 공판정에서 구두변론을 통해 항소이유를 주장하지 않았고 피고인도 그에 대한 적절한 방어권을 행사하지 못하는 등 검사의 항소이유가 실질적으로 구두변론을 거쳐 심리되지 않았다고 평가될 경우, 항소심법원이 검사의 항소이유 주장을 받아들여 피고인에게 불리하게 제1심판결을 변경하는 것은 허용되지 않는다.

2. [검사가 일부 유죄, 일부 무죄가 선고된 제1심판결 전부에 대하여 항소하면서 유죄 부분에 대하여 항소이유를 주장하지 아니한 경우, 항소심이 제1심판결의 형보다 중한 형을 선고할 수 있는지 여부 및 이러한 법리는 검사가 항소장이나 법정기간 내에 제출된 항소이유서에서 유죄 부분에 대하여 양형부당 주장을 하였으나 실질적으로 구두변론을 거쳐 심리되지 아니한 경

우에도 마찬가지로 적용되는지 여부] 검사가 일부 유죄, 일부 무죄가 선고된 제1심판결 전부에 대하여 항소하면서 유죄 부분에 대하여는 아무런 항소이유도 주장하지 않은 경우에는, 유죄 부분에 대하여 법정기간 내에 항소이유서를 제출하지 않은 것이 되고, 그 경우 설령 제1심의 양형이 가벼워 부당하다 하더라도 그와 같은 사유는 형사소송법 제361조의4 제1항 단서의 직권조사사유나 같은 법 제364조 제2항의 직권심판사항에 해당하지 않으므로, 항소심이 제1심판결의 형보다 중한 형을 선고하는 것은 허용되지 않는데, 이러한 법리는 검사가 유죄 부분에 대하여 아무런 항소이유를 주장하지 않은 경우뿐만 아니라 검사가 항소장이나 법정기간 내에 제출된 항소이유서에서 유죄 부분에 대하여 양형부당 주장을 하였으나, 항소이유 주장이 실질적으로 구두변론을 거쳐 심리되지 아니한 경우에도 마찬가지로 적용된다."

[7] 이해가 상반된 피고인들 중 한 피고인이 법무법인을 변호인으로 선임하고, 법무법인이 담당변호사를 지정하였는데 법원이 담당변호사 중 1인 또는 수인을 다른 피고인을 위한 국선변호인으로 선정한 경우, 국선변호인의 조력을 받을 피고인의 권리를 침해하는지 여부

[대법원 2015. 12. 23. 선고 2015도9951 판결]

[사안] D는 팔꿈치로 D2의 가슴을 밀쳐 넘어뜨려 D2에게 상해를 가하였다. D2는 위와 같이 상해를 당할 때 쓰레기통으로 D의 어깨를 때려 D에게 상해를 가하고, D의 명예를 훼손하였다. D과 D2는 제1심에서 유죄를 선고받았다. 제1심판결 선고 후 D2는 O 법무법인 연명으로 '변호인선임서'를 제1심법원에 제출하였는데, 위 서면의 '사건'란에는 '항소'라고 기재되어 있고, 본문에는 "위 사건에 관하여 O 법무법인 담당변호사 : O2, O3, O4, O5, O6을 변호인으로 선임하였으므로 이에 변호인 선임서를 제출합니다."라고 기재되어 있었다. 위 변호인선임서가 제출될 당시 O 법무법인 명의의 '담당변호인지정서'가 함께 제출되었는데, 위 지정

서의 '담당변호인'란에는 'O2'만 기재되어 있다. 그 후 항소심 법원에 O 법무법인 명의로 D2를 위한 항소이유서가 제출되었는데, 위 항소이유서의 마지막 부분에는 담당변호사로 'O2, O3, O4, O5, O6'이 기재되어 있고, 각 변호사의 날인이 있다. D는 위 변호인선임서가 제출된 후 항소심법원에 국선변호인선정청구서를 제출하였고, 이에 항소심법원은 위 변호사 O5를 D의 국선변호인으로 선정하였다.

*[판결요지(파기환송)]*

"1. [국선변호인의 실질적 조력을 받을 권리에 관한 법리] 헌법상 보장되는 '변호인의 조력을 받을 권리'는 변호인의 '충분한 조력'을 받을 권리를 의미하므로, 피고인에게 국선변호인의 조력을 받을 권리를 보장하여야 할 국가의 의무에는 피고인이 국선변호인의 실질적 조력을 받을 수 있도록 할 의무가 포함된다(대법원 2012. 2. 16.자 2009모1044 전원합의체 결정 등 참조). 공소사실 기재 자체로 보아 어느 피고인에 대한 유리한 변론이 다른 피고인에 대하여는 불리한 결과를 초래하는 경우 공동피고인들 사이에 그 이해가 상반된다고 할 수 있다. 이와 같이 이해가 상반된 피고인들 중 어느 피고인이 특정 법무법인을 변호인으로 선임하고, 해당 법무법인이 담당변호사를 지정하였을 때, 법원이 위 담당변호사 중 1인 또는 수인을 다른 피고인을 위한 국선변호인으로 선정한다면, 국선변호인으로 선정된 변호사는 이해가 상반된 피고인들 모두에게 유리한 변론을 하기 어렵다. 결국 이로 인하여 위 다른 피고인은 국선변호인의 실질적 조력을 받을 수 없게 되었다고 보아야 하고, 따라서 위와 같은 국선변호인 선정은 국선변호인의 조력을 받을 피고인의 권리를 침해하는 것이다.

2. [국선변호인의 실질적 조력을 받을 D의 권리 침해] 변호사법 제50조 제1항 본문은 '법무법인은 법인 명의로 업무를 수행하며 그 업무를 담당할 변호사를 지정하여야 한다.'라고, 같은 조 제7항은 '법무법인이 그 업무에 관하여 작성하는 문서에는 법인명의를 표시하고 담당변호사가 기명날인하거나 서명하여야 한다.'라고 각 규정하고 있는데, 담당변호사의 지정방법에 관하여는 변호사법이나 그 시행령에 규정이 없다. 이러한 사정에 더하여 위 변호인선임서의 담당변호사 표

시 부분에 변호사 O5의 성명이 기재되어 있고, 위 항소이유서의 담당변호사 표시 부분에 변호사 O5의 기명날인이 있는 점을 아울러 고려하여 보면, 비록 위 담당변호인지정서에는 변호사 O2만 담당변호사로 기재되어 있으나, O 법무법인이 D2의 변호를 담당할 변호사로 변호사 O5도 지정하였다고 보아야 한다. 앞서 본 바와 같이 이 사건 피고인들 사이에 이해가 상반되는데, D2가 O 법무법인을 변호인으로 선임하고 위 법무법인이 변호사 O5를 담당변호사로 지정하였는데도, 원심법원이 같은 변호사를 D를 위한 국선변호인으로 선정한 것은, 앞서 본 법리와 같이 국선변호인의 실질적 조력을 받을 D의 권리를 침해하는 것이다. 따라서 원심판결에는 국선변호인의 조력을 받을 권리에 관한 법리를 오해하여 판결에 영향을 미친 잘못이 있다."

[8] 검사 작성의 피의자신문조서에 대한 실질적 진정성립의 증명수단

[대법원 2016. 2. 18. 선고 2015도16586 판결]

[쟁점] 조사관 또는 조사 과정에 참여한 통역인 등의 증언이 검사 작성의 피의자신문조서에 대한 실질적 진정성립을 증명할 수 있는 수단이 될 수 있는지 여부(소극)

*[판결요지]*
"실질적 진정성립을 증명할 수 있는 방법으로서 형사소송법 제312조 제2항에 예시되어 있는 영상녹화물의 경우 형사소송법 및 형사소송규칙에 의하여 영상녹화의 과정, 방식 및 절차 등이 엄격하게 규정되어 있는데다(형사소송법 제244조의2, 형사소송규칙 제134조의2 제3항, 제4항, 제5항 등) 피의자의 진술을 비롯하여 검사의 신문 방식 및 피의자의 답변 태도 등 조사의 전 과정이 모두 담겨 있어 피고인이 된 피의자의 진술 내용 및 취지를 과학적·기계적으로 재현해 낼 수 있으므로 조서의 내용과 검사 앞에서의 진술 내용을 대조할 수 있는 수단으로서의 객관성이 보장되어 있다고 볼 수 있으나, 피고인을 피의자로 조사하였거나 조사에 참여하였던

자들의 증언은 오로지 증언자의 주관적 기억 능력에 의존할 수밖에 없어 객관성이 보장되어 있다고 보기 어렵다. 결국 검사 작성의 피의자신문조서에 대한 실질적 진정성립을 증명할 수 있는 수단으로서 형사소송법 제312조 제2항에 규정된 '영상녹화물이나 그 밖의 객관적인 방법'이란 형사소송법 및 형사소송규칙에 규정된 방식과 절차에 따라 제작된 영상녹화물 또는 그러한 영상녹화물에 준할 정도로 피고인의 진술을 과학적·기계적·객관적으로 재현해 낼 수 있는 방법만을 의미하고, 그 외에 조사관 또는 조사 과정에 참여한 통역인 등의 증언은 이에 해당한다고 볼 수 없다."

[9] 형사소송법 제314조의 적용요건

[대법원 2016. 2. 18. 선고 2015도17115 판결]

[사안] 검사가 증인으로 신청한 참고인이 호주에 거주하고 있고, 비자(Visa) 조건으로 인하여 대한민국에 일시 귀국하여 공판정에 출석할 수 없다는 사유를 밝히고 있고, 그 사람의 외국 주소와 연락처 등이 파악되고, 대한민국과 호주 사이에는 국제형사사법공조조약이 체결되어 있으므로 참고인이 주장하는 사유만을 이유로 아무런 추가적인 조치 없이 바로 형사소송법 제314조의 '공판기일에 진술을 요하는 자가 외국거주 등으로 인하여 진술할 수 없는 때'에 해당한다고 볼 수 있는가?

[쟁점] 1. 형사소송법 제314조에 의하여 증거능력이 인정되기 위한 요건 중 '외국거주'의 의미 2. 진술을 요하는 자가 외국에 거주하고 있어 공판정 출석을 거부하면서 출석할 수 없는 사정을 밝히고 있고, 거주하는 외국의 주소나 연락처 등이 파악되고 해당 국가와 대한민국 간에 국제형사사법공조조약이 체결된 상태인 경우, 형사소송법 제314조 적용을 위하여 법원이 취해야 할 절차

*[판결요지]*
"참고인 진술서 등 피고인 아닌 자의 진술을 기재한

서류가 진술자가 공판정에서 한 진술에 의하여 진정성립이 증명되지 않았음에도 형사소송법 제314조에 의하여 증거능력이 인정되려면, 진술자가 사망·질병·외국거주소재불명, 그 밖에 이에 준하는 사유로 인하여 공판정에 출석하여 진술할 수 없는 때에 해당하고, 또 서류의 작성이 특히 신빙할 수 있는 상태에서 행하여졌음이 증명되어야 한다. 여기서 '외국거주'란 진술을 요하는 자가 외국에 있다는 것만으로는 부족하고, 수사 과정에서 수사기관이 진술을 청취하면서 진술자의 외국거주 여부와 장래 출국 가능성을 확인하고, 만일 진술자의 거주지가 외국이거나 그가 가까운 장래에 출국하여 장기간 외국에 체류하는 등의 사정으로 향후 공판정에 출석하여 진술을 할 수 없는 경우가 발생할 개연성이 있다면 진술자의 외국 연락처를, 일시 귀국할 예정이 있다면 귀국 시기와 귀국 시 체류 장소와 연락 방법 등을 사전에 미리 확인하고, 진술자에게 공판정 진술을 하기 전에는 출국을 미루거나, 출국한 후라도 공판 진행 상황에 따라 일시 귀국하여 공판정에 출석하여 진술하게끔 하는 방안을 확보하여 진술자가 공판정에 출석하여 진술할 기회를 충분히 제공하며, 그 밖에 그를 공판정에 출석시켜 진술하게 할 모든 수단을 강구하는 등 **가능하고 상당한 수단을 다하더라도 진술을 요할 자를 법정에 출석하게 할 수 없는 사정이 있어야 예외적으로 적용이 있다.**

나아가 진술을 요하는 자가 외국에 거주하고 있어 공판정 출석을 거부하면서 공판정에 출석할 수 없는 사정을 밝히고 있더라도 증언 자체를 거부하는 의사가 분명한 경우가 아닌 한 거주하는 외국의 주소나 연락처 등이 파악되고, 해당 국가와 대한민국 간에 국제형사사법공조조약이 체결된 상태라면 우선 사법공조의 절차에 의하여 증인을 소환할 수 있는지를 검토해 보아야 하고, 소환을 할 수 없는 경우라도 외국의 법원에 사법공조로 증인신문을 실시하도록 요청하는 등의 절차를 거쳐야 하고, 이러한 절차를 전혀 시도해 보지도 아니한 것은 가능하고 상당한 수단을 다하더라도 진술을 요하는 자를 법정에 출석하게 할 수 없는 사정이 있는 때에 해당한다고 보기 어렵다."

## [10] 별개증거의 증거능력

### [대법원 2016. 3. 10. 선고 2013도11233 판결]

**[쟁점]** 1. 검사 또는 사법경찰관이 영장 발부 사유로 된 범죄 혐의사실과 무관한 별개의 증거를 압수한 경우, 유죄 인정의 증거로 사용할 수 있는지 여부(원칙적 소극) 2. 수사기관이 별개의 증거를 환부하고 후에 임의제출받아 다시 압수한 경우, 제출에 임의성이 있다는 점에 관한 증명책임 소재(=검사)와 증명 정도 및 임의로 제출된 것이라고 볼 수 없는 경우 증거능력을 인정할 수 있는지 여부(소극)

**＊[판결요지]＊**

"검사 또는 사법경찰관은 범죄수사에 필요한 때에는 피의자가 죄를 범하였다고 의심할 만한 정황이 있는 경우에 판사로부터 발부받은 영장에 의하여 압수수색을 할 수 있으나, 압수수색은 영장 발부의 사유로 된 범죄 혐의사실과 관련된 증거에 한하여 할 수 있으므로, 영장 발부의 사유로 된 범죄 혐의사실과 무관한 별개의 증거를 압수하였을 경우 이는 원칙적으로 유죄 인정의 증거로 사용할 수 없다.

다만 수사기관이 별개의 증거를 피압수자 등에게 환부하고 후에 임의제출받아 다시 압수하였다면 증거를 압수한 최초의 절차 위반행위와 최종적인 증거수집 사이의 인과관계가 단절되었다고 평가할 수 있으나, 환부 후 다시 제출하는 과정에서 수사기관의 우월적 지위에 의하여 임의제출 명목으로 실질적으로 강제적인 압수가 행하여질 수 있으므로, 제출에 임의성이 있다는 점에 관하여는 검사가 합리적 의심을 배제할 수 있을 정도로 증명하여야 하고, 임의로 제출된 것이라고 볼 수 없는 경우에는 증거능력을 인정할 수 없다."

## [11] 구속영장 발부결정에 대한 재항고

### [대법원 2016. 6. 14. 자 2015모1032 결정]

**[쟁점]** 1. 법원이 사전에 형사소송법 제72조에 따

른 절차를 거치지 아니한 채 피고인에 대하여 구속영장을 발부한 경우, 발부결정이 위법한지 여부(적극) 2. 위 규정에서 정한 절차적 권리가 실질적으로 보장된 경우, 해당 절차의 전부 또는 일부를 거치지 아니한 채 구속영장을 발부한 것만으로 발부결정이 위법한지 여부(소극) 3. 사전 청문절차의 흠결에도 불구하고 구속영장 발부가 적법한 경우

**\*[판결요지]\***

"형사소송법 제72조의 '피고인에 대하여 범죄사실의 요지, 구속의 이유와 변호인을 선임할 수 있음을 말하고 변명할 기회를 준 후가 아니면 구속할 수 없다'는 규정은 피고인을 구속함에 있어서 법관에 의한 사전 청문절차를 규정한 것으로서, 법원이 사전에 위 규정에 따른 절차를 거치지 아니한 채 피고인에 대하여 구속영장을 발부하였다면 발부결정은 위법하다.

한편 위 규정은 피고인의 절차적 권리를 보장하기 위한 규정이므로 이미 변호인을 선정하여 공판절차에서 변명과 증거의 제출을 다하고 그의 변호 아래 판결을 선고받은 경우 등과 같이 위 규정에서 정한 절차적 권리가 실질적으로 보장되었다고 볼 수 있는 경우에는 이에 해당하는 절차의 전부 또는 일부를 거치지 아니한 채 구속영장을 발부하였더라도 이러한 점만으로 발부결정을 위법하다고 볼 것은 아니지만, 사전 청문절차의 흠결에도 불구하고 구속영장 발부를 적법하다고 보는 이유는 공판절차에서 증거의 제출과 조사 및 변론 등을 거치면서 판결이 선고될 수 있을 정도로 범죄사실에 대한 충분한 소명과 공방이 이루어지고 그 과정에서 피고인에게 자신의 범죄사실 및 구속사유에 관하여 변명을 할 기회가 충분히 부여되기 때문이므로, 이와 동일시할 수 있을 정도의 사유가 아닌 이상 함부로 청문절차 흠결의 위법이 치유된다고 해석하여서는 아니 된다."

## [12] 재판권쟁의에 대한 재정신청

## [대법원 2016. 6. 16. 자 2016초기318 전원합의체 결정]

**[쟁점]** 1. 군사법원이 군사법원법 제2조 제1항 제1호에 의하여 군형법 제1조 제4항 각 호에 정한 죄를 범한 일반 국민에 대하여 신분적 재판권을 가지는 경우, 이전 또는 이후에 범한 다른 일반 범죄에 대해서도 재판권을 가지는지 여부(소극) 2. 일반 국민이 범한 수 개의 죄 가운데 군형법 제1조 제4항 각 호에 정한 죄와 그 밖의 일반 범죄가 형법 제37조 전단의 경합범 관계에 있다고 보아 하나의 사건으로 기소된 경우, 재판권의 소재(=군형법 제1조 제4항 각 호에 정한 죄에 대하여는 군사법원, 일반 범죄에 대하여는 일반 법원) 3. 이때 일반 법원이나 군사법원이 사건 전부를 심판할 수 있는지 여부(소극)

**\*[판결요지]\***

"[다수의견] 군사법원법 제2조가 '신분적 재판권'이라는 제목 아래 제1항에서 '군형법 제1조 제1항부터 제4항까지에 규정된 사람'이 '범한 죄'에 대하여 군사법원이 재판권을 가진다고 규정하고 있으므로, 위 조항의 문언해석상 군인 또는 군무원이 아닌 국민(이하 '일반 국민'이라 한다)이 군형법 제1조 제4항 각 호에 정한 죄(이하 '특정 군사범죄'라 하고, 그 외의 범죄 등을 '일반 범죄'라 한다)를 범함으로써 군사법원의 신분적 재판권에 속하게 되면 그 후에 범한 일반 범죄에 대하여도 군사법원에 재판권이 발생한다고 볼 여지가 있다. 그러나 헌법 제27조 제2항은 어디까지나 '중대한 군사상 기밀·초병·초소·유독음식물공급·포로·군용물에 관한 죄 중 법률이 정한 경우'를 제외하고는 일반 국민은 군사법원의 재판을 받지 아니한다고 규정하고 있으므로, 이러한 경우에까지 군사법원의 신분적 재판권을 확장할 것은 아니다. 즉, 특정 군사범죄를 범한 일반 국민에게 군사법원에서 재판을 받아야 할 '신분'이 생겼더라도, 이는 군형법이 원칙적으로 군인에게 적용되는 것임에도 특정 군사범죄에 한하여 예외적으로 일반 국민에게 군인에 준하는 신분을 인정하여 군형법을 적용한다는 의미일 뿐, 그 '신분' 취득 후에 범한 다른 모든

죄에 대해서까지 군사법원에서 재판을 받아야 한다고 새기는 것은 헌법 제27조 제2항의 정신에 배치된다.

군사법원법 제2조 제2항은 예컨대 군에 입대하기 전에 어떠한 죄를 범한 사람이 군인이 되었다면 군사법원이 그 죄를 범한 군인에 대하여 재판을 할 수 있도록 하려는 취지임이 명백하다. 군사법체계의 특수성에 비추어 볼 때 이러한 경우에는 군사법원이 재판권을 행사하여야 할 필요성과 합목적성이 충분히 인정된다. 그러나 일반 국민이 특정 군사범죄를 범하였다 하여 그 전에 범한 다른 일반 범죄에 대해서까지 군사법원이 재판권을 가진다고 볼 것은 아니다. 군인 등은 전역 등으로 그 신분을 상실하게 되면 특별한 경우를 제외하고는 군 재직 중에 범한 죄에 대하여 일반 법원에서 재판을 받게 된다. 그러나 일반 국민은 특정 군사범죄를 범하여 일단 군사법원의 신분적 재판권에 속하게 되면 그 신분에서 벗어날 수 있는 방법이 없다. 즉, 일반 국민이 군형법 제1조 제4항 각 호의 죄를 범한 경우에 그 전에 범한 어떠한 죄라도 아무런 제한 없이 군사법원에서 재판을 받게 한다면 군인보다 오히려 불리한 처지에 놓이게 된다. 위와 같은 해석은 헌법 제27조의 정신에 부합하지 아니한다.

결론적으로, 군사법원이 군사법원법 제2조 제1항 제1호에 의하여 특정 군사범죄를 범한 일반 국민에 대하여 신분적 재판권을 가지더라도 이는 어디까지나 해당 특정 군사범죄에 한하는 것이지 이전 또는 이후에 범한 다른 일반 범죄에 대해서까지 재판권을 가지는 것은 아니다. 따라서 일반 국민이 범한 수 개의 죄 가운데 특정 군사범죄와 그 밖의 일반 범죄가 형법 제37조 전단의 경합범 관계에 있다고 보아 하나의 사건으로 기소된 경우, 특정 군사범죄에 대하여는 군사법원이 전속적인 재판권을 가지므로 일반 법원은 이에 대하여 재판권을 행사할 수 없다. 반대로 그 밖의 일반 범죄에 대하여 군사법원이 재판권을 행사하는 것도 허용될 수 없다. 이 경우 어느 한 법원에서 기소된 모든 범죄에 대해 재판권을 행사한다면 재판권이 없는 법원이 아무런 법적 근거 없이 임의로 재판권을 창설하여 재판권이 없는 범죄에 대한 재판을 하는 것이 되므로, 결국 기소된 사건 전부에 대하여 재판권을 가지지 아니한 일반 법원이나 군사법원은 사건 전부를 심판할 수 없다.

**[대법관 김용덕, 대법관 박상옥의 별개의견]**

군형법 및 군사법원법은 헌법 제27조에 기초하여 군인, 군무원 및 그 밖의 일정한 일반 국민에 대하여 군형법을 적용하여 군사법원에 재판권을 인정하고, 아울러 그들이 범한 다른 일반 범죄에 대하여도 군사법원에서 재판할 수 있도록 정하고 있다. 그런데 군형법 및 군사법원법의 관련 규정들에 비추어 보면, 군형법상의 범죄 등과 같은 군사 관련 특수한 사유로 인하여 군사법원에 재판권이 인정되는 경우(이하 이에 해당하는 범죄를 '군사 범죄 등'이라 한다)에 이는 고유의 재판권으로서 일반 법원이 행사할 수 없지만, 군사 범죄 등이 아닌 일반 범죄를 범한 경우에 군사법원에 인정되는 재판권은 군사 범죄 등에 관하여 군사법원에서 재판이 이루어짐을 전제로 하여 함께 재판할 수 있도록 인정된 임의적인 것으로서 그에 대한 일반 법원의 재판권이 당연히 소멸된다고 할 수 없다.

따라서 군사 범죄 등이 아닌 일반 범죄의 경우에는 군사법원의 재판권과 일반 법원의 재판권이 병존할 수 있고, 해당 범죄에 대한 구체적인 재판권에 관하여 다툼이 있는 경우에는 대법원이 군사법원법 제3조의2에 의한 재정 절차에 의하여 재판권을 행사할 법원을 정할 수 있다.

**[대법관 박병대, 대법관 김창석, 대법관 김신의 반대의견]**

군사법원법 제2조 제2항이 "군사법원은 제1항 제1호에 해당하는 사람이 그 신분 취득 전에 범한 죄에 대하여 재판권을 가진다."라고 한 것은 군인·군무원 등 행위자의 신분적 지위 자체로 군형법의 적용을 받는 군형법 제1조 제1항부터 제3항까지의 사람에 한하여 적용되는 것으로 제한하여 해석할 것이지 이를 제4항의 경우에도 적용된다고 볼 것은 아니다. 그러한 해석은 헌법 제27조가 일반 국민에게 군사법원의 재판을 받지 아니할 기본권 등을 보장한 근본정신에 배치되므로 합헌적 제한 해석을 함이 마땅하다.

그런데 일반 국민이 군사법원의 재판권 대상인 특정 군사범죄와 일반 법원의 재판권 대상인 일반 범죄를 범하여 형법상 실체적 경합범 관계로 처벌받아야 할 경우라든가 동일한 기회에 여러 가지 물건을 함께 절취하였는데 그 가운데 군용물이 섞여 있어서 전체로서 단순 1죄로 처벌되어야 할 경우 또는 일정 기간 동안 단일한 범의로 여러 번에 걸쳐 절도 범행을 하였지만 전체가 포괄일죄의 관계에 있거나 상습절도에 해당하여 1죄로 처벌되어야 하는데 범행 목적물에 군용물도 포함되어 있어서 범행 대상 물건에 따라 일반 법원과 군사법원이 재판권을 나누어야 할지 아니면 하나의 법원에서 함께 재판을 받도록 해야 할지를 정해야 할 때가 생긴다. 군인 등이 그 신분을 가진 상태에서 특정 군사범죄와 일반 범죄를 범하였는데 전역으로 군인 신분을 벗어난 경우에도 마찬가지 문제가 생긴다.

군사법원법 제3조의2가 규정한 재정신청 제도는 바로 이러한 경우에 어느 법원에서 재판권을 행사할지를 대법원이 결정하도록 한 것이고, 대법원은 여러 가지 사정을 고려하여 자유재량으로 재판권을 행사할 법원을 재정하면 된다. 그러므로 재판 대상인 범죄에 특정 군사범죄와 일반 범죄가 혼재되어 있는 경합범의 경우에도, 범죄별로 재판권을 행사할 법원을 나누도록 할 것인지는 대법원이 재정결정으로 정할 수 있다.

다만 일반 국민이 군사법원의 재판을 받지 않을 권리는 헌법이 보장한 기본권이므로, 군인·군무원 등 본래의 신분적 요소가 아니라 특정 군사범죄를 범하였다고 하는 행위적 요소 때문에 군사법원의 재판권 행사 대상이 된 경우에는 특정 군사범죄 이외의 일반 범죄에 대하여는 일반 법원에서 재판을 받도록 한 것이 헌법 규정이다. 따라서 그 경우에는 대법원이 재정결정을 할 때에도 특정 군사범죄와 일반 범죄를 분리하여 군사법원과 일반 법원에서 따로 재판을 받도록 하거나 특정 군사범죄까지 일괄하여 일반 법원에서 재판을 받도록 정할 수는 있지만, 일반 범죄까지도 군사법원에서 재판을 받도록 하는 것은 헌법상 기본권을 침해하는 결과가 되므로 허용될 수 없다.

[대법관 이기택의 반대의견]

누가 어떤 범죄행위를 하였다고 하는 것은 형사재판의 시작임과 동시에 결말이기도 하다. 범죄자가 누구인지를 떠나서는 적정한 형벌을 부과할 수 없으며, 수 개의 범죄행위 역시 이를 구분하여 따로따로 형사법적으로 적정하게 평가할 수는 없다. 일반 법원과 군사법원은 법률심인 상고심 법원을 함께 하는 것 외에는 별도로 조직되어 운영되고 각각 고유한 형사재판권 영역

을 담당하고 있다. 현행법상 일반 법원과 군사법원의 재판권에 관한 규정은 헌법 제27조 제2항, 제110조 제3항에 근거한 군사법원법 제2조가 있다. 군사법원의 재판권의 대상을 규정하고 있는 군사법원법 제2조는 재판권의 대상을 범죄가 아니라 사람을 기준으로 구분하고 있다. 한 사람의 피고인에 관한 일반 법원과 군사법원 사이의 재판권의 분리를 전제로 한 법령은 찾을 수 없다.

한 사람이 범한 특정 군사범죄와 일반 범죄에 대하여 재판권의 분리는 타당하지 아니하다. 헌법 제27조 제2항, 제110조 제3항과 군사법원법 제2조의 규정 등은 모두 군인 등이 아닌 국민은 군사법원의 재판을 받지 않는다는 원칙에 대한 특별법의 지위에 있다고 볼 수밖에 없는 이상 군사법원이 기소된 모든 범죄에 대하여 재판권을 갖는다."

## [13] 긴급체포의 요건

### [대법원 2016. 10. 13. 선고 2016도5814 판결]

[쟁점] 피고인이 필로폰을 투약한다는 제보를 받은 경찰관이 제보된 주거지에 피고인이 살고 있는지 등 제보의 정확성을 사전에 확인한 후에 제보자를 불러 조사하기 위하여 피고인의 주거지를 방문하였다가, 현관에서 담배를 피우고 있는 피고인을 발견하고 사진을 찍어 제보자에게 전송하여 사진에 있는 사람이 제보한 대상자가 맞다는 확인을 한 후, 가지고 있던 피고인의 전화번호로 전화를 하여 '차량 접촉사고가 났으니 나오라'고 하였으나 나오지 않고, 또한 경찰관임을 밝히고 만나자고 하는데도 '현재 집에 있지 않다'는 취지로 거짓말을 하자 피고인의 집 문을 강제로 열고 들어가 피고인을 긴급체포하였다. 이 긴급체포는 적법한가?

★[판결요지]★

"피고인이 마약에 관한 죄를 범하였다고 의심할 만한 상당한 이유가 있었더라도, 경찰관이 이미 피고인의 신원과 주거지 및 전화번호 등을 모두 파악하고 있

었고, 당시 마약 투약의 범죄 증거가 급속하게 소멸될 상황도 아니었던 점 등의 사정을 감안하면, 긴급체포가 미리 체포영장을 받을 시간적 여유가 없었던 경우에 해당하지 않아 위법하다.”


### [14] 통신비밀보호법에 규정된 통신제한조치

**[대법원 2016. 10. 13. 선고 2016도8137 판결]**

**[쟁점]** 1. 통신비밀보호법에 규정된 통신제한조치 중 ‘전기통신의 감청’의 의미 및 이미 수신이 완료된 전기통신에 관하여 남아 있는 기록이나 내용을 열어보는 등의 행위가 이에 포함되는지 여부(소극)

2. 수사기관 또는 수사기관으로부터 집행을 위탁받은 통신기관 등이 통신제한조치를 집행할 때 준수하여야 할 사항

3. 허가된 통신제한조치의 종류가 전기통신의 ‘감청’인 경우, 집행의 방식

4. 수사기관으로부터 집행을 위탁받은 통신기관 등이 통신제한조치허가서에 기재된 사항을 준수하지 아니하고 통신제한조치를 집행하여 취득한 전기통신의 내용 등은 위법수집증거로서 증거능력이 부정되는지 여부(적극)

**★[판결요지]★**

“1. 통신비밀보호법에 규정된 ‘통신제한조치’는 ‘우편물의 검열 또는 전기통신의 감청’을 말하는 것으로(제3조 제2항), 여기서 ‘전기통신’은 전화·전자우편·모사전송 등과 같이 유선·무선·광선 및 기타의 전자적 방식에 의하여 모든 종류의 음향·문언·부호 또는 영상을 송신하거나 수신하는 것을 말하고(제2조 제3호), ‘감청’은 전기통신에 대하여 당사자의 동의 없이 전자장치·기계장치 등을 사용하여 통신의 음향·문언·부호·영상을 청취·공독하여 그 내용을 지득 또는 채록하거나 전기통신의 송·수신을 방해하는 것을 말한다고 규정되어 있다(제2조 제7호). 따라서 ‘전기통신의 감청’은 ‘감청’의 개념 규정에 비추어 전기통신이 이루어지고 있는 상황에서 실시간으로 전기통신의 내용을 지

득·채록하는 경우와 통신의 송·수신을 직접적으로 방해하는 경우를 의미하는 것이지, 이미 수신이 완료된 전기통신에 관하여 남아 있는 기록이나 내용을 열어보는 등의 행위는 포함하지 않는다.

2. 통신제한조치허가서에는 통신제한조치의 종류·목적·대상·범위·기간 및 집행장소와 방법을 특정하여 기재하여야 하고(통신비밀보호법 제6조 제6항), 수사기관은 허가서에 기재된 허가의 내용과 범위 및 집행방법 등을 준수하여 통신제한조치를 집행하여야 한다. 이 때 수사기관은 통신기관 등에 통신제한조치허가서의 사본을 교부하고 집행을 위탁할 수 있으나(통신비밀보호법 제9조 제1항, 제2항), 그 경우에도 집행의 위탁을 받은 통신기관 등은 수사기관이 직접 집행할 경우와 마찬가지로 허가서에 기재된 집행방법 등을 준수하여야 함은 당연하다. 따라서 허가된 통신제한조치의 종류가 전기통신의 ‘감청’인 경우, 수사기관 또는 수사기관으로부터 통신제한조치의 집행을 위탁받은 통신기관 등은 통신비밀보호법이 정한 감청의 방식으로 집행하여야 하고 그와 다른 방식으로 집행하여서는 아니 된다. 한편 수사기관이 통신기관 등에 통신제한조치의 집행을 위탁하는 경우에는 집행에 필요한 설비를 제공하여야 한다(통신비밀보호법 시행령 제21조 제3항). 그러므로 수사기관으로부터 통신제한조치의 집행을 위탁받은 통신기관 등이 집행에 필요한 설비가 없을 때에는 수사기관에 설비의 제공을 요청하여야 하고, 그러한 요청 없이 통신제한조치허가서에 기재된 사항을 준수하지 아니한 채 통신제한조치를 집행하였다면, 그러한 집행으로 취득한 전기통신의 내용 등은 헌법과 통신비밀보호법이 국민의 기본권인 통신의 비밀을 보장하기 위해 마련한 적법한 절차를 따르지 아니하고 수집한 증거에 해당하므로(형사소송법 제308조의2), 이는 유죄 인정의 증거로 할 수 없다.”


### [15] 재심 기각결정에 대한 재항고

**[대법원 2016. 11. 10. 자 2015모1475 결정]**

**[쟁점]** ‘종전의 합헌결정이 있는 날의 다음 날’ 전

에 범죄행위가 있고 그 후에 유죄 판결이 선고되어 확정된 다음 헌법재판소의 위헌결정이 선고된 경우, 그 유죄의 확정판결에 헌법재판소법 제47조 제4항의 재심이유가 있는지 여부(적극)

## ★[판결요지]★

"헌법재판소법 제47조 제4항에 따라 재심을 청구할 수 있는 '위헌으로 결정된 법률 또는 법률의 조항에 근거한 유죄의 확정판결'이란 헌법재판소의 위헌결정으로 인하여 같은 조 제3항의 규정에 의하여 소급하여 효력을 상실하는 법률 또는 법률의 조항을 적용한 유죄의 확정판결을 의미한다. 따라서 위헌으로 결정된 법률 또는 법률의 조항이 같은 조 제3항 단서에 의하여 종전의 합헌결정이 있는 날의 다음 날로 소급하여 효력을 상실하는 경우 그 합헌결정이 있는 날의 다음 날 이후에 유죄 판결이 선고되어 확정되었다면, 비록 범죄행위가 그 이전에 행하여졌다 하더라도 그 판결은 위헌결정으로 인하여 소급하여 효력을 상실한 법률 또는 법률의 조항을 적용한 것으로서 '위헌으로 결정된 법률 또는 법률의 조항에 근거한 유죄의 확정판결'에 해당하므로 이에 대하여 재심을 청구할 수 있다고 보아야 한다."

[필자: 정웅석 교수(서경대)]

# [3] 2016년 12월 ~ 2018년 10월 사이에 선고된 중요판결들의 요약

## [1] 체포현장 아닌 장소의 긴급체포 압수

**[대법원 2017. 9. 12. 선고 2017도10309 판결]**

**[법리]** 형사소송법 제217조 제1항은 수사기관이 피의자를 긴급체포한 상황에서 피의자가 체포되었다는 사실이 공범이나 관련자들에게 알려짐으로써 관련자들이 증거를 파괴하거나 은닉하는 것을 방지하고, 범죄사실과 관련된 증거물을 신속히 확보할 수 있도록 하기 위한 것이다. 이 규정에 따른 압수·수색 또는 검증은 체포현장에서의 압수·수색 또는 검증을 규정하고 있는 형사소송법 제216조 제1항 제2호와 달리, 체포현장이 아닌 장소에서도 긴급체포된 자가 소유·소지 또는 보관하는 물건을 대상으로 할 수 있다.

**[적용]** 마약류 거래를 하고 있는 D를 긴급체포하고 24분 후 영장 없이 체포현장에서 약 2km 떨어진 D의 주거지에 대한 수색을 실시해서 서랍장 등에서 메트암페타민을 찾아내어 압수하고 사후 압수·수색영장을 발부받았다. 이 압수는 적법하다.

## [2] 관련성의 의미

**[대법원 2017. 12. 5. 선고 2017도13458 판결]**

**[법리]** 영장 발부의 사유로 된 범죄 혐의사실과 무관한 별개의 증거를 압수하였을 경우 원칙적으로 유죄 인정의 증거로 사용할 수 없다. 그러나 압수·수색의 목적이 된 범죄나 이와 관련된 범죄의 경우에는 그 압수·수색의 결과를 유죄의 증거로 사용할 수 있다. 압수·수색영장의 혐의사실과 관계있는 범죄라는 것은 영장에 기재한 혐의사실과 객관적 관련성이 있고 영장 대상자와 피의자 사이에 인적 관련성이 있는 범죄를 의미한다. 그중 혐의사실과의 객관적 관련성은 영장에 기재된 혐의사실 자체 또는 그와 기본적 사실관계가 동일한 범행과 직접 관련되어 있는 경우는 물론 범행 동기와 경위, 범행 수단과 방법, 범행 시간과 장소 등을 증명하기 위한 간접증거나 정황증거 등으로 사용될 수 있는 경우에도 인정될 수 있다. 그 관련성은 영장에 기재된 혐의사실의 내용과 수사의 대상, 수사 경위 등을 종합하여 구체적·개별적 연관관계가 있는 경우에만 인정된다고 보아야 하고, 혐의사실과 단순히 동종 또는 유사 범행이라는 사유만으로 관련성이 있다고 할 것은 아니다. 그리고 피의자와 사이의 인적 관련성은 영장에 기재된 대상자의 공동정범이나 교사범 등 공범이나 간접정범은 물론 필요적 공범 등에 대한 피고사건에 대해서도 인정될 수 있다.

**[적용]** 혐의사실이 'D가 2016. 4. 11. 선거운동과 관련하여 자신의 페이스북에 허위의 글을 게시하였다'로 기재된 압수·수색영장에 기하여 O1의 휴대전화를 압수하였다. 압수된 휴대전화의 분석결과가 'D가 2016. 3. 30.경 선거운동과 관련하여 자신의 페이스북에 선거 홍보물 게재 등을 부탁하면서 O1에게 금품을 제공하였다'라는 공소사실의 증거로 제출되었다. D는 공소사실이 혐의사실과 객관적 관련성(내용이 다름), 주관적 관련성(O1이 추가된 범행주체)이 없고, 영장에 기재되지 않은 별도의 혐의사실이나 참고인이던 O1이 피의자로 전환될 수 있는 별도의 혐의사실을 발견하였다면 추가 탐색을 중단한 후 새로운 영장을 받았어야 하는데 그렇지 않았으므로 위 분석결과는 증거능력이 없다고 주장하였다. 공소사실은 혐의사실에 대한 범행의 동기와 경위, 범행 수단과 방법, 범행 시간과 장소 등을 증명하기 위한 간접증거나 정황증거 등으로 사용될 수 있는 경우에 해당하므로, 혐의사실과 객관적 관련성이 있다. 또한 공소사실과 혐의사실은 모두 피고인이 범행 주체가 되어 페이스북을 통한 선거운동과 관련된 내용이므로 인적 관련성 역시 인정된다. 또한 영장의 집행 과정에서 피압수자의 지위가 참고인에서 피의자

로 전환될 수 있는 증거가 발견되었더라도 그 증거가 혐의사실과 객관적으로 관련되어 있다면 이는 영장의 집행 범위 내에 있다. 따라서 다시 O1에 대하여 영장을 발부받고 헌법상 변호인의 조력을 받을 권리를 고지하거나 압수·수색과정에 참여할 의사를 확인해야 한다고 보기 어렵다. 위 분석결과는 위법수집증거가 아니다.

[관련판례 1] 대법원 2017. 11. 14. 선고 2017도3449 판결

영장 발부의 사유로 된 범죄 혐의사실과 무관한 별개의 증거를 압수하였을 경우 이는 원칙적으로 유죄 인정의 증거로 사용할 수 없다. 혐의사실과 관련된 전자정보를 적법하게 탐색하는 과정에서 별도의 범죄혐의와 관련된 전자정보를 우연히 발견하면, 수사기관은 더 이상의 추가 탐색을 중단하고 법원에서 별도의 범죄혐의에 대한 압수·수색영장을 발부받은 경우에 한하여 그러한 정보를 적법하게 압수·수색할 수 있다. (같은 취지 : 대법원 2018. 4. 26. 선고 2018도2624 판결)

[관련판례 2] 대법원 2017. 1. 25. 선고 2016도13489 판결 (통신사실확인자료의 관련성)

## [3] 외국계 이메일 압수

### [대법원 2017. 11. 29. 선고 2017도9747 판결]

**[법리]** 압수·수색할 전자정보가 영장에 기재된 수색장소에 있는 컴퓨터 등 정보처리장치와 정보통신망으로 연결되어 제3자가 관리하는 원격지의 서버 등 저장매체에 저장되어 있는 경우, 수사기관이 피의자의 이메일 계정에 대한 접근권한에 갈음하여 발부받은 영장에 따라 영장 기재 수색장소에 있는 정보처리장치를 이용하여 적법하게 취득한 피의자의 이메일 계정 아이디와 비밀번호를 입력하는 등 피의자가 접근하는 통상적인 방법에 따라 그 원격지의 저장매체에 접속하고 그곳에 저장되어 있는 피의자의 이메일 관련 전자정보를 수색장소의 정보처리장치로 내려받거나 그 화면에 현출시키는 것은 압수·수색영장의 집행에 필요한 처분에 해당하고 이러한 방법에 의한 압수·수색은 적법

하다. 이는 (i) 피의자의 소유에 속하거나 소지하는 전자정보를 대상으로 이루어지는 것이고, (ii) 인터넷서비스제공자가 허용한 피의자의 전자정보에 대한 접근 및 처분권한과 일반적 접속 절차에 기초한 것으로서 특별한 사정이 없는 한 인터넷서비스제공자의 의사에 반하는 것이라고 단정할 수 없으며, (iii) 수색장소에 있는 정보처리장치를 이용하여 정보통신망으로 연결된 원격지의 저장매체에 접속하는 것이 위와 같은 영장에서 허용한 집행의 장소적 범위를 확대하는 것이라고 볼 수 없기 때문이다.

이러한 법리는 원격지의 저장매체가 국외에 있는 경우라 하더라도 그 사정만으로 달리 볼 것은 아니다.

**[적용]** 수사관이 중국 인터넷서비스제공자가 제공하는 D의 이메일 주소와 암호를 적법하게 취득하였다. 수사관은 압수·수색·검증영장을 발부받고 국내의 PC에서 위 주소와 암호를 입력하여 D의 이메일 계정에 로그인한 다음 이메일 본문, 첨부문서, 링크화면 등을 선별 압수·수색하였다. 위 압수·수색은 적법하다.

## [4] 비진술 음향과 대화

### [대법원 2017. 3. 15. 선고 2016도19843 판결]

**[법리]** 통신비밀보호법이 보호하는 타인 간의 '대화'는 원칙적으로 현장에 있는 당사자들이 육성으로 말을 주고받는 의사소통행위를 가리킨다. 따라서 사람의 육성이 아닌 사물에서 발생하는 음향, 사람의 목소리라도 의사를 전달하는 말이 아닌 단순한 비명소리나 탄식 등은 타인 간의 '대화'에 해당하지 않는다. 그러나 대화에는 해당하지 않더라도 형사절차에서 증거로 사용할 수 있는지 여부는 개별적인 사안에서 효과적인 형사소추와 형사절차상 진실발견이라는 공익과 개인의 인격적 이익 등의 보호이익을 비교형량하여 결정하여야 한다. 대화에 속하지 않는 사람의 목소리를 녹음하거나 청취하는 행위가 개인의 사생활의 비밀과 자유 또는 인격권을 중대하게 침해하여 사회통념상 허용되는 한도를 벗어난 것이라면, 단지 형사소추에 필요한 증거라는 사정만을 들어 곧바로 형사소송에서 진실발

견이라는 공익이 개인의 인격적 이익 등 보호이익보다 우월한 것으로 섣불리 단정해서는 안 된다. 그러나 그러한 한도를 벗어난 것이 아니라면 위와 같은 목소리를 들었다는 진술을 형사절차에서 증거로 사용할 수 있다.

**[적용]** O는 V와 통화를 마친 후 전화가 끊기지 않은 상태에서 휴대전화를 통하여 '악' 하는 소리와 '우당탕' 소리를 들었다. 위 소리는 타인 간의 대화에 해당하지 않는다. O의 청취행위가 V 등의 사생활의 영역에 관계된 것이라 하더라도 비교형량하여 볼 때 위 소리를 들었다는 O의 진술은 증거능력이 있다.

### [5] 호흡측정과 고지의무

**[대법원 2017. 9. 21. 선고 2017도661 판결]**

**[법리]** 도로교통법 제44조 제2항에 따른 호흡측정이 이루어진 경우에는 그에 따라 과학적이고 중립적인 호흡측정 수치가 도출된 이상 다시 음주측정을 할 필요가 사라졌으므로 운전자의 불복이 없는 한 다시 음주측정을 하는 것은 원칙적으로 허용되지 아니한다. 또한 호흡측정 방식에 따라 혈중알코올농도를 측정한 경찰공무원에게 특별한 사정이 없는 한 혈액채취의 방법을 통하여 혈중알코올농도를 다시 측정할 수 있다는 취지를 고지할 의무가 있다거나 또는 위드마크 공식의 존재 및 나아가 호흡측정에 의한 혈중알코올농도가 음주운전 처벌기준 수치에 미달하였더라도 위드마크 공식에 의한 역추산 방식에 의하여 운전 당시의 혈중알코올농도를 산출할 경우 그 결과가 음주운전 처벌기준 수치 이상이 될 가능성이 있다는 취지를 운전자에게 미리 고지하여야 할 의무가 있다고 보기 어렵다.

**[적용]** D에 대하여 호흡측정에 의한 방법으로 음주측정을 한 결과 혈중알코올농도는 0.047%로 측정되었다. 경찰공무원은 별다른 조치 없이 피고인을 귀가하게 하였다. 경찰공무원은 위드마크 공식에 의한 역추산 방식을 이용하여 위 호흡측정에 의한 혈중알코올농도 수치를 기초로 D의 혈중알코올농도를 0.053%(= 0.047% + 0.008% × 48분/60분)로 산출하였다. 아무런 조치 없이 D를 귀가시킴으로써 결과적으로 혈액채취의 방법에 의한 혈중알코올농도 측정 기회를 박탈당하였다고 하여 호흡측정 결과(0.047%)의 증명력을 부정한 원심은 잘못되었다.

### [6] 영장의 제시

**[대법원 2017. 9. 21. 선고 2015도12400 판결]**

**[법리]** 압수·수색영장을 집행하는 수사기관은 피압수자로 하여금 법관이 발부한 영장에 의한 압수·수색이라는 사실을 확인함과 동시에 형사소송법이 압수·수색영장에 필요적으로 기재하도록 정한 사항이나 그와 일체를 이루는 사항을 충분히 알 수 있도록 압수·수색영장을 제시하여야 한다. 나아가 현장에서 피압수자가 여러 명일 경우에는 그들 모두에게 개별적으로 영장을 제시해야 하는 것이 원칙이다. 수사기관이 압수·수색에 착수하면서 그 장소의 관리책임자에게 영장을 제시하였다고 하더라도, 물건을 소지하고 있는 다른 사람으로부터 이를 압수하고자 하는 때에는 그 사람에게 따로 영장을 제시하여야 한다.

**[적용]** 사법경찰관은 O1에게 영장 기재 혐의사실의 주요 부분을 요약해서 고지하면서 영장 첫 페이지와 O1에 관한 범죄사실이 기재된 부분을 보여 주었으나, O1이 영장의 나머지 부분을 넘겨서 확인하려고 하자 뒤로 넘기지 못하게 하였다. 그리하여 O1은 영장의 내용 중 나머지 압수·수색·검증할 물건, 압수·수색·검증할 장소, 압수·수색·검증을 필요로 하는 사유, 압수 대상 및 방법의 제한 등이 기재된 부분을 확인하지 못하였다. 이러한 영장 제시는 피압수자인 O1이 그 내용을 충분히 알 수 있도록 제시한 것으로 보기 어려우므로 적법한 제시라고 볼 수 없고, 이에 따라 압수된 증거 역시 적법한 절차에 따라 수집된 증거라고 보기 어렵다.

## [7] 선별압수시 압수종료시점

**[대법원 2018. 2. 8. 선고 2017도13263 판결]**

수사기관이 정보저장매체에 기억된 정보 중에서 키워드 또는 확장자 검색 등을 통해 범죄 혐의사실과 관련 있는 정보를 선별한 다음 정보저장매체와 동일하게 비트열 방식으로 복제하여 생성한 파일(이하 '이미지 파일')을 제출받아 압수하였다면 이로써 압수의 목적물에 대한 압수·수색 절차는 종료된 것이므로, 수사기관이 수사기관 사무실에서 위와 같이 압수된 이미지 파일을 탐색·복제·출력하는 과정에서도 피의자 등에게 참여의 기회를 보장하여야 하는 것은 아니다.

## [8] 사후영장에 의한 압수수색 위법성의 치유 부정

**[대법원 2017. 11. 29. 선고 2014도16080 판결]**

위법한 압수·수색 또는 검증에 대하여 사후에 법원으로부터 영장을 발부받았다고 하여 그 위법성이 치유되지 아니한다.

## [9] 몰수물건에 대한 소유자의 가환부 청구

**[대법원 2017. 9. 29. 자 2017모236 결정]**

**[법리]** 검사는 증거에 사용할 압수물에 대하여 가환부의 청구가 있는 경우 특별한 사정이 없는 한 가환부에 응하여야 한다. 피고인 이외의 제3자의 소유에 속하는 물건의 경우, 몰수를 선고한 판결의 효력은 원칙적으로 몰수의 원인이 된 사실에 관하여 유죄의 판결을 받은 피고인에 대한 관계에서 그 물건을 소지하지 못하게 하는 데 그치고, 그 사건에서 재판을 받지 아니한 제3자의 소유권에 어떤 영향을 미치는 것은 아니다. **[적용]** 피의자들이 밀수출하기 위해 허위의 수출신고 후 선적하려다 미수에 그친 수출물품으로서 A 소유의 자동차를 압수하였는데, A와 밀수출범죄 사이에 아무런 관련성이 발견되지 않음에도 검사가 A의 압수물 가환부 청구를 거부한 것은 위법하다.

## [10] 전자문서에 의한 공소장

**[대법원 2016. 12. 15. 선고 2015도3682 판결]**

**[법리]** 공소사실의 일부가 되는 범죄일람표를 전자문서로 작성하여 이를 저장한 저장매체를 서면인 공소장에 첨부하여 제출한 경우, 서면인 공소장에 기재된 부분에 한하여 공소가 제기된 것으로 볼 수 있을 뿐 전자문서 부분까지 공소가 제기된 것이라고 할 수는 없다. 이러한 공소제기를 허용하는 별도의 규정도 없고 위 저장매체나 전자문서를 공소장의 일부로서의 '서면'으로 볼 수도 없기 때문이다. 이는 전자문서의 양이 방대하여 그와 같은 공소제기를 허용해야 할 현실적인 필요가 있다거나 피고인과 변호인이 이의를 제기하지 않고 변론에 응하였다고 하여 달리 볼 것도 아니다. 또 공소장변경허가의 경우에도 마찬가지이다. 법원은 전자문서 부분을 고려함이 없이 서면인 공소장이나 공소장변경신청서에 기재된 부분만을 가지고 공소사실 특정 여부를 판단하여야 한다. 만일 공소사실이 특정되지 아니한 부분이 있다면, 검사에게 석명을 구하여 특정을 요구하여야 하고, 그럼에도 검사가 이를 특정하지 않는다면 그 부분에 대해서는 공소를 기각할 수밖에 없다.

**[적용]** 영화 등을 웹하드 사이트에 업로드하여 저작권을 침해하였다고 하는 공소장의 본문 및 별지 범죄일람표에는 전체 업로드 건 중 일부에 대해서만 파일제목 등 구체적인 내용이 기재되어 있고, 첨부한 CD에 전체 업로드 건의 구체적 내용이 기재된 엑셀파일이 저장되어 있다. 이 경우 서면인 공소장(첨부된 범죄일람표 포함)에 기재된 부분에 한하여 공소가 제기된 것으로 볼 수 있고 엑셀파일에 기재된 부분은 공소가 제기된 것으로 볼 수 없다. 전체 횟수가 공소장에 기재되어 있더라도 엑셀파일에 기재된 부분은 공소사실이 특

정되었다고 할 수 없다. 법원은 검사에게 석명을 구하여 특정하도록 요구하고, 만약 특정하지 아니하면 이 부분에 대한 공소를 기각하여야 한다.

[관련판례 1] 대법원 2016. 12. 29. 선고 2016도11138 판결

검사가 구술로 공소장변경허가신청을 하면서 변경하려는 공소사실의 일부만 진술하고 나머지는 전자문서로 저장한 저장매체를 제출하였다면, 공소사실의 내용을 구체적으로 진술한 부분에 한하여 공소장변경허가신청이 된 것이어서 법원이 전자문서 부분에 대해서까지 공소장변경허가를 하였더라도 이 부분은 적법하게 공소장변경이 된 것으로 볼 수 없다.

[관련판례 2] 대법원 2017. 2. 15. 선고 2016도19027 판결 (같은 취지)


## [11] 포괄일죄 공소사실의 특정

### [대법원 2017. 2. 21. 선고 2016도19186 판결]

[법리] 포괄일죄에 있어서는 그 일죄의 일부를 구성하는 개개의 행위에 대하여 구체적으로 특정되지 아니하더라도 그 전체 범행의 시기와 종기, 범행방법, 피해자나 상대방, 범행횟수나 피해액의 합계 등을 명시하면 이로써 그 범죄사실은 특정되는 것이라고 할 것이나, 사실상 피고인의 방어권행사에 지장을 가져오는 경우에는 그러하지 아니하다.

[적용] "피고인이 2010. 1. 1.부터 2014. 2. 28.까지 … 하였음에도 마치 …한 것처럼 약제비 등으로 국민건강보험공단에 보험금을 청구하여 수급자 2,907명과 관련하여 합계 18,470,704원을 교부받아 편취하였다."는 공소사실은 개별 수급자와 수급자별 피해금액조차 알 수 없어 방어권행사에 지장이 있으므로 공소사실이 특정되었다고 보기 어렵다.


## [12] 공소장변경 요부(단독범 → 공동정범)

### [대법원 2018. 7. 12. 선고 2018도5909 판결]

[법리] 피고인의 방어권 행사에 실질적인 불이익을 초래할 염려가 없는 경우에는 공소사실과 기본적 사실이 동일한 범위 내에서 법원이 공소장 변경절차를 거치지 않고 공소사실과 다르게 사실을 인정하더라도 불고불리의 원칙에 위배되지 않는다. 단독범으로 기소된 것을 다른 사람과 공모하여 동일한 내용의 범행을 한 것으로 인정하는 경우에 이로 말미암아 피고인에게 예기치 않은 타격을 주어 방어권 행사에 실질적 불이익을 줄 우려가 없다면 공소장 변경이 필요한 것은 아니다.

[적용] 검사는 D를 사기 단독범으로 기소하였다. 심리결과 D는 남편 O가 사망하기 전까지는 O와 함께 실질적으로 요양원을 운영하면서 공모하여 사기 범행을 저질렀고 그 후에는 D가 단독으로 요양원을 운영하면서 사기 범행을 계속 저질렀음이 밝혀졌다. 법원은 O가 살아 있는 동안의 범행에 관해서는 공소장 변경 없이 D를 O와 공동정범으로 인정하고 단독으로 저질렀다는 부분을 이유에서 무죄로 판단할 수 있다.


## [13] 공소장변경 없이 직권으로 실제 피해자를 인정할 의무

### [대법원 2017. 6. 19. 선고 2013도564 판결]

[법리] 공소사실의 재산상 피해자와 공소장에 기재된 피해자가 다른 것이 판명된 경우에는 공소사실의 동일성을 해하지 않고 피고인의 방어권 행사에 실질적 불이익을 주지 않는 한 공소장변경절차 없이 직권으로 공소장 기재의 피해자와 다른 실제의 피해자를 적시하여 이를 유죄로 인정하여야 한다.

[적용] 공소사실은 D가 O 명의의 차용증을 허위로 작성하여 O 소유의 빌라에 관하여 근저당권설정등기를 마친 다음 부동산임의경매를 신청하여 배당금을 교부받아 이를 편취하였다는 것이다. 근저당권자가 집

행법원을 기망하여 원인무효이거나 피담보채권이 존재하지 않는 근저당권에 기해 채무자 또는 물상보증인 소유의 부동산에 대하여 임의경매신청을 함으로써 경매절차가 진행된 결과 그 부동산이 매각되었다 하더라도 그 경매절차는 무효로서 채무자나 물상보증인은 부동산의 소유권을 잃지 않아 피해자가 되지 않는다. 이때 허위의 근저당권자가 매각대금에 대한 배당절차에서 배당금을 지급받기에 이르렀다면 집행법원의 배당표 작성과 이에 따른 배당금 교부행위는 매수인에 대한 관계에서 그의 재산을 처분하여 직접 재산상 손해를 야기하는 행위로서 매수인의 처분행위에 갈음하는 내용과 효력을 가지므로 실제 피해자는 빌라의 매수인이고, 따라서 매수인에 대한 관계에서 사기죄가 성립한다. 법원은 공소장변경절차 없이도 직권으로 실제의 피해자를 적시하여 이를 유죄로 인정하여야 한다.

### [14] 허위사실의 증명

**[대법원 2018. 9. 28. 선고 2018도10447 판결]**

공직선거법 제250조 제2항에 규정된 허위사실 공표죄에 있어서, 의혹을 받을 일을 한 사실이 없다고 주장하는 사람에 대하여 의혹을 받을 사실이 존재한다고 적극적으로 주장하는 자는 그러한 사실의 존재를 수긍할 만한 소명자료를 제시할 부담을 지고, 검사는 제시된 그 자료의 신빙성을 탄핵하는 방법으로 허위성의 증명을 할 수 있다. 이때 제시하여야 할 소명자료는 위 법리에 비추어 단순히 소문을 제시하는 것만으로는 부족하고, 적어도 허위성에 관한 검사의 증명활동이 현실적으로 가능할 정도의 구체성은 갖추어야 하며, 이러한 소명자료의 제시가 없거나 제시된 소명자료의 신빙성이 탄핵된 때에는 허위사실 공표의 책임을 져야 한다.

### [15] 특히 신용할 만한 정황에 의하여 작성된 문서

**[대법원 2017. 12. 5. 선고 2017도12671 판결]**

**[법리]** 형사소송법 제315조 제3호에서 규정한 '기타 특히 신용할 만한 정황에 의하여 작성된 문서'는 형사소송법 제315조 제1호와 제2호에서 열거된 공권적 증명문서 및 업무상 통상문서에 준하여 '굳이 반대신문의 기회 부여 여부가 문제 되지 않을 정도로 고도의 신용성의 정황적 보장이 있는 문서'를 의미한다. 따라서 사무처리 내역을 계속적, 기계적으로 기재한 문서가 아니라 범죄사실의 인정 여부와 관련 있는 어떠한 의견을 제시하는 내용을 담고 있는 문서는 형사소송법 제315조 제3호에서 규정하는 당연히 증거능력이 있는 서류에 해당한다고 볼 수 없다.

**[적용]** 보험사기 사건에서 건강보험심사평가원이 수사기관의 의뢰에 따라 그 보내온 자료를 토대로 입원진료의 적정성에 대한 의견을 제시하는 내용의 '건강보험심사평가원의 입원진료 적정성 여부 등 검토의뢰에 대한 회신'은 형사소송법 제315조 제3호의 '기타 특히 신용할 만한 정황에 의하여 작성된 문서'에 해당하지 않는다.

### [16] 보강증거의 자격, 범위

**[대법원 2018. 3. 15. 선고 2017도20247 판결]**

**[법리]** 자백에 대한 보강증거는 범죄사실의 전부 또는 중요 부분을 인정할 수 있는 정도가 되지 않더라도, 피고인의 자백이 가공적인 것이 아닌 진실한 것임을 인정할 수 있는 정도만 되면 충분하다. 또한 직접증거가 아닌 간접증거나 정황증거도 보강증거가 될 수 있고, 자백과 보강증거가 서로 어울려서 전체로서 범죄사실을 인정할 수 있으면 유죄의 증거로 충분하다.

**[적용]** O1에 대한 검찰 진술조서 및 수사보고는 D가 O1로부터 수수한 러미라를 투약하고 O2에게 제공하였다는 자백의 진실성을 담보하기에 충분하다.

## [17] 과학적 증거방법

**[대법원 2018. 2. 8. 선고 2017도14222 판결]**

**[법리]** 과학적 증거방법이 사실인정에 있어서 상당한 정도로 구속력을 갖기 위해서는 감정인이 전문적인 지식·기술·경험을 가지고 공인된 표준 검사기법으로 분석한 후 법원에 제출하였다는 것만으로는 부족하고, 시료의 채취·보관·분석 등 모든 과정에서 시료의 동일성이 인정되고 인위적인 조작·훼손·첨가가 없었음이 담보되어야 하며 각 단계에서 시료에 대한 정확한 인수·인계 절차를 확인할 수 있는 기록이 유지되어야 한다.

**[적용]** D의 눈앞에서 소변과 머리카락이 봉인되지 않은 채 반출되었음에도, 그 후 조작·훼손·첨가를 막기 위하여 어떠한 조치가 행해졌고 누구의 손을 거쳐 국립과학수사연구원에 전달되었는지 확인할 수 있는 기록이 증거로 제출되지 않았고, 감정물인 머리카락과 소변에 포함된 세포의 디엔에이(DNA) 분석 등 D의 것임을 과학적 검사로 확인한 자료도 증거로 제출되지 않았다. 국립과학수사연구원의 감정물이 D로부터 채취한 것과 동일하다고 단정하기 어려우므로 그 감정 결과의 증명력은 피고인의 투약 사실을 인정하기에 충분하지 않다.

## [18] 성범죄 피해자 진술의 신빙성

**[대법원 2018. 10. 25. 선고 2018도7709 판결]**

피해자 등의 진술은 그 진술 내용의 주요한 부분이 일관되며, 경험칙에 비추어 비합리적이거나 진술 자체로 모순되는 부분이 없고, 또한 허위로 피고인에게 불리한 진술을 할 만한 동기나 이유가 분명하게 드러나지 않는 이상, 그 진술의 신빙성을 특별한 이유 없이 함부로 배척해서는 아니 된다.

그리고 법원이 성폭행이나 성희롱 사건의 심리를 할 때에는 그 사건이 발생한 맥락에서 성차별 문제를 이해하고 양성평등을 실현할 수 있도록 '성인지 감수성'을 잃지 않도록 유의하여야 한다(양성평등기본법 제5조 제1항 참조). 개별적, 구체적인 사건에서 성폭행 등의 피해자가 처하여 있는 특별한 사정을 충분히 고려하지 않은 채 피해자 진술의 증명력을 가볍게 배척하는 것은 정의와 형평의 이념에 입각하여 논리와 경험의 법칙에 따른 증거판단이라고 볼 수 없다.

나아가 강간죄가 성립하기 위한 가해자의 폭행·협박이 있었는지 여부는 그 폭행·협박의 내용과 정도는 물론 유형력을 행사하게 된 경위, 피해자와의 관계, 성교 당시와 그 후의 정황 등 모든 사정을 종합하여 피해자가 성교 당시 처하였던 구체적인 상황을 기준으로 판단하여야 하며, 사후적으로 보아 피해자가 성교 이전에 범행 현장을 벗어날 수 있었다거나 피해자가 사력을 다하여 반항하지 않았다는 사정만으로 가해자의 폭행·협박이 피해자의 항거를 현저히 곤란하게 할 정도에 이르지 않았다고 섣불리 단정하여서는 아니 된다.

강간죄에서 공소사실을 인정할 증거로 사실상 피해자의 진술이 유일한 경우에 피고인의 진술이 경험칙상 합리성이 없고 그 자체로 모순되어 믿을 수 없다고 하여 그것이 공소사실을 인정하는 직접증거가 되는 것은 아니지만, 이러한 사정은 법관의 자유판단에 따라 피해자 진술의 신빙성을 뒷받침하거나 직접증거인 피해자 진술과 결합하여 공소사실을 뒷받침하는 간접정황이 될 수 있다.

## [19] 수개주문의 판결과 일부상소

**[대법원 2018. 3. 29. 선고 2016도18553 판결]**

**[법리]** 형법 제37조 전단의 경합범으로 동시에 기소된 수 개의 공소사실에 대하여 일부 유죄, 일부 무죄를 선고하거나 수 개의 공소사실이 금고 이상의 형에 처한 확정판결 전후의 것이어서 형법 제37조 후단, 제39조 제1항에 의하여 각기 따로 유·무죄를 선고하거나 형을 정하는 등으로 판결주문이 수 개일 때에는 그 1개의 주문에 포함된 부분을 다른 부분과 분리하여 일부상소를 할 수 있고, 이때 당사자 쌍방이 상소하지 아니한 부분은 분리 확정된다.

**[적용]** D는 확정판결 전의 ①죄와 확정판결 후의 ②죄로 기소되었다. 제1심법원은 공소사실을 모두 유죄로 인정한 다음, 그중 ①죄 부분에 대하여는 징역 2년을, ②죄 부분에 대하여는 징역 6월에 집행유예 2년을 선고하였다. 이에 피고인만이 ①죄 부분에 한하여 항소하였다. 피고인과 검사가 항소하지 아니한 ②죄 부분은 항소기간이 지남으로써 확정되어 항소심에 계속된 사건은 ①죄 부분뿐이다.

우편·휴대전화 문자전송 그 밖에 적당한 방법으로도 할 수 있고, 통지의 대상자에게 도달됨으로써 효력이 발생한다.

**[적용]** 법원이 항소한 D를 송달받을 사람으로 하여 구치소로 소송기록접수통지서를 송달하였고 구치소 서무계원이 이를 수령하였다. 송달받을 사람을 재항고인으로 하여 한 송달은 적법한 것이 아니어서 효력이 없다.


## [20] 약식명령의 송달

### [대법원 2017. 7. 27. 자 2017모1557 결정]

약식명령은 그 재판서를 피고인에게 송달함으로써 효력이 발생하고, 변호인이 있는 경우라도 반드시 변호인에게 약식명령 등본을 송달해야 하는 것은 아니다. 따라서 정식재판 청구기간은 피고인에 대한 약식명령 고지일을 기준으로 하여 기산하여야 한다. 변호인이 정식재판청구서를 제출할 것으로 믿고 피고인이 스스로 적법한 정식재판의 청구기간 내에 정식재판청구서를 제출하지 못하였더라도 그것이 피고인 또는 대리인이 책임질 수 없는 사유로 인하여 정식재판의 청구기간 내에 정식재판을 청구하지 못한 때에 해당하지 않는다. 따라서 이를 이유로 한 정식재판청구권 회복청구는 받아들여지지 않는다.


## [21] 재감인에 대한 소송기록접수통지

### [대법원 2017. 9. 22. 자 2017모1680 결정]

**[법리]** 체포·구속 또는 유치된 사람에게 할 송달은 교도소·구치소 또는 국가경찰관서의 장에게 하여야 하고, 재감자에 대한 송달을 교도소 등의 장에게 하지 아니하였다면 그 송달은 부적법하여 무효이다. 한편 통지는 법령에 다른 정함이 있다는 등의 특별한 사정이 없는 한 서면 이외에 구술·전화·모사전송·전자

## [22] 기판력의 범위

### [대법원 2017. 1. 25. 선고 2016도15526 판결, 대법원 2017. 8. 23. 선고 2015도11679 판결]

**[법리]** 공소사실이나 범죄사실의 동일성이 있는지는 기본적 사실관계가 동일한지에 따라 판단하여야 한다. 이는 순수한 사실관계의 동일성이라는 관점에서만 파악할 수 없고, 피고인의 행위와 자연적·사회적 사실관계 이외에 규범적 요소를 고려하여 기본적 사실관계가 실질적으로 동일한지에 따라 결정해야 한다.

**[적용]** "D는 1997. 4. 3. 23:00경 O1이 범행 후 화장실에 버린 칼을 집어 들고 나와 하수구에 버려 타인의 형사사건에 관한 증거를 인멸하였다."는 사실로 받은 유죄확정판결의 기판력은 "D는 1997. 4. 3. 21:50경 화장실에서 V를 칼로 찔러 O1과 공모하여 V를 살해하였다."라는 공소사실에 미치지 않는다. (2016도15526)

집회에 참여하였다는 사실로 받은 유죄확정판결의 기판력은 동일한 집회를 주최하였다는 공소사실에 미친다. (2015도11679)


## [23] 가정보호처분의 효력

### [대법원 2017. 8. 23. 선고 2016도5423 판결]

**[법리]** 가정폭력처벌법에 따른 보호처분의 결정이 확정된 경우에는 원칙적으로 그 가정폭력행위자에

대하여 같은 범죄사실로 다시 공소를 제기할 수 없는데, 그 보호처분은 확정판결이 아니고 따라서 기판력도 없으므로, 보호처분을 받은 사건과 동일한 사건에 대하여 다시 공소제기가 되었다면 면소판결을 할 것이 아니라 공소제기의 절차가 법률의 규정에 위배하여 무효인 때에 해당하여 공소기각의 판결을 하여야 한다. 그러나 가정폭력처벌법은 불처분결정에 대해서는 그와 같은 규정을 두고 있지 않으므로 불처분결정이 확정된 후에 동일한 범죄사실에 대하여 다시 공소를 제기하거나 유죄판결을 선고하더라도 이중처벌금지의 원칙 내지 일사부재리의 원칙에 위배되지 않는다.

## [24] 재심대상, 재심사유

### [대법원 2018. 5. 2. 자 2015모3243 결정]

**[법리]**  (1) 형사재판에서 재심은 유죄 확정판결 및 유죄판결에 대한 항소 또는 상고를 기각한 확정판결에 대하여만 허용된다. 면소판결은 유죄 확정판결이라 할 수 없으므로 면소판결을 대상으로 한 재심청구는 부적법하다.

(2) 형사소송법 제420조 제7호는 재심사유의 하나로서 "원판결, 전심판결 또는 그 판결의 기초된 조사에 관여한 법관, 공소의 제기 또는 그 공소의 기초된 수사에 관여한 검사나 사법경찰관이 그 직무에 관한 죄를 범한 것이 확정판결에 의하여 증명된 때"를 들고 있다. 형법 제124조의 불법체포·감금죄는 위 재심사유가 규정하는 대표적인 직무범죄로서 헌법상 영장주의를 관철하기 위한 것이다. 영장주의를 배제하는 위헌적 법령이 시행되고 있는 동안 수사기관이 그 법령에 따라 영장 없는 체포·구금을 하였다면 법체계상 그러한 행위를 곧바로 직무범죄로 평가하기는 어렵다. 그러나 이러한 경우에도 영장주의를 배제하는 법령 자체가 위헌이라면 결국 헌법상 영장주의에 위반하여 영장 없는 체포·구금을 한 것이고 그로 인한 국민의 기본권 침해 결과는 수사기관이 직무범죄를 저지른 경우와 다르지 않다. 즉, 수사기관이 영장주의를 배제하는 위헌적 법령에 따라 체포·구금을 한 경우 비록 그것이 형식상

존재하는 당시의 법령에 따른 행위라고 하더라도 결과적으로 그 수사에 기초한 공소제기에 따른 유죄의 확정판결에는 수사기관이 형법 제124조의 불법체포·감금죄를 범한 경우와 마찬가지의 중대한 하자가 있다고 보아 형사소송법 제420조 제7호의 재심사유가 있다고 보아야 한다.

**[적용]**  (1) 구 대한민국헌법(이른바 '유신헌법') 제53조에 근거하여 발령된 국가안전과 공공질서의 수호를 위한 대통령긴급조치 제9호가 해제되었음을 이유로 면소가 선고된 긴급조치 제9호 위반 부분은 재심청구의 대상이 되지 않는다.

(2) D는 1979. 7. 4. 긴급조치 제9호 제8항에 따라 영장 없이 체포되어 구속영장 발부일인 1979. 7. 13.까지 영장 없이 구금되었고, 그 수사를 기초로 공소가 제기되어 재심대상판결이 확정되었다. 그런데 긴급조치 제9호는 위헌·무효이고, 그중 제8항 역시 영장주의를 전면적으로 배제하여 법치국가원리를 부인하는 것으로서 원천적으로 위헌·무효이다. 따라서 경찰관은 D를 위헌적 법령에 따라 체포·구금한 것이므로 재심대상판결 중 위 수사를 기초로 공소가 제기되어 유죄가 확정된 부분에는 형사소송법 제420조 제7호의 재심사유가 있다.

## [25] 재심판결과 일사부재리·불이익변경

### [대법원 2018. 2. 28. 선고 2015도15782 판결]

**[법리]**  (1) 경합범 관계에 있는 수 개의 범죄사실을 유죄로 인정하여 한 개의 형을 선고한 불가분의 확정판결에서 그중 일부의 범죄사실에 대하여만 재심청구의 이유가 있는 것으로 인정되었으나 형식적으로는 1개의 형이 선고된 판결에 대한 것이어서 그 판결 전부에 대하여 재심개시의 결정을 한 경우, 재심법원은 재심사유가 없는 범죄에 대하여는 새로이 양형을 하여야 하는 것이므로 이를 헌법상 이중처벌금지의 원칙을 위반한 것이라고 할 수 없고, 다만 불이익변경의 금지 원칙이 적용되어 원판결의 형보다 중한 형을 선고하지 못할 뿐이다.

(2) 재심판결이 확정됨에 따라 원판결이나 그 부수처분의 법률적 효과가 상실되고 형 선고가 있었다는 기왕의 사실 자체의 효과가 소멸하는 것은 재심의 본질상 당연한 것으로서, 원판결의 효력 상실 그 자체로 인하여 피고인이 어떠한 불이익을 입는다 하더라도 이를 두고 재심에서 보호되어야 할 피고인의 법적 지위를 해치는 것이라고 볼 것은 아니다. 따라서 원판결이 선고한 집행유예가 실효 또는 취소됨이 없이 유예기간이 지난 후에 새로운 형을 정한 재심판결이 선고되는 경우에도, 그 유예기간 경과로 인하여 원판결의 형 선고 효력이 상실되는 것은 원판결이 선고한 집행유예 자체의 법률적 효과로서 재심판결이 확정되면 당연히 실효될 원판결 본래의 효력일 뿐이므로 이를 형의 집행과 같이 볼 수는 없고, 재심판결의 확정에 따라 원판결이 효력을 잃게 되는 결과 그 집행유예의 법률적 효과까지 없어진다 하더라도 재심판결의 형이 원판결의 형보다 중하지 않다면 불이익변경금지의 원칙이나 이익재심의 원칙에 반한다고 볼 수 없다.

**[적용]** (1) D는 간통죄 및 상해죄로 징역 1년에 집행유예 2년을 선고받아 그 판결이 확정되었다. 그 후 D는 형법 제241조에 대한 헌법재판소의 위헌결정에 따라 위 판결에 대하여 재심청구를 하였다. 이에 제1심은 재심개시결정을 한 다음, 간통의 공소사실에 대하여는 무죄를 선고하고, 상해의 공소사실에 대하여는 벌금 400만 원을 선고하였다. 재심대상판결에 따른 집행유예기간이 도과한 이 사건에서 재심사유가 없는 상해의 공소사실에 대하여 새로이 형을 선고하였다 하더라도 일사부재리 원칙에 위반되지 않는다.

(2) 집행유예기간이 도과하여 형선고의 효력이 상실된 후 재심판결에서 벌금형을 선고하더라도 불이익변경금지원칙에 위반되지 않는다.

### [26] 수강명령 추가는 불이익변경

**[대법원 2018. 10. 4. 선고 2016도15961 판결]**

**[법리]** 원심의 형이 피고인에게 불이익하게 변경되었는지 여부에 관한 판단은 형법상 형의 경중을 기준으로 하되 이를 개별적·형식적으로 고찰할 것이 아니라 주문 전체를 고려하여 피고인에게 실질적으로 불이익한지 아닌지를 보아 판단하여야 한다. 그리고 성폭력처벌법에 따라 병과하는 수강명령 또는 이수명령은 이른바 범죄인에 대한 사회 내 처우의 한 유형으로서 형벌 그 자체가 아니라 보안처분의 성격을 가지는 것이지만, 의무적 강의 수강 또는 성폭력 치료프로그램의 의무적 이수를 받도록 함으로써 실질적으로는 신체적 자유를 제한하는 것이 되므로, 원심이 제1심판결에서 정한 형과 동일한 형을 선고하면서 새로 수강명령 또는 이수명령을 병과하는 것은 전체적·실질적으로 볼 때 피고인에게 불이익하게 변경한 것이므로 허용되지 않는다.

**[적용]** 징역 2년에 집행유예 3년을 선고한 제1심판결에 대하여, 분리된 항소심판결은 징역 1년에 집행유예 2년을 선고하였고, 그 판결 확정 후 원심은 징역 1년에 집행유예 2년을 선고하면서 40시간의 성폭력 치료강의 수강명령을 병과하였다. 제1심판결을 원심판결과 분리된 항소심판결을 전체적으로 비교하여 보면, 집행을 유예한 징역형의 합산 형기가 동일하다고 하더라도 원심이 새로 수강명령을 병과한 것은 전체적·실질적으로 볼 때 피고인에게 불이익하게 변경한 것이므로, 허용되지 않는다.

### [27] 미결구금에 관한 보상

**[대법원 2017. 11. 28. 자 2017모1990 결정]**

형사보상 및 명예회복에 관한 법률 제2조 제1항은 무죄재판을 받아 확정된 사건의 피고인이 미결구금을 당하였을 때에는 국가에 대하여 그 구금에 대한 보상을 청구할 수 있다고 규정하고 있다. 이에 따라 판결 주문에서 경합범의 일부에 대하여 유죄가 선고되더라도 다른 부분에 대하여 무죄가 선고되었다면 형사보상을 청구할 수 있다. 그러나 그 경우라도 미결구금 일수의 전부 또는 일부가 유죄에 대한 본형에 산입되는 것으로 확정되었다면, 그 본형이 실형이든 집행유예가 부가된 형이든 불문하고 그 산입된 미결구금 일수는 형사보상의 대상이 되지 않는다. 한편 판결 주문에서 무죄가 선고되지 아니하고 판결 이유에서만 무죄로 판단된 경우에도 미결구금 가운데 무죄로 판단된 부분의 수사와 심리에 필요하였다고 인정된 부분에 관하여는 판결 주문에서 무죄가 선고된 경우와 마찬가지로 보상을 청구할 수 있다. 그러나 미결구금 일수의 전부 또는 일부가 선고된 형에 산입되는 것으로 확정되었다면, 그 산입된 미결구금 일수는 형사보상의 대상이 되지 않는다.

[적용]  D는 폭력행위등처벌에관한법률위반(집단·흉기등상해)(이하 A죄)의 혐의사실로 긴급체포된 후 성폭력범죄의처벌등에관한특례법위반(강간등상해)(이하 B죄)의 혐의사실로 구속영장이 발부되어 B죄로 기소되었다. 법원은 A죄 부분의 공소사실을 인정하고 B죄 부분은 이유에서 무죄로 판단하는데, 법률개정으로 A죄의 근거규정인 폭력행위 등 처벌에 관한 법률 제3조 제1항이 삭제되고 같은 구성요건을 규정하는 형법 제258조의2의 특수상해죄가 신설되어 A죄 부분을 특수상해죄로 인정하여 피고인에게 징역 3년, 집행유예 4년을 선고하였고 이 판결이 확정되었다. D의 미결구금 일수는 그 전부가 특수상해죄에 대한 징역형에 산입되었으므로, 미결구금 가운데 무죄로 판단된 부분의 수사와 심리에 필요하였다고 인정되는 부분이 있는지에 관계없이, 그 구금일수는 형사보상의 대상이 되지 않는다.


[필자: 이상원 교수(서울대)]

# 판례색인

202

제 5 판

# 형사소송법 핵심 판례 130선

| | |
|---|---|
| 초판발행 | 2014년 9월 10일 |
| 제5판발행 | 2020년 7월 20일 |

| | |
|---|---|
| 편저자 | 한국형사소송법학회 |
| 펴낸이 | 안종만 · 안상준 |

| | |
|---|---|
| 편 집 | 한두희 |
| 기획/마케팅 | 오치웅 |
| 표지디자인 | 박현정 |
| 제 작 | 우인도 · 고철민 |

| | |
|---|---|
| 펴낸곳 | (주) **박영사** |
| | 서울특별시 종로구 새문안로3길 36, 1601 |
| | 등록 1959. 3. 11. 제300-1959-1호(倫) |
| 전 화 | 02)733-6771 |
| f a x | 02)736-4818 |
| e-mail | pys@pybook.co.kr |
| homepage | www.pybook.co.kr |
| ISBN | 979-11-303-3669-5   93360 |

정 가    20,000원